인류를 현혹한 최악의 거짓말

인종이라는 신화

인류를 현혹한 최악의 거짓말

인종이라는 신화

초판 발행 2022. 10. 26
초판 2쇄 2023. 10. 18

지은이   로버트 월드 서스먼
옮긴이   김승진
펴낸이   김광우
편집   강지수, 문혜영
마케팅   권순민, 김예진, 박장희
디자인   송지애

펴낸곳   知와사랑
주소   경기도 고양시 일산동구 고양대로1021번길 33 402호
전화 02) 335-2964   팩스 031) 901-2965   홈페이지 www.jiwasarang.co.kr

등록번호 제 2011-000074호   등록일 1999. 1. 23
인쇄 동화인쇄

ISBN 978-89-89007-93-7 (03330)

인류를 현혹한 최악의 거짓말

인종이라는 신화

로버트 월드 서스먼 지음
김승진 옮김

知와사랑

목차

약어 · 5

서문 · 7

인종주의의 신화 · 8 | 하위 종, 혹은 아종亞種이란 무엇인가? · 10 | 이 책의 목적 · 16

1장 | 서유럽의 초기 인종주의 · 19

스페인 종교재판 · 19 | 고대부터 다윈 시대까지 퇴락설의 흐름 · 22 | 16세기부터 다윈 시대까지 선아담 인류설 또는 다원발생설의 흐름 · 36

2장 | 우생학의 탄생 · 57

라마르크에 대한 반박 · 58 | 우생학, 추악한 머리를 들다 · 62 | 미국의 우생학 운동 · 67 | 1912년 제1차 국제우생학회의 · 75

3장 | 다원발생설과 우생학의 결합 · 81

우생학 운동, 목적을 달성하다 · 81 | 선택적 육종 · 87 | '부적합자' 강제 단종법 · 94 | 지능 검사와 매디슨 그랜트의 『위대한 인종의 소멸』 · 102 | 지능의 측정 · 113 | 이민 제한 · 122

4장 | 우생학과 나치 · 130

우생학 운동의 중심지가 된 나치 독일 · 131 | 미국 우생학과 독일 우생학의 연결 · 143 | 미국 우생학자들과 나치 사이의 추가적인 교류 · 160 | 미국 기업과 기관의 나치 후원 · 165

5장 | 해독제: 프란츠 보아스와 인류학적 '문화' 개념 · 175

이론적 배경 · 176 | 『이민자 후손의 신체 형태 변화』 『원시인의 마음』 인류학적 문화 개념 · 188

6장 | 20세기 초의 체질인류학 · 197

그랜트의 인류학 vs. 보아스의 인류학 · 198 | 골턴학회: 그랜트의 인류학 장악 시도 · 209 | NRC와 초기 미국 체질인류학의 역사 · 211 | 요약: 보아스의 공헌 · 234

7장 | **우생학의 몰락** · 237

패러다임 변화 · 237 ｜ 사회적, 문화적 맥락의 변화 · 242 ｜ 아직 끝나지 않았는
가? · 247

8장 | **현대판 과학적 인종주의의 시작** · 249

파이오니어 재단의 기원 · 249 ｜ 국제 민속지학 및 우생학 진흥회 · 263 ｜ 칼턴 퍼
트넘과 '전국 퍼트넘 서신 위원회' · 270 ｜ 인종 통합을 무산시키기 위한 소송 활
동 · 273 ｜ 인종주의적인 미시시피에서 벌어진 마지막 시도 · 274 ｜ 새터필드 계
획 · 276

9장 | **파이오니어 재단: 1970년대-1990년대** · 278

아서 젠슨, 윌리엄 쇼클리, 그리고 '인간의 이해 재단' · 278 ｜ 로저 피어슨 · 286

10장 | **파이오니어 재단: 21세기** · 294

미네소타 쌍둥이 가족 연구 · 294 ｜ 새로운 편견의 군단 · 300

11장 | **오늘날의 인종주의와 반反이민 정책** · 323

반이민 단체에 대한 자금 지원과 극우 정치 · 323 ｜ 아메리칸 르네상스 · 324 ｜ 미
국이민통제재단과 미국이민개혁연맹 · 334 ｜ 존 탠턴, FAIR 설립자 · 339 ｜ 탠턴과
FAIR의 추가 인맥 · 345

결론 · 357

부록 · 363

우생학 운동 연표: 1890년대-1940년대 · 364 ｜ 파이오니어 재단 연표 · 365 ｜ 참고
문헌 · 367 ｜ 감사의 글 · 400 ｜ 인명 색인 · 401 ｜ 사항 색인 · 411

일러두기

1. 외국 인명과 지명 등은 현행 외래어표기법을 존중하되 관행을 참고하여 표기했다.

2. 단행본·정기간행물은 『 』, 논문·기고문은 「 」를 사용했다.

3. 본문에서 저자가 부연한 부분은 ( )와 [ ], 옮긴이가 부연한 부분은 〔 〕를 사용했다.

4. 원서에서 강조 처리한 부분은 본문에서 굵은 글자를 사용했다.

5. 5쪽 약어 목록에 있는 단체명은 처음 등장할 때만 전체 이름과 약어를 함께 표기하고
   이후로는 약어로 갈음했다. 그 외 단체명은 모두 붙여 썼으며, 단체명이 복잡한 경우 띄어
   쓰고 ' '로 묶었다.

약어

AA   *American Anthropologist* 『미국 인류학자』

AAA   American Anthropological Association 미국인류학회

AAAS   American Association for the Advancement of Science 미국과학진흥협회

AAPA   American Association of Physical Anthropologists 미국체질인류학회

ABA   American Breeders Association 미국육종학회

AES   American Eugenics Society 미국우생학회

AICF   American Immigration Control Foundation 미국이민통제재단

AR   *American Renaissance* 『아메리칸 르네상스』

CIW   Carnegie Institution of Washington, D. C. 워싱턴 D. C. 카네기연구소〔본문에서는 '카네기연구소'로 표기〕

ECUSA   Eugenics Committee of the United States of America 미국우생학위원회

EN   *Eugenical News* 『우생학 뉴스』

ERA   Eugenics Research Association 우생학연구협회

ERO   Eugenics Record Office 우생학기록사무소

FAIR   Federation for American Immigration Reform 미국이민개혁연맹

IAAEE   International Association for Advancement of Ethnology and Eugenics 국제민속지학 및 우생학 진흥회

IFEO   International Federation of Eugenics Organizations 국제우생학단체연맹

ISM   Institute for the Study of Man 인류학연구소

JAMA   *Journal of the American Medical Association* 『미국의학회지』

KWIA   Kaiser Wilhelm Institute for Anthropology 카이저 빌헬름 인류학연구소

MQ   *Mandkind Quarterly* 『계간 인류』

MTFS   Minnesota Twin Family Study 미네소타 쌍둥이 가족 연구

NAACP   National Association for the Advancement of Colored People 미국 유색인종 지위 향상 협회

NAS   National Academy of Sciences 미국국립과학아카데미

NRC   National Research Council 미국국립연구위원회

NSDAP   National Socialist German Worker's Party 국가사회주의 독일노동자당〔나치〕

UNESCO   United Nations Educational, Scientific and Cultural Organization 유엔교육과학문화기구〔유네스코〕

USM   University of Southern Mississippi 서던미시시피대학

서문

1950년에 유네스코는 모든 인간이 동일한 종種에 속하며 '인종'은 생물학적 실재가 아니라 신화라는 성명을 발표했다. 인류학자, 유전학자, 사회학자, 심리학자 등이 모인 국제 패널에서 방대한 연구를 일별해 발표한 성명이었다. 이 무렵이면 이 결론을 뒷받침할 과학적 근거가 많이 쌓여 있었고, 여기에 관여한 과학자들은 인간 집단 간 차이를 실제로 연구하고 있으며 이 주제에 대해 가장 많은 전문 지식을 가지고 있는 사람들이었다. 이어서 비슷한 내용의 성명이 미국인류학회AAA와 미국체질인류학회AAPA에서도 발표되었고 그 후로도 계속해서 무수한 과학적 데이터가 이 결론을 뒷받침했다. 오늘날 인간 집단 간 차이를 연구하는 학자들의 압도적 다수는 인간 종에는 '생물학적[으로 구별되는] 인종'이 존재하지 않는다는 데 동의할 것이다. 이 주제를 연구하는 학자들, 현대 과학의 기법과 논리를 받아들이고 사용하는 연구자들에게 이것은 지구가 둥글고 태양 주위를 돈다는 사실만큼 참이고 타당한 과학적 사실이다.

하지만 상당히 최근인 2010년에도 저명한 저널리스트 가이 해리슨은 다음과 같은 경험을 이야기했다.

> 1980년대의 어느 날 대학에서 첫 인류학 수업을 듣게 된 나는, 내가 속해 있는 이 멋지고도 희한한 종에 대해 알고 싶어서 들뜬 채로 강의실 맨 앞 줄에 앉아 있었다. 그런데 그날 나의 기대를 훨씬 뛰어넘는 무언가를 알게 되었다. 생물학적 인종이 실재가 아니라는 말을 난생 처음 들은 것이다. 방대한 생물학적 범주들이 왜 현실에 부합하지 않는지 보여주는 완벽하게 합당한 이유들을 듣고 나니 사회에 배신감이 느껴지기 시작했다. "왜 이제서야 이 이야기를 들었을까? … 왜 초등학교에서 이것을 알려주지 않았을까?" … 인류학자 대부분이 생물학적 인종 개념을 인정하지 않는다는 중요한 이야기를 대학 들어오기 전까지 12년 동안 학교를 다니면서 한 번도 들어본 적이 없으면 안 되는 것 아닌가?(Harrison 2010, 27, 30)

인종주의의 신화

불행하게도, 생물학적 토대에 따라 구분되는 인종이 존재한다는 믿음과 함께 미국과 서유럽에 인종주의가 여전히 만연해 있다. 사실이 아니라는 과학적 근거가 그토록 많은데도 어떻게 이럴 수 있을까? 교육받은 사람 대부분은 지구가 평평하지 않고 태양 주위를 돈다는 사실을 받아들일 것이다. 하지만 인간 집단 간의 차이와 관련해 현대 과학이 알려주는 바를 받아들이기는 훨씬 어려워한다. 왜 그럴까? 인종이 실재한다는 믿음, 그리고 그 믿음에 수반되는 '인종주의'의 편견과 혐오가 너무나 오랫동안 문화에 뿌리박혀 우리 세계관의 일부가 되어버린 나머지, 많은 이들이 그냥 사실일 게 틀림없다고 가정해 버리는 게 아닌가 싶다.

인종주의는 우리 일상에 속속들이 스며 있다. 내가 어디에 사는지, 어느 학교를 가는지, 어떤 직장이나 직업에 종사하는지, 누구와 상호작용을 하는지, 사람들이 나와 어떻게 상호작용을 하는지, 의료 시스템과 사법 시스템이 어떻게 나를 대하는지 등등 모두가 내 인종이 무엇인지에 영향을 받는다. 지난 500년 동안 우리는 인종을 해석하고 이해하는 특정한 방식을 학습해 왔다. 이를테면 우리는 지능, 성적인 행동, 출산율, 영유아 돌봄, 노동 윤리와 노동 역량, 개인적인 절제, 수명, 법 준수 성향, 공격성, 이타심, 경제 및 기업 행위, 가족의 응집, 심지어는 뇌의 크기까지 우리의 구체적인 특질 상당수가 인종과 밀접하게 관련되어 있다고 누누이 들어왔다. 또한 우리는 인종에 위계가 있어서 어떤 인종은 다른 인종보다 우월하다고 배워왔다. 인종주의자가 아닌 사람의 삶도 이러한 방식으로 질서 지워진 구조에 의해 영향을 받는다. 우리는 인종주의적인 사회에서 살아간다.

많은 사람들이 잘 모르고 있는 사실은, 그러한 인종주의적 구조가 실재에 토대를 두고 있지 않다는 점이다. 인류학자들은 이미 꽤 한참 전에 인종이 생물학적 토대를 갖는 실체가 아님을 입증했다. 복잡성이 높은 인간 행동 중 흔히 '인종적' 특성이라고 여겨지는 것과 직접적인 상관관계가 밝혀진 행동은 하나도 없다. 지능, 법 준수성, 경제 행위 등과 인종 사이에는 내재적인 관련이 없다. 코의 크기, 키, 혈액형, 피부색이 복잡한 인간 행동 중 어느 것과도 내재적인 관련이 없는 것과 마찬가지다. 하지만 지난 500년 동안 우리는 지식인, 정치인, 행정가, 기업인의 비공식적이고 상호 강화적인 연합에 의해, 그리고 그들이 내놓은 수많은 문헌을 통해, 생물학적 인종이 실재이며 생물학적으로 어떤 인종은 다른 인종보다 우월하다는 개념을 보고 듣고 학습해 왔다. 이러한 가르침은 스페인 종교재판 시절의 유대인과 비非그리스도교인, 식민지 시대의 비非유럽인과 흑인과 아메리카 원주민, 노예제 시기와 〔남북전쟁 직후〕 '재건 시대'의 미국 흑인, 나치 독일 시기의 유대인과 일부 유럽인, 오늘날 라틴 아메리카와 중동 출신 사람들(과 그 밖에도 많은 사람들)에게 자행된 막대한 불의의 요인이었다.

생물학적 인종이란 존재하지 않는다는 데 대해 인류학, 생물학, 유전학 등에서 축적되어 온 과학적 지식을 이 책에서 또 다시 설명하지는 않을 것이다. 그런 작업은 지난 50여 년간 많은 학자들이 잘 수행한 바 있다. 그보다 이 책은 인종 및 인종주의의 '신화'에 대한 역사를 살펴보는 책이다. 이 역사를 통해, 왜 우리 사회의 많은 지도자들과 그들의 추종자들이 인종주의적인 오류를 믿도록 우리를 오도하고 미혹해 왔는지, 또한 어떻게 그 오류가 중세 말부터 오늘날까지 줄기차게 이어져 올 수 있었는지를 더 잘 파악하게 되리라 생각한다. 이들은 현대 사회의 삶의 방식을 계속해서 통제하기 위해 인종 개념과 인종주의에 바탕을 둔 정책을 숱하게 개발해 왔다. 이 지도자들은 종종 자신이 가장 우월하고 똑똑하다고 생각한다. 우리가 살펴볼 역사[인종 및 인종주의의 신화]의 상당 부분이 스페인 종교재판, 식민주의, 노예제, 나치즘, 인종 분리와 인종차별, 반反이민 정책 등을 촉발하거나 유지하는 데 기여했다. 노골적인 인종주의 정책은 차차 완화되어 온 듯 보이지만, 인종에 대한 신화는 미국과 서유럽 전역에 아직도 건재하다. 나는 인종주의의 역사를 살펴봄으로써, 또한 '문화'에 대한 인류학적 개념이 인종주의의 정당성에 어떻게 도전하고 어떻게 그것의 부당성을 밝힐 수 있었는지 살펴봄으로써, 인종주의가 왜, 어떻게 해서 오늘날까지 끈질기게 만연해 있는지를 더 명료히 이해할 수 있게 돕고자 했다.

지난 500여 년 동안 많은 지식인들과 그들이 내놓은 저술들이 인종주의 신화를 만들어냈다. 그들은 서구 사회가 가지고 있는 인종 개념의 원형을 개발했고, 그들이 만든 경제적, 정치적 정책이 영향력을 발휘하면서 인종 개념에 토대를 둔 믿음과 태도가 단단하게 굳어졌다. 그러다가 100년쯤 전에 인류학자 프란츠 보아스가 상이한 지역 출신들 사이에, 또는 상이한 여건에서 살아가는 사람들 사이에 차이가 존재하는 이유에 대해 〔인종주의적이지 않은〕 새로운 설명을 제시했다. 서로 다른 집단은 서로 다른 역사, 서로 다른 집단 경험, 그리고 이러한 차이와 관계를 맺는 서로 다른 방식을 가지고 있다. 우리 모두 특정한 세계관을 가지고 있으며 비슷한 경험을 가진 사람들과 세계관을 공유한다. 즉 우리는 '문화'를 가지고 있다. 보아스와 제자들이 이러한 개념을 발달시키고 학계에 널리 전파하기까지는 시간이 적지 않게 걸렸다. 하지만 지난 50-60년 사이에 인류학자, 생물학자, 유전학자 들이 인간 종에는 생물학적으로 구분되는 하위 분류로서의 인종이 존재하지 않음을 보여주는 수많은 저술을 내놓았다. 과거에 과학자들은 피부색, 머리카락의 색과 형태, 눈동자 색, 안면 구조, 혈액형 같은 특징을 가지고 인종을 구분하려 했다. 더 최근에는 적게는 세 개, 많게는 서른 개 이상의 인종으로 사람을 구분하려는 시도들이 등장했지만 어느 것도 성공적이지는 않았다(Molnar 2006 참고). 이러한 가설적인 '인종' 대부분은 상이한 인간 집단 사이의 유전적 관련성과 유전적 특질의 집단 간 분포에 대한 모종의 가정을 바탕으로 개발된 것들이었다.

하위 종, 혹은 아종亞種이란 무엇인가?

1942년에 프란츠 보아스의 제자 애슐리 몬터규는 〔인간 종 내에 생물학적으로 구분되는 하위 종으로서의〕 '인종'은 존재하지 않으며 존재하는 것은 오늘날 '연속 변이cline'라고 불리는 것뿐이라고 주장했다(Livingstone 1962). '인종적인' 특질이라고 여겨지는 것들은 사실 독립적으로 분포하며 수많은 환경적, 행동적 요인에 따라 달라진다는 것이다. 몬터규에 따르면, 각각의 특질은 대개 다른 특질들과 독립적인 분포를 보이며, 또한 어떤 특질이 하나의 유전 요인으로만 결정되는 경우는 거의 없다. 생물학적 특질이 이러한 방식으로 분포되는 것을 '연속 변이'라고 부른다. 예를 들어, 피부색은 태양 복사 에너지의 양과 관련이 있고 짙은 피부는 아프리카, 인도, 호주에서 많이 발견된다. 하지만 다른 많은 유전적 특질은 아프리카, 인도, 호주 원주민 사이에 비슷하게 분포되어 있지 않다. 그뿐 아니라, 피부색처럼 집단 사이에 유사하게 나타나는 특질은 '수렴 진화'를 통해 유사성을 보이게 된 경우가 많다. 즉 상이한 유전자가 유사한 특질을 발현시킬 수 있는 것이다. 예를 들어, 인도의 타밀나두와 아프리카의 나이지리아 모두에서 짙은 피부가 많이 발현되지만 이 두 지역에서 짙은 피부가 발현되는 유전적 경로는 서로 다르다. 요컨대, 대개의 유전적 특질은 서로 상관관계가 없으며 같은 장소에서 꼭 함께 분포하거나 시간이 지나더라도 계속 동일한 방식으로 분포하거나 하지 않는다.

흔히들 인종이 우리의 유전적 역사에 대해 무언가 말해주는 것이 있으리라고 여긴다. 가령 누가 누구와 유전적으로 관련 있는가? 집단들은 시간이 지남에 따라 어떻게 진화하는가? 과거에 인간 집단들은 서로 얼마나 고립되어 있었는가? 그런데 최근의 연구에 따르면, 인류는 20만 년 전 호모 사피엔스가 등장한 이래 계속해서 이주해 왔으며, 인류의 이주는 줄곧 한 방향만 향해 온 것이 아니라 앞뒤로 왔다 갔다 하는 방식으로 이루어졌다. 우리의 유전자는 우리가 진화하기 시작한 이래 계속해서 혼합되었고 우리의 유전적 구조는 하나의 둥지에서 가지가 뻗어 나가는 단순한 구조물보다는 복잡하게 얽힌 격자 구조물과 더 비슷하다(Templeton 1998). 인간 역사가 지나온 시간에서 우리의 유전적 배경이 무엇인지를 구체적으로 짚어 말하기는 매우 어렵다. 그리고 인종 구분에 대해 말하자면, 인간은 집단들 사이에서는 유전적으로 더 비슷하고 각 집단 내에서는 덜 비슷하다[즉 인종 간에는 유전적 차이가 크지 않고 각 인종 내에서의 개인 간 차이가 훨씬 더 크다]. 이는 많은 인류학 연구에서 밝혀진 사실이다 (최근의 연구: Tattersall and DeSalle 2011; Smedley and Smedley 2012; Relethford 2013; Jurmain et al. 2014; Mukhopadhyay, Henze, and Moses 2014).

유전에 대한 생각도 최근에 크게 달라졌다. 아직도 많은 이들이 특정한 유전자, 혹은 특정한 유전자군이 인간의 복잡한 행동적, 인지적 특질들을 직접적으로 결정한다고 믿지만, 실제는 그렇게 간단하지 않다. 연구들에 따르면, 각각의 유전자는 유전자, 단백질, 호르몬, 음식, 생애 경험, 학습 등이 펼치는 비非상가적nonadditive 상호작용의 경이롭고 복잡한 드라마에서 하나의 참여자에 불과하며 이 모든 상호작용이 다양한 수준에서 인지적, 행동적 기능에 영향을 미친다. 각각의 유전자는 여러 유형의 행동에 영향을 미칠 수 있으며, 많은 행동이 많은 유전자에 의해, 또 그 밖의 많은 요인에 의해 영향을 받는다. 하나의 유전자가 하나의 결과에 인과적으로 영향을 미친다는 가정은 우리를 근거 없는 결론들로 오도하며 유전적 상관관계가 무어라도 발견되면 늘 실제 이상으로 과장된 해석을 하게 만든다(Berkowitz 1999; Weiss and Buchanan 2009; Charney 2013).

하지만 이 이야기에 앞서 과학자들이 '종 내의 하위 종'을 어떻게 정의하는지 먼저 이해할 필요가 있다. **생물학적으로** 하위 종은 어떻게 정의되는가? 인간 같은 대형 포유류에서 하나의 종 안에 존재하는 군집들 간 차이를 일컫기 위해 '하위 종'[race, 인간의 경우 '인종']이라는 용어를 사용할 때 생물학자들이 의미하는 바는 정확히 무엇인가? 종 내에서 군집 간 차이를 포착하기 위해 사용되는 생물학적 기준이 인간 집단 간 차이를 설명하는 데도 타당성을 갖는가?

생물학에서 '하위 종'이라는 개념은 종의 기원 및 진화 과정과 밀접하게 관련이 있다. 즉 하위 종, 혹은 아종의 분화는 새로운 종이 형성되는 과정의 일부다. 하지만 여건이 달라질 수 있고 아종들이 서로 융합될 수 있으며 실제로도 종종 융합되기 때문에(Alan Templeton, 2013. 개인적 교신), 아종의 분화가 꼭 새로운 종의 출현으로 이어지는 것은 아니다. 생물학에서 '종'은 교배를 통해 자손의 생산이 지속적으로 가능한 (즉 그 자손도 성공적으로 재생산을 할 생식 능력이 있는) 개체들의 집합으로 정의된다. 일반적으로 새로운 종의 형성은 아주 오랜 시간에 걸쳐 이뤄지는 느린 과정이다. 가령, 많은 종이 지리적으로 굉장히 광범위한 영역에 분포해 있으면 그 안에는 생태적으로 매우 상이한 지역들이 포함되어 있을 것이다. 만약 이러한 지역이 그 종의 개체들이 이동하는 평균 거리에 비해 굉장히 넓다면, 서로 다른 지역 사이에서보다는 하나의 지역 안에서 더 많은 교배가 (따라서 더 많은 유전자 교환이) 이루어질 것이다. 아주 오랜 시간(가령 수만 년)이 지나면 원래는 같은 종이었다 해도 멀리 떨어진 지역의 집단들 사이에 특질의 차이가 생겨날 수 있다. 집단 간의 차이 중 어떤 것은 각 지역의 생태적 조건에 개체들이 적응하면서 생겨났을 것이고, 어떤 차이는 순전히 무작위적인 우연으로 발생했을 것이다. 아무튼 오랜 시간이 지나면 거리가 먼 집단 사이에는 교배와 유전자 교환이 거의, 혹은 전혀 일어나지 않을 것이고 유전적 (및 그와 관련된 형태적) 차이들이 증가하게 될 것이다. 그러다가 분리되어 살아간 시간이 수만 년 이상 지나고 그동안에 집단 사이에 교배가 거의, 혹은 전혀 이뤄지지 않았다면 결국에는 유전적 차이가 너무 커져서 두 집단의 개체들이 더 이상 서로 교배해서 자손을 지속적으로 생산할 수 없게 될 것이다. 그러면 이제 이 두 집단은 별도의 두 종으로 간주될 수 있다. 이것이 종의 분화 과정이다. 다시 말하지만, 여기에 언급된 조건 중 어느 것도 종의 분화가 꼭 일어나리라는 것을 의미하지는 않는다.

종의 분화는 매우 느리게 일어나는 과정이므로, 중간 단계를 별도로 살펴보는 것이 유용하다. 하나의 종 내에서 집단이 분화 과정을 거치는 동안 유전적 차이가 쌓이면서 집단 간에 형태적, 유전적 차이가 나타나겠지만, 그래도 한동안은 상호 교배를 통해 생식 능력이 있는 자손을 낳을 수 있을 것이다. 종이 분화하는 과정의 일부이지만 아직 서로가 별도의 종으로까지 분화하지는 않은 단계인 것이다. 생물학적으로 이 단계의 집단들을 '하위 종race' 또는 '아종subspecies'이라고 표현할 수 있다(Williams 1973; Amato and Gatesy 1994; Templeton 1998, 2013). 요컨대, 하나의 종 내에서 아종들은 지리적, 형태적, 유전적으로 서로 구분되는 집단이지만 여전히 집단 간에 성공적인 교배와 재생산 가능성을 유지하고 있다(Smith, Chiszar, and Montanucci 1997). 이러한 생물학적 정의에 따르면, 아종들 사이에는 교배의 장벽에 의한 유전적, 형태적 차이가 어느 정도 존재하며, 만약 아종 간에 교배가 (따라서 유전자의 교환이) 거의, 혹은 전혀 없고 이러한 상태가 아주 오래 지속된다면 개체들은 집단 내에서는 서로 비슷하고 타집단과는 두드러지게 구별되는 진화 경로를 밟아가게 될 것이다.

오늘날에는 분자유전학이 발달해서 종과 아종들을 조사함으로써 객관적이고 명시적인 방법으로 그것들의 진화적 역사를 재구성해 볼 수 있다. 즉 "인간 종 내의 집단들 사이에서, 그리고 각 집단 내에서 발견되는 유전적 다양성의 정도와 패턴을 조사하고" 이를 지리적으로 넓은 범위에 분포해 있는 여타의 대형 포유류 종에서 발견되는 다양성과 비교해봄으로써, 아종을 구분하는 생물학적 방식이 인간에게도 적용되는지, 즉 '인종'에 대해서도 생물학적 범주로 이야기하는 것이 타당한지 확인해 볼 수 있다(Templeton 1998, 633). 하나의 종

안에서 집단들이 서로 얼마나 다른지, 그리고 이러한 분기分岐가 어떻게 발생하게 되었는지를 알아낼 수 있는 것이다.

하나의 종 안에서 집단 간에, 그리고 각 집단 내에 존재하는 유전적 다양성의 정도를 수량화하는 데 많이 쓰이는 기법 중 하나는 분자 데이터를 조사해서 유전적 차이의 표지 지표들을 세어보는 것이다. 생물학자들은 이 방법을 사용해서 '아종'으로 인식되기 위해 필요한 최소한의 유전적 차이가 어느 정도여야 하는지의 기준을 만들었다(Smith, Chiszar, and Montanucci 1997). 그런데 지리적으로 너른 분포를 가진 여타의 대형 포유류 종에 비해 인간 종은 집단 간 차이가 이 기준을 만족시킬 만큼 크지 않다. 인간은 사실 가장 너른 지리적 분포를 보이는 종인데도 불구하고, 유럽, 아프리카, 아시아, 남북미, 호주-태평양 지역의 16개 인구 집단을 대상으로 분석한 결과에 따르면 집단 간의 유전적 다양성이 여타의 종에서 아종의 존재를 판별할 때 쓰이는 기준값보다 훨씬 낮고, 대형 포유류 종 중에서 가장 낮은 축에 속한다(그래프 0.1). 인간과 침팬지를 비교해도 그렇다(Templeton 2013).

그뿐 아니라, 템플턴에 따르면 분자 마커molecular marker〔특정 형질에 대한 표지 기능을 할 수 있는 분자〕의 수로 분석해 본 결과 현생 인류가 진화해 온 20만 년 내내 인간 집단들 사이에서는 생물학적으로 유의미한 아종(생물학적 인종)이 형성되는 데 필요한 정도의 고립이 발생한 적이 없는 것으로 나타났다(Templeton 1998, 2013). 유전적 데이터를 종합해 분석한 결과에 따르면, 100만 년 전부터 최근의 몇만 년 전까지 인간의 진화는 주로 두 개의 요인으로 촉진되었다. 1) 지속적으로 이주하면서 점점 더 넓은 영역으로 팽창했다는 점 2) 개체들 사이에 교배의 장벽은 거리 장벽 외에는 존재하지 않았다는 점. 따라서 인간 집단 간에 고정적이고 장기적인 지리적 고립이 존재했다는 증거는 없다. 드물게 일시적인 고립이 발생했던 경우(가령 호주 원주민의 고립)를 제외하면, 현생 인류인 호모 사피엔스가 존재했던 지난 20만 년 내내 인간 집단 사이에는 늘 상호 교배의 기회가 있었고, 이를 통해 늘 연결되었으며, 따라서 늘 유전자의 혼합이 이루어졌다. 저명한 유전학자 템플턴은 이러한 연구 결과를 다음과 같이 요약했다.

인구 이동을 통한 유전자 교환과 적어도 수십만 년 전부터 계속해서 유전자의 흐름이 있었음을 보여주는 방대한 근거를 볼 때, 인류의 진화적 계통은 하나뿐이며 아종이나 인종은 존재하지 않는다. … 인간의 진화 양상과 인구 집단의 구조는, 어느 시점을 보아도 지역적으로 조금씩 차별화된 많은 집단이 공존하지만 이들 상호 간에 접촉이 충분히 많아서 모든 집단이 전체적으로 장기적 진화의 운명을 공유하는 하나의 계통을 이룬다는 특징을 갖는다(Templeton 1998, 647).

그래프 0.1

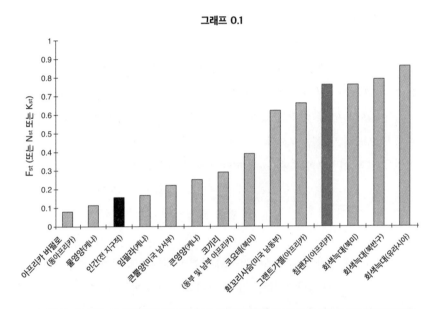

유전학자들은 'Fst 값'이라고 불리는 지표를 사용한다. Fst는 0에서 1 사이의 값을 가지는데, 하나의 종이 갖는 다양성이 모든 하위 집단에 균등하게 존재하고 하위 집단들 사이에는 유전적 차이를 보이지 않는 경우 Fst 값은 0이고, 하나의 종이 갖는 유전적 다양성이 하위 집단들 사이에서의 고정된 차이로 존재하고 각 하위 집단 내에는 다양성이 존재하지 않는 경우 Fst 값은 1이다. 인간은 Fst 값이 0.156이다(Barbujani et al. 1997). 인간의 유전적 다양성은 대체로 집단 내에서 발견되며, 집단 간의 차이 중에는 유전적 차이로 설명되는 부분이 매우 적다. 인간이 아닌 대형 포유류 종의 경우 아종을 분류하는 생물학적 기준값은 0.30이다(Smith, Chiszar, and Montanucci 1997). 즉 아종의 생물학적 정의에 따르면, 인간 종 내의 하위 집단 구분이 "생물학적으로" 유의미하기에는 Fst 값이 너무 작다. 생물학적으로 말해서, 여타의 대형 포유류 종에는 아종이 많이 존재하지만 인간 종에는 아종이 존재하지 않는다(Templeton 1998).

즉 현재의 과학적 근거에 따르면 인간 종에는 생물학적 아종〔인종〕이 존재하지 않으며 과거에 존재했던 적도 없다. 이와 같이 명백한 과학적 근거가 있고 이외에도 생물학, 인류학, 유전학의 수많은 연구 결과가 생물학적 인종이 존재하지 않음을 입증하고 있는데, 왜 인종의 '신화'는 건재하는 것일까? 인종이 생물학적 실재가 아니라면, 왜 여전히 많은 사람들이 생물학적 실재라고 믿고 있는 것일까? 생물학적 인종은 실재하지 않지만 생물학적 인종이라는 '개념'은 명백히 실재하며 '인종주의'도 명백히 실재한다. 인종 개념과 인종주의는 우리 일상의 모든 면에서 끊임없이 작동하고 있으며 우리 문화에서 널리 받아들여지고 있기도 하다. 이렇게 인종 '개념'은 명백히 실재한다. 하지만 이것은 생물학적 실재가 아니라 문화적 실재다. 인종은 우리의 생물학적인 일부는 아니지만 우리 문화의 일부임에는 분명하다. 인종 개념과 인종주의는 우리 역사에 깊이 뿌리를 내리고 있다. 나는 이 책에서 인종이 **생물학적** 실재라고 계속 믿으면서 '인종'을 위계적으로 범주화하려 하는 과학자들을 지칭하는 의미로 '**과학적 인종주의**scientific racism'라는 표현을 사용했다.

이 책의 목적

나는 1970년대 중반에 대학에서 인간의 진화와 다양성에 대해 강의를 시작했다. 한편, 1974년에 철학자 리처드 포프킨이 서유럽과 미국에서의 인종주의의 역사에 대한 논문을 썼는데, 스페인 종교재판이 있었던 15세기부터 17세기까지에 초점을 맞춘 논문이었다(Popkin [1974] 1983). 그 논문에서 포프킨은 현대 인종주의의 핵심에는 인간 집단 간의 차이에 대해 15-17세기까지 거슬러 올라가는 두 개의 주제, 혹은 두 개의 이데올로기가 있다고 주장했다. 하나는 선先아담 인류설이고, 다른 하나는 퇴락설이다(21쪽 참고). 포프킨 외에도 많은 학자들이 인종주의의 역사에 이 두 줄기의 가설이 존재해 왔음을 이야기했고, 그와 비슷한 용어를 사용하거나 **다원발생설**polygenism과 **일원발생설**monogenism이라는 용어를 사용했다. 포프킨은 15-17세기 역사에 대한 통찰을 다윈 시대, 우생학 운동, 나치즘, 오늘날의 인종 및 인종주의에 대한 논쟁 등으로까지 확장하지 않았지만, 그가 이야기한 두 가설의 몇 가지 기본적인 전제를 19세기와

20세기, 또 오늘날에도 계속해서 찾아볼 수 있다. 이 책에서 나는 포프킨이 제시한 원래의 논의를 살펴보고, 수세기 전으로 거슬러 올라가는 이 오래된 관점들이 어떻게 오늘날까지 살아남아 우리에게 영향을 끼치게 되었는지 알아보고자 한다.

나는 역사학자가 아니다. 내가 하려는 작업은 수많은 자료에 계속해서 나타나고 또 나타나는 다원발생설과 일원발생설을 살펴보면서 15세기부터 현재까지 인종 개념과 인종주의의 토대에 깔려 있는 공통된 줄기를 추적해 보는 것이다. 이러한 인종과 인종주의의 역사는 현대 인류학의 발달 과정과도 떼어놓을 수 없는데, 이 부분도 이 책에서 다룰 것이다. 내가 직접 아카이브 연구를 많이 수행한 것은 아니지만 많은 역사학자, 전기작가, 철학자 들이 노고를 기울여 수많은 서신과 문헌, 기타 찾기 어려운 원천 자료를 발굴해 분석한 저술들이 있어서 크게 의존할 수 있었다. 나는 이러한 문헌들을 종합하면서 이 모든 것이 여섯 세기에 걸친 인종주의 이데올로기의 기저가 되는 꽤 일관된 이야기로 꿰어질 수 있음을 보여주고자 했다. 이를 통해, 왜 어떤 사람들은 인종이라는 주제에 대해서라면 아직도 중세에 살고 있는지를 더 잘 밝힐 수 있을 것이다. 또한 무지, 감정, 증오, 불관용, 편견에 기초했던 매우 초창기의 인종 개념이 왜 계속해서 (그것도 토씨 하나 안 바꾸고) 반복되고 있는지도 살펴볼 것이다. 수세기 동안, 그리고 더 본격적으로는 최근 수십 년 동안 수많은 실증 근거와 과학적 데이터가 인종주의 이데올로기를 반박해 왔지만 오늘날에도 인종주의자들은 동일한 이야기를 계속 읊고 있다. 이 책의 한 가지 결과로, 과거에 사로잡혀 있는 사람들 중 일부라도 자신의 불관용이 왜 '평평한 지구'만큼이나 근거 없는 것인지 이해하게 되기를 바란다. 과거에 사로잡혀 있지 않은 사람들에게는, 이 책이 왜 우리 사회에 인종주의가 여전히 만연해 있는지, 또 인류학적 문화 개념이 왜 중요하며 문화가 우리 삶에 얼마나 근본적인 영향을 미치는지를 더 잘 이해하는 데 도움이 되기를 바란다. 불행한 일이지만, 종종 논리나 실증 근거, 그리고 현대 과학의 데이터보다 문화적 배경이 우리의 사고를 압도하곤 한다. 사실 현대 과학 자체도 문화에 의해 틀이 잡힌 것이다 (Kuhn 1962; Benson 2011). 그렇더라도, 결국 인종주의와 편견은 인간 사이의 차이에 대해 뿌리 깊이 자리 잡은 증오와 불관용이 불을 때는 것이지 현대의 과학

과 실증 근거로 뒷받침되는 것은 아니라는 사실을 이 책을 통해 전할 수 있기
를 바란다.

초기 그리스도교인, 히브리인, 그리스인은 (그들이 보기에 열등한) 타 집단 사람들이 '우월한' 혹은 지배적인 집단으로 개종하거나 동화되는 과정을 통해 '열등함'을 극복할 수 있게 허용했다(Longhurst 1964). 이를테면, 그리스인은 소위 야만인들이 그리스인처럼 말하고 쓰고 사고하고 생활하는 법을 배울 수 있게 허용했다. 하지만 15세기에 스페인에서 새로운 형태의 인종주의가 생겨났다. 그전에 스페인 유대인들은 가톨릭으로 개종하라는 압력을 받아서 많이들 가톨릭으로 개종했고, 금융 분야와 가톨릭 교회에서 입지가 높아지고 있었다. 이러한 유대인들이 많아지자 스페인 사람들은 유대인을 억누르기 위해 원래부터 그리스도교도였던 사람과 '콘베르소converso'라고 불린 개종 유대인 그리스도교도를 생물학적으로 구분하려 했다. 이전 5대까지의 조상 중에 유대인이 있으면 콘베르소로 분류되었고 이들은 대학에 들어가는 것, 특정 교단에 들어가는 것, 공직을 맡는 것 등 많은 일에서 제약을 받았다. 유대인 피가 섞이지 않은 그리스도교도에게는 '순수혈통'임을 나타내는 증서가 발급되었고 이것은 '열등한' 집단 사람이 아니라는 증명으로 사용되었다.

스페인 종교재판

스페인 종교재판은 이와 같이 유대인 혈통을 가진 이들을 사회의 주류에서 분리하기 위해 고안되었다. 주로 유대인이 대상이었지만 그리스도교로 개종한 무슬림이나 집시도 대상이었고, 나중에 아시아와 아메리카를 정복했을 때는 그곳 토착민도 대상이 되었다(Popkin [1974] 1983; Kamen 1998; Murphy 2012). 더 일찍 있었던 다른 곳들의 종교재판을 본뜨긴 했지만 스페인에서 종교재판이 공식적으로 시작된 해는 1478년이다. 그리고 종교재판이 로마로 들어온 16세기 무렵이 되면 종교재판은 유대인 박해에도 여전히 사용되었지만 개신교도, 동성애자, 마녀 혐의자, 자유사상가, 대중 지식인, 별나거나 "쇠파리gadflies 같은" 불평분자를 대상으로도 확대되었다(Murphy 2012).

종교재판은 차별 받는 집단이 주류 집단에 합법적으로 동화될 수 있는 수단을 허용하지 않은 채로 하나의 집단을 다른 집단과 분리하고 차별했다. 이전의 종교재판과 달리 스페인 종교재판은 종교에만 초점을 두지 않고 '순수하지 않은 혈통limpieza de sangre'이라는 개념을 도입해 인종과 종족 집단으로도 그 대상을 확대했다. 작가 컬런 머피는, 따라서 스페인 종교재판은 "단지 신앙의 범주 문제가 아니라 사람의 범주를 구분하는 것에 대한 문제이기도 했다"고 설명했다(2012, 70). 그뿐 아니라, 스페인 종교재판은 정치 권력을 가진 사람들이 주관했다. 다시 말해 스페인 종교재판은 종교, 이데올로기, 그리고 인종과 종족 집단이 국가에 의해 규정되고 규율되었던 정치적인 제도였다. 소수자 집단이나 피정복 집단 사람들은 주류로 개종하거나 동화해서 정체성을 바꾸는 것이 허용되지 않았다. 이와 같은 차별은 정치적, 경제적 여건에서 촉발되었지만 15세기에 스페인과 포르투갈에서 인종 차별을 정당화하는 '과학적' 이론이 등장하기 시작했고, 아메리카 대륙을 발견한 이후에는 아메리카 원주민, 아시아인, 더 나중에는 노예로 삼은 아프리카인에 대해 마찬가지의 인종주의적 개념을 정당화하는 데로도 확대되었다. 콜럼버스의 항해와 아메리카 대륙 발견이 종교재판이 정점이던 때에 일어난 일이라는 데 주목할 필요가 있다. 이 항해에 돈을 댄 사람들은 주로 콘베르소였고 콜럼버스의 선원 중에도 콘베르소들이 있었다. 또한 개종을 거부해 온 유대인들도 대거 스페인을 떠나고 있었다(Murphy 2012).

스페인과 포르투갈에서 반유대주의가 시작되었을 때는 일부 유대인(그리고 몇몇 다른 사람들)이 초기 스페인 사회에서 가지고 있었던 권력, 부, 영향력에 대한 질시 때문이었을지 모른다. 유대인이 예수 그리스도를 살해했으므로 그리스도교의 영원한 적이라는 종교적 설명으로 정당화된 면도 있었을 것이다(Cohen 2007). 하지만 스페인과 포르투갈이 아메리카를 식민화하기 시작했을 때 이들에게 땅을 빼앗기고 정복당한 사람들은 유럽 사회에서 아무런 기득권적 지위를 차지했던 적이 없었다. 이제까지 유럽 여행자와 탐험가 들은 인접 지역들을 차례로 지나면서 연속선상에 있는 비슷한 사람들을 만났지만, 이제는 완전히 새로운 지역으로 가서, 아예 대륙을 건너 뛰어서, 전적으로 새로운 사람들을 접하기 시작했다(Brace 2005; Jablonski 2012). 따라서 유럽인이 새로 접한 사람들을 가혹하게 대하는 것을 합리화하는 논리가 필요했고, 우주의 질서에서 이들의 위치를 설명하는 새로운 이론들이 등장했다. 많은 설명이 제시되었지만, 포프킨이 묘사했듯이(1973) 차차로 두 개의 핵심 이론이 주류로 떠올랐고 이 두 이론은 놀라울 정도로 끈질긴 생명력을 보이게 된다. 하나는 선아담 인류설이고 다른 하나는 퇴락설인데, 초창기에 이 이론들은 아메리카 원주민의 기원을 어떻게 볼 것인가에 초점을 두고 있었다. 퇴락설은 아메리카 원주민이 성경이 말하는 태고의 인류[아담과 이브]의 후손들이 멀리 이곳까지 이주해 온 것이고 그 과정에서 어찌어찌 퇴락해서 현재와 같은 상태가 되었다고 보았으며, 선아담 인류설은 이들이 성경이 말하는 인류와는 아예 계통이 다른, 별도의 기원에서 유래한 후손이라고 보았다. 후자에 따르면 아메리카 원주민은 아담과 이브의 후손이 아니고 더 이른 기원을 갖는데, 이들이 선아담 인류다.

정복자들은 원주민에 대한 가혹한 대우를 원주민들이 인간 이하의 존재이고 추상적인 개념을 사고할 역량이 없으며 스스로 세계를 운영할 능력이 없다는 논리로 정당화했다. 또한 이들은 원주민이 도덕의 역량도, 그리스도교도가 될 역량도 가지고 있지 않다고 여겼다. 이러한 견해는 16세기 초에 세풀베다와 오비에도 같은 스페인 이론가들에 의해 발달되었다(Popkin [1974] 1983; Brace 2005). 하지만 1512년에 산토도밍고의 설교자 몬테시노스는 인디언에 대한 가혹한 처우에 반대하면서 그들도 인간이라고 주장했다. 치아파스의 주교가 된 바르톨레메 데 라스 카사스도 인디언이 인간이라고 생각했고 세풀베다 및 그의 추종자들과 거의 반 세기 동안 논쟁을 벌였다(Hanke 1949; Popkin [1974]1983; Brace 2005). 라스 카사스는 "세상에 존재하는 모든 종족은 다 인간"이라며 "그들 모두 이해력과 의지력을 가지고 있고 ... 모두 선함에서 만족을 얻으며 모두 행복한 것과 맛있는 것에서 쾌락을 느끼고 모두 악을 후회하고 혐오한다"고 언급했다(Popkin [1974] 1983, 129 재인용).

또한 신대륙 최초의 철학 교수였던 알론소 델 라 베라 크루스는 멕시코대학에서 그가 진행한 첫 수업이자 유일한 수업에서 스페인 사람은 인디언을 종속시킬 권리가 없다고 주장했고, 교황 바오로 3세도 1537년에 "인디언들은 진정으로 인간이며 가톨릭 신앙을 이해할 역량이 있을 뿐 아니라 우리가 아는 바에 따르면 가톨릭 신앙을 열렬히 받아들이고 싶어 한다"고 언급했다(Hanke 1949, 73 재인용). 하지만 이러한 교황의 메시지도 유럽인의 아메리카 정복과 원주민에 대한 가혹한 처우를 멈추지 못했다. 점차로 스페인 정부와 가톨릭 교회 모두 인디언도 온전한 인간이라고 선언했지만, 베라 크루스는 교수직을 잃고 유카탄 저지대로 보내졌고(Popkin [1974] 1983) 원주민에 대한 가혹한 처우는 누그러들지 않았다.

비인간적인 아메리카 정복이 이어지던 시기 내내 인종 이론들은 현지인에 대한 가혹한 대우를 정당화하는 데 결정적인 역할을 했고, 얼마 뒤에는 흑인의 노예화를 정당화하는 데도 결정적인 역할을 했다(원주민 수가 빠르게 줄면서 신대륙을 착취하는 데 노동력이 부족해지자 대체 노동력으로서 흑인에 대한 수요가 증가했다). 초기 스페인에서 있었던 위와 같은 논쟁은 앞날의 예고편이었다. 16세기에 스페인과 포르투갈 사람들이 인간 집단 사이의 차이를 설명하기 위해 제시한 선아담 인류설과 퇴락설은 17세기와 18세기에 영국, 앵글로 아메리카, 프랑스 등에 들어왔으며, 이어 19세기와 20세기에는 유색인종과 유대인에 대한 인종주의적 견해의 기초가 되었다. 그리고 (내가 이 책에서 주장하려는 바로) 이 두 이론은 다윈 시대와 '진화 이론의 현대적 종합'의 시기를 거치면서도 사라지지 않았다. 그뿐 아니라 오늘날에도 서구의 일반 대중과 학계 모두에서 굳건히 살아남아 있다.

고대부터 다윈 시대까지 퇴락설의 흐름

이 책에서 다루는 시기 내내 선아담 인류설, 즉 다원발생설이 이어져 왔고 19

세기 중반에는 주류 이론이 되기도 했지만, 초기에 더 널리 받아들여진 이론은 퇴락설이었다. 퇴락설은 인간의 기원에 대한 성경의 설명에 도전하지 않고(성경에 도전하는 것은 널리 받아들여지기 어려운 접근이었다) 모든 인간이 신께서 창조하신 아담과 이브로부터 기원한다고 보았다. 비非백인들이 백인에 비해 열등하다고 여겨졌고 따라서 더 합리적이고 도덕적인 사람들(즉 유럽의 백인 그리스도교도)의 통제와 지침을 받을 필요가 있다고 여겨지기는 했지만, 이는 기후나 생활 여건의 차이 때문에, 혹은 그리스도교 문명으로부터 고립되어서, 혹은 성경에서 설명을 찾을 수 있는 모종의 신의 개입으로 발생한 퇴락적 과정의 결과라고 간주되었다(Popkin [1974] 1983). 퇴락설은 [선아담 인류설에 비해] 더 진보적인 견해였다고도 볼 수 있다. 유럽식 교육과 '문화'의 세례를 받게 함으로써, 특히 그리스도교도가 되도록 선교 활동을 함으로써, 그들의 퇴락이 교정 가능하다고 믿었기 때문이다.

앞에서 언급한 스페인의 신대륙 정복자들과 가톨릭 교회 사이의 논쟁 이후에, 초창기 퇴락설 지지자 중 가장 유명한 사람을 꼽으라면 존 로크를 들 수 있다. 로크는 17세기 영국의 식민지 정책을 설계한 사람으로, 캐롤라이나 식민지의 헌법 초안을 작성하기도 했다. 그는 인간의 기원에 대해 성경적 설명을 받아들였지만, 창조 시점에 적용될 수 있었던 '모든 인간이 평등하고 천부의 자연권을 부여받은 존재'라는 개념은 더 이상 적용될 필요가 없다고 보았다. 아메리카 인디언들이 그들의 땅을 적절하게 사용하지 않고 있기 때문이라는 것이었다. 또한 그는 아메리카 인디언이 부당하게 유럽 사람들에게 반대하고 있으므로 자유를 잃어 마땅하다고 보았다. 로크는 비백인을 노예로 삼는 것과 그들에게 부당한 대우를 가하는 것을 (그가 생각하기에) 그들의 개인적인 실패를 근거로 들어 정당화했다(Locke 1690).

18세기가 되면 잘 알려진 초창기의 자연사학자들 중 다수가 왜 이들이 그러한 "실패자"가 되었는지에 대한 설명을 시도했다. 기본적으로 이들 퇴락설 이론가들은 "일부 인종을 흰 피부에서 검은 피부로 바뀌게 한 요인 중에 유럽의 삶의 방식보다 훨씬 열등한 삶의 방식이 포함되어 있기 때문"이라고 설명하고자 했다(Popkin [1974] 1983, 133-134). 프랑스의 귀족이자 정치인이며 계몽주의 정치철학자이던 몽테스키외는 기후영향설을 정교하게 정리한 초창기 학자이기도 한데, 이를 『법의 정신』(1748)에서 상세히 설명했다. 그는 특정 지역의 기후와 지리가 그곳에 사는 사람들의 기질과 관습에 영향을 미쳐서 집단 간에 특질과 문화의 차이를 야기한다는 설명이 가능하다고 보았다. 하지만 그가 보기에 이러한 차이는 유전되는 것이 아니었고, 따라서 누군가를 그 기후 지역에서 다른 곳으로 옮기면 그의 기질이 달라질 수 있을 터였다(Bok 2010). 현대 생물학의 창시자이며 현재도 사용되는 동물 분류 체계를 만든 칼 린네도 인류 전체의 단일성을 믿었다. 린네는 스웨덴 남부에서 루터파 목사의 아들로 태어났으며 의학을 공부하고 나중에는 웁살라대학의 교수가 된다. 당대의 의학은 약초를 통한 치료 위주였기 때문에 린네는 식물학에 조예를 갖게 되었다. 하지만 의사로서의 활동도 계속했으며 후일 왕실의 주치의가 되었다(Groves 2008). 또한 그는 웁살라식물원을 다시 활성화시키기도 했다. 그는 자신이 신의 대리인이라고 생각했으며 신이 만드신 모든 식물과 동물에 이름을 붙이고 질서 있게 배열하는 것을 자신의 목표로 삼았다. 그가 이렇게 해서 도출한 질서 체계는 진화 관계에 토대를 둔 체계가 아니었다. 모든 종이 고정되고 분리된 종으로서 창조되었으며 각 종의 가장 완벽한 형태는 오로지 신의 마음 속에만 존재한다고 본 데서 린네의 체계는 창조론적인 개념을 바탕으로 한 체계였다(Brace 2005). 인류학자 C. 로링 브레이스는 린네의 체계를 다음과 같이 설명했다.

> 세상 만물이 위계적으로 배열되어 있으리라는 가정은 중세 그리스도교 사상에 매우 널리 퍼져 있었고 이어서 계몽주의 사상가들에게도 도전이나 의문 없이 받아들여진 세계관이었다. 린네 등 그 시대의 학자들은 당대에 일반적이던 이 견해를 가져다가 더 정교하고 구체적으로 묘사했다고 볼 수 있다. 그들은 가장 높은 곳에 신을 위치시키고 신으로부터 생물들의 위계적 체계를 거친 뒤 무생물로까지 이어지는 전체적인 배열을 제시했다. … 이러한 배열은 '존재의 거대한 사슬 Scala Naturae' 이라고 불렸다(2005, 28).

린네는 이와 같은 개념을 사용해서 유명한 저서 『자연의 체계』를 12판까지 펴냈고(초판은 서른 살도 안 된 1735년에 출간되었다) 1758년에 나온 10판에서 오늘날에도 사용되는 이명법binomial nomenclature을 확립했다. 그는 상위 범주에서 하위 범주로 갈수록 점점 더 고유성을 띠어가는 방식으로 모든 생명체를 분류하고 각 범주에 이름을 붙였으며, 속명과 종명을 함께 사용하는 이명법을 처음으로 제시했다. 이렇게 해서, 인간은 '호모 사피엔스'라는 이름을 갖게 되었다. 린네는 모든 인간이 하나의 종에 속한다고 생각했고, 해부학적 유

MAMMALIA.

ORDER I. PRIMATES.

Fore-teeth cutting; upper 4, parallel; teats 2 pectoral.

1. HOMO.

Sapiens. Diurnal; varying by education and fituation.
2. Four-footed, mute, hairy.   *Wild Man.*
3. Copper-coloured, choleric, erect.   *American.*
     Hair black, ftraight, thick; *noftrils* wide, *face* harfh; *beard* fcanty; *obftinate*, content free. *Paints* himfelf with fine red lines. *Regulated* by cuftoms.
4. Fair, fanguine, brawny.   *European.*
     Hair yellow, brown, flowing; *eyes* blue; *gentle*, acute, inventive. Covered with clofe veftments. *Governed* by laws.
5. Sooty; melancholy, rigid.   *Afiatic.*
     Hair black; *eyes* dark; *fevere*, haughty, covetous. Covered with loofe garments. *Governed* by opinions.
6. Black; phlegmatic; relaxed.   *African.*
     Hair black, frizzled; *fkin* filky; *nofe* flat; *lips* tumid; *crafty*, indolent, negligent. *Anoints* himfelf with greafe. *Governed* by caprice.

Monftrofus Varying by climate or art.
1. Small, active, timid.   *Mountaineer.*
2. Large, indolent.   *Patagonian.*
3. Lefs fertile.   *Hottentot.*
4. Beardlefs.   *American.*
5. Head conic.   *Chinefe.*
6. Head flattened.   *Canadian.*

The anatomical, phyfiological, natural, moral, civil and focial hiftories of man, are beft defcribed by their refpective writers.

그림 1.1 린네가 『자연의 체계』 1758년 판에서 제시한 '호모'의 세부 분류.

사성을 바탕으로 인간을 원숭이와 함께 (그리고 박쥐도) 영장류 목에 위치시켰다. 이는 당대의 몇몇 사람들을 매우 못마땅하게 만들기도 했다. 이어 린네는 학습 수준(엄밀히는, 각 집단에 대해 그가 가정한 학습 수준)과 기후 조건 등에 따라 인간을 다시 하위 집단으로 구분했다(그림 1.1). 늘 그랬듯이, 분류를 하는 주체인 백인 유럽인이 가장 우월한 집단으로 자리매김되었다. 어쨌든, 몽테스키외처럼 린네도 인간 집단 간의 차이는 기후와 사회적 조건 때문에 발생한다고 보았다.

린네와 동시대인인 프랑스 자연학자 조르주-루이 르클레르 콩 드 뷔퐁은 18세기의 가장 위대한 자연학자이자 박물학자였다고 말해도 과언이 아닐 것이다. 당대의 많은 학자들처럼 뷔퐁은 돈 걱정 할 필요가 없는 부유한 사람이었고 (부유하다는 점은 그들이 애초에 학문을 추구할 수 있었던 이유다) 1739년에 부르고뉴에서 파리로 이사해 '왕의 정원Jardan du Roi'(나중에 '식물원Jardin des Plantes'이 되며 여기에 파리동물원과 자연사박물관이 들어선다)의 관리자가 되었다. 뷔퐁은 프랑스 대혁명이 일어나기 1년 3개월 전에 80세를 일기로 숨졌다. 그는 루이 16세 궁정에서 일했고 왕의 총애를 얻었기 때문에(1771년에 백작이 되었다) 사망 후에 험한 꼴을 당했다. 관이 파헤쳐지고 유해는 흩어졌으며 비석은 파괴되었다. 더 끔찍하게는, 몇 년 뒤에 그의 하나뿐인 아들이 기요틴에서 처형당했다(Groves 2008). 뷔퐁의 제자이자 공저자이며 가까운 동료였던 베르나르 제르맹 드 라세페드와 루이-장-마리 도방통이 프랑스 대혁명 시기에 무사히 살아남은 것은 천운이었다. 그뿐 아니라 이들은 차세대 프랑스 학자의 핵심 인물 두 명이 요직에 임명되는 데 일조하기까지 했다. 그 차세대 학자 두 명은 에티엔 조프루아 생틸레르와 조르주 퀴비에다. 이들은 찰스 다윈이 『종의 기원』(1859)을 출간하기 직전까지 자연사 연구 분야에서 독보적인 존재였다(상세한 내용은 다음 참고: Groves 2008).

뷔퐁은 43권짜리 대작 『박물지』 중 1785-1787년에 쓴 4권과 5권에서 인간 집단 사이의 차이에 대해 당대로서 가장 완성된 설명을 제시했다.

인간은 본질적으로 상이한 종들로 구성되어 있지 않다. 오히려 인간 사이에는 단 하나의 종만 존재한다. 그 하나의 종이 수가 많아지고 널리 퍼져 지구 표면 전체에 퍼지게 되었고 상이한 기후, 영양, 삶의 방식 등의 영향으로, 또한 질병, 전염병, 더 비슷하거나 덜 비슷한 개체들 사이의 무한하고 다양한 혼합 등에 의해, 서로 다른 변화의 과정을 밟게 되었다(Buffon 1785, 180).

뷔퐁에 따르면, 인류가 중부 유럽에서부터 점점 더 멀리 이주하면서 위와 같은 다양한 요인들이 본래의 가장 이상적인 인간으로부터 점점 더 큰 퇴락을 야기했다.

최적의 기후대는 40-50도 사이에서 찾을 수 있다. 이러한 지역에서 가장 아름답고 적합한 인간 형태가 발견된다. 이 기후에서 가장 이상적인 인간의 색이 나오고, 여기에서 아름다움과 색상의 모든 섬세함이 도출되는 원형, 혹은 기원을 찾을 수 있다. 어느 쪽이든 극단은 참된 형태에서[혹은 이상에서], 그리고 아름다움에서 똑같이 멀리 떨어져 있다. 이 기후대에 위치한 곳은 조지아, 시르카피아, 우크라이나, 터키, 유럽, 헝가리, 독일, 이탈리아, 스위스, 프랑스, 그리고 스페인의 일부이다. 이곳 사람들은 모두 지상의 모든 사람 중 가장 아름답고 적합한 사람들이다(Buffon 1785, 178-179).

오늘날 우리가 보기에는 린네의 견해와 뷔퐁의 견해가 비슷해 보이지만 그들의 접근은 꽤 달랐고 그들은 평생 학문적 라이벌이었다. 린네는 동물을 분류하고 범주마다 이름을 붙이는 데 주로 관심이 있었다. 창조된 모든 생명체를 분류하고 나면 그것으로 그의 임무는 완수될 것이었다. 그의 분류 체계는 모든 생명 사이의 위계를 내포하고 있었지만 변화의 '과정'에 대한 메커니즘을 함의하고 있지는 않았다. 이와 달리 뷔퐁은 엄격하게 고정된 분류 체계는 무엇이건 반대하는 사람이었고 린네가 고안한 범주들이 단지 인간이 편의상 만들어낸 것에 불과하다고 보았다. 그는 "사실 자연에는 개체만이 존재하며, 속, 목, 강 등은 우리의 상상에만 존재한다"고 언급했다(Nordenskiöld 1928, 222). 뷔퐁은 '과정'에 더 관심이 있었다. 그는 오늘날 우리가 '생태학'이라고 부르는 것과 '적응'이라고 부르는 것을 알고 있었던 것으로 보이며, 식물과 동물의 형태와 그들의 서식지가 갖는 환경적 특성 사이의 관계에 주목했다. 브레이스가 설명했듯이, "뷔퐁의 저술 전반에서는 생명체의 형태가 구성되는 과정에 대한 관심이 드러나는 반면, 린네의 저술에서는 이것을 전적으로 찾아볼 수 없다."(Brace 2005, 31) 아이러니하게도, 뷔퐁은 진화에 대한 초창기의 과학적 이론을 만들고서 다시 그것을 거부했다. 사실 뷔퐁이 린네의 분류학적인 고차원 범주 체계를 거부한 이유는 이것이 무언가 사악한 것(즉 소小진화microevolution)을 함의하고 있다고 보았기 때문이었다. 그의 종교적 믿음과 부합하지 않았던 것이다. 인류학자 조너선 마크스는 "린네 본인은 그러한 개념을 명시적으로 주장하지 않았지만 (뷔퐁에 따르면) 이는 린네가 자신의 체계가 갖는 함의의 전체적인 범위를 충분히 이해하지 못했기 때문"이라고 설명했다(Marks 1995). 뷔퐁은 린네를 우리가 생각하는 '과학자'라기보다 '작명가'라고 생각했다(Brace 2005).

독일의 의사이자 해부학자이며 종종 체질인류학의 아버지로 불리는 요한 프리드리히 블루멘바흐는 린네의 제자였고 린네를 거의 우상으로 여겼다(Gould 1996). 하지만 블루멘바흐도 '과정'에 관심이 있었다. 린네와 뷔퐁처럼 블루멘바흐도 모든 인간이 신에 의해 창조되었다고 보는 일원발생론자였다. 미국 독립혁명이 일어나기 1년 전인 1775년, 23세의 나이에 쓴 논문에서 블루멘바흐는 인간의 다양한 하위 집단들을 분류하고 이들 사이에 존재하는 신체적, 정신적 차이의 중요성을 설명하고자 했다. 린네와 뷔퐁처럼 그 역시 모든 인간은 동일한 종에 속한다고 보았고, 집단 간에 명확한 차이는 없으며 '인종적인' 특징이라고 알려진 것들은 연속선상에 분포한다고 주장했다(Gould 1996; Montagu 1997). 그는 인종을 언급한 최초의 학자 중 한 명이지만 인간 집단의 구분은 구분하는 사람의 편의에 따라 사용되는 임의적인 것이라고 보았다(Farber 2011).

뷔퐁을 이어받아 블루멘바흐는 1775년에 펴낸 『인류의 자연적 다양성에 관하여』에서 자신이 제시한 인종 분류는 순전히 편의에 따라 구성된 것이라고 언급했다. 이 책은 인종에 대해 논의하기 시작할 때 거의 모두가 참고하는 표준 문헌이 되었다(Farber 2011). 분량이 대폭 늘어난 3판(1795년에 집필되었고, 이때 블루멘바흐는 괴팅겐대학의 의학 교수였다)에서 그는 이렇게 언급했다.

멀리 떨어져 있는 종족들 사이에 막대한 차이가 존재하는 것처럼 보여서 [상이한 지역의] 거주자들이 … 매우 상이한 종들인 것처럼 여겨지기 쉽지만, 면밀히 살펴보면 이들 종족 모두가 서로와 접촉을 하므로, 즉 한 집단이 다른 집단과 매우 명백하게 접촉해 혼합되므로, 둘 사이에 경계를 긋는 것이 불가능함을 알게 된다. 저명한 학자들이 받아들여 온 인간 집단들 사이의 구분은 사실 범주의 개수와 정의 모두에서 매우 임의적이다(Montagu 1997, 62 재인용).

블루멘바흐는 처음에는 네 개의 인종(린네가 지리적으로 구분한 네 인종을 기초로 했다), 나중에는 다섯 개의 인종을 구분했는데, 이를 인간 집단이 거주하는 주요 지역들의 특성과 관련해 설명했다. 그가 제시한 다섯 개의 인종 구분(코카서스인, 몽골인, 에티오피아인, 아메리카인, 말레이인)은 지식인 사이에서 널리 받아들여졌고 약간의 변화는 있었지만 오늘날에도 대략 이와 비슷한 구분이 쓰인다. 블루멘바흐는 인종주의의 역사에서 지속적으로 (불행히도 오늘날까지) 살아남게 될 두 개의 핵심 개념을 개진했다. 첫째, 유럽계 백인을 지칭하는 '코카서스인'이라는 말을 만들어내면서 이들을 신의 이미지를 가장 가깝게 나타내는 인종이자 가장 아름답고 가장 '본래적인' 인종으로 묘사했고 다른 모든 인종은 코카서스 인종으로부터 퇴락한 인종이라고 설명했다. 이것이 과학적인 방법을 통해 도출된 결론이었을까? 그렇지 않다. 그는 순전히 미적인 근거로 이렇게 묘사했고 물론 그것은 미에 대한 본인의 견해일 뿐이었다. 요컨대, "블루멘바흐의 묘사는 무엇이 더 아름답고 무엇이 덜 아름다운지에 대한 개인의 기준에 크게 의존하고 있었으며, 그런데도 의심이나 반대가 있을 수 없는 객관적이고 수량화 가능한 특질을 논하는 것인 양 표현되어 있었다."(Gould 1996, 411)

둘째, 인종 집단 간에 명확하게 경계선을 긋기 어렵다고 말하긴 했지만 블루멘바흐 또한 당대의 패러다임을 받아들이고 있었다. 즉 린네, 퀴비에, 뷔퐁과 마찬가지로 신이 창조하신 본래의 인간과 얼마나 가까우냐에 따라 한 인종이 다른 인종보다 실제로 더 바람직하다는 견해를 가지고 있었다. 사실 린네나 뷔퐁의 범주와 달리 블루멘바흐가 말한 인종들은 단순히 지리적 토대에 따른 체계가 아니라 위계적인 체계를 이루고 있었다. 블루멘바흐보다 먼저 퀴비에도 세 개의 인종을 묘사하면서 몽골인은 문명이 늘 정체되어 있고 흑인은 전적으로 야만적인 상태 이상의 문명으로 진보한 적이 없다고 언급했다(Stocking 1968). 블루멘바흐는 가장 '이상적인' 코카서스인이 정점에 위치하고 그로부터 두 개의 선분이 뻗어나와 두 계통을 나타내며 각 계통에는 중간 단계와 더 퇴락한 단계가 존재하는 식으로 다섯 개 인종을 기하학적으로 배치했다(그림 1.2). 고생물학자 스티븐 제이 굴드는 블루멘바흐의 위계적 인종 모델이 현대 인종주의 패러다임의 핵심 요인이 되었다며 다음과 같이 설명했다.

> 인간의 다양성에 대한 설명이 지리적 체계에서 위계적 체계로 바뀌면서 서구 과학의 역사에서 숙명적인 전환이 벌어졌다. 철도나 핵폭탄 정도를 제외하면, 현실에서 우리의 집합적인 삶과 집단 감수성에 이보다 큰 영향을 미친 변화가 또 무엇이 있겠는가? (그리고 이 경우에는 거의 전적으로 부정적인 변화였다.) 아이러니하게도, J. F. 블루멘바흐가 이 전환의 핵심이었다. 그가 제시한 다섯 인종 체계는 정전이 되었고 인간 존재의 질서를 린네의 지리적 체계에서 위계적 체계로 바꾸었으며 여기에서 위계는 (각 집단이 가지고 있다고) 추정된 가치의 고저에 따라 직선적으로 부여되었다(1996, 405).

굴드가 이를 "아이러니"하다고 생각한 이유는, 일원발생론자 상당수가 노예제 및 '퇴락한' 인종에 대한 가혹한 처우에 반대했고 그러한 인종도 여러 가지 방식으로 '갱생'될 수 있다고 믿었지만, 블루멘바흐야말로 당대 계몽주의 사상가들 중에서도 특히나 덜 인종주의적이고 가장 평등주의적인 견해를 가진 사람이었기 때문이다. 그는 집에 마련한 도서관에 흑인 저자의 작품을 소장했고 "이 흑인 형제들의 뛰어난 역량"에 대해 찬사의 말을 하기도 했다. 이는 당대에 일반적이던 흄과 칸트식 사고방식(이 장의 뒷부분 참고)에 대한 반박이었을 것이다. 블루멘바흐는 노예제 폐지를 주장했고(당시에는 소수 견해였다), 흥미롭게도, 노예가 그들을 붙잡아 노예로 만든 노예 사냥꾼보다 도덕적으로 우월하다고 주장했다(Gould 1996). 그러나 결국에는 블루멘바흐도 하나의 인종이 가장 상위에 위치한 체계를 제시했다. 그는 코카서스 인종이 신이 창조한 '본래의' 모습에 가장 가깝다고 생각했고 여기에서부터 두 개의 계통이

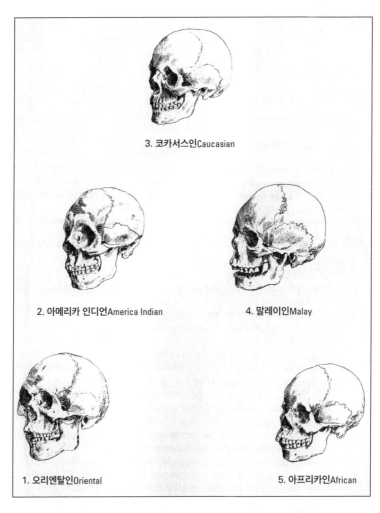

그림 1.2 18세기에 J. F. 블루멘바흐가 『인류의 자연적 다양성에 관하여』에서 제시한 다섯 개 인종.

분리되어 각각 퇴락이 점점 더 심해지는 경로를 밟아왔다고 보았다. 브레이스는 "이후 200년간 인간의 생물학적 차이를 '분류'하고자 시도한 사람들은 블루멘바흐가 제시한 체계를 토대로 하지 않을 수 없었다"고 지적했다(Brace 2005, 46).

퇴락설에는 '변화' 개념이 내재되어 있다. 하지만 18세기와 19세기에 이것은 매우 다루기 어려운 개념이었다. 태초에 신께서 각기 고정된 종을 창조하셨다는 믿음이 지배적이었기 때문이다. 그럼에도 많은 퇴락설 지지자들이 퇴락이라는 변화의 과정이 실제로 어떻게 발생했는지를 설명하고자 했다. 이를테면, 뷔퐁은 어느 지역의 환경 요인과 그곳에 서식하는 동식물의 형태 사이에 관련이 있다고 보았다. 그는 '주어진 지역에서 각기 적응한 생명 형태들 사이에 나타나는 유사성'이라는 개념을 받아들였고, 이는 [오늘날 생물학에서 말하는] '적응적adaptive' 관계를 제시한 것이었다고 볼 수 있다. 또한 뷔퐁 본인은 생명체의 진화라는 개념을 거부했고 그러한 개념을 반박하는 데 많은 지면을 할애했지만 이 주제 자체를 논의의 장에 불러왔다. 그는 생명체의 형태가 발달해 가는 과정에 관심이 있었고 환경 조건이 인간 종 내에 여러 집단이 분화하게 만드는 원인이 될 수 있다고 보았다. 하지만 완전히 다른 종으로 갈라지지는 않을 정도까지만 분화하리라고 생각했다(Marks 1995; Brace 2005). 이와 비슷하게 블루멘바흐도 인종 간 차이에 대해 가장 본래적인 인종인 코카서스인의 서식지로부터 더 멀리 이주한 인종일수록 상이한 환경과 생활 조건에 더 많이 영향을 받았을 것이라고 설명했다. 그는 기후, 영양, 생활 방식 등이 변화의 요인이 될 수 있다고 보았고 아주 많은 세대가 지나면 이러한 요인의 차이가 본래적 형태의 인간으로부터 변화(즉 퇴락)를 일으키게 된다고 설명했다(Brace 2005). 한편 퀴비에는 지구가 각 지층이 나타내는 시대 사이에 격변을 겪었으며 각각의 격변 이후에 새로운 종들이 (그의 생각으로는 아마도 신의 창조 활동에 의해) 생성되었다고 보는 '격변설catastrophism'을 제시했다(Marks 1995). 하지만 린네처럼 퀴비에도 신이 창조하신 '패턴'에 더 관심이 있었지 그 패턴이 발달되어 온 '과정'에는 관심이 덜했다.

생물학적 변화 과정에 대해 당대에 구할 수 있었던 근거들을 토대로 가장 논리적인 이론을 개진한 사람은 장-바티스트 라마르크였다. 라마르크는 프랑스 북부의 가난한 귀족 집안에서 11남매의 막내로 태어났다. 대대로 군인을 배출해 온 집안으로, 라마르크의 아버지와 형들 몇 명도 군인이었다. 라마르크는 1756년경에 예수회 수도원에 들어갔지만 1761년에 아버지가 사망하자 늙은 말을 한 마리 사서 타고 그곳을 떠나 프랑스군에 입대했다. 7년 전쟁 때 독일에서 벌어진 전투에서 싸웠고 17세에 공을 세워 이름을 알리면서 중위가 되었다. 하지만 1766년에 부상을 입고 전역해서 약간의 연금을 가지고 파리로 돌아왔고, 은행 직원으로 근근이 생계를 이어가며 의학을 공부하기 시작했다. 그러다 아마도 지인이던 장 자크 루소의 영향으로 의학을 포기하고 식물학을 공부하게 되었으며 1778년에 프랑스의 식물에 대한 책을 펴내면서 과학자의 길을 가게 되었다. 라마르크를 눈여겨 본 뷔퐁은 그를 아들(이 아들이 나중에 기요틴에서 처형되는 아들이다)의 가정교사로 고용했고 라마르크가 과학아카데미 회원이 되는 데도 힘을 썼다. 또한 뷔퐁은 1781년에 라마르크가 '왕의 정원'에서 왕실 식물학자로 임명되는 데도 영향을 미쳤다. 그들은 함께 독일, 네덜란드, 헝가리 등지의 식물원을 다니며 '왕의 정원'에 소장할 식물을 수집했다(Hays 1964).

라마르크는 루이 16세와 마리 앙투아네트가 기요틴에서 처형되는 1793년까지 왕실 식물학자로 일했다. 그해에 '식물원'으로 이름이 바뀐 '왕의 정원'은 자연사박물관Muséum national d'Histoire naturelle으로 개편되었고 각기 다른 과학 분야를 담당하는 12명의 교수가 운영을 맡게 되었다. 라마르크도 그중 한 명으로 임명되었는데, 그의 분야는 '곤충, 벌레, 기타 미세 동물'이었다(나중에 라마르크는 이 동물군에 대해 '무척추동물invertebrate'이라는 이름을 붙인다). 가장 권위가 떨어지는 분야였고 사실 라마르크가 아는 것도 없는 분야였다. 그래도 라마르크는 이 일을 맡아 방대한 표본을 체계화하면서 새로운 생물학 분야의 형성과 연구에 기여했다(Clifford 2004). 라마르크는 무척추동물과 고생물학에 대해 여러 권의 책을 썼고 물리학, 기상학, 수리지질학에 대한 책도 펴냈다.

하지만 오늘날 라마르크는 그가 개진한 초창기 진화 이론으로 가장 유명하고 가장 많은 비판도 받는다. 그의 진화 이론은 『동물 철학』(1809)에 가장 명료하게 나타나 있다. 라마르크는 생명체가 환경에 수동적으로 반응하는 것이 아니라 환경의 변화가 그 생명체가 필요로 하는 바를 바꾸어서 생명체의 행동에 변화를 가져온다고 보았다. 이렇게 해서 행동이 달라지면 특정한 신체 기관을 더 많이, 혹은 더 적게 사용하게 되며, 더 많이 사용되는 기관은 크기가 커질 것이고 사용되지 않는 기관은 크기가 작아지다가 몇 세대가 지나면 없어질 수도 있을 것이다. 이것이 라마르크의 제1법칙이라 불리는 용불용설用不用說이다. 라마르크의 제2법칙은 이런 식으로 생겨나는 모든 변화가 다음 세대로 전승될 수 있다는 개념이다. 라마르크는 환경에 적응하는 과정에서 생명체와 생명체의 신체기관이 지속적이고 점진적으로 변화해 간다고 보았다(Clifford 2004). 라마르크의 진화론이 현대의 다윈주의 진화론과 극명하게 차이 나는 부분은 진화가 우연에 의해 추동되는 과정이라고 보지 않았다는 점이다. 라마르크는 모든 종의 진화 과정에서 자연은 그 종이 세대를 거치면서 가장 단순한 형태부터 가장 완벽하고 복잡한 구조의 최종 형태까지 발달하게 하려는 "시도"를 한다고 보았다. 그의 이론은 각 계통이 저마다 완벽을 향해 변화해 간다는 특정한 방향성을, 즉 자연에서 벌어지는 점진적 진보의 과정을 이야기하고 있었다.

이러한 방식으로 라마르크는 변화의 특정한 과정을 포착하고자 했다. 당시로서는 너무 급진적인 개념이라 신이 고정된 종을 창조하셨다고 믿는 사람들이 받아들이지 못했고 라마르크는 조롱을 샀다. 가장 친한 동료인 뷔퐁과 퀴비에도 그를 조롱했다. 라마르크는 평생 가난으로 고전하며 살았다. 그는 네 번 결혼해서 일곱 자녀를 두었고 말년에는 시각을 완전히 상실해 두 딸의 보살핌을 받았다. 그는 1829년에 숨졌고 장례는 빈민장으로 치러졌다. 시신은 임대 장지에 매장되었고 그의 책과 자료는 경매로 팔렸다. 5년 뒤에 장지에서 시신이 제거되었고 그의 유해가 어디로 갔는지는 아무도 모른다. 조프루아 생틸레르가 그의 장례식에서 추도사를 한 사람 중 한 명이었다.

라마르크 사망 2주기에 퀴비에는 이미 신뢰를 잃은 라마르크의 가설에 쐐기를 박았다. 그는 라마르크의 이론이 시인을 즐겁게 해줄 수는 있겠지만 과학자의 탐구에 도움을 줄 수는 없을 것이라고 말했다(Hays 1964). 당대에 매우 존경 받는 과학자이던 퀴비에가 라마르크의 진화 이론을 이렇게 묘사하면서 라마르크의 이론은 빠르게 망각 속으로 사라졌다. 하지만 어쨌거나 퇴락설이 변화 과정을 내포하고 있었으므로 19세기 중반 무렵이면 많은 과학자들이 생물학적, 사회적 세계에서 '변화'가 발생하는 메커니즘에 대한 이론을 발달시키기 시작했고, 라마르크의 이론이 생물학자와 사회과학자 다수에게 다시 받아들여졌다. 사실 다윈의 『종의 기원』이 나왔을 무렵에 라마르크의 진화 이론은 퇴락설 지지자들이 받아들이는 몇 안 되는 과학적 이론이 되어 있었다. 환경이 생물학적, 사회적 변화에 영향을 미치는 과정에 대해 일관성 있는 설명을 제시했기 때문이다. 라마르크는 위대한 동물학자로 재평가되었고, 다윈 본인도 포함해 찰스 라이엘, 에른스트 헤켈, 폴 브로카, 미국의 고생물학자 에드워드 드링커 코프 등 다윈 시대의 많은 과학자와 진화론자에게 진화론의 선구자로 여겨졌다. 실제로 다윈이 묘사한 변화 과정에 라마르크의 설명이 일부 통합되어 있다(Rectenwald 2008). 형태가 변화하는 과정에 대한 라마르크의 이론은 현대 동물학의 출발점이라고 볼 수 있다. 다윈([1859], 1860, vi)은 이렇게 기록했다.

> 라마르크는 이 주제에 대해 많은 사람의 관심을 불러일으킨 첫 번째 인물이다. 마땅히 찬사받을 만한 저명한 자연학자인 라마르크는 그의 결론을 1801년 저서에서 처음 밝혔다. … 그는 처음으로 생명 세계의 모든 변화, 또 무생물 세계의 모든 변화가 기적이 개입해서가 아니라 법칙의 결과로서 발생할 수 있다는 가능성에 대해 매우 뛰어나게 관심을 불러일으켰다.

획득형질이 형태의 변화에 영향을 미친다는 개념은 사회학자 리처드 루이스 덕데일의 1877년 저서 『주크가家 이야기: 범죄, 빈곤, 질병, 유전에 대한 연구』에서 전형적으로 볼 수 있다. 이 책은 1910년까지도 계속해서 새로운 판본이 출간되었다. 주크 집안 사람들의 경험을 여러 세대에 걸쳐 추적한 책으로, 덕데일은 동일한 집안 사람들(40여 가족이 포함되었다)에게 환경이 미치는 영향을 조사해 일탈이나 비행이 점차 개선되었음을 짚으면서 이것이 환경의 변화를 통한 것일 수 있다고 주장했다. 획득형질론을 믿었던 덕데일은 이렇게 언급했다. "젊은 시절에 환경이 달라지면 유전적 특질들이 측정 가능한 정도로 달라진다. 따라서 교육이 중요하다."(Dugdale [1877] 1891, 55) 여타 퇴락설 지지자들과 마찬가지로 덕데일은 라마르크의 진화론이 두 방식 모두로 작동한다고 보았다. "환경은 전승 가능한 습관들을 산출한다. … 그것이 충분히 지속적이어서 뇌 조직에 변형을 일으키게 된다면 전승이 가능할 수 있는 것이다. … 이와 같은 점들을 고려할 때 내릴 수 있는 논리적인 결론은, 궁극적으로 경로를 결정하는 요인이 환경이라는 것이다. 여기에서는 유전 자체도 어떤 변하지 않는 환경이 산출한 결과물이 된다."(66) 이어서 그는 이렇게 결론 내렸다. "유전은 … 개체의 유기적인 형질을 고정시키며, 환경은 … 그 유전의 조정 과정에 영향을 미친다."(11) 이 당시 많은 과학자들이 인간의 행동적 특질을 산출하는 데 환경이 매우 중요한 요인이라는 점이 라마르크 이론이 갖는 함의라고 보았다.

다윈이 자연선택 이론을 개진할 때 생물학적 변화 과정에 대해서는 일관된 하나의 설명을 제공하지 않았기 때문에, 라마르크의 획득형질론이 가능할 법한 여러 가지 변화 메커니즘 중 하나로 포함될 수 있었다. 사실 다윈의 설명 중 많은 부분이 꽤 라마르크적이다(예를 들어, 다윈의 범생설pangenesis이 그렇다). 하지만 20세기 초입에 멘델 유전학의 재발견과 독일의 진화생물학자 아우구스트 바이스만이 수행한 실험들(2장 참고)로 라마르크의 이론은 다시 한번 반박당하고 조롱을 사게 된다.

16세기부터 다윈 시대까지 선아담 인류설 또는 다원발생설의 흐름

인간의 다양성에 대해 16세기부터 다윈 시대까지 선아담 인류설 또는 다원발생설도 퇴락설과 내내 함께 존재했고, 종종 퇴락설과 직접적으로 대치되는 입장에 있었다. 신대륙의 원주민들이 성경에서 말하는 아담의 후손이 아니라는 견해는 파라켈수스가 처음 제시했다. 바젤대학의 의학 교수였던 파라켈수스는 의학에서 화학의 중요성을 확고히 한 인물로 여겨진다(Brace 2005). 그는 모든 인간이 단일한 창조의 기원을 갖는다는 전통 견해에 맞서기를 주저하지 않는 논쟁적인 인물이었다. 16세기 초에 그는 아주 먼 지역의 사람들은 기원이 아예 다르며 그들의 기원은 요정, 사이렌, 도깨비, 도롱뇽과 같다고 주장했다. 모두 영혼이 없다고 여겨지던 존재들이다(Popkin [1974] 1983). 16세기 말에 철학자이자 우주학자인 조르다노 브루노도 인디언, 에티오피아인, 피그미, 거인, 그 밖에 기이하고 동떨어져 보이는 존재들은 나머지 인류와 동일한 조상에서 나오지 않았다고 주장했다(Slotkin 1965; Popkin [1974] 1983, 1976). 브루노는 1600년에 로마에서 종교재판을 받고 화형당했다(Yates 1992, Murphy 2012). 다원발생설 중 인종주의 이데올로기에 가장 크고 영구적인 영향을 미친 것을 꼽으라면 이삭 라 페레르가 제시한 선아담 인류설을 들 수 있을 것이다.

라 페레르는 프랑스의 칼뱅파 집안에서 태어났고, 길고 파란만장한 인생을 살았다(Brace 2005 참고). 그의 집안은 원래 스페인의 유대인 가문이었는데 15세기 말에 스페인에서 쫓겨났다. 그는 『선아담 인류』라는 책에서 인종에 대한 견해를 처음 제시했다(Popkin [1974] 1983). 이 책은 1641년에 집필했지만 1655년에 암스테르담에서 출간되었고 1656년에 『아담 이전에 인간이 있었다는 전제에 대한 신학적 설명 체계』라는 제목으로 영어로도 번역되었다. 라 페레르의 이론은 포프킨의 저서(Popkin 1973, [1974] 1983)에 상세하게 설명되어 있으며, 나는 두드러진 특징만 제시하고자 한다. 라 페레르는 아담의 탄생 이전에도 수백만 명의 사람이 살았는데 매우 비참한 상태였고 그 다음에 신이 인류를 구하기 위해 아담을 창조하고 유대인의 역사를 시작하셨다고 주장했다. 그의 책은 성경의 진실성에 도전했고 금서가 되어 불태워졌다. 이단으로 몰린 그의 견해는 견책당했고 그는 6개월간 옥살이를 해야 했다. 풀려나면서는 공식 철회서를 쓰도록 강요받았다. 포프킨에 따르면, "1655년부터 라 페레르의 다원발생설은 지속적으로 반박당했지만 지질학, 생물학, 고고학, 인류학, 역사학에서 성경과 상충되는 새로운 발견이 나올 때마다 가장 타당성 있는 설명으로 계속해서 되살아났다."(Popkin [1974] 1983, 141-142) 특히 계몽주의 시대에 성경을 더 이상 문자 그대로 믿지 않는 학자들 사이에서 선아담 인류설이 갖는 인종주의적 함의가 되살아나기 시작했고, 이어서 19세기와 20세기 초에는 이 이론이 다소 변형되어 인종주의 이데올로기의 강력한 '과학적' 근거로 발달하게 되었다.

18세기에 선아담 인류설, 즉 다원발생설은 인류의 기원에 대한 성경의 설명과 더 잘 부합하는 일원발생설, 즉 퇴락설만큼 널리 받아들여지지 못했다(Gould 1996). 하지만 유의미한 소수 견해이기는 했다(Gould 1996; Smedley 1999; Brace 2005). 18세기 스코틀랜드의 저명한 철학자이자 경제학자, 역사학자이던 데이비드 흄은 인종주의적인 다원발생설을 개진한 초창기 학자 중 하나다(Popkin [1974] 1983; Smedley 1999). 그는 이러한 이론을 자신이 제창하던 '귀납적' 자연주의 철학(Craig 1987), 즉 실험주의 철학의 일부로서 개진했다. 흄은 『인간 본성론』(1739-1740)에서 "우리가 이 과학(인류에 대한 과학)에 제공할 수 있는 유일하게 탄탄한 토대는 ... 경험과 관찰에 기반해야 한다"고 언급했다(Beebee 2011,

729 재인용). 서구 철학, 특히 스코틀랜드 계몽주의에서 가장 중요한 인물로 꼽히는 흄은 [각 인종이 별도로 창조되었다고 보는] '분리된 창조'설을 지지했고 비백인이 태생적으로 열등하다고 주장했다. 1700년대 중반에 흄은 이렇게 언급했다.

> 우리는 니그로가, 그리고 일반적으로 말하면 백인이 아닌 모든 인간 종(인간 종에
> 는 네댓 종류가 있다)이 태생적으로 백인보다 열등하다는 결론으로 기울게 된다. 흰
> 피부색이 아닌 사람들은 문명화된 국가를 건설한 적이 없고 심지어 개인 중에서도
> 행동이나 사고가 백인을 능가하는 사람이 없다. 그들 사이에는 독창적인 장인의 기
> 술도, 예술도, 과학도 존재하지 않는다(Popkin [1974] 1983, 143 재인용).

여기에서 흄은 그가 제창한 역사적 '귀납'법을 적용하고 있었다. 그는 인간의 본성을 가장 잘 연구할 수 있으려면 역사에서 인간이 보여온 행동을 관찰해야 한다고 생각했는데, 유럽인의 시각에서 역사를 관찰한 결과 유럽 이외의 지역에서는 문명이 존재한 적이 없다는 결론을 내리게 된 것이다.

흄이 놓은 주춧돌 위에서, 그리고 여타의 인종주의적 개념들까지 하나의 철학적 사고 시스템에 통합하면서, 이마누엘 칸트는 '피부색에 기반한 인종주의적 인류학'이라고 부를 만한 이론을 개진했다. 린네와 동시대인인 칸트도 나름의 인종 분류 체계를 만들었다. 칸트는 계몽주의 철학자 중 가장 영향력 있는 인물로 꼽힌다. 사실, 근대 시기 통틀어 가장 중요한 도덕 이론가로 널리 여겨진다(Guyer [1998] 2004). 하지만 그는 현대의 인종 개념과 과학적 인종주의의 아버지로도 볼 수 있다(Count 1950; Van de Pitte 1971; Neugebauer 1990; Eze 1995; Mills 1997; Jablonski 2012). 칸트는 독일의 과학과 철학에 **인류학**이라는 용어를 선보였으며 인종주의적 인류학이라고 부를 만한 것을 창시했다. 이 이론은 2차 세계대전 무렵까지 인류학의 상당 부분을 지배했다. 칸트는 인간을 피부색과 기후에 따라 네 개의 인종으로 분류했다(Kant [1775] 1950). 그는 모든 인종이 신에 의해 창조되었다고 생각했지만 핵심 특질이 기후에 따라 다르게 정해졌다고 보았다. 이로써 칸트의 다원발생설은 인류의 창조에 대한 성경적 해석의 틀에서도 더 잘 받아들여질 수 있었다. 칸트에 따르면, 기후가 각 인종의 자연적인 기

질 혹은 특질을 결정하는 요인이었고, 일단 인종적인 특질을 형성하는 과정이 발생하기 시작하면 이것은 불가역적이었다. 따라서 현재 존재하는 인종들, 그리고 각 인종의 특질들은 기후나 환경을 변화시켜도 다시 되돌릴 수 없었다. 칸트는 이렇게 설명했다.

> 고유의 특질을 오랫동안 보유함으로써 현재와 같은 인종이 일단 확립되고 나면 … 기후의 추가적인 영향에 의해 다른 인종으로 변화하는 것은 불가능하다. 줄기가 형성되는 것만이 새로운 인종이 분화할 수 있는 길인데, 일단 어느 줄기가 확립되어 여타의 특질을 억눌러 없애고 나면 추가적인 재구성에 대해 강한 저항성을 갖게 된다. 이제는 그 인종의 특징으로 확립된 특질들이 생식력을 지배하고 있기 때문이다(Kant [1775] 1950, 24).

칸트의 인종 구분은 각 인종의 지적 역량과 한계에 대한 구분이기도 했다. 그는 전형적인 기준인 피부색으로 유럽인, 아시아인, 아프리카인, 아메리카 원주민을 구분했는데, 이 구분이 각 인종의 내재적인 역량 차이와 겹친다고 보았다(Kant [1798] 1974). 칸트의 이론 체계에서는 백인의 내재적인 속성 자체가 백인이 가진 합리성과 도덕적 질서를 보장하며, 따라서 이들이 모든 피조물 중 가장 높은 지위를 차지하고 이어서 황인종, 흑인종, 붉은 인종의 순서로 위계가 존재한다. 비백인에게는 교육을 통해 이성을 실현하고 합리적인 도덕적 완벽성을 달성할 역량이 없다. 칸트에게 피부색은 불변하는 도덕적 특질의 증거였고 궁극적으로 자유의지의 증거였다. 그에 따르면, 유럽인은 스스로를 도덕적으로 교육할 역량을 가지고 있다. 아시아인도 그러한 역량은 있지만 추상적인 개념을 발달시킬 역량은 없다. 아프리카인은 선천적으로 게을러서 하인이 되는 교육만 받을 수 있는데(즉 명령을 따르는 것만 배울 수 있는데), 엄격한 처벌로 규율해야 한다(칸트는 대나무 회초리로 그들을 제대로 때리는 방법을 설명하기도 했다. [Neugebauer 1990; Eze 1995]). 아메리카 원주민은 전혀 희망이 없어서 교육의 가능성이 전무하다(Mills 1997). 또한 칸트는 인종 간 혼합이 불행과 피해를 야기하기 때문에 피해야 한다고 보았다(Neugebauer 1990).

칸트는 모든 인간의 평등과 시민적 권리를 주창한 사람이었지만, '모든 인간'은 스스로를 교육할 수 있고 따라서 자유의지를 가질 수 있는 사람, 즉 백인으로만 한정되어 있었다. 온전한 인간성을 달성할 수 있느냐 여부는 인종에 달려 있었고, 비백인은 도덕의 사다리에서 낮은 층에 위치해 있었다(Mills 1997). 철학자 에마누엘 처퀴디 에제는 칸트의 관점을 이렇게 요약했다. "예를 들어, 〔칸트의 논의에서〕 흑인은 온전한 인간성을 부정당했다. 온전하고 '진정한' 인간성은 유럽의 백인에게서만 나올 수 있다고 여겼기 때문이다."(Eze 1995) 칸트는 인간이 되려면 도덕적 사고를 할 수 있는 능력(즉 이성)과 도덕을 수행할 수 있는 능력(즉 자유의지)이 있어야 한다고 보았는데, 그가 보기에 아메리카 원주민과 흑인은 이러한 특질이 없었으므로 온전한 인간으로 간주될 수 없었다. E. C. 에제가 지적했듯이, 칸트에게 "이상적인 색은 '흰색'(**흑갈색 머리의 백인**)이었고 다른 사람들은 백인의 피부색에 얼마나 가까우냐에 따라 우열의 위계가 정해졌다."(Eze 1995, 217) 칸트는 비백인이 도덕적 주체성을 결여하고 있으므로 백인보다 가치가 상당히 떨어지는 인간 이하의 존재라고 여겼다(Mills 1997; Hachee 2011). 이에 더해, 도덕적 주체가 아닌 그들은 도덕적 가치를 가지고 있는 존재가 아니므로 다른 이들의 목적을 위해 쓰이는 대상이 될 수밖에 없다고 보았다. 그들은 합리성이 결여된 짐승에 불과했고, 우월한 도덕적 주체성을 가진 존재(진정한 인간)가 주인이 되어 자신의 의지에 따라 그들을 지배할 수 있었다.

당대의 많은 이론이 그랬듯이, 칸트의 이론도 여행자들이 전하는 이야기와 자신의 주관적인 생각에 토대를 두고 있었다. 흄을 직접적으로 언급하면서 칸트는 이렇게 주장했다.

> 아프리카의 니그로는 본성상 사소한 수준을 넘어서는 감정을 갖지 못한다. 흄은 니그로가 뛰어난 역량을 보인 사례를 하나라도 들어보라며 수십만 명의 흑인이 원래 살던 곳으로부터 다른 곳으로 운송되었고 그들 중 많은 수가 자유롭게 풀려났지만 여전히 예술이나 과학에서, 혹은 그 밖에 어떤 칭송할 만한 분야에서도 흑인이 두각을 나타낸 경우를 본 적이 없다고 주장했다. … 이 두 인종 사이의 차이는 너무나 근본적이며, 정신의 역량 면에서도 그 차이는 피부색의 차이만큼이나 커 보인다 (Kant [1764] 1965, 110-111).

칸트는 유대인도 온전한 인간이 아니라고 보았는데, 이 역시 일반 이론으로서 널리 받아들여졌다. 칸트에 따르면 행동의 동기는 물질적 이득을 향한 열망으로 추동되는 것이 아닐 때만 선하거나 도덕적일 수 있었다. 그런데 그는 유대교가 내재적으로 물질주의적인 종교라고 생각했다. 그는 유대교를 미신, 부정직, 세속성, 비겁함 같은 바람직하지 않은 특질과 등치시켰다(Mack 2003). 물론 비백인과 유대인에 대한 이러한 견해를 전적으로 칸트가 만들어 낸 것은 아니다. 이러한 견해는 전부터도 존재했고, 칸트는 서구 그리스도교 사상에서 오랫동안 매우 광범위하게 믿어져 온 고정관념을 한층 더 강화했다(Poliakov 1971; Jablonski 2012). 토론토유대인연합United Jewish Appeal of Toronto은 이렇게 지적했다.

> 적어도 12세기부터 유럽 문화는 상상된 유대인에 대한 섬뜩한 이야기들을 풍성하게 발달시켜 왔다. … 칸트의 인종 구분은 과거부터 존재했던 인종적, 종교적 위계를 되불러와 다시 활성화시켰다. … 그는 유대인에 대한 오랜 종교적 적대를 가져다가 철학의 언어로 재구성했다. … 칸트는 현대의 비종교적인 반유대주의의 무대를 닦았고 … 미래의 반유대주의자들을 위한 프레임을 제공했다. 대표적으로 G. W. F. 헤겔, 작곡가 리하르트 바그너 같은 사람들 말이다. 바그너가 아돌프 히틀러의 문화적 영웅이었으므로, 칸트의 반유대주의는 실로 오랫동안 영향을 미쳤다고 말할 수 있을 것이다(2003).

칸트는 자연지리학과 인류학을 결합한 분야를 40년 동안(1756-1797) 가르쳤고 인종에 대한 '과학적' 개념과 인종적 체질인류학이라는 새로운 분야를 독일에, 나아가 여타 유럽 지역과 미국에 소개했다(Kant [1775] 1950, [1798]1974, 1802; May 1970; Eze 1995; Mills 1997; Elden 2011; Jablonski 2012). 칸트는 이미 명성이 자자한 학자였고 그의 연구와 저술은 큰 존경을 받았으며 그의 글은 널리 읽혔다. 인류학자 니나 자블론스키는 이렇게 언급했다. "칸트의 저술과 강연은 인간 사이의 구분에 대한 가장 깊이 뿌리박힌, 그리고 가장 강력한 이론을 학문적 경험과 정교한 판단력이 일천한 독자와 학생 들에게 성공적으로 심어 놓았다."(Jablonski 2012, 130) 칸트는 모든 시대를 통틀어 가장 영향력 있는 인종주의자 중 한 명이 되었고 그의 인종 철학은 수세기간 이어졌다. 칸트가 근대의 가장 중요한 도덕 이론가로, 근대 도덕 이론의 아버지로 널리 여겨지고 있었기 때문에 인종주의의 역사를 논할 때 칸트는 언급되지 않는 경향이 적어도 최근까지 있었다(Eze 1995; Mills 1997; Hachee 2011). 하지만 자블론스키가 언급했듯이, "인류의 역사에서 인간에게 그렇게 커다란 고통의 강을 만들어낸, 그리고 그렇게 막대한 무게가 실린 학문적 구성물은 찾아보기 어려울 것"이다(Jablonski 2012, 135). 철학자 찰스 W. 밀스는 이렇게 요약했다(Mills 1997, 72. 강조 표시는 원문에 따름).

서구의 백인에게 당황스러운 사실 하나는 (그래서 숨기려고 했겠지만) 지난 300년을 통틀어 가장 중요한 도덕 이론가로 여겨지는 인물이 훗날 나치의 인종 이론의 토대가 되는 '지배 인종과 열등 인종' '인간과 인간 이하의 존재'와 같은 구분을 확고히 한 이론가이기도 하다는 점이다. 현대의 도덕 이론과 인종주의 이론은 아버지가 같다.

칸트와 후대 철학자들이 발달시킨 도덕철학 계약은 무엇보다 [백인우월주의를 고착화하는] 인종(피부색) 계약이었고, 물론 이것은 백인들이 자기들끼리 정한 계약이었다. 이에 더해, 철학 교수 매슈 하치가 강조했듯이 "수세대 동안 후세 철학자들에게서 칸트의 이미지가 … 매우 강도 높게 표백되었을 뿐 아니라, 지금 판단해 보건대 이러한 '선택적 기억'이 단순한 우연으로 보기에는 너무나 대대적이었다고 봐야 합리적일 것이다. 즉 우연이라기보다는 자기 자신의 인종주의에 편리하게 눈을 감은 철학 사조의 결과로 보인다."(Hachee 2011)

18세기 말에 노예제에 대한 논쟁과 자연 질서 및 사회 질서에서 '니그로'의 위치에 대한 논쟁이 불타오르면서, 영국의 의사 찰스 화이트는 아프리카의 흑인종이 백인이 창조된 것과 동일한 창조 과정에 의해 만들어진 것인지의 문제를 다시 불러왔다. 그는 『인간의 일반적인 단계적 차이에 관한 설명』(1799)에서 퇴락설을 반박했다(Gould 1996 참고). 화이트는 아프리카 흑인이 진정한 인간(유럽 백인)과 원숭이의 중간에 위치해 있으며 신체적으로나 지적으로나 백인보다 열등하다고 주장했다. 그리고 여타 인종은 흑인과 백인을 양 끝으로 하는 스펙트럼의 중간에 위치한다고 보았다. 그에 따르면, 각각의 인종은 별도로 창조된 별도의 종이며 각기 특정한 지리적 환경에 적응했다. 전에도 이와 같은 견해를 개진한 사람들이 있었지만, 화이트의 설명이 가장 과학적인 버전의 설명으로 여겨졌다. 6장에서 보겠지만 이와 매우 비슷한 이론(즉 인종 간 차이를 설명하기 위해 유인원을 불러오는 이론)이 1900년대 초에 다시 등장한다(Urbani and Viloria 2008; Marks 2012).

1800년대 초에 유럽과 미국에서 이삭 라 페레르의 선아담 인류설이 되살아났고, 이것을 성경과 합치시키려는 노력이 계속 이루어졌다. 포프킨, 굴드, 브레이스가 상세하게 설명했듯이, '과학적' 버전의 19세기판 선아담 인류설은 미국의 의사이자 고생물학자인 새뮤얼 모턴과 훗날 모턴파로 불리게 되는 그의 제자들에 의해 개진되었다(Popkin [1974] 1983; Gould 1996; Brace 2005). 모턴은 두개골 안에 겨자씨를 채워 용량을 측정한 것으로 잘 알려져 있다. 상이한 인간 집단의 두개골 용적을 비교한 그의 연구는 모두 두 권의 책으로 출간되었는데, 하나는 『아메리카 두개골』(1839)이고 다른 하나는 『이집트 두개골』(1844)이다.

모턴과 조지 R. 글리돈, 조시아 노트, 루이 아가시 등 그의 제자들은 선아담 인류설을 강력한 설득력을 갖도록 재구성해 냈다. 그들의 주장을 요약하면 다음과 같다(Popkin [1974] 1983). 첫째, 다양한 인간 집단들의 두개골 크기와 특질은 각기 고정되어 있고 기록된 역사가 존재하는 시기 내내, 적어도 3000년 동안, 동일하게 유지되었다. 이것은 이집트의 유적에서 나온 유물들과 두개골 측정으로 알 수 있다. 둘째, 집단별 두개골의 특질 중에는 백인, 아시아인, 아메리카 원주민, 아프리카 흑인의 순서로 두개골의 용량이 점점 작아지는 것도 포함된다. 셋째, 이러한 차이는 성경의 연대기와 부합하지 않는다. 따라서 가장 좋은 설명은 상이한 유형의 인간이 각기 별도로 창조되었다고 보는 것이다. 브레이스는 모턴이 '인류학의 미국 학파American School of Anthropology'라고 불리는 학파의 창시자이며, 모턴 본인은 진정한 학자이자 꼼꼼하고 혁신적인 과학자였지만 그의 학문을 이어받은 제자들이 노예제와 인종주의를 진전시켰기 때문에 그가 후세 사람들에게 잊혀 있었다고 본다(Brace 2005). 하지만 제자들과 마찬가지로 모턴도 백인 유럽인 외의 인종이 열등하다는 견해를 강하게 주장했다. 1851년에 그가 사망했을 때 『찰스턴 의학 저널』에는 다음과 같은 부음 기사가 실렸다. "우리 남부 사람들은 그를 우리의 든든한 후원자로 여겨야 마땅할 것이다. 니그로를 열등한 인종이라는 진정한 위치에 놓는 데 가장 탄탄한 근거를 제공해 우리에게 도움을 주었기 때문이다. 우리는 '표범의 점 무늬를 바꿀 수 없듯이 에티오피아인의 피부색을 바꿀 수 없다'는 사실이 보편적으로 받아들여질 때가 머지 않았다고 믿는다."

모턴은 『종의 기원』이 출간되기 전에 숨졌다. 하지만 모턴의 추종자들이 다윈의 (당시로서는) 논쟁적인 저술이 나오기 직전까지 모턴의 이론을 계속 발달시켰다. 조시아 노트는 '인류학의 미국 학파'에서 가장 비중 있는 대변인 역할을 했다. 그는 남부 유력 집안 출신의 존경받는 의사였다. 아버지는 예일대학을 졸업한 변호사였고 한 회기 동안 의원도 지냈으며 그 다음에는 판사가 되었고 사우스캐롤라이나 항소법원의 법원장도 지냈다. 조시아는 사우스캐롤라이나에서 의사로 일하다가 아내의 집안이 있는 앨라배마주 모빌로 이동했다. 처가는 매우 부유한 남부 플랜테이션 소유 가문이었다. 조시아는 사우스캐롤라이나의 해안가 동네에서 자랐는데 세계에서 노예 인구가 가장 많은 곳이었다. 남북전쟁 직전에 그도 남부 사람의 인종주의적 견해를 가지고 있었다. 그의 전기작가는 "노트는 ... 자신의 내재적인 편견을 (그가 생각하기에) 과학적 진리의 반열에 올리기는 했지만 ... 남부 신사로 여겨지고 싶어 했다"고 설명했다(Horsman 1987, 87, 296).

노트는 과학적 실재론자를 자처했지만 1843년부터 1861년 남북전쟁 발발 때까지, 그리고 이후 1866년에 쓴 저술에는 오만한 인종주의적 편견이 가득하다. 노트는 1843-1844년에 '니그로학에 대한 강연'이라고 이름 붙인 두 차례의 강연을 했고 1844년에 「코카서스 인종과 니그로 인종의 자연사에 관한 두 개의 강연」이라는 제목의 소책자로 펴냈다(Hammond 1981). 여기에서 노트는 인류가 도덕적, 지적 역량의 완벽성 차이에 따라 몇몇 인종으로 구분된다고 주장했다. 그는 자신이 성경의 설명과 인류의 실제 역사를 분리해서 보고 있다고 주장했다. 성경은 아담으로부터 시작되는 인종, 즉 코카서스 인종의 탄생과 발달만 다루고 있고 나머지 인종이 해당하는 선아담 인류에 대해서는 다루지 않고 있다는 것이었다(Popkin [1974] 1983). 모턴이 노트의 소책자를 읽은 뒤에 두 사람은 정기적으로 서신을 주고 받았다. 모턴은 노트의 소책자를 "매우 즐겁게, 그리고 많은 것을 배우면서" 읽었다고 편지에서 언급했다. 노트도 1847년에 모턴에게 보낸 편지에서 "나의 니그로학은 고향에서 내게 해가 되기는커녕 나를 기대했던 것보다도 훌륭한 사람의 반열에 올라가게 해주었다"며 자신이 "이 분야의 저명한 인물"이 되었다고 위풍당당하게 언급했다(Erickson 1986, 110 재인용). 1850년에 노트는 역시 모턴의 지지를 받아 노스캐롤라이나 찰스턴에서 열린 미국과학진흥협회AAAS 연례 회의에서 자신의 다원발생설을 발표했다. 노트는 남북전쟁 직전 및 직후에 인종에 대한 남부의 견해를 정식화한 주요 이론가의 반열에 올랐다.

루이 아가시는 선아담 인류설을 지지하는 모턴파 사람들에게 국제적인 과학적 권위를 보탰다. 아가시는 프랑스계 스위스 개신교 목사의 아들로 태어났으며 동물학자, 고생물학자, 지질학자였고 퀴비에의 제자였다. 그는 물고기 화석 연구로 가장 잘 알려져 있었고 평생 다윈주의에 반대했다. 아가시는 "전통적인 그리스도교의 목적론적으로 자아중심적인 입장을 견지하고 있었으며, 그 입장에서 인간은 신성한 창조의 목적이자 목표이고 세상과 세상의 모든 존재는 인간을 위해 쓰이도록 만들어졌다고 믿었다."(Brace 2005, 98) 그는 유럽에서 자신의 저술을 출판하는 자금과 관련해 재정난에 봉착하고서(당시에 드물지 않은 일이었다) 1846년에 미국으로 건너왔다. 사실, 빚을 해결하기 위해 대중을 상대로 하는 과학 강연자로 활동하려고 온 것이었다. 미국에 오고 얼마 뒤 그는 필라델피아에서 모턴을 만났고, 모턴은 아가시에게 퀴비에에 버금가는 영향을 미치게 된다. 아가시는 그가 묵은 호텔에서 흑인의 시중을 받았는데, 그때 아프리카계 흑인을 처음 보았다. 백합같이 흰 피부색의 나라인 스위스와 프랑스에서 자란 아가시는 처음 접하는 인간의 다양성에 충격을 받았다. 어머니에게 보낸 편지에서 아가시는 자기 자신, 그리고 유럽의 백인 상류층에서 그가 보아온 사람들과 너무나 달라 보이는 누군가를 보았을 때 들었던 혐오를 언급했다. 이러한 감정적 반응이 그의 '과학적' 견해에 생애 내내 영향을 미쳤다. 이 시점에 아가시는 모든 인종이 전부 아담에게서 유래한 것이 아니라 각 인종이 별도로 창조된 별개의 종이며 이러한 '종'들 사이의 혼합은 생물학적, 지적 열등을 초래한다고 본 모턴과 노트의 견해에 동조하고 있었다

(Popkin [1974] 1983; Gould 1996; Smedley 1999; Brace 2005).

1846년에 보스턴에서 열린 아가시의 초기 미국 강연들은 대단히 성공적이었다. 덕분에 그는 하버드의 로런스과학공학대학에서 학과장 겸 동물학 및 지질학 교수 자리를 제안받았고 그 제안을 수락했다. 그는 이후로 평생 미국에서 살았다. 1859년에는 아가시를 위해 '하버드 비교동물학 박물관Harvard Museum of Comparative Zoology'이 설립되었다. 아가시와 이 박물관이 다윈주의의 위협에 맞서 해독제 역할을 해주리라는 기대에서 이뤄진 일이었다. 1850년에 찰스턴에서 열린 AAAS 연례 회의에서 아가시(얼마 전 AAAS 회장으로 선출된 터였다)는 아프리카계 인종이 유럽인보다 내재적으로 열등하다는 노트의 논문을 알게 되었고, 그 논문의 발표가 끝나자 자리에서 일어나 노트의 다원발생설에 대한 지지를 밝혔다. 얼마 뒤 노트는 모턴에게 이렇게 편지를 보냈다. "이 전쟁에 아가시가 있으면 전투는 우리의 승리입니다. ... 우리는 그의 이름을 갖게 되는 것은 물론이고, 이제까지 소심하게 숨어 있던 사람들이 밖으로 나오게 할 수 있을 것입니다."(Brace 2005, 101) 같은 해에 아가시는 『크리스찬 평론과 종교 저술』에 「인종의 다양한 기원」이라는 글을 썼다(Agassiz 1850b). 그는 자신이 정치 문제가 아니라 과학 문제를 논하는 것이라고 주장했지만 동시에 다음과 같이 언급했다.

> 모든 인종이 동일한 역량과 동일한 힘과 동일한 기질을 가지고 있으며 이러한 동등함의 결과로 모든 인종이 인간 사회에서 같은 위치를 차지할 자격이 있다고 가정하는 것은 유사 박애주의이자 유사 철학으로 보인다. 역사가 보여주는 바는 자명하다(Popkin [1974] 1983, 147 재인용).

또한 아가시는, 성경은 "모든 인간이 아담과 이브라는 한 쌍의 조상에게서 유래했다거나 동물들이 한 쌍의 공통 조상이나 하나의 공통 중심으로부터의 비슷한 기원을 갖는다는 의미를 전하려 한 적이 없다"고 주장했다(Agassiz 1850a, 185). 그는 성경에는 "몽골인이나 니그로 같은 유색인종에게서 특징적으로 나타나는 신체적 차이에 대한 언급이 어디에도 없다"며 "오히려 우리가 들어왔던 이야기는 표범의 점을 바꿀 수 없듯이 에티오피아인의 피부색을 바꿀 수 없다는 분명한 이야기가 아니었는가"라고 반문했다(Agassiz 1850b, 135).

아가시의 기본적인 견해는 모든 인간은 서로 다른 역량을 가지고 서로 다르게 태어났다는 것이었다. 그에게 유색인종은 백인과 다르고 백인보다 열등한 능력을 가지고 있었다. 그는 각 인종이 최선의 역할을 하게 하려면 이 차이를 연구할 필요가 있다고 보았다. 앞서 흄과 칸트도 그랬듯이, 아가시도 아프리카인은 문명을 창조해 본 적이 없고 "잘 규율된 사회"를 발달시켜 본 적도 없으며 늘 노예였고 따라서 앞으로도 그래야 한다는 전제에서 자신의 이론을 전개했다. 또한 그는 이 때문에 아프리카인에게 유럽 문명의 교육과 문화를 누리게 하는 것은 시간과 노력의 낭비라고 보았다(Popkin [1974] 1983; Brace 2005). 사실상 그는 선아담 인류설과 마찬가지로 "신이 흑인과 백인을 별도의 종으로 창조했다"고 주장하고 있었다(Gould 1977a, 243).

브레이스가 지적했듯이, "이러한 판단에 도달하는 데는 과학적인 과정과 비슷한 것조차 적용되지 않았으며" 그의 결론은 "단순히 견해를 강변한 것이었고 그 견해는 대체로 미국 남부의 노예 소유 가문 출신인 그의 지인들의 태도를 반영한 것이었다."(Brace 2005, 102) 하지만 이 동일한 견해가 '인류학의 미국 학파'에 의해 과학계와 대중 모두에게 전파되었다. 모턴은 저명한 미국 과학자였고 아가시는 '하버드'와 '유럽'의 과학적 권위를 보탰으며 노트는 이 다원발생설 '학파'의 주요 대변인 역할을 했다. 흥미롭게도, 오늘날의 신인종주의자들에게서도 이와 비슷한 비과학적인 견해를 이와 매우 비슷한 방식으로 설파하는 모습이 자주 보이는데, 이에 대해서는 책의 뒷부분에서 더 자세히 알아볼 것이다.

'인류학의 미국 학파'는 『인류의 유형』이라는 교과서를 내놓으면서 전성기를 맞았다(Nott and Gliddon 1854). 이 책은 모턴파의 견해가 남북전쟁 이후와 다윈의 『종의 기원』 출간 이후를 거치고 살아남아 20세기까지 전파되는 데 큰 역할을 했다. 공동 편저자 조지 R. 글리돈은 이집트에서 자란 영국의 사업가로, 모턴이 인체측정 연구에 쓰도록 이집트 두개골을 가져다준 사람이기도 하다. 그는 모턴, 노트와 친해졌고 '인류학의 미국 학파'의 젊은 일원이 되었으며 이 '학파'의 인종주의적 개념을 활발히 전파했다. 이어 시기가 무르익었다고 생각한 글리돈은 노트 등 주요 인물이 이 학파의 핵심 개념과 입장을 설명한 책을 쓰도록 독려했다(이 흥미로운 인물에 대한 상세한 설명은 브레이스의 저술을 참고하라. [Brace 2005]).『인류의 유형』은 곧바로 매진될 만큼 선풍적인 인기를 끌었고 1871년까지 10쇄나 출간되었다. 이 책은 모턴에게 헌정되었고, 아가시가 쓴 장이 수록되어 있다.

이 책의 주요 목적은 과학적 발견이 노예제의 정당성을 입증한다는 점을 보여주는 것이었다(Brace 2005). 이 책은 두개골 크기와 형태의 고정성에 대한 모턴의 데이터, 노트와 아가시의 '역사적 접근' 등을 근거로, 각 인종이 서로 상이한 기원을 가지며 사실 상이한 '종'에 해당한다고 주장했다. 또한 인종 간 혼합은 생물학적으로나 지적으로 열등한 후손을 낳게 만들며, 백인이 타 인종보다 우월하고 진정으로 문명화된 유일한 인종이므로 백인과 타 인종의 혼합은 문명의 타락을 가져오고 미래를 위험에 빠뜨릴 것이라고 경고했다. 그들은 노예제를 두더라도 흑인과 백인이 떨어져 있어야 하며, 유색인종에게 교육 등 문명의 도구를 배울 기회를 주어야 할 근거는 전혀 없다고 주장했다. 아가시가 쓴 장은 이들의 다원발생설을 다음과 같이 요약하고 있다.

> 인종 간에 존재하는 차이는 원숭이나 여타 동물의 서로 다른 과, 속, 종에서 관찰되는 차이와 종류가 같다. 즉 상이한 동물 종 사이의 차이와 인종 간의 차이는 정도가 다르지 않다. 아니, 인종 간의 차이가 오히려 더 크고 두드러지는 경우도 많다. 침팬지와 고릴라 사이의 차이는 만딩고 니그로와 기니 니그로의 차이보다 크지 않고, 이들 모두와 오랑우탄과의 차이는 니그로와 말레이 인종의 차이, 니그로와 백인의 차이보다 크지 않다(1854, lxxv).

인류학자 오드리 스메들리는『인류의 유형』을 일컬어 "일반 독자를 대상으로 인종이라는 주제를 희한한 방식의 과학적 맥락에 올려놓는 데 가장 중요한 역할을 한 책을 한 권만 꼽으라면 이 책일 것"이라며, 이 책의 출간과 전파는 "18세기 후반에 시작되어 과학의 명성을 업고 막대하게 성장하면서 대대적으로 촉진된 어떠한 추세의 정점"이었다고 설명했다(Smedley 1999, 234). 이후 한두 세대에 걸쳐 이 책은 일반 대중과 학생에게 인간의 여러 종류에 대한 과학적 데이터의 주요 원천으로 널리 사용되었다. 스메들리는 이 책이 "19세기에 사실상 흑인에 대한 민속 담론 수준의 견해이던 것에 엄청난 과학적 권위를 싣고 그것을 인종주의 이데올로기로 확대하는 데 성공했다"고 지적했다.

퀴비에는 종교 때문에 일원발생설을 주장하긴 했지만 그의 견해에는 다원발생설과도 부합하는 면이 있었고, 따라서 그의 제자 아가시는 미국에서 쉽게 다원발생설 쪽으로 넘어올 수 있었다. 종교적 정통 견해로 인한 제약 없이, '인류학의 미국 학파'는 퀴비에가 제시한 정적이고 진화하지 않고 유형 분류적이고 비교해부학적인 접근을 인간 집단 간 차이의 연구에 적용했다. 인류학자 조지 W. 스토킹이 지적했듯이, 다원발생설은 환경이 생명 형태의 변형에 전혀 영향을 미치지 않는다고 보았다(Stocking 1968). 다원발생설은 신학의 목적론적 견해를 생물학적 '유형'에 적용했다. 그들은 골격 분류와 두개골 용량 측정을 토대로 두개골과 정신 능력에서 나타나는 인종 간 차이가 각 인종이 달성한 성취 정도와 상관관계가 있다고 보았다. 다윈이 『종의 기원』을 출간했을 무렵 다원발생설은 오늘날의 용어로 '체질인류학'이라고 부를 만한 분야에서 지배적인 이론이 되어 있었다. 미국에서 널리 받아들여진 형태의 다원발생설은 모턴, 노트, 글리돈, (퀴비에의 영향을 받은) 아가시 등 '인류학의 미국 학파'가 개진한 이론에서 가장 전형적으로 볼 수 있다.

모턴파가 미국에서 다원발생론적 인종주의의 '과학'을 설파하는 동안, 유럽에서도 인종주의 이론이 만들어지고 있었다. '인류학의 미국 학파'가 활동하던 시기에 유럽에서 인종주의적인 생물학적 결정론을 개진한 가장 중요한 인물을 꼽으라면 프랑스의 조제프 아르튀르 콩 드 고비노를 들 수 있다. 그는 여러 소설과 비소설 역사서를 집필한 저자다. 가장 영향력 있었던 저서는 미국에서 『인류의 유형』이 출간된 것과 동시대인 1853-1855년에 네 권으로 출간된 『인종 불평등론』이다(Gould 1996). 『인종 불평등론』은 19세기 말에 유럽과 미국에서 매우 인기가 있었고 20세기에 들어서까지도 널리 읽혔으며 사실 모턴파의 교과서인 『인류의 유형』보다 더 오래 영향력을 발휘했다. 조시아 노트의 도움으로 1856년에 이 책의 첫 두 권을 발췌·요약한 축약본이 영어로 출간되었다. 제목은 『인종 간의 도덕적, 지적 다양성』이었고(Biddiss 1970; Brace 2005) 노트가 이 영문본에 긴 부록을 덧붙였다(Nott 1856). 훗날 고비노의 『인종 불평등론』은 히틀러의 인종주의 철학과 그 경악스러운 정치에 매우 중대하게 영향을 미치게 된다. 스티븐 제이 굴드는 고비노를 현대의 '학문적 인종주의'의 할아버지라고 불렀으며 "19세기 학계의 인종주의자 중 가장 영향력 있는 인물"이었다고 평했다(Gould 1996, 379).

고비노는 느슨하게 말해 프랑스 귀족이라고 볼 수 있었으며 그럴 만한 합당한 권리가 없었는데도 이름에 〔백작이라는 뜻의〕 '콩comte' 호칭을 사용했다. 그는 경력의 대부분을 프랑스 외교 공무원으로 보냈지만 자신을 귀족으로 여기고자 하는 야망이 그의 세계관에 깊이 영향을 미쳤다. 1789년 프랑스 대혁명 때 귀족이 타도되는 것을 보면서 그는 이것이 문명의 지속적인 퇴락이 이뤄지고 있음을 보여주는 주요 징후라고 보았다(Biddiss 1970; Poliakov 1971). 사실 프랑스 대혁명 이전에도 왜 특정한 집단이 우월한 지위 혹은 귀족 지위를 독점할 신성한 권리를 갖는지 설명하고자 한 시도들이 18세기 내내 있었다. 그중 하나는 '노르딕〔북방 유럽 인종〕' 신화인데, 이는 더 이른 시기의 프랑스 귀족 앙리 드 불랭빌리에의 저술에서 기원을 찾을 수 있다(Poliakov 1971; Smedley 1999). 이 신화에 따르면, 유럽의 고귀한 계층은 게르만-프랑크족과 앵글로-색슨족 〔잉글랜드로 넘어간 고대 작센족〕에서 기원하고, 이들 게르만계 부족이 가장 우월한 종족이다. 여기에서 우월성의 근거 기반이 신학에서 생물학적 특질로 옮겨간 것을 볼 수 있다. 신이 그 생물학적 특질을 부여한 것이라고는 설정되어 있었지만 말이다. 이러한 주장을 편 사람들은 권력자들이 내재적으로 우월한 생물학적 속성을 가지고 있다고 보았다. 스메들리는 이렇게 설명했다. "앙리 드 불랭빌리에의 인종주의 이론은 당대의 계급 갈등에 뿌리를 두고 있었지만 각 계급이 뚜렷이 구분되며 변화할 수 없고 계급마다 별도의 기원을 갖는 유전적 특질을 가지고 있다는 부당한 개념을 실어 날랐다. 따라서 더 약한 계급 사람들은 자연적으로 열등하며 더 강한 계급 사람들에게 복종해야 한다는 논리가 설파되었다."(Smedley 1999, 254)

이러한 주장을 담은 저술들을 통해, 현재 프랑스에 살고 있는 사람들이 노르딕족, 알프스족, 지중해족, 이렇게 세 개의 계통으로 구분된다는 생각이 프랑스에 널리 퍼졌다. 흰 피부에 금발인 노르딕족은 고대 게르만족의 후손이고 모든 문명의 기원이며 지도자의 역량을 갖고 있는 유일한 사람들이라고 여겨졌다. 고비노의 『인간 불평등론』은 이미 널리 퍼져 있었던 이 신화에 생명력을 부여했고 이를 대중 과학의 영역으로 가져왔다. 고비노는 백인이 다른 인종보다 우월하다는 견해뿐 아니라 백인 중에서도 특정 종족이 다른 백인보다 우월하다는 견해를 발달시키는 데 일조했다. 그는 여기에서 **'아리아'**라는 용어를 사용했다. 원래 영국의 어느 식민지 행정가가 만든 말로, 오늘날 인도유럽어라고 불리는 공통 기원 언어를 일컬었다. 그러다가 1819년경에 독일의 시인이자 학자인 프리드리히 슐레겔의 강연과 저술을 통해 널리 쓰이는 용어가 되었다. 아리아 신화를 가장 강력하게 촉진한 사람이라면 동화 작가로 유명한 그림 형제 중 한 명인 야코프 그림을 들 수 있다. 그는 19세기 후반부에 널리 읽힌 『독일어의 역사』(1848)에서 이러한 주장을 폈다(Poliakov 1971). 하지만 고비노는 아리아 언어를 사용하는 사람들이 내재적으로 갖고 있는 생물학적, 행동적 특질에 주목했다(Biddiss 1970; Brace 2005). 즉 그는 언어의 위계가 인종의 위계와 일치하며, 인종이 역사를 추동하는 요인이라고 보았다. 그에 따르면 '아리아 인종'이 가장 우월하고 귀족층을 형성하는 인종이었다. 하지만 그의 견해는 당대에 널리 퍼져 있던 개념들을 종합한 것에 불과했다(Weindling 1989). 예를 들어, 독일에서 반유대주의는 아리아 인종 신화가 나오기 한참 전부터 존재했으며 아리아 인종 신화에 한층 더 강력한 기반을 제공했을 뿐이다(Poliakov 1971). 역사학자 레온 폴리아코프가 지적했듯이, "고비노는 이미 뿌리 깊게 존재했던 개념들을 매우 개인적인 방식으로 종합한 것에 불과했다. 그가 한 독창적인 기여는 주로 문명에 대한 사망 선고처럼 들리는 염세적인 결론에 있었다."(Poliakov 1971, 233)

고비노에게 아리아인은 백인종 중에서도 가장 고귀하고 지적이며 생명력 있는 종족이었다. 본질적으로, 그는 자신이 그 일원이라고 상상한 허구의 인종 집단을 만든 셈이었다(Hankins 1926). 마크스는 이렇게 설명했다. "인간 집단 사이의 상이한 생래적 특질에 **소구하는** 문명의 성쇠에 대한 일반 이론, **모든** 문명의 기원으로 상정되는 하나의 집단을 특정하는 것, 그리고 생물학적 혼합을 문화적 부패와 쇠락의 과정으로 간주하는 것은 꽤 독창적인 종합이었고 그의 이론은 단순성과 명백한 학문적 배경 덕분에 대중에게 굉장히 호소력이 있었다."(Marks 1995, 66)

『인종 불평등론』에서 고비노는 문명의 성공이 아리아 혈통의 순수성이 얼마나 잘 보존되어 있는가와 직접적인 상관관계가 있다고 주장했다. 아리아인 (이라고 그가 규정한 사람들)이 문명의 창조자인데, 집단 간 교배가 증가하면서 문명을 일굴 수 있는 능력이 점차 쇠퇴해 흩어져 버리고 있다는 것이었다. 고비노는 도덕적, 지적으로 열등한 황인종 및 흑인종과의 교배를 배제해야만 백인종, 특히 아리아 인종이 계속해서 지배자의 위치를 유지할 수 있으리라고 보았다(Gobineau 1856).

인종적 순혈주의와 혼합 교배의 위험성에 대한 개념은 이 책이 출간된 1856년, 즉 '드레드 스콧 사건'의 판결과 남북전쟁 발발 직전의 시기에 미국 남부에서 큰 인기를 끌었다. 또한 유럽과 미국 모두에서 20세기 초의 정치에도 막대한 영향을 미쳤다([Biddiss 1970; Gossett 1965; Brace 2005] 이 책의 뒷부분에서 상세히 살펴볼 것이다). 고비노는 1876년에 독일의 작곡가 리하르트 바그너를 만났고, 바그너는 프리드리히 니체도 그랬듯이 그의 저술에 깊은 인상을 받았다(Engs 2005). 바그너와 고비노는 가까운 사이가 되었고 바그너는 인종 불평등, 반유대주의, 아리아인의 우월성에 대한 고비노의 이론을 자신의 인종주의적 문화 이론을 뒷받침하는 과학적 근거로 삼았다. 바그너는 "1848년에서 1850년 사이에 아포칼립스적인 반유대주의 개념의 토대를 닦았다. 그는 유대인이 '쇠락과 해체를 촉진하는' 부패 인자라는 이미지를 강력하게 불러왔다."(Poliakov 1971, 198) 1880년대 말에 바그너주의는 물질주의와 진보적 자유주의에 대한 비판으로 매우 영향력이 있었다. 1894년에는 귀족 등 지배층을 위해 고비노 학회Gobineau Society가 설립되었다. 고비노는 독일 귀족층의 재생을 위한 영감의 원천으로 여겨졌다(Weindling 1989). 고비노식 인종주의는 해석하기에 따라 당대에 새로 등장한 다윈주의 이론과 부합하는 것처럼 보일 만한 여지도 있었다. 고비노의 저술은 휴스턴 스튜어트 체임벌린, 윌리엄 Z. 리플리, 에른스트 헤켈 등에게 큰 영향을 미쳤고(아래 내용 참고), 다시 이들은 매디슨 그랜트와 미국의 반反이민 정책에, 또 유럽에서 히틀러의 정책에 직접적으로 영향을 미쳤다 (Biddiss 1970; Marks 1995; Montagu 1997; Brace 2005).

바로 이들이 유럽과 미국에서 전개된 우생학 운동의 핵심 인물이다. 이 절에서 나는 고비노를 다원발생설 쪽에 포함시켰지만 사실 그는 가톨릭 교리와 충돌한다고 보았기 때문에 다원발생설을 거부했다. 고비노는 직접 독창적인 연구를 하지는 않았지만, 칸트식으로 성경적 해석에 더 잘 부합하는 개념을 제시하면서 인종 분화가 일단 발생하면 각 인종 유형은 영구적이고 변화하지 않는다고 주장했다(Brace 2005). 폴리아코프가 설명했듯이, "고비노를 한마디로 말하자면, 이론적으로는 일원발생론자였고 실천에서는 다원발생론자였다."(Poliakov 1971, 234)

고비노를 통해, 그리고 역시 칸트가 놓은 주춧돌 위에서, 인종주의적 일원발생설에 미세하지만 중대한 변화가 일어날 수 있었다. 성경적 해석에서 멀어져 '유전학적' 해석으로 이동한 것이다. 이제 성경이 말하는 창조 시점에서의 분리를 꼭 논하지 않고도 생물학적 결정론을 가지고 인종이 '혈통'이나 유전에 의해 생물학적으로 분리되어 있다고 주장할 수 있었다(인종뿐 아니라 민족, 부족, 경제적 계급까지, 인간 집단 사이의 다른 구분에 대해서도 마찬가지였다). 즉 그들은 이 동일한 '생물학적' 주장을 가지고 인종 간, 집단 간 구별이 고정되어 있고 변할 수 없는 것이라고 주장할 수 있었다. 따라서 인종주의가 성경적 전통주의자들에게도 더 잘 받아들여질 수 있게 되었고 생물학적 결정론에 기반한 인종주의가 더 널리 퍼지게 되었으며 당시 부상하고 있던 다윈주의 및 유전 이론과도 양립 가능할 만한 여지를 갖게 되었다. 모턴파가 성경적 해석에 (혹은 반성경적 해석에) 기초한 옛 다원발생설의 마지막이었다면, (칸트의 영향을 받은) 고비노주의는 '혈통' 혹은 유전에 기초한, 그리고 다윈주의와 잠재적으로 합치될 수 있는 수정 버전의 인종주의였다고 볼 수 있다. 인종 간의 차이는 이제 꼭 성경의 창조 시점부터 분리되어 있었던 것이라고 (혹은 그렇지 않다고) 설명할 필요가 없었다. 그 차이가 유전적인 것이기만 하면, 따라서 생물학적으로 다르기만 하면 되었다. 어느 경우든, 이러한 생물학적 구분은 고정되어 있고, 집단 간의 혼합은 열등함, 취약함, 높은 사망률 등으로 이어지리라고 상정되었다. 또한 환경의 영향으로는 바꿀 수 있는 것이 거의 혹은 전혀 없다고 간주되었다.

20세기로 넘어가기 직전에 휴스턴 스튜어트 체임벌린의 저서 『19세기의 토대들』을 통해 고비노의 (그리고 칸트의) 견해 상당 부분이 독일에 소개되었다. 이 책은 1899년에 독일어로 출간되었고 1910년에 영어로 번역되었다. 체임벌린은 바그너의 사위였다(Montagu 1997; Smedley 1999). 반유대주의자에 인종

표 1.3 일원발생설 대 다원발생설: 1600년부터 1900년까지

일원발생설(퇴락설): 환경영향설	다원발생설(선아담 인류설): 변화하지 않으며 생물학적으로 고정된 인종설
1600년대	
로크 『인간오성론』(1690)	라 페레르 『선아담 인류』(1655)
1700년대	
린네 『자연의 체계』(1758) 뷔퐁 『박물지』(1785) 블루멘바흐 『인류의 자연적 다양성에 　관하여』(1795)	흄 『인간본성론』(1740) 칸트 『상이한 인종에 관하여』(1775)
1800년대	
라마르크 『동물 철학』(1809)	모턴파 　모턴 『아메리카 두개골』(1839) 　노트와 글리돈 『인류의 유형』(1854) 　고비노 『인종 불평등론』(1853-1855)
	｜ 다윈 『종의 기원』(1859) ｜
	｜ 스펜서 『생물학 원론』(1864) ｜
덕데일 『주크가 이야기』(1877)	골턴 『유전되는 재능』(1869) 체임벌린 『19세기의 토대들』(1899) 바이스만 대 라마르크 (1889)
[일원발생설 혹은 환경영향설의 종말]	

주의자이던 바그너는 이미 고비노의 견해를 독일 대중에게 알린 바 있었다 (Stein 1950). 체임벌린은 군인 집안에서 태어난 영국인인데, 젊은 시절에 독일에 왔고 바그너를 만난 뒤 독일 문화와 언어를 점점 더 많이 받아들이게 되면서 열렬한 바그너주의자가 되었다. 그는 여러 권의 책을 썼는데, 가장 영향력 있었던 책이 바로 1,200쪽 분량의 『19세기의 토대들』이다. 이 책에서 체임벌린은 고비노의 논의를 이어받아 게르만족의 우월성을 찬양하고 19세기에 인류가 이룩한 문명의 성취가 게르만족 덕분이라고 설명했으며, 각 민족의 흥망은 '튜턴teutonic'[게르만] 혈통이 얼마나 순수하게 유지되고 있는지에 달려 있다고 주장했다. 그는 독일 인류학자 루돌프 피르호의 인종 평등 개념을 공격했고, 아리아 인종과 유대 인종이라는 개념에 대한 피르호의 비판도 공격했

다(Weindling 1989). 체임벌린은 칸트의 영향을 많이 받았고 칸트에 대한 책도 두 권이나 썼다(Chamberlain [1905] 1914). 칸트처럼 체임벌린도 맹렬한 반유대주의 자였으며 유대인이 내재적으로 도덕적인 결함을 가지고 있다고 생각했다. 그 의 반유대주의는 곧 나치 인종 철학의 핵심이 된다(Oakesmith 1919; Montagu 1997). 1800년대 말과 1900년대 초에 급진적인 독일 엘리트주의자들의 조직인 '범 독일연맹Pan-German League'이 결성되었다. 이 운동은 고비노학회와 연대해 체임 벌린과 고비노의 명성을 등에 업고 아리아 인종의 우월성 이론과 국수주의적 인 인종적 인류학을 널리 전파했다. 이러한 단체들과 "인종적 인류학자들은 … 인종 순수화를 위한 십자군 운동에 나섰다. 1914년까지 10년간 아리아 인 종에 대한 이론이 극단적인 민족주의 및 반유대주의적 우파 사상과 결합되었 다."(Weindling 1989, 111-112; 표 1.3)

1899년에 독일어로 출간되고 1900년에 영어로 번역된 헤켈의 『우주의 수 수께끼: 19세기를 마감하며』도 당대에 매우 영향력이 있었다. 당시 가장 저명 한 과학자 중 한 명이었던 에른스트 헤켈은 열렬한 다윈주의자이자 라마르크 주의자, 우생주의자였다(Shipman [1994] 2002; Spiro 2009). 그는 현재의 비백인 인종 이 원숭이에서부터 유럽인까지 발달되어 온 진화적 역사를 보여주는 연결고 리라고 보았다(Marks 2010b; 2012). 헤켈은 체임벌린에 대해서는 알지 못했지만 아리아 인종의 우월성에 대한 고비노의 주장은 자신의 저서에 인용했다. 또 체임벌린처럼 헤켈도 열렬한 반유대주의자였다. 당시 많은 사람들이 그랬듯 이 그는 열등한 유형의 사람들 때문에 게르만 혈통이 희석되어 아리아 인종이 퇴락하는 것을 매우 우려했다. 그는 "더러운" 유대인의 이주를 금지해야 한다 고 주장했고 열등한 인종은 문명화된 유럽인에 비해 "동물(가령 원숭이나 개)과 더 가까우므로" 그들의 생명에 대해서는 전적으로 다른 가치를 부여해야 한다 고 주장했다(Spiro 2009, 124). 그보다 앞서 골턴(2장 참고)과 체임벌린도 그랬듯이, 헤켈은 고대 스파르타에서는 허약하고 병에 잘 걸리거나 신체적 기형을 가지 고 있는 사람들은 죽임을 당했고 완전하게 건강한 사람만이 생존해 자손을 퍼 뜨릴 수 있도록 허용되었다고 언급했다(Haeckel 1892). 헤켈은 독일에서 내내 대 중적인 명성을 구가했고 국가와 인종의 재건을 위한 구세주로 여겨졌다. 『우 주의 수수께끼』는 첫해에 10만 부 이상이 팔렸고 25개 언어로 번역되었으며

2차 세계대전 때 다시 50만 부가 팔렸다(Shipman [1994] 2002).

이 시기에 영향력 있었던 세 번째 책은 1899년에 출간된 윌리엄 Z. 리플리의 『유럽의 인종들』이다. 이 책을 통해 고비노의 견해가 영어로 번역되어 미국 독자들에게 전해졌다고 할 수 있다. 리플리는 MIT에서, 그리고 (프란츠 보아스와 함께 [5, 6장 참고]) 컬럼비아대학에서 사회학과 인류학을 강의했다. 이 책에서 리플리는 유럽인을 튜턴 인종, 알프스 인종, 지중해 인종으로 나누고 이 세 인종이 각기 뚜렷이 구분되는 행동적 차이와 생물학적 역량을 보인다고 설명했다. 리플리는 "'인종' 개념에 대해 유럽에서 가장 정교하게 발달된 최신 사상이라고 알려져 있는 것"을 미국인에게 전하고 있었다(Brace 2005, 169). 곧 고비노는 체임벌린과 리플리를 통해 매디슨 그랜트에게 막대한 영향을 미치게 되며(3장 참고), 다시 이 모두가 히틀러와 독일 제3제국에 막대한 영향을 미치게 된다.

2장 │ 우생학의 탄생

1900년까지 라마르크의 이론은 엄격한 생물학적 결정론을 반박하는 주요 과학 이론 중 하나였다. 아직까지 환경은 몇몇 형태적, 행동적 특질에 중대하게 영향을 미칠 수 있는 요인으로 여겨지고 있었다. 그런데 서유럽 대부분과 미국에서 이것이 곧 달라지게 된다.

> 획득형질에 대한 믿음을 버린 것이 우생학 운동을 촉진한 촉매였다. … 환경이 인종적, 생물학적 기반의 행동을 변화시킬 수 없다는 것을 보임으로써 [다윈주의와] 새로운 유전학은, 획득형질론이 수용되는 한 인종주의가 가질 수 없었던 과학적인 토대를 인종주의에 제공했다(Degler 1991, 24).

많은 우생학 연구자들이 라마르크주의의 폐기가 우생학 발달의 주 요인이었다는 역사학자 카를 데글러의 위와 같은 주장이 과장되었고 오도의 소지가 있다고 말한다. 이를테면 프랑스와 일부 라틴 아메리카 국가(브라질 등)에서 우생학 운동은 '신新라마르크주의'에 의해 조율되었고, 그 결과로 1930년 이전에 프랑스에서는 우생학 운동이 종종 공중보건 운동 및 환경 조건의 개선에 대한 관심과 함께 전개되었다(Paul 1995; Weiss 2010; Science Encyclopedia 2013; Garland Allen, 개인적인 교신, 2013). 하지만 라마르크의 이론이 기각된 것이 서유럽과 미국에서 더 급진적인 우생학 운동의 발흥에 큰 영향을 미쳤으며, 바이스만과 멘델을 더 잘 받아들인 나라들이 가장 가혹한 우생학 정책을 도입했다는 점은 분명하다(Paul 1995).

라마르크에 대한 반박

1889년에 라마르크의 획득형질 전승 이론은 발생학자 아우구스트 바이스만에 의해 생물학적 특성의 진화적 변이를 설명하는 메커니즘으로서는 종말을 맞았다. 바이스만은 동물의 신체나 행동에서 어떤 변화가 발생하든지 간에 그 변화가 자손에게서는 나타나지 않음을 보여주었다. 자신의 실험 결과를 토대로, 바이스만은 '생식세포germ cells'('생식질germ plasm'이라고도 불린다)가 환경에 의해 영향을 받을 수 없으며 변화되지 않은 채로 다음 세대에 전승된다고 주장했다(Paul 1995). 20세기로 넘어가는 시점에 바이스만의 실험은 당시 재발견된 멘델의 유전 이론과 맞물려서, 그리고 인간 삶에 유전이 차지하는 역할에 두드러지게 무게가 실리면서 큰 영향력을 발휘했다(Degler 1991; Weiss 2010). 이것은 일원발생설과 환경영향설에 막대한 타격이었다. 어떻게 환경 요인으로부터 인종 간의 차이가 발생할 수 있는지에 대해 다른 설명을 가지고 있지 못했기 때문이다. 카를 데글러는 이렇게 설명했다(23). "새로운 유전학이 … 라마르크의 획득형질론에 미친 영향은 말 그대로 치명적이었다." 이제 인간 사이의 다양성과 차이는 생물학 메커니즘으로만, 즉 유전으로만 설명될 수 있었다. 20세기로 넘어가면서 더 이상 인간 사이의 차이를 아담과 이브에게까지 연결시킬 필요는 없어졌지만 일원발생설과 다원발생설의 기본 개념은 여전히 유효했다. 인간 사이에 다양성이 발견되는 원인이 환경의 영향인지 아니면 엄격하게 생물학적 요인으로만 결정되는 것인지의 논의에서처럼 말이다. 옛 일원발생설과 유사한 견해를 가지고 있는 사람들은 획득된 사회적, 생물학적 특질이 수세대를 거쳐 이어지는 식으로 환경이 영향을 미칠 수 있다고 보았다. 반면 옛 다원발생설을 수용한 사람들은 이제 상이한 인종이 애초부터 완전히 분리된 기원을 갖는다고는 여기지 않았지만(계속 이렇게 여긴 사람들도 있긴 했다) 인종 간 차이는 그 속성상 전적으로 유전에 의한 것(즉 생물학적인 것)이며 적어도 유의미한 시간 단위 안에서는 환경의 영향으로 달라질 수 없다고 보았다. 미국의 사회학자 레스터 프랭크 워드가 1891년에 언급했듯이, "만약 [바이스만과 그의 추종자들이] 옳다면 교육은 미래의 인류에게 아무런 가치가 없다"는 이야기가 되는 것이었다(Paul 1995, 440 재인용).

따라서 자연선택론이 멘델의 유전학과 결합한 뒤에는 특정한 인종이나 '바람직하지 않은' 인간 유형을 열등하게 만든 소위 퇴락적 변화가 그들의 환경을 바꾸거나 개선함으로써 교정될 수 있다고 여겨지지 않았다. 이러한 학문적 분위기를 고려하면, 왜 생물학에 우생학적 '과학'이 만연하기 시작했는지 이해하기 어렵지 않을 것이다.

멘델 유전학의 재발견과 다윈의 자연선택론은 엄격한 생물학적 결정론에 과학적 신뢰성을 부여했다. 이 덕분에 다원발생설 계열의 이론이 성경과 명백히 배치되지 않게 되어서 더 많은 사람들에게 받아들여질 수 있었다. 엘리트주의적인 '사회적 다윈주의'의 인기, 라마르크 이론의 쇠퇴, 그리고 멘델 유전학과 다윈의 자연선택론의 결합은 우생학 운동이 펼쳐지는 데 완벽한 환경을 (이 경우에는 '퍼펙트 스톰'을) 만들었다.

예상하다시피 옛 다원발생설과 우생학 운동은 매우 긴밀하게 연결되어 있었다. 노트와 글리돈의 교과서 『인류의 유형』과 고비노의 『인간 불평등론』은 반세기나 전에 쓰여졌지만 20세기 초에도 유럽과 미국에서 교재로 널리 쓰이고 있었고 노트와 고비노 모두 우생학 운동이 기본적으로 갖는 인종주의적 요소들에 강한 영향을 미쳤다. 이어서 20세기 초입에 체임벌린과 리플리가 고비노의 개념을 독일과 미국에 다시 한번 널리 전파했다. 또한 미국에서 아가시, 노트, 고비노가 너새니얼 사우스게이트 셰일러에게 직접 영향을 미친 경로도 확인할 수 있다(이 내용은 브레이스의 저서에 상세하게 설명된다. [Brace 2005]). 셰일러는 고생물학 및 지리학 교수로, 훗날 하버드 로런스과학공학대학의 학장이 된다.

셰일러는 아이티의 노예 소유 가문에서 태어나 미국 켄터키주에서 자랐다. 아내 쪽 집안도 부유한 명문가였고 남부의 노예제와 이데올로기적으로나 경제적으로 긴밀하게 관련되어 있었다. 1859년에 하버드에 진학하기 위해 보스턴에 갔지만 그는 평생 노트와 비슷한 [남부의] 사고와 태도를 가지고 있었다. 연방군에서 짧게 복무하고서 1864년에 하버드로 돌아와 하버드 고생물학 박물관의 조교가 되었는데, 그를 뽑은 사람이 아가시였다. 아가시의 수제자이던 셰일러는 아가시가 사망하기 조금 전인 1870년에 교수가 되었고 1891년에는 학장이 되었다. 그는 오랫동안 대학에 있으면서 총 7,000명 정도의 학생에게 강의를 했고 "미국 도금 시대Gilded Age에 하버드에서 열정적이고 뛰어난 강의력으로 전설적이던 인기 교수"였다(Livingstone 1987, 276).

인간의 다양성에 대한 셰일러의 견해는 고비노(와 프리드리히 라첼)의 아리아/노르딕 인종의 우월성 개념에서 직접적으로 영향을 받았고 노트의 정통 다원발생설적 인종주의에도 영향을 받았다. 1888-1889년에 진행한 강연이 1891년에 『아메리카의 자연과 인간』으로 출간되었는데, 여기에서 셰일러는 아리아인의 우월성에 대한 고비노의 이론을 설파했다. 이에 더해, 미국인으로서 셰일러는 미국 흑인에 대한 노트 및 아가시 스타일의 견해도 저서에 담았다. 흄과 칸트의 1700년대 철학으로 돌아가서, 그리고 노트를 연상시키면서, 셰일러는 이렇게 언급했다.

> 인종적 특성의 고정성은 몇몇 구분되는 인종이 수세기간 상이한 기후대에서 살아오면서 이전의 여건에서 생성되었던 특질을 계속해서 보유할 수 있게 했다. … 아메리카, 아프리카, 호주에서 생성된 인간 유형을 보건대, 이곳들은 위대한 인종을 생성하는 요람이 되기에 적합한 지역이 아님을 알 수 있다. … 이 대륙들은 야만의 수준을 넘어선 인종을 만들어내지 못했다(Shaler 1891, 165-166).

셰일러는 다양한 인간 '종'들 간의 혼합을 경멸했고, 미국 흑인과 유럽인 사이에서 태어난 자손은 순혈인 부모보다 열등하다고 보았다. 노트를 연상시키면서, 셰일러는 아이티, 자메이카, 미국에서 "흑인을 해방시키려 했던 모든 실험은 그들이 원래 처해 있었던 노예제보다도 안 좋은 상황에 처하게 만들었다"고 언급했다. 그는 "스페인과 포르투갈 정착지에서 니그로 혈통이 백인과 상당히 많이 섞였는데 … 백인의 혈통이 약간의 활성화 효과를 가져다주긴 했지만 인종이 섞이면서 치명적인 퇴락이 일어나 전체 인구가 거의 희망이 없는 상태가 되었다"고 주장했다. 또한 그는 이것이 "아메리카의 땅에 아프리카 인종과 유럽 인종을 함께 불러오려던 노력에서 발견된 사실"이라며, "요약하자면, 모두 가망 없는 실패로 귀결되었다"고 언급했다(Shaler 1884, 698).

19세기 말 무렵에 셰일러가 전파한 고비노의 견해는 "윌리엄 Z. 리플리에 의해 결정적으로 확산되었고 다시 또 많은 사람들이 이것을 열정적으로 전파했다."(Brace 2005, 161) 이어서 유럽인을 다시 세 개의 인종으로 나누는 리플리의 구분법은 매디슨 그랜트에게 이어졌다. 그랜트는 튜턴족을 노르딕 인종으로 바꾸어 노르딕 인종이 가장 우월한 인종이라고 주장했다. 그랜트는 이러한 구분법을 바탕으로 1920년대 미국의 이민 정책에 막대한 영향을 미치게 된다(3장 참고).

요컨대, 셰일러는 노트, 아가시, 고비노의 사상과 17, 18세기 및 19세기의 여타 다원발생론자들의 사상을 20세기로 가져오는 데 혁혁한 공을 세웠다. 그뿐 아니라 셰일러는 다수의 영향력 있는 하버드 졸업생의 사고에도 막대한 영향을 미쳤다. 예를 들어, 1889년에 졸업한 세 명의 부유한 학생 C. 워런, R. D. 워드, P. F. 홀은 1894년에 이민제한연맹Immigration Restriction League을 설립하고 셰일러를 부회장 중 한 명으로 영입했다. 강력한 반이민주의자 정치인이던 헨리 캐벗 로지도 셰일러의 제자였으며, 시어도어 루즈벨트도 하버드에서 인간 종의 차이에 대한 셰일러의 강의를 들었다.

노트와 고비노부터 20세기까지 엄격한 생물학적 결정론이 이어진 과정을 추적하는 우리의 작업에 더 직접적으로 관련 있는 부분은 셰일러가 찰스 대븐포트에게 미친 영향이다. 그는 셰일러가 『아메리카의 자연과 인간』을 펴내고 1년 뒤인 1892년에 하버드에서 박사 학위를 받았다. 본질적으로 셰일러의 견해를 그대로 반영해서, 25년쯤 뒤에 대븐포트는 인류학자 스테게르다와 함께 『자메이카에서의 인종 혼혈』을 펴내서 수백 년 된 똑같은 견해를 다시금 설파했다(Davenport and Steggerda, 1929).

미래를 생각하는 사람이라면 다음과 같은 질문을 하게 마련이다. 이러한 인종 간 혼합의 결과는 무엇일까? 특히 과거에 성취한 것들을 자랑스러워하는 우리 백인종은 과학과 예술의 발전에 덜 기여해 왔던 다른 인종들과 우리의 혈통을 섞는 것이 가져올 결과가 무엇일지에 대해 진지하게 질문해야 한다(225).

백인종과 흑인종 사이의 혼혈이 불러올 한 가지 결과는 사람들이 조화롭지 않게 한데 묶이면서 박약한 사람들을 과도하게 많이 생산하게 되는 것이다(237).

… 박약한 사람들이 일으키는 부담은 매우 과중하며 … 이것이 인종 간 혼합이 우리에게 치르게 만드는 … 무거운 비용이다. 잡종으로 이뤄진 집단은 지적 역량이 떨어지는 사람이 과도하게 많이 포함된 인구 구성을 갖게 될 것이다(238).

앞으로 살펴보겠지만, 대븐포트와 그를 따르는 우생학 운동의 인사들은 생물학적 결정론, 인종주의적 편견, 그리고 우생학적 우파의 적극적인 정치 의제들을 히틀러의 나치 정권으로까지 가져왔다. 사실 우생 '과학'과 엄격한 생물학적 결정론은 나치즘의 중추다. 인류학자 조지 스토킹은 이렇게 설명했다. "광범위한 관점에서 보면 다원발생설과 일원발생설은 인간 집단 간에 보이는 다양성과 관련해 오래도록 번갈아 등장해 온 견해들의 특정한 표현형일 뿐이다. … 이러한 차이를, 정도 문제이냐 종류 문제이냐, 환경에 따른 변이의 산물이냐 변화하지 않는 유전의 산물이냐, 동태적이냐 정태적이냐, 상대적이냐 절대적이냐, 무작위적이냐 위계적이냐 등의 차이로도 이야기할 수 있을 것이다. 이렇게 보면, 다원발생설은 다윈의 『종의 기원』의 등장으로 종말을 고한 것이 아니고 오늘날에도 완전히 사라지지 않았다."(Stocking 1968, 45)

이러한 의미에서, 우생학을 연구한 많은 역사학자들이 다원발생설과 일원발생설이 『종의 기원』이 출간되면서 끝났다고 보지만(Garland Allen, 개인적인 교신, 2013) 이 책에서는 일원발생설과 다원발생설이라는 표현을 때때로 사용할 것이다.

우생학, 추악한 머리를 들다

사회적 다윈주의는 빅토리아 시대 말기에 영국, 미국, 그리고 유럽 상당 지역에 매우 널리 퍼져 있던 신념 체계로, 사회에서 가장 강하고 적합한 자가 생존, 번성해야 하며 약하고 부적합한 자는 소멸하게 두어야 한다고 보았다. '강한 것이 옳은 것이다'라고 주장하는 엘리트주의적 이론은 다윈의 『종의 기원』이 나오기 전에도 서구 사회에 오랫동안 존재해 왔지만, 다윈주의 개념이 동원되어 그러한 엘리트주의적 개념과 이상이 한층 강화되었다. '적응'이라는 개념은 부유하고 강력한 사람들이 현 사회의 사회경제적 환경에 더 잘 적응한 사람들이라는 주장을 뒷받침했고, '자연선택'이라는 개념은 강한 자가 약한 자를 누르고 살아남는 것이 자연스럽고 정상적이며 합당한 것이라는 인식을 강화했다. 즉 사회적 다윈주의자들이 보기에는 '적자생존'이 자연스러운 일일 뿐 아니라 도덕적으로 옳은 일이기도 했다. 실제로 많은 이들이 사회가 약자에게 보조를 제공하는 것이 도덕적으로 옳지 않다고 생각했다. 부적합한 사람의 생존과 재생산을 촉진하는 격이 된다는 것이었다. 사회적 다윈주의는 경쟁적 투쟁, 혹은 '적자생존'의 과정이 개인 사이, 사회 내의 집단 사이, 사회들 사이, 그리고 인종이나 종족 집단들 사이에서 보편적으로 일어난다고 보았다.

허버트 스펜서는 사회적 다윈주의자가 아니었지만(Weinstein 2012 참고) 이러한 이데올로기의 원천으로 흔히 거론된다. 사회철학자인 스펜서는 『종의 기원』을 읽고서 1864년에 '적자생존survival of the fittest'이라는 말을 만들었다. "이러한 적자생존(여기에서 이 표현은 기계적인 의미로 사용했다)은 다윈이 자연선택이라고 부른 것과 같으며 [종족 간의] 생존 투쟁에서 더 나은 종족을 보존하는 과정이라고 할 수 있다."(Spencer 1864, 444) 하지만 『종의 기원』이 나오기 전에도 스펜서는 사회학과 윤리학 저술에서 진화와 관련된 개념들을 사용했는데, 다윈의 자연선택 개념보다는 라마르크가 제시한 변화 메커니즘을 주로 이야기했다. 사실 어느 면에서는 다윈도 라마르크주의자라고 볼 수 있었다.

스펜서의 글에서 사회적 다윈주의의 씨앗을 발견할 수 있다. 그는 진화 과정을 통해 더 완벽한 개체가 산출되려면 현재와 미래의 세대가 그들이 한 행동의 "자연스러운" 결과를 겪어야 하며 정부나 자선 기관 등의 개입이 없어야 한다고 생각했다. 이러한 방식을 통해서만 자기향상이 달성되고 그것이 후손에게 전해질 수 있다는 것이었다. 따라서 교육이나 공적 보조, 백신 의무 접종 등 "자연스러운" 상태를 교란하는 개입에는 그것이 무엇이든 반드시 저항해야 했다. "무자격 빈민"에게 자선이나 보조를 제공하면 인간이 더 높은 수준을 향해 지속적으로 진화해 나가는 데 꼭 필요한 과정(이라고 스펜서가 생각한 것)을 방해하게 될 터였다.

다윈과 스펜서 모두 토머스 맬서스의 『인구론』(1798)에서 크게 영향을 받았다. 목사이자 경제학자이던 맬서스는, 자연에서 식물과 동물은 생존할 수 있는 정도보다 많은 자손을 생산하며 사람도 다른 제약이 없다면 자연스럽게 과도한 재생산을 하게 된다고 보았다. 그리고 인간의 경우 사회적인 향상이 인구 증가로 이어지지만, 점차로 인구 증가가 기근, 질병, 높은 사망률 등의 요인으로 제약될 것이라고 보았다. 다윈의 『종의 기원』도 1859년에 출간 즉시 매우 널리 읽혔지만 스펜서의 저술은 심지어 더 인기가 있었다. 스펜서의 책은 그의 생전에 100만 부 이상 팔렸는데, 철학자로서는 전례 없는 일이었다 (James 1904). 요컨대, 다윈과 스펜서가 19세기 후반에 지극히 큰 영향력이 있었다고 말할 수 있을 것이다.

우생학 운동은 사회적 다윈주의의 직접적인 연장선에 있긴 하지만 둘이 동일하지는 않다. 국가의 개입에 대해 말하자면, 우생학은 선제적이고 개입적인 반면 사회적 다윈주의는 자유방임 쪽에 더 가까웠다(Garland Allen, 개인적인 교신, 2013). 우생학이라는 용어와 우생학 운동 모두 프랜시스 골턴에게서 그 기원을 찾을 수 있다. 골턴은 찰스 다윈의 배다른 외사촌으로, 골턴은 이래즈머스 다윈의 [두 번째 부인과의] 외손자, 찰스 다윈은 [첫 번째 부인과의] 손자였다. 다윈처럼 골턴도 부유한 가정에서 태어났다. 골턴의 집안은 매우 성공적인 총기 제조업자이자 은행가 집안이었다. 골턴은 의학교에 진학했지만, 아버지의 사망 이후 생계를 유지하기 위해 돈을 벌어야 할 필요 없이 여러 지역을 돌아다니며 과학적 관심사를 추구하기에 충분한 유산을 받았다(Brace 2005). 평생에 걸쳐 골턴은 지리학, 기상학, 생물학, 심리학, 범죄학, 통계학에 두루 기여했고 탐험가이자 발명가였으며 1909년에는 기사 작위까지 받았다. 어떤 이는 골턴이 천재이고 다양한 저술을 내놓은 왕성한 과학자이며 어린 시절부터 영재였다고 생각한다(골턴 본인도 그렇게 생각했다). 하지만 어떤 이는 그가 자기만 아는 거만한 속물이고(Brace 2005), 그저 그런 정도의 학자이며 사기꾼이자 악당이고(Graves 2001), 심지어는 정신적인 파시스트라고 여긴다(Medawar 1975; Bulmer 2003).

골턴은 1883년에 '**우생학**Eugenics'이라는 말을 만들었다. '태생이 좋은'이라는 뜻을 가진 그리스어에서 가져왔으며 다윈의 저술에 나타나는 몇몇 개념과 관련된 의미를 담고 있었다(Galton 1883). 그 전에 다윈은 『인간의 유래』에서 이렇게 언급한 바 있었다.

우리는 정신박약아, 불구자, 환자를 수용하는 시설을 짓는다. 우리는 구빈법poor law을 만들고 집행한다. 우리의 의료진은 그들의 가장 뛰어난 기술을 모든 사람을 마지막 순간까지 살리는 데 사용한다. … 이렇게 해서, 문명화된 사회의 취약한 구성원이 자신과 같은 종류의 인간을 번성시키게 된다. 가축 육종으로 종자 개량을 해본 사람이라면 이것이 인간 종에게 매우 해로운 일이라는 데 의문을 제기하지 않을 것이다(Darwin [1871] 1874, 130).

하지만 다윈은 이러한 상황[취약한 구성원이 자신과 같은 종류의 인간을 계속 재생산하는 상황]이 바뀔 가능성은 없어 보이며 바뀔 수 있다고 꿈꾸는 것은 유토피아적인 희망이라고 생각했고, 그러한 변화는 유전의 법칙이 온전히 알려진 뒤에야 가능하리라고 보았다(Paul 1995). 반면 골턴은 인간 종의 개량을 위한 체계적인 육종이 가능할 뿐 아니라 매우 바람직한 목표이기도 하다고 보았다. 그는 1870년대부터 1911년에 사망할 때까지 우생학의 잠재력과 가능성을 탐구하는 데 경력을 바쳤다. 골턴은 우생학적 개념을 개인 수준에만 한정하지 않고 인종 간에도 적용했다. 그는 평균적으로 '니그로'의 지적 수준은 현재의 '앵글로-색슨'보다 두 단계 아래이고 현재의 앵글로-색슨은 고대 그리스인보다 지적 수준이 두 단계 아래라고 보았다(Galton 1869). 그가 우생학 개념을 정교화하면서 상정한 목표는 "인종의 육성과 크든 작든 관련 있는 다양한 주제들, 즉 '우생학적' 질문들이라고 부를 만한 다양한 주제들을 연구"해서 "더 적합한 인종이나 혈통이 덜 적합한 인종이나 혈통보다 빠르게 번성할 기회를 가질 수 있도록 신중한 짝짓기"를 촉진하는 것이었다(Galton 1883, 24-25).

골턴의 우생학 이론은 통계적 접근에 기초하고 있었다. 그와 그의 수제자 칼 피어슨은 통계 모델을 사용해 특질의 전승을 묘사하는 '신체 측정biometrical' 접근법을 발달시켰다. 그런데 멘델의 유전 법칙이 재발견되면서 우생학에 두 개의 분파가 생겨났다. 하나는 통계학자들, 다른 하나는 생물학자들로 구성되어 있었는데, 통계학자들은 생물학자들이 사용하는 수학 모델이 너무 투박하다고 보았고 생물학자들은 통계학자들이 생물학에 대해 아는 것이 없다고 보았다(MacKenzie 1981). 초창기 우생학을 촉진형positive 우생학과 제거형negative 우생학으로 구분해 볼 수도 있다. 촉진형 우생학은 교배를 관리해서 유전적으로 더 우월한 인종의 산출을 촉진하려는 것이고 제거형 우생학은 생물학적으로 열등한 인종이나 민족을 분리, 추방, 거세, 혼인 금지, 강제 단종斷種, 안락사, 그리고 궁극적으로는 절멸〔대량 학살〕을 통해 제거함으로써 인류의 질을 향상시키려는 것이었다(Black 2003). 골턴은 주로 촉진형 우생학을 지지했으며, 1900년대까지 영국에서는 촉진형이 더 우세했고 제거형은 미국에서 더 유행했다. 골턴이 유전적 특질이라고 생각한 특질에는 성격과 성품, 일반적인 지능 수준, 유쾌하고 사람들과 잘 어울리는 특성, 수명, 강한 성적 충동, 고기를 싫어하는 것, 음주 충동과 도박 충동, 아편에 빠지기 쉬운 습성, 빈곤해지기 쉬운 속성, 폭력 성향과 사기 성향, 광기, 결핵 등이 있었다(Galton 1865, Paul 1995). 역사학자 폴 와인들링은 골턴의 우생학이 "자유주의적이던 정치경제학에서 생물학에 기반을 둔 권위주의적 집합주의로 넘어가는 전환점이었다"고 설명했다 (Weindling 1989, 92).

1900년대 초에 서유럽과 미국에서 급진적인 우생학을 불러일으키려는 시도가 여럿 있었다. 1904년에 골턴은 유니버시티칼리지런던에 우생학 교수직이 생길 수 있도록 재원을 기부했다. 1905년에는 독일에서 알프레트 플뢰츠와 에른스트 뤼딘이 인종위생학회Gesellschaft für Rassenhygien를 창립했다. 1907년에는 영국에서 골턴에게 영감을 받은 영국우생학교육학회British Eugenics Education Society(나중에 런던우생학회Eugenics Society of London로 이름이 바뀐다)가 설립되었다. 하지만 많은 저명인사들이 우생학에 자금 지원이 필요하다고 주장하긴 했어도 1차 세계대전 이전에는 영국에서 우생학이 국가의 자금 지원을 그리 많이 받지는 못했다. 우생학에 국가 지원을 주장한 저명인사로는 진보적 경제학자 윌리엄 베버리지, 보수 정치인 아서 밸푸어, 작가 조지 버나드 쇼, H. G. 웰스, 사회학자 시드니 웹, 나중에 영국 수상이 되는 윈스턴 처칠 등이 있다(Paul 1995; Okuefuna 2007). 또한 영국의 초창기 우생학은 인종보다 사회 계층에 더 초점을 두고 있었다(Porter 1999). 유럽 전반적으로도, 대체로 국가의 인구 구성이 동질적인 편이었기 때문에 우생학의 초점은 〔인종보다〕 주로 계층이었다(Paul 1995). 상대적으로 영국에서 우생학이 널리 퍼지지 못했다는 것은 우생학 과목을 개설한 대학이 두 개뿐이었다는 데서도 드러난다. 그 두 대학은 유니버시티칼리지런던과 리버풀대학이며, 유니버시티칼리지런던의 골턴연구소Galton Institute를 이끈 칼 피어슨은 골턴의 기증과 유언으로 그 대학에 만들어진 '골턴 교수' 직함을 가지고 있었다(Brace 2005).

미국의 우생학 운동

미국의 우생학 운동은 초창기부터도 제거형 우생학에 더 기울어져 있었고 더 사악했다. 게다가 미국에는 흑인 인구가 많았고 아시아와 남동부 유럽에서 이민자도 계속 들어오고 있었다(Paul 1995). 미국과 영국 모두에서 18세기의 다원발생설과 유사한 이론이 주류를 차지하고 있었지만, 선아담 인류설 같은 성경 버전의 다원발생설이 아니라 멘델의 유전학을 동원해 '과학적으로' 뒷받침한 생물학적 결정론류의 다원발생설이 떠올랐다(Stocking 1968). 여전히 '부적합자'들은 이런저런 경로로 병폐를 갖게 된 인간 이하의 존재로 여겨졌지만 이는 유전으로 결정된 것이라 해석되었고 꼭 성경적 해석을 필요로 하지는 않았다(Black 2003). 다윈의 『종의 기원』이 나오고 사회적 다윈주의가 널리 인기를 끌면서 많은 학자와 경제, 사회, 정계의 지배층 인사들이 인간 행위의 생물학적 결정론을 받아들이기 시작했고, 멘델 유전학의 재발견은 이러한 견해를 한층 더 강화했다. 이를테면, 당대의 많은 학자들이 인간 행동은 상당 부분 생물학적으로 결정된다고 믿었으며 비교적 새로운 학문 분야인 심리학과 범죄학이 이러한 접근 방법을 전형적으로 보여주고 있었다.

1881년에 심리학의 개척자인 하버드대학 교수 윌리엄 제임스는 인간 심리학을 설명한 최초의 교재 『심리학 원론』을 펴냈다. 다윈에게서 도출한 개념을 토대로 제임스는 본능이 동물과 인간 모두에게 공통적이라고 주장했다. 그가 사망한 1910년 무렵이면 인간의 행동을 설명할 때 본능을 강조하는 제임스의 이론은 심리학계에서 근본적으로 중요한 통찰로 인정되고 있었다. 매우 영향력 있었던 심리학자 윌리엄 맥두걸도 인간의 행동을 설명할 때 본능을 핵심에 두었다. 맥두걸은 영국의 케임브리지대학과 옥스퍼드대학에 재직하다가 1920년에 하버드대학으로 옮겨왔다. 그는 1909년에 『사회심리학 기초』를 펴냈고 이 책은 매우 널리 교재로 사용되었다. 그는 교배, 육아, 위험으로부터의 도망, 목적을 추구하는 노력, 지배, 동료와의 연합과 같은 '내재적인 경향성'이 모두 본능에 기초한다고 주장했다(Degler 1991). 1900년부터 1920년까지 미국과 영국에서 본능의 중요성을 강조하는 책과 논문이 600편도 넘게 출간되었다(Cravens 1978). 우생학자들은 복잡성이 높은 인간 행동 상당수가 본능에 토대를 두고 있다고 믿었다. 즉 그러한 행동 패턴이 생물학적으로 결정되어 (즉 순전히 유전으로 결정되어) 특정한 환경적 자극으로 촉발된다고 보았다. 오늘날에도 인간 행동에 대한 생물학적, 진화론적 설명들이 사회생물학과 진화심리학에 학문적 토대를 제공하고 있다(Wilson 1975, 1998; Gillette 2011).

비슷한 방식의 설명을 나중에 범죄인류학이라고 불리게 되는 범죄 성향 연구 분야에서도 볼 수 있었다(Allen 2001a). 1872년에 찰스 로링 브레이스(2005년에 출간된 『인종이라는 네 글자』의 저자 C. 로링 브레이스의 증조부)는 음주, 정신이상, 매춘, 범죄 성향 같은 '병리적' 특성이 유전일 수 있다고 주장했다. 1888년에는 이탈리아 범죄학자 체사레 롬브로소의 연구가 미국 학계에 소개되었는데, 그는 범죄자를 이마의 각도, 특이한 크기의 귀, 얼굴이나 두개골의 비대칭, 과도한 팔 길이와 같은 신체적 특성으로 식별할 수 있다고 주장했다. 1891년에 로버트 플레처는 워싱턴인류학회(Anthropological Society of Washington D. C., 나중에 미국인류학회AAA가 된다) 회장 취임 연설에서 범죄적 성격에 유전이 영향을 미친다는 점이 인정되고 있으며 범죄 행동의 50-75퍼센트가 유전으로 설명된다고 주장했다. 그에 따르면 거의 모든 범죄 사례가 조상의 영향으로 설명될 수 있었다. "좋은 씨앗은 건전하고 건강한 과실을 맺고 불완전한 조상은 결함 있는 후손을 산출한다"는 것이었다(Fletcher 1891, 207).

1905년에 프랑스의 심리학자이자 의사 알프레드 비네와 동료 테오도르 시몽은 학교에 다니는 아동 중 학습이 부진해 교육 과정을 따라가는 데 특별한 도움이 필요한 아이가 있는지 알아내기 위해 프랑스에 '지능 검사'를 도입했다. 한편 미국에서는 심리학자, 의사, 교육자 등이 정신 질환을 진단, 분류, 측정하는 기법을 도입하려 시도했지만 계속해서 실패하고 있었다. 그들은 정신 질환의 표준 척도를 만들어서 '정신박약' 아동을 정상 아동과 비교하고자 했지만 잘 되지 않았다. 그러던 중, 1908년에 유럽을 방문하고서 비네의 방법을 알게 된 헨리 H. 고더드가 비네-시몽 지능 검사 문항을 가져와 처음으로 영어로 번역했다(3장 참고). 그리고 1910년에 이들은 '미국 정신박약 연구학회

American Association for the Study of the Feeble-Minded'가 비네-시몽 검사가 정신적 결함을 진단하는 데 효과가 있다고 인정하게 하는 데 성공했다(Zenderland 1998). 이어서 고더드는 미국 전역에 수천 장의 검사지를 배포했고, 미국의 많은 사회과학자와 심리학자 들이 지능 검사를 활용하기 시작했다. 사실 경력 초기에는 고더드도 '박약아' 대부분이 환경 요인에 의해 그렇게 되었으리라고 생각했다. 그는 뉴저지주 바인랜드에서 '정신박약 남녀 아동을 위한 학교Training School for Feeble-Minded Girls and Boys'를 운영하던 동료 에드워드 랜섬 존스턴과 함께 정신적 결함이 있는 아동의 교육과 훈련에 관심을 쏟았다. 실제로 고더드와 존스턴은 공립학교 등에서 사용되는 '특수교육' 교재와 프로그램을 처음으로 만든 개척자였다.

그러던 중, 1909년에 저명한 생물학자 찰스 대븐포트가 고더드와 연락을 주고받기 시작했고 바인랜드에 있는 학교로 그를 찾아오기도 했다. 대븐포트는 고더드에게 영국 생물학자 R. C. 퍼닛이 쓴 『멘델주의』(1909)를 읽어보라고 권했다. 이 책을 읽고 이제 고더드는 유전이 그 학교의 '박약아'들과 관계가 있으리라고, 즉 이 아이들이 보이는 특징이 집안의 혈통과 관련이 있으리라고 확신하게 되었다. 퍼닛과 대븐포트의 저서를 읽으면서 고더드는 멘델 유전학이 정신박약을 포함해 부모로부터 전승되는 정신 장애의 원인에 대해 수수께끼를 풀어줄 수 있으리라고 점점 더 확신했다. 곧 그는 통계학과 표준 분포 개념에 기반하던 데서 '단위 형질unit characters' 개념을 사용하는 쪽으로 이동했고, "지능을 연속선상에 분포한 점수로보다는 특정한 형질이 있거나 없거나로 나타나는 것으로 개념화하기 시작했다."(Zenderland 1998, 158) 곧 고더드와 대븐포트는 끈끈하고 오랜 협업적 관계를 쌓아가게 된다(Zenderland 1998).

이렇게 해서, 고더드는 1909년부터 범법 행위 대부분의 원인이 유전적 결함이며 범죄자의 절반은 정신박약자라고 믿게 되었다. 이러한 생각을 바탕으로 고더드는 마틴 칼리칵의 가계에 대한 책을 쓰게 되는데(3장 참고), 이 책에서 다음과 같이 언급했다. "아무리 많은 교육을 받고 아무리 좋은 환경에 있어도 정신박약인을 정상으로 만들지는 못한다. 붉은 머리를 검은 머리로 바꿀 수 없는 것과 마찬가지다."(53) 1차 세계대전 무렵에는 과학자와 일반 대중 모두 "미국과 서유럽이 '정신박약자의 위협'이라고 불리게 된 문제에 처했다고 우려하고 있었다."(Degler 1991, 37) 지능 검사를 지지하는 사람들은 범죄, 비행, 매춘을 저지르는 사람의 3분의 1에서 절반 정도가 정신박약자이거나 '저능아 moron'라고 보았다(고더드는 '저능아'라는 용어를 만든 것이 자신의 가장 중요한 업적이라고 생각했다. [Zenderland 1998]). 곧 생물학자들은 지능이나 정신박약이 각각 특정한 하나의 유전 형질, 즉 '단위 형질'에 의해 발생하는 특질이라고 보기 시작했다. 예를 들어, 1922년에 스탠퍼드의 저명한 생물학자 버논 켈로그는 정신박약이 "전승의 양상에 있어서 멘델의 일반 법칙을 따르는 단위 형질"로 설명된다며 "여기에는 더 이상 의문의 여지가 있을 수 없다"고 단언했다(18).

행동적 특징과 지적 역량을 멘델의 유전 개념으로 설명하는 견해는 개인 간, 인종 간의 차이와 관련해 특정한 쪽을 차별하는 용도로 사용되었고, 환경적 해법은 선택지에서 배제되었다. 우생학 운동도 이러한 개념을 자신들이 추구하는 대의를 위한 탄약으로 활용했다. 많은 이들이 "가장 가치 있는 개인과 계층"이 가장 가치가 떨어지는 사람들보다 번식에서 압도적으로 밀리고 있다고 우려했다(Paul 1995). 1907년에 우드로 윌슨 미국 대통령은 우생학 운동을 지지하면서, 인디애나주가 "바람직하지 않다"고 특정된 사람에게 불임 수술을 강제하는 법안을 도입하도록 도왔다. 30개 이상의 주가 이러한 법을 도입했다.

또한 1896년 코네티컷주를 시작으로 많은 주가 혼인법을 제정해 "간질, 정박인, 저능인"의 결혼을 금지했다. 고더드에게 막대한 영향을 미친 생물학자 찰스 B. 대븐포트는 1892년에 하버드대학에서 생물학 박사 학위를 받았고 1891-1899년에는 하버드대학에서, 1899-1904년에는 시카고대학에서 강의했다. 또한 뉴욕 콜드스프링하버에 있는 '브루클린 과학예술연구소 생물학 실험실Biological Laboratory of the Brooklyn Institute of Arts and Sciences'의 여름학교 디렉터로도 일했다. 대븐포트는 미국 우생학 운동의 리더가 되었다. 안식년(1899-1900)의 일부를 런던에서 프랜시스 골턴, 칼 피어슨과 보내고 나서(Allen 1986, 2011) 1903년에 대븐포트는 카네기연구소에서 자금을 지원받아 콜드스프링하버에 실험진화연구소Station for Experimental Evolution를 설립하고 소장을 맡았다(Allen 1986). 1910년에는 메리 W. 해리먼 여사(E. H. 해리먼의 아내로, 이 무렵 남편이 사망해 유니언퍼시픽 철도회사의 막대한 재산을 상속받았다)에게 필요성을 설득하고 자금을 지원받아 이곳에 우생학기록사무소ERO를 설립했다. 해리먼 여사는 이곳의 설립 자금과 운영 자금을 대대적으로 지원했다. 대븐포트 본인이 이곳의 소장을 맡고 해리 H. 로플린을 운영 책임자로 채용했다. 해리먼 여사는 미국 우생학 운동에 가장 많은 돈을 댄 사람 중 하나로, ERO를 위해 실험진화연구소 인근에 75에이커의 땅도 기증했다(Engs 2005). 1916년 이후로는 카네기연구소가 ERO에 주로 자금을 지원했다(Allen 1986, 2011). 생태학 교수 마이클 바커는 카네기 재단 이사회에 대해, 앵글로-색슨족의 우월한 특성과 관습과 유전자를 보존하기 위해 앤드루 카네기가 관심을 갖고 있었던 다양한 자선 활동을 관장하는 조직이나 다름 없었다고 묘사했다(Barker 2010). 대븐포트와 로플린은 미국 내에서도 국제적으로도 열정적으로 우생학을 촉진했다. 그들은 우생학이 "상이한 계급들이 뚜렷하게 존재하고 사회적 이질성이 큰 사회의 문제들을 해결하는 데 적용될 수 있다"고 보았다(Weiss 2010, 25). ERO는 곧 우생학 운동의 중추신경이 되며, 세 가지 주요 기능을 담당했다. 첫째, 인간의 유전과 전승에 대한 과학적 연구를 수행한다. 둘째, 우생학 개념을 널리 전파한다. 셋째, 우생학 관련 법제의 입법을 위해 로비를 한다(Weiss 2010). ERO는 우생학자들이 모이는 장소, 우생학 관련된 자료와 기록의 보관소, 우생학 정보와 프로파간다 메시지의 교환소, 우생학 캠페인이 시작되는 플랫폼, 많은 우생학 저술을 펴내는 출판 센터가 되었다(Allen 1986). 카네기연구소는 1904년부터 1929년까지 대븐포트의 우생학 연구 프로그램에 거의 300만 달러를 투자했다(Patterson 2001; Barker 2010).

찰스 대븐포트는 코네티컷주 스탬퍼드의 농장주 집안에서 11자녀의 막내로 태어났다. 하지만 주로 자란 곳은 뉴욕 브루클린하이츠다. 이곳에서 그의 아버지가 부동산 사업을 했다. 아버지는 독실한 청교도인이었고 아들 찰스가 아침과 저녁에 꼭 성경을 공부하도록 했다. 또한 아버지는 조상에 대해 알아보는 데도 관심이 있어서 1086년의 앵글로-색슨족 조상까지 족보를 추적하기도 했다. 종교계보다는 학계로 가고 싶었던 찰스는 아버지에게 과학 공부를 허가해 달라고 공식 요청했다. 7주 뒤에 아버지는 서면으로 허가서를 내주었는데, 거기에서 이렇게 언급했다. "가장 중요한 것은 네가 너 자신과 나를 위해 얼마나 많은 돈을 벌 수 있는가다."(Black 2003, 33 재인용)

멘델의 유전학이 재발견되면서 대븐포트는 작은 해양 생물종을 가지고 실험을 하기 시작했다. 그러고서 얼마 후, 인간 종에 대해 연구하는 것을 궁극적인 목표로, 우생학 연구를 위한 실험실이 필요하다는 제안서를 가지고 자금 지원을 알아보기 시작했다. 그는 상이한 인종, 종족 집단들이 신체뿐 아니라 성격, 본성, 특질 등 모든 면에서 '생물학적'으로 다른 존재라고 생각했다(Black 2003, 35). 대븐포트는 노르딕이 아닌 인종은 유전자 풀의 바닥을 기고 있는 존재라고 보았다. 그가 보기에 이 인종들은 각기 고유한, 그리고 부인할 수 없이 불리한 유전적 특질을 가지고 있었다(Black 2003, 35). 이에 더해, 대븐포트는 다음과 같이 생각했다.

> 인종의 영구적 개량은 가장 좋은 종자를 교배함으로써만 가능합니다. … 이 나라에서 우리는 중대한 니그로 문제에 처해 있습니다. 니그로 인종은 평균적으로 코카서스 인종보다 정신 발달이 훨씬 낮습니다. … 니그로의 정신이 코카서스인처럼 교육 가능하고, 유연하고, 독창적이고, 많은 성취를 할 수 있을 날이 언젠가 오리라고 기대할 수 있을까요? 아니면 미래 세대들도 지금과 동일한 낮은 자리에서 시작해서 동일하게 별 볼 일 없는 성과를 산출하게 될까요? 널리 알려진 견해에 따르면, 우리는 후자의 경우에 직면하게 될 것입니다. 그렇다면, 흑인종을 즉시 몰아내는 것이 가장 좋은 방법일 것입니다(대븐포트가 빌링스에게 보낸 서신, 1903; Black 2003, 38 재인용).

이어서 그는 카네기연구소에 "남은 인생을 전적으로 이 일에 헌신하겠다"는 뜻을 밝혔다(Black 2003, 38). 카네기연구소는 대븐포트의 제안에 깊은 인상을 받아서 그가 남은 인생을 전적으로 그의 목적에 헌신할 수 있게 상당한 자금을 지원했다. 하지만 자신의 연구 목적을 위해 평생 쓸 수 있는 자금을 가지고도 대븐포트의 삶은 대체로 암울하고 고통스러웠다. 그는 늘 아버지와 신에게 자신을 증명해야 한다는 강박을 느꼈던 듯하다. 게다가 아들 찰스가 1916년에 소아마비로 숨지면서 더 비참하고 괴로워졌다. 이후로 그는 한층 더 고립된 채 일에만 몰두했다. 대븐포트는 실로 막무가내로 일에 매달렸다. 카네기연구소의 자금으로 콜드스프링하버에 설립한 기관들을 이끌면서 30년 동안 미국과 전 세계의 우생학 연구 프로젝트와 우생학 정책을 기획했다. 1934년에 은퇴한 다음에도 10년 뒤 폐렴으로 사망할 때까지 ERO의 작은 사무실에서 계속 일했다.

대븐포트가 1910년에 ERO 운영 책임자로 고용한 해리 로플린은 1907년에 대븐포트가 진행한 콜드스프링하버 여름학교 과정에 참여했고 1909년 미국육종학회ABA 모임에서 대븐포트를 다시 만났다. 로플린은 농촌 마을로 둘러싸인 미주리주 커크스빌에서 자랐다. 중산층인 양친 모두 개척자 집안 출신이었고 열 명의 자녀를 두었는데 그중 다섯이 아들이었다. 아버지는 아이오와에서 미주리주로 넘어와 커크스빌 기독교회의 목사가 되었다가 그다음에는 커크스빌의 주요 대학인 '제1지구 사범학교' 영어과 학과장이 되었다. 대븐포트의 아버지처럼 로플린의 아버지도 독실한 신자였고 족보에 심취해 있었다. 그도 가계를 꼼꼼하게 조사해 영국과 독일의 조상으로까지 거슬러 올라가는 계보를 추적했다. 커크스빌의 사범학교를 졸업한 해리 로플린은 더 시골인 미주리주 리보니아의 교실 하나짜리 학교에서 수업을 시작했다. 하지만 매우 실망해서 학교와 지역 주민, 학생들까지 그곳에 있는 모든 것을 싫어하게 되었다. 1905년에 커크스빌로 돌아와서 처음에는 고등학교 교장이 되었고 그다음 1907년부터 1910년까지 사범학교의 농경학, 식물학 및 자연학과에서 일했다 (Black 2003).

대븐포트의 여름학교에서 두 사람이 처음 만났을 때, 그리고 1909년 미국육종학회에서 다시 만났을 때, 둘이 대번에 서로를 눈여겨 보았으리라는 점은 명백하다. 대븐포트는 아이디어와 자금 동원 능력이 있는 사람이었고, 로플린은 대븐포트의 아젠다를 밀어붙이는 데서 왕성한 추진력을 발휘할 수 있는 일꾼이었다. 대븐포트는 로플린의 일머리와 일에 대한 헌신을 바로 알아보았고 콜드스프링하버 실험실 부지에 사택을 제공했다. 그곳에서 로플린은 밤낮없이 일할 수 있었다. 대븐포트는 실로 적임자를 찾은 셈이었다. 그리고 두 사람은 곧 "우월한 인종을 창조하기 위한 운동"에 착수했다(Black 2003, 51). 대븐포트처럼 로플린도 평생을 콜드스프링하버에서 일하면서 보냈다. 그는 29년간 그곳에서 일하다가 1939년에 ERO가 문을 닫으면서 은퇴했고 커크스빌로 돌아와서 4년 뒤에 사망했다. 아이러니하게도 로플린 본인의 '생식질'은 그의 유토피아적이고 우생학적인 이상과 부합하지 않았다. 유전 질환인 간질 증세를 가지고 있었던 것이다. 때때로 동료들 앞에서 발작이 나타나는 바람에 운전을 그만두어야 하긴 했지만, 대체로 이 사실은 집안의 비밀로 지켜졌다. 로플린이 작성한 강제 단종법 모델 법안에 따르면, 간질 발작은 단종 수술을 받아야 하는 질병 중 하나였다. 로플린은 발작으로 사망했으며, '적자생존'의 면에서도 그리 성공적이지 못해서 자녀가 없었다. 그가 사망하자 대븐포트는 ERO에서 발간하던 『우생학 뉴스』에 추도사를 실었다.

미국육종학회는 1903년에 세인트루이스에서 첫 모임을 개최했다. 1906년에는 이곳에 우생학위원회Committee on Eugenics가 설립되었고, 스탠퍼드대학 총장이자 저명한 생물학자이던 데이비드 스타 조던이 회장을 맡았다(Davenport 1910). 이 위원회에 속한 또 다른 명사로는 대븐포트와 알렉산더 그레이엄 벨도 있다. 벨은 전화를 발명한 사람으로 잘 알려져 있지만 양의 육종에도 관심이 있었고 우생학 연구자이기도 했으며 특히 청각 장애의 유전에 대해 연구하고 있었다([Stansfield 2005] 초창기 우생학 운동 참여자 중 상당수가 경주용 말의 육종에 관심이 있었고 경주용 말을 소유하고 있었다. 캘리포니아 주지사이자 조던을 스탠퍼드대학 총장에 임명한 릴런드 스탠퍼드도 그랬다). 또 E. H. 해리먼과 아내 메리 해리먼, 존 D. 록펠러 등도 이 위원회의 일원이었다(Stokes 1917). 이 위원회는 "인간 종의 유전을 연구하고 기록"하며 "우월한 혈통의 가치와 열등한 혈통이 사회에 드리우는 위협"을 명백하게 밝히는 것을 임무로 삼고 있었다(Degler 1991, 43). 1910년이면 우생학은 『정기간행물 독자 가이드』에서 가장 자주 언급되는 주제가 되어 있었다. 육종이 모든 사람의 관심사가 된 듯했다(Paul 1995). 1911년에 대븐포트는 『우생학과의 관련에서 본 유전』이라는 교과서를 출간했다. 이 책은 오랫동안 교재로 사용되었으며 미국에서 우생학을 '과학적인' 프로그램의 반열에 올리는 데 기여했다(Marks 1995). 이 책은 흔히 ERO의 설립자로 여겨지는 후원자인. 해리먼 여사에게 헌정되었다(Engs 2005).

이 모든 노력에도 불구하고, 이 시기에는 우생학이 그리 널리 퍼지지 못했고 적극적인 정책을 도입하려던 우생학자들의 노력은 주로 실패했다. 일례로 1897년에 미시간, 1905년에 펜실베이니아에서 단종법을 제정하려는 움직임이 있었지만 의회를 통과하지 못했거나 거부권이 행사되었다(Degler 1991). 단종법이 통과된 주 중에서도 네바다, 아이오와, 뉴저지, 뉴욕에서는 실제로 단종 수술이 시행되지는 않았다. 또 우생학적 단종법이 점점 더 많은 주에서 통과되긴 했지만 단종법의 합헌성 여부는 여전히 논란의 대상이었다. 역사학자 에드윈 블랙은 이렇게 설명했다. "콜드스프링하버는 미국육종학회, ERO, 카네기연구소의 우생학 실험실 등이 모여 있는 성채였지만 이들은 계속해서 좌절하고 있었다. … 많은 주 정부 당국자들이 단종법의 집행을 상당히 꺼려 했다. … 단종 수술의 합법성 여부와 절차적인 문제도 만족스럽게 해소되지 않고 있었다."(Edwin Black 2003, 69) 1911년의 한 보고서에서 미국육종학회의 우생학 분과는 일반 대중이 단종법을 지지하지 않고 주 의회 의원들도 단종법을 밀어붙이는 데 열의가 없으며 단종법을 체계적으로 집행하려는 어떤 시도도 상당한 반감을 불러일으키게 될 것이라고 인정했다. 보고서는 다음과 같이 결론 내렸다.

> 우리는 솔직하게 인정해야 한다. … 인종 개량을 위한 운동은 아직 소수의 취미 수준을 벗어나지 못하고 있다. … 단종법이 광범위하게 실행되어 유의미한 효과를 낼 수 있으려면 훨씬 더 폭넓은 대중 교육이 필요하다(Van Wagenen 1912; Black 2003, 70).

1912년 제1차 국제우생학회의

1912년 7월 런던대학에서 열린 제1차 국제우생학회의First International Eugenics Congress가 우생학 운동의 영향력이 급격하게 커지는 분기점이 된 것으로 보인다. 우생주의자들이 이 대회를 둘러싸고 기울였던 노력을 보면 예상 가능한 일이기도 했다. 세계의 많은 우생학자들이 비슷한 목적을 가지고 있었고 이미 꽤 오랫동안 교류하고 있었다. 런던의 우생학교육학회Eugenics Education Society of London는 골턴의 촉진형 우생학에서 멀어져서 미국의 제거형 접근을 받아들이고 있었다. 독일, 스칸디나비아 국가들 등 유럽의 다른 나라들도 마찬가지였다. 이들 유럽 국가에서는 고비노가 주장했던 것과 비슷하게 노르딕 인종의 우월성을 주장하는 이론이 널리 받아들여지고 있었다. 따라서 세계의 우생학자와 인종주의자 들을 한데 모으고 그 모임의 내용을 널리 홍보하려는 노력이 전개되었다. 이 회의는 런던대학에서 열렸고 우생학교육학회와 미국육종학회의 단종법위원회American Committee on Sterilization가 주관했다. 이곳에서 펴낸 기초 보고서는 이 회의의 백미로 여겨졌다(Black 2003).

미국, 벨기에, 영국, 프랑스, 독일, 이탈리아, 스페인, 노르웨이, 일본에서 약 400명의 대표와 연사가 참석했다. 유럽과 미국에서 매우 저명하고 영향력 있고 자금 동원력도 있는 정치인, 학자, 대학 행정가, 과학자 등이 다수 포함되어 있었다. 찰스 다윈의 아들이자 1891년부터 1928년까지 런던우생학회 회장이었던 레너드 다윈 소령이 제1차 국제우생학회의 의장을 맡았다. 윈스턴 처칠은 영국 국왕을 대표해 참석했다. 미국육종학회 산하 우생학위원회의 데이비드 스타 조던, 찰스 대븐포트, 알렉산더 그레이엄 벨, 블리커 밴 와그넨(이 위원회의 사무장), 그리고 독일인종위생학회 설립자로 독일에서 인종 이론의 권위자로 알려져 있던 알프레트 플뢰츠가 부의장을 맡았다. 플뢰츠는 "독일에서 우생학을 과학의 반열에 올린 사람"이다(Black 2003, 262). 하버드 총장 찰스 W. 엘리엇, 저명한 자연보호주의자이자 미래의 펜실베이니아 주지사 기포드 핀초도 부의장을 맡았다. 또 다른 영국 참석자로는 대법관 앨버스톤 경, 밸푸어 경, 사회민주주의 지도자 시드니 웹, 영국 왕립의사협회Royal College of Physicians 회장 토머스 발로 경 등이 있었다. 캐나다에서도 저명한 정치인 토미 더글러스가 참석했다. 작가 조지 버나드 쇼, H. G. 웰스, 에밀 졸라, 경제학자 존 메이나드 케인즈, 기업인 윌리엄 키스 켈로그 등의 유명 인사와 노르웨이, 그리스, 프랑스 대사도 참석했다(Bruinius 2006; Stamm 2009). 이 회의는 얼마 전 사망한 프랜시스 골턴에게 헌정되었다. 하지만 우생학의 주요 인물들이 골턴의 촉진형, 통계형 우생학에서 이미 멀어져 있었으므로 골턴의 수제자인 칼 피어슨은 참석하지 않았다(피어슨은 통계적 접근을 하고 있었고 더 조심스러운 방식으로 접근했으며 대븐포트가 수행하고 있는 종류의 멘델식 유전학 연구에 매우 회의적이었다. [Allen 2011]). 또한 1912년 시점에 전직, 현직, 그리고 미래의 미국 대통령인 시어도어 루즈벨트, 윌리엄 하워드 태프트, 우드로 윌슨이 우생학 운동을 강하게 지지했다는 사실도 언급해 둘 필요가 있을 것이다.

이렇게 탄탄한 정치적 지지를 바탕으로, 이 회의를 주관한 사람들은 미 국무부에서도 누군가를 보내게 하려고 시도했다. 또한 강력한 미 하원 세출위원회House Appropriations Committee가 직접 초대장을 배포하도록 하면 어떻겠냐는 제안도 나왔다. 하지만 이 회의가 정부 간 모임이 아니었기 때문에 미국 정부가 공식적으로 참석하면 불법이 될 수 있었다. 그럼에도, 국무장관 P. C. 녹스는 법을 무시하고 1912년 6월 20일에 런던우생학교육학회를 대리해 영국 대사관이 작성한 우생학회 초대장을 미 국무부 공식 서면 용지에 인쇄해 저명한 미국 과학자, 교육자, 정치인 들에게 발송했다. 수락 여부를 알리는 답신은 곧바로 녹스에게 오도록 되어 있었다. 초대장은 모든 주의 주지사, 미국국립과학아카데미NAS, 미국 정치학 및 사회과학 아카데미American Academy of Political and Social Sciences, 미국경제학회American Economic Association, 미국철학회American Philosophical Society, 그 밖의 여러 학회에 발송되었다. 또한 미국의사협회American Medical Association를 포함한 모든 주요 의학회에도 초대장이 발송되었다(Black 2003).

초대장이 회의 개최일보다 불과 한두 주 전에 발송되었으므로 초대된 사람들이 실제로 참석하리라는 기대는 하지 않았을 것이다(그렇게 촉박하게는 항공권도 예매할 수 없었을 것이다). 초대장 발송의 주요 목적은 광고와 홍보, 그리고 미국 정부가 이 회의를 승인한다는 표식이었다.

메시지는 분명했다. 녹스는 국무부가 우생주의자들의 우체국 노릇을 하게 했다. … 적합했든 아니든 간에 우생학은 하루 사이에 공식적으로 승인을 받은 모양새를 갖추게 되었고 중요하다고 여겨진 사람들의 눈에 명망 있는 과학의 반열에 오르게 되었다(Black 2003, 72).

녹스는 기꺼이 이 일을 했다. 그는 전직 카네기 철강회사의 변호사였고 카네기연구소에서 우생학 프로그램 후원을 지원한 바 있었다. 이러한 종류의 지원, 그리고 앤드루 카네기, 메리 W. 해리먼, 존 D. 록펠러(거대 석유기업[스탠다드오일] 창업자), 헨리 포드, J. H. 켈로그(시리얼 회사 켈로그 집안), C. J. 갬블(소비재 업체 프록터앤갬블[P&G] 공동 창업자), J. P. 모건(US스틸 창업자), H. B. 듀폰(화학 회사 듀폰 집안) 같은 경제계 거물들의 재정 지원으로 우생학 운동은 크게 추동력을 얻었다. 이제 우생학 운동은 과학적, 정치적 정당성을 갖게 되었고,

국제적으로도 널리 알려졌으며, 대대적인 정치적, 재정적 지원도 받게 되었다.

이 회의에 대해 과학계와 언론의 평은 휘황찬란했고 우생학 운동에 확고한 정당성을 부여했다. 긍정적인 프로파간다가 과학 매체와 대중매체 모두에 널리 퍼졌다. 『미국의학회지』의 헤드라인은 다음과 같았다. "국제우생학회의: 진화의 역사에서 막대한 중요성을 갖는 행사가 열리다." 이 기사는 우생학에 대한 사회적 다윈주의의 접근을 다음과 같이 강조했다. "이제는 부적합자가 기아나 질병으로 죽지 않는다. ... 하지만 그들[사회]은 자연의 질서가 교란되는 것의 위험에 눈감고 있어서는 안 된다. ... 소를 육종하는 사람들은 가장 좋은 개체들을 교배시킨다. ... 자연의 목적의식 없는 선택을 대신해 의식적인 선택이 이뤄져야 한다."(Black 2003, 73) 『영국의학회지』(1912, 253, 255)는 "[밸푸어 경이] 우생학 연구가 오늘날 가장 긴요한 일임을 대중에게 확신시키는 것이 이 회의의 임무라고 말함으로써 이 회의의 위상을 정당화했다"며 "이 회의는 과학이 스스로에게 부여한 이 과제가 이제까지 수행된 어느 것보다도 복잡하고 어려운 일임을 대중에게 알리는 것을 목표로 하고 있다"고 언급했다. 이 기사는 이 회의의 공식 논문 모음집에 실린 다윈 소령의 권두문을 인용해 다음과 같이 보도했다. "이들은 미래에 20세기가 우생학의 이상이 문명의 신조 중 하나로 받아들여진 세기로 기억되기를 바란다."

『네이처』도 다음과 같이 환호했다. "이 회의(7월 24-30일)가 완전히 성공적이었다는 것이 참석자들 사이의 일반적인 분위기다. 회원이 750명이 되었고 이는 광범위한 사람들이 이 주제에 관심을 가지고 있음을 말해준다. 구체적인 동기를 분석해 보면 이렇게 많은 사람이 참여한 데는 다른 이유들도 있겠지만 말이다."(1912, 89) 『뉴욕타임스』는 이렇게 보도했다. "제1차 국제우생학회의가 12개국에서 400명 정도가 참석한 가운데 오늘 이곳에서 열렸다. 환영 리셉션으로 공식 일정이 시작되었고 밸푸어 전 수상, 메이어 경, 다윈 소령 등의 연설이 있었다. 밸푸어는 우생학 연구가 우리 시대의 긴요한 사안 중 하나라고 말했다. 그는 자신이 미래의 인류 진보에 대해 가지고 있는 믿음이 [우생학의] 과학적 방법을 실제 삶에 적용할 수 있으리라는 기대에 토대를 두고 있다고 말했다."(1912)

『런던타임스』는 "우리 영국인 모두는 그[찰스 대븐포트]에게 막대하게 빚을

지고 있다"며 "그의 연구소가 하는 일이 우리가 하는 다른 모든 일의 중요성을 훨씬 능가한다"고 언급했다. 스코틀랜드의 한 의사이자 우생주의자는 로플린의 ERO에 대해 이렇게 언급했다. "미국 우생학기록사무소의 최근 보고서들은 … 인간의 유전 및 전승에 대해 지난 3년 동안 그 이전까지의 모든 연구를 다 합한 것보다도 많은 지식의 발전이 이뤄질 수 있게 했다."(Black 2003, 213)

이듬해 초, 1913년 1월 3일 자 서신에서 시어도어 루즈벨트는 이렇게 언급했다.

> 친애하는 대븐포트씨께. 당신이 보내주신 두 편의 회고록이 정말 흥미로웠습니다. 정보가 매우 많이 담겨 있을 뿐 아니라 우리나라의 입장에서 볼 때 매우 두려운 사실을 경고해 주고 있더군요. 당신은 이 사람들 자체는 책임이 없고 책임은 "사회"에 있다고 지적했습니다. 저도 동의합니다. 이 말이 퇴락한 인구가 그들 같은 종류의 자손을 재생산하도록 사회가 손놓고 있지 말아야 한다는 것을 의미한다면 말입니다. 그리고 저는 그렇게 의미하셨을 거라 생각합니다. 성공적인 모든 농민이 이미 잘 알고 있고 가축을 키우는 데 적용하고 있는 기초 지식을 인간에게 적용하는 것에 대해 우리나라의 많은 사람들이 이를 거부하고 있다는 사실은 놀랍습니다. 가축 중에 가장 좋은 종자가 교배되게 하지 않고 질 나쁜 개체에서만 두수가 증가하게 놔두는 농민이 있다면 정신병자 취급을 받아야 할 것입니다. 하지만 신체적으로나 정신적으로 가장 질이 안 좋은 사람들이 무한히 번식하도록 허용하는 나라에 비하면, 차라리 그러한 농민 쪽이 더 합리적이라는 점을 많은 사람들이 이해하지 못하고 있습니다. … 언젠가 우리는 올바른 종류의 좋은 시민들의 주된, 그리고 피할 수 없는 의무가 자신의 혈통을 남기는 것이며 옳지 않은 집단의 시민들이 영속하는 것을 허용하지 말아야 함을 깨닫게 될 것입니다.

1912년경이면 대븐포트의 교과서 『우생학과의 관련에서 본 유전』과 노트, 글리돈, 고비노 등이 저술한 교재가 미국과 유럽 대학의 생물학과, 심리학과, 사회과학 학과들에서 널리 읽히고 있었다. 저명한 대학, 소규모 대학, 고등학교 할 것 없이 많은 곳에 우생학 과목이 개설되었다. 블랙은 "학계에서 하룻밤 만에 우생학이 솟아 올라 제도화되었다"고 언급했다(Black 2003, 75). 1914년에는 44개의 대학이 우생학을 가르쳤고 1928년 무렵에는 376개로 늘어 연간 2만 명의 학생이 우생학을 공부했다(Gravens 1978). 우생학 교육자들에게 우생학은 '교육 개혁'의 탐다운 모델이 되었다(Stoskepf 1999). 1940년대에 사용된 고등학교 생물학 교재 41권을 분석한 최근의 한 연구에 따르면 교재의 90퍼센트 가까이가 우생학에 대한 절을 포함하고 있었다(Selden 1999).

제1차 국제우생학회의는 우생학자들에게 굉장한 성공이었다. 그들은 자신의 목적을 홍보하고 대중화하고 널리 받아들여지게 만들 수 있었다. 1920년대가 되면 30개 이상의 국가에서 (각기 조금씩 다른 의미로 이해하기는 했지만) 우생학 운동이 벌어지게 된다(Weiss 2010). 국제우생학회의가 열렸던 시점에 우생학 운동이 상정한 당면 목적은 다음과 같았다(Degler 1991). 첫째, 선택적 육종의 촉진. 둘째, '부적합자'에 대한 단종과 거세. 셋째, 지능 검사를 활용해 정신적 결함이 있는 사람을 가려내고 인종 및 종족 집단 간의 지적 역량 차이 연구(이것은 '인종 심리학'이라고 불렸다). 넷째, 몇몇 인종 및 종족 집단에 대한 이민 금지. 이후 몇 년 동안 이들은 이와 같은 의제를 열렬히 밀어붙였다.

3장

다원발생설과 우생학의 결합

제1차 국제우생학회의가 열리고 나서 우생학 운동은 유럽과 아메리카에서(적어도 미국과 캐나다에서) 널리 받아들여졌고, 영향력 있는 우생학 운동가들은 자신의 의제에 시동을 걸 수 있었다. 그들은 목적을 실제로 달성하기 시작했고 이를 위해 맹렬히 나섰다. 우생학 운동의 여러 목적은 상호 배타적이지 않았고 곧 그들 사이의 많은 연결고리가 분명히 드러나게 된다.

우생학 운동, 목적을 달성하다

당대의 학자 중 가장 부유하고 강력하고 사회적으로 인정받는 축에 속하던 사람 일부가 다원발생설에 기반한 정책이 실제로 도입되게 하는 데에서 소규모지만 매우 활동적인 핵심 집단을 이루었다. 1912년부터 1940년대까지 이들은 목적을 달성하기 위해 맹렬히 노력했다. 1차 세계대전도 이들의 활동을 아주 약간만 주춤하게 했을 뿐이었다. 제1차 국제우생학회의에서 국제상설우생학위원회Permanent International Eugenics Committee가 구성되었고 1년 뒤인 1913년에 첫 모임을 가졌으며 1914년에 다음 모임이 열리기로 계획되었다. 또한 1915년에 제2차 국제우생학회의도 뉴욕에서 열릴 예정이었다. 그런데 1차 세계대전으로 두 회의 모두 연기되었고, 제2차 국제우생학회의는 1921년 9월에야 열릴 수 있었다(장소는 원래 계획과 동일하게 뉴욕의 미국자연사박물관이었고, 매디슨 그랜트, 대븐포트, 그리고 자연사박물관장 헨리 페어필드 오스본이 주관했다). 이렇게 전쟁으로 주춤했어도 미국의 우생학 운동 지도자들은 끈기 있고 부지런하게 이후 30년간 자신의 의제를 달성하기 위한 활동을 계속 이어갔다.

제1차 국제우생학회의가 열리고 얼마 뒤, 세 개의 주요 우생학 단체가 미국에서 열정적으로 활동을 시작했다. ERO, 우생학연구협회ERA, 그리고 미국우생학위원회ECUSA다. 마지막 단체는 곧 미국우생학회AES로 이름이 바뀐다. 앞에서 언급했듯이 ERO는 1910년에 대븐포트가 설립했고 로플린이 운영 책임을 맡았다. 문을 닫기 전인 1930년대까지 주로 카네기, 해리먼, 록펠러 가문에서 자금을 지원받았다. 이곳은 우생학 연구를 후원했고 우생학 현장 연구자들을 위한 여름학교를 열었으며 현장 연구에서 수집한 데이터를 보관하는 저장소 역할을 했고 『우생학 뉴스』를 발간했다(로플린이 편집장을 맡았다. [Sprio 2009]). ERO는 과학 전문가들로 소규모 이사회를 꾸렸는데, 멤버는 다음과 같았다:

프랭크 L. 배벗
로웰리스 F. 바커
찰스 B. 대븐포트
아서 에스타브룩
어빙 피셔
헨리 고더드
해리 H. 로플린
메리 해리먼 럼지
윌리엄 H. 웰치
로버트 M. 여키스

제1차 국제우생학회의가 열린 1912년에 헨리 허버트 고더드는 『칼리칵 가문: 유전적 정신박약에 대한 연구』를 펴냈다. 전에 덕데일이 『주크가 이야기』로 라마르크의 이론을 뒷받침한 것에 대한 반박이었다. 고더드는 특정한 '유전적' 특질이 생물학적으로 고정된 속성임을 보이기 위해 칼리칵 가문 사람들을 추적 조사했다. 칼리칵이라는 이름은 가명인데, '아름다운'이라는 뜻의 그리스어 칼로스kalos와 '나쁜'이라는 뜻의 그리스어 카코스kakos를 조합한 것이다(Paul 1995). 이 책은 곧 12판까지 출간되었고 독일어로도 번역되었다(Engs 2005). 독일에서 1933년에 대대적인 단종법이 통과된 직후에 새로운 판본이 하나 더 출간되었고, 13판이자 마지막 미국 판본은 1939년에 맥밀런 출판사에서 출간되었다(Zenderland 1998).

고더드는 정신박약이 전적으로 유전이어서 매우 빠르게 퍼질 수 있으며 주요한 사회 문제가 될 수 있음을 보이고자 했다(그림 3.1). 그의 책에 등장하는 마틴 칼리칵 주니어는 독립전쟁에 참전한 군인이다. 칼리칵은 술집에서 만난 젊은 여성과 관계를 가졌는데, 이 여성에게 정신적인 결함이 있었던 것으로 보인다. 점차로 이 잘못된 운명의 결합에서 480명의 후손이 태어난다. 고더드에 따르면, 이 둘의 알려진 후손 중 143명이 정신박약이었고 46명만 '정상'이었다. 고더드는 이것이 모계 쪽의 유전적 특질 때문이라고 주장했다. 나중에 칼리칵은 퀘이커교도 여성과 결혼하는데, 이 결혼에서 나온 후손들은 모두 도덕적으로 올바르고 아버지만큼 성공적이었다는 것이다. 고더드는 환경 요인의 영향을 완전히 배제하고 이렇게 주장했다.

> 마틴 칼리칵 주니어의 후손 중 정신박약자 비중이 놀랍게 많은 것, 그리고 그들의 배다른 형제자매들은 아무도 정신박약자가 아닌 것은 이 문제에 대해 명백한 결론을 내리게 해준다. … 좋은 쪽의 가정을 만든 것은 명백히 환경이 아니다(Degler 1991, 39).

고더드의 책은 엄청나게 성공했고, 패러다임이 바뀌고 있던 시대에 유전의 더 폭넓은 의미에 대한 과학적, 대중적 개념을 모두 포착하고 있는 것처럼 보였다. 역사학자 레일라 젠더랜드는 이렇게 설명했다.

> 칼리칵 가문에 대한 책은 과학에서의 주요 혁신을 드러내는 것처럼 보였다. 이 책이 출간되면서 고더드는 곧바로 전국적으로, 또 국제적으로, 정신적 결함을 연구하는 과학자 중 가장 존경받는 반열에 올랐다. 이 책이 일반 대중에게 미친 영향의 중요성도 이에 못지 않았다. … 이후 30년 동안 … 이 이야기는 … 과학 교재, 법정 사

그림 3.1 마틴 칼리칵의 좋은 후손과 나쁜 후손. 헨리 고더드의 1912년 저술을 토대로 함.

마틴 칼리칵

술집에서 만난
정신박약자 여성과 성관계

덕망 있는 퀘이커교도
여성과 혼인

"올드 호러"라고 불린
아들 출산

7명의 올바르고
덕망 있는 자녀 출산

다시 그가 10명의 자녀를 출산.
다시 이 10명의 자손이 낮은 유형의
인간에 속하는 후손 수백 명을 출산

이들로부터 높은 유형의
인간에 속하는 후손
수백 명이 태어남

출처: Garrett and Bonner, General Psychology, 1961.

건, 정치 연설, 대중 전시, 대중 잡지 등에서 계속해서 언급되었다(Zenderland 1998, 144).

1913년에 대븐포트와 로플린은 ERO를 보완하기 위해 ERA를 설립했다. ERA는 매년 여름 콜드스프링하버에서 컨퍼런스를 개최했고, AAAS의 회원

단체였다. ERA는 우생학을 정치화하고 대중화하기 위한 활동을 주로 벌였다. 이곳은 우생학, 인종학, 노르딕 인종의 우월성 등과 관련된 대의를 위해, 우생학 연구 결과가 입법부와 행정부의 정책과 대중 홍보에 사용되도록 촉진했다 (Black 2003). 설립 회원은 51명이었고 이들은 우생학 지지자들 중 과학계, 정계, 기업계의 핵심 인사들이었다. ERA의 회원이 500명을 넘은 적은 없고, 사실 미국과 영국 모두에서 공식적인 우생학 학회나 단체는 대체로 내내 규모가 작았다. 하지만 매우 영향력 있는 인물들이 포함되어 있었다(Paul 1995). 예를 들어, 1916년에『유전학』저널이 창간되었을 때 편집 이사 전원이 우생학 지지자였다(Weiss 2010).

대븐포트의 가까운 동료이자 ERO 연구원이던 아서 에스타브룩은 리처드 덕데일이 전에 수행했던 주크 가문 연구의 현장 노트를 1916년에 다시 분석했다. 그리고 [덕데일이 원래 제시했던 라마르크식 해석과 달리] 고더드가 칼리칵 가문을 분석한 것과 마찬가지로 주크 가문 사람 절반이 정신박약자이고 이는 전적으로 '생식질' 결함 때문이었다고 주장했다(Estabrook 1916). 즉 그의 메시지는 덕데일의 메시지와 정반대로 "사회적 변화는 소용없고 우생학에 기초한 분리와 단종 정책이 필요하다는 점을 나타내고 있었다."(Paul 1995, 49) 에스타브룩의 책은 카네기연구소가 출간했고 고더드의 칼리칵 집안 책과 더불어 우생학 연구 분야에서, 특히 행동을 결정하는 유전 요인에 대해서, 으레 찾는 참고 문헌이 되었다. 에스타브룩은 1917년에 ERA 운영진에 이름을 올렸고 1925년에는 회장이 되었다. 1927년에는 대법원 소송인 '벅 대 벨Buck v. Bell' 사건에서 전문가 증인으로 나서서 증언을 했다. 이 사건에서 대법원은 본인 의사에 반해 단종 수술을 시키는 버지니아주의 강제 단종 조치가 합당하다고 인정했다([Engs 2005] 이 책의 뒷부분 참고).

1922년에 매디슨 그랜트, 대븐포트, 오스본 등 저명한 우생학자 여섯 명이 미국 뉴욕의 자연사박물관에 모여 ECUSA를 결성했다. "사회에 우생학적 이상을 전파하고 이를 통해 역사의 경로를 바꾸는 데" 헌신하는 상설 우생학 단체였다(Spiro 2009, 180). 이들은 인내를 가지고 신중하게 일을 진전시켰다. 1922년에 그들은 미국을 "무차별적인 이민, 범죄적인 퇴락, 인종적 자살에서" 보호하기 위해 자문위원회에 참여해 달라는 초청장을 보냈다(Spiro 2009, 181). 당연히 포함될 법한 사람들을 포함해 99명이 참여했고, 교육 수준이 높고 부유하고 영향력 있고 옛 청교도 가문 출신인 사람들로 구성되었다. 또한 ECUSA는 일반 회원을 늘리는 일에도 나서서 1924년경이면 회원이 1,200명이 되었고, 우생학 정책이 도입되면 자선사업의 필요성이 줄어들 것이라는 논리로 조지 이스트먼과 존 D. 록펠러 주니어 같은 주요 후원자들을 설득해 지원금을 받았다(Spiro 2009).

1926년에 ECUSA가 해체되고 더 상설적인 AES가 결성되었다. 공식적으로 AES는 매디슨 그랜트의 맨해튼 타운하우스를 주소지로 해서 설립되었다. 조직가들은 서두르지 않고 차근차근 활동했다. 우생학이 스쳐가는 유행이 아니라 영구적으로 인종을 개량할 수 있는 주요 수단이 되리라고 믿었기 때문이다. 그들은 우생학 운동이 "역사를 구성하는 데, 아니 더 정확하게는 미래 세대 인류의 생식질을 구성하는 데 점점 더 중요해질 수밖에 없다"고 믿었다(Spiro 2009, 183).

역사학자 조너선 스피로는 당시의 상황을 다음과 같이 요약했다.

> 이제 미국에 세 개의 주요 우생학 단체가 있게 되었다. … 각 단체는 고유한 임무를 가지고 있었지만 비슷비슷한 이사회를 가지고 있었고 회원들도 많이 겹쳤다. … 1920년대에는 AES 회원들이 특히 활발히 활동했다. 그들은 마치 선교사 같았고 우생학적 이상이 스며든 사회를 만드는 것이 그들의 목적이었다. 그들은 컨퍼런스를 열고, 보고서를 쓰고, 설문 조사를 하고, 소책자를 내고, 신문에 기고하고, 강연을 후원하고, AES 산하의 다양한 위원회에서 열정적으로 활동했다(Spiro 2009, 183-184).

이 단체들의 자문위원회도 참여자들이 많이 겹쳤다(Spiro 2009). 비교적 소수인 이들 인종주의자 집단이 20세기 초부터 중반까지 미국의 정책에 상당한 영향을 미쳤고, 그에 따라 셀 수 없이 많은 사람들에게 부정적인 영향을 미쳤다. 또한 이 책의 뒷부분에서 보겠지만, 그들의 영향은 지금까지도 이어지고 있다.

선택적 육종

이주를 제외하면, 사회적으로 바람직한 특질들이 우리의 사회적 삶에 들어오게 할 수 있는 유일한 길은 재생산을 통해서뿐이다. 그것들을 몰아내는 유일한 방법은 그 것들이 교배를 통해 재생산되는 것을 막는 것이다(Davenport and Laughlin 1915, 4).

골턴은 우생학이라는 개념을 처음 만들면서 선택적 육종에 대한 기본적인 견해를 제시했다. 그리고 이 개념이 우생학 운동에서 활용되었다. 2장에서 언급했듯이 선택적 육종은 바람직한 사회 구성원이 아이를 더 많이 낳게 독려하는 '촉진형 우생학'과 부적합한 사회 구성원이 아이 낳는 것을 독려하지 않거나 금지하는 '제거형 우생학' 둘 다를 포함한다. 특정 유형 사람들의 혼인을 제한하는 일은 우생학 운동이 있기 전에도, 또 다윈주의와 멘델주의가 결합하기 전에도 많이 있었다. 역사 내내 종족, 종교, 경제, 문화, 건강, 나이, 민족, '인종' 등을 이유로 결혼이 금지되었다. 유럽에서의 혼인 금지는 가까운 친족 관계이거나 심각한 건강 문제가 있는 경우 등에 주로 초점을 맞추었고 연령도 중요한 고려 사항이었다. 또 상이한 사회 계층 간의 혼인도 대개 허용되지 않았다. 하지만 미국에서는 노예제 시기와 남북전쟁 이후의 시기에 주로 인종을 이유로 혼인이 금지되었다. 1913년에 미국의 40개 주 중 총 29개 주가 인종 간 혼인을 금지했다. 그중 19개 주는 백인과 흑인의 결혼을 금지했고, 8개 주는 여기에 중국인과 일본인을 더했으며, 1개 주는 흑인과 '크로아티아' 인디언이 대상이었고, 1개 주(네바다주)는 백인과 '에티오피아, 말레이, 몽골, 아메리카 인디언' 사이의 혼인을 금지했다(Farber 2011). 몇몇 우생학적 혼인 금지법은 공중보건상의 이유를 표방했다. 예를 들어, 코네티컷주는 간질, 저능, 정신박약자의 결혼을 금지했다(Lombardo 2008).

우생주의자들은 다윈의 이론, 멘델의 유전학, 바이스만의 실험 등 혼인 제약을 정당화할 현대 과학을 가지고 있었고, 이 현대 과학을 바탕으로 이러한 조치를 확대하는 일에 대대적으로 나섰다. 이를테면, 대븐포트는 다음과 같이 주장했다. "[반사회적인] 사람의 혈통을 면밀하게 조사하면 (상당수에 대해 위로 일곱 세대까지 추적 연구가 진행되었다) 연속적인 결함을 발견할 수 있다. 따라서 이러한 생식질의 결함이 원숭이와 유사한 그들의 조상에게서부터 전해져 내려와 200세대 이상 이어진다는 결론을 내리게 된다."(Davenport 1912, 89) 환경을 개선하는 것은 더 이상 빈민, 범죄자, 저학력자, 신체나 정신이 건강하지 않은 사람, 그리고 열등한 '인종' 등이 유발하는 문제에 대한 해결책으로 보이지 않았다. ERO에서 훈련받은 현장 연구자들이 미국 방방곡곡의 병원, 정신병원, 감옥, 자선단체, 농아와 맹아 학교, 정신박약자 시설 등에서 인체 측정 데이터를 수집하고 가족력을 조사했다. 꼭 인종에만 초점을 맞춘 건 아니었다. 이러한 조사의 목적은 대븐포트와 로플린이 신체적, 정신적, 도덕적, 문화적, 사회적으로 '부적합'하다고 본, 그리고 대대적인 하층계급을 형성하고 있다고 본 모든 개인과 집단에 대해서 그러한 사람들을 찾아내고 완전한 가족력 정보를 수집하는 것이었다. 이들에 따르면, 이러한 부적합자가 미국 인구의 10퍼센트가량 될 것으로 추산되었다. ERO가 문을 닫는 1939년 12월 31일 무렵이면 이곳은 약 75만 명에 달하는 개인과 가족의 기록을 수집한 상태였다(Black 2003; Lombardo 2008; Spiro 2009). 여기에는 신체적, 직업적, 정신적 특징 수백 가지가 담겨 있었다. 조사된 특징들은 현장 연구자가 소지하고 다녔던 '형질 목록'에 나와 있는 것들이었는데, 대븐포트가 심리학자인 E. L 손다이크와 로버트 여키스의 도움을 받아 만든 목록이었다(Paul 1995).

이들은 '사회적으로 부적합한' 열 개 집단을 특정했다. 1) 정신박약자 2) 빈민 3) 알코올중독자 4) 범죄자(경범죄를 저지른 사람과 벌금을 내지 않아 수감된 사람도 포함) 5) 간질 환자 6) 정신 이상자 7) 체질적으로 허약한 자 8) 특정한 질병을 가진 자 9) 기형인 자 10) 맹인, 농인, 언어장애인(어느 정도로 심각한 장애여야 여기에 포함되는지에 대해서는 지침이 없음). 이들의 열등한 '생식질'을 없애기 위해 혼인 제한, 강제적인 산아 제한, 강제적인 분리, 단종, 안락사 등이 해법으로 제시되었다([Laughlin 1914a] 안락사는 아직 실행할 때가 무르익지 않았다고 여겨지긴 했다). 고더드, 로플린, 대븐포트 모두 부적합자의 생식을 막아야 한다고 보았고, 그렇게 된다면 부적합자의 수를 몇 세대 안에 크게 줄일 수 있으리라고 생각했다(Paul 1995). 스페인 종교재판 때도 그랬듯이, 이러한 프로그램을 실행하는 비용은 격리되거나 수감된 사람들의 재산을 몰수해서 충당할 수 있을 것이라고 상정되었다. 1912년부터 1930년대까지도 우생주의자들은 혼인 제한법을 통과시키기 위해 매우 열심히 노력했다. 1930년대 중반이 되면 4개 주가 알코올중독자의 결혼을 금지했고 17개 주가 간질 환자의 결혼을 금지했으며 41개 주가 정신박약자의 결혼을 금지했다. 또한 많은 주에서, 맹인, 농인, 간질 환자, 정신박약자, 정신이상자를 낳게 될 때의 비용을 보전하기 위해 결혼을 하면 많게는 1만 4,000달러(오늘날의 가치로는 13만 달러에 해당한다)를 예치하도록 했다. 이 돈은 아내의 출산 가능 연령이 지나면 돌려받을 수 있었다(Black 2003; Spiro 2009).

대븐포트의 ERO는 우월한 계층의 인구를 늘리기 위한 우생학 전략의 일환으로서 인종적으로 받아들여질 수 있는 훌륭한 가문의 혈통도 조사했다. 우월한 인구의 증가를 위해 일부다처, 체계적인 배우자 선택, 금전적 인센티브 등도 제안되었다. 미국이 1차 세계대전에 들어가기 조금 전인 1917년에 대븐포트와 로플린이 펴내던 『우생학 뉴스』는 독일이 준비하고 있던 우생학 계획에 찬사를 보냈다. 독일은 전쟁 이후 군인이 목숨을 읽으면서 줄어든 인구를 보충하기 위해 우월한 인종을 육종하기 위한 계획을 수립하고 있었다(Davenport and Laughlin 1917). 여기에는 바람직한 계층에 속하는 아리아인 미혼 여성을 위한 특별 아파트를 세우고 바람직한 아리아인 남녀가 아이를 낳도록 유도하기 위해 금전적 인센티브를 지급한다는 계획도 있었다(Black 2003). AES의 홍보 위원회에서 대중 교육을 담당하던 메리 T. 와츠는 촉진형 육종의 일환으로 1911년부터 주 박람회들에서 우량아 대회를 열기 시작했다. 하지만 1920년에 대븐포트는 우량아 상을 받은 아기도 10세에 간질을 일으킬 수 있다며, 표현형은 유전형보다 중요성이 낮다는 점을 와츠에게 인식시켰다. 상을 주는 행사를 열 것이라면 [아기 개인이 아니라] 우생학적으로 적합한 '가족' 단위에 상을 주는 것이 나을 터였다. 이렇게 해서, 1920년에 제1차 '미래의 파이어사이드를 위한 적합 가족 대회'가 캔자스주 프리 페어 박람회에서 열렸다. 역사학자, 소아과 의사, 정신과의사, 심리학자, 치과의사, 임상병리학자, 그리고 귀, 코, 목구멍 전문가로 구성된 위원회가 심사를 맡았다(Spiro 2009). 이러한 대회는 빠르게 전파되어서 1920년대에 이르러서는 전국 각지의 주 박람회에서 적합 가족 대회가 개최되었다. 메리 와츠는 이렇게 설명했다. "가축 감별사들이 가축 행사장에서 홀스타인 젖소 품종, 저지 젖소 품종, 화이트페이스 젖소 품종 등을 판별할 때, 우리는 존스 가족, 스미스 가족, 존슨 가족 등을 판별한다. 거의 모든 사람이 이렇게 말한다. '이제까지 동물에게 주었던 관심의 일부라도 사람들이 받아야 할 때가 되었다고 생각합니다.'"(Paul 1995, 11 재인용) 대븐포트와 AES는 "지침, 점수표, 장비 등을 제공했고 비중 있는 정치인을 초청해 수상자에게 커다란 청동 메달을 수여"하도록 했다. 메디슨 그랜트가 디자인한 청동 메달에는 AES의 로고가 그려져 있었다([Spiro 2009, 186] 사진 3.2). 이 메달 이미지는 『우생학』 저널의 로고로 쓰이기도 했다(Engs 2005).

우생주의자들의 이와 같은 노력이 꼭 인종에만 초점을 맞춘 것은 아니었어도 열등한 인종을 제거하는 것은 늘 이 운동의 중요한 목적이었다. 이들에게 '부적합자'는 노르딕 인종이 아닌 모든 인종, 그리고 우월한 백인종과 여타 인종 사이의 혼혈로 태어난 자손 모두를 포함했다. 1913년에 대븐포트는 인종 간 혼합에 대한 여러 주의 법을 일별하고서 "어떤 다른 주제도 사회적 질서에 이렇게 위협적인 것이 없어서, 아마도 그 때문에 이것이 사회의 이익을 위해 완전하게 논의되지 못하는 것 같다"고 말했다(Davenport 1913, 31). 그는 흑인과 동유럽인(둘 다 유전적으로 열등하다고 보았다)이 "미국인"과 결혼을 하게 되면 나라의 미래가 위협에 처할 것이라고 우려했다. 1919년에 저명한 유전학

사진 3.2
미국우생학회가 수여한 적합 가족 대회 수상자 메달. 이들이 정한 적합성 기준을 충족하는 가족에게 수여되었다. 메달의 크기는 1달러 은화와 비슷하다(저자가 직접 찍은 사진).

자 에드워드 M. 이스트와 도널드 F. 존스도 열등한 종자와 우등한 종자의 혼합은 우등한 종자의 퇴락을 가져온다고 보았다(Farber 2011). 흄과 칸트의 철학으로 돌아가서, 그들은 이렇게 주장했다.

> 니그로는 백인보다 실제로 열등하다. 이것은 가설이나 추론이 아니라 사실이다. 니그로는 세상에 높은 수준의 독창적인 기여를 아무것도 하지 않았다. 이들은 자신의 원래 서식지에서 스스로의 추동력으로 위로 올라가지 못했다. … 니그로는 백인과의 경쟁에서 기준에 도달하는 데 실패했다(East and Jones 1919, 253).

버지니아의 혼혈 금지법은 이러한 인종주의적 동기를 보여주는 좋은 사례다. 이 법의 전조로서, 1916년에 ERO 이사회의 과학자문위원장이자 열정적인 우생주의자 알렉산더 그레이엄 벨이 미국 통계청에 ERO를 지원해서 가족계통을 조사하라고 제안했다. 통계청이 수행하는 인구 조사의 개인 기록에 아버지와 어머니의 이름을 적는 칸을 포함하라는 것이었다. 통계청은 이 제안을 받아들이지 않았다. 이어서 1918년에 로플린은 통계청에 모든 구금 시설, 자선 시설, 감옥에서의 서베이를 추가하자고 요청했다. 통계청은 이 요청을 받아들였고 로플린을 통계청의 특별 직원으로 지명했다. 통계청은 1880년부터 '결함'(정신이상), '의존'(노인이나 신체 허약자), '비행'(수감자) 항목으로 정보를 수집하고 있었다. 로플린은 통계청이 '사회적 부적합자'로 용어를 수정하고 "부적합자들의 상태를 위계화한, 특히 인종 라인에 따라 위계화한 항목을 추가" 하게 하려고 노력했다(Black 2003, 159). 하지만 통계청은 이 제안을 받아들이지 않았다. 통계청 대 (통계청이 미국 시민의 적합도와 부적합도를 대대적으로 조사해야 한다고 본) ERO, ERA의 싸움이 수년간 이어지고 나서, 통계청은 "이 운동에 동참하기를 거부"했고, 그렇게 하기로 결정한 소수의 연방기관 중 하나가 되었다(Black 2003, 161).

연방 통계청이 우생학적 인구 구분을 받아들이게 하는 데 실패하고서 로플린은 연방 하원 및 몇몇 주 정부로 눈을 돌렸다. 버지니아는 우생학 운동이 목적하는 바에 매우 적극적인 주였다. 버지니아에서 로플린은 월터 A. 플레커라는 조력자를 얻었다. 산부인과 의사이며 급진적인 인종주의자이자 우생주의자인 플레커는 버지니아주에 신설된 생정통계국Bureau of Vital Statistics을 1914년부터 1942년까지 이끌었다(Lombardo 2008). 그의 주된 관심사는 버지니아의 인종적 순수성을 유지하고 인종 간 결혼을 금지하는 것이었다. 그는 1928년에 로플린에게 이런 서신을 보냈다. "우리는 우리 시민들의 우생학적 기록에 관심이 있지만, 백인으로 넘어오려 하는 혼혈인에 대해서만 목록을 만들려 하고 있습니다." 즉 "우생학의 기치를 들고" 있었지만 "플레커의 진정한 열정은 … 언제나 백인종의 순수성을 보호하는 것"이었다(Black 2003, 165). 그는 주 법들이 너무 관대하다고 보았다. 지나치게 모호해서 누가 니그로이고 누가 유색인종인지 알기 어려웠고, 주마다 백인과 반혼혈, 4분의 1 혼혈, 8분의 1 혼혈 흑인 사이의 결혼을 각기 다르게 금지하고 있었다.

플레커를 비롯해 몇몇 백인 우월주의자 지인들로 구성된 자칭 '앵글로-색슨 클럽Anglo-Saxon Club'은 코카서스 혈통이 아닌 피가 '한 방울이라도' 섞인 사람은 백인과 혼인하지 못하도록 하는 새로운 법제 도입에 나섰다. ERO 멤버들을 포함해 전국의 잘 알려진 우생주의자들이 이들의 운동을 지지했고 매디슨 그랜트, 로스롭 스토더드 등이 후원했다. 또한 버지니아주의 주요 신문인 『리치먼드 타임즈 디스패치』도 든든한 우군이었다. 이 법의 입법화가 논의되고 있던 1924년에 이 신문은 "미국이 잡종을 향해 가고 있다"며 "수천 명의 남녀가 백인 행세를 하고 있지만 사실은 흑인의 피를 가지고 있다"고 한탄하는 사설을 실었다. 또한 이 사설은 "이것이 백인들에게 죽음의 종을 울리는 것이나 마찬가지"라며 "열등한 피가 한 방울이라도 섞이면 순혈과 잡종의 스펙트럼에서 점점 더 낮은 단계로 가게 된다"고 지적했다(Black 2003, 167 재인용). 1924년 3월에 버지니아주에서 인종순수법Racial Integrity Act이 통과되었고 인구 조사 때 자신의 인종을 잘못 보고하는 것은 1-5년의 징역형을 살 수 있는 중범죄가 되었다. 이 법은 40년 넘게 유지되다가 1966년에야 없어졌다(Lombardo 2008). 버지니아의 호적 통계 담당자로서 플레커는 평생 비백인에 대해 관심이 있었다. 그는 백인과 비백인의 혼인을 금지하는 것뿐 아니라 비백인이 백인 학교에 다니는 것, 백인 철도칸에 흑인이 타는 것, 백인 묘지에 흑인이 매장되는 것을 금지하는 데도 혼신의 힘을 기울였다.

플레커는 전국의 인종주의자들과 우생주의자들에게 스타가 되었다. 그에 대한 기사와 그가 쓴 기사가 우생학 매체, 일반 대중매체, 그리고 공중보건 매체에 소개되었다. 1925년에 『미국 공중보건학 저널』은 버지니아의 법이 "백인의 이상에 대한 가장 완벽한 표현"이며 "지난 4000년 사이에 있었던 가장 중요한 우생학적 노력"이라고 보도했다(Black 2003, 174 재인용). 플레커는 다른 주에서도 버지니아주의 법과 비슷한 '한 방울의 혼혈도 안 된다'류의 법을 도입하게 하려고 노력했다. 버지니아주 인종순수법 사본이 버지니아 주지사가 쓴 서신과 함께 미국의 모든 주지사에게 배포되었다. 서신에는 이와 비슷한 법을 각 주에서 입법하도록 촉구하는 내용이 담겨 있었다. 앨라배마와 조지아가 곧이어 이러한 법을 도입했고, 위스콘신도 비슷한 입법화를 시도했다. 하지만 민권 운동이 성장하면서 다른 주들에서는 진전이 지지부진했다. 로플린은 인종순수법 입법화의 속도를 높이기 위해 플레커에게 『우생학 뉴스』에 게재할 그래프를 작성해 달라고 부탁했다. 제목은 "각 주에서 백인과의 결혼을 통해 유입되는 것이 허용된 니그로 피의 양"이었다(Laughlin 1928). 플레커는 1946년에 84세로 은퇴한 다음에도 인종 순수성을 보호하기 위한 활동을 계속했다. 가령, 인종주의적인 소책자를 써서 잡종화의 추세를 개탄하고 백인 인종의 순수성을 지키려 했다. 플레커는 "사망한 이전 세대, 살아 있는 현세대, 아직 태어나지 않은 미래 세대까지 수백만 명의 본성을 규정하고 명령했다. … 그는 누가 어디에 살 수 있고 누가 어떤 학교에 갈 수 있고 누가 어떤 교육을 받을 수 있고 누가 누구와 결혼을 할 수 있고 심지어는 누가 어떤 무덤에서 안식할 수 있는지까지, 버지니아에서 한 세대 전체의 삶을 결정했다."(Black 2003, 182) 1948년에 캘리포니아주가 처음으로 혼혈 금지법이 위법하다고 판단해 금지했지만, 1960년대까지 17개의 주가 여전히 이러한 법을 유지했고 따라서 인종 간 결혼을 금지하고 있었다. 사실 미국에서 인종 간 결혼을 금지하는 주 차원의 법은 1967년까지도 여전히 합헌이었다. 1967년에서야 대법원이 '러빙 대 버지니아Loving v. Virginia' 사건에서 혼혈 금지법이 위헌이라고 판결했다(Farber 2011).

'부적합자' 강제 단종법

신체적, 정신적, 사회적, 인종적으로 부적합자라고 여겨진 사람들에 대한 강제 단종법은 '약한 자에 대한 전쟁'을 벌이는 우생학의 주요 무기였다(Black 2003). 1900년 이전에도 단종법은 범죄를 통제하는 수단으로 많이 활용되었다. 단종법이 처음 제안된 것은 1887년 신시내티 새니터리움Cincinnati Sanitarium에서였고, 범죄 성향이 있는 사람들을 통제하기 위한 방법이자 일종의 처벌로서 제안되었다(Degler 1991). 하지만 우생주의자에게 범죄 성향은 부적합자를 생성하는 수많은 단위 형질 중 하나의 발현에 불과했기 때문에 곧 단종법을 범죄자뿐 아니라 더 일반적으로 적용하는 것도 정당화되었다. 부적합한 개인, 가족, 인종, 민족 등의 번성을 막기 위한 방편으로 정당성을 얻게 된 것이다. 그뿐 아니라 정신박약자 등 부적합자들은 결과를 생각하지 않고 교배를 해서 자손을 많이 낳기 때문에 정상적인 인구를 압도하게 되리라고 여겨졌다(Paul 1995).

하지만 단종 수술은 신체에 칼을 대야 하는 데다 불가역적인 산아제한 수단이어서 이에 반대하는 대중의 감수성이 강했다. 종교적으로도 그랬고 특히 남부에서는 반反과학적인 보수주의 감수성이 강해서(Larson 1995; Lombardo 2008) 법안이 통과되기가 쉽지 않았다. 1897년에 미시간 의회에 단종법이 발의되었지만 통과되지 못했다. 펜실베이니아 의회는 비슷한 법을 통과시켰지만 주지사가 거부권을 행사했다. 비슷한 법안이 캔자스에서도 발의되었지만 승인되지 못했다(Lombardo 2008). 단종 수술을 허용하는 법은 1907년에 인디애나에서 최초로 법제화되었고 1909년에는 세 개의 주(워싱턴, 코네티컷, 캘리포니아)가 우생학적 단종법을 통과시켰다. 그리고 1911년과 1912년에는 뉴저지와 뉴욕 주가 비슷한 법을 통과시켰다. 뉴저지의 법은 열렬한 우생주의자이던 당시 주지사 우드로 윌슨이 서명했다. 하지만 1900년대 초에 오리건, 일리노이, 위스콘신은 단종법을 거부했고, 보수적인 남부 주들 중에서는 단 한 곳도 강제 단종법을 지지하지 않았다. 사실 단종법 운동은 진보주의적이고 과학 친화적이고 본질적으로 엘리트주의적인 운동이었다(Degler 1991; Larson 1995). 따라서 제1차 국제우생학회의가 열린 1912년 무렵이면 콜드스프링하버와 미국육종학회, ERO의 우생주의자들은 매우 실망하고 좌절한 상태였다. 단종법이 법제화된 주에서도 비자발적 단종이 실제로 집행되는 경우는 거의 없었다. 제1차 국제우생학회의가 우생학 운동의 목적을 정당화하고 널리 알리는 데 성공하고서 얼마 지나지 않은 1914년에 로플린은 표준 템플릿으로 삼을 수 있도록 단종법 샘플 법안을 작성했다. 이 샘플은 많은 주에서 사용되었고 나중에는 독일에서 단종법을 준비할 때도 사용되었다(비슷한 현상이 오늘날에도 벌어진다. 가령, 캔자스 주무장관 크리스 코백은 이민법 샘플 법안을 작성했다. 11장 참고). 1915년에 이르러서는 15개 주가 단종법을 통과시켰지만 이 중 네 곳에서는 철회되거나 폐지되거나 위헌 판결을 받았다(Engs 2005). 1921년 무렵에 여전히 남아 있는 단종법은 10개뿐이었다. 새로운 혹은 수정된 법안이 일리노이, 미네소타, 뉴햄프셔, 오하이오에서 발의되었지만 모두 입법에는 실패했다(Lombardo 2008).

요컨대, 1920년대 초에는 많은 주 당국자들이 단종법 집행을 꺼리고 있었다. 그보다 앞서 미국육종학회의 한 보고서는 "매우 소수의 열정적인 우생학자들이 [이러한 법을] 밀어붙이고 있고 입법에 영향을 미쳐왔지만 … 집행을 추동할 만한 대중의 감수성이 존재하지 않는다"고 인정했다. 또한 "주의 법 집행당국자들도 이 법에 대해 제기된 위헌 논란에 맞서 법을 수호하고자 하는 열의가 없다"고도 지적했다(Van Wagenen 1912; Black 2003, 70 재인용; 다음도 참고: Larson 1995; Lombardo 2008). 1914년에 로플린은 이렇게 한탄했다.

> 현재의 실험적인 단종법은 방향성을 제시했다는 점에서 개척자로서 칭송받을 만하다. 하지만 아직 사회적 퇴락에 대한 전국적인 해결책으로서는 기능하고 있지 못하다. 사실 이 법이 직접적으로 적용되어서, 아니 그러한 법을 배경으로 해서라도 단종 수술이 이뤄진 건수는 12개 법을 다 합해도 1,000건도 되지 않는다. … 모든 주가 미국인에게서 안 좋은 혈통을 솎아내는 일에 협력하지 않는다면, 그리고 이들의 협력이 연방 정부에 의해 지원되지 않는다면 … 이 숫자들이 보여주듯이, 이 프로그램이 계산대로 작동하리라 기대할 수 없을 것이다(1914b, 145-146).

1922년이 되어서도 수감자, 정신병원 수용자, 간질 환자 및 정신박약자 시설 수용자, 기타 사회복지 시설 수용자 등에게 시행된 단종 수술은 3,200건밖에 되지 않았다. 80퍼센트는 캘리포니아에서 행해졌다(Lombardo 2008). '진보적인' 캘리포니아는 다른 주의 우생주의자들이 따르려고 하는 모범이었다(Larson 1995). 하지만 캘리포니아에서도 위헌성에 대한 우려 때문에 단종법이 실제로 집행되는 속도는 더뎠다. 로플린은 단종법에 대한 관심을 환기시키고자 1922년에 502쪽짜리 저서 『미국의 우생학적 단종법』을 펴냈다. 이 책에는 그가 만든 모델 법안이 수록되었다. 하지만 우생주의자들은 여전히 미국에서 단종법이 널리 쓰이지 않아 좌절하고 있었고, 곧 단종법의 위헌성 논란에 대해 대법원에서 종지부를 찍기 위한 기획 소송을 준비하게 된다.

우생학 입법화와 관련해서도 버지니아가 무대였다. 앨버트 프리디는 1910년에 버지니아 린치버그에 문을 연 '버지니아 간질 및 박약자 수용 시설Virginia State Colony for Epileptics and Feebleminded'의 첫 운영 책임자였다. 버지니아에서 1916년에 통과된 법에 따라 이곳은 그러한 수술이 안전하고 효과적일 경우, 그리고 법원의 승인을 받은 경우, 수용자가 퇴원하기 전에 단종 수술을 시킬 수 있었다. 단종 수술은 사회가 잠재적으로 퇴락한 후손을 갖지 않도록 보호하는 한 가지 방법으로 여겨졌다(Lombardo 2008). 이 법이 통과되고서 강고한 우생학 지지자였던 프리디는 그 시설의 여성들을 대상으로 단종 수술을 시작했다. 대상은 여성 수용자 중 알코올 문제를 겪고 있거나 정신 이상, 결함, 박약, 교정 불능, 기벽, 저능, 부적합, 동성애, 허언, 범죄, 부도덕, 성적 방종, 과도한 성관계, 방랑벽 등의 문제가 있는 여성들이었다. 이러한 특질 모두 유전이라고 여겨졌고, 따라서 프리디는 그러한 여성들이 "결함 있는 자손을 자유롭게 낳지 않도록 막아야 할 사회적인 의무"가 이 시설에 있다고 생각했다(Lombardo 2008, 63).

하지만 윌리 맬러리와 제시 맬러리 모녀에게 법원 허가 없이 단종 수술을 시행해 피해를 입혔다는 이유로 소송에 걸리는 바람에 프리디의 단종 프로그램은 중지되었다. 실제로 프리디는 법원 허가 없이 이들에게 단종 수술을 시행했고, 이런 식으로 법을 지키지 않는 것이 프리디에게는 습관처럼 되어 있었다. 주 항소 법원이 소송을 기각하지 않자, 프리디는 이 소송에서 원고가 이긴다면 "이 주에서 범죄적 집단의 결함을 해소하기 위한 시설을 유지하려 노력하는 것은 아무 소용도 없게 된다"고 토로했다(Lombardo 2008, 73).

프리디는 지인인 어빙 화이트헤드에게 도움을 청했다. 그는 이 시설 이사회의 일원이자 변호사였고 애초에 그가 속한 이사회에서 프리디를 시설의 운영 책임자로 임명한 바 있었다. 화이트헤드도 프리디가 버지니아의 단종법을 적극적으로 해석해 단종 수술을 시행하는 것을 지지했고 이사회에서 맬러리 모녀의 단종 수술을 승인하는 투표를 주도한 사람도 그였다. 화이트헤드는 '맬러리 대 프리디Mallory v. Priddy' 소송이 "이 법을 시험하기에 매우 훌륭한 시범 케이스"가 되리라고 보았다(Lombardo 2008, 74). 하지만 법원은 허가 없이 집행되는 단종 프로그램이 근본적인 시민권을 침해한다고 판결했고, 맬러리의 수술은 법원의 허가나 동의 없이 이뤄진 것이었다. 프리디는 패소했지만 배심원단은 맬러리 가족이 주장한 피해 보상 요구는 받아들이지 않았다. 어쨌든 판사는 프리디에게 현재의 법이 바뀌기 전까지는 수술을 중단하라고 명령했다. 이 소송으로 "주 내 모든 시설의 운영 책임자가 몸을 사리게 되었고 갑자기 주 내에서 단종 수술이 중단되었다. … 버지니아의 의사들을 소송으로부터 보호하는 법이 없다면 버지니아에서는 우생학적 단종 프로그램을 견고하게 운영한다는 계획에 미래가 없을 것으로 보였다." 또한 이는 다른 주 의사들도 몸을 사리게 만들었다(Lombardo 2008, 76-77).

프리디는 자신의 프로그램이 갖고 있는 법적 취약성 문제를 해결하기 위해 변호사이자 버지니아주 의원이며 이 시설을 지지하는 오드리 스트로드에게 도움을 청했다. 스트로드도 우생주의자였고 어빙 화이트헤드와 어린 시절부터 친구였다. 스트로드는 앞으로 프리디와 의사들이 소송에서 보호받을 수 있게 하려는 취지의 법안 두 개를 곧 작성했다. 하지만 여전히 의사들은 새로운 단종법이 발효되기 전에는 수술하기를 꺼려했다. 하지만 1923년 무렵이면 새 주지사 E. 리 트링클이 선출된 후로 버지니아에서 단종법에 대한 대중의 감수성이 달라져 있었다. 트링클은 스트로드와 오랜 친구였고 우생학적 단종법의 강력한 지지자였다. 1924년에 트링클은 스트로드에게 새 법안을 작성하도록 요청했다. 스트로드는 로플린이 최근에 펴낸 책『미국의 우생학적 단종법』에 실린 모델 법안을 토대로 문구를 작성했다. 많은 부분을 로플린의 모델 법안에서 문자 그대로 따왔다(Lombardo 2008). 트링클은 이 법안이 통과되도록 정치적인 밑작업을 하는 데 세심하게 신경 썼고 1924년 6월 17일 버지니아주 상원에서 만장일치로 법안이 통과되었다.

　프리디는 한시라도 빨리 그의 시설에서 단종 수술을 재개하고 싶었지만 스트로드는 단종법의 위헌 여부가 버지니아 대법원에서, 혹은 연방 대법원에서 가려질 때까지 수술을 하지 말라고 권고했다. 스트로드는 이 법의 위헌성을 시험할 소송을 진행하기 위해 수임되었다. 우생학 지지자들은 기획 소송을 만들기 위해 프리디가 수술하고자 한 16명의 대상자 중 한 명을 정했다. 그 여성은 18세의 캐리 벅이었고 이 무렵 이 시설에 3개월째 거주하고 있었다. 프리디의 주도 하에 이사회는 벅의 단종 수술을 투표로 결정했다. 단종 수술 절차를 완료하려면 이사회는 당사자가 단종 명령에 불복하고자 할 때 대리해 줄 변호사를 임명해야 했다. 즉 소송에서 벅을 대리해 줄 변호사를 임명해야 했다. 이 역할은 어빙 화이트헤드가 맡기로 정해졌다. 다시 말하면, 캐리 벅은 자신이 당사자인 모든 법적 절차에서 상대편인 프리디의 친한 친구이자 오드리 스트로드와 어린 시절부터 친구이며 이 시설의 전직 이사이고 열렬한 단종법 지지자인 사람에게 자신의 변호를 맡겨야 했다(Lombardo 2008).

　1924년 1월 23일에 간단한 공판('심문'이었다고 보는 게 더 적절할 것이다) 후 버지니아주 치안 판사 C. D. 셰클포드는 캐리 벅이 정신박약자라고 판단했다. 사실 벅은 안 좋은 학생이 아니었고 평균적인 혹은 평균 이상인 가족 출신이었다. 하지만 이 재판이 진행되었을 무렵에 벅은 버지니아주 샬로츠빌 뒷골목의 '가난한 백인 쓰레기'로 여겨졌다. 어머니 엠마는 1906년에 캐리를 낳았는데 1909년에 남편이 사망하고서 가난에 시달렸다. 1920년에 셰클포드는 '정신적 결함, 가족력: 저능아'라는 진단에 의거해 엠마를 이 시설로 보냈고(Lombardo 2008) 엠마는 남은 평생을 이 시설에서 살았다. 한편, 캐리와 비슷한 나이대의 아이가 있었던 존 돕스와 아내 앨리스는 캐리를 (입양은 하지 않고) 집으로 데려가 집안일을 시켰다. 캐리는 학교 생활과 가내 노동 모두를 적절하게 수행했다. 하지만 1923년에 17세이던 캐리가 임신한 것이 밝혀졌다. 캐리는 돕스의 사촌에게 강간을 당했다고 주장했다. 하지만 돕스 부부는 이 일로 수치스러워지자 캐리가 집에서 나가기를 원했다. 존은 샬로츠빌에서 '특별 순경'으로 일시 강등되었고, 셰클포드 판사에게 캐리가 엄마와 마찬가지로 정신박약이거나 간질, 혹은 둘 다라고 주장하는 서면을 제출했다. 곧 캐리도 엄마처럼 정신박약으로 판정되어 시설로 보내졌다.

캐리는 3월 28일에 딸 비비안을 낳았다. 하지만 정신적 무능력자라고 판단되었으므로 아이를 키울 수 없었다. 아이러니하게도, 이번에도 (비비안도 정신박약으로 판명나면 다시 시설로 보내기로 하고) 돕스 집안에서 아이를 데려갔다(Black 2003; Lombardo 2008). 1924년 9월 10일 캐리는 버지니아의 새 단종법에 의거해 단종 수술 명령을 받았다. 이때는 이 시설의 변호사이던 로버트 셸턴이 캐리의 법적 후견인으로 지정되어 있었다. 그의 임무는 "이 법이 버지니아 법정, 나아가 연방 대법원으로 올라가 합헌으로 인정 받게 하기 위해" 캐리의 대리인으로서 소송을 제기하는 것이었다(Black 2003, 114). 처음부터 이 소송은 우생학 지지자들의 기획 소송이었다. 시설 쪽 대리인은 오드리 스트로드였고 캐리의 변호인은 후견인인 셸턴이 정한 어빙 화이트헤드였다. 로플린은 캐리, 캐리의 엄마, 그리고 7개월된 딸의 IQ 검사 결과를 토대로 3대에 걸쳐 정신박약이 나타났음을 주장하는 긴 진술서를 작성했다. 그는 "캐리 벅의 사례에서 나타난 가족력과 개인의 이력을 보면 ... 그의 정신박약과 도덕적 비행이 유전적인 속성을 갖는다는 사실을 알 수 있다"며 "따라서 캐리 벅은 사회적으로 부적합하거나 결함 있는 자손을 낳을 가능성이 있다"고 결론내렸다(Lombardo 2008, 135). 5시간도 안 걸려서 법원은 프리디의 손을 들어주었고 버지니아주의 새 단종법이 합헌이라고 판결했다. 캐리를 대변했어야 할 화이트헤드는 지극히 취약한 변론을 펼쳤다. 롬바르도는 "캐리 벅 사건에서 화이트헤드는 무능해서 패한 게 아니라 패할 작정이었기 때문에 패한 것이었다"고 설명했다(Lombardo 2008, 148). 화이트헤드는 버지니아 주 병원 위원회와 이 시설 이사회의 합동 회의에서 이 판결에 대해 보고하면서, 이 문제가 곧 최종 결정을 위해 연방 대법원에 올라갈 것이라고 말했다.

버지니아주 항소 법원이 매우 취약한 논변으로 작성된 항소를 기각한 뒤, 소송 기획자들은 연방 대법원으로 가기 위한 준비를 했다. 화이트헤드는 "마지막 수단으로서 연방 대법원에 가는 것에 대해 이보다 더 우호적인 상황을 기대하기 어려울 것"이라고 이 시범 소송의 의미를 설명하면서 이 사건이 연방 대법원에서 심리되어야 한다고 주장했다(Black 2003, 117 재인용). 이 무렵이면 프리디는 호지킨병으로 사망했기 때문에 프리디에 이어 이 시설의 운영을 담당하고 있던 존 벨 박사가 이 소송의 피고였다. 그래서 사건 이름도 '벅 대 벨 Buck v. Bell'이 되었다. 이제 캐리 벅의 운명, 아니 우생학 운동이 미는 주요 정책의 운명과 수많은 사람들의 운명이 아홉 명의 대법관에게 달려 있게 되었다. 캐리 측 변론은 화이트헤드가 맡았는데 그는 "법조인의 모든 윤리 규범을 위반"했다. 그는 "캐리 벅의 대리인이 아니라 고인이 된 친구 앨버트 프리디의 대리인인 것처럼 행동했고, 사실 화이트헤드는 10년 넘게 프리디의 단종 프로그램을 지지해 온 사람이었다."(Lombardo 2008, 155)

1927년에 올리버 웬들 홈스 주니어가 대법관 중 한 명이었다. 홈스는 1902년에 시어도어 루즈벨트에 의해 대법관으로 임명되었고 1931년경에는 "미국에서 가장 칭송받는" 법관으로 여겨지고 있었다(Lombardo 2008, 163). 하지만 그는 사회적 다윈주의, 우생학, 맬서스의 개념을 지지했다. 1922년에 홈스는 다음과 같이 언급했다. "모든 사회는 인간의 죽음에 의존한다. 이런 저런 방식으로 사람들을 죽게 하거나 사람들이 태어나는 것을 제약하지 않는다면 … 현 상태가 맬서스의 이론을 보여주고 있지 않은가?"(Black 2003, 120 재인용) 대부분의 미국인은 안락사 같은 급진적인 우생학 프로그램에 반대했지만 홈스는 로플린과 그의 동료들이 주창하는 급진적인 견해를 지지했다. 가령, 그는 주 정부가 취약하고 부적합한, '바람직하지 않은 사람들'에게 잘 통제된 방식으로 안락사를 적용한다는 개념에 전혀 거리낌을 느끼지 않았다(Lombardo 2008). 1927년 5월 2일에 버지니아주가 "한 방울의 피도 섞이지 않게" 혼인을 제한하는 법을 통과시키고서 얼마 뒤, 대법원은 "특정한 경우 환자의 건강과 사회의 복지가 정신적 결함이 있는 사람들에 대한 단종 수술로 증진될 수 있다"는 버지니아주의 법을 8 대 1로 승인했다. 홈스는 다수 의견(Buck v. Bell, 274 U.S. 200, 1927)에서 "퇴락한 후손이 범죄를 저지를 때까지 기다렸다가 처형하거나 무능력으로 굶주리게 두기보다, 명백히 부적합한 사람들이 애초에 자신과 같은 종류의 자손을 낳지 못하게 하는 것이 사회에 더 좋을 것"이라며 다음과 같이 덧붙였다. "의무적인 백신 접종의 근거가 되는 원칙은 난관 절단 수술에도 적용될 수 있을 만큼 폭이 넓다. 정신박약이 3대에 걸쳐 나타났으면 그것으로 충분하다."

에드윈 블랙은 이 상황을 다음과 같이 요약했다. "우생학적 단종법은 이제 미국의 법이 되었다. 수문이 대거 열린 셈이 되었다."(Black 2003, 122) 1930년이면 30개 주가 단종법을 도입했고 약 3만 6,000명이 수술을 받았는데 이중 3만명이 1927년 이후에 받은 사람들이었다. 단종 수술 대상자는 정신박약자, 정신 이상자, 그 밖에 정신적인 면에서 받아들여질 수 없는 사람, 도덕적으로 퇴락한 사람, 범죄자 등으로 판정받은 사람들이었고 때로는 "기타"로 분류된 사람들이기도 했다. 가난해서 단종 수술을 받게 되는 경우도 있었다. 스페인 종교재판 때도 그랬듯이 '부적합성' 판정 재판은 종종 "심문"[inquisition. 스페인 종교재판에서도 같은 단어가 쓰였다]이라고 불렸고, 해당되는 잘못의 범주는 매우 모호하게 규정되어 있었으며, 특정한 사람이 그 범주에 해당하는지에 대한 근거는 거의 없거나 모호한 풍문뿐이었다. 그런데도, 그렇게 해서 판정받은 사람들은 재산이 징발되고 가정이 망가졌다.

　유럽에서는 1929년에 덴마크에서 처음으로 단종법이 통과되었다. 독일에서는 1933년에 강제 단종법을 통과시켰는데, 이것은 훗날 안락사 정책으로 이어진다. 캐나다의 브리티시컬럼비아(1933년), 노르웨이(1934년), 스웨덴(1934년), 핀란드(1935년), 에스토니아(1936년), 아이슬란드(1938년) 등에서도 단종법이 통과되었고 덴마크는 자발적인 프로그램이던 것을 1934년에 강제 프로그램으로 바꾸었다. 이 추세는 전 세계적으로 경제 상황이 악화되고 있었던 것과 궤를 같이했다(Paul 1995). 독일의 단종법은 본질적으로 로플린의 샘플 법안을 토대로 작성되었다(Brace 2005). 2차 세계대전이 끝날 무렵인 1945년이면 독일은 거의 200만 명에게 동의 없이 단종 수술을 시행한 상태였다(Chase 1977). 미국에서 단종 정책을 뒷받침하는 근거로 응용 유전학이, 반(反)이민 정책을 뒷받침하는 근거로 인종주의적 우생학이 사용되던 시기에(아래 내용 참고) 독일의 히틀러와 나치는 처음에는 특정 집단을 추방하기 위해, 다음에는 절멸하기 위해 인종주의적 우생학 정책을 사용했다. 앞으로 보겠지만, 히틀러 시기 독일에서의 인종 구분은 19세기 인종주의자들(노트, 고비노, 체임벌린, 리플리)이 제시하고 20세기 초 우생학 운동 지도자들(셰일러, 대븐포트, 브리검, 그랜트, 스토더드 등)이 되살린 구분을 그대로 따르고 있었다. 독일이 인종주의적 우생학 정책으로 안락사를 도입한 최초의 국가이기는 했지만, 안락사 아이디어 자체는 1911년에 미국육종학회가 미국 인구에서 결함 있는 생식질을 제거하기 위한 계획의 제8항으로 제안한 바 있었다(Black 2003, 60). 그리고 2차 세계대전이 끝났을 무렵이면 나치는 600만 명을 죽인 뒤였다.

지능 검사와 매디슨 그랜트의 『위대한 인종의 소멸』

자신의 인종주의적 세계관이 옳다고 확신하고는 있었지만, 고비노는 『인종 불평등론』 마지막 장에서 인종적 차이를 과학적으로 측정해야 한다고 촉구했다. 서구의, 특히 아리아 문명의 우월성에 대한 흄과 칸트식 주장은 '열등한 인종' 사람들이 이룩한 성취로 종종 반박되었기 때문에 고비노는 우려스러웠다. 그는 이렇게 언급했다.

> 이 책의 앞 부분에서 나는 … 인류라는 가족의 다양한 가지가 영구적이고 제거할 수 없는 정신적, 신체적 차이로 서로 구분된다는 것을 보이기 위해 노력했다. 그들은 지적 역량, 개인의 아름다움, 신체적 강인함에서 균등하지 않다. … 이 논의는 어떤 개인의 도덕적, 지적 가치를 근거로 들어서 논할 수 있는 것이 아니다.
> 나는 인정할 준비가 되어 있다. … 오히려 나에게 반대하는 사람들보다 더 많이 나아갈 준비도 되어 있다. 나는 아프리카의 투박한 니그로 족장 중에도 상당히 적극적이고 활력 있는 정신을 가진 사람이 있을 수 있으며 우리의 평균적인 농민보다, 어쩌면 우리의 중산층 중 일부보다 훨씬 큰 정신적 역량과 비옥한 아이디어를 가지고 있을 수 있다는 것을 전혀 의심할 생각이 없다.
> 하지만 [개인을 근거로 드는] 이러한 주장이 내가 보기에는 진정한 과학적 가치를 갖지는 않는 것으로 보인다. … 그러한 유치한 생각은 이제 그만하고, 개인이 아니라 집단을 비교하자. … 이 어렵고 까다로운 임무는 각 인종 집단 전체의 상대적 위치가 깔끔하게, 즉 수학적으로 드러나야만 달성될 수 있을 것이다(Gould 1996, 381-382 재인용).

프랜시스 골턴의 주요 목표 중 하나는 고비노의 소망을 달성하는 것이었다. 즉 과학적이고 수학적으로 인종 간 차이와 앵글로-색슨의 우월성을 입증할 수 있도록 각 집단을 실제로 측정하는 것이었다(Gobineau 1853-1855; Gould

1996). 그는 개인 수준과 인종 수준 모두에서 '지능'이라고 불리는 하나의 객관적인 척도를 측정함으로써 정신 역량에 서열을 매길 수 있다고 보았다(Brace 2005; Spiro 2009). 심지어 그는 개 중에서 어떤 종자는 일부 영국인이나 대부분의 아프리카인보다 지능이 높을 수 있다고 보았다(Galton 1869). 골턴은 인간 사이의 차이를 수량화한다는 목적을 달성하기 위해 1884년에 인체 측정 연구소를 세웠고, 런던 사람들을 대상으로 상세한 자료를 수집했다. 그는 약 9,000명의 개인과 가족에 대해 키, 몸무게, 팔 길이, 폐활량 등의 신체적 특징을 조사했다(Shipman [1994] 2002; Black 2003). 또한 그는 지능을 측정하기 위한 검사 기법을 고안하려 한 초창기 인물 중 하나다. 하지만 그의 시도는 그리 성공적이지 못했다. 그의 검사는 특정한 자극에 대한 인체생리학적 반응 시간의 측정이었고 정신 활동이나 정신 역량, 논증 능력에 대한 검사는 아니었다(Gould 1996; Smedley 1999).

논증 능력을 검사하는 기법을 처음으로 개발한 사람은 소르본의 심리학자 알프레드 비네다. 1904년에 비네는 프랑스 공교육 담당 장관으로부터 학교에서 학업을 따라가는 데 문제가 있어서 특수교육이 필요할지 모르는 아이들을 알아내기 위한 방법을 개발해 달라는 의뢰를 받았다. 제자 테오도르 시몽과 함께 비네는 아이의 일반적인 잠재력을 가늠할 수 있게 해줄 하나의 숫자를 산출하기 위해 여러 가지 정신 역량과 관련된 과제들을 결합한 검사를 개발했다(Binet and Simon 1905, 1908). 하지만 골턴과 달리 비네는 자신이 '지능'이라고 이름 붙일 수 있는 단일하고 유전되며 변화하지 않는 실체를 측정하고 있다고 생각하지 않았다(Zenderland 1998). 사실 그는 그렇게 단순화해 생각하는 것을 매우 경계했다. 그가 개발한 하나의 숫자는 특수한 도움이 필요한 아이들의 교육을 향상시키기 위한 실용적인 목적에서 대략적인 지침으로 삼을 수 있는 것 이상은 아니었다. 비네는 지능이란 너무나 복잡하기 때문에 하나의 숫자로 측정될 수 없다고 생각했다. 또한 그는 지능이 키처럼 하나의 척도로 측정되어 스펙트럼상에 배치될 수 있는 것이 아니라고 주장했고, 실용적인 방편으로 개발된 숫자가 마치 어떤 단일한 실체인 양 여겨진다면 "도움이 필요한 아이들을 찾아낼 수 있게 해주는 지표가 아니라 지울 수 없는 꼬리표로 쓰일 수 있다"고 우려했다(Gould 1996, 181). 불행히도, 정신 역량 측정에 대한 비네의 조심스럽고 세심한 접근은 1911년에 그가 사망한 이후 살아남지 못했다(Brace 2005).

비네의 경고를 무시하고, 지능이 단순한 방식으로 유전되며 하나의 점수로 측정될 수 있다는 골턴의 믿음으로 돌아간 사람들은 미국 심리학자들이었다. 안타깝게도 이후 내내 많은 이들이 IQ 검사를 이렇게 잘못 이해한 채 사용하고 있다(Fish 2002; Cravens 2009 참고). 고비노와 골턴처럼, 열렬한 미국 우생학자인 대븐포트와 고더드도 그들이 보기에 부적합한 개인과 인종을 더 과학적으로 측정, 식별하는 방법을 찾고자 했다. 칼리칵 집안에 대한 책을 쓴 고더드가 미국에서 비네가 개발한 것과 비슷한 지능 검사를 사용하기 시작했을 때, 그는 비네의 경고를 무시하고 이 점수가 '지능'이라는 타고나는 하나의 형질에 대한 점수인 것처럼 사용했다. 또한 그는 검사 결과를 점수가 낮은 사람들의 교육을 향상시키기 위해서가 아니라 그들의 낮은 지능이 생물학적으로 불변한다는 가정하에 그들에게 꼬리표를 붙이기 위해 사용했다. 1914년이면 그는 바인랜드에서 운영하던 학교의 모든 학생에 대해 정신적 결함의 원인을 알아냈다고 믿었다. 그리고 안 좋은 형질이 유전되면서 일으킬 생물학적, 사회적 결과를 미리 막아야 한다고 주장했다(Goddard [1914] 1973). 우생학 운동 진영은 마침내 그들이 그렇게도 격리하거나 거세하거나 단종시키고 싶어 하던 (심지어는 안락사까지 시키고 싶어 하던), 또 미국으로 이민 오는 것을 그렇게도 막고 싶어 하던, 정신적·도덕적으로 '부적합한' 개인과 인종을 식별할 간단한 측정법이 나왔다고 믿었다. 젠더랜드는 이렇게 설명했다.

> 미국에서 지능 검사는 아동을 진단하는 데서 어른을 식별하고 구분하는 쪽으로 이동했다. 또한 '결함, 의존, 비행' 인구를 훨씬 넘어서는 포괄적인 집단으로 확대되었다. 이제는 모든 이의 정신 역량과 상태를 측정할 수 있다고 간주되었기 때문이다. 지능 검사 지지자들의 주장에 따르면, 이제 과학적 심리학을 통해 미국인 전체의 지능에 대해, 그리고 그 안에서 보이는 인종적, 민족적, 계급적 차이에 대해 많은 것을 알 수 있게 될 터였다(Zenderland 1998, 262).

칼리칵 집안에 대한 분석이 전형적으로 보여주었듯이, 고더드는 '정신박약자의 위협'이 매우 크다고 우려했다. 여기에서 정신박약자는 지능이 8-12세 수준에 머물러 있는 사람을 의미했다. 그는 이러한 사람들이 "자신의 환경에 잘 적응하고 사회적 관습을 잘 따르거나 분별 있게 행동할 역량이 없다"고 보았다(Goddard [1914] 1973, 571). 또한 그들은 판단력이 좋지 않고 건전한 도덕적 결정을 내릴 수도 없다고 생각했다. 이런 이유로 고더드는 범죄자, 알코올 중독자, 매매춘 종사자, 빈민, 심지어는 일반 노동자도 정신박약이라고 간주했다. 고더드는 미국인의 평균 지능 점수가 12세 아동 수준이며 미국인 중 45퍼센트가 정신박약자, 혹은 '저능아' 집단에 속한다고 보았다(Goddard 1919, 1920). 또한 해외 태생의 이민자는 미국 태생인 사람들보다 지능이 떨어진다고 주장했다. 원래부터도 이러한 견해를 가지고 있었던 차에, 제1차 국제우생학회의가 크게 성공한 데 힘입어 고더드는 자신이 번역한 비네의 지능 검사지를 가지고 시설 수용자들의 지능 검사에 착수했고 미국으로 이주하고 있는 사람들 중에 실제로 정신박약자가 많다는 것도 입증하려 했다.

1910년에 미국 공중보건서비스United States Public Health Service는 고더드와 존스턴을 초빙해 뉴욕 엘리스섬을 통해 미국으로 들어오려 하는 이민자 중 '정신적으로 결함 있는' 사람들을 판별, 구금하는 절차를 살펴봐 달라고 의뢰했다(Zenderland 1998). 그래서 1912년에 고더드는 엘리스섬에서 지능 조사를 일부 진행했지만 자금이 부족했다. 국제우생학회의가 열린 첫날이던 1912년 7월 25일, 그는 대븐포트에게 편지를 보내 이 일에 자금 지원을 요청하면서 현장 연구를 통해 지능 검사의 신뢰성이 입증된다면 정신박약과 유전의 관계를 밝힐 수 있을 것이라고 주장했다(Black 2003). 1913년에 그는 자금을 받았고 미국 공중보건서비스가 의뢰한 지능 검사를 엘리스섬에서 이어갈 수 있었다. 검사 문항의 내용과 배경 논리(Gould 1996; Zenderland 1998; Black 2003 참고)를 생각해 볼 때, 당연히 고더드는 자신의 예측을 뒷받침하는 결과를 얻었다. 러시아인의 87퍼센트, 헝가리인의 80퍼센트, 이탈리아인의 79퍼센트가 정신박약으로 나타났다(Goddard 1913). 러시아인과 폴란드인의 지능이 가장 낮았는데, 적어도 부분적으로 러시아인과 폴란드인이라는 표기는 유대인에 대한 완곡화법인 면이 있었다. 고더드의 검사에서 유대인은 83퍼센트가 정신박약이었다(Zenderland 1998; Brace 2005). 이들 이민자의 추방이 1912년에서 1914년 사이에 크게 증가했다(Zenderland 1998). 브레이스가 언급했듯이 우생학자들에게 "고더드의 조사 결과는 유럽 각 인종의 내재적인 지적 가치를 하나의 스펙트럼상에서 보여주는 것으로 받아들여졌다."(Brace 2005, 213) 고더드의 연구 결과는 우생학 운동의 노골적인 인종주의를 뒷받침하고 정당화하기 위해 집필된 매우 영향력 있는 저서의 토대가 되는데, 바로 매디슨 그랜트의 『위대한 인종의 소멸』(1916)이다.

당대의 많은 엘리트주의적 우생학 지지자들과 마찬가지로 매디슨 그랜트는 부유한 가문에서 태어났고 자신의 혈통을 매우 자랑스러워했다. 말하자면 이들은 스스로를 미국판 귀족으로 여겼다. 고비노가 프랑스 대혁명이 프랑스에서 귀족을 몰아낸 것에 대해 한탄했듯, 그랜트도 민주주의와 평등한 권리라는 개념이 문명의 종말을 가져오게 될 것이라고 생각했다. 민주주의에서는 "뛰어난 소수의 재능이 사라지게 되고" 노르딕 '인종'으로부터 열등한 인종에게로 권력이 이동할 것이기 때문이라는 것이었다(Grant 1916; Paul 1995, 104). 그랜트는 매우 부유한 명문가의 장남이었고 조상은 초기에 뉴잉글랜드와 뉴욕에서 식민 정착지 건설에 일조한 청교도인이었다. 그랜트는 예일대학을 졸업했고 컬럼비아대학에서 법학 학위를 받았지만, 돈을 벌어야 할 필요는 없었고 법조계에서 경력을 쌓은 적도 없다. 그는 사냥을 즐겼고 테디 루즈벨트와 친해지면서 미국의 초창기 자연보호 운동에 깊이 관여했다(Paul 1995). 사냥, 자연보존, 우생학, 인종주의에 대해 글을 쓴 것 외에 생물학을 제대로 전공하지는 않았지만 그의 주력 분야는 생물학이었고 뉴욕동물학회New York Zoological Society를 창립하고 회장을 맡았으며 브롱크스동물원을 세우고 운영하는 데도 일조했다. 학계에서 훈련을 받지는 않았지만 그랜트는 자연사박물관 관장이자 컬럼비아대학 교수였던 헨리 페어필드 오스본(그의 친구이자 동료이고 어느 정도 멘토이기도 했던 우생학자)과 더불어 당대의 가장 저명하고 영향력 있는 자연사학자로 통하고 있었다. 역사학자 크레이븐스는 그랜트가 "키가 크고 잘생겼으며 깔끔한 복식을 하고 다녔고 구부러진 수염과 날카로운 눈, 노르딕인의 높은 코를 가진 사람이었다"며 "1870년대부터 1920년대까지, 그리고 1930년대까지도 이어진 한 시대 전체, 공개적이고 잔혹한 인종주의·분리주의·이주민과 유색인종에 대한 비방의 시대 전체의 상징이었다"고 묘사했다(Cravens 2009, 152-

153).

　　1908년에『유럽의 인종들』(1장 참고) 저자 윌리엄 Z. 리플리는 그랜트가 핵심 멤버였던 소규모 모임 '하프 문 클럽Half-Moon Club'을 대상으로 '인종의 이주The Migration of Races'라는 제목의 강연을 했다(Spiro 2009). 리플리는 유대인 및 기타 열등한 유형의 사람들이 미국에 들어오면 현재 미국의 토박이 인구인 앵글로-색슨족에게 진화적 위협을 제기할 것이라며, 혼혈로 인해 인류가 더 원시적인 유형으로 되돌아갈 위험이 있다고 주장했다(Spiro 2009). 이 개념은 자연보호주의자였던 그랜트에게 크게 영향을 미쳤을 것이다. 그랜트는 토착종이 아닌 포유류종을 미국에 들여오면 잡종이 생산되어 토착종이 사라질지 모른다고 걱정했다. 마찬가지로 그날 강연에서 리플리는 이렇게 질문했다. "진지한 연구자가 앵글로-색슨 국가여야 할 미국의 인종적 미래에 대해 우려하는 것이 이상한 일입니까? 미국인들은 이미 아메리카 인디언과 버펄로의 소멸을 목격한 바 있습니다. 이제 질문은 앵글로-색슨이 얼마나 오래 생존할 수 있을 것인가입니다."(Spiro 2009, 96 재인용) 그랜트는 아마도 여기에서 자극을 받아 인간 우생학과 인종이라는 분야에 새로이 관심을 갖게 되었고 이것이『위대한 인종의 소멸』의 집필로 이어졌을 것이다.

　　그랜트를 인종에 대해 그렇게 우려하게 만들었던 사회적 맥락은 무엇이었을까? 리플리가 강연을 하기 1년 전이던 1907년, 미국으로 128만 명의 이민자가 들어왔고 1900년부터 1908년 사이에 600만 명이 넘는 이민자가 들어왔다. 1880년대 초에도 연간 족히 50만 명 이상이 들어오고 있었고, 1894년이면 뉴욕 인구 180만 명 중 적어도 한 쪽 부모가 외국 태생인 인구가 140만 명에 달했다. 뉴욕에는 로마보다 이탈리아인이 많았고, 더블린보다 아일랜드인이 무려 두 배나 많았으며, 머지 않아 세계에서 유대인 인구가 가장 많은 도시가 될 판이었다(Spiro 2009). 그랜트는 동유럽 이민자들이 뉴욕에서 '해로운' 영향들을 일으키고 있다고 오랫동안 생각해 왔고, 이를 줄이기 위한 사회 개혁 조치를 도입하려 노력하고 있었다. 스피로는 당시 그랜트의 생각을 다음과 같이 설명했다.

　　그랜트는 점점 더 몰려들어 와 그의 도시를 차지하고 있는 이민자의 물결에 위협을 느꼈다. 그랜트가 보기에 이들 이민자들이 자선 기관과 거리를 가득 메우고 있었으며 맨해튼을 더럽고 무법천지이고 혼란스럽게 요동치는 외국 태생 야만인들의 장소로 만들고 있었다. … 그랜트는 용기를 내어 그의 도시를 걸을 때마다 마주치게 되는 것들에 질색했다. 외국 태생들의 희한한 습속, 지적이지 않은 언어, 이상한 종교적 관습 같은 것들 말이다. … 그랜트는 고대 로마가 열등한 인종에게 문을 열어서 "로마 공화국의 제도에 대해 이해도 못하고 관심도 없는 사람들"이 들어오게 함으로써 쇠락의 길을 갔다는 것을 잘 알고 있었고 자신의 나라도 그렇게 될까 봐 걱정하고 있었다(Spiro 2009, 11-12).

요컨대, 리플리가 그랜트에게 자극을 주었고 이를 통해 그랜트가 인간 우생학과 인종주의에 더 관여하게 되어서 그 악명 높은 저서를 쓰게 되었으리라 생각해 볼 수 있다. 그랜트는 1916년에 『위대한 인종의 소멸』을 펴냈다. 당시에 그의 생각은 고비노, 체임벌린, 리플리의 영향을 많이 받았고, 우생학과 관련해서는 골턴의 영향을, 멘델식 유전 법칙에 대해서는 대븐포트의 영향을 받았다(Brace 2005). 하지만 책에서 이들을 인용한 부분은 거의 없다. 사실 첫 세 권은 멘델의 유전학이 재발견되기 전에 쓰여졌으므로, 그랜트는 서유럽과 미국에 민속 담론 수준으로 존재하던 인종주의를 멘델식 유전학에 직접적으로 연결시킨 최초의 다원발생론자였다고 말할 수 있을 것이다.

그랜트는 우생학 운동에서 점점 더 활발하게 활동하기 시작했다. 1918년에 그랜트와 오스본은 '인간의 기원 및 진화 연구를 위한 골턴학회Galton Society for the Study of the Origin and Evolution of Man'를 조직했다. 회장은 대븐포트가 맡았다(Chase 1977). 오스본은 스토킹이 묘사한 의미에서([Stocking 1968] 2장 참고) 신新다원발생론자라 부를 만하다. 예를 들면, 그는 이렇게 적었다. "화성에 사는 편견 없는 동물학자가 지구에 와서 물고기, 새, 포유류를 연구할 때와 동일한 불편부당한 관찰을 통해 인류를 연구한다면 분명히 인류를 몇 개의 속으로, 그리고 굉장히 많은 종과 아종으로 나눌 것이다."(Osborn 1926, 3)

『위대한 인종의 소멸』은 인종주의를 우생학 운동의 핵심으로 되불러 왔다. 이 책은 제1차 국제우생학회의에서 천명된 목적들에서 자극을 받았고 IQ 검사 사용 및 이민 정책 모두와 관련해 우생학자들의 주요 도구가 되었다(이 장의 뒷부분 참고). 이 책의 인기는 막대했고 정치계와 과학계의 기득권으로부터 널리 찬사를 받았다. 히틀러는 이 책이 그의 '성경'이라고 말하기도 했다. 그랜트는 여러 우생학 위원회에 참여했다. 또한 1923년에 마침내 제2차 국제우생학회의가 열렸을 때 지인 대븐포트의 천거로 의장을 맡았다. 이 행사는 그랜트의 또 다른 지인인 헨리 오스본이 주관했고 그가 관장으로 있던 미국 자연사박물관에서 열렸다.

오스본은 『위대한 인종의 소멸』에 서문을 썼다. 여기에서 오스본은 이들의 엘리트주의적 철학을 다음과 같이 설파했다. "우리는 자유와 정의와 인류의 세상을 위해 싸우고 있다. 그 새로운 세상에서는, 우리의 공화국이 세워졌을 당시처럼 민주제가 그 자신의 귀족제를 발견할 수 있을 때에만 민주제를 구할 수 있을 것이다."(Osborn 1918, xiii) 이 책에서 그랜트는 우생학을 개인과 가족의 혈통에 초점을 맞추기 시작하던 데서 인종에 더 강하게 초점을 맞추는 쪽으로 다시 이동시켰다.

그랜트가 사용한 분류학적 언어는 엉성했다. 그는 인류를 코카서스인, 몽골인, 니그로인, 이렇게 세 개의 1차 집단으로 나누었고 때때로 이를 '호모 속'에 속하는 '아속'이라고 불렀다. 그리고 이들을 다시 아종, 혹은 인종으로 나누었다(Grant 1916, 19). 그랜트에 따르면, 예를 들어 코카서스인은 노르딕인, 알프스인, 지중해인, 이렇게 세 개의 아종으로 구성되어 있었다. 하지만 때로는 모든 인간을 하나의 종으로 간주한 듯 보이고 '인종', '아종', '아속'을 같은 의미로 사용하기도 했다. 어쨌든 기본적으로 이 구분은 1899년에 리플리가 『유럽의 인종들』에서 제시한 것과 동일했고, 『위대한 인종의 소멸』이 출간되고 나서 세 개의 기본 집단(코카서스, 몽골, 니그로)을 나누고 코카서스인을 다시 세 개의 '세 번째 단계' 아종(노르딕, 알프스, 지중해)으로 나누는 구분법이 곧 전 세계적으로 받아들여지게 된다(Spiro 2009).

그랜트는 전형적인 18세기 흄식 방법론인 '역사적 귀납 추론'(1장 참고)을 단순화된 멘델식 우생학에 결합했다. 대븐포트가 『우생학과의 관련에서 본 유전』(1911)에서 사용한 방법론도 마찬가지였다. 여기에서 복잡한 인간 행동과 특질이 모두 유전적인 단일 형질로 환원되었다. 그랜트는 "고비노의 노르딕 우월주의, 대븐포트의 육종 프로그램 등 우생학 플랫폼 전체"를 통합했다

(Marks 1995, 84). 이렇게 '현대' 과학을 종합하면서, 그랜트는 고비노, 체임벌린, 리플리의 민속적 인종주의 이야기를 계속 되불러 왔다. 그리고 다시 이들은 더 예전 미국의 모턴파 인종주의를 이어받고 있었다. 브레이스는 "'인종'을 다루는 부분에서의 이러한 세대교체가 가질 수 있었던 신뢰성은 유럽 혈통에 대한 가정에서 나오는 것이었지만, 실질적인 영향력과 강점은 이 논의가 사실상 미국에서 발달했던 논의가 되돌아온 것이었다는 사실에 있었다"고 설명했다 (Brace 2005, 175).

그랜트는 각 인종 혹은 아종이 불변하는 유전적 특질을 가지고 있다고 보았다. "인종 과학이 말해주는 가장 큰 교훈은 신체생리학적 특질이 변하지 않으며, 이것이 신체적 경향과 충동의 변하지 않는 속성과 관련 있다는 점이다."(Grant 1918, xix) 예를 들어, 그랜트에 따르면 노르딕인은 자연적으로 지배자가 되고 백인종 발달의 정점에 오르도록 되어 있었다. 알프스인은 언제나 어디에서나 농민의 인종이었다. 지중해인은 활력의 면에서는 노르딕인과 알프스인보다 열등하지만 예술적으로는 우월했다. 유대인은 지중해인의 일부로, 몸집이 작으며 특이한 정신과 가차 없이 이기적이라는 속성이 있었다. 그랜트는 뉴욕에 유대인 이민자들이 몰려들면서 노르딕 계열인 미국의 토박이 거주자들을 몰아내고 있다고 우려했다.

그랜트는 코카서스 인종 내의 다른 두 인종(알프스인과 지중해인)이 노르딕인보다는 열등하지만 니그로, 아메리카 인디언, 몽골 등 그 밖의 모든 인종보다는 우월하다고 주장했다(Grant 1918). 그리고 그에 따르면, 인종 혹은 아종 간 경계를 넘어 혼합이 이뤄지면 언제나 퇴락하게 되어 있었다. 고비노, 체임벌린, 리플리, 셰일러, 대븐포트의 생각을 이어받아, 그랜트는 문명의 지속이 혈통의 순수성에 달려 있다고 보았고 인종이 섞여 우월한 노르딕 혈통이 희석되면 문명이 쇠락한다고 주장했다. "두 인종이 혼합될 경우 나타나게 될 장기적인 결과는 우리가 더 고대의, 일반적으로 더 낮은 유형으로 돌아가는 것이다. 백인과 인디언의 혼혈은 인디언이 된다. 백인 남성과 니그로의 혼혈은 니그로가 된다. 백인 남성과 힌두의 혼혈은 힌두가 된다. 세 개의 유럽 인종 중 어느 하나와 유대인의 혼혈은 유대인이 된다."(Grant 1918, 18)

그랜트는 미국 남부의 노예제와 인종 분리를 지지했고 노트와 셰일러의 초창기 견해도 지지했다. "지배자들이 자신의 의지를 종속적인 인종에게 부여할 수 있는 한, 그리고 니그로가 과거에 그들이 백인과 맺고 있었던 관계를 유지하는 한 니그로는 공동체에 가치 있는 요소가 되겠지만, 그들이 사회적으로 평등한 지위로 올라오고 나면 그들의 영향은 그들 자신과 백인 모두에게 파괴적일 것이다. 두 인종의 순수성이 유지되려면 그들은 계속해서 근접한 곳에 살아서는 안 된다. 이것은 피할 수 없는 문제다."(Grant 1918, 87-88)

그랜트는 인종적 순수성에 대한 견해와 혼혈이 원시 유형으로의 퇴락을 가져올 것이라는 견해를 멘델식 용어를 써서 이야기했다. 하지만 스토킹이 지적했듯이, 그의 견해는 인간의 다양성에 대한 멘델 이전의, 그리고 다윈 이전의 다원발생설로 거슬러 올라간다. "그랜트의 견해는 다원발생설에 토대를 두고 있었다. 즉 절대적이고 개인을 초월하며 본질적으로 서로 명확하게 구분되고 위계적인, 진화 이전의 종 개념을 인류에 대한 연구에 적용하려는 시도에 토대를 두고 있었다."(Stocking 1968, 68)

그랜트의 견해는 간단했다. 그가 보기에 최근에 미국에 들어오고 있는 남·동유럽 출신 이민자들, 특히 폴란드인, 이탈리아인, 유대인은 더 이른 시기에 미국으로 건너온 노르딕인보다 신체적, 정신적, 도덕적으로 열등했다. 그리고 이들이 대거 몰려오면서 더 이른 시기에 들어온 우월한 노르딕 계통 사람들이 수적으로 열위에 처해 있었다(Degler 1991). 또한 그는 혼혈과 퇴락을 막기 위해 흑인과 인디언 지역을 백인 지역과 엄격하게 분리해야 한다고 보았다. 하지만 고비노와 달리 미래에 대해 전적으로 염세적이지는 않았다. 그보다, 그랜트는 합리적이고 효율적이며 '과학적'인 우생학 정책 처방을 내렸다. 이로써 그는 파시즘의 등장, 민주주의의 쇠락, 귀족 권력으로의 회귀를 예고했다. 이에 더해 그랜트는 바람직하지 않은 집단의 자손 수를 제한할 산아제한 프로그램도 예고하고 있었다. 혼혈 금지 법제들과 〔거주지의〕 인종 분리는 혼혈을 막아서 노르딕 인종의 순수성을 유지시켜 줄 것이었고, 대대적인 단종법을 시행하면 열등한 유형의 사람들이 자손을 낳을 수 있는 역량을 줄일 수 있을 터였다(Spiro 2009). 그랜트가 우생학적 정책을 논한 부분(Grant 1918, 47)을 읽다 보면 히틀러가 이 책을 그의 성경이라고 말한 것이 전혀 이상한 일이 아님을 알 수 있다. 그랜트는 우생학적 정책을 이렇게 평가했다. "이것은 문제 전체에 대한 실용적이고 자비로우며 불가피한 해법이고, 여러 종류의 사회적 부적합자에게 점점 더 폭넓게 적용할 수 있다. 늘 범죄자, 질병이 있는 사람, 정신이상자부터 시작하겠지만, 더 확장해서 결함이 있다기보다는 약하다고 부를 수 있는 사람들에게도 적용할 수 있고, 궁극적으로는 무가치한 유형의 인종에도 적용할 수 있을 것이다."

스피로는 그랜트가 일곱 개 학문 분야(야생생물 관리, 인류학, 고생물학, 인종적 자살 연구, 아리아 인종주의, 우생학, 유전학)를 '과학적 인종주의'라고 불리는 하나의 사조로 결합했다고 본다. 과학적 인종주의는 세 가지의 기본적인 공리를 담고 있다(Spiro 2009). 첫째, 인간 종은 명확하게 서로 구별되고 위계적인 아종 혹은 인종으로 나뉜다. 그중 노르딕 인종이 꼭대기를 차지한다. 둘째, 각 인종의 지적, 도덕적, 기질적, 문화적 특질은 바뀔 수 없으며 바뀌지 않는 신체적 특질과 유전적으로 상관관계를 갖는다. 그리고 그러한 특질을 나타내는 유전자는 환경의 영향을 받지 않는다. 셋째, 인종 간 혼합은 늘 더 원시적이고 열등한 유형으로의 퇴락을 가져온다. 따라서 우생학적인 조치를 취해 우월한 인종의 퇴락을 반드시 막아야 한다. 지지자들에게 과학적 인종주의는 과거의 대중적 인종주의와 다른 새로운 접근이었다. 새로운 인종주의는 노르딕이 아닌 인종이 왜 생물학적으로 열등한지를 체질인류학, 다윈주의 진화론, 멘델주의 유전학을 통해 설명한다고 자처하고 있었다. 하지만 과학적 인종주의(오늘날에도 일각에선 여전히 인기가 있다)는 사실 부적절한 인류학, 잘못 이해한 다윈주의 진화론, 과도하게 단순화하고 제대로 이해하지 못한 유전학이 결합된 것이었고, 스페인 종교재판 시절의 다원발생설이 도달했던 것과 동일한, 잘못된 결론을 도출하고 있었다. 특정 인구 집단이 본래적으로 열등하고, 그 열등함을 가져온 신체적, 정신적, 행동적 속성은 생물학적으로 불변하며, 이 고정된 특질들은 환경의 변화로 교정할 수 없다고 말이다. 스피로는 과학적 인종주의자들이 그들의 믿음 체계에서 도출한 결론을 다음과 같이 요약했다. "당신의 유전적 사실들을 바꾸기 위해 당신이 할 수 있는 행동은 없다. 대중적인 인종주의는 유대인이 그리스도교도가 될 수 있을 것이라고 인정하고 그렇게 희망하기도 하지만, 과학적 인종주의는 유대인이 결코 노르딕인이 될 수 없다고 말할 것이다."(Spiro 2009, 140) 그랜트는 옛 다원발생설에 대븐포트와 그의 동료들이 사용한 방식으로 다윈주의와 멘델 유전학을 더해 새로운 과학적 인종주의를 만들었다.

『위대한 인종의 소멸』은 2차 세계대전 전에 적어도 7번 재발간되거나 개정판이 나왔다(Shipman [1994] 2002). 이 책은 미국 인종주의의 부활에 핵심 역할을 했고 히틀러주의에 핵심적으로 영향을 미친 저술이기도 하다. 주장의 모든 요소가 전에도 다 이야기된 적이 있는 것이었고 적어도 다윈주의가 멘델 유전학의 재발견과 결합된 이래로 내내 존재해 온 것이었지만, 이 모든 것을 "하나로 불러와서 이토록 강력하고 대담하고 명료하게 종합한 것은" 전에 없던 일이었다(Spiro 2009, 157). 스피로에 따르면, 그 결과 "잘 알려지지 않은 학계 일각의 영역이었던 것이 일반 독자가 접할 수 있는 것이 되었다. ...『위대한 인종의 소멸』이 베스트셀러인 적은 없었지만 여기에서 설파된 개념은 전쟁[1차 세계대전] 직후에 미국 사회 전체에 널리 스며들기 시작했고 1920년대에는 지적인 담론의 장에서 일반적으로 흐르는 통화 같은 것이 되었다."(Spiro 2009, 157-158, 167) 2차 세계대전까지 그랜트의 저술은 학술서와 대중서 모두에서 저명한 과학자들에 의해 많이 인용되었다. 쿠클럭스클랜(Ku Klux Klan, KKK)의 소책자에도 이 책이 인용되어 있으며, 여성 잡지에서도 많이 인용되었다. 미국에서 초창기 산아제한 운동을 이끌었던 마거릿 생어는 열렬한 우생학자였다. 생어는 부적합자에게 단종, 거세 등의 조치를 대대적으로 적용할 것과 엄격한 이민 제한 정책을 펼 것을 주장했으며, 자신이 펴내던 잡지 『산아제한 리뷰』에서 『위대한 인종의 소멸』을 우생학 참고문헌 목록에 포함시켰다(Black 2003; Spiro 2009). 『위대한 인종의 소멸』 자체는 많은 사람들에게 읽히지 않았을지 모르지만 그랜트의 사도들이 쓴 저술은 수백만 명에게 읽혔다.

지능의 측정

과학적 인종주의에서 변화하지 않는 단위 형질이라고 상상한 핵심 특질 중 하나는 '지능'이었다. 골턴과 고비노가 인종을 구분하게 해주는 신체적, 정신적 특질을 측정해야 한다고 촉구했듯이, 더 현대의 우생학자들도 '지능'이라는 단위 형질의 인종 간 차이를 측정하면 인종적 위계에 대한 그들의 가설에 계량

과학적 정당성을 부여할 수 있으리라고 생각했다. 고더드는 비네의 IQ 검사지를 미국에 들여와 이를 엘리스섬으로 들어오는 이민자에게 적용해 보고서, 검사지를 스탠퍼드대학 심리학 교수인 동료 루이스 터먼에게 보냈다. 20세기 초에 터먼은 활발히 활동하는 우생학자였고 그랜트의 견해를 열렬히 지지했다(Degler 1991; Zenderland 1998). 1923년에 미국심리학회장을 지내면서 터먼은 "평범한 사회·정치적 이슈는 우생학과 관련된 이슈에 비하면 중요성이 크지 않다"고 주장했다(Spiro 2009, 137 재인용). 또한 그는 그랜트를 연상시키면서, "최근에는 남부 유럽와 남동 유럽에서 이민자가 매우 많이 들어오고 있는데, 이들은 정신적으로 노르딕인과 알프스인보다 명백히 열등하다"고 믿었다(Terman 1922, 660). 골턴(터먼의 학문적 영웅이었다. [Spiro 2009])처럼 그도 우생학의 과학을 위해서는 지능을 측정하는 것이 지극히 중요하다고 보았다.

터먼 등 심리학자와 IQ 검사 지지자들(헨리 고더드, 로버트 여키스 등. 아래 내용 참고)은 지능이라는 단일 형질을 간단하고 식별 가능한 숫자로 표현해 줄 검사 기법을 원했다. 터먼과 고더드 모두 클라크대학에서 G. 스탠리 홀의 지도하에 박사 학위를 받았다. 홀은 미국에서 심리학으로 박사 학위를 받은 최초의 인물이다(1879년에 하버드대학에서 윌리엄 제임스의 지도하에 받았다). 그는 당대에 가장 영향력 있는 교육심리학자로 꼽혔고 '유전적으로 결정되는 행동적 특질'이라는 개념을 지지하는 대표적인 인물이었다(Chase 1977; Brace 2005; Zenderland 1998). 1916년에 터먼은 오늘날 사용되는 지능 검사의 직계 조상이라고 할 만한 스탠퍼드-비네 지능 검사를 개발했다(Brace 2005). '실제 연령'과 지능 검사로 계산한 '정신 연령'의 비율에 100을 곱해 점수를 산출했다. 70보다 점수가 낮으면 정신박약아, 저능아, 백치로 분류되었다. 이것은 미국 버전의 지능지수intelligence quotient가 되었고, 터먼은 이를 IQ라고 명명했다. 터먼은 지능 검사에 대한 첫 연구를 『지능의 측정: 비네-시몽 지능 스케일을 확장, 수정한 스탠퍼드 기법의 사용을 위한 종합 가이드 및 설명』(1916)이라는 책으로 출간했다.

당대 대부분의 우생학자와 지능 검사 지지자들처럼, 터먼은 IQ가 하나의 유전자에 의해 단순한 멘델식 방식으로 유전되는 '단일 형질'이며, 두개골의 크기나 모양처럼 고정되어 있고 불변한다고 보았다. 또한 칼리칵 집안 사람들에 대한 고더드의 책도 그랬듯이 환경 요인을 배제했다. "교양 있는 집안 아이의 높은 점수가 오로지 우월한 가정[환경]이 주는 이점에서 나온다는 일반적인 견해는 전적으로 불필요한 가정이다. … 성공적이고 교양 있는 부모의 아이가 누추하고 무지한 가정의 아이보다 점수가 높은 것은 단순히 더 좋은 유전자를 가지고 있기 때문이다."(Terman 1916, 115)

터먼의 IQ 검사를 통해 우생학 지지자들은 개개인의 지능을 표현할 수 있는 하나의 숫자를 갖게 되었고, 서로 다른 인종 간에 그 숫자를 비교할 수 있게 되었다. 그들은 이 기법을 성인의 지능을 테스트하는 데 사용할 수 있었고, 인종 간에 지적 역량이 차이를 보인다는 한 세기나 된 믿음에 부합하게 인종을 위계적으로 배치하는 데 마침내 수량적이고 과학적인 수단을 갖게 되었다. 본질적으로 그들은 인종 간 지적 역량의 차이에 대해 오래전부터 존재해 온, 그리고 최근에 매디슨 그랜트가 『위대한 인종의 소멸』에서 개진한 믿음을 검사를 통해 수량화할 수 있게 되었다. 곧 '인종 심리학자'라고 불리게 되는 일군의 저명한 심리학자들이 이 일에 착수하게 된다.

1917년에 미국이 전쟁에 돌입하고 며칠 뒤, 미국심리학회장이던 로버트 M. 여키스는 미군 징집병을 대상으로 지능 검사를 하자고 제안했다. 여키스는 예일대학의 저명한 심리학자로, 하버드를 졸업했으며 찰스 대븐포트의 제자였다. 그의 주된 관심사는 지능의 진화였다. 또한 그는 '여키스 전국 영장류 연구센터Yerkes National Primate Research Center'를 창립했고 미국에서 영장류학을 창시한 사람으로 여겨지기도 한다(Sussman 2011).

몇 차례 논쟁 끝에 징병에 지능 검사를 활용하자는 의견이 받아들여졌고, 여키스는 이 검사를 진행할 미 육군 위생부대 소령으로 (곧 대령으로) 임관하게 되었다(Zenderland 1998). 여키스는 터먼, 고더드, 브리검 등 동료 심리학자들과 지능 검사 전문가들을 모아 문항을 설계했다. 터먼과 고더드처럼 여키스도 적극적인 우생학자였고 세 명 모두 대븐포트의 전투적인 우생학 연구 기관인 ERA 회원이었다. ERA는 다른 우생학 단체들의 활동 범위를 넘어서 우생학 '연구'의 결과를 행정적·입법적 조치에 반영하기 위해서, 또 "대중적 프로파간다를 통해 우생학·인종학·노르딕 인종의 우월성 등을 일반 대중에게 널리 전파하기 위해서도 맹렬히 노력했다."(Black 2003, 90)

군 지능 검사는 이 목적에 제격이었다. 검사 팀은 세 가지 유형의 검사를 고안했다. '군 알파 검사'는 문해력이 있는 사람을 위한 것, '군 베타 검사'는 문맹이거나 영어를 못 하는 사람을 위한 것이었고, 베타 검사에서 실패한 사람들에게는 개별적으로 비네가 했었던 유형의 검사를 실시했다. 이것은 대규모 지능 검사가 실시된 첫 사례였고, 숫자와 수량화가 과학적 엄정성을 의미한다고 생각하던 여키스에게 심리학이 물리학 같은 정밀 과학의 반열에 올라갈 수 있게 해준 계기이기도 했다(Gould 1996; Zenderland 1998). 약 175만 명의 징집병이 검사를 받았고, 검사를 고안한 우생학자들의 전제와 검사 문항의 문화적인 편향을 고려할 때 예상되듯이 매우 예측 가능한 결과가 나왔다.

이 검사에서 백인 성인 미국인의 평균 정신 연령은 13세가 조금 넘었다. 지능 검사에서 정신박약을 판정하는 데 오랫동안 사용되었던 연령 기준보다 약간 높은 것이었다. 이 검사에 따르면, 검사를 받은 백인 중 47퍼센트, 흑인 중 89퍼센트가 저능아였다. 유럽계 이민자의 점수는 출신국에 따라 차등적이었는데, 많은 해외 태생 이민자들의 평균 정신 연령이 저능아 범주에 있었고, 피부색이 짙은 남유럽과 동유럽의 슬라브족 사람들이 서유럽과 북유럽의 피부색이 더 밝은 사람들보다 점수가 낮았다. 러시아 이민자의 평균 정신 연령은 11.34세였고, 이탈리아 이민자는 11.01세, 폴란드 이민자는 10.74세였다. 흑인은 평균 10.41세로 가장 낮았다(Gould 1996; Zenderland 1998).

검사 문항에는 다음과 같은 것들이 있었다(Paul 1995, 66; Yerkes 1921).

'500점 만들기'는 다음을 가지고 하는 게임이다: 라켓, 핀, 카드, 주사위

베키 샤프는 다음에 등장한다: 베니티 페어, 로몰라, 크리스마스 캐롤, 헨리 4세

피어스애로 자동차는 다음에서 만들어진다: 버펄로, 디트로이트, 톨레도, 플린트

마거릿 클라크는 다음으로 알려져 있다: 여권 운동가, 가수, 영화 배우, 작가

카피르족의 다리 수는 다음이다: 2, 4, 6, 8

크리스티 매튜슨은 다음으로 유명하다: 작가, 예술가, 야구선수, 코미디언

투수는 다음에서 중요한 자리다: 테니스, 축구, 야구, 핸드볼

와이언도트는 다음의 일종이다. 말, 가금류, 소, 화강암

나이트 엔진은 다음에 쓰인다: 패커드, 스턴스, 로지어, 피어스애로

아이작 피트먼은 다음에서 가장 유명하다. 물리학, 속기, 철도, 전기

"이유가 있습니다"는 다음의 광고다: 술, 권총, 밀가루, 세제

'엔실리지'(사료저장고)는 다음에서 사용되는 용어다: 어업, 운동, 농업, 사냥

주관식 질문인 '정보 검사Information Test'에서는 염소가스의 색(녹색), 『로빈슨 크루소』의 작가(대니얼 디포), 제스 윌러드의 직업(복싱 선수), 실크의 원천(누에), 1급 선수의 평균 타율(0.300) 등의 질문에 답해야 했다(Zenderland 1998). 이와 같은 질문은 문해력 있는 사람을 대상으로 한 알파 검사의 문항이었고, 문해력이 없는 사람을 대상으로 하는 베타 검사는 미완성 그림을 보고 답하는 문제(그림 3.3)로 구성되어 있었다. 하지만 두 검사 모두 검사가 치러지는 상황, 시점, 그리고 분위기가 검사자에게 큰 스트레스를 주었고, 검사받는 사람의 경험을 완전히 벗어난 문항도 많았다. 징집병 중에는 굉장히 시골인 곳에서 온 사람이 많았고 최근에 미국으로 이주한 사람들도 있어서, 검사 문항이 말하는 것들에 익숙지 않았다. 이 검사가 문화적으로 편향되어 있다고 해석할 수도 있었을 것이고 그렇게 해석했어야 마땅하지만, 당시에는 '문화' 개념(5장 참고)이 널리 받아들여지고 있지 않았다. 게다가 이 검사는 저명한 우생학 심리학자들이 만든 것이었다. 그래서 이 검사를 보도한 모든 기사는 이것이 유전적 특질을 보여주는 결과라고 해석했다.

이 검사는 흑인, 경제적으로 낮은 계층, 특정 이민자들이 지적으로 열등하다는 우생학자들의 가정을 재확인해 주었다. 이제 [정신 능력에 대한] 심리학적 검사는 명시적인 정치 철학으로 쉽게 변환될 수 있었고, 이것은 간단한 유전적 설명으로 뒷받침되었다. 굴드가 짚어냈듯이 "[이러한 검사는] 내재적인 지능을 측정하기 위해 개발되었다고 이야기되었는데 [어떻게 해서 그것이 측정되는지에 대해서는 설명이 없이] 그저 그렇게 표방되었다."(Gould 1996, 228) 이를테면, 여키스는 "알파 검사와 베타 검사는 외국 태생이거나 교육 수준이 낮아서 영어를 사용하는 역량이 낮은 사람들의 불이익을 최소화할 수 있게 구성되었다"고 자처하면서 이렇게 설명했다(Chase 1977, 249 재인용). "이러한 집단별 조사는 태생적인 지적 역량을 측정하도록 고안되었고 이제 명백하게 그렇게 알려져 있다. 어느 정도는 교육을 통해 후천적으로 획득된 지적 역량의 영향을 받겠

지만, 주로는 해당 군인의 내재적인 지능을 측정하는 것이며 환경이 정신 연령이나 군에서의 등급에 미친 영향을 측정하는 것이 아니다."

여키스는 이 검사 결과를 900쪽 분량의 공식 보고서로 펴냈는데(Yerkes 1921, 742), 흑인 징집병에 대한 검사 결과를 이렇게 분석했다.

> 예외 없이 모든 장교가 흑인들은 주도력이 부족하고 리더십을 거의 혹은 전혀 보이지 않으며 책임을 받아들이려 하지 않는다고 말한다. … 또한 모든 장교가 흑인들이 유쾌하고 군인이 되고자 하며 자연적으로 복종적이라고 말한다. 이러한 특질은 즉각적인 복종에 적합하다. 꼭 좋은 규율에만 복종한다는 의미는 아니다. 좀도둑질이나 성병 발병도 백인 군인보다 흑인 군인에게서 더 일반적으로 나타난다.

여키스의 공식 보고서는 분량이 매우 많고 밀도가 높은 데다 장황했기 때문에 널리 읽히지 않았다. 그래서 지능 검사에서 여키스를 보조했던 장교 칼 브리검이 군 지능 검사 결과를 요약하고 일반 대중도 이해할 수 있는 용어로 풀어서 『미국 지능에 대한 연구』(1923)라는 책으로 펴냈다(Brace 2005). 여키스는 브리검의 책에 찬사 가득한 서문을 썼는데, 그 서문은 이렇게 시작한다. "저자는 이론이나 견해가 아니라 사실을 보여주고 있다. 시민으로서, 국가의 진보 및 후생과 이민 사이의 명백한 관련을 생각할 때 인종 퇴락의 위험을 무시할 수 있는 사람은 없기 때문에, 이 연구의 신뢰성과 의미는 매우 중요하다."(Brigham 1923, vii 수록) 우생학 운동이 미국에서 군 지능 검사 결과를 통해 진전시키려 했던 프로파간다, 대중 메시지, 실용적인 목적을 실로 명료하게 드러내고 있다.

브리검은 자신이 책에서 인종을 다룬 방식이 윌리엄 리플리, 매디슨 그랜트 같은 저명한 인물의 저술에 의존하고 있음을 인정했다. 사실 우생주의자들은 군 IQ 검사를 그랜트가 『위대한 인종의 소멸』에서 개진한 인종 이론을 검증하는 실증 연구로 여겼다. 브리검은 "우리가 군 데이터를 인종 가설에 입각해 해석한 결과는 매디슨 그랜트 씨가 이야기한 노르딕 유형의 우월성을 매우 분명한 방식으로 뒷받침한다"고 주장했다(Brigham 1923, 182). 브리검은 이 검사 결과가 그랜트가 규정한 의미에서의 '인종들'이 가장 꼭대기에는 노르딕, 가

그림 3.3 지능 검사 베타 버전의 파트 6.

영어를 못 하는 사람을 위해 고안된 것으로, 미완성 그림의 빈 부분을 채워야 한다. 검사자들은 집 지붕에 굴뚝보다 십자가를 그렸고, 공이나 그물이 미국에서는 볼링이나 테니스 같은 게임에 사용된다는 것을 몰랐다. 이 지능 검사는 로버트 M. 여키스가 1917년에 고안했다.

장 바닥에는 '니그로'가 있는 방식으로 지능 분포의 구조상에 위치할 수 있음을 보여준다고 적었다. 또한 외국 출생 중에서는 남·동유럽 인구의 지능이 서유럽이나 백인 미국인보다 내재적으로 열등하다고 주장했다. 즉 브리검은 더 최근에 들어온 이민자가 더 이른 시기에 들어온 이민자보다 지적으로 떨어진다고 주장했다. 이들의 점수가 낮은 것은 이른 시기에 들어온 이민자들보다 영어와 미국 문화에 덜 익숙해서라고 해석할 수도 있었겠지만, 그렇게 해석하기보다 유럽 인구 중 덜 뛰어나고 덜 유능한, 즉 퇴락한 집단 구성원들이 점점 더 많이 미국으로 들어오고 있다고 해석했다(Brigham 1923; Brace 2005).

이로써 최근에 남·동유럽 이민자들이 들어오면서, 그리고 과거에 아프리카 노예를 수입하면서 노르딕 인종과 미국 문명이 퇴락하고 있다는 그랜트의 우려가 군 지능 검사 결과에 대한 학문적인 분석으로 뒷받침되었다. 브리검은 "역사적으로 미 대륙에서 가장 해로웠던 사건은 니그로를 수입한 것이었다"고 언급했고, "미국의 지능이 떨어지고 있으며 인종 간 혼합이 더 광범위하게 벌어질 것이기 때문에 그 속도는 더 빨라질 것"이라고 지적했다. 또한 "니그로의 존재는 ... 지능을 더 가파르게 떨어지게 할 것"이고 이는 "우리 연구가 보여주는 (다소 추악할지는 몰라도) 간단명료한 사실"이라고 언급했다(Degler 1991, 52 재인용).

브리검의 책은 로스롭 스토더드의 『유색인종의 부상: 백인의 세계적 우월성에 대한 위협』(1920. 매디슨 그랜트가 서문을 썼다), 『문명에 대한 반란』(1923)과 더불어 군 IQ 검사를 널리 알리는 데 기여했다(Zenderland 1998; Paul 1995). 인기 소설 『위대한 개츠비』에서 F. 스콧 피츠제럴드는 문학적 허용을 발휘해 제목을 살짝 바꾸어서 스토더드의 책을 언급했다(1925, 17). 등장인물 톰 뷰캐넌은 아내와 저녁 식사 손님에게 이렇게 말한다. "문명은 조각나고 있습니다. ... 『유색인종 제국의 부상』이라는 책 읽어보셨어요? 고더드라는 사람이 썼는데요. ... 우리가 주의를 기울이지 않으면 백인종은 완전히 가라앉고 말 겁니다. 모두 과학적인 얘기예요. ... 지배적 인종인 우리가 면밀히 주시하면서 다른 인종들이 통제력을 갖지 않게 막아야 합니다."

마침내 우생학자들은 '부적합한' 개인과 인종에 대한 공격에 속도를 내는 데 쓸 '과학적'인 탄약을 갖게 되었다. 하지만 그들이 이 탄약을 획득한 것은 우연이 아니었다. 브리검의 책은 우생학 운동 진영에서 자금 지원을 받았고 세심하게 조율되었다. 매디슨 그랜트의 신봉자이며 매우 부유했고 AES 내 '선택적 이민 위원회Selective Immigration'에서 활동하던 찰스 W. 굴드는 군 지능 검사 결과가 노르딕이 아닌 '인종'의 이민을 막는 차별적 이민 정책을 정당화하는 데 사용될 수 있으리라고 생각했다. 이를 촉진하기 위해 그랜트, 여키스, 브리검을 저녁 식사에 초대했고, 이 자리에서 브리검이 인종을 핵심 줄기로 해서 검사 결과를 분석하는 책을 쓰고 굴드가 후원을 하기로 결정되었다(Spiro 2009). 이때까지 인종 우생학자들은 두개골 지수 등을 지능의 대용 지표로 사용했다. 하지만 "이제 지능 자체를 측정할 수 있게 되었으므로 과학적 인종주의자들의 도구 상자에서 지능 검사가 두개골 측정을 밀어냈다."(Spiro 2009, 217) 브리검의 책은 "1920년대 인종주의에 가장 강력한 과학적 토대를 제공"했고(Stocking 1968, 300-301) "집단 간 차이에 대한 군 지능 검사 결과를 사회적 조치로 변환하는 주된 도구"가 되었다(Stephen J. Gould, 1996, 254). 16세기에 시작된 인종주의 이론이 18세기에 모턴파에 의해 정식화되고, 19세기에 스펜서, 골턴, 고비노, 체임벌린, 리플리에 의해 발달되어, 20세기에 그랜트에 의해 궁극적으로 재종합된 뒤, 이제 양적, '과학적' 기반을 갖게 되었다.

브리검의 책이 출간되고 얼마 뒤인 1924년 3월에 버지니아주 인종순수법이 통과되었고, 1924년 11월에 단종법의 위헌성 여부를 가리기 위한 '벅 대 벨' 사건이 시작되었다. 이 사건에서 해리 로플린이 캐리 벅의 정신 연령에 대해 스탠퍼드 버전의 비네-시몽 IQ 검사 결과를 근거로 증언했다(이 장의 앞부분 참고). 가톨릭 국가 출신 이민자와 유대인 이민자가 많아지고 '과학적 인종주의'가 촉진되면서 미국에서 인종주의가 강화되고 고조되었다. 반유대인, 반가톨릭, 반흑인 감수성이 전에 없이 높아졌다. KKK 단원이 1920년대 중반을 거치면서 600만 명 이상으로 늘었다(Smedley 1999). 다원발생론적 우생학자들의 주장이 '과학적' 근거를 갖게 되면서 '부적합한' 개인과 인종을 상대로 격리, 거주지 구분, 단종 등을 적용하려는 노력이 한층 심화되었다. 그리고 우생주의자들은 그들의 네 번째 목적을 진전시키는 일을 시작할 수 있게 되었는데, 바로 이민 제한 정책이었다.

하지만 이르게는 벅 대 벨 사건 이전인 1920년부터도 고더드가 이 소송이 기획된 이유였던 [인종주의적] 입장을 철회하고 IQ 검사가 정신박약을 판정하는 데 사용될 수 없다는 결론에 도달했다는 점을 짚어둘 필요가 있다(Zenderland 1998). 1927년이면 그는 정신박약자의 치료와 관련해 자신이 전에 말했던 모든 것을 철회한 상태였다. 그는 그들이 아이를 낳아도 사회에 위험을 제기하지 않는다고 보았고, 소위 정신박약자를 별도의 시설에 격리하거나 단종수술을 강제로 시행하는 것에 대해 문제를 제기하기 시작했다. 그는 정신박약자에 대해 자신이 전에 내렸던, 그리고 막대한 영향력을 발휘했던 결론이 대부분 오류였다고 인정했고 다시 한번 교육의 중요성을 강조했다(Goddard 1927; Zenderland 1998; Lombardo 2008). 1930년대가 되면 브리검과 루이스 터먼도 IQ 검사에 문제가 있음을 느끼기 시작했다. 1930년에 브리검은 '노르딕 인종'의 지적 우월성에 대한 견해를 철회했고 미군 지능 검사와 미국인의 지능에 대해 1923년 저서에서 논한 내용도 철회했다(Brigham 1930; Barkan 1992; Gould 1996). 터먼은 나치의 인종 정책이 "경멸도 아까운 최악"이라고 언급했고, 프랭클린 D. 루즈벨트의 진보적 뉴딜 정치와 복지 국가 정책, 그리고 민권 운동의 강력한 지지자가 되었다(Zenderland 1998).

이민 제한

이르게는 1870년대부터도 미국에 들어오는 이민자를 문제로 여기는 시선이 있었고, 이때는 중국인과 일본인의 이민을 제한하자는 운동이 벌어졌다. 주요 이유는 경제 영역에서 경쟁이 치열해졌기 때문이었다. 중국인 이민자는 골드러시 기간에 처음 들어왔고, 그다음에는 노동력으로 수입되어 철도 등 저임금 일자리에 주로 고용되었다. 그러다 1870년대에는 남북전쟁 직후에 경제가 쇠락하면서 반중국인 정서가 정치화되었다. 중국인은 임금의 하방 압력을 일으키는 원인으로 비난받았고, 캘리포니아에서 특히 그랬다. 1882년에 중국인 배제법 Chinese Exclusion Act이 통과되었다. 이어 일본인 이민자가 많아지자 일본인에 대한 반대 정서도 높아졌고, 1907년에 일본인의 이민을 제한하는 행정 명령이 내려졌다. 또한 캘리포니아는 1913년에, 그리고 1920년에 한 번 더 외국인 토지법 Alien Land Laws을 통과시켜서 일본인 농민이 농지를 소유할 수 없게 했다.

1917년에는 아시아 이민 금지 지역Asiatic Barred Zone이 설정되어 여타 아시아 출신 이민자의 이주를 금지했다(Smedley 1999; Paul 1995).

우생주의자들은 1890년 이후에 들어온 이민자 대부분이 유전적으로 바람직하지 않은 사람들이라고 생각했다(Black 2003). 이후 30년 동안 2000만 명 이상의 이민자가 미국에 들어왔는데, 이 새로운 이민자들은 주로 유럽 출신이었다. 경제적, 인종적 문제로 유럽에 격동이 일었기 때문이다. 1900년에서 1909년 사이에 800만 명 이상이, 1910년, 1913년, 1914년에는 한 해에 각각 100만 명 이상이 들어왔다(Black 2003).

이 새로운 이민자 집단은 주로 남유럽과 동유럽 출신으로, 식민지 시절로 거슬러 올라가는 초창기 이주자들과 혈통이 달랐다. 주로 서유럽 출신이던 옛 이주자들은 새 이민자들이 사회에 위협을 일으킨다고 느꼈다. 새 이민자들은 일반적으로 가난하고 가톨릭이거나 유대인이었으며, 종종 문맹이고 숙련 기술도 가지고 있지 않았다. 그리고 이들은 큰 도시에 주로 집중되어 있었다. 한편, 미국의 인구 구성은 또 다른 방식으로도 달라지고 있었다. 남북전쟁이 끝난 1865년에는 미국이 기본적으로 농업 국가였는데, 1880년이 되면 미국인의 4분의 1이 도시에 살았고 1900년에는 도시 인구 비중이 40퍼센트가 되었다(Paul 1995). 1차 세계대전 후에 이민이 다시 급증했고 미국 역사상 처음으로 도시 인구 비중이 농촌보다 많아졌다. 전쟁 관련 산업들이 노동자를 해고하기 시작했고 그와 동시에 군인들이 전쟁에서 돌아왔다. 전쟁에 복무했던 흑인들은 인종주의에 진력이 나 있었고 민권을 획득하기를 원했으며 일자리를 원했다. 1919년에 대대적인 노동자 파업이 일어났고 그해에 이런 저런 방식으로 노동력의 22퍼센트가 행동에 나섰다. 요컨대, 1차 세계대전 이후에 미국은 경제적, 인종적, 인구통계적으로 격동의 시기를 지나고 있었다(Black 2003).

우생주의자들은 이민 제한 정책을 밀어붙일 기회를 포착했다. 우생학 운동에서 이민 정책의 주요 전략가이던 로버트 드커시 워드는 1912년부터도 이민자 입국 심사를 그들이 본국을 떠나기 전에 진행하자는 안을 준비했다. 대 븐포트는 한 동료에게 보낸 서신에서 이렇게 언급했다. "나는 이민자들이 아직 그들의 나라에 있을 때 심사해야 한다는 워드의 계획을 완전히 지지합니다."(Black 2003, 187 재인용) 해리 로플린은 샘플 이민 법안을 우생학적 언어로 다시 작성했다(Degler 1991; Black 2003, 187). 매디슨 그랜트는 AES 회장으로서, 또 이민제한연맹 부회장으로서 우생학적 이민 정책에 매우 깊이 관여했고 하원 '이주와 귀화 위원회House Committee on Immigration and Naturalization' 위원장이던 하원의원 앨버트 존슨과 막역한 사이이기도 했다. 우생주의자들은 이민 정책과 관련해 그랜트가 의회에 영향력을 미칠 수 있다는 것을 깨달았고 이를 잘 활용했다. 대븐포트는 이민에 대한 우생학적 연구 결과들을 그랜트에게 계속 보내주어서 그가 그 정보를 존슨에게 전달할 수 있게 했다.

1923년에 매디슨 그랜트는 하원의원 존슨에게 더 영구적이고 엄격한 이민법이 필요하다고 조언했다. 존슨은 맹렬한 우생주의자에 인종주의자였고, 의원으로 재직하는 동안 앞으로 오래도록 영향을 미치게 될 이민 정책을 만들게 된다(Black 2003). 그랜트는 존슨에게 이렇게 말했다. "당신의 뒤에는 이 나라가 있고 가장 인기 있는 대의가 있습니다. 날마다 이 대의는 강해지고 있고, 더 많은 제한 조치가 취해지는 것은 시간 문제일 뿐입니다."(Spiro 2009, 224 재인용) 두 사람은 이민자 비중을 줄이기 위해 추가적인 이민을 1890년 인구 조사 기준으로 당시 미국에 살고 있었던 각 국가별 이민자 수 대비로 할당하는 정책을 준비했다. 그때는 동유럽과 남유럽으로부터 오는 이민자가 훨씬 적었기 때문에 이 법이 통과되면 이들 나라로부터의 이민을 크게 줄일 수 있었다(사실상 거의 없어지게 할 수 있었다).

역사학자 프란츠 세이멀슨과 칼 데글러는 군 지능 검사와 브리검의 책이 1923-1924년에 큰 영향력을 갖지 않았다고 본다(Samelson 1979; Degler 1991). 600쪽 분량의 의회 기록 중에 군 지능 검사는 언급되어 있지 않으며 검사를 실제로 시행한 사람들(브리검, 고더드, 터먼, 여키스) 중 의회에서 증언을 한 사람도 없다는 것이다(Degler 1991). 하지만 의회 이민위원회에서 존슨의 법안에 대해 논의가 이뤄졌을 때, 의원 프랜시스 키니컷은 막 출간된 브리검의 『미국 지능에 대한 연구』(1923)를 상세히 언급하면서 "이 주제에 대해 쓰여진 가장 중요한 책"이라고 말했다. 그러자 이민위원회 위원장이 "우리 위원회의 모든 위원이 이 책을 읽어야 한다고 생각한다"고 말했고, 키니컷은 위원 모두에게 브리검의 책을 한 권씩 돌렸다(Spiro 2009, 220).

의도한 대로, 브리검의 군 지능 검사 해석은 의회에서 막대한 무게를 지녔고 더 극단적인 제한 정책을 선호하는 쪽으로 분위기를 굳혔다. … 1923년이면 제2차 국제우생학회의, 해리 H. 로플린의 『오늘날 미국의 인종 용광로에 대한 분석』, 칼 C. 브리검의 『미국 지능에 대한 연구』 등에 힘입어 모든 의원이 남유럽과 동유럽인이 생물학적으로, 또 지적으로 노르딕인보다 열등함을 입증하는 듯 보이는 과학적 근거를 알고 있었고, 새 이민자의 유입을 더 허용하면 미국의 유전적 건전성이 위험에 처할 것이라고 생각하고 있었다.

1923년 12월 5일에 존슨은 그랜트와 함께 작성한 법안을 발의했다. 다음 날 쿨리지 대통령은 첫 의회 연설에서 "미국이 계속해서 미국다움을 유지할 수 있어야 한다"며 "이 목적을 위해 이민 제한 정책이 지속되어야 한다"고 언급했다(Garis 1927, 170 재인용). 매디슨 그랜트는 당시에 건강이 매우 악화되어 병상에 있는 처지였지만 장막 뒤에서 여전히 강력한 영향력을 발휘했다. 그랜트는 존슨과 긴밀하게 협력하면서 '일련의 우생학자들'을 의회로 보내 '1890년 공식'이 미국에서 노르딕 인종을 보존하는 데 있어서 우생학적으로 건전한 유일한 계획이라고 증언하게 했다. 또한 그랜트는 하원 이민위원회에 '1890년 공식'이 과학적임을 주장하는 장문의 서신을 보냈다. 이 서신에서 그는 '토박이' 미국인이 더 낮은 유형과 섞이지 않게 하는 데에 이것이 가장 좋고 정의로운 방식이라고 언급했다. 존슨이 이 서신을 의회 위원회에서 낭독했기 때문에 서신의 내용이 의회 공식 기록으로 남게 되었다(Spiro 2009). 해리 로플린도 그랜트, 존슨과 긴밀하게 협력한 우생주의자 중 한 명이다. 그는 1920년부터 이민 정책에 대해 존슨과 함께 일해왔고 여러 차례 의회에서 증언했다. 그가 증언한 분량이 200쪽이 넘는다. 여기에는 노르딕 인종이 지능의 스케일에서 가장 꼭대기에 있고 유대인이 바닥에 있다는 브리검의 데이터에 대한 언급도 있었다(Spiro 2009). 1922년에 로플린은 존슨이 속한 의회 이민위원회에서 가장 잘 알려져 있던 우생학 권위자였고 존슨은 그를 위해 '우생학 전문 에이전트'라는 새로운 직함을 만들었다. 이 직위의 자격으로 로플린은 인종과 이민에 대한 연구를 수행할 수 있는 권한을 얻었고 그 결과를 신뢰할 만한 과학적 데이터로서 의회에서 발표할 수 있었다.

또한 1923년에 존슨은 우생학 운동 진영에서도 활발히 활동했다. 그는 상류층의 사적인 비정부 모임인 '선택적 이민 위원회'에 합류했다. 매디슨 그랜트가 회장이었고 R. D. 워드(하버드 출신의 기후학자이자 우생학자)가 부회장, 로플린이 총무였다. 그해에 존슨은 대븐포트가 세운 AES의 회장이 되었다. 로플린은 의회 위원회에서 이민법이 통과되는 데 큰 영향을 미쳤다. 그는 존슨의 의회 위원회에서 1924년 3월 8일에 '이민자 수출 대륙으로서의 유럽과 이민자 수입 국가로서의 미국'이라는 제목의 마지막 증언을 했다(Laughlin 1924). 그 자리에서 로플린은 "미국으로 들어오는 이민자가 국가 후생의 측면에서 야기하는 문제는 주로 생물학적인 문제"라며 "국가의 특성은 대개 거주민이 가지고 있는 태생적인 인종적 특질에 기초한다"고 설명했다(1339, 1297). 이에 더해 로플린은 자신의 주장을 위해 데이터를 왜곡함으로써도 법의 통과에 일조했다. 이를테면, 수감자와 정신병원 수용자 중 최근 이민자 비중을 인구 전체 중에서의 비중보다 훨씬 부풀려 이야기했다(로플린의 수감자 데이터 사용과 이를 통해 내린 결론에 대한 상세한 비판은 다음 참고: Gilman 1924; Allen 2011). 스피로는 이렇게 설명했다.

날마다 의회는 ADS, IRI, ERA, ERO, ECUSA 등에서 점점 더 많은 자료를 받고 있었고 모두가 이민 제한을 강력하게 촉구했다. … 그러나 의회에서 알지 못했을 법한 사실은 … 동일한 일군의 상류층 집단이 이 모든 조직을 운영하고 있었다는 것이다. … 또한 의회는 (문서, 기사, 사설, 연설, 서신을 꼼꼼하게 읽지 않았다면) 이것들이 모두 동일한 원천에서 영향을 받았다는 사실도 분명히 알지 못했을 것이다. 거미줄이 중심에서 점점 더 넓은 망을 이루며 뻗어 나가듯이 이 모든 사람과 단체의 중심에는 단 한 명이 있었는데, 바로 매디슨 그랜트였다. … 그랜트는 병으로 맨해튼에 누워 있으면서도 전화, 전신, 우편을 통해 서로 연결된 과학적 인종주의의 활동 모두를 수완 있게 조율했다(Spiro 2009, 229).

스피로는 또한 이렇게 지적했다.

동료들과 마찬가지로 그랜트는 노르딕 인종의 우월성에 대해 군 지능 검사와 해리

H. 로플린의 증언을 근거로 삼았다. 이렇게 해서 꼬리를 문 순환고리가 완성되었다. 그랜트는 로플린을 인용했고, 로플린은 브리검의 통계를 바탕으로 분석했으며, 다시 브리검은 그랜트가 개진한 유럽의 인종 구성에 대한 이론을 바탕으로 계산을 했다. 저명한 과학자들이 각자 독립적으로 연구한 것처럼 보이는 것이 … 사실은 일련의 상호 연결된 자기지시적 주장이었다. 자신의 꼬리를 물어 원을 만드는 우로보로스 벌레처럼 계속 스스로에게 먹이를 제공하면서 말이다(Spiro 2009, 227).

이렇게 해서 막대한 프로파간다가 정치인들에게 쏟아진 뒤, 상하원 공동 법안인 존슨-리드 법안Johnson-Reed Act이 1924년 5월 15일에 통과되었다. 하원은 308 대 69, 상원은 69 대 9였다. 존슨-리드 법은 1924년 5월 26일에 캘빈 쿨리지 대통령에 의해 서명되었고, 1952년에 이민 및 국적법Immigration and Nationality Act이 제정될 때까지 미국의 주요 이민 정책으로 기능했다.

이 법에 따라 '출신 국가별 할당제'가 도입되었다. 매년 각 국가에서 들어오는 인구가 1890년에 미국에 살고 있던 해당국 출신 인구의 2퍼센트를 넘지 않아야 했다. 이 규정은 본질적으로 동유럽과 남유럽 출신 이민자를 없애는 결과로 이어졌다. 또한 이 법은 그 밖의 '바람직하지 않은' 이주민도 할당제를 통해 금지했다. 아시아-태평양 트라이앵글로부터의 이주를 금지해 중국, 일본 등에서 더 이상 미국으로 이민을 올 수 없게 되었다. 이에 더해 필리핀(미국의 통제하에 있었다), 라오스, 시암(태국), 캄보디아, 싱가폴(영국의 식민지였다), 한국(당시 일본의 식민지였다), 베트남, 인도네시아, 버마(미얀마), 인도, 실론(스리랑카), 말레이시아로부터의 이민도 제약되었다. 1790년의 귀화법Naturalization Act에 따르면 이들 비백인 이민자는 귀화가 불가능했는데, 존슨-리드 법은 귀화가 불가능한 인구의 추가적인 이주를 금지했다(Guisepi 2007). 일본 정부는 맹렬히 항의했고, 이 법이 공식적으로 서명되고 며칠 뒤인 1924년 5월 26일을 일본의 국치일國恥日이라고 말하면서, 늘어나고 있던 미국에 대한 불만 사항 목록에 하나를 더 추가했다. 많은 학자들이 존슨-리드 법 그리고 미국 정치인들이 일본에 대한 배제를 수정해 양국 관계를 안정화할 역량이 없었던 것이 결국 1941년에 양국 관계가 무너지고 일본이 미국에 맞서 2차 세계대전에 들어오게 된 주요 원인이었다고 본다(Hirobe 2001 참고).

이 법 때문에 히틀러 치하의 독일을 떠나지 못한 동유럽과 남유럽 사람이 얼마나 되었을지는 정확히 추산할 수 없다. 1881년에서 1924년 사이 동유럽에서 200만 명 가량의 유대인이 미국으로 들어왔지만(Hardwick 2002) 이것은 나치가 독일에서 집권하기 전이다. 미국의 이민 제한 정책은 홀로코스트 기간 중에도 달라지지 않았고, 1941년과 1942년에 홀로코스트 소식들이 알려지고 있었는데도 그랬다. 미국의 이민 정책이 이렇게 제한적이지 않았더라면 2차 세계대전 동안에만도 19만-20만 명의 유대인이 목숨을 구할 수 있었을 것이라는 추산이 있다(Weiner 1995). 1924년부터 전쟁 전까지 유럽을 벗어날 수 있었을지도 모를 유대인까지 합하면 미국의 이민 제한 정책으로 유럽을 탈출하지 못한 사람은 훨씬 더 많을 것이다. 체이스는 6,065,704명의 이탈리아인, 유대인, 폴란드인, 헝가리인, 발트해 연안 출신들, 스페인인, 그리스인, 기타 유럽인이 1939년에 전쟁이 시작된 이후 발이 묶였다고 추산했다(Chase 1977). 체이스는 "이 6,065,704명 중 얼마나 많은 사람이 1924년의 인종별 할당제가 없었더라면 1924-1939년에 이주를 했을지는 정확히 알 수 없지만 하나는 분명하다"며 "나치의 인종주의적 생물학자들이 열생적이라고 본 유대인, 폴란드인, 러시아인 등이 1933년에서 1945년 사이 나치 통제하의 영토에서 발이 묶였고 아우슈비츠 등 나치의 절멸 수용소로 보내졌다는 것"이라고 언급했다(Chase 1977, 301).

독일에서 대서양 횡단선 세인트루이스호에 올랐던 승객들이 겪은 고통은 미국 이민 정책이 미친 여파를 보여주는 좋은 사례다. 1939년 5월 13일에 937명의 승객이 세인트루이스호에 승선했다. 박해를 피해 쿠바를 경유해 미국에서 새 삶을 시작하려던 사람들이었다. 거의 모두가 독일 제3제국을 떠나 피신하는 유대인이었고, 대부분은 독일 시민이었으며 일부는 동유럽 출신이었고 소수는 공식적으로 국가가 없는 사람들이었다. 집, 재산, 과거의 삶을 모두 포기하고 이 배에 몸을 실은 이들은 너무나 길고 좌절스러운 여정을 겪게 된다. 5월 27일에 쿠바에 도착했지만 28명만 빼고 모두 입국을 거부당했다(한 명은 항해 중에 사망했다). 그다음에는 플로리다로 가서 망명을 신청했지만 1924년 이민법이 정한 할당을 초과한다는 이유로 미국 정부는 승객들이 배에서 내리는 것을 허락하지 않았다. 세인트루이스호는 1939년 6월 6일에 유럽으로 돌아가야 했다. 승객들이 독일로 강제 송환되지는 않았고 유대인 단체들(특히 '미국 유대인 합동 분배 위원회American Jewish Joint Distribution Committee')이 영국, 네덜란드, 벨기에, 프랑스, 이렇게 네 곳의 유럽 정부로부터 입국 비자를 확보했다. 영국으로 들어간 288명은 한 명 빼고 모두 2차 세계대전 시기에 살아남았다: 유럽 국가로 돌아간 620명 중 87명(14퍼센트)은 1940년 5월에 독일이 서유럽을 침공하기 전에 다시 무사히 탈출했다. 하지만 532명은 유럽에 발이 묶였고 절반이 조금 넘는 279명은 홀로코스트 시기에 살아남았지만 254명은 나치에 의해 목숨을 잃었다(Miller and Ogilvie 2006; Holocaust Encyclopedia 2012; Rosenberg 2013).

우생주의자들이 고안한 이민법은 수백만 유럽인의 죽음에 직접적인 책임이 있다. 스티븐 굴드는 이렇게 언급했다. "우생주의자들은 미국 역사에서 과학적 인종주의의 가장 큰 승리 중 하나를 거두었다."(Gould 1996, 262) 여기에 이렇게 덧붙일 수 있을 것이다. 그들이 세계 역사상 가장 큰 비극의 공모자이자 방조자였다고 말이다. 역사학자 게리 B. 내쉬가 언급했듯이, "히틀러는 정확히 매디슨 그랜트가 제안한 계획, 즉 결함 있는 사람들을 단종시키는 우생학 프로그램 및 '열등한' 인종을 절멸시키는 정책을 폈다."(Nash 1999, 155)

4장 | 우생학과 나치

　　　　　　　　19세기 말과 20세기의 첫 25년 사이에 형성된
미국의 이민 제한 법제에는 고비노가 『인종 불평등론』에서 개진한 '논리'가
직접적으로 영향을 미쳤다. 마찬가지로, 고비노의 논리와 아돌프 히틀러의
장황한 저서 『나의 투쟁』(1925) 사이에도 직접적인 연결점이 있다(Biddiss 1970,
258; Brace 2005, 122). 정리하자면, 초창기 유럽의 흄과 칸트류 다원발생설에서
시작된 우생학 이데올로기의 '중력'은 모턴파에 의해 미국으로 넘어가 노예
제 존속을 위한 싸움에 활용되었고, 다윈의 『종의 기원』이 출간되고 나서 프
랜시스 골턴과 함께 다시 유럽으로 넘어갔다. 이어서 19세기 말이면 프랑스
인인 고비노 버전의 우생학이 유럽에서 우세해졌고, 이 버전이 유럽에서는
체임벌린과 헤켈에 의해, 미국에서는 리플리와 셰일러에 의해 널리 퍼졌다.

　　그러다가 20세기 초 무렵에는, 유럽에서도 여전히 다원발생설류의 이데올
로기로 추동된 우생학 운동이 막강했지만 다시 한번 미국이 중심지가 되었다.
대븐포트, 로플린, 오스본, 그랜트 등 미국 우생학 운동 인사들은 학계와 의료
계에서 강력한 지지를 받고 있었다. 사실 우생학은 미국 학계에서 지배적인
과학 패러다임, 혹은 통념으로 자리잡았다. 미국의 우생학 운동은 굵직한 후
원자와 거대 기업의 막대한 지원을 받았고 이들의 아젠다는 수많은 유력 정치
인에 의해 정책화되고 법제화되었다. 하지만 미국은 민주주의 국가였고 상당
규모의 소수자들이 존재했기 때문에 우생학 운동의 진전 속도를 늦출 수 있었
고, 미국에서 우생학 운동은 여러 걸림돌과 실패에 맞닥뜨렸다(3장 참고).

우생학 운동의 중심지가 된 나치 독일

1870년대의 독일은 "인상적으로 광범위한 진보적 권리들을 확립했고 진보적 자유와 관용의 시대를 열 것처럼 보였다."(Weindling 1989, 49) 하지만 1870년대 중반의 경제 불황, 1차 세계대전 패배, 1929년 대공황이 독일의 경로를 완전히 바꾸어 놓았다. 이때 독일의 인류학은 공공적이고 참여적인 지향을 갖던 학문에서 인종 구분의 정치적 필요성에 복무하는 학문으로 변질되었다. 역사학자 와인들링은 1차 세계대전 후 독일의 상황을 이렇게 설명했다. "사회의 조직과 구성에 대한 이론이 쏟아져 나왔고 우생학적 사회 정책에 대한 관심이 급증했다. 동시에, 대대적인 빈곤, 정치적 양극화, 사회주의 편향 등은 민주주의가 현실성을 갖게 되었던 바로 그 시점에 진보적이고 민주적인 가치들이 위험에 처했음을 보여주고 있었다. 전쟁에 패배하면서 우생학이 국가 재건과 밀접한 관련이 있는 것으로 여겨졌다. 사실, 부적합자에 대한 '안락사'부터 강제 단종 시행까지, 또 촉진형 복지까지, 우생학적 사고와 실천의 거의 모든 요소가 1918-1924년의 결정적인 격동의 시기에 발달되었다."(Weidling 1989, 307)

히틀러가 독일에서 정권을 잡은 1933년에는 바이마르헌법이 그의 폭주를 제약할 수 있었다. 하지만 독일 의사당 방화 사건이 벌어지고 이 사건이 공산주의자와 급진주의자의 소행으로 몰리면서, 그나마 남아 있던 의회의 권력 견제 가능성이 완전히 없어졌고 히틀러는 계엄 상황에서 전권을 행사할 수 있게 되었다. 의사당에 불을 지른 것이 나치일 수 있다는 가능성이 훗날 제기되기도 했다(Bahar and Kugel 2001). 이제 히틀러는 고비노, 체임벌린, 그랜트 등의 이론과 저술, 대븐포트와 로플린의 '과학', 그리고 독일의 인종위생학 주창자인 플뢰츠, 바우어, 피셔, 렌츠 등으로부터 영향을 받은 우생학적 이상을 민주적 제약에 방해받지 않고 마음껏 밀어붙일 수 있었다(Weiss 2010). 따라서 히틀러와 나치의 인종주의 및 인종 청소는 전혀 누그러지지 않은 상태로 진행될 수 있었다. 나치당(국가사회주의독일노동자당)은 '인종'과 '유전'에 초점을 맞추었고 유전적으로 건강하고 인종적으로 순수한 독일 국가공동체 '폴크volk'를 꾸리는 것을 목표로 삼았다(Weiss 2010). 이렇게 해서, 나치 독일이 1930년대 우생학 운동의 중심지가 되었다. 사실 나치즘은 이 사악한 이데올로기의 논리적인 정점이었다고 볼 수 있다. 역사학자 블랙이 설명했듯이 "약자에 대한 전쟁은 미국의 슬로건, 식별 카드, 외과적 수술의 수준을 졸업해 나치 시기 독일에서 독재자의 칙령, 게토, 가스실로 넘어갔다."(Black 2003, 318)

우생학은 "위생, 정신의학 등 방대한 의학 분야에, 또 생물학자, 인류학자, 사회과학자에게도 매우 매력적이었다. 그들의 학문이 사회적으로 중요하다는 주장을 펼 수 있는 수단을 제공했고, 확고한 자연의 가치에 토대를 둔 사회 질서를 열망하던 당대의 시대적 분위기에도 부합했다."(Weindling 1989, 337) 우생학의 과학과 나치의 세계관은 공생 관계였다(Weiss 2010).

우생학적 정책이 미국에서는 독일에서만큼 신속하고 완전하게 수행될 수 없다는 것을 깨달은 미국 우생주의자들은 나치를 부러워했고 히틀러를 지지했다. 예를 들어, AES의 레온 F. 휘틀러는 이렇게 말했다. "멀리 내다보는 사람들은 … 현재 히틀러가 강제적으로 의무화하고 있는 정책들과 매우 비슷한 것을 오랫동안 추구해 왔다. … 그리고 우리가 듣고 있는 소식은 아주 작은 시작에 불과하다!" 이어서 그는 "우리가 지나치게 우유부단하게 망설이고 있는 동안" 나치는 위대한 일들을 실제로 수행하고 있다고 덧붙였다. 캐리 벅 사건에서 증언했던 조지프 드자네트는 "우리의 게임에서 독일이 우리를 이겼다!"고 말했다(Spiro 2009, 364 재인용). 로플린은 그랜트에게 "나치 지도자들의 연설에 매우 고무되었다"며 "그들의 말은 완벽하게 훌륭한 미국 우생학자의 말처럼 들렸다"고 전했다. 그러면서 미국에서 자신과 그랜트는 "그저 초라한 연구자"일 뿐인데 "독일의 독재 정권에서는 과학자들이 실제로 무언가가 이뤄지게 할 수 있다는 게 부럽다"고 인정했다(Spiro 2009, 364 재인용). 군 지능 검사를 수행한 영장류학자 로버트 여키스는 나치가 군사적 목적으로 정신 역량 검사를 적절히 수행함으로써 미국을 능가하고 있다며 이렇게 언급했다. "독일은 군 심리학 분야의 발달을 오랫동안 선도해 왔다. … 나치는 군대의 역사에서 필적할 만한 것을 찾기 어려울 정도로 훌륭한 일을 성취했다. 독일에서 이루어지고 있는 일은 1917-1918년에 우리 군대에서 인사 관리와 정신 역량 위주로 수행했던 일의 논리적인 후속이다."(Yerkes 1941, 209) 프레더릭 오스본도 나치의 프로그램이 뛰어나다고 보았고 "종합해 볼 때 최근 독일에서 일어나고 있는 발전은 이제까지 수행되었던 어떠한 사회 실험보다 큰 중요성을 가질 것"이라고 언급했다(Spiro 2009, 365 재인용). 또한 그는 "우생학과 관련해 독일에서 벌어지고 있는 변화가 매우 빠른 것은 독재자 치하여서 가능한 일"이라고 강조했다(Spiro 2009, 368 재인용). 훗날 이들 중 많은 수가 자신은 나치의 범죄를 알지 못했다고 말하게 되지만, 나치 독일은 자신이 유대인 등을 대하는 방식을 자랑스러워했고 나치의 파시스트 프로그램은 미국 언론에 널리 보도되어 미국에서도 잘 알려져 있었다. 그리고 미국 우생주의자들은 나치 프로그램의 진전 상황에 대한 소식을 계속해서 따라가고 있었다(Black 2003, 299).

독일에서 나치즘이 떠올랐던 초창기부터 히틀러와 추종자들이 끔찍한 범죄 행위를 자행할 때까지, 심지어 [그러한 만행이 잘 알려지고 미국이 참전하기까지 한] 2차 세계대전 말기까지도, 내내 미국의 우생주의자들은 히틀러와 나치즘을 학문적으로, 또한 정치적, 재정적, 도덕적으로('비도덕적으로'라고 표현해야 더 정확하겠다) 지원했다. 사실 본질적으로 미국 우생주의자들이 나치의 이데올로기와 정책을 만들었다고 말해도 과언이 아니다. 나치 시기에 다른 의사들을 교육하는 역할을 맡고 있었던 나치 의사 하인츠 쿠르텐은 1933년에 미국의 법안이 새 독일의 모델로 사용되었다고 말했고, 미국에서 이렇게 "길을 닦아 준 사람들"로 매디슨 그랜트, 로스롭 스토더드 등을 언급했다. 쿠르텐은 "미국의 입법가들은 그랜트가 제시한 계획 중 가혹한 것들을 받아들이기 꺼려했지만 제3제국은 그것을 수행하고 있다"고 자랑스럽게 말했다(Spiro 2009, 362 재인용). 이 장에서 내가 소개하는 것은 미국 우생주의자와 나치 사이의 수많은 상호작용과 연결고리 중 일부에 불과하다.

독일의 우생주의자 중 의학 전문가들은 국민 보건을 향상시키기 위해 전국적인 종합 우생학 프로그램을 제안했다(Weiss 1990, 14). 1차 세계대전 말기인 1917년경 독일의 인종위생학자들은 정치적 우파와 손을 잡고 과학과 의료를 인종적 순수성을 위한 무기로 사용하기 시작했다(Weindling 1989). 독일의 우생주의자들은 사회적 다윈주의의 '선택설'을 가지고 와서 사회·경제적 문제를 과학적 위기의 문제로 변환했다. 불황은 독일 지배층에게 사회 복지의 높은 비용에 대해 경종을 울렸고, 그 비용을 줄일 수 있는 수단으로 우생학이 대두되었다. 1차 세계대전 패배와 중산층 빈곤화가 독일에서 인종주의가 부상하는 데 핵심 요인이었다. 독일에서 우생주의자들의 영향력은 경제 불황이던

1929년에서 1932년 사이에 정점에 올랐다. 1932년에는 일자리가 있는 사람이 3분의 1 정도밖에 되지 않았다(Weindling 1989; Weiss 2010). 우생주의자들은 우생학에 기초해 부적합자를 제거하는 것, 즉 '합리적 선택rational selection'만이 갈수록 커지는 위기의 해법이라고 주장했다. 또한 독일에서 우생학의 이상은 '과학'을 통해 "다수의 전투적 노동자계급이 국가에 진정으로 봉사하고 국가적 효율성을 높이는 쪽에 관심을 두게 하는 것"을 가능하게 했다(Weiss 2010, 25-26).

인종주의와 우생학의 이름으로 과학과 의료가 이토록 거리낌 없이 인간의 생명을 경시하면서 대대적으로 동원된 나라는 찾아볼 수 없다. 역사학자 폴리아코프는 이렇게 설명했다. "르네상스 시기 스페인의 '혈통 순수성'에 기반한 신분 시스템도 20세기에 나치와 파시스트가 추진한 인종법과 비슷한 구분을 가져왔다. … 그렇지만 당시에 '열등한 인종'이던 콘베르소는 … 종교재판을 통해 박해를 받았지 … 제거되지는 않았다."(Poliakov 1971, 327) 처음에는 유대인을 포함해 '인종적으로 열등한' 사람들이 알아서 국외로 떠나도록 독려하는 방안('자진 추방')이 추진되었다(Weindling 1989). 하지만 2차 세계대전으로 치닫던 시기와 전쟁이 한창이던 시기에 해외로 이주하는 것이 점점 더 힘들어지자, 나치의 정책은 수백만 명을 죽이는 쪽으로 귀결되었다. 제3제국은 생물학적인 적들이 유전적인 면에서 인간 이하의 존재라고 간단히 간주했다. "나치독일에서와 같은 정도로 인간 생명을 막무가내로 무시한 사례는 찾아볼 수 없다. 또한 이들의 우생학 조치와 같은 정도의 정책들도 찾아보기 어렵다."(Weiss 2010, 267) 대량 학살로 많은 이들이 제거되었지만 '인종적 엘리트' 계층에 속하는 환자는 최고 수준의 치료를 받았다. 와인들링은 이렇게 설명했다.

나치는 이미 존재했던 모성 보호, 가족 복지, 국민 보건 등과 관련된 운동의 요소들을 긁어 모아서 인종적 순수성이라는 독특한 이데올로기로 통합했다. … 건강에 대한 나치의 개념은 유대인, 집시, 동성애자에게 '외부의 기생충'이라거나 '암적인 성장'과 같은 표현으로 낙인을 찍었다. 독일이라는 정치체의 신체에 기생하거나 그신체에서 암처럼 증식하는 존재라는 것이었다. 의료는 노르딕 엘리트 인종의 융성을 촉진하기 위해 선택적으로 적용되었고, 이러한 방침을 통해 부적합자를 솎아낸 국가, 더 건강하고 적합한 국민들로 구성된 국가가 되면 전쟁에서 승리할 수 있으리라 여겨졌다. … 사회적, 경제적, 문화적 요인들이 진화 생물학적 범주들로 환원되었다(Weindling 1989, 489-490, 580).

독일 우생학 운동의 부상에 특히 두드러진 촉매 역할을 한 인물을 하나만 꼽으라면 단연 알프레트 플뢰츠다. 플뢰츠는 독일의 의사이자 생물학자로, 독일 우생학 운동의 가장 초창기 주창자 중 한 명이었다. '인종위생학Rassenhygiene'이라는 말을 만든 사람이기도 하다(Weindling 1989; Weiss 2010). 플뢰츠는 다윈주의에 매료되었고 헤켈과 그의 일원론monism 철학에 깊은 영향을 받아서 독일의 생물학적 엘리트 계층을 더 향상시켜야 한다고 생각하게 되었다. 그는 "약한 사람들이 더 이상 태어나지 않는다면 그들은 절멸할 필요도 없게 된다"고 생각했다(Weindling 1989, 131). 1895년에 플뢰츠가 펴낸 『인종위생학의 기초』는 독일에서 우생학을 과학으로서 정립하는 데 기여했다. 플뢰츠는 독일 우생학 운동의 창시자이자 정신적 지도자로 여겨지곤 한다(Weindling 1989; Kühl 1994; Weiss 2010). 『인종위생학의 기초』에서 플뢰츠는 골턴과 바이스만이 라마르크 이론을 반박한 것은 인간의 진화를 돕는 수단으로서 교육이나 그 밖의 경제, 사회적 진보가 갖는 유용성이 반박되었다는 의미라고 강조했다. 1904년에 플뢰츠는 『인종 및 사회 생물학 아카이브』라는 정기간행물을 창간하고 1913년에 프리츠 렌츠에게 편집 위원회 합류를 권했다(Weindling 1989; Müller-Hill 1998). 이것은 세계 최초의 우생학 학술지였고, 여기에 실린 초창기 논문들은 인종위생학을 멘델주의 유전학과 연결시켰다(Weindling 1989; Weiss 2010). 1905년에 플뢰츠는 오랜 지인이자 처남인 에른스트 뤼딘과 함께 최초의 우생학 학술 단체인 독일인종위생학회Deutsche Gesellschaft für Rassenhygiene를 창립했고, 헤켈과 바이스만을 명예 회장으로 추대했다. 미국에서 ERO와 ERA가 하던 역할과 비슷하게, 이곳은 나치 우생학의 주요 거점이 되었다. 플뢰츠는 1911년에 드레스덴에서 열린 국제위생전시회International Hygiene Exhibition에서 제1차 국제우생학회의가 열릴 수 있는 토대를 닦았다. 1911년의 드레스덴 행사는 국제인종위생학회International Society for Racial Hygiene가 주관했는데, 독일의 인종위생학자들이 이 단체를 주도하고 있었다(Kühl 1994).

플뢰츠는 1930년에 뮌헨대학에서 명예박사 학위를 받았다. 1933년에 쓴 글에서 그는 나치의 집권을 환영하면서 히틀러가 주변적인 위치에 있던 인종 위생학을 주류로 만들어줄 것이라고 기대했다. 그해에 제3제국 내무장관 빌헬름 프리크는 '인구 및 인종 정책을 위한 전문가 자문위원회Expert Advisory Council for Population and Racial Policy'를 구성했는데, 플뢰츠, 렌츠, 뤼딘, 한스 귄터가 여기에 참여했다. 이 위원회는 인종 및 우생학과 관련된 모든 법제화 이슈에 대해, 그리고 그러한 국가 정책을 정당화하고 강화하는 방안에 대해 자문했다. 1936년에 플뢰츠는 인종위생학의 창시자로서 [전쟁이 인류 재생산에 미칠 생물학적 악영향을 경고해] 노벨평화상 후보로 추천되었지만 수상에는 실패했다(Cornwell 2003). 같은 해에 뤼딘은 플뢰츠가 창간한 학술 저널 『인종 및 사회 생물학 아카이브』에 합류했다. 이 저널은 점점 더 나치의 정치적 의제에 의해 좌지우지되고 있었다(Weindling 1989). 그해에 히틀러는 76세이던 플뢰츠를 교수로 임명했고 플뢰츠는 1940년에 79세로 사망할 때까지 독일 우생학계에서 '위대한 올드 맨'이라고 불렸다(Cornwell 2003). 1937년에 플뢰츠는 원래 체질인류학회 Society of Physical Anthropology였다가 그해에 독일인종연구학회German Society for Racial Research가 된 곳의 명예 회원이 되었다(Weindling 1989). 플뢰츠가 사망하기 2년 전에 뤼딘은 플뢰츠를 일컬어 "뛰어난 능력으로 우리의 나치 이데올로기를 확립하는 데 기여했다"고 말했다(Rüdin 1938).

플뢰츠는 해외, 특히 미국의 우생주의자들과 오랫동안 폭넓고 활발하게 교류했다. 1880년대에 미국에 머물면서 미국의 유토피아주의자들에 대해 공부했고 매사추세츠에서 의사로 일하기도 했다. 그는 닭의 육종에도 관심이 있었고 곧 인간의 육종에 대한 우생학적 믿음에도 관심을 갖게 되었다. 1912년에 열린 제1차 국제우생학회의에 부의장 중 한 명으로 참여했고 이듬해에는 상류층만으로 구성된 단체인 국제상설우생학위원회 회원이 되었다. 나중에 이 단체는 국제우생학단체연맹IFEO이 된다. 제1차 국제우생학회의 직후에 한 독일 신문은 "우생학의 대의를 진전시키는 데 있어서 미국은 대담한 리더"라고 한 플뢰츠의 말을 인용했다(Weiss 2010, 50). 1930년에 대븐포트와 폴 포프노는 『인종 및 사회 생물학 아카이브』 특별 호 지면을 통해 미국을 대표해 플뢰츠의 70번째 생일을 축하하는 메시지를 보냈다. 『우생학 뉴스』는 그 특별 호가 "고귀하고 드높은 정신을 가진 사람에게 마땅한 존경과 경의를 표한 헌사"였다고 평했다(Black 2003, 295). 뢰딘이 IFEO의 회장직을 이어받은 직후인 1932년에 플뢰츠의 지인인 대븐포트는 뢰딘에게 서신을 보내서 "이 단체가 이제 독일인의 지도하에 있게 된 것을 매우 기쁘게 생각한다"고 전했다(Black 2003, 294 재인용).

정신과 의사이자 유전학자인 에른스트 뢰딘은 히틀러가 추진한 우생학적 의료 프로그램의 주요 설계자 중 한 명이다. 1917년부터 1945년까지 뢰딘은 독일정신의학연구소German Psychiatric Institute의 계보학 및 인구통계학 부서를 이끌었다. 이곳은 1926년에 '카이저 빌헬름 정신의학연구소Kaiser Wilhelm Institute for Psychiatry'가 되고 후일 뢰딘이 이곳의 소장이 된다. 1926년에 뢰딘은 로플린이 콜드스프링하버의 ERO와 ERA에서 수집했던 것과 비슷한 가족력 데이터를 수집하기 시작했다. 1928년에는 록펠러 재단이 독일정신의학연구소의 새 건물을 짓기 위한 자금을 지원했고 1935년까지 뢰딘의 연구에도 자금을 지원했다(Weindling 1989). 1920년대 말에 뢰딘은 강제 단종법 실시를 위해 전문가와 대중 모두를 대상으로 대대적인 캠페인을 시작했다(Weindling 1989). 1933년에는 독일의 인종 순수화 프로그램을 이끄는 일을 맡게 되었고 같은 해에 나치 단종법의 초안을 잡는 데 기여했다. 또한 독일의 몇몇 정신병원을 위해 나치의 인종주의에 대한, 그리고 나중에는 나치의 안락사 정책에 대한 공식 해설도 작성했다. 흥미롭게도, 단종법과 뒤이은 안락사 정책이 실시되기 시작하자 부적합하고 반사회적인 사람들을 어떻게 정의할 것이냐를 두고, 즉 누구를 제거 대상으로 규정할 것이냐를 두고 뢰딘 같은 정신의학자들과 피셔 같은 인류학자들 사이에 경쟁이 벌어졌다(Müller-Hill 1998). "안락사는 총통에 대한 복종, 전시 경제, 그리고 극단적인 과학적 권위주의에 사로잡힌 전문가가 결합된 치명적인 조합이 정점에 이른 정책"이었다(Weindling 1989, 552).

1935년에 뉘른베르크법이 통과되어 누가 유대인인지가 정해졌고, 유대인으로 판별된 사람들의 시민권이 박탈되었다. 또 유대인은 독일 시민과의 결혼과 혼외 성관계도 금지되었고, 45세 이하인 [비유대인] 여성 시민을 가내 노동력으로 고용할 수 없었다. 유대인은 모든 정부 직위에서 배제되었고 이듬해에는 전문직종에서도 배제되어 의료, 교육, 산업 경영 분야의 직업을 가질 수 없게 되었다. 곧이어 또 다른 일련의 법이 통과되어 유대인, 집시, 독일 여성과 흑인 프랑스 군인 사이의 혼혈 자식, 동성애자, 기타 사회 정치적 '일탈자'들을 대상으로 한 추가적인 조치들이 시행되었다(Paul 1995; Farber 2011). 1936년에 인종위생학 연구소장으로서 뤼딘의 주요 임무 중 하나는 독일인 중 누가 유대인의 피를 가지고 있는지, 그리고 얼마나 많이 가지고 있는지 알아내는 것이었다. 1938년에 뤼딘은 이렇게 언급했다. "모든 지적인 독일인에게 우생학의 중요성이 알려지게 된 것은 아돌프 히틀러의 정치를 통해서였다. 그리고 오직 그를 통해서 우리의 30년 넘은 꿈이 실현되었고 인종위생학 원칙이 실행으로 옮겨질 수 있었다."(Wistrich [1982] 1984, 260 재인용) 1944년에도 뤼딘은 이와 비슷한 언급을 했다. "이것은 아돌프 히틀러와 그를 따르는 사람들이 이룩한 역사적인 업적으로 영원히 남을 것이다. 그들은 노르딕 인종 이론과 그것의 발달된 내용을 대담하게 실행으로 옮겨 유대인, 집시 등 기생적인 외래 인종에 맞서는 전쟁을 진행했[고 승리했]다."(Spiro 2009, 376 재인용) 히틀러는 1939년, 65세 생일을 맞은 뤼딘에게 괴테 예술과학훈장을 수여했고 내무장관 빌헬름 프리크는 뤼딘을 일컬어 "제3제국의 저명하고 역량 있는 인종위생학 개척자"라고 칭송했다(Wistrich [1982] 1984, 261 재인용). 1944년에 70세가 된 뤼딘에게 히틀러는 나치 독수리 상징이 그려진 청동 훈장을 수여하고 그를 "유전위생학 분야의 개척자"라고 칭했다(Wistrich [1982] 1984).

1910년에 뤼딘은 대븐포트와 연락을 주고받기 시작했다(Weiss 2010). 알프레트 플뢰츠처럼 뤼딘도 제1차 국제우생학회의에 활발하게 참여했고 그 회의를 통해 독일의 새로운 법이 국제적으로 명성을 얻게 하려고 노력했다. 뤼딘은 미국 우생주의자들 사이에서 잘 알려져 있었고 대븐포트, 로플린과 오랫동안 우호적으로 연락을 주고받았다(Weindling 1989; Weiss 2010). 그가 쓴 기사나 그에 대한 많은 기사가 수년 동안 미국 매체에 실렸다. 이를테면, 1922년에서 1925년 사이에 그가 진행한 정신적 결함의 유전에 대한 연구와 가족력 데이터 수집 등에 대해 『우생학 뉴스』에 많은 기사가 실렸다. 사실 이 무렵이면 그는 미국 우생주의자들 사이에서 "독일 우생학의 스타"로 알려져 있었다(Black 2003, 286). 1928년에 뤼딘은 뮌헨에서 열린 IFEO 회의를 주관했고, 참가자들이 정신의학연구소를 둘러볼 수 있는 프로그램도 마련했다. 이듬해에 정신의학연구소는 IFEO의 회원 단체가 되었다. 1929년에 『미국의학회지』는 그의 연구에 대해 긴 기사를 게재했고, 1930년에는 『우생학 뉴스』가 단종법과 우생학에 대한 뤼딘의 논문을 다시 게재하면서 "가족 중 누구에게라도 유전적 질환이 있는 사람은 재생산이 금지되어야 하고 … 우생학적 이상이 신성한 전통이 되게 해야 한다"는 그의 주장을 소개했다(Rüdin 1930; Black 2003, 296 재인용). 1932년에 뤼딘의 오랜 지인이자 동료인 대븐포트는 그에게 자신의 뒤를 이어 IFEO의 회장을 맡아달라고 제안했고, 로플린도 자랑스럽게 뤼딘을 천거했다. 이로써 국제 우생학 운동에서 독일은 미국의 선임 파트너가 되었다. 이듬해에 록펠러는 뤼딘의 연구에 10년간 후한 자금 지원을 약속했다. 1933년에 나치의 단종법이 통과되고 얼마 후, 『산아제한 리뷰』는 '우생학적 단종법, 시급히 필요하다'라는 제목의 뤼딘의 논문(Rüdin 1933)을 게재했고, 뤼딘이 영국 우생학자들에게 "지체 없이 행동하라"고 촉구한 소책자도 다시 펴냈다(Black 2003, 301). 나치당 집권 시기에 열린 IFEO 첫 회의는 1934년에 취리히에서 열렸다. 뤼딘이 이 회의를 주관했고 플뢰츠가 오프닝 연설을 했다(Weindling 1989). 뤼딘은 이 회의가 나치 인종 정책에 대한 국제적인 승인의 장이 되리라 생각했다(Weiss 2010). 1935년에 뤼딘과 오이겐 피셔(이 장의 뒷부분 참고)는 미국 ERA 회원이 되었고 『우생학 뉴스』 자문 위원회에도 합류했다. 이에 대한 화답으로 그해 후반에 대븐포트도 두 개의 영향력 있는 독일 우생학 저널 편집 위원회에 초빙되었다(Black 2003).

뤼딘은 1945년에 전범으로 억류되었지만 '막스 플랑크 연구소Max Planck Institute'의 도움으로 이듬해 석방되었다. 그는 자신이 과학자이지 정치인이 아니라고 주장했고, 명목상 당원이었을 뿐이고 나치는 아니었던 것으로 분류되었다. 그는 일자리를 잃었고 스위스 시민권을 박탈당했지만 나치 시기의 살해에 직접적으로 관여했음이 입증되지 않았기 때문에 전범 재판에 회부되지는 않았다. 생물학 분야 연구에 대한 그의 야망은 그의 딸이 막스 플랑크 정신의학 연구소에서 이어갔다. 그곳에서 뤼딘의 딸은 쌍둥이의 행동에 대한 연구를 진행했다. 나치 독일도 쌍둥이 연구에 매료된 바 있었다. 나치 친위대의 멩겔레 박사가 수행한 악명 높은 연구도 그중 하나인데, 멩겔레는 나치 수용소의 쌍둥이 수용자들에게 치명적인 생체 실험을 실시했다(이 장의 뒷부분 참고). 뤼딘은

1952년에 사망했고 지금도 많은 이들에게 정신유전학의 창시자로 알려져 있다(Eisenberg 1995).

오이겐 피셔는 의학, 유전학, 인류학 교수였다. 그는 유전학자인 아우구스트 바이스만 아래서 공부했다(Eng 2005). 박사 학위는 해부학/영장류학에 대한 것이었지만(예나대학에서 받았으며, 오랑우탄 암컷의 생식기에 대한 논문이었다) 1913년에 『레호보트 혼혈족과 인종 간 결혼에 대한 문제』를 출간한 뒤 인종 간 혼혈 문제에 대한 전문가로 이름을 알리게 되었다. 이 책에서 피셔는 백인 혈통이 흑인과 섞이면 유럽 문화가 쇠락할 것이라고 주장했다(Black 2003; Cornwell 2003; Spiro 2009). 그는 프라이부르크대학 인류학 교수가 되었고 두 군데 독일 인류학회의 회장을 지냈으며 여러 인류학 저널의 편집진으로도 활동했다. 1908년에는 멘델주의에 기초해 우생학과 인류학을 정립하고자 한 소수의 학계 엘리트 모임 프라이부르크학회Freiberg Society를 세웠다. 1913년에는 바우어, 플뢰츠, 렌츠, 그리고 출판업자 율리우스 레만 사이에 교과서 출간 계획도 논의되었다. 바우어, 피셔, 렌츠가 교과서를 집필하면 레만이 출간한다는 것이었다. 레만은 나치의 주요 출판업자였고 우생학 문헌을 주로 펴냈다. 또한 그는 반유대주의 선동가로, 극단적인 민족주의에 기반한 의제들을 밀어붙이고 있었고 뛰어난 인종주의 프로파간다 전문가이기도 했다. 오이겐 피셔는 미국 우생학 운동 진영에서 잘 알려져 있었고 미국 동료들에게서 직접적으로 많은 아이디어를 가져오기도 했다. 대븐포트는 1904년에 피셔를 카네기연구소의 '교신 과학자'로 고용했고, 피셔는 오랫동안 대븐포트, 그랜트와 협업했다(Kühl 1994; Spiro 2009). 피셔는 제3제국의 주요 우생학자 중 한 명이었고 독일에서 '인간유전학의 창시자'로 여겨졌다(Spiro 2009).

1921년에 피셔는 에르빈 바우어, 프리츠 렌츠와 함께 두 권짜리 『인간유전학과 인종위생학』을 펴냈다. 주로 에드워드 이스트, 도널드 존스, 대븐포트 등이 쓴 미국의 우생학과 유전학 문헌을 토대로 집필되었다(Black 2003; Farber 2011). 이 책은 과학이 문명의 부상과 쇠락의 요인을 설명할 수 있고 '정치적 신체의 질병'을 치료할 수 있으며 인구 통제와 인종 정책에 과학적 기초를 제공할 수 있다고 주장했다. 또한 이 책은 모든 의대가 교과목에 인종위생학을 포함해야 한다고 촉구했다(Weindling 1989). 감옥에서 『나의 투쟁』을 쓰던 동안 히틀러는 이 책을 읽고 자신의 견해를 한층 강화하게 되었고 이 책에서 자신의 견해를 뒷받침해 줄 생물학적 근거를 발견했다. 이 책은 우생학을 정치체의 질병에 대한 치료제로서 강조했고 미군 지능 검사를 노르딕 인종의 우월성에 대한 증거로 제시했다. 독일의 여타 우생학자와 마찬가지로 피셔는 흑인과 유대인이 열등한 아종이라고 보았다(Müller-Hill 1998; Black 2003). 1941년 연설에서 그는 '유대인 볼셰비키'가 인간 종의 일부라는 것을 사실상 부정했다(Weiss 2010).

피셔는 '카이저 빌헬름 인류학, 인간유전학, 우생학 연구소Kaiser Wilhelm Institute for Anthropology, Human Heredity, and Eugenics'가 생긴 1927년 이래로 이곳의 소장을 맡았다. 이곳은 달렘연구소Dahlem Institute, 또는 KWIA라고도 불린다. 피셔는 정치적 카멜레온이었다. 반유대주의적이고 극단적인 보수주의적 우생학자였지만, 중도적인 사회민주당이 정권을 잡았던 시절에 정부에서 일하면서는 자신의 성향을 숨겼다(그래서 처음에는 나치가 그에 대해 긴가민가했고 피셔는 연구소에서 자신의 입지를 유지하고 나치에게 좋은 인상을 확고히 각인시키기 위해 매우 열심히 일해야 했다). 하지만 히틀러가 권력을 잡고 나자 새로운 정권에 스스로를 전적으로 합치시켰고 자신의 연구소를 "나치당 국가에 '팔다시피'" 했다. "독일에서 나치 정권의 인종 정책에 이렇게 많은 학문적 근거를 제공한 우생학, 인간유전학 기관은 카이저 빌헬름 인류학연구소 외에는 없었다."(Weiss 2010, 71) 사실 1932년에 강제 단종 수술 도입이 논의되었을 때 이 연구소의 우생학자들이 이를 밀어붙이는 가장 큰 이해관계 집단을 형성하고 있었다(Weindling 1989).

1933년에 히틀러는 피셔를 베를린 프레더릭빌헬름대학(현재의 훔볼트대학) 총장으로 임명했다. 취임 연설에서 피셔는 이렇게 선언했다. "문화에 대한 낡은 숭배는 … 과거의 것입니다. … 신체적 특질뿐 아니라 정신 능력의 유전 가능성도 마침내 확증되었습니다. 다윈이 하지 못했던 것을 유전학이 성취했고 이것은 인간이 평등하다는 이론을 논파했습니다."(Proctor 1988, 345 재인용) 1934년, 나치의 단종법이 도입되고 얼마 뒤에 피셔는 자신의 연구소가 이 법에 '과학적 토대'를 제공했다고 강조했다(Weiss 2010). 그리고 피셔는 단종 대상자를 판별할 인종 전문가들을 빠르게 훈련시키는 일을 맡았다. 그와 뤼딘, 그리고 생물학자 오트마르 폰 페르슈어는 스페인 종교재판소와 비슷한 유전 법정을 조직하는 데 주된 역할을 했다. 그들은 유전에 대한 인구 조사 및 설문 조사를 사용해 환자와 이전 4대까지에 걸친 조상의 건강, 가족력 지표를 표준화했다. 설문 조사는 일찍이 뤼딘이 개발한 범죄 생물학 조사를 모델로 했으며, IBM의 장비를 사용해 가족, 인종, 종교, 유전, 문화적 정체성 등의 데이터를 분류했다. 이 데이터는 나중에 절멸 정책을 가능하게 하는 토대가 된다 (Weindling 1989). 1935년에 피셔는 뉘른베르크법으로 우생학자들에게 기회를 주고 우생학 연구가 대중을 위해 유용하게 쓰일 수 있게 해준 데 대해 공개적으로 히틀러에게 감사를 표했고(Spiro 2009, 366), 1937년에는 명망 있는 '프러시아 왕립과학아카데미Prussian Academy of Sciences' 회원이 되었다.

1938년 무렵이면 피셔가 나치를 위해 일할 때 친위대 장교들이 종종 그를 밀착 수행했다. 그해에 전국적인 반유대인 폭동이 일어나 100곳이 넘는 시나고그가 불탔고 수천 명의 유대인이 집단 수용소로 보내졌다. 이제 친위대와 게슈타포가 카이저 빌헬름 연구소, 인종위생학회, 그리고 더 포괄적으로 독일 의학계 전체를 장악하고 있었다. 피셔는 한 강연에서 "하나의 민족이 … 자신의 본성이 보존되기를 원한다면 외래의 인종적 요소들을 배제해야 한다"며 "그러한 요소들을 억압하고 제거해야 한다"고 주장했다. 이어서 그는 "유대인이 바로 그러한 외래의 요소"라며 "내가 할 수 있는 모든 힘을 다해 나의 민족에 부여된 유전적 특질을 보존하기 위해 아무런 주저함 없이 유대인의 요소를 배제할 것"이라고 말했다(Black 2003, 316-317 재인용). 1941년 무렵이면 피셔는 "유대인 문제에 대한 최종 해법"의 핵심 지지자가 되어 있었고(Black 2003, 347), 볼셰비키와 유대인이 특히나 퇴락적인 종이라고 선포했다(Weindling 1989). 그는 1941년 3월에 이와 관련한 컨퍼런스에 명예 인사로 초빙되었다. 이곳에 모인 나치 과학자들은 유대인을 대대적으로 제거할 아이디어를 논의했다. 1941년에 피셔는 발달유전학Phänogenetik 연구를 시작했는데, 이 연구를 하려면 (적어도 카이저 빌헬름 인류학연구소의 이상에 따르면) '인간 물질'에 대한 '바이오 뱅크' 설립이 필요했다. 앞으로 보겠지만, 곧 이곳에서 잔혹한 생체 실험이 이뤄진다. 또 1943년에 피셔는 원시적이고 반사회적이라는 이유를 들어 집시들에게 대대적인 단종 수술을 시행해야 한다고 촉구했다(Weindling 1989). 피셔의 지휘하에 이 연구소와 나치 정권 사이에 상호 이득을 얻는 공생 관계가 형성되었다. 1944년, 70번째 생일에 피셔는 그의 연구소가 '오이겐 피셔연구소Eugen Fischer Institut'로 다시 명명되는 영예를 얻었다. 경력의 말년 무렵이면 피셔는 "나치 인종 과학의 부인할 수 없는 학문적 대변인"이 되어 있었다(Weiss 2010, 111).

미국 우생학과 독일 우생학의 연결

이 시기 내내 미국의 우생학 저널들은 피셔의 연구를 면밀히 따라오고 있었다. 대븐포트는 1908년에 피셔와 처음 연락했고, 1914년에 『유전학 저널』은 인종 간 혼혈을 다룬 피셔의 저서(Fischer 1914)에 대해 상세한 서평을 게재했다. 1927년에 베를린에서 열린 제5차 국제유전학회의에서는 피셔의 카이저 빌헬름 인류학연구소 개소식이 함께 열렸다. 대븐포트가 이 프로그램의 의장이었고 제5차 국제유전학회의의 명예 의장이기도 했다. 대븐포트는 축하 연사 중한 명으로 나서서 자랑스러워하며 연설을 했고 나중에 이 연구소 운영진에게 미국 우생학의 간략한 역사를 강의하기도 했다. 같은 해에 대븐포트는 혼혈 인구를 판별하기 위한 운동을 시작했고 피셔에게 "이 문제는 국제적인 속성을 갖는다"며 IFEO 산하에 꾸려진 인종혼혈위원회에 합류를 권했다(Müller-Hill 1998; Black 2003, 280, 291). 대븐포트는 피셔에게 보낸 서신에서 "당신처럼 이 분야에 경험이 많은 사람은 없습니다"라고 말했다. 또 1929년에 대븐포트는 피셔에게 인종혼혈위원회 회장을 맡아달라고 했고, 그들은 혼혈인뿐 아니라 모든 '유색인종'을 판별할 수 있는 질문지를 전 세계에 배포했다. 피셔는 이 질문지를 수정해 독일에서 전국적으로 진행된 '인류학적 조사'에 사용했고, 이것은 제3제국에서 (소위 병리적인 유전적 혈통에 기초해) '바람직하지 않은' 인구를 알아내는 데 그가 사용하는 도구가 되었다(Black 2003). 1930년에 록펠러 재단은 이 조사에 5년간의 연구 자금을 지원했다(Weindling 1989).

1934년에 『형태학 및 인류학 저널』의 피셔 기념 특별 호 서문에서, 피셔의 제자 아이헬과 폰 페르슈어는 이렇게 언급했다. "세계 역사상 처음으로 아돌프 히틀러 총통은 인간 집단 발달의 생물학적 토대에 대한 통찰, 즉 인종·유전·선택에 대한 통찰을 실행에 옮겼다. ... 독일의 과학은 정치를 위한 도구를 제공하고 있다."(Aichel and von Verschuer 1934, vi) 미국 우생학자인 레이먼드 펄과 찰스 대븐포트도 이 특별 호에 기고했다. 이 둘은 훗날 미국체질인류학회회장이 된다. 1935년에 피셔는 베를린에서 열린 국제인구과학회의International Congress for Population Science 의장을 맡았다. 로플린, 펄, 클래런스 캠벨이 부의장을 맡았는데, 이들은 모두 미국 골턴학회 회원이었다. 이 회의에서 피셔는 독일에 히틀러를 내려주신 신의 섭리에 감사를 표했다(Spiro 2009, 371). 또한 1936년에 유대인을 하이델베르크대학 교수진에서 쫓아낸 1934년의 조치를 기념해 열린 행사에서 로플린은 "인종 청소에 대한 과학"에 기여한 공로로 명예박사 학위를 받았고 수여식에 초청되었다. 그는 수여식에 참석하지는 못했지만자신이 받은 영예가 "독일과 미국의 과학자들이 우생학의 본질에 대해 공통된 이해를 가지고 있음을 상징한다"고 언급했다(Lombardo 2008, 211). 1937년에 매디슨 그랜트는 피셔에게 자신의 책『대륙의 정복』독일어판에 서문을 써달라고 부탁했다. 피셔는 기쁘게 수락하면서,『위대한 인종의 소멸』을 아는 독일독자들에게 그랜트가 익숙한 저자이며 "인종주의 사상이 국가사회주의당 정부의 인구 정책에 주요 토대가 되고 있는 독일보다 더 그랜트의 연구에 관심을 기울여야 하는 나라는 없을 것"이라고 말했다(Fischer 1937; Spiro 2009, 359).

피셔는 1942년에 은퇴하고 프라이부르크대학의 명예교수가 되었다. 그리고 1943년에 그는 나치가 실행한 우생학 정책에 대해 이렇게 견해를 밝혔다.

> 이것은 당대의 지배적인 이데올로기가 그것을 환영할 때, 그리고 그것이 발견한 바
> 가 즉각적으로 국가 정책에 활용될 때, 이론 과학이 융성할 수 있음을 보여주는 특
> 히나 훌륭하고 드문 행운의 사례다(Müller-Hill 1998, 200 재인용).

1945년에 그는 나치와 관련성이 없다고 판단되어 전범 재판을 받지는 않았다. 자주 그렇듯이, 끔찍한 정책에 정당화 논리와 이데올로기를 제공했던 인물들은 그들이 명령한 것이나 다름 없는 행동에 대해 처벌받지 않았다. 하지만 역사학자 실라 F. 바이스가 지적했듯이 "피셔와 그의 동료들이 저지른 도덕적 범죄의 심각성을 평가할 때, 우리는 애초에 그가 그러한 범죄를 가능하게 만든 연구 프로그램을 달렘연구소에서 기획했던 것이 주효한 역할을 했

음을 고려해야 한다."(Weiss 2010, 72) 피셔는 1952년에 신설된 독일인류학회의 명예 회장이 되었고 계속해서 저술 활동을 했으며 1959년에는 회고록(Fischer 1959)을 펴냈다. 하지만 나치와 관련되었던 일은 일절 언급하지 않았다(Müller-Hill 1998). 피셔는 1967년에 사망했다.

에르빈 바우어는 1921년에 피셔, 렌츠와 함께 히틀러가 우생학적 정책을 고안하는 데 영향을 미친 『인간유전학 교육과 인종위생학의 기초』라는 교과서를 공동 집필했다. 바우어는 유전학자이자 생물학자로, 주로 식물 유전학을 연구했다. 1911년에 그는 유전에 대한 고전적인 교과서를 집필했는데, 재발견된 멘델 유전 법칙을 인간의 유전에 연결시켰고 퇴락적 인구 집단을 솎아낼 수 있는 더 종합적인 수단이 필요하다고 언급했다. 그는 1928년에 '카이저 빌헬름 식물육종연구소Kaiser Wilhelm Institute for Plant Breeding Research'의 소장이 되었다. 이곳은 1938년에 '에르빈 바우어 연구소'가 된다. 바우어는 1927년 제5차 국제유전학회의가 열렸을 때 독일 우생학위원회 분과를 담당하기도 했다.

1차 세계대전 후에 바우어의 민족주의적이고 우생학적인 확신은 더욱 강화되었고, 콜드스프링하버에서 이뤄지고 있는 연구를 비롯해 인종위생학 분야에서 미국이 보이는 성취에 찬사를 보냈다(Weindling 1989). 『인간유전학 교육과 인종위생학의 기초』가 출간되기 1년 전인 1920년에 바우어는 대븐포트에게 자신이 새로운 프로이센 정부의 인종위생학 자문위원회에 검토서를 제출하려 하는데 여기에 도움을 얻을 수 있도록 미국의 우생학 관련 법제를 요약해 달라고 부탁했다. 『인간유전학 교육과 인종위생학의 기초』에 실린 우생학 내용의 상당 부분이 플뢰츠의 1895년 저서 『인종위생학 원론』과 대븐포트의 『우생학과의 관련에서 본 유전』에서 영향을 받았다(Black 2003; Weiss 2010). 1923년에 대븐포트는 바우어에게 국제우생학위원회 합류를 권했다(Kühl 1994). 1924년에는 『미국의학회지』가 베를린 우생학회에서 열린 바우어의 강연 내용을 기사로 게재했다. 이 기사는 바우어가 한 말이 마치 과학적으로 입증된 의학 지식인 것처럼 전하면서, "미국에서 니그로에게 백인과 동등한 교육을 받게 하는 방식을 통해 니그로를 향상시키려 했던 시도는 불가피하게 실패했다"는 그의 견해를 강조했다. 또 "인종적 자살이 그리스와 로마의 몰락을 가져온 요인이었고, 독일도 동일한 위험에 직면해 있다"는 바우어의 언급도 소개했다(Baur 1924; Black 2003, 281-282 재인용).『인간유전학 교육과 인종위생학의 기초』1931년 판본에는 미국의 군 지능 검사와 이 검사가 가정하고 있는 인종 간 차이에 대한 내용이 담겼다(Paul 1995).

1933년에 바우어는 이렇게 언급했다. "새 단종법을 나보다 더 지지하는 사람은 없을 것이다. 하지만 나는 이것이 시작일 뿐이라는 사실 또한 계속해서 알려야 한다."(Spiro 2009, 365 재인용). 하인리히 힘러의 친위대 철학은 바우어 우생학이 정치적으로 급진화된 버전이라고 말할 수 있다(Weindling 1989). 바우어는 1933년에 사망하는데, 그로부터 2년 뒤에 뉘른베르크법이 통과되며 1939년에는 안락사 정책이 추진된다. 원래는 부적합자가 '후손'을 갖지 못하게 하는 단종 정책을 실시하다가, 1939년에 '안락사' 프로젝트를 통해 그들을 직접 제거하는 쪽으로 정책이 전환되었다(Weiss 2010).

『인간유전학 교육과 인종위생학의 기초』공저자 중 한 명인 프리츠 렌츠는 의사이자 유전학자이자 인종위생학자였고, 알프레트 플뢰츠와 아우구스트 바이스만의 제자였다(Spiro 2009). 오이겐 피셔 밑에서 공부하기도 했다(Engs 2005). 그는 1차 세계대전을 계기로 인종적인 우생학이 필요하다는 생각에 한층 확신을 얻었고, 우생학이 성공하려면 그것이 인종적 종교가 되어야 한다고 믿게 되었다. 고비노의 주장을 이어받아서 그는 독일이 우월한 노르딕 인종의 가치를 보유한 마지막 국가라고 생각했고, 지금이 더 높은 수준으로 올라가느냐 소멸되느냐의 기로라고 보았다. 소멸의 길로 가지 않을 수 있는 해법이 바로 인종위생학이었다(Weindling 1989). 그는 1913년부터 1933년까지『인종 및 사회 생물학 아카이브』의 편집을 맡았고 1923년에는 뮌헨대학에서 첫 우생학 과장이 되었다. 당시에 렌츠는 미국에 비해 독일에서 단종법의 추진이 뒤처져 있다고 지적했다(Lifton 1986). 그는 무솔리니를 매우 존경했고(Weidnling 1989) 일찍부터 히틀러를 지지했다. 이를테면, 1930년에 그는 히틀러가 "인종위생학을 국가 정책에 반영하는 것을 진지하게 고려하는, 진정으로 중요한 첫 정치인"이라고 칭송했다(Proctor 1988, 47 재인용). 대부분의 우생학자들이 그랬듯이 렌츠는 환경이 인간의 행동에 중대한 영향을 미친다는 개념을 거부했다. 1930년에 그는 스승 플뢰츠의 70번째 생일을 축하하면서 "플뢰츠는 환경 만능설이 … 불만족스럽다는 것을 인식하고 있었다"며 "모든 악이 환경 때문에 생기는 것은 아니며 대부분 악의 뿌리는 유전적인 결함에 있다는 인식이 그가 인종 위생학을 추구하는 데 결정적인 동기가 되었다"고 언급했다(Proctor 1988, 49 재인용).

1933년에 렌츠는 '카이저 빌헬름 인류학연구소' 산하에 우생학에 특화된 전문 부서를 처음 만들었고 나중에 피셔와 함께 인류학 부서 공동 디렉터를 맡았다. 1939년에 독일의 우생학 정책이 단종법에서 안락사로 이동했을 때, 렌츠는 "당사자가 인식하지 못하는 채로 의학적 조치를 통해" 목숨을 거두는 것이 가능할 경우 [의사들에게] 부적합자를 죽일 수 있도록 허용하는 가이드라인의 초안을 작성했다(Müller-Hill 1998, 15). 그는 요제프 멩겔레의 멘토 중 한 명이었다([Lifton 1986] 이 장의 뒷부분 참고). 하지만 렌츠가 특별히 반유대주의적이지는 않았던 것으로 보인다. 그는 유대 인종이라는 것은 존재하지 않으며 따라서 독일에서 말하는 반유대주의는 유사 과학이라고 생각했다(Weindling 1989, 553).

렌츠는 캘리포니아의 우생학자인 폴 포프노, 대븐포트, 로플린 등과 우생학의 미래에 대해 자주 서신을 주고 받았다(Kühl 1994; Black 2003). 그는 자신의 저널에 게재할 수 있도록 대븐포트에게 ERO의 출판물들을 보내달라고 부탁했다. 1923년 무렵이면 『인종 및 사회 생물학 아카이브』에 실린 논문들의 요약본도 『우생학 뉴스』에 자주 실렸다. 포프노가 렌츠를 위해 『우생학 뉴스』와 『유전학 저널』을 번역해 주었다.

전쟁이 끝나고 1946년부터 1957년 사이에 렌츠는 괴팅겐대학의 인간유전학연구소Institute of Human Genetics 소장으로 재직했다(Kühl 1994; Spiro 2009). 그는 독일의 옛 유전학자 중 전쟁 이후에 직을 얻은 최초의 인물이다(Weindling 1989). 1952년에 인종에 관한 유네스코의 성명서(서문과 7장 참고)가 나오자 렌츠는 모든 인간이 하나의 종이라는 개념을 반박하면서 그 성명서를 비판했다(Marks 2010b 참고). 그는 1970년대까지도 계속 논문을 출간했다. 1972년에 85번째 생일을 맞은 렌츠는 네오 나치 단체 '신인류학Neue Anthropologie'으로부터 독일 인종위생학의 할아버지로 추앙되었다. 그는 1976년에 사망할 때까지도 인종 간 차이에 대한 우생학 이론이 타당하며 그것이 과학적으로 입증되었다고 믿었다(Proctor 1988).

빌헬름 프리크는 1933년에 집권한 히틀러에 의해 제3제국 내무장관으로 임명되었으며, 히틀러의 최초 내각 3인 중 한 명이었다. 그는 독일제국의 첫 경찰 시스템을 만들었고 그 시스템을 이끌었다. 하인리히 힘러를 게슈타포 수장으로 지명한 사람도 프리크다(Wistrich [1982] 1984). 프리크는 집단 수용소의 최고 책임자였고 수용소들을 직접 다니면서 감독했다(Jewish Virtual Library 2013). 프리크는 그가 관장하는 의료국을 통해 단종 수술과 안락사를 실시하는 의료 기관들을 감독했다. 또한 뉘른베르크법도 포함해 나치의 다수의 인종 법안 입안에 참여했고 실행에 옮겼다. 유대인을 나타내는 노란 별 표식도 그가 도입한 것이다. 프리크는 복지 제도를 비판했고 유전적인 결함은 오직 육종을 통해서만 막을 수 있으며 인종 간 혼합은 중지되어야 한다고 주장했다(Weindling 1989). 프리크는 많게는 독일 인구의 20퍼센트까지도 "유전적 결함"을 가진 사람일 수 있고 따라서 "이들의 자손은 바람직하지 않다"며, "[이러한 재앙적인 통계를 볼 때 우생학은] 우리에게 유전적으로 결함 있는 종자의 번식을 막을 권리와 그래야 할 도덕적인 의무를 부여한다"고 주장했다. 그는 "과거 수세기의 도그마에서 나오는 자선에 대한 잘못된 해석과 종교적인 거리낌 등으로 그러한 과업이 방해를 받아서는 안 될 것"이라고 역설했다(Frick 1934; Spiro 2009, 362 재인용).

1933년에 프랑스 우생학자 조르주 바셰르 라푸주는 그랜트에게 서신을 보내 "프리크가 처음부터 우리와 같은 입장이었다"고 언급했다(Sprio 2009, 362 재인용). 같은 해에 프리크는 에른스트 뤼딘을 독일 인종위생학회 회장으로 임명했다(Kühl 1994). 1934년에 로플린은 그랜트에게 서신을 보내서 미국 언론이 독일 제3제국에 대해 부정적인 보도를 하기 시작한 것에 맞서기 위해 『우생학 뉴스』가 어떤 역할을 할 수 있을지 상의했다.

> 『우생학 뉴스』의 한 호 전체를 독일에 대한 내용에 할애하고 프리크의 논문을 그 호의 메인 논문으로 게재하는 것을 제안합니다. 프리크의 연설을 들어보면 전적으로 선량한 미국 우생학자가 하는 말과 다르지 않으며, 진정으로 '되어야만 하는 일'에 대해 이야기하고 있습니다. 차이가 있다면, 프리크는 단순히 과학자로서가 아니라 강력한 제3제국의 독재 정부에서 일하는 사람으로서 그 일을 추진하고 있다는

점입니다(Black 2003, 305 재인용).

『우생학 뉴스』의 다음 호(1934년 3-4월 호)에는 정확히 로플린이 제안한 대로 그랜트가 번역한 프리크의 강연 내용이 게재되었다(Kühl 1994). 이 특집 호에 실린 글들은 나치 정책에 열렬한 찬사를 보냈다. 그중 하나는 이렇게 언급했다. "먼저, 우리가 감사를 표해야 할 사람이 한 명 있다. 바로 아돌프 히틀러다. 우리는 그를 따라 생물학적인 인류 구원의 길을 가야 한다."(Black 2003, 305 재인용)

1935년에 ERA 회장이던 클래런스 캠벨은 베를린에서 열린 세계인구회의에 참가해 열정적으로 다음과 같이 선언했다.

독일 국가의 지도자인 아돌프 히틀러는 프리크의 훌륭한 도움을 받아서 독일의 인류학자, 우생학자, 사회 철학자 들의 지침에 따라 종합적인 인종 정책을 구성할 수 있었습니다. … 이는 인종의 역사에서 새 시대를 약속하고 있습니다. … 이것은 다른 나라들이 … 그들의 성취와 생존의 전망 면에서 … 반드시 따라야 할 … 모범입니다(Kühl 1994, 34 재인용).

1939년에 로플린은 의회에 증인으로 나선 자리에서 박해를 피해 미국에 이주하려는 독일 유대인의 입국을 허용하는 데 반대한다는 입장을 밝혔다. 그는 이 입장을 정당화하기 위해 카네기연구소의 지원으로 267쪽짜리 보고서를 작성했고, 이 보고서는 뉴욕주상공회의소에 의해 출간되었다. 이 보고서에서 캠벨은 유대인이 미국에 들어와 정착하고 자손을 낳도록 허용한다면 유럽의 집쥐가 미국으로 들어와 창궐한 것처럼 미국을 장악하게 되리라고 언급했다. 로플린과 ERO는 자랑스럽게 이 보고서의 사본을 프리크, 뤼딘, 플뢰츠, 렌츠, 폰 페르슈어 등 나치 지도자들에게 보냈다.

프리크는 반인륜범죄, 전쟁범죄, 침략범죄를 계획, 실행, 주도한 혐의로 뉘른베르크 전범 재판에 회부되었다. 또한 집단 수용소의 존재에 대해 책임이 있는 최고위 인물로도 기소되었다. 그는 사형 선고를 받았고 1946년에 처형되었다.

한스 프리드리히 칼 귄터는 예나대학, 베를린대학, 프라이부르크대학에서 인종 과학, 인간 생물학, 농촌 민속지학 등을 강의했다. 그는 국가사회주의당의 인종주의적 사고에 주요한 영향을 미친 사람으로 여겨졌고, '인종 귄터Rassegünther', '인종 교황Rassenpapst'이라는 별명도 있었다. 귄터는 오이겐 피셔의 제자였고 매디슨 그랜트의 신봉자이자 동료였지만, 그를 "영웅적이고 기사도적인 정신을 가진 민족주의자에서 생물학적 인종주의자로 변모시킨 사람은 [출판업자] 율리우스 레만"이었다. "레만은 귄터의 책을 계속해서 출간했는데, 이 책들은 고비노의 분류법을 따라 노르딕 인종의 우월성을 주장했고 유대 인종에 대한 고정관념을 확립했다. … 귄터와 레만은 인종위생학을 인종적 민족주의 및 반유대주의와 결합하는 데 크게 기여했다."(Weindling 1989, 312)

귄터는 노르만 인종주의를 설파하는 나치의 주요 선전가가 되었고 히틀러의 총애를 얻었다. 그의 초기 저술들은 고비노와 체임벌린의 인종 이론을 반복하고 있었다(Wistrich [1982] 1984). 처음에는 귄터에 대한 학계의 평판이 회의적이었지만 출판업자 레만의 도움에 힘입어 렌츠, 플뢰츠, 피셔가 그를 지지하게 되었다(Weindling 1989). 그는 인종 과학에 대해 17권의 책을 냈고 인류학자 중 당대에 가장 널리 읽힌 저자였다(1945년경까지 그의 저술은 50만 부나 팔린 것으로 추산된다. [Weindling 1989]). 1931년에 빌헬름 프리크가 나치 행정가로서 처음 한 일 중 하나가 (플뢰츠와 레만의 지지와 함께) 많은 교수들의 거센 반대를 뚫고 귄터를 예나대학 인종이론학과 학장으로 임명한 것이었다(Müller-Hill 1998; Cornwell 2003). 귄터의 취임 강연식에 히틀러가 참석했다. 귄터는 1940년에서 1945년까지 프라이부르크대학에서도 '인종 과학' 교수를 지냈다(Wistrich [1982]1984; Engs 2005).

귄터는 수상도 여러 번 했다. 1935년에는 '국가사회주의당의 자부심'으로 선정되었고 같은 해에 '루돌프 피르호 훈장'을 받았다. 1940년에는 히틀러에게 '괴테 예술과학훈장'을 받았다. 또한 유대인 절멸 정책이 논의되었던 컨퍼런스에 피셔와 함께 명예 게스트로 초빙되기도 했다. 귄터는 자세만 봐도 유대인을 감별해 낼 수 있다고 주장했다. 그의 가장 유명한 저서 『독일인의 인종과학』은 1922년에 출간되자마자 베스트셀러가 되었고 여러 판이 인쇄되었다. 이 책은 나치 독일에서 반드시 읽어야 하는 책으로 여겨졌고 심지어 드레스덴

무용학교에서도 학위를 받으려면 이 책을 읽고 숙지해야 했다(Spiro 2009).

권터는 형식과 내용 모두에서 그랜트가 쓴 저술의 영향을 크게 받았다. 어떤 학자는 인종에 대한 권터의 이론 자체가 그랜트의 개념에 토대를 두고 있다고 본다(Kühl 1994). 권터의 저술은 기본적으로 『위대한 인종의 소멸』(1925년에 독일어로 번역되었다)과 고비노, 체임벌린, 라푸주 등 으레 떠오르는 인물의 재탕이었다. 이들과 마찬가지로 권터도 인종 간 혼합(그의 경우에는 특히 유대인과의 혼합)이 지배 인종의 몰락을 야기할 수 있다고 경고하면서 제거형 우생학 조치가 필요하다고 주장했다. 권터는 이 책과 1927년 작 『유럽사의 인종적 요소』(이 책도 『위대한 인종의 소멸』의 재탕이다. 영어로도 번역되었다)에 그랜트의 사진을 실었고, 그랜트의 『위대한 인종의 소멸』이 계몽된 국가들에서 "인종 이론과 우생학 이론이 받아들여질 수 있는 토대를 닦는 데 놀라운 성공을 거둔 책"이었다고 칭송했다(Spiro 2009, 361). 그랜트는 권터의 책에 대한 서평을 『우생학 뉴스』에 실어서 이에 화답했다. 그랜트는 권터의 저술이 "미국의 후생에 진심으로 관심을 가지고 있는 모든 미국인이 읽을 가치가 있는 책"이라고 언급했다(Grant 1928, 120).

그랜트와 권터는 서로를 굉장히 존경했다. 1930년에 어니스트 서비어 콕스에게 보낸 서신에서 그랜트는 권터가 "독일에서 가장 뛰어난 인류학자 중 한 명"이라고 언급하면서 그가 "우리의 견해 모두에 대해 완전히 동의하고 있다"고 말했다(Spiro 2009, 361 재인용). 권터는 예나대학 교수가 되었을 때 미국에서 1924년 이민 제한법 통과에 그랜트가 기여한 바에 대해 찬사를 보냈다. 얼마 후에 그랜트는 대븐포트에게 권터가 막강한 지위에 올라서 기쁘다고 말했다. 그리고 권터에게 자신의 신봉자들이 쓴 책을 잔뜩 보냈다. 이에 대한 화답으로 권터는 스토더드의 우생학 저서 『문명에 대한 반란』의 독일어판 출간을 준비했다. 나중에 권터는 그랜트와 스토더드를 이민 제한 조치의 "정신적 아버지"라고 칭하면서 그들의 저술이 나치 인구 정책의 모델이 되어야 한다고 주장했다(Kühl 1994).

전쟁이 끝나고 나서 권터는 3년간 수용소에 억류되었다가 나치 정권의 일부이긴 했지만 범죄 행동에 직접 가담하지는 않았다고 판단되어 풀려났다. 프라이부르크대학이 전후에 열린 재판에서 그를 변호했다. 풀려난 권터는 프라이부르크대학의 민속지학 교수직을 회복했다. 하지만 하인리히 아커만과 루트비히 빈터라는 필명을 사용했다(Billig 1979). 그는 인종주의적 견해를 수정하지 않았고 홀로코스트가 있었다는 사실을 평생 부인했다(Wistrich [1982]1984; Spiro 2009). 1951년에 그는 『남편의 선택』에서 좋은 배우자의 생물학적 특질을 열거했고, 1959년에는 또 다른 우생학 책에서 지능이 떨어지는 사람이 너무 자주 자손을 낳기 때문에 국가가 가족 계획 정책을 시행해야 한다고 주장했다. 귄터는 "문명이 몰락할 위험에 임박해 있다"고 계속해서 주장하면서 "다만 이제는 퇴락한 유대인에 의해서가 아니라 신을 믿지 않는 공산주의자들에 의해 그러한 위협이 나타나고 있다"고 말했다(Spiro 2009, 380).

1958년에 귄터는 로저 피어슨과 함께 네오 나치 단체인 북부연맹Northern League을 설립했다. 로저 피어슨은 애초부터 귄터의 영향을 크게 받은 나치 지지자, 백인 우월주의자, 반유대주의자, 네오 나치이며, 지금도 '파이오니어 재단Pioneer Fund' 같은 단체나 『계간 인류』(8장 참고) 같은 저널을 통해 현대판 우생학 운동을 왕성하게 펼치고 있다. 귄터는 1968년에 사망했다.

오트마르 프라이허 폰 페르슈어는 의사이자 유전학 박사로, 쌍둥이를 전문적으로 연구했다. 그는 히틀러가 권력을 잡기 전부터도 열렬한 인종주의자에 반유대주의자, 우생학자였다. 초창기부터 단종법을 매우 강력하게 지지하기도 했다(Weiss 2010). 1차 세계대전 직후에는 몇몇 정치적 암살 사건에 연루된 급진 보수 준군사조직 자유군단Freikorps에 속해 있었고, 1920년 3월 극우보수주의자와 반동주의자 들이 바이마르공화국 전복을 시도한 카프 반란Kapp Putsch에도 적극적으로 가담했다(Weindling 1989). 1922년에 폰 페르슈어는 이렇게 기록했다. "우리의 국내 정치에서 최우선으로 중요한 임무는 인구 문제를 해결하는 것이다. … 이 문제는 생물학적-정치적 조치를 통해서만 해결될 수 있다."(Müller-Hill 1998, 504 재인용) 4년 뒤에 그는 이 문제의 핵심(이라고 그가 생각한 것)을 이렇게 정식화했다. "독일 민족의 투쟁은 주로 유대인에 맞서는 것이다. 유대인이 침입해 들어온 것이 독일 인종에게 특별한 위협이 되고 있기 때문이다."(Black 2003, 338-339 재인용) 1925년에 그는 플뢰츠가 세운 독일 인종위생학회 튀빙겐 사무소의 총무가 되었다. 또한 친한 지인인 프리츠 렌츠의 도움을 받아 튀빙겐병원의 의사 자리를 얻었다(Ehrenreich 2007; Weiss 2010). 1927년에는 카이저 빌헬름 인류학연구소에서 멘토인 오이겐 피셔의 지휘하에 인간유전학 부서를 이끌었다. 1년 뒤에는 전형적인 보수주의적 주장을 사용해서 복지국가를 공격했다. 사회적 보험이 경제에 부담을 주고 사람들이 일할 수 있는 역량을 줄인다는 것이었다(Weindling 1989). 또한 그는 카이저 빌헬름 인류학연구소에서의 직위를 이용해 쌍둥이 연구에 특화된 세계적인 기관을 세웠다(Weiss 2010). 피셔에게 헌정된 기념 논문집에서 아이헬과 폰 페르슈어(1934, vi)는 이렇게 언급했다. "우리는 새로운 시대의 문턱에 서 있다. 세계 역사상 처음으로 아돌프 히틀러 총통은 인간 집단 발달의 생물학적 토대에 대한 통찰, 즉 인종, 유전, 선택에 대한 통찰을 실행에 옮겼다." 폰 페르슈어는 피셔가 달렘연구소 소장으로서 담당하고 있던 주된 역할, 즉 우생학을 정당화하고 우생학에 대한 정보를 널리 전파하는 역할을 위해 피셔와 긴밀하게 협력했다. 폰 페르슈어와 피셔는 단종법 관련 사건들을 담당하기 위해 설립된 '유전 건강 법정Hereditary Health Courts'에서도 함께 일했다(Weiss 2010).

1935년에 폰 페르슈어는 카이저 빌헬름 인류학연구소를 떠나 프랑크푸르트대학의 '유전생물학 및 인종위생학 연구소Institute for Hereditary Biology and Racial Hygiene'를 열었다. 이 연구소는 독일에서 이러한 종류로는 가장 큰 연구소이자 친위대 활동의 중심지였다(Weiss 2010). 1920년대에는 독일에서 과학 연구에 대한 자금이 동료 평가에 기초해 지원되었다. 하지만 1930년대 중반이 되면 연구 자금 분배를 친위대가 좌우했고 폰 페르슈어, 피셔, 뤼딘과 이들이 운영하던 연구소들이 지원을 받았다(Weindling 1989). '유전생물학 및 인종위생학 연구소'는 인종 생물학, 인종 정치학에 대한 연구를 수행하는 것외에 "친위대, 나치 당원, 공중보건 및 복지 당국자, 의학 교육자와 의사 등에게 과학적 반유대주의와 우생학 이론을 주입하기 위한 교육 프로그램과 강의도 담당했다."(Black 2003, 140) 폰 페르슈어의 연구소는 히틀러의 인종 기반 의료 프로그램의 중심지나 다름없었다. 폰 페르슈어는 저술을 통해서만 국가사회주의당의 인종 정책을 정당화한 것이 아니었다. 1937년에 그는 "유대인 문제"에 대한 "인종 전문가"라는 직함의 자리를 수락했다(Ehrenreich 2007). 1941년에 폰 페르슈어는 이렇게 적었다. "오늘날 독일에서는 모두가 자신의 혈통을 객관적으로 확인하는 데 큰 관심을 가지고 있다."(Weiss 2010, 102 재인용) 물론 이 말은 명백한 과장이었다. 그 무렵에 유대인 혈통이 확인된다는 것은 나치 과학에 의해 '인종적 외래인'이라고 간주되어 사형 선고에 진배없는 결과를 초래할 수 있었기 때문이다. 1941년에 『인종위생학 교본』에서 그는 "유대인 문제에 대한 최종 해법"이 반드시 필요하다며 이 문제의 해결을 위해 "국가사회주의당 정부가 새로운 토대에 문을 열었다"고 뿌듯해했다. 그는 히틀러를 노르딕 인종의 구세주라고 부르면서 유전학을 반유대주의 및 유전적 질환의 제거와 연결시켰다(Weindling 1989). 『인종위생학 교본』 1945년판에서 폰 페르슈어는 이렇게 적었다. "우리 '폴크'의 미래를 위한 결정적인 임무는 유전 물질을 보전하는 것이다. 이것은 독일 문화를 유지하기 위한 생물학적인 전제 조건이다. 그렇게 할 수 있어야만 우리 인종의 퇴락과 타 인종과의 혼합을 막을 수 있다."(Ehrenreich 2007, 62 재인용)

1937년, 곧 제3제국에서 가장 악명 높은 '의료 백정' 요제프 멩겔레('죽음의 천사'라고도 불린다)가 폰 페르슈어의 연구소 조교가 되었다. 두 사람은 금세 가까워졌고 경력 내내 뗄 수 없는 팀이 되었다. 멩겔레는 2차 세계대전이 시작되기 1년 전인 1938년에 친위대에 들어갔지만 프랑크푸르트대학 연구소 의사로서의 끈도 계속 유지하고 있었다(Müller-Hill 1998). 그보다 앞서 그는 뉘른베르크법에 의거해 진행된 사건들에서 참고인을 맡기도 했다(Weindling 1989). 1942년에 철십자훈장을 두 개 받고 친위대 의무병으로서 전투에서 세운 공로를 인정받아 (폰 페르슈어의 추천으로) 두 개의 의무병 훈장도 받은 뒤, 멩겔레는 베를린에 있는 친위대의 '인종 및 정착 사무국SS Race and Settlement Office'에 배치되었다.

1942년에 피셔는 자신의 뒤를 이어 카이저 빌헬름 인류학연구소 소장을 맡을 사람으로 폰 페르슈어를 지목했다. 피셔와 폰 페르슈어는 매우 가까운 사이였고, 피셔는 이 자리를 물려주려고 제자인 폰 페르슈어를 오랫동안 키워온 터였다(Weindling 1989; Müller-Hill 1998; Weiss 2010). 이 무렵이면 피셔는 유대인 문제에 대한 최종 해법을 촉구하고 있었고, 유대인이 위험하고 열등한 아종이라고 믿었다. 폰 페르슈어는 1941년에 이 전쟁이 '유대인 문제에 대한 최종 해법'을 가능케 할 것이라고 주장했다. 그는 "[피셔의 뒤를 이어 연구소장으로 초빙되면서] 이 기관의 중요성 및 권위와 관련해 내가 요청한 모든 요구가 수

락되었다"고 언급했다(Proctor 1988, 211 재인용). 멩겔레는 폰 페르슈어의 조교 지위를 계속 유지하면서 1943년에 아우슈비츠 강제수용소에 도착했다. 폰 페르슈어는 독일연구학회German Research Society에 이렇게 서신을 보냈다. "나의 조교인 멩겔레 박사가 이 연구에 합류했습니다. ... 그는 친위대 장교이며 아우슈비츠 수용소의 의사입니다. 친위대의 승인을 받아 수용소의 매우 다양한 인종 집단에 대한 인류학 연구가 실시되고 있습니다."(Müller-Hill 1998, 20 재인용) 이제 친위대 의사와 개인적으로도 직업적으로도 긴밀한 관련을 갖게 된 폰 페르슈어의 지휘하에, 그리고 피셔를 포함해 수많은 우생학자들도 알고 있는 상태에서, 잔인하고 비인간적인 우생학 실험이 정점에 오르게 되었다. 멩겔레는 수용소 내의 모든 연령대 사람들(실험 대상 중에는 쌍둥이 어린이들도 있었다)과 "인종적으로 다양한" 인구에게 끔찍한 실험을 수없이 자행했다(Weiss 2010). 멩겔레의 방법론은 유전적 질병에 대한 연구의 기초로서 폰 페르슈어의 쌍둥이 연구를 토대로 하고 있었다(Weindling 1989). 다양한 종류의 연구가 시행되었고 그중에는 지극히 끔찍한 것들도 있었다. 예를 들어, 쌍둥이의 눈에 색소 주입, 사람의 신체에 뼈·근육·신경 삽입, 머리에 충격을 가하거나 동결하는 실험, 말라리아균 같은 병균이나 독성화학 물질 실험, 단종법 관련 실험 등이 행해졌다(Lifton 1986; Lagnado and Dekel 1991). 그러고 나면 실험 대상자를 죽이고 수거된 조직 샘플(눈, 내장 기관, 골격, 티푸스 감염자의 혈액 샘플 등)을 카이저 빌헬름 인류학연구소가 추가적인 연구를 진행할 수 있도록 우편으로 상사인 폰 페르슈어에게 보냈다. 우편 소인은 '전쟁 물자: 긴급'이라고 찍혔다(Lifton 1986; Spiro 2009; Weiss 2010). 1944년에 폰 페르슈어는 유대인과 집시가 독일인에게 야기하는 유전적 위험이 "최근의 인종적-정치적 조치에 의해" 만족스럽게 "제거되었다"고 언급했다(Proctor 1988, 211 재인용). 집시와 유대인은 특히나 퇴락한 종으로 여겨졌기 때문에 나치의 실험에서 동물이나 다름없이 활용될 수 있었다(Weindling 1989). 역사학자 실라 바이스는 이렇게 설명했다. "피셔가 소장을 맡고 있었을 때도 분명히 도덕적으로 문제 있는 연구가 많았고 '국가를 위한 봉사'가 수행되었지만, 그리고 만약 1942년에 문을 달았다 하더라도 그때까지 저지른 일만으로도 비난을 받고도 남을 만하지만, 폰 페르슈어가 소장을 맡았던 시기의 비윤리적인 연구와 끔찍한 의료적 범죄가 이를 훨씬 능가했기 때문에, 자연스

럽게 후세 학자들은 여기에 더 초점을 맞췄다."(Weiss 2010, 112)

1920년대 중반에도 폰 페르슈어는 미국 우생학자들 사이에서 이미 유명 인사였다. 그가 쓴 논문과 기사, 또 그에 대한 기사와 논문이 『우생학 뉴스』, 『미국의학회지』, 『유전학 저널』, 『미국 산부인과학 저널』 등에 자주 실렸다. 나치가 정권을 잡은 1933년 이후에도 계속해서 그랬다. 1934년에 『우생학 뉴스』는 폰 페르슈어를 독일의 저명한 우생학자 중 한 명이라고 칭했고, 이듬해에는 '폰 페르슈어 연구소' 개설 소식을 알리는 기사를 게재하면서 새 연구소가 '인류'를 더 낫게 만드는 것을 임무로 하고 있으며 "멘델, 고비노, 플뢰츠, 심지어는 골턴 본인에 의해 이루어진 수십 년간의 연구의 정점"이 될 것이라고 강조했다(Black 2003, 341). 『우생학 뉴스』에 실린 기사는 폰 페르슈어가 호의적인 새로운 환경에서 성공하기를 기원한다고 언급했다. 『우생학 뉴스』와 『미국의학회지』의 기사들은 유대인과 기타 수많은 유럽 난민이 겪는 고통이 세계적인 위기로 널리 인식된 다음에도 계속해서 이러한 내용을 게재했다. 1936년에 『우생학 뉴스』는 폰 페르슈어가 쓴 유전병리학에 대한 책에 찬사를 보내는 서평을 게재했다(로플린이 쓴 것이 거의 분명해 보인다). 그런데 이 책은 독일에서 유대인의 시민권을 박탈한 나치 정책의 명백한 전조가 된 책이었다(Weiss 2010). 1937년에 대븐포트는 폰 페르슈어에게 『우생학 뉴스』에 게재해서 [미국] 독자들에게 상황을 계속해서 알릴 수 있도록 폰 페르슈어의 연구소에서 수행되는 연구 내용을 요약해 달라고 부탁하기도 했다.

미국 우생학자들은 폰 페르슈어와 정기적으로 교신했고, 그의 연구소가 문을 연 다음에는 더욱 그랬다. 예를 들어, 1936년에 스탠퍼드대학 해부학자 C. H. 댄포스는 폰 페르슈어를 위해 논문들을 번역하겠다고 제안했고, 고더드는 몇몇 출판물을 그에게 보냈다. 또 포프노와 인간향상재단Human Betterment Foundation 동료들은 나치의 정책에 대한 미국의 부정적인 기사들을 반박하고자 하니 정보를 달라고 폰 페르슈어에게 청했고, 캘리포니아의 단종법에 대한 최근 정보를 그에게 보내주었다.

로플린은 폰 페르슈어에게 연구소 개소를 축하하는 서신을 보냈고, 미국의 우생학 발전 상황에 대해 계속 연락하겠다며 자신의 논문을 보내주겠다고 자청했다. 폰 페르슈어는 감사의 답신을 보내면서 로플린이 최근 하이델베르크대학에서 명예 학위를 받은 것을 다음과 같이 축하했다.

> 이제까지 당신은 저에게 기쁨만 준 것이 아니라 이곳에서 제가 하는 일에 귀중한
> 지원과 자극도 제공해주었습니다. … [이번 명예 학위 수여를 통해] 독일의 유전학자
> 와 인종위생학자들이 미국의 동료들이 수행해 온 개척적인 연구의 가치를 얼마나
> 높이 사고 있는지, 그리고 우호적인 협력 관계가 지속되어 우리의 공동 프로젝트가
> 앞으로도 계속되기를 얼마나 바라고 있는지 알 수 있으셨을 것입니다(Black 2003,
> 342 재인용).

　1937년에 미국 우생학자들 사이에서 폰 페르슈어의 인기는 정점에 올랐
다. ERA 회장이던 찰스 M. 괴테는 폰 페르슈어에게 그의 연구소를 방문해도
되는지 묻는 서신을 보내면서, 미국에서 반독일 프로파간다가 퍼지는 것을
자신이 막고 싶다고 했다. 괴테는 매디슨 그랜트와 친한 지인으로, 보수주의
적인 기업인이었고 '북부 캘리포니아 우생학회Eugenics Society of Northern California'를
설립하기도 했다. 몇 년 전에 독일을 방문한 적이 있었지만(이 장의 뒷부분 참
고) 1937년에는 결국 독일에 갈 수 없어서 폰 페르슈어에게 사과 서신을 보내
이렇게 알렸다. "대븐포트 박사와 로플린 박사가 … 늘 당신의 놀라운 연구에
대해 이야기했습니다. … 저는 정말로 당신이 이 일에서 모든 인류를 이끌고
있다고 생각합니다. … 미국에는 반독일 프로파간다가 넘치고 있습니다. 그러
한 프로파간다에는 막대한 자금이 지원되고 있고 당신도 잘 아실 사람들[유대
인]의 단체가 지원하고 있습니다. … 하지만 이러한 프로파간다가 생물학의 정
수[유전학]에서 독일이 나머지 모든 인류보다 빠르게 진전하고 있다는 사실로
부터 우리의 눈을 가려서는 안 될 것입니다."(Black 2003, 343 재인용) 괴테는 전쟁
내내 폰 페르슈어와 교신하면서 그와 나치의 아젠다를 칭송했다.
　1938년에 하버드의대 연구자인 클라이드 킬러가 폰 페르슈어의 연구소
를 방문했다. 당시에 그 연구소에는 스와스티카[만자 무늬, 卐]가 내걸려 있었
고 그곳은 반유대주의와 아리아 인종 순수성을 위한 프로그램에 헌신하고 있
었다. 킬러는 미국으로 돌아와서 동료 우생학자들에게 찬란한 방문기를 전해
주었다. 이를 듣고 1939년에 댄포스는 폰 페르슈어에게 서신을 보내서, 킬러

가 전하길 "당신이 어느 면으로나 가장 좋은 장비를 가지고 있고 가장 효과적인 연구소를 운영한다고 했다"며 "나의 축하를 보내며 당신의 팀이 이미 두드러진 족적을 남기고 있는 훌륭한 연구를 앞으로도 오래 계속할 수 있기를 바란다"고 전했다(Black 2003, 344 재인용). 이것은 나치의 집단 수용소와 그곳에서 행해진 잔혹함이 세계에 알려진 뒤에 쓰인 서신이다. 1938년에 폰 페르슈어는 대븐포트의 초빙으로 『우생학 뉴스』 자문 위원회에 합류했고, 미국의 우생학과 나치의 정책을 연결하는 다리가 되었다. 또한 1940년에는 AES의 외국인 회원이 되었다(Weiss 2010). 폰 페르슈어는 유전자를 전체론적인 맥락에서 국가 공동체('폴크')를 위한 통합, 질서, 고차원적 이상을 위해 분투하는 단위로 보았다(Weindling 1989). 흥미롭게도, 그의 이론은 현대의 '이기적 유전자'론과 비슷한 면이 있다(Weiss 2010).

1945년 1월에 아우슈비츠가 해방되고 멩겔레는 전범 리스트에 올랐다. 그러나 그는 연합군의 추적을 피해 남아메리카로 몸을 피했고 1979년에 사망할 때까지 그곳에 숨어 살았다. 그가 정의의 심판을 받지 못한 것은 비극이다. 1945년 2월에 폰 페르슈어는 장비, 도서, 기록 상자 등을 솔츠에 있는 본가로 어찌어찌 보낼 수 있었다(Müller-Hill 1998). 그리고 멩겔레와 주고받은 모든 서신도 포함해서 나머지 서류들은 그의 연구소가 '적'에게 넘어가기 전에 모두 파쇄했다. 1945년 3월, 히틀러가 자살했고 제3제국과 우생학적 공포 정치는 종말을 맞았다. 나치 의사들과 과학자들은 과거를 재구성해서 말하기 시작했고, 폰 페르슈어도 자신과 멩겔레가 나치와 어떤 방식으로도 관련되지 않았다고 주장했다(Lifton 1986). 또한 그는 미국 우생학 동료들로부터 도움을 받으려 했고, 심지어는 미국 대학에서 교수직을 얻으려고도 했다. 하지만 미국 동료들에게 위로는 받았어도 실질적인 도움은 얻지 못했다(Black 2003).

1945년 말 혹은 1946년 초에 독일에서 과학자들로 구성된 한 위원회가 폰 페르슈어가 아우슈비츠의 멩겔레와 협력해 경악할 만한 일에 실제로 관여했다고 결론 내렸다. 하지만 이 보고서는 그로부터 15년 동안 기밀이었다. 오히려 폰 페르슈어는 멩겔레가 파시스트의 잔혹함에 반대했다고 주장했다(Weindling 1989). 1949년에 또 다른 과학자들로 구성된 위원회가 폰 페르슈어는 아무런 위반도 하지 않았다고 결론 내렸고, 1950년에 그는 뮌스터대학 인간유전학연구소에 자리를 얻었다(Müller-Hill 1998). 훗날 그는 이 연구소의 소장이 되며 계속해서 저술을 펴냈다. 또한 그는 독일과 해외의 여러 학회에 명예회원이었고 독일인류학회 회장도 지냈다(Spiro 2009). 전쟁 이후 과학계는 폰 페르슈어가 나치의 인종주의 정책에, 심지어 제거형 우생학에 관여한 것을 잊고자 한 것으로 보인다. 예를 들어 1956년에 이탈리아의 의학 저널 『유전 의학 및 지리학 저널』은 폰 페르슈어의 60세 생일 기념 특별 호를 펴냈다. 여기에 폰 페르슈어가 1923년부터 1956년까지 발표한 저술의 방대한 목록이 실렸지만, 1924년 소책자 「인종」, 1938년 논문 「유대인의 인종생물학」, 1941년 교과서 『인종위생학 교본』은 빠져 있었다(Ehrenreich 2007). 전쟁 중에 폰 페르슈어는 AES 회원이 되었고 종신회원 자격을 유지했다. 또한 1970년에 사망할 때까지 우생학, 인종주의자, 나치 지지자 저널인 『계간 인류』의 편집 위원회에서 계속 활동했다(8장 참고).

폰 페르슈어는 자신이 저지른 범죄에 대해 기소되지 않았고 바이마르공화국, 제3제국, 연합군 군정, 독일연방공화국에 이르는 독일 역사의 네 시기 내내 연구 경력을 이어갔다(Weiss 2010). 블랙이 언급했듯이 "고문에 비견할 만한 그의 의료, 왜곡된 우생학, 의식적인 전쟁 범죄의 유산은 계속 살아 있다."(Black 2003, 380) 1969년에 폰 페르슈어가 자동차 사고로 사망했을 때, 독일의 과학 저널들은 부음 기사에서 그가 나치 시기에 관여한 바에 대해 전혀 언급하지 않았다.

요컨대, 이들 생의학 연구자들은 제3제국의 구조와 기능 전반에서 주요한 역할을 했다. 바이스는 이렇게 요약했다. "그들은 독일이 '인종'이 시민권의 기준이 되는 국가이자 인간유전학으로 인종 학살을 촉진한 유일한 파시스트 국가가 되는 데 필요한 인간유전학 지식을 생산하고 정당화했으며 어느 정도 국내외 모두에서 대중화하는 역할을 했다."(Weiss 2010, 263) 하지만 폴이 지적했듯이, 전쟁이 끝나자 나치 의사와 과학자 들은 "거의 모두가 자신도 피해자였다고 주장하면서 자신들이 나치 정권에서 매우 고통받았다고 호소했다."(Paul 1995, 91) 그들은 "정신 질환자와 유대인에 대한 대대적인 살해에 대해 자신은 아무것도 몰랐다고 말했고 … 어떤 이들은 자신이 유대인의 친구였다고 주장했다."(Müller-Hill 1988) 독일의 학술계·과학계의 연구 기관들은 2차 세계대전 시기에 아무런 해를 입지 않고 살아남았거나 재건되었다. 따라서 그들의 사회적 관심사도 그대로 살아남았다. 인종위생학 연구자와 대학 교수, 정책을 집행한 공무원, 그리고 핵심 인종위생학자 대부분은 1950년대 중반 이후 자신의 직책으로 돌아왔다. "사회적 안정과 전략적인 이점이 정의보다 우선시된 것 같다. … 나치의 정치 엘리트는 제거되었지만 전문가들과 행정 구조는 유지되었다."(Weindling 1989, 570)

미국 우생학자들과 나치 사이의 추가적인 교류

앞에서 보았듯이, 미국 우생학자들은 독일의 동료들에게 매우 깊은 인상을 받았고 그들과 교류하고 싶어 했으며 그들이 우생학 연구와 정책에서 만들고 있는 진전을 홍보하고 싶어 했다. 이르게는 1923년에도 대븐포트와 로플린은 『우생학 뉴스』의 제목에 '인종위생학에 대한 최신 기록Current Record of Racial Hygiene'이라는 부제를 덧붙이면서 독일에서 사용되던 '인종위생학'이라는 용어를 가져왔다. 우생학 운동의 인종주의적 요소를 강조하는 표현이었다. 그리고 독일 저널에 게재된 논문들을 수시로 알리기 시작했다(Allen 1986). 『유전학 저널』 같은 여타 우생학 저널도 마찬가지였다. 우생학 관련 매체만 그런 것도 아니었다. 『미국의학회지』는 독일 통신원을 두어 독일 우생학자들의 의학적 연구를 정기적으로 알리도록 했다. 나치 과학의 반유대주의적 색채가 이러한 미국 저널들에서도 일반적으로 나타나기 시작했다(Black 2003; Spiro 2009).

1931-1932년 무렵이면 히틀러의 파시스트적 억압, 영토 확장, 비非아리아인을 향한 박해(노르딕 인종이라 일컫던 전통적인 용어를 아리아인으로 바꾸어 불렀다) 등이 미국의 신문, 라디오, 뉴스영화에서 널리 보도되었지만, 이러한 소식도 미국 우생학자들이 독일 우생학에 대한 지지를 철회하게 만들지는 못했다(Allen 1986). 히틀러가 정권을 잡기 직전에 『우생학 뉴스』는 히틀러의 우생학적 견해를 칭찬하는 긴 기사를 실었고, 히틀러가 미국 우생학자인 로스롭 스토더드와 매디슨 그랜트에게 크게 영향을 받았다고 언급했다. 또한 "그들[히틀러와 나치]이 독일에서 정권을 잡으면 빠른 시간 내에 새로운 인종위생법, 의식적인 노르딕 문화 촉진과 '외국인 정책' 등이 시행될 것이라고 내다봤다."(Black

2003, 298 재인용) 나치의 인종 억압 정책과 인종 청소 정책이 고조되는 동안 이러한 만행은 비밀이 아니었고 "날마다 미국의 신문, 통신, 라디오, 주간 뉴스영화, 전국 잡지에 보도되었다. 독일은 자신이 추진하는 반유대인 조치와 우생학적 성과들을 자랑했고 … 미국 우생학자들도 날마다 나치 우생학 프로그램의 진전 상황을 업데이트하며 따라가고 있었다."(Black 2003, 299) 하지만 세계의 많은 곳에서는 나치의 만행을 알기 시작하고서 경악했다. 전 세계 매체 대부분이 이제 히틀러 정권의 비인간적인 측면에 주목하고 있었다.

1933년에 독일이 의무적인 단종법을 통과시키자 미국 우생학 저널들은 나치의 정책을 환호하고 자랑스러워하면서 보도했다. 『우생학 뉴스』, 『미국의 학회지』, 『산아제한 리뷰』, 『미국 공중보건학 저널』 모두 제3제국의 새 법과 그 밖의 정책들, 그리고 인종주의적 연구를 칭송하는 기사를 게재했다. 블랙은 1930년대 중반의 상황을 이렇게 묘사했다.

날마다 세계에는 더 많은 유대인 난민이 쏟아져 들어왔고 격렬한 반反나치 보이콧이 이뤄지고 있었으며 독일과 학문적, 상업적 교류를 하는 곳에 대한 저항과 시위가 일었다. 사람들은 제3제국을 고립시키라고 요구했고 나치의 만행과 반유대주의 법제에 대해 점점 더 경악스러운 보도들이 나왔다. 그러나 그중 어떤 것도 미국 우생학자들을 주춤하게 하지는 못했다. 공동 연구를 위한 서신이 계속해서 대서양을 자유롭게 오갔다. 미국 우생학자들과 그들의 단체 및 위원회는 … 독일과 연결고리를 유지했고 확대했다. … 매달 열정적이고 우호적인 서신, 보고서, 전신, 메모 등이 수백이 아니라 수천 페이지씩 나왔다(Black 2003, 303).

1935년에 뉘른베르크법을 둘러싸고 한층 더 부정적인 언론 보도가 퍼지면서부터 겨우 분위기가 달라지기 시작했다. 독일 당국이 해리 로플린에게 명예 학위를 수여해 그가 나치의 정책에 기여했음을 공개적으로 인정한 것도 부정적인 언론 흐름을 막으려는 노력의 일환이었다(Black 2003; Weiss 2010). 사실 많은 미국인이 독일에서 명예 학위를 받은 데는 정치적인 동기가 작용했다(Weiss 2010). 뉘른베르크법이 통과된 이후에도 로플린과 대븐포트는 계속해서 독일 저널들에 자주 글을 게재했다.

1936년에서 1939년 사이에 나치 독일은 이웃 국가들의 영토를 점령하려 했고 전쟁을 준비했다. 수용소에 갇힌 동유럽 사람들에 대한 잔혹한 처우가 기사로 알려지기 시작했고, 난민이 세계로 쏟아져 나왔다. 곧 미국 우생학자들은 나치의 정책과 거리를 두기 시작했다.

전에는 강고한 유전결정론자였던 사람들 사이에서 나치화된 우생학에 진정으로 역겨움을 느끼는 사람들이 많아졌고 이들은 더 이상 제3제국의 인종 정책과 강하게 연결된 운동에 자신을 동일시할 수 없었다. … 과거에 오랫동안 우생학자들, 유전학자이던 사람들이 이제 우생학을 인종 이슈에서 분리해야 한다고 이야기했다 (Black 2003, 313).

1936년에 드디어 『미국의학회지』 같은 저널이 나치의 의료 정책과 연구를 비판하기 시작했다. 나치에 대한 미국의 자금 지원도 끊기기 시작했다(6장 참고). 하지만 미국의 몇몇 줄기찬 우생학자들은 여전히 히틀러 정권을 존경했고 그의 정책을 옹호했다.

1935년 말에 ERA 회장 클래런스 캠벨은 베를린에서 열린 세계인구회의에 참석해서 히틀러와 독일이 "여타 국가 및 인종 집단이 따라야 할 모범을 세웠다"며 "인종의 질이 뒤처지지 않으려면, 인종적 성취가 뒤처지지 않으려면, 생존을 하려면, 반드시 그 모범을 따라야 한다"고 언급했다(Black 2003, 314). 캠벨, 로플린, 레이먼드 펄 모두 이 회의의 부의장을 맡았다. 캘리포니아의 우생학자이자 캠벨의 뒤를 이어 ERA의 회장을 맡게 되는 찰스 M. 괴테는 1935년에 독일을 방문해 이곳 프로그램들을 둘러보고 열광했다. 1936년에 ERA 회장 취임 연설에서 그는 독일이 겨우 2년 사이에 단종법의 시행과 관련해 캘리포니아마저 능가했다고 말했다. 같은 해에 우생학자 마리 코프도 독일을 방문해 나치 독일의 유전 법정을 견학하고서 그해 내내 나치 프로그램의 '공정성'을 칭송하는 기사를 썼다. 1936년에 나치 정권은 하이델베르크대학 550주년 행사를 계기로 대대적인 프로파간다를 전개했는데, 로플린이 명예 학위를 받은 것도 이때다. 『뉴욕타임스』는 미국 학자들이 이 행사를 보이콧해야 한다고 주장했지만 (실제로 유럽의 많은 교수가 참석을 거부했다) 예일, 코넬, 컬럼비아, 바사, 존스홉킨스, 미시건, 하버드대학은 참석자를 보냈다. 같은 해에 매디슨 그랜트와 형제지간인 드 포레스트가 독일을 2주간 방문했고 월터 A. 플레커도 독일을 방문해 버지니아주의 인종 간 결혼 금지법에 대한 논문을 발표하면서 그 법이 "혼혈의 확산을 막았다"고 주장했다. 그의 비행기 티켓값은 미국 41대 대통령〔조지 H. W. 부시〕의 아버지이자 43대 대통령〔조지 W. 부시〕의 할아버지인 프레스콧 부시가 냈다(Spiro 2009).

1937년에 헤르만 괴링은 나치 독일 공군 사령관, 독일 연방의회Reichstag 의장, 프러시아 총리, 히틀러의 공식 후계자였다. 또한 그는 매디슨 그랜트처럼 자연보존주의자에 사냥 애호가였으며 독일제국 사냥 관리관이었다. 독일제국 사냥 관리관으로서 그는 베를린에서 대대적인 국제 사냥 엑스포를 개최했다. 3주간의 페스티벌에서 동료애, 선의, 그리고 국제사냥협회 등에 대한 정보가 교류되었다. 나치와의 마지막 협업으로 매디슨 그랜트는 이 행사의 조직을 도왔고 괴링의 귀빈으로 초대되었다. 그 해에 사망하는 바람에 참석은 못했지만, 자신의 마지막 프로젝트였던 이 행사에서 그랜트는 자신의 삶에서 가장 중요한 열정의 대상이었던 두 가지, 즉 사냥과 나치 스타일 우생학을 통합한 셈이 되었다(Spiro 2009).

1937년에 프레더릭 오스본은 베를린에서 열린 AES 컨퍼런스 참석해 "독일에서 최근 이뤄지고 있는 발전이 아마 이제까지 시도된 어떤 실험보다도 중요할 것"이라고 말했다(Spiro 2009, 364 재인용). 3년 전에 그의 삼촌 헨리 페어필드 오스본은 프랑크푸르트에서 명예박사 학위를 받는 자리에서 히틀러 정권을 칭송하며 "독일의 변모는 현대의 가장 비범한 현상 중 하나일 것"이라고 말했다(Spiro 2009, 371 재인용). 또한 1937년에 로플린, ERO, ERA, 파이오니어 재단(아래 내용 참고)은 나치 우생학 프로파간다 영화들(가령 〈유전적 질병〉 등)을 미국의 교회, 클럽, 아동복지시설, 고등학교 등에서 상영하도록 배포했다. 독일이 모든 유대인의 재산을 몰수하고 이웃 국가들을 침략하려고 했던 1938년에도 로플린의 『우생학 뉴스』와 ERO는 여전히 히틀러가 전개하는 운동을 칭송했다. 하지만 마침내 1938년 말에 카네기연구소가 『우생학 뉴스』와 관계를 끊었고 로플린의 은퇴를 공식적으로 요구했으며 ERO를 폐쇄했다. 하지만 로플린은 은퇴 직전에 유대인 난민이 미국에 들어오는 것을 제한하는 문제와 관련해 의회 이민위원회와 뉴욕의 이민귀화특별위원회에서 증언을 하는 것까지는 허용되었다. 로플린은 히틀러가 『나의 투쟁』에 쓴 내용의 상당 부분을 직접적으로 언급했다. 그는 위원회 증언을 위해 「이민과 정복」이라는 제목의 267쪽짜리 보고서를 작성했으며, 여기에서 유대인의 이주를 쥐 떼의 창궐에 비유했다.

1939년에 그랜트의 제자이자 하버드 박사인 로스롭 스토더드가 나치 독일을 방문했다. 1920년에 그는 맹렬한 인종주의적 비방을 담은 『유색인종의 부상: 백인의 세계적 우월성에 대한 위협』을 출간했고 여기에 그랜트가 서문을 썼다. 그 책에서 스토더드는 혼합 교배의 위험, 유전자 결정론 등 더 이른 시기 미국의 다원발생론적 우생학자들의 견해를 앵무새처럼 반복했다. 그는 4개월 동안 독일에 머물면서 피셔, 귄터, 프리크, 렌츠 등을 만났다(Black 2003; Engs 2005; Spiro 2009). 또한 히틀러도 포함해 나치의 고위 정치인과 군사 지도자도 만났다. 스토더드는 전쟁이 시작된 이후 히틀러와 함께 청중을 만나는 것이 허용된 최초의 외국인이었다. 이 방문은 스토더드가 나치의 외국인 담당 사무국에 히틀러의 '인간적 측면'을 자신의 독자들에게 드러내고 싶다고 설득해서 성사되었다. 스토더드는 독일 방문기를 『어둠 속으로』(1940)라는 책으로 출간했다. 이 책에서 스토더드가 독일이 '어둠' 속에 있다고 한 이유는 독일이 저지르고 있는 끔찍한 행동 때문이 아니라 독일의 '실용적인' 정책이 서구에 알려져 있지 않다는 의미에서였다. 스토더드는 나치의 법들이 "과학적이고 전적으로 인도주의적인 방식으로 독일 인구 중 최악의 인종을 솎아내려 하는 것"이라며 "[유대인 문제는] 제3제국에서 물리적으로 유대인을 제거함으로써" 곧 해결될 것이라고 언급했다(Stoddard 1940, 147, 189).

카네기연구소가 『우생학 뉴스』에 후원을 중단하고 나서도 이 저널은 AES에 의해 계속 발간되었다. 1943년에 로플린이 사망했을 때 대븐포트는 새로운 『우생학 뉴스』에 추도사를 냈다. 그는 로플린의 견해가 감정보다는 사실에 토대를 둔 분석이었다며 한 세대 안에 그의 업적이 더 널리 인정될 것이라고 언급했다(Black 2003). 하지만 로플린은 자녀가 없었고 유의미한 족적도 없었다. 흥미롭게도, 그는 유전적 결함인 간질로 사망했다. 그가 단종법과 환자의 수용소 격리를 통해 사회에서 제거해야 한다고 생각했던 질병으로 그 자신이 사망한 것이다(그는 간질과 더불어 정신박약, '(다양한 정도의) 맹인', 흑인, 유대인, 기타 '열등하고 부적합한' 인종들을 그렇게 제거해야 한다고 보았다). 대븐포트는 1944년에 폐렴으로 사망할 때까지 연구를 계속했고 우생학의 원로 행정가로서도 활발하게 활동했다. 그는 나치의 과학과 정책에 대한 지지와 연대를 평생 철회하지 않았고, 1943년까지도 『우생학 뉴스』에 나치즘을 옹호하는 기사들을 실었다.

미국이 1941년에 전쟁에 돌입하면서 우생학자들은 연설이나 저술에서 나치를 지지하는 목소리를 강하게 내는 것을 꺼리게 되었다. 심지어는 우생학 자체에 대해서도 그랬다. 하지만 우생학은 사라지지 않았다. 이후의 장들에서 보겠지만, 우생학은 이론과 실제 모두에서 오랫동안 계속해서 되살아났고, 독일과 미국 모두에서 내내 동일한 인물들이 우생학이 지속적으로 살아 있게 하는 데 관여했다.

미국 기업과 기관의 나치 후원

처음부터 미국의 우생학은 엘리트주의적 운동이었고, 매우 부유한 개인과 기업과 기관으로부터 재정적인 후원을 받았다.

아돌프 히틀러와 나치 정권의 초창기 후원자 중 한 명이 미국의 백만장자 헨리 포드다. 포드자동차 창업자이며 자동차 생산공정에 어셈블리 라인을 도입한 것으로 유명한 그는 우생주의자였고 맹렬한 반유대주의자였다. 그는 유대인들이 속임수와 사기를 통해 세계를 경제적, 정치적으로 정복하려는 음모를 비밀리에 꾸미고 있다고 믿었다. 1920년에 포드는 그가 소유한 신문 『디어본 인디펜던트』에 '국제적인 유대인: 세계의 가장 큰 문제International Jew: The World's Foremost Problem'라는 제목으로 90편의 시리즈 기사를 게재하기 시작했다(나중에 같은 제목의 소책자 시리즈로도 출간되었다). 그가 유대인이 세계적인 음모를 꾸미고 있다는 근거로 삼은 것은 『시온 장로 의정서』로 보이는데, 이 책은 1840년대까지, 더 이르게는 18세기까지도 거슬러 올라가는 일련의 날조된 내용들을 바탕으로 한 반유대주의 서적이었다(Brace 2005). 하지만 포드의 「국제적인 유대인」은 곧 독일어로 번역되었고 매우 널리 읽혔다. 히틀러는 「국제적인 유대인」과 포드의 자서전을 둘 다 읽었고 매우 깊은 인상을 받았다. 『나의 투쟁』 몇몇 단락이 「국제적인 유대인」과 거의 정확히 일치하는 것으로 볼 때, 히틀러가 그 글을 그대로 베낀 것으로 보인다(Pool and Pool 1979). 또한 히틀러는 유대인성은 '인종' 문제이지 종교 문제가 아니라는 포드의 주장에서도 크게 영향을 받았다.

포드는 영국인을 싫어했고, 2차 세계대전의 위협이 점점 더 드리우고 있는데도 영국에 항공 엔진 제공을 거부했다. 그리고 나치에는 1941년까지 계속해서 엔진과 자동차를 판매했다. 또한 그는 미국의 참전에 반대했다. 히틀러는 포드에서 후원받은 것을 자랑했고, 커다란 포드의 사진을 자신의 집무실에 걸어두기까지 했다(Brace 2005). 포드의 75세 생일인 1938년 7월 30일에는 독일 최고 훈장인 독수리 훈장을 수여했다. 독일인이 아닌 사람 중 이 훈장을 받은 사람은 포드와 이탈리아의 파시스트 독재자 무솔리니뿐이다.

히틀러에게 훈장을 받은 미국의 또 다른 사업가로는 IBM의 토머스 왓슨과 제너럴모터스의 제임스 D. 무니도 있다. 왓슨의 펀치카드 기술은 히틀러의 재무장 프로그램에도, 또한 유대인을 식별해 절멸하려는 프로그램에도 사용되었다. 미국에서 왓슨은 나치에 반대하는 미국인들에 맞서 나치를 옹호했고, 히틀러가 국제적인 보이콧에도 불구하고 상거래를 계속할 수 있게 했다. 또한 베를린에서 국제 정상회담 하나가 열리는 데도 일조했다. 왓슨은 프랭클린 D. 루즈벨트의 주요 후원자이기도 했다(Black 2001). 무니는 열렬한 나치 지지자였고 그의 제너럴모터스는 히틀러를 응원하고 자금도 지원했다. 또한 미국과 연합군이 나치와 전쟁을 하는 상황에서도 히틀러에게 트럭, 장갑차, 탱크, 제트기, 기타 전쟁 장비를 제공했다(Higham 1983).

카이저 빌헬름 연구소는 히틀러 정권 초기에 독일 우생학과 의학 연구의 중심지가 되었다. 그중 특히 명망 있었던 곳은 '정신의학연구소', '인류학, 인간 유전학, 우생학 연구소' 그리고 '뇌연구소Institute for Brain Research'다. 모두 미국에서 자금을 받았는데, 록펠러 재단이 주요 후원자였다(Higham 1983; Black 2003). 미국 스타일의 기부 모델을 이용해서 독일은 1914년에 여러 카이저 빌헬름 연구소들을 세워 미국의 과학 및 의학과 경쟁하고자 했다. 과거에 독일의 의학과 과학은 세계 최고 반열에 있었지만 1차 세계대전에 패배하고 극심한 인플레이션이 닥치면서 마비 상태에 빠져 있던 터였다.

록펠러 재단은 독일의 과학과 의학을 구한다는 명목으로 독일의 정부 연구 기관들에 자금을 댔다. 1922년부터 록펠러 재단은 독일 과학자와 기관에 수백 건의 장학금과 연구 지원금을 후원했다. 미국과 독일의 관계가 불편한 시기였기 때문에 대부분은 록펠러 재단의 파리 사무소를 통해 집행되었다(Weindling 1989). 1926년이면 록펠러 재단은 독일의 연구에 거의 400만 달러를 지원한 상태였다. 몇몇 독일 과학자들은 록펠러 재단이 독일 과학을 좌지우지한다고 불평하기도 했다(Weindling 1988). 1926년에는 새로 생긴 카이저 빌헬름 정신의학연구소를 후원하기 시작했는데, 이곳은 에른스트 뤼딘이 이끌고 있었고 그는 미국 ERO가 진행하던 것과 비슷한 가계 기록 수집을 독일에서 막 시작한 터였다. 하지만 1937년에 록펠러 재단은 뤼딘에게 제공하던 자금 지원을 중단했다(Weindling 1989; Weiss 2010).

1927년에 독일은 카이저 빌헬름 연구소에 '인류학, 인간유전학, 우생학 연구소'를 추가했고 오이겐 피셔가 소장을 맡았다. 이 연구소는 독일 정부와 록펠러 재단의 자금 지원을 받았다(Spiro 2009). 피셔는 대븐포트의 오랜 친구이자 협업자였고 카네기연구소의 회원이었다. 앞에서 언급했듯이, 카네기연구소는 피셔의 연구소가 성대한 개소식을 하도록 과학자와 당국에 후하게 후원했다. 개소식은 베를린에서 개최된 제5차 국제유전학회의에서 열렸다. 1929년에는 록펠러 재단이 카이저 빌헬름 뇌연구소의 개보수 비용을 지원했는데, 이곳은 당시 독일 인종생물학의 센터가 되어 있었다. 1936년 무렵이면 비판이 거세지면서 록펠러 재단이 나치 독일의 과학에 자금을 지원하는 것을 점점 더 꺼리게 되었지만 몇몇 지원은 적어도 1939년까지 지속되었다(Black 2001). 록펠러 재단이 나치 우생학에 자금을 지원한 이유는 록펠러 재단 자연과학 분과를 이끌던 워런 위버가 이사회에 제출한 보고서에 잘 드러나 있다. "인간유전학에 대한 연구는 건전한 가능성들이 나타나고 있으니만큼 가능한 한 빠르게 특별한 고려를 받을 필요가 있다. 계획된 공격은 … 기본적이고 오랜 범위에 걸친 것이다." 1년 뒤에 그는 그 "오랜 범위에 걸친" 계획이 무엇인지에 대해 "유전학을 매우 건전하고 광범위하게 발달시켜 미래에 우월한 인간을 육종할 수 있으리라 기대할 수 있게 하는 것"이라고 설명했다(Black 2003, 370 재인용). 록펠러 가문은 사업체를 통해서도 나치의 전쟁 활동을 지원했다. 예를 들어, 록펠러가 소유한 뉴저지 소재 스탠더드오일은 미국이 전쟁에 돌입하자 중립국인 스위스를 경유해 나치 독일에 연료를 보냈다. 록펠러가 소유한 체이스은행도 진주만 공격이 있은 후에 나치가 점령한 프랑스와 수백만 달러 규모의 거래를 했다. 체이스은행의 맨해튼 사무실이 진주만 공격을 알고 있었는데도 말이다 (Higham 1983).

IBM은 1927년에 대븐포트가 자메이카에서 인종 혼혈을 연구했을 때부터 그를 후원했다. 대븐포트는 인종 혼혈이 서구 문명의 기준을 낮추게 될 것이라고 우려했고 전 세계를 대상으로 혼혈 인구에 대한 체계적인 조사를 진행하고 싶어 했다. 그는, 가령 "잘 확립된 인종"은 "조화롭게 조정이 되어 있을 것"이라고 믿었다. 따라서 다음과 같은 것을 알아보고 싶었다. 키가 큰 인종인 스코틀랜드인이 키가 작은 인종인 이탈리아인과 결혼하면 부적합한 신체 기관을 가진 후손이 태어날 것인가? 스코틀랜드인의 내장 기관은 큰 몸집에 적응이 된 상태일 것이므로 이탈리아인의 작은 체구에는 너무 클 테니 말이다(Davenport 1928, Paul 1995). 수백만장자인 위클리프 프레스턴 드레이퍼가 대븐포트의 자메이카 프로젝트 시범 연구에 자금을 지원했고 대븐포트는 이 데이터를 IBM이 개발한 새 시스템, 즉 펀치카드 데이터를 홀러리스 데이터 처리 기계로 돌려 자료를 뽑는 시스템을 이용해 분석했다. 펀치카드를 활용하면 개인별로 가족력, 지역, 특이 형질, 종교, '인종', 질병, 은행 계정 등 무한한 정보를 수집할 수 있었다. 이 시스템은 시간당 2만 5,000개의 펀치카드를 분석해 정보를 알파벳 순으로 정렬하고 출력할 수 있었다. 원래 미국 인구조사국을 위해 개발된 것이었지만 우생학 연구에서 개인별 정보를 기록하고 추적하는 데도 안성맞춤이었다. 그리고 IBM은 이러한 데이터 처리 시스템과 기계를 전 세계적으로 독점하고 있는 기업이었다(Black 2001).

자메이카 인종 혼혈 연구는 IBM이 우생학 프로젝트를 위해 인종적 특성을 기록하고 추적하는 시스템을 특별히 맞춤으로 개발한 첫 사례였다. 자메이카 프로젝트는 성공으로 여겨졌고 카네기연구소가 연구 결과를 출판했다 (Davenport and Steggerda 1929). 이 연구를 전 세계로 확장하고 싶어 한 대븐포트는 IFEO에 인종혼혈위원회를 만들어 위원장을 맡았고, 오이겐 피셔에게 이 위원회에 합류해 인종 혼혈 연구를 함께 진행하자고 제안했다. 1929년에 이 프로 젝트는 글로벌 규모로 확대되었고 피셔가 차기 위원장직을 제안받았다. 합동 으로 작성한 메모에서 대븐포트와 피셔는 전 세계에서 혼혈인뿐 아니라 "전적 으로 외래 혈통인 사람들, 즉 소위 유색인종도" 식별해 낼 수 있게 될 것이라 고 언급했다(Black 2003, 294). 그해 후반에 피셔는 IBM의 펀치카드 기술을 이용 해 독일에서 전국적인 인류학 조사를 시작했다. 주로는 60만 명의 독일 내 유 대인을 식별해 내기 위해서였다(Black 2001). 독일 당국자들은 이렇게 언급했다. "이러한 방식으로, 퇴락의 몇몇 분명한 징후, 특히 유전적 병리가 나타나고 있 는 것에 대해 새로운 해법이 나올 수 있을 것이다."(Black 2003, 294 재인용) 이 프 로젝트는 록펠러 재단이 후원했다.

1933년이면 IBM은 자메이카 연구에 사용된 기술을 히틀러의 제3제국 이 더 일반적으로 사용할 수 있게 수정했고, 1934년에 IBM은 베를린에 백 만 달러 규모의 공장을 새로 열었다. 준공식에서 독일 지사장 빌리 하이딩거 는 IBM 회장 T. J. 왓슨이 보낸 대표자 옆에 서서 "인구 통계가 건강하지 못하 고 열등한 독일 사회 내 일부 분자들을 제거하는 데 핵심이라고 격앙되게 선 포했다."(Black 2003, 309) IBM이 특수 제작한 데이터 분석 시스템은 부적합자로 판별된 사람들에게 특별 신분증을 발급하고 유럽의 유대인과 기타 '바람직하 지 않은 종자들'을 식별하는 데 활용되었다. 펀치카드 프로그램을 통해 나치 는 가계도, 은행 계정, 기타 자산 등을 조사해서 우생학 캠페인을 벌일 수 있었 고, 심지어는 죽음의 수용소에서 절멸 프로그램 시행을 관리할 수 있었다(Black 2001). 친위대의 인종사무국이 사용한 펀치카드는 자메이카 연구에서 사용된 것과 거의 동일했다(Black 2003). 블랙이 언급했듯이 "IBM이 파트너로 참여함으 로써 히틀러 정권은 상당한 자동화를 이룰 수 있었고 12년간 이어진 홀로코 스트의 여섯 단계(식별, 배제, 징발, 게토화, 추방, 그리고 절멸) 모두에서 속도를 매 우 높일 수 있었다. … 모든 수용소에 IBM 서비스 센터가 있었다."(Black 2009) 실 제로 IBM 데이터 처리 기술은 나치가 '부적합' 인구와 '인종'을 박해하는 데서 핵심적인 역할을 했다. 또한 IBM이 나치 우생학 프로그램의 체계화와 조직화 를 지원함으로써 막대한 수익을 남겼다는 사실도 기억해야 한다. IBM은 "나 치당의 고위층과 사업할 기회를 노리면서 사업을 확대했고, 독일 및 나치가 점령한 유럽 지역에서 히틀러의 제3제국과 사업적 관계를 강화하기 위해 나치당과 지속적으로 끈을 유지하고 있었으며" 1933년부터도 IBM 뉴욕 본사는 이것을 잘 알고 있었다(Black 2001, 9). 미국 IBM의 고위 경영진은 12년간의 제3제국 시기 동안 어떤 일이 벌어지고 있는지 잘 알고 있었고, 독일 지사와 제네바 지사의 활동을 계속해서 확인하고 있었다. IBM 회장인 토머스 왓슨은 존경받는 미국 기업인이었고 루즈벨트의 가까운 자문이자 재정적 후원자였다. 하지만 나치 독일과의 사업은 매우 수익성이 높았고 그는 나치의 인종주의적 목표에 매우 동감했다. 왓슨은 무솔리니와 히틀러 둘 다의 강력한 지지자였다. 그가 딱히 파시즘 이데올로기에 경도된 것은 아니었지만 파시스트 국가와 일하는 것이 가져다줄 수익성은 잘 알고 있었다. 블랙은 이렇게 설명했다. "토머스 왓슨과 IBM은 때로는 별도로, 때로는 합동으로 그들이 할 수 있는 모든 방법을 써서 수십 년간 돈을 벌었다. … 국가의 경계를 넘어 활동하는 기업으로서, 돈을 버는 것은 상업적인 다원주의이자 기업적 혼합주의이자 역동적인 쇼비니즘이자 유아독존적 탐욕이었다."(Black 2001, 69)

많은 미국 회사들이 2차 세계대전 직전과 전쟁 중에 미국의 전쟁 수행에 복무했지만 나치 독일도 지원했다. 이러한 기업들은 은행, 다이아몬드 거래업체, 그 밖의 천연자원 거래 업체, 자동차 회사, 군수 회사, 기계 회사, 통신 회사, 영화 회사, 석유 회사, 화학 회사, 제약 회사, 식품 회사 등 다양했다. 이들 회사와 경영자가 다 우생주의자였다고는 볼 수 없지만 적어도 그들 중 일부가 우생주의자였다는 사실은 알려져 있다. 포드, 록펠러, 카네기, 그리고 IBM의 몇몇 경영진이 그런 사례다. 하지만 대부분은 돈을 버는 데 관심이 있었지 정치나 인권 문제는 부차적이었을 것이다. 작가 찰스 히검은 『적과의 거래』에서 이렇게 언급했다. "2차 세계대전 때 많은 금융계, 산업계 인물과 정부 인사가 애국의 대의보다 돈의 대의에 복무했다. … 그들은 미국의 전쟁 노력을 도우면서 나치의 전쟁 노력도 도왔다."(Higham 1983, xiii)

히검이 지적했듯이, 미국의 주요 기업 다수가 나치 독일 기업과 서로 연결된 이사회 구조를 가지고 있었고 재무적으로도 연결되어 있었다. IG파르벤도 그러한 독일 기업 중 하나다. 이곳은 나치의 거대 트러스트로, 독일이 2차 세계대전을 준비하는 데, 그리고 아우슈비츠를 만드는 데 결정적으로 기여한 기업이다(Higham 1983). 헨리 포드는 자신의 독일 내 자산을 IG파르벤의 화학 카르텔과 합병했다(Sutton 1976). 또한 IG파르벤은 전 세계의 기업과 계약을 맺고 있었는데, 여기에는 스탠더드오일, 듀폰, 알코아, 바이엘, 다우케미칼 등도 있었다.

히검은 이렇게 상호 연결된 거대 기업들의 국제적인 네트워크를 '프러터니티The Fraternity'라고 불렀다(Higham 1983). 여기에는 퍼스트내셔널뱅크(J. P. 모건 계열), 내셔널시티뱅크, 위에서 언급한 록펠러의 체이스내셔널뱅크 같은 은행들도 포함되어 있었고, 이 은행들은 히틀러의 제국은행 및 스위스의 국제결제은행과 연결되어 있었다. 예를 들어, 1944년에 국제결제은행의 미국 회장 T. H. 매키트릭이 독일, 일본, 이탈리아, 영국, 미국 은행가들의 연례 모임을 열었는데, 여기 모인 은행가들은 나치 정부가 전쟁 중과 이후에 나치 지도자들이 사용하도록 국제결제은행으로 보낸 수백만 달러어치의 금을 어떻게 처리할지에 대해 논의했다. 매키트릭은 나치 지지자였고 히틀러와 무솔리니 둘 다를 매우 좋아했다. 그리고 흥미롭게도 당대의 많은 우생주의자들처럼 하버드대학 1911년 졸업생이었다. 그 금은 독일이 유럽을 점령하고서 그 나라 은행들에서 약탈한 것이거나 병원이나 강제 수용소에서 살해당한 희생자들의 금니, 안경테, 담배 케이스, 라이터 케이스, 결혼 반지 등을 수거해 녹인 것이었다. 1943년과 1944년에 미국 상원은 국제결제은행과 이곳의 미국 회장에 대한 조사를 촉구했다. 이유는 첫째, 국제결제은행이 나치의 전쟁 노력에 기여하고 있고 둘째, 미국의 돈이 여전히 국제결제은행으로 흘러들어 가고 있으며, 특히 국제결제은행이 적을 돕고 적의 악행을 방조하고 있었기 때문으로 제시되었다(Higham 1983). 미국 정부는 국제결제은행의 해체를 요구했지만, 국제결제은행은 미국의 결의안을 조용히 무시했다. 2차 세계대전이 끝나고 국제결제은행은 유럽 통화의 주요 청산소로 다시 부흥했다(Epstein 1983).

J. P. 모건과 뉴욕의 유니언뱅크는 브라운 형제와 해리먼 가문이 소유하고 있었다. 유니언뱅크는 독일의 철강 재벌이자 히틀러가 권력을 잡는 데 기여한 프리츠 티센과 관련이 있었다. 이 은행은 프레스콧 부시(두 부시 대통령의 아버지와 할아버지)가 경영하고 있었는데 그는 히틀러를 매우 지지했고 티센을 통해 히틀러에게 돈을 보냈으며 나치 독일과의 거래에서 상당한 수익을 올렸다

(Pauwels 2003).

전쟁 직전에 나치 정부는 체이스내셔널뱅크를 통해 미국에 있는 독일인들이 독일 통화(도이치 마르크)를 할인가에 달러로 구매할 수 있는 기회를 주었다〔당시 다른 나라들은 상품이나 서비스 거래에 독일 마르크화를 받지 않고 있었다〕. 그 돈이 〔대외 거래에는 쓰이지 않고〕 독일 내에서만 쓰일 것이며, 곧 있을 전쟁에서 승리하면 도이치 마르크의 화폐가치가 크게 오를 것이라고 약속했다. "은행가들은 상점 주인, 공장 노동자 등 돈이 거의 없지만 독일을 위해 막대한 잠재력을 가지고 있는 사람들에게 특별히 관심을 기울일 필요가 있다고 동의했다. … 그들은 순수한 아리아인 혈통의 신체 건강한 젊은 남성과 여성이어야 했다."(Higham 1983, 21)

'프러터니티'에는 스탠더드오일, 데이비스오일, 텍사스컴퍼니(텍사코), 포드자동차, GM, 크라이슬러도 있었다. GM은 "상당한 〔자동차〕 생산을 제3제국으로 가져와서 제3제국을 말이 모는 위협 요인에서 모터 달린 파워하우스로 변모시켰다."(Black 2003) 또한 미군을 위해 항공 엔진을 생산하는 동시에 독일 공군을 위해 수천 대의 폭격기와 제트 프로펠러 시스템을 만들었다(Price 2001). 독일은 미국의 포드를 통해 고무와 비철금속 등 천연자원도 공급받았고, 포드-베르케는 전쟁이 시작된 뒤에 독일이 군수 물자를 생산하는 데 커다란 역할을 했다. 미국이 독일과 전쟁 중이라는 것을 미국쪽 경영자들이 잘 알고 있었는데도 말이다(Sutton 1976). 1944년에 노르망디에 상륙한 미군은 그곳에서 징발한 독일 트럭들을 보고 깜짝 놀랐다. 독일 트럭의 엔진이 GM과 포드 것이었기 때문이다(Pauwels 2003).

미국의 거대 기업 국제전화전신ITT은 히틀러가 통신 시스템을 향상시키고 영국군과 미군에게 떨어뜨릴 폭탄을 개발하는 데 일조했다(Higham 1983). '프러터니티'에는 뉴욕의 다이아몬드 거래 업체도 있었다. 이곳은 상업용·산업용 다이아몬드를 남아프리카에서 독일로 밀수해 들여왔다. 그 밖에 잘 알려진 미국 회사 중 나치 독일과 밀접한 관련이 있었던 곳으로는 듀폰, 유니언카바이드, 웨스팅하우스, 제너럴일렉트릭, 질레트, 굿리치, 싱어, 이스트먼코닥, 코카콜라 등이 있다(Pauwels 2003). 이들 미국 회사들은 히틀러가 자국 내 노동 비용을 막무가내로 내리눌렀기 때문에 나치 독일과 거래해 막대한 수익을 올릴 수 있었다. 히틀러는 노동조합을 해체하고 많은 공산주의자와 사회주의 지지자 및 좌파 '리버럴'들을 (정치범으로) 감옥과 수용소에 보내서 독일의 노동자 계급을 무력화했다. 독일 노동자들은 "파업을 금지당했을 뿐 아니라 일자리를 바꿀 수도 없는 농노 비슷한 상태가 되었다." 그리고 임금이 "의도적으로 매우 낮게 유지되는 와중에, 더 열심히 더 빠르게 일하도록 내몰렸다."(Pendergrast 1993, 221) 나치 독일에서 회사들은 게슈타포가 직접 감독하는 죄수 노동력[과 점령지에서 동원한 외국인 강제노동력]도 이용할 수 있었다(이들 [외국인] 강제 노동자를 프렘트아르바이터Fremdarbeiter라고 불렀다). 코카콜라, 포드, GM이 이들 노동력을 활용했다. 덕분에 임금 비용은 급격히 낮아졌고 심지어 대공황 때도 수익이 급격히 올라갔다. 이들에게는 전쟁이 너무 수익성이 있어서 전쟁이 오래 지속되기를 내심 원한 경영자들도 있었다(Black 2001; Pauwels 2003).

'프러터니티' 기업들이 이러한 방식의 네트워크를 구성한 이유는 전쟁에서 누가 이기든 재정적, 산업적, 정치적 자율성을 유지할 수 있기 위해서였다(Higham 1983). 독일 주재 미국 대사 윌리엄 E. 도드는 미국의 갑부 및 기업들과 나치 독일의 관계를 알고 있었다. 1937년에 그는 루즈벨트 대통령에게 이렇게 알렸다.

일군의 미국 산업가들이 파시스트 국가가 우리의 민주적 정부를 전복하려 시도하는 데 강하게 동조하고 있으며 독일과 이탈리아의 파시스트 정권과 긴밀히 협력하고 있습니다. 저는 베를린에서 대사로 재직하면서 미국의 몇몇 고위 가문이 나치 정권과 얼마나 가까운지를 목격할 기회가 있었습니다. … 일부 미국 산업가들은 독일과 이탈리아에 파시스트 정권이 수립된 과정과 매우 큰 관련이 있습니다. 그들은 파시즘이 권력을 잡도록 지원을 확대했고 권력을 유지하도록 계속 지원하고 있습니다(Higham 1983, 167).

이들 상당수는 양쪽 편 모두에 전쟁 물자를 지원해서 수익을 극대화하려던 것으로 보인다. 히틀러의 인종 혐오가 이들 산업가와 기업인에게 거리낌을 주었을까? "거리낌을 주었더라도 많이 그렇지는 않았을 것이다. … 비백인에 대한 인종주의는 미국에도 계속 존재했고 반유대주의는 기업인들 사이에 아주 만연해 있었다."(Pauwels 2003) 미국 기업인들의 반유대주의는 곧 반사회주의, 반마르크스주의, 반공산주의로 이동한다. 많은 미국 기업인이 루즈벨트의 뉴딜을 사회주의적이라고 비난했다. 또 반유대주의적인 미국 기업인들은 루즈벨트가 은밀히 공산주의를 추구한다고 의심했고 루즈벨트가 유대인의 이익을 위해 일한다고 생각해 뉴딜을 '쥬딜Jew Deal'이라고 부르며 악마화했다(Pauwels 2003). 파우월스가 강조했듯이, 많은 미국 기업 소유주와 경영자 들이 제3제국을 존경했다. 히틀러와 조건 없는 협업을 하면 전례 없는 수익을 올릴 수 있었기 때문이다.

히검이 지적했듯이, "독일이 전쟁에서 질 게 명백해지자 기업인들은 갑자기 미국에 더 '충성스러워'졌다. 그러고서, 전쟁이 끝나자 생존자들은 독일로 들어가 자신의 자산을 보호하고 나치 친구들을 고위직에 복귀시키고 냉전의 촉발을 도우면서, '프러터니티'의 영구적인 미래를 단단히 확보했다."(Higham 1983, xiv; 더 상세한 내용은 다음 참고: Martin 1950)

5장 │ 해독제: 프란츠 보아스와 인류학적 '문화' 개념

우생학 패러다임은 미국과 서유럽의 과학에서 그토록 강력하던 장악력을 어떻게 해서 잃게 되었을까? 우생학 패러다임이 전적으로 사라졌다고 말할 수는 없지만(앞으로 살펴볼 것이다) 2차 세계대전 이후에는 더 이상 우생학이 과학의 주류가 아니게 되었다고는 말할 수 있을 것이다. 16세기부터 1930-40년대까지 이어지던 다원발생설과 우생학의 기본 신조는 다음과 같이 정리해 볼 수 있다. 1) 복잡성이 높은 인간의 행동적, 형태적 특질 중 어떤 것들은 고정되어 있고 변화하지 않는다. 2) 그러한 특질은 신이 창조하셨거나, 단순한 멘델식 유전을 통해 생물학적으로 결정되었거나, 둘 다이다. 두개골의 크기와 모양, 뇌의 크기와 모양, 지능, '문명'을 창조하고 문명에 유의미하게 참여하며 문명에 기여하는 능력 등이 이러한 특질에 해당한다. 또한 다원발생론자와 우생주의자 들은 인류가 '생물학적으로' 여러 인종 집단으로, 심지어는 경제적 계층으로 구분되며, 이러한 구분은 내재적으로 상이한 역량에 따른 것이고 환경적, 행동적 개입으로 이러한 〔생물학적으로 결정된〕 역량의 차이를 변화시킬 수 없다고 보았다. 이에 더해, 이들은 인종 집단과 계급 집단이 역량의 우월에 따라 위계적으로 배열되어 있다고 보았다. 마지막으로, 그 위계에서 어떤 인종, 특히 노르딕/아리아 인종은 다른 인종보다 월등히 우월하며 그들이 문명의 '유전적인 전달자'이고 문명을 가능하게 하는 생물학적 특질을 실어 나르는 존재라고 생각했다.

이론적 배경

400년도 더 된 이 신화를 반박하는 **과학적** 증거는 어떤 것이 있었을까? 미국에서 우생학이 만연해 각 주가 단종법과 혼혈 금지법을 도입하고 이민 제한 정책을 실행하던 동안, 프란츠 보아스라는 독일계 유대인 이민자가 우생학의 기본적인 '과학적' 개념들을 반박하는 평생의 싸움을 시작했다. 보아스는 인류학에서 근본적인 중요성을 갖는 '인류학적 문화 개념'을 발달시켰다. 또한 그는 체질인류학이 정태적인 신체 측정과 고정된 인종 범주에만 고착되어 있는 것에도 맞서기 시작했다. 그는 인류학을 유형 분류에 치중하던 정태적이고 1차원적인 학문에서 문제 지향적이고 동태적이며 과정에 초점을 두는 학문으로 변모시켰다(Sussman 1999; Little and Kennedy 2010). 보아스의 연구는, 우생학이 이데올로기에 의해 추동된 순전한 오류임을 입증하는 과학적 증거들이 쏟아져 나오는 추세의 시작점이었다.

1911년에 보아스는 거의 통념으로 널리 받아들여지고 있었던 우생학의 지위를 무너뜨리게 될 두 권의 주요 저술을 출간했다. 하나는 『이민자 후손의 신체 형태 변화』이고, 다른 하나는 『원시인의 마음』이다. 이 책들은 대븐포트가 로플린을 ERO 소장으로 고용하고 1년 뒤이자 대븐포트의 교과서 『우생학과의 관련에서 본 유전』이 출간된 해, 그리고 런던에서 제1차 국제우생학회의가 열리기 1년 전에 나왔다.

보아스는 독일 민덴에서 태어났다. 조부모는 유대교 신자였지만 부모는 그렇지 않았다. 부모는 교육을 받은 부유한 자유주의적 유대인이었고 어느 종류든 도그마에 저항하는 사람들이었다. 따라서 보아스도 독립적인 사고력을 가지고 있었고 스스로의 관심사를 추구할 수 있었다. 하지만 유대교 신자는 아니었어도 유대 혈통에 대한 감수성은 가지고 있었고, 반유대주의에 대해 적극적으로 반대 목소리를 냈다(Cole 1999). 자서전적인 글에서 보아스는 이렇게 적었다. "내 사고의 초창기 배경은 1848년 혁명의 이상이 매우 실질적으로 살아 있었던 독일 가정에서 형성되었다. 아버지는 자유주의 성향이셨지만 공적인 일에 활발히 참여하는 편은 아니셨다. 어머니는 이상주의적인 면이 있으셨고 공적인 문제에 매우 관심이 많아서 1854년에 우리 동네에 유치원을 만

드셨고 과학의 가치를 깊이 믿으셨다. 부모님은 도그마의 족쇄를 깨뜨리셨다. 아버지는 집안에서 따르는 유대교 의례에 여전히 애정을 가지고 계셨지만 그 것이 지적인 자유에 영향을 미치게 하지는 않으셨다. 따라서, 많은 젊은이들 이 종교적 도그마와 싸우느라 괴로워했지만 나는 그럴 필요가 없었다."(Boas [1938] 1974, 41)

어렸을 때부터 자연사와 지리학에 관심이 많았지만 하이델베르크대학 에서는 수학과 물리학을 공부했고 박사 학위를 위해 킬대학에 진학했다. 처 음 택한 논문 주제는 무작위적 오류와 통계적 확률에 대한 것이었다. 하지만 최종적으로 박사 논문은 물리학 주제인 물의 광학적 성질에 대해 작성했고, 1881년에 박사 학위를 받았다. 이 주제는 그가 열정을 가졌던 분야가 아니었 지만 학위를 받고 나서 여러 일자리를 전전하는 동안 진정한 관심 분야를 발 견했고 그 분야를 연구할 수 있게 되었다. 바로 인문지리학, 즉 사람과 물리 적 환경 사이의 관계였다. 구체적으로는 에스키모들의 생활에 대해 연구하게 되는데, 북극에서 연구하는 것은 소년 시절의 꿈이기도 했다(Cole 1999; Baehre 2008).

보아스는 1882년에 베를린으로 와서 저명한 민속지학자 아돌프 바스티안 의 지도를 받으며 베를린민속박물관에서 연구를 시작했다. 이곳에는 에스키 모 물품들이 소장되어 있었다. 바스티안의 추천으로 보아스는 독일북극위원 회의 배핀섬 연구팀에 합류해 첫 현장 연구를 수행할 수 있었다. 베를린민속 박물관에서 일하는 동안, 이곳의 체질인류학 분과를 담당하고 있던 루돌프 피 르호로부터 인류학적 측정 기법(신체 측정)도 배웠다.

아돌프 바스티안은 독일 민속지학자의 거두였다. 처음에는 법을, 그 다음 에는 의학을 공부했지만 선상 의사로서 배를 타고 세계를 돌아다니면서 민속 지학에 관심을 갖게 되었다. 그는 루돌프 피르호와 함께 『민속지학 저널』을 창간했고 '베를린 인류학, 민속지학, 선사시대 연구학회Berlin Society for Anthropology, Ethnology, and Prehistory'를 조직했다. 또 독일왕립지질학회Royal Geographical Society of Germany 회장도 지냈다(Köpping 2005). 그의 주요 관심사는 전 세계 인구 집단들 의 다양한 측면을 그들의 '문명'이 사라지기 전에 기록하는 것이었다. 그는 기 본적인 정신의 프레임은 모든 인간이 동일하다는 '인류의 정신적 단일성' 개념을 발달시켰다. 그와 동시대인인 독일 과학자이자 우생학자 헤켈은 이 개념에 맹렬히 반대했다(Marks 2010b; 2012). 앞으로 보겠지만, 보아스는 바스티안으로부터 '인류의 정신적 단일성' 개념을 가져오되 대신 그것을 새로운 형태로 수정했다.

루돌프 피르호는 의사, 병리학자, 해부학자, 생물학자, 선사시대 역사학자, 그리고 (오늘날의 용어로) 생물인류학자였다. 그는 의학, 신체 측정학, 세포 생물학, 인간의 적응성, 고고학, 민속지학, 역학 등의 분야에 두루 기여했다(Baehre 2008; Marks 2010a). 의학과 해부학 분야에서 그가 이룬 수많은 성취 중 특히 중요한 것으로, 독일로 이주한 에스키모 출신 가족들에 대한 두개골 측정과 민속지학 연구가 있다. 피르호는 그들의 식습관, 셈하는 능력, 색상에 대한 인식 등을 조사했고 그들의 도구, 의복, 문신 등도 연구했다. 피르호가 이러한 관찰에서 발견한 바는 "이누이트 인종이 내재적으로 열등하다는 [기존의] 인류학적 주장과 배치되었고 그들의 특질을 결정하는 데 지리적 요인이 압도적이라는 데 대해 의문을 제기했다."(Baehre 2008, 21) 그의 결론은 당대의 과학적 인종주의, 즉 '아리아 인종'에 대한 이론과 상충되었고, 따라서 그는 '노르딕 신화'를 기각하고 특정한 '유럽 인종'이 다른 인종보다 우월하다는 개념도 기각했다(Virchow 1880; Weindling 1989; Orsucci 1998; Baehre 2008). 또한 피르호는 인간 사회에 대해 관용적이고 평화주의적이며 인본주의적인 비전을 옹호했다. 그는 독일 자유주의 정당의 지도자이자 정치 개혁가였다. 헤켈과 대조적으로, 피르호는 인류 안에 '더 높거나' '더 낮은' 인종이 존재한다는 개념을 거부했다. 피르호가 개진한 개념들은 '과학적 자유주의'적인 인류학을 반영하고 있었다(Weindling 1989).

흥미롭게도, 바스티안과 피르호 모두 극도의 실증주의자여서 관찰 가능한 실증 근거가 충분하지 않다고 보아 다윈의 자연선택설을 의심했다. 또한 유전학자인 조너선 마크스가 지적했듯이, 이들은 독일에서 다윈의 이론이 헤켈주의적이고 인종적으로 불관용적인, 나치의 정치 이데올로기의 원형이라고 할 만한 쪽으로 사용되는 일이 많아지는 데 대한 반대의 의미로서도 다윈주의를 강하게 거부해야 한다는 의무감을 느꼈을 것이다(Marks 2010a, 2012).

보아스는 자신의 자유주의적 이데올로기에 대한 지지와 학문적인 훈련을 당대 해당 학문 분야의 저명한 인물들로부터 받고 있었던 셈이다. 보아스는 바스티안과 피르호에게 크게 영향을 받았고 평생 그들과 교류를 이어갔다. 훗날 보아스는 피르호가 "진리 자체를 위해 진리를 추구하는, 얼음같이 차가운 열정의 불꽃을 가지고 있는" 사람이었으며 자연과학자로서 자신의 모델이었다고 말했다(Boas 1945, 1; Stocking 1974, 22; Baehre 2008).

　1883년에 배핀섬으로 첫 현장 연구를 간 보아스는 넷실릭Netsilik 에스키모의 언어, 신화, 노래, 관습, 습관, 물질 생활, 계절적 변화 등을 연구하는 데 집중했다. 또 그들의 이주 패턴, 집단 간 관계, 토지의 배열, 식품 공급 등도 연구했다(Cole 1999). 그의 목적은 "유기적인 것과 비유기적인 것의 상호작용, 무엇보다 사람의 삶과 물리적 환경 사이의 상호작용"을 연구하는 것이었다(Stocking 1974, 43-44. A. 자코비에게 보낸 서신 초안 인용). 보아스는 토착 부족들을 어떻게 보존할 것인지에 대해서도 관심을 기울이기 시작했고 그들에 대한, 그리고 그들로부터 얻은 지식을 모으고 축적하는 일이 긴요하다고 생각하게 되었다. 그들의 삶의 방식이 빠르게 사라질지 모른다고 예상했기 때문이다. 그는 그 사람들 속에서 함께 살았고 그들의 생활 양식을 완전히 받아들였다(Cole 1999). 첫 현장 연구에서부터도 보아스는 자신이 연구하는 사람들의 가치를 인정하는 태도를 가지고 있었다. 그는 집단들이 저마다 갖고 있는 가치가 평등하다고 생각했고 각 집단이 발달시킨 내적 특성Herzensbildung이 '문명'이나 학습의 베일보다 훨씬 중요하다고 생각했다(Baehre 2008). "나는 우리의 '좋은 사회'가 '야만인'들의 사회에 비해 어떤 우월한 점을 가지고 있는지 종종 자문한다. 그들의 관습을 관찰하면 할수록 우리가 그들을 깔볼 권리가 없다는 것을 발견하게 된다. … 우리 눈에 아무리 우스꽝스럽게 보일지라도 우리는 그들의 형식이나 미신을 탓할 권리가 없다. 상대적으로 말해서 더 '고도로 교육받은 사람들'인 우리 쪽이 훨씬 더 나쁘다."(Boas 1883년 일기; Cole 1999, 79)

　보아스의 관심은 지리학에서 인류학으로 이동하고 있었다. 그는 인류학자가 되고 있었다. 하지만 인류학에 대한 그의 접근은 이 분야의 전임자들과 달랐다. 보아스는 인간에 대해 연구하는 여러 분야를 아울러 하나의 학문으로서 인류학을 통합했다. 오늘날 인류학의 네 개 하위 분야로 일컫는 민속지학, 고고학, 생물인류학, 언어학이 통합된 학문으로서 인류학을 정립한 것이다(Boas

1940). 여기에 보아스는 귀납 논증에 대한 과학적 배경지식, 통계학에 대한 관심과 지식, (묘사적이고 유형 분류적이며 정태적인 접근이 아닌) 동태적 과정에 대한 관심을 더했고, 인간의 행동과 형태에 대해 역사적이고 상대주의적인 관점을 강조했다(Baehre 2008).

기본적으로, 보아스는 현대의 과학적 인류학을 발전시키고 있었다. 반면 당시에 스스로를 인류학자라고 생각한 다른 사람들은 오늘날 인류학이라고 여겨지는 것과는 전혀 다른 연구를 하고 있었다. 요컨대 민속지학, 지리학, 지질학, 해부학, 신체 측정학, 통계학, 언어학, 그리고 역사적 내용과 과정 등에 대한 그의 학문적 훈련과 연구를 바탕으로, 보아스는 본질적으로 '현대 인류학'이라고 불릴 만한 것(적어도 대부분의 현대 인류학자들이 그렇게 생각하는 것)을 개발하고 있었다고 볼 수 있다.

독일로 돌아온 보아스는 바스티안과 피르호 밑에서 연구를 더 하다가 1886년에 미국으로 이주했다. 이 무렵이면 독일의 정계와 학계, 그리고 학자들에 대해 환상이 깨진 뒤였고 약혼녀이자 미래의 아내가 뉴욕에 살고 있었다. 미국에서 보아스는 인류학자로서 본격적인 현장 연구와 박물관 연구를 시작했다. 여러 일자리를 거치다가(『사이언스』 부편집장과 클라크대학 조교수를 지냈으며 스미소니언박물관, 필드자연사박물관, 미국자연사박물관에서 일하기도 했다), 1896년에 미국자연사박물관의 민속지학 및 체질학 분과 부큐레이터로 정규직 일자리를 얻게 되었고 1897년에는 컬럼비아대학에도 함께 적을 두게 되었다. 2년 뒤인 1899년에 41세로 컬럼비아대학 정교수가 되었고 이후 내내 이곳에서 재직하다가 은퇴했다.

미국으로 이주하고서부터 1911년에 두 권의 주요 저작을 펴낼 때까지, 보아스는 동태적인 새로운 인류학을 확장하는 데 계속 매진했다. 오늘날 '체질인류학'이라고 부르는 영역과 관련해서는 미국 원주민에 대해 방대한 신체 측정 자료를 수집했다(Little 2001). 두개골 모양이 인종적 특징을 나타내고 그러한 특징은 고정되어 있다는 것이 당대의 정설이었으므로, 보아스는 서로 다른 부족의 두개골을 측정했을 때 심지어 동일한 언어를 사용하는 사람들 사이에서도 엄청난 다양성이 발견되는 것을 보고 크게 놀랐다(Cole 1999). 또한 부족 간 혼혈을 연구했을 때도 혼혈이 안 좋은 영향을 가져온다는 근거를 발견할 수 없었다(Boas [1894a] 1940). 처음에는 지리적 특성이 인간 생활의 주된 결정 요인이리라고 생각했지만(Cole 1999), 인간의 생활이 환경에 따라 달라진다는 것은 인정하더라도 외부 세계와 사회 내부에서의 복잡한 사회적 행동 사이의 연결은 피상적인 정도에 불과하다는 결론에 도달하게 되었다(Boas [1936] 1940). 그가 나중에 언급했듯이, 지리적인 영향은 "당연"하긴 하지만 "너무 희박해서, 인간 행동을 형성하는 주된 동인이 무엇인지에 대해 통찰을 주지는 못하는" 것으로 보였다(Stocking 1974, 42). 보아스는 환경결정론을 폐기했다. 보아스에게 민속지학은 본질적으로 정신의 삶에 대한 것, 즉 원시 집단들의 심리학에 대한 것이었지 환경과학이 아니었다(Cole 1999).

그렇다면 무엇이 주된 요인인가? 인간의 정신은 유전적으로 결정되어 불변하는가? 보아스는 통계학, 물리학, 지리학을 공부했으며 그의 방법론은 물리과학과 역사학의 접점에 있었다. 당시에 보아스는 물리과학이 모든 것을 아우르는 법칙을 발전시키는 데 초점을 두고 있다고 생각했다. "[물리학자에게는] 개별 사실들은 중요하지 않고, 그것들이 축적되어 일반적인 법칙을 드러내는 것에 초점을 맞춰야 한다. 하지만 역사학자에게는 개별 사실들이 그 자체로 흥미롭고 중요하다."(Cole 1999, 122) 보아스는 인류학에서는 동일한 주제를 양쪽 관점 모두에서 연구할 수 있다고 보았다. 물리학자의 일반화 방법론과 역사학자의 개별화 방법론 모두 말이다. 하지만 전자를, 즉 일반 법칙들을 얻기 위해서는 일단 후자에, 즉 구체적인 사실에 특별히 관심을 두어야 했다. 기저의 사실관계들에 대한 깊은 이해 없이 일반화를 한다면 가짜 일반화가 될 터였다. 이러한 접근에서 보아스는 연구에 임할 때 역사적인 면에 관심을 갖게 되었다. 본질적으로 이것은 다원주의적 접근이었다. 보아스가 언급했듯이, 자연의 역사적 측면은 전체적인 과학 연구 방식에 단단히 영향을 미쳤고 자연과학과 인문과학 모두에서 방법론적인 혁명을 가져왔다(Stocking 1974). 보아스는 모든 살아 있는 존재와 모든 사회는 그것이 역사적으로 발달해 온 과정의 결과라고 보았다(Boas [1889] 1940).

역사적 요인이 환경보다 훨씬 더 중요합니다. … 연구를 할수록 관습, 전통, 이주 등의 기원은 너무나 복잡해서 그것들의 역사에 대한 완전한 지식 없이는 그것들의

심리적 원인을 이해할 수 없다는 확신이 강해졌습니다. … 어떠한 집단의 삶에서

어떤 사건도 이후 세대에 영향을 미치지 않고 지나가는 것은 없습니다(파월에게 보낸

서신, 1885; Cole 1999, 126 재인용).

보아스는 어떤 것이든 그것의 속성과 가치는 전적으로 그것의 발달 과정
에 의해서만 이해될 수 있으며, 역사는 너무 복잡해서 하나의 종합적인 계획
을 그려볼 수 없다고 생각했다. 그는 "복잡성을 강조했다. 인간의 정신에 영향
을 미치는 요인들이 얼마나 '복잡다단'한지, 민속학적 현상의 기저에 있는 원
인들이 얼마나 '복잡하게 엮여' 있는지, 인간 집단이 갖는 속성의 배경 요인들
이 얼마나 '지극히도 복잡한지' 말이다. 그의 입장은 목적론적으로 방향 지워
진 계획이 존재한다는 가정에 도전했다."(Cole 1999, 126) 목적론적 관점이 당대
의 일반적인 가정이었다. 예를 들면, 비슷한 민속지학적 현상이 서로 다른 장
소에서 발견되면 그것은 동일한 사고 원천을 가지고 있기 때문이라고 여겨지
거나(가령 양쪽 사람들이 비슷한 수준의 물질 문화 수준에 도달했거나 비슷한 문화
진화의 단계를 지났다는 식으로) 유사한 환경이나 사회적 상황에 반응해 독립적
으로 이러한 유사점을 발명하게 되었으리라고 여겨졌다.

하지만 보아스는 만약 두 집단 사이에 유사점이 있을 경우 그것은 단지 우
연일 수도 있으며, 명백하게 비슷한 현상들이라고 해서 꼭 서로 비교 가능하
다고 가정하지 말아야 한다고 보았다. 서로 다른 지역에서 발견된 두 개의 딸
랑이가 비슷하게 보일 수 있지만 하나는 중요한 종교적 기능을 하고 다른 하
나는 그저 아이들 장난감일 수도 있는 것이다. 겉보기에는 동일해 보여도 그
것들의 기능과 용처로까지 이어진 연쇄적인 사건들(역사적인 원인들)은 매우
다를 수 있다. 비슷한 효과가 있다고 해서 비슷한 원인이 있다고 가정할 수는
없는 것이다. 이러한 관점이 보아스의 인류학을 추동했다. 일반 법칙을 발견
하려면, 먼저 비슷한 원인들이 늘 비슷한 결과를 가져온다는 것을 입증해야
하고, 비슷해 보이는 결과들이 실제로 비슷한 것인지도 입증해야 한다는 것
이었다. "매우 상이한 환경에서 동일한 발달이 나올 수도 있고 동일한 환경이
매우 상이한 현상을 산출할 수도 있기" 때문이다(Cole 1999, 127; Boas [1896] 1940;
Stocking 1968 참고).

물리과학 분야를 공부했던 것도 그가 역사적 접근을 발전시키는 데 도움이 되었다. "모든 이론적 연역은 실증적 귀납으로 조사되고 검증되어야 했다."(Cole 1999, 128) 그는 종종 지나치게 엄격한 실증주의자이고 이론에 반대한다고 비난받지만 이는 사실과 다르다. 보아스는 이론 자체에 대해 비판적인 것이 아니었다. 물리학자이든 역사학자이든 연구자는 두 분야 모두에서 유일하게 과학적인 방법으로서 실증적인 귀납을 사용할 필요가 있다는 것이 그의 생각이었다. 보아스는 연역과 비유에서 끌어낸 주장만으로는 만족하지 않았다. 그에게 과학은 사실로부터 결론을 도출하는 귀납적 방법론을 요구하는 것이었다. 선험적인 이론적 결론을 먼저 염두에 두고서 그것을 지지하는 사실들을 찾아내는 것은 충분히 좋은 방법론이라고 볼 수 없었다(Cole 1999). 후자의 방식은 당대 우생학에서 지배적인 접근이었고 오늘날에도 그렇게 드물지 않다.

하지만 보아스는 역사의 복잡성, 어떤 사회나 생명체가 발달해 가는 과정의 복잡성을 무시하고 싶지 않았다. 그는 "어느 한 시점에 어느 생명체의 생리학적이고 심리적인 상태는 그것이 거쳐온 역사 전체의 기능"이며 "생물학적 현상의 특징은 그것의 **현 상태**에 의해 표현되는 것이 아니라 그것의 역사 전체에 의해 표현되는 것"이라고 믿었다(Boas 1887b, 589).

보아스는 구체적인 현상에 대한 역사적인 탐구만이 발달의 일반 법칙을 도출하는 데 유의미한 재료를 산출할 수 있다고 보았다. 역사적인 연구는 인간과 인간 사회의 발달을 규율하는 일반 법칙을 도출하기 위한 귀납적인 주춧돌을 놓을 수 있었다. 그렇다면, 궁극적으로 보아스가 "비교 연구가 없는 순수한 역사적 방법론만으로는 불완전하다"고 보았다는 이야기도 된다(Stocking 1974, 68). 그는 이론을 발달시키기 위해서는 데이터에서 시작해 점차 이론으로 올라가는 상향식으로 작업해야 하며, 데이터에 이론을 부과하는 식으로 하향식 작업을 하면 안 된다고 믿었다. 그리고 보아스가 보기에 당대의 민속지적 지식은 아직 너무 기초적일 뿐이라서 어떤 일반 법칙도 확실하게 논하기 어려웠다(Boas [1932] 1940).

실증 연구를 촉구한 것에 더해, 보아스는 '문화상대주의cultural relativism' 접근법을 가져왔다. 전기 작가 더글러스 콜은 보아스의 생각을 이렇게 요약했다.

그는 모든 지식이 역사적으로 결정된다면, 그 지식을 구축하는 판단들 자체도 그것들이 만들어진 역사적 조건에 영향을 받는다고 보았다. 많은 이들에게 이것은 해방적인 개념이었다. 도그마를 없애주고 전통을 벗어던지게 해주며 의지의 자유를 키워서 여러 가지 가능성에 정신을 열어주었기 때문이다. … 이러한 상대성의 개념은 인종 집단에 대한 상대주의적 관점으로도 이어졌다. … 깊은 상대주의와 그가 그것에 부여한 해방적인 가치는 역사주의와 귀납적 방법론에 대한 강조만큼이나 보아스의 사고를 당대의 여타 미국 학자들과 구별시켜 주는 특징이었다(Cole 1999, 132-133).

한 집단의 역사를 발견하기 위해서 보아스는 역사적, 개별적, 상대주의적 접근을 취했고 그들의 신체 특징, 언어, 기타 민속지적 정보에 대한 실증 데이터를 수집했다. 또한 그는 고고학적 데이터가 인간 집단의 역사에 유용한 정보를 더해줄 수 있다는 것을 알고 있었기 때문에 1887년부터 고고학자 프레더릭 워드 퍼트넘에게 지침을 얻기 시작했고 그로부터 많은 지원도 받았다(보아스가 컬럼비아대학에 임용되는 데 퍼트넘이 크게 기여했다. [Patterson 2001]). 마지막으로, 보아스는 생물통계학biostatistics을 방법론에 추가했다. 이러한 '보아스주의'는 현대 인류학의 청사진이 되었다(Boas 1940; Stocking 1968; Darnell 1971; Cole 1999).

보아스가 통념으로 자리잡은 우생주의자들의 흠식 역사 접근과 이데올로기에 반박하는 견해를 공개적으로 처음 밝힌 것은 1894년 AAAS 연례 회의에서였다. 여기에서 그는 「인종에 의해 결정되는 인간의 기능」이라는 논문을 발표하면서 이렇게 주장했다. "신체적인 기능보다 역사적인 사건들이 어떤 인종을 문명으로 이끄는 데 더 강력한 영향을 미치는 것으로 보인다. 그리고 이에 따라 인종의 성취를 근거로 하나의 인종이 다른 인종보다 태생적으로 더 우월하다는 가정을 할 수 없게 된다. … [정신 역량의 면에서] 우월하거나 열등한 인종을 구분할 만한 차이는 전혀 발견되지 않았다. … 특정한 인종은 높은 문명을 결코 달성할 수 없으리라는 주장에 대해서도 이를 의심의 여지없이 입증할 수 있는 근거는 발견되지 않았다."(Boas [1894b] 1974, 308, 323, 317) 당시에 존재하던 데이터상으로는 여전히 백인의 두개골과 뇌의 크기가 '유색인종'보다 크다고 되어 있었지만, 보아스는 이러한 측정의 문제를 지적했고 이것이 백인이 우월함을 입증하는 근거가 된다고는 가정할 수 없다고 주장했다. 여성의 두개골 용량이 남성보다 작더라도 "여성의 역량은 명백하게 남성과 동등한 정도로 높다"는 데서도 알 수 있듯이 말이다(Boas [1894b] 1974, 315). 경력 초기에 보아스는 전국적으로 잘 알려진 흑인 사회학자 W. E. B. 듀보이스와 인종 평등과 통합을 위해 긴밀하게 협력했고, 듀보이스를 도와 1909년에 '유색인종 지위 향상 협회NAACP'의 설립에도 일조했다(Barker 2010).

1900년이면 보아스는 캐나다, 알래스카, 미국 북서부 연안 등에서 아홉 건의 현장 연구를 마무리한 상태였다. 원주민을 대상으로 민속지를 기술할 때는 늘 원주민들과 협력했고, 당대의 주요 민속지학자 및 고고학자(바스티안, 피르호, 타일러, 제섭, 퍼트넘, 파월 등)와도 협업했다. 그는 1만 7,000명의 미국 원주민과 혼혈인을 대상으로 신체 측정 데이터를 수집했는데, 그 결과가 드러내는 다양성에 깊은 인상을 받았다. 그의 데이터는 연령, 출신, 사회 계급, 남아와 여아의 각 성장률이 집단 내에서도 매우 다양하다는 것을 보여주었다. 그의 데이터는 형태학적 '유형'이 인위적으로 구성된 추상이라는 것을 꽤 명백히 드러냈다. 또한 혼혈이 열등하다는 널리 퍼진 우생학적 견해도 근거가 없음을 보여주었다. 불임이 되거나 신체적으로 더 열등하기는커녕 그들은 아이를 더 많이 낳았고 더 키가 컸으며 선대의 양쪽 집단 모두에 비해 더 큰 다양성을 보였다(Boas [1894a] 1940; Cole 1999; Little 2010).

보아스는 다양성과 복잡성을 강조했다. 이러한 차이들은 사회적 환경, 지리적 영향, 선택, 우연적 변이, 유전적 혼합 등으로 설명할 수 있었다(Stocking 1968). 보아스는 인류학적, 사회적 과정의 동학을 이해하는 데서 동시대 인류학자들보다 훨씬 앞서 있었다. 그는 "대학에서 인정되는 학문으로서 민속지학을 정립"하고자 했다(보아스가 페르디난트 프라이허 폰 안드리안 베르베르크에게 보낸 서신, 1898; Cole 1999, 220 재인용). 그는 인류학과 민속지학에서 단순한 묘사, 낡은 이론, 정태적인 유형 분류식의 접근을 하기보다 '과정'에 집중하는 새로운 접근법을 개척했다. 그는 미국에서 새로운 인류학을 세우는 일에 착수했고 제자들도 그가 설정한 네 개 분야, 즉 민속지학, 체질인류학, 언어학, 고고학의 방법론을 사용하도록 훈련했다. 그는 "미국의 차세대 민속지학자 거의 모두가 전적으로, 혹은 부분적으로 나의 학파에서 나오게 될 것"이라고 말했다(보아스가 부모에게 보낸 편지, 1899; Cole 1999, 221 재인용).

보아스에게 인류학은 귀납적 방법론에 기초한 과학이었고 그것의 목적은 인류의 생물학적, 정신적, 사회적 역사를 이해하는 것이었다. 즉 "인간의 사회적 삶에 관련된 모든 현상의 역사와 분포, 그리고 부족들의 물리적 특성과 신체적 특성에 관련된 모든 현상의 역사와 분포를 추적하는 것"이었다(Boas 1887a, 231). 그는 각 집단 사이에, 또 각 집단 내에서 그러한 현상을 일으킨 과정의 모든 복잡성을 이해하고 싶었다. 당시까지 인류학자들은 '문명'의 기원을 일반론적으로 설명하는 데, 즉 인간의 본성과 발달을 설명하는 **포괄적인** 견해를 개발하는 데 치중하고 있었다. 하지만 보아스는 인간 집단들의 구체적인 역사에 관심이 있었고, 구체적인 역사의 동태적 과정에 대한 이해보다 일반화가 먼저 나와서는 안 된다고 보았다.

'인류의 정신적 단일성'이라는 개념에 대한 다른 민속지학자들의 견해는 인간의 정신이 마치 기계처럼 동일한 투입이 들어가면 늘 동일한 산출이 나오도록 되어 있다는 개념에 토대를 두고 있었다. 따라서 이들은 모든 곳에서 상호 비교 가능한 발달이 나란히 전개될 것으로 예상했다. 인간의 사회적 진화 단계, 즉 원시에서 야만으로, 다시 문명으로 가는 과정은 인간이 각자의 역사를 거치며 동일한 발달 단계를 거쳐가는 동안 사고, 행동, 목적, 방법에서의 동일성에 토대를 두고 있다고 여겨졌다. 현존하는 원시 집단은 '문명화된' 집단이 과거에 지나온 단계와 비슷하다고 간주되었다. 따라서 현존하는 원시 집단을 연구하면 '더 발달된' 집단의 과거를 재구성해 볼 수 있을 터였다. 또한 현재의 '문명화되지 않은' 집단은 발달 단계상에서 더 이른 단계를 의미하므로 현재의 '문명화된' 집단보다 더 원시적이고 덜 '문명화된' 사고 방식을 가지고 있으리라고 여겨졌다. 이렇듯 진화적 발달이 현대에 존재하는 집단들의 '개체 발생'(혹은 내적 발달)에 반영되어 있다는 개념은 에른스트 헤켈의 "생물의 개체 발생은 계통 발생을 되풀이한다"는 이론을 확장한 것이었고, 이는 헤켈의 영향력이 당대에 얼마나 많은 학문 분야에 퍼져 있었는지를 단적으로 보여준다(Haeckel 1874; 참고: Gould 1977b; Baehre 2008).

보아스가 사회의 진화적 발달이라는 개념에 비판적인 것은 아니었지만, 위와 같은 접근법에 대해서는 두 가지 측면을 비판했다. 하나는 인과관계에 대해서였고, 다른 하나는 '인류의 정신적 단일성'에 대한 당대의 해석에 대해서였다. 우선, 앞에서 언급했듯이 보아스는 비슷한 현상이 늘 비슷한 원인에서 나오는 것은 아니라고 (심지어는 대체로 그렇지도 않다고) 보았다. 그의 민속지학적 연구는 비슷한 현상이 매우 다양한 방식으로 발달될 수 있음을 보여주고 있었다. 보아스는 토템 부족, 장식 예술, 북서부 연안의 가면 사용 등 다양한 사례를 들어서 매우 상이한 원인들에서 상당히 유사한 효과가 발생할 수 있음을 보여주었다. 즉 표면적으로 비슷하게 보이는 현상이 훨씬 복잡한 기원을 가진다는 점을 보여주면서, 현상들 사이에 실제로 존재하는 관계를 파악하기 위해 느리고 신중하고 상세히 연구해야 한다고 촉구했다. 이러한 접근에는 역사적 방법론이 필요했다(Cole 1999). 그는 이러한 접근으로만 "해당 관습을 구성한 역사적 원인과 그것의 발달 과정에서 작동한 심리적 과정을 상당한 정도의 정확성을 가지고 규명할 수 있다"고 보았고 "이러한 방법을 적용하는 것은 건전한 진보의 불가결한 조건"이라고 주장했다(Boas [1896] 1940, 277, 279).

보아스는 인간 집단 사이의 통일성이 아니라 다양성이 인류학이 드러내는 놀라운 특징이라고 보았다(Cole 1999). 이것이 보아스가 발전시킨 인류학적 문화 개념의 토대였다. 보아스는 가설적이고 연역적인 당대의 이론들에 반대했다. 실증적인 토대가 거의 없거나 아예 없었기 때문이다. 그는 추정적인 이론을 거부했는데, 그것이 이론적이어서가 아니라 추정적[억측적]이어서였다. 많은 경우에 방법론이 (인간의 생물학적, 행동적 특징에 대한) 연구 결과에 결정적으로 영향을 미치고 있었다. 수집된 데이터가 이론을 '검증'하기 위해서가 아니라 '확증'하기 위해 사용되는 것이다. 이들은 사람들의 집단을 인종, 언어, 문화로 구분해 왔지만, 보아스는 그러한 구분 사이에 불일치가 많고 인종, 언어, 문화 사이에 꼭 상관관계가 있는 것은 아니라는 것을 보여주었다. 물리적, 사회적 상호작용에 대한 구체적인 역사적 연구만이 각각의 사회 집단이 보이는 결과를 타당성 있게 설명해 줄 수 있었다.

보아스가 당대의 이론에 대해 문제 제기한 두 번째 지점은 '인류의 정신적 단일성' 개념에 대한 해석이었다. 당시에 이 개념은 모든 곳에서 사람들이 동일한 환경에서는 동일한 발명을 하리라는 의미로 해석되고 있었다. '인종' 유형 구분과 비슷하게, 또한 인간 사회의 진화적 발달 단계론과 비슷하게, 이것은 인간의 정신을 정태적이고 유형 분류적으로 보는 접근 방식이었다. 즉 주어진 환경이 있으면 사람들은 늘 예측 가능하고 제한적인 방식으로 사고하리라고 가정한 것이다. 이러한 접근에서 보면, 비슷한 진화 단계에 있는 사회들에서는 사람들의 사고 수준이 비슷하리라고 예측하게 된다. 가령 현대의 '원시' 부족의 사고는 현대의 '문명화된' 집단의 더 이른 단계에 살던 사람들과 비슷하고 문명화된 집단의 현재 사람들과는 다르리라고 생각하게 되는 것이다.

보아스가 정신적 단일성을 이야기했을 때 의미한 바는 이와 달랐다. 보아스에게 인간 정신의 유사성은 모든 사회의 모든 집단 사람들이 유사한 정신적 **과정**을 갖는다는 것을 의미했고, 보아스가 연구에서 주되게 초점을 둔 측면 중 하나는 인간이 공유하고 있는 정신적 **과정**의 법칙을 발견하는 것이었다. 보아스는 인간 정신의 구성은 본질적으로 과거와 현재의 모든 인간 사회와 모든 인종 사이에 동일하며, 정신의 활동도 모든 곳에서 동일한 법칙을 따른다고 보았다. 이러한 법칙의 발현은 인종이나 집단 간의 유전적인 차이에 달려 있는 것이 아니라 "그 정신이 재료로 사용하는 물질을 공급하는 문화의 다양성에 의해 나타나는 산물"이었다(Boas 1904a, 243). 인간의 정신은 진공에서 발달하지 않고 특정한 역사를 가진 특정한 사회 속에서 발달하며, 각각의 정신은 공통된 전통, 습관, 학습된 경험, 교육, 관습 등에 둘러싸여 있었다. 따라서 정신의 발현은 특정한 사회적 집단 안에서 "개념들의 연결과 모방을 통해 받아들인 개인의 경험에 달려 있는" 것이었다(Cole 1999, 272). 보아스는 사람들이 자신의 '세계관'을 사상, 관습, 전통 사이의 연관을 통해, 사회화와 문화화의 과정을 통해, 그리고 개인의 경험을 통해 발달시키며, 이 과정이 꼭 의식적으로 이뤄지는 것은 아니라고 보았다(Boas 1940).

『이민자 후손의 신체 형태 변화』, 『원시인의 마음』
인류학적 문화 개념

이러한 사고 방식을 가지고, 보아스는 사회과학계와 더 폭넓은 사회에서 우생학의 장악력을 깨뜨리는 데 기여할 비판을 발달시켰다. 또한 그는 인간으로 존재한다는 것의 신체적, 사회적 측면 모두를 이해하고 연구하는 데서 더 계몽된 방식으로 이끌어줄 새로운 패러다임을 발달시켰다. 주요 저술 두 권이 나온 1911년에 보아스는 이미 53세였고 새로운 인류학을 30년 가까이 발전시켜 온 터였다. 이 두 권의 책은 그의 이전 연구를 종합하고 앞으로의 연구에 자극을 주기 위해 집필한 것으로 보인다. 그리고 시간은 좀 걸렸지만 이 책들은 궁극적으로 20세기 우생학과 나치즘의 종말을 불러올 첫 촉매가 되었다. 불행히도 인종주의와 단순한 생물학적 결정론을 완전히 사라지게 하지는 못했지만 말이다.

보아스는 뉴욕의 유대인 이민자에 대해 기초적인 측정을 진행했던 의사 모리스 피시버그의 제안으로 연구 자금을 받는 데 성공해 미국이민위원회U.S. Immigration Commission가 의뢰한 '이주가 뉴욕의 이민자에게 미친 신체적 영향'을 연구할 수 있게 되었다(Little 2010). 1908년에서 1910년 사이에 그는 거의 1만 8,000명의 이민자와 그 자녀들의 신체 지표를 측정했다. 결과는 그가 보기에도 놀라웠다(Degler 1991; Little 2010). 이 결과를 담은 책이 1911년에 출간된 주요 저서 중 한 권인 『이민자 후손의 신체 형태 변화』(1911a)다. 그는 엄마가 미국으로 이주하고 10년 안에 아이의 머리 형태가 달라진 것을 발견했다. 보아스는 엄마와 아빠가 둘 다 이민자이고 아마도 동일한 유전적 배경을 가지고 있을 것이므로, 이러한 변화의 몇몇 측면은 사회적 혹은 물리적 환경이 원인일 것이라고 보았다. 당시에 두頭지수(머리의 길이와 폭의 비율)는 가장 안정적이고 불변하는 특질이라고 여겨졌고 인종 구분의 중요한 척도였기 때문에, 보아스는 이 연구에서 나타난 머리 형태의 변화를 강조했다. 당시에는 두지수를 측정해 그 사람의 인종을 특정할 수 있으며 두지수는 환경이나 사회적 영향으로 달라지지 않고 시간이 지나도 안정적으로 유지된다고 여겨졌다. 두개골 모양과 크기는 생물학적인 인종 고정성의 가장 두드러지는 상징이었고 다원발생설과 우생학의 핵심 주장 중 하나였다. 미국이민위원회는 보아스의 주장을 기각했다(Barker 2010).

보아스 본인도 체질인류학의 옛 실증 결과들을 믿고 있었다. 1910년에 그는 "나는 늘 두지수가 매우 안정적일 것이라고 전적으로 확신하고 있었기 때문에 나 자신이 수행한 조사의 결과를 받아들일 준비가 되기까지 시간이 많이 걸렸다"고 말했다(보아스가 구스타프 레치우스에게 보낸 편지, 1910.05.03.; Degler 1991, 66 재인용). 하지만 보아스는 이 결과가 매우 중요하다는 것도 알고 있었다. 불변하는 것처럼 보이는 생물학적 특징, 환경에 결코 영향받지 않으리라 여기던 특질, 그리고 유형 분류적이고 다원발생론적이며 우생학적인 이론의 가장 기초적인 상징으로 사용되었던 특질이 불과 한 세대 사이에 변화할 수 있었던 것이다. 보아스는 이렇게 강조했다.

> 이렇게 가장 영구적이라고 여겨왔던 인종의 특징마저도 새로운 환경에서 동일하게 유지되지 않았다. … 우리는 이러한 신체 특징이 달라질 때 이민자들의 신체적, 정신적 구성이 달라질 수 있으리라는 결론을 내리게 된다. … 실증 근거는 이제 인간 유형이 매우 달라지기 쉽고 유동적임을 말해준다. … 인간 유형의 정신적인 구성에 대해서도 매우 큰 유동성이 있다고 여겨야 할 것이다. … 우리는 정신의 근본적인 특질들 [또한 새로운 환경에서 달라질 수 있다고] 결론 내려야 마땅하다. … 우리가 신체의 형태에서 차이를 입증할 수 있었다면, 이제 입증 책임은 이러한 변화에도 불구하고 신체의 다른 형태나 기능이 절대적으로 영구적이라고 생각하는 사람들에게 놓여 있을 것이다(Boas 1911a, 5, 76).

이렇게 해서 보아스는 인간의 정신을 구성하는 데서 인종이 수행하는 역할을 완전히 새롭게 이야기했다. 그는 보고서에서 이렇게 언급했다. "[이 결과들이] 근본적으로 중요한 인류학의 과학적 발견이라고 보아도 과언이 아닐 것이다."(Degler 1991, 65 재인용) 그는 자신이 발견한 결과를 널리 알리는 일에 착수했다. 학계의 동료들과 교신했고, 전국 및 국제 컨퍼런스에서 발표도 했으며, 미국이민위원회에 보고서 1,000부를 요청한 것을 보면 많은 사람에게 보고서를 보내기도 했을 것이다. 두지수에 대한 보아스의 발견이 기존의 통념이던 인종 특질의 고정성 개념에 맞서는 지극히 중요한 실증 근거였지만, 이것은 보아스가 인간의 생물학적 구성에 환경이 미치는 영향을 강조한 데서 빙산의 일각에 불과했다. 환경이 인간의 생물학적, 행동적 특질에 아무런 영향을 미치지 못한다고 확신하고 있었던 사람들에게는 이것이 매우 놀라운 발견이었을 것이다. 하지만 보아스는 두지수 연구가 아니었어도 환경이 인간의 생물학적 특성에 미치는 영향이 막대하며 인종은 거의 상관이 없다는 것을 이미 알고 있었다(Degler 1991). 사실 그는 1911년이 되기 한참 전에 이 결론에 도달했다(한편, 두개골 변화에 대한 보아스의 결과에 대해 최근에 실증 근거와 관련한 의문이 제기됨: Sparks and Jantz 2002; 이 논쟁에 대해, 그리고 제기된 문제에 대한 뛰어난 반론은 다음 참고: Gravlee, Bernard, and Leonard 2003a, 2003b; Relethford 2004; Little 2010)

　　신체의 형태가 환경의 영향으로 변화한다는 보아스의 견해는 체질인류학의 실증 연구에서 나온 결론이었지만, 환경이 인간 행동에 미치는 영향에 대한 일반적인 이론은 민속지학과 언어학 연구를 통해 개진되었다. 이것이 1911년의 두 번째 책 『원시인의 마음』(1911b)의 내용이다. 보아스가 오랫동안 발전시켜 온 이론을 요약하고 종합한 이 책은 그의 개념을 일관성 있고 학자뿐 아니라 일반 대중도 읽기 쉬운 방식으로 표현하고 있다. 보아스가 이 책을 통해 개진한 전통 견해에 대한 반박은 진정으로 급진적이었는데, 이는 인종적 평등에 대해 그가 일찍부터 가지고 있었던 헌신 및 인종과 문화는 별개라는 확신을 보여준다(Little 2010).

　　보아스는 '야만적인' 사람들과 '문명적인' 사람들 사이에, 또는 유색인종과 백인 사이에 정신의 용량이나 능력의 차이가 존재하지 않는다고 주장했다. 신체적 외양이나 사회적 발달 단계의 차이는 사회적 기능이나 정신적 역량의 차이와 어떠한 유의미한 관련도 없었다. 그렇다면 상이한 집단 사이에서 명백히 발견되는 차이들은 무엇에서 기인하는가? 보아스는 집단 간에 행동과 사회가 다른 것은 상이한 역사 때문이지 기본적인 생물학에서의 차이 때문이 아니라고 보았다. 그의 접근은 역사학적이고 상대주의적이었다. 사상, 개념, 세계관, 기술, 신화, 종교, 언어, 친족 패턴, 예술, 논증 등은 특정한 사회에서 그들의 조상 및 역사적인 환경으로부터 영향을 받아 나오는 산물이었다. 보아스는 이렇게 설명했다. "우리의 개념들은 우리의 환경에 따른 상대적인 것이지 인간 경험의 절대적인 스펙트럼상에 있는 것이 아니다."(Degler 1991, 67 재인용) 각 사회는 자신의 역사를 가지며 그 역사를 통해 세계를 다루는 데 사용할 자신의 물리적, 정신적인 맥락들을 만들어낸다. 각 사회는 서로 다른 방식으로 세계에 접근할지 모르지만 각각의 맥락에서 볼 때 이 접근은 통합적이고 논리적이다.

그 논리가 사회마다 다르긴 하겠지만, 이는 각 사회가 거쳐온 오랜 역사에 기인한 것이며 어떤 집단도 절대적으로 옳거나 그르거나 하지는 않다. 보아스는 인류학자들이 "인간의 정신을 다양한 역사적 ... 민속지적 환경에서 연구해야 한다"고 촉구했다. 민속지학의 목적은 "문명이 무언가 절대적인 것이 아님을 널리 알리는 것"이었다. 문명은 "상대적인 것이고 우리가 가진 개념과 사상은 우리의 문명이 지속되는 한에서만 진실일 수 있는 것"이었다. 또한 "각각의 문명이 얼마나 멀리 나아가는지는 그것의 지리적, 역사적 환경의 결과"였다(Boas 1887b; Degler 1991, 67 재인용).

『원시인의 마음』에서 보아스는 내적 일관성을 보이는 인구 집단, 사회 집단, 사회가 보이는 정신적·생존경제적·기술적, 또 그 밖의 특성에 생물학적 요인보다 역사적 요인이 더 중요한 영향을 미친다고 본 그의 오랜 견해를 요약하고 있다. 자신이 수행한 민속지학적 연구에 기초해, 보아스는 사회들 사이의 차이는 내재적인 역량의 차이에서 나오는 것이 아니라고 주장했다. '원시인'이라고 해서 정신적 역량이 '문명인'과 다르지 않았다. 모든 사람은 비슷한 정신적 역량을 가지고 있으며, 차이는 각 사회가 특정한 역사를 거쳐오면서 만들어진 것이다. 그는 인간 사회의 이러한 측면을 포착하기 위해 **문화**라는 용어를 인류학적으로 사용하는 방식을 개척했고, 이를 통해 사회과학의 혁신적인 새 패러다임을 만들었다. 역사학자 데글러는 이 새로운 접근을 다음과 같이 묘사했다. "1911년의 책에는 1880년대에 표현되었던 개념들 모두가 거의 단어 하나 다르지 않게 나타나 있었다. ... 가장 중요하고도 유일한 예외는 그가 '문화'라는 단어를 사용한 방식이다. 이 개념은 보아스가 인간 행동의 차이를 연구하는 사회과학 분야에 남길 핵심적인 업적이 된다."(Degler 1991, 70-71) 1911년 전까지 **문화**라는 용어는 단수적인 의미를 가지고 있었다. 문화는 상류사회나 '고급 문화' 같은 문명을 일컫는 또 다른 표현이었다. 오페라를 들으러 가거나 미술관에 가는 사람들이 '문화화된(cultured, 교양 있는)' 사람들이라고 불렸다. 하지만 보아스는 이 용어를 복수형의 의미로 사용했다. '다양한 문화들'이라는 개념을 표현하고자 한 것이다. 오늘날 인류학에서 '문화'는 이러한 개념으로 쓰인다. 또한 보아스는 모든 사회가 자신의 문화를 드러낸다고 가정했고 "모든 문화의 공통점을 알려 하기 전에 각각의 문화를 먼저 분석해야 한다"고 보았다(Boas 1904b, 522).

그의 비판자(과거와 현재 모두) 다수가 말하는 바와 달리 보아스는 유전과 생물학이 인간 행동을 구성하는 데 중요한 영향을 미친다는 점을 부인하지 않았다. 그는 "인간의 모든 본질적인 특질은 주로 유전에 의한 것임이 즉각적으로 관찰된다"고 말했다(Boas 1911b, 76). 또한 그는 개인 간에 심박, 기초대사, 호르몬 발달, 정신 발달, 정신 행동 등과 관련된 차이가 존재한다고 보았다. 하지만 하나의 사회나 문화 안에서, 또한 하나의 인종 안에서 발견되는 개인 간 차이가 너무나 방대해서 [집단의 특성을 이야기하기에는] 모든 사회나 문화나 인종이 거의 겹치는 정도의 다양성을 가지고 있다고 지적했다. 사회들 사이에 발견되는 결정적이고 기본적인 차이는 개인의 생물학적·유전적 차이의 결과가 아니라 기저의 문화적 차이를 만들어 온 역사적 과정의 산물이었다.

인류학적 문화 개념의 고전적인 정의는 저명한 문화인류학자 클리퍼드 기어츠가 다음과 같이 제시한 바 있다. "역사적으로 전승되고 상징 속에 체화된 '의미의 전승 패턴'으로, 인간이 자신의 지식과 삶에 대한 태도를 소통하고 지속하고 발달시켜 가는 수단으로서 상징 형태 안에서 표현되는 전승된 개념들의 체계."(1973, 89) 더 최근에 나온 정의는 문화를 개인이 특정한 사회의 구성원으로서 명시적으로나 암묵적으로 물려받게 되는 일군의 가이드라인으로서, 그들에게 세계를 어떻게 **볼** 것인지, 그 세계를 감정적으로 어떻게 경험할 것인지, 그 세계 안에서 어떻게 **행동할** 것인지를 말해주는 지침이라고 설명한다. 문화화의 과정을 통해 개인은 서서히 그 사회의 문화적 '렌즈'를 획득하게 된다. 공동의 세계에 대한 이러한 인식이 없다면 인간 사회는 불가능할 것이다(Helman 1994 수정). 물론 그 공통된 세계관에서 사회 구성원이 그들의 역사를 통해 공유하는 문화의 다른 모든 갈래들, 즉 생존 기법, 테크놀로지, 사회구조, 언어, 신화, 종교 등이 파생된다. 현재 이러한 개념은 인류학의 기초적인 패러다임이다(혹은 그래야 한다). 이 개념은 인간 행동과 여타 동물의 행동 사이에서 나타나는 기본적인 차이이기도 하다(Read 2012). 인간에게서 작동하는 **문화**는, 이 용어를 보아스가 의도한 의미대로 이해할 경우, 인간 행동의 근원적이고 고유한 특징이며 인간 본성의 일부다(Sussman 2010). 이러한 방식으로 보아스는 '동물의 문화'라는 흔히 쓰이는 표현에 대해서도 문제를 제기한다. 가령 아프리카의 서로 다른 침팬지 군집 사이에서 차이가 발견되지만, 이 차이는 인간 사회들 사이의 차이에 비하면 미미하고, 아프리카의 동일한 계곡에서 인접해 사는 사회들 사이의 차이에 비해서도 미미하다. 문화는 단순히 학습된 행동의 전승이나 사회적 학습만을 말하는 것이 아니다. 많은 동물도 그것을 할 줄 안다. 하지만 인간의 학습 역량과 동물의 학습 역량의 차이는 상당히 근본적이다.

침팬지 군집들은 손뼉 치는 방식이 서로 다를 수도 있고 흰개미를 사냥하는 방식이 다를 수도 있다. 하지만 상이한 인간 문화권에서의 삶은 설령 동일한 지리적 영역에 산다고 해도 거의 모든 주요 측면에서 본질적으로 상이하다. 식습관, 기술, 언어, 친족 구조, 종교 등에서, 또 누구를 친구로 보고 누구를 적으로 보는지, 시간을 어떻게 측정하는지, 색상과 소리를 어떻게 인식하는지, 주위 세상의 모든 면을 어떻게 구분하고 범주화하는지 등 모든 면에서 말이다. 기본적으로, 인간은 매우 상이한 방식으로 세상에 접근할 수 있다. 그들은 세상을 다르게 본다. 그들은 상이한 세계관을 가지고 있다. 인간이 직립보행을 한다는 점에서 독특하다고 말할 수 있듯이, 문화를 가지고 있다는 점에서도 그만큼이나 독특하다. 20세기 초입의 사회학자 막스 베버의 말을 빌려서, 클리퍼드 기어츠는 이렇게 말했다. "인간은 자신이 짠 의미의 망 안에 붙잡혀 있는 동물이다."(Geertz 1973, 49) 이어서 기어츠는 이렇게 설명했다. "물론 인간이 없으면 문화도 없다. 하지만 마찬가지로, 그리고 더 중요하게, 문화가 없으면 인간도 없다." 나는 여기에 이렇게 덧붙이고 싶다. 문화가 없으면 인류학도 없다고. 나는 문화 개념을 적합하게 이해하는 것이 좋은 인류학과 좋은 인류학자의 특징이라고 생각한다.

스토킹은 보아스의 문화 개념을 이렇게 요약했다.

이 변화에서 문화 개념과 관련된 측면에만 초점을 맞추어 보면, 이 변화는 단순화된 생물학적, 인종적 결정론에 대한 거부, 문화를 평가할 때 자민족중심적인 기준을 적용하는 것에 대한 거부, 그리고 인간 행동을 결정하는 무의식적인 사회적 과정에 대한 관심의 촉구가 내포되어 있음을 알 수 있다. 여기에는 인간이 **합리적인** 존재인 만큼이나 **합리화하는** 존재라는 개념이 담겨 있다. 보아스는 … 인류학적 문화 개념에 대해 정의를 내리지는 않았다. 하지만 그의 연구는 이 단어가 특징적인 의미를 획득하게 만든 중요한 내용을 제시했다. … "문화"와 인간의 진화적 발달 사이의 관계, 전통의 부담과의 관계, 이성적 과정과의 관계를 바꿈으로써, "문화"를 전과는 상당히 다른 도구로 만들었다. 그 과정에서 보아스는 인류학, 그리고 인류학자의 세계 둘 다를 바꾸었다(Stocking 1968, 232-233).

보아스가 1911년에 두 권의 대작을 펴냈을 시점에 우생학자들은 환경이 인간 행동에 거의 영향을 줄 수 없다고 믿고 있었다. 1912년에 고더드는 칼리칵 가문에 대한 책을 펴내면서, 이 사례를 통해 인간의 복잡한 행동을 결정하는 데서 유전이 모든 환경적 영향을 압도한다는 사실을 보여주려 했다. 유전과 생물학적 결정론이 아닌 설명, 환경적 영향에 대한 설명은 적어도 유럽 대부분과 미국에서는 맥이 끊겨 있었다. 우생학자들은 500년의 전투에서 승리했다고 생각했다. 이들에게 인간 사회 사이의, 계급 사이의, 사회적 '부적합자'와 사회적으로 받아들여질 수 있는 사람들 사이의 차이는 오로지 유전과 생물학으로만 설명될 수 있었다. 심지어 늦게는 1933년에 이르러서까지도 오이겐 피셔는 "문화에 대한 낡은 숭배는 … 과거의 것이며 … 신체적 특질뿐 아니라 정신 능력의 유전 가능성도 마침내 확증되었다"고 주장했다(Proctor 1988, 345 재인용). 1911년에는 보아스의 '문화' 개념이 갓 나온 새로운 것이었지만, 점차 이 개념은 실증 근거에 더 잘 부합하는, 그리고 궁극적으로 나치와 우생학자들이 상정한 단순한 유전자 결정론과 생물학적 결정론을 누르고 승리하게 될 대안적 패러다임이 된다.

스토킹은 사회과학에서 문화라는 용어가 1890년에서 1915년까지 어떻게 사용되었는지 알아보았는데(Stocking 1968), 1895년 이전에는 보아스만 예외적이었고 나머지 경우에는 문화가 더 확장적인 개념으로 사용되지 않았다. 하지만 1910년 이후에는 더 확장적인 의미에서의 문화 개념이 문화인류학자와 여타 사회과학자들 사이에서 일반적으로 쓰였다. 이때 보아스는 반박되어 사라진 라마르크주의의 대안을 과학계에 제공했다. 1920년대와 1930년대에 미국 과학계에서는 우생학이 우위를 점하고 있었고 나치즘은 1940년대까지도 강세였지만, 점차 인류학적 문화 개념과 그것이 인간 행동에 대해 제공하는 통찰이 우생주의자와 나치의 단순화된 유전학과 생물학적 결정론에 과학적 신빙성이 전혀 없음을 보이는 데 필요한 실증 근거들을 제공하게 되었다. 불행히도, 몇몇 생물학적 결정론과 과도하게 단순화된 유전학은 나중에 생물학과 인류학에 슬그머니 되돌아왔고 보아스의 문화 개념이 심지어 인류학자들 사이에서도 오해되고 잘못 사용되는 일이 벌어졌다.

하지만 20세기 초에 우생학, 나치즘, 인종주의와 싸우는 데서 사회과학자들은 보아스의 문화 개념이 갖는 중요성을 알고 있었고, 궁극적으로 그것을 주된 도구로 사용했다. 보아스는 인종과 유전이 집단 간의 사회적, 정신적 역량에 차이를 가져오는 주된 원천이라는 개념을 반박하는 평생의 싸움을 시작했다. 보아스와 그의 제자들, 또 그 밖의 사회과학자들은 문화 개념을 계속해서 연마하고 정교화하고 옹호했고, 궁극적으로 이 개념은 인종주의의 기반을 잠식했다. 데글러가 강조했듯이, 보아스의 문화 개념은 "인간 행동의 차이에 대한 설명으로 인종주의의 대안이 되었을 뿐 아니라 20세기 사회과학의 핵심 개념이 되었다. … 보아스가 인종이라는 주제와 관련해 미국 사회과학에 미친 영향은 아무리 과장해도 지나치지 않다. … 그는 대체로 문화 개념을 끊임없이, 거의 맹렬하게 갈고닦아 그의 임무를 달성했다. … [인간 사회들 사이의 차이는 내재적인 정신 능력 때문이 아니라 문화의 차이 때문이라는] 보아스의 이러한 주장은 … 인류학, 그리고 더 폭넓게는 사회과학의 발달에서 진정으로 혁명적이었다."(Degler 1991, 61-62) 보아스가 의미한 대로의 문화 패러다임은 500년간 인종과 인간 행동의 차이에 대한 논의를 지배했던 퇴락설과 다원발생설 모두를 뒤집는 데 기여했다.

문화에 대한 새로운 개념은 인종 개념과 우생학에서 인종 개념이 갖는 의미를 효과적으로 반박했다. 다시 데글러의 요약을 인용하면, "문화 개념은 사회과학에서 생물학적 요인의 영향력을 부인함으로써 인류학 같은 새로운 학문에 생물학처럼 더 잘 확립되고 존중받던 분야와의 경쟁에서 자신을 고유한 분야로 인식되게 해줄, 따라서 합당한 학문 분야로 정당화해 줄, 명확히 규정된 개념적 도구를 제공했다."

6장 | 20세기 초의 체질인류학

우생학 운동 지도자들은 보아스의 견해가 갖는 함의와 그것이 우생학 아젠다에 제기하는 위협을 잘 알고 있었다. 그래서 보아스를 맹렬히 물고 늘어졌다. 실제로 매디슨 그랜트는 보아스와 오래도록 '냉전'을 벌인다. 앞에서 보았듯이 그랜트는 사회적 다윈주의자였고 반유대주의자였으며 아리아인의 우월성을 믿었고 아리아인 혈통의 희석이 문명에 위협을 가져온다고 강조했다. 또한 그는 고비노의 사상을 이어받은 에른스트 헤켈을 우상화했다. 반면 보아스의 스승 루돌프 피르호는 헤켈의 숙적이었다(Weindling 1989; Marks 2012). 보아스는 소위 '변형될 수 없는' 유전적 특질, 가령 두개골 모양이나 두지수 등이 사실은 환경에 쉽게 영향 받는다는 점을 실증 연구로 보임으로써 우생학의 토대에 도전했다. 하지만 그랜트 쪽은 보아스를 비판할 때 과학적 논거를 사용하지 않았다.

피르호 등 독일의 초기 '인류학자'들은 모든 사람이 인지적으로 비교 가능하다는 점을 보임으로써 '인류의 정신적 단일성'이라는 개념을 입증하려 했다. 반면 헤켈 등 독일의 초기 '다윈주의자'들은 서구 유럽인이 아닌 사람들을 원숭이와 더 가깝게 위치시키기 위해 그들이 인간 종에 속하지 않는다고 주장하려 했다. 헤켈 버전의 다윈주의는 피르호 버전의 인류학 및 민속지학과 상충할 수밖에 없었다. 피르호의 인류학을 가능케 하는 기반인 '인류의 정신적 단일성'이라는 가정에 직접적으로 배치되기 때문이다(Marks 2010a, 2012). 실제로 헤켈, 그리고 후일 나치의 생물학자들은 몇몇 현생 원숭이 종과 화석으로 남아 있는 고대 원숭이 종이 특정 '인종'과 연속선상에 위치한다고 주장하면서 인간의 다양성에 대해 다원발생론적 이론을 제시했다.

일례로 1918년경에 베네수엘라에서 석유 탐사 활동을 하던 스위스 지질학자 프랑수아 드 루아는 [그가 보기에 이례적으로 크고 직립보행을 하는 듯한] 어느 원숭이의 사진을 찍게 되었다. [탐사팀이 원숭이를 죽인 뒤에] 드 루아는 장난삼아 사체를 나무 막대로 받쳐 [사람처럼] 앉아 있는 자세로 두어서 '원시인 원숭이'처럼 보이게 했다(이 원숭이는 거미원숭이 종인 것으로 밝혀졌다). 드 루아는 별 뜻 없이 찍은 사진이었으나 1929년 즈음에 스위스/프랑스의 의사이자 인류학자이며 민속지학자, 나치 동조자였던 조르주 몽탕동이 여러 과학 매체와 대중매체를 통해 이 원숭이에게 ['루아의 아메리카 유인원'이라는 의미의] '아메르안트로포이드 루아시*Ameranthropoides loysi*'라는 학명을 붙여주고, 이것이 헤켈과 나치의 다원발생설 체계를 입증하는 증거라고 주장함으로써 '장난'이었던 것이 진지한 논쟁거리가 되었다. 헤켈의 다원발생설 체계에 따르면 인간 종에 속하는 네 개 인종은 각기 독립적인 진화적 역사를 갖는데, '백인'은 침팬지에서, 흑인은 고릴라에서, 아시아인은 오랑우탄에서 진화했다고 여겨졌다. 몽탕동은 아메르안트로포이드 루아시의 발견으로 나머지 하나의 인종인 아메리카 원주민과 그들의 원숭이 조상 사이의 '잃어버린 고리'가 채워졌으며 이로써 (16세기부터 존재했고 나치에 의해 그 무렵에 다시 등장한) 다원발생설이 더욱 탄탄하게 뒷받침되었다고 생각했다(Urbani and Viloria 2008).

그랜트의 인류학 vs. 보아스의 인류학

보아스와 그랜트의 라이벌 관계는 1900년대 초 인종 이론 분야에 존재하던 주된 차이를 잘 보여준다. 또한 이를 통해 당대의 인류학, 특히 체질인류학의 역사도 일별해 볼 수 있다. 20세기 초입에 라마르크 이론과 환경영향설이 쇠락하고 나서 우생주의자들은 승리를 선언했다. 그랜트는 이전의 다원발생론자들에게서 볼 수 있었던 것과 매우 비슷한 논지를 전개했다(그리고 이후의 베스트셀러 『벨 커브』[Herrnstein and Murray 1994]의 저자들에게서도 이와 매우 비슷한 주장을 볼 수 있다). 예를 들어, 그는 "영어를 하고 좋은 옷을 입고 학교와 교회에 가는 것이 니그로를 백인으로 만들어주지 못한다는 점을 우리가 알게 되는 데

50년이 걸렸다"고 언급했다(Grant 1916, 14). 보아스의 『이민자 후손의 신체 형태 변화』가 출간되자 그랜트는 이 책이 자신의 열등한 유전적 현실을 축소해서 말하기 위해 환경의 영향을 과장해서 강조하고자 하는 유대인의 심리에서 동기부여된 책이라고 비판했다. 또한 『위대한 인종의 소멸』에서 그랜트는 흑인과 유대인의 열등함을 강조하면서 이들 열등한 인종과 노르딕 인종 사이의 혼합이 위험을 불러온다고 주장했다.

흥미롭게도 보아스와 그랜트는 공통점이 많았다. 둘 다 인류의 향상에 과학이 미치는 힘을 믿었다. 둘 다 뉴욕에 살았다. 둘 다 미국자연사박물관과 관련이 있었다. 둘 다 태평양 북서부를 좋아했다. 보아스에게는 원주민에 대해 중요한 현장 연구를 수행하는 곳이었고, 그랜트에게는 토착종 동물들을 사냥하는 곳이었다. 하지만 그랜트는 매우 부유하고 귀족적인 미국 가문 출신이었고, 보아스는 독일 중상류층 출신이긴 했지만 미국으로 건너온 유대인 이민자였다. 스피로는 두 사람의 견해 차이를 이렇게 설명했다.

> 보아스는 점점 더 열정과 확신을 가지고 인종적 편견에 맞서는 주장을 폈고, 의식적으로 그랜트("그 사기꾼")와 그의 사도들이 미치는 위험한 영향을 염두에 두고 그것을 꺾기 위해 활동했다. … 보아스는 어느 집단의 신체적 특징과 정신적·도덕적 특질 사이에 어떤 관련성도 인정하지 않았다. 그는 정신적·도덕적 특질이란 사람들이 그 안에서 자라게 되는 "문화"에 의해 만들어지는 것이지 생식질에 의해 만들어지는 것이 아니라고 주장했다. 그는 그랜트가 주장하던 우생학 프로그램의 모든 면에 반대했다. … [한편, 그랜트가 보기에는] 보아스의 적대적인 태도가 본인이 유대인이라는 사실에서 나오는 것이 [확실했다.] … 그랜트는 이렇게 언급했다. "[보아스는] 본인 및 본인이 속한 인종을 역사 내내 그들이 위치해 있었던 열등한 자리에 놓는 나의 인류학을 당연히 진지하게 살펴보고 싶지 않을 것이다."(Spiro 2009, 278-279)

두 사람은 평생 학문적 전투를 벌였다(그랜트는 1937년에, 보아스는 1942년에 숨졌다). 스피로는 역작 『지배 인종에 대한 옹호』에서 두 사람의 '냉전'을 훌륭하게 추적했다. 보아스는 1911년에 두 권의 주요 저서를 내놓음으로써 우생학을 공격하는 평생의 싸움을 본격적으로 시작했다. 더 먼저 나온, 그리고 더 직접적인 공격은 『이민자 후손의 신체 형태 변화』였다. 이에 대해 그랜트는 영향력 있는 편집자들과 정치인들에게 편지를 보내 보아스의 결론이 불합리하며 과학적 인류학과 절대적으로 모순된다고 신랄하게 비판했다. 윌리엄 하워드 태프트 당시 대통령에게 보낸 편지에서, 그는 인종이 지극히 오래전에 형성되었기 때문에 한 세대 안에 환경 요인으로 신체적 특징이 변한다는 것은 불가능하다고 설명했다. 한 의원에게 보낸 편지에서는 "보아스 박사 본인도 유대인"이라는 점을 다시 상기시키면서, 그 책이 보아스가 "자신이 백인종이 아니라고 암시하는 이론에 분개한 다수의 유대인 이민자를 대표해서 쓴 책"이어서 그렇게 "멍청한" 주장들을 담고 있는 것이라고 설명했다(Spiro 2009, 199 재인용).

또한 그랜트는 설령 보아스의 신체 측정 결과가 정확하다 하더라도 그것이 입증할 수 있는 것이라곤 부도덕한 이민자 엄마들이 미국 태생 남자들을 꼬셔 관계를 맺었으리라는 것뿐이라고 주장했다. 한 성직자에게 보낸 서신에서 그랜트는 유대인들은 "쥐와 같아서 하수구 같은 환경에서도 생존하면서 더 높은 수준의 존재를 빠르게 파괴한다"며 보아스의 연구는 오도의 소지가 있으므로 무시되어야 마땅하다고 언급했다(Spiro 2009, 299 재인용).

1911년 말에 보아스의 두 번째 주요 저서 『원시인의 마음』이 출간되었다. 앞에서 보았듯이, 여기에서 보아스는 정신 역량은 유전으로 결정되는 것이 아니고, 어떤 인종이라도 적합한 환경이 주어진다면 문명을 달성할 수 있다고 주장했다. 또한 인종들 사이에서보다 한 인종 내에서 더 많은 차이가 발견되며, 인종들 사이에 존재하는 차이는 대부분 환경으로 설명할 수 있다고 말했다. 그리고 이 책에서 인류학적 문화 개념도 제시했다. 이 책은 보아스의 저술 중 가장 널리 읽혔으며, 훗날 그의 제자 한 명은 이 책을 일컬어 "인종 평등의 대헌장"이라고 불렀다(Spier 1959, 147). 1933년에 이 책은 나치의 분서焚書 목록에 올랐다. 그랜트는 이 책이 우생학에 제기하는 위협을 잘 알고 있었고, 1912년에 오스본에게 보낸 편지에서 "보아스의 프로파간다가 미칠 사악한 영향에 맞서기 위해" 누군가가 뭐라도 출판해야 한다고 말하기도 했다(Spiro 2009, 300 재인용).

그 누군가는 그랜트 자신이었다. 4년 뒤인 1916년에 그는 『위대한 인종의 소멸』을 펴냈다. 내용 자체는 오랜 다원발생설의 반복이자 당대 우생학자들이 개진한 개념의 요약이었지만, 보아스의 반인종주의적이고 반우생학적인 저술에 대한 분노와 두려움이 이 책을 쓰도록 자극한 면도 있었다. 대븐포트와 로플린은 『우생학 뉴스』에 쓴 서평에서 『위대한 인종의 소멸』이 인종 간에 고정적이고 유전되는 정신 능력의 차이가 존재함을 부정하려 드는 "보아스류의 일부 인류학자"가 마침내 신뢰를 잃고 침묵하게 만들었다고 언급했다(Davenport and Laughlin 1917, 10-11). 하지만 보아스는 침묵하지 않았다. 그랜트의 책이 나오고 나서 보아스는 다원발생설에 반대하는 여러 편의 글을 썼고, 그랜트의 책을 반박하는 서평을 『사이언티픽 먼슬리』(1916)와 『뉴 리퍼블릭』(1917)에 게재했다. 『사이언티픽 먼슬리』에 실린 서평에서는 범죄 성향, 알코올중독 같은 성격적 특질 대부분은 유전이 아니라 환경에 의해 결정되며, 우생학은 "인간의 병폐에 대한 만병통치약이 아니라 위험한 칼"이라고 주장했다. 『뉴 리퍼블릭』에 실린 서평에서는 그랜트의 책이 허술하고 도그마로 가득하며 위험하다고 비판했다. 이에 맞서 그랜트는 『위대한 인종의 소멸』 제4판에 덧붙인 글에서, 열등한 인종에게서 이러한 종류의 신랄한 서평이 나오리라는 것은 예상 가능한 일이었다며, 그들은 자신의 본성이 "고정적이고 유전된 특질에 의한" 것이고 그 특질이 "환경에 의해 중대하게 수정되거나 제거될 수 없다는 사실"을 믿지 않으려 한다고 언급했다(Spiro 2009, 300 재인용).

그랜트의 책은 학자, 정치인, 정책 결정자, 그리고 일반 대중 사이에서도 인기가 높았다. 본질적으로 이 책은 많은 미국인이 인종주의와 우생학을 생각하는 방식을 규정하고, 전파하고, 광고했다. 이 책에서 그가 주장한 내용은 당대의 상식이자 통념이 되었다. 학계에서도 이 책이 너무나 인기가 있어서, 보아스는 우생학, 매디슨 그랜트, 그리고 그의 지지자들에 홀로 맞서 싸우는 외로운 목소리 같았다.

그러나 보아스는 움츠러들지 않았다. 인류학자도 포함해서 당시에 저명한 과학자 상당수가 적극적으로든 아니든 결국은 우생주의자였지만, 보아스는 계속해서 제자들을 가르치면서 미국의 우생학, 그리고 그것의 논리적인 연장선에 있는 독일의 나치즘과 싸우는 데 헌신할 동료들을 규합했다. 보아스는 학문적으로 잘 훈련받은 연구자들, 우생학과 15세기 다원발생설을 공격하는 데 쓸 수 있는 방대한 실증 데이터를 수집한 연구자들을 모으기 시작했다. 이들 중에는 보아스 밑에서 박사 학위를 받은 인류학자가 많았다. A. L. 크로버(1901년 박사), 로버트 로이(1908), 에드워드 사피어(1909), 알렉산더 골든와이저(1910), 폴 라딘(1911), 레슬리 스피어(1920), 루스 베네딕트(1923), 멜빌 허스코비츠(1923), 마거릿 미드(1929), 애슐리 몬터규(1937) 등이 그러한 사례다. 스피로가 언급했듯이 "1920년대 초 무렵이면 보아스의 1세대 제자들이 민속지학적 데이터를 모으면서 그랜트의 사도들과 맞서 전투를 벌이는 데 필요한 학문적 무기를 벼리고 있었다."(Spiro 2009, 302) 보아스는 제자들에게 스승으로서도 이론가로서도 인간으로서도 막대한 영향을 미쳤고, 특히 인종에 대한 관심과 관련해 많은 영향을 미쳤다(Barkan 1992). 컬럼비아대학의 동료 교수인 심리학자 오토 클라인버그를 비롯해 학계의 동료들도 보아스에게 합류해 우생학과의 싸움에 나서기 시작했다. 체질인류학자 알레시 흐르들리치카도 여러 방면으로 보아스를 지원했는데, 그의 경우에는 과학적인 믿음을 공유해서였다기보다 그랜트에 대한 개인적인 복수심이 계기가 된 면이 컸다(이 장의 뒷부분 참고).

요컨대, 500년간 이어진 다원발생론자와 일원발생론자 사이의 논쟁이 약간 변형된 채로 20세기 초에도 벌어지고 있었다. 다원발생설을 고수하는 쪽은 여전히 인종 분류와 하나의 인종이 다른 인종보다 우월하다는 개념에 집착하고 있었다. 반면 일원발생론자들은 복잡성이 높은 인간 행동을 형성·발달시키는 데는 환경(혹은 문화)이 중요한 역할을 하며, 인종은 사회적으로 구성된 신화라고 보았다. 스피로가 지적했듯이, 대개 전자의 사람들은 더 이전 세대에 속하는 아마추어 체질인류학자였고, 귀족적인 '와스프[WASP, White Anglo-Saxon Protestant, 백인 앵글로-색슨 개신교]'에 속했으며, 대학이나 박물관 같은 전문 학계에서 일하고 있지는 않았다. 이와 달리 후자의 사람들, 환경·문화영향론을 지지하는 사람들은 더 젊은 세대의 인류학자들이었고, 학계에서 전문적으로 인류학 훈련을 받았으며, 대학에서 자리를 잡고 있는 경우가 많았다. 하지만 긴 논쟁의 시작인 이 시점에, 이 싸움은 아직까지 종교적이기도 했다. '부유한 토박이[옛 이민자] 개신교도' 대 '교육을 주 무기로 삼은 유대인 및 최근 이민자' 사이의 싸움이었던 것이다. 크로버, 베네딕트, 미드 등의 예외가 있긴 하지만, 위에 언급한 보아스의 제자는 거의 유대인이었다(Spiro 2009).

이들 새로운 인류학자 상당수가 체질인류학보다는 문화인류학 분야를 연구했는데, 나는 이것이 당시에 생물학과 관련 있는 모든 과학 분야, 특히 체질인류학을 우생학이 장악하고 있었던 것의 직접적인 결과라고 생각한다(앞에서 언급했듯이, 더 앞선 시기에 독일에서도 헤켈과 피르호 사이에 비슷한 싸움이 있었다). '빅 포' 우생주의자인 대븐포트, 그랜트, 오스본, 로플린 모두 자신이 문화 쪽에 치우친 '보아스류'와 달리 모턴의 '미국 학파' 전통을 이어받아 진정한 인류학을 하고 있다고 생각했다. '보아스류' 학자들은 1902년에 설립된 미국인류학회AAA를 중심으로 연결되어 있었다(Spiro 2009). 하지만 1900년대 초에 인류학은 전체적으로 우생학자들이 장악하고 있었고, 이러한 상황에서 1918년에 AAA를 염두에 둔, 라이벌 격의 인종주의적 인류학회인 골턴학회가 설립되었다. 우생주의자들은 문화인류학이 비과학적이고 사소하다고 생각했다. 1908년에 오스본은 보아스주의에 대해 "그들의 인류학은 상당 부분 그저 견해일 뿐이거나 토박이 인구에 대한 가십일 뿐"이며 "과학이 되기에는 한참 뒤떨어져 있다"고 언급했다(Spiro 2009, 303 재인용).

이러한 접근에 맞서기 위해 문화인류학자들은 인류학을 고유한 방법론과 패러다임을 갖는 진정한 사회과학 분야로 전문화하는 데 집중했다. 이러한 목적에서 보아스는 제자들을 자신과 같은 유형의 인류학자로 훈련시키기 시작했고, 이어서 그와 그의 제자들은 AAA를 대학에서 훈련을 받고 전문적인 학위를 가진 연구자들의 단체로 만들고자 했다. 그 전에는 전문적인 훈련을 받지 않고 취미로 학문을 하는 부유한 사람들 위주로 구성되어 있었다. 보아스의 전략은 서서히 성과를 거두기 시작했다. 1907년에 보아스는 AAA 회장이 되었고 곧 그의 밑에서 박사 학위를 받은 제자들이 이곳에서 주도권을 갖게 되었다. 1910년 무렵이면 AAA는 전문 인류학자들의 학회로 인정받고 있었고, 보아스주의자들이 다수를 차지했다. 몇몇 대학에서 인류학 대학원 과정이 생겨났고 1912년까지 인류학 박사 학위자 20명이 배출되었다(Patterson 2001). 1915년 무렵이면 플리니 고더드(헨리 고더드의 친척이지만 보아스의 동지였다. [Zenderland 1998])와 로버트 로이(보아스의 제자이자 강고한 지지자)가 AAA의 저널

『미국 인류학자』를 이끌고 있었다. 이 저널에서 우생학과 생물학적 결정론은 문화 개념에 밀려났고, 문화 패러다임이 (아직 여타 과학 분야나 대중들 사이에서는 아니었지만) 적어도 인류학 분야에서는 지배적인 위치를 차지하게 되었다 (Stocking 1968; Degler 1991; Spiro 2009). 1928년까지 추가적으로 33명의 남성과 9명의 여성이 인류학 박사 학위를 받게 되는데, 남성 15명과 여성 7명이 보아스의 지도하에 컬럼비아대학에서 학위를 받았다(Patterson 2001; Barker 2010).

우생주의자들과의 싸움을 이어간 A. L. 크로버는 인간의 본성, 행동, 사회를 이해하는 데 문화 개념이 갖는 중요성을 한층 더 강조했다. 그는 주로 『미국 인류학자』에 논문을 게재하면서 문화 개념을 정교화하고 확장했다. 크로버는 우생주의자들과 생물학자들이 문화 개념을 잘 이해하지 못하고 있다고 지적했다. 보아스에게 보낸 편지에서 그는 "그 결과 그들의 마음 속에서는 늘 우리가 무언가를 비과학적이고 쓸데없는 방식으로 하고 있고 자신들이 하면 훨씬 잘할 수 있으리라는 생각이 들게 되는 것"이라고 언급했다(Degler 1991, 83 재인용). 이와 같은 태도, 즉 문화 개념에 대한 이해의 결여와 생물학자가 사회과학자보다 인간의 행동을 더 잘 이해할 수 있다는 생각이 결합된 태도는 오늘날의 일부 생물학 분야에서도 발견된다. 일례로, 사회생물학과 진화심리학의 창시자인 E. O. 윌슨은 최근에 이렇게 언급했다.

> 전문적인 사회이론가들도 … 민속적인 심리학에 만족한다. 일반적으로 그들은 과학적 심리학과 생물학이 발견한 바를 무시하고 있다. … 간단히 말해서, 사회과학자들은 인간 본성의 토대에 관심을 거의 기울이지 않고 그것의 깊은 기원에 대해서는 거의 전적으로 관심이 없다. … 모든 문화가 방식만 다를 뿐 서로 동등하다고 말하는 것의 미덕을 믿으면서, 보아스 등 영향력 있는 인류학자들은 문화적 상대주의의 닻에 자신의 깃발을 내걸었다. … 이러한 학문적 믿음은 미국과 여타 서구 사회에서 정치적 다문화주의에 힘을 보탰다. … 그들은 소수민족, 여성, 동성애자들이 "다수자들"과 동등한 위상으로 인정받아야 마땅한 하위문화를 가지고 있다고 주장한다. ….여기에는 생물학이 없다(Wilson 1998, 183-185).

이어서 윌슨은 이렇게 덧붙였다.

그만하면 이제 됐다! … 이제는 휴전을 하고 연대를 맺어야 한다. … 사회과학자들이 자연과학자들처럼 엄정한 이론을 궁극적인 목표로 삼기로 결심한다면, … 이는 그들의 설명을 자연과학의 설명과 합치시켜야 한다는 뜻이다. … 요컨대 … [행동은] 감각 시스템과 뇌의 내재적인 작동[의 지침을 따라서 발생한다]. 이것이 생명체가 자신의 환경에서 직면하는 문제의 해법을 빨리 찾게 해주는 대체적인 규칙이다. 감각 시스템과 뇌의 작동은 개체가 특정한 내재적인 방식으로 세상을 보도록 이끌고, 자동적으로 여타의 선택지를 누르고 특정한 선택을 선호하게 만든다(Wilson 1998, 188, 190, 193).

문제는, 그 "내재적인 방식과 자동적인 선택"에 문화가 근본적인 영향을 미친다는 사실을 윌슨이 이해하지 못하고 있는 듯하다는 점이다. 많은 경우에, 개인이 어떤 자극에 대해 특정한 반응을 하도록 이끄는 것은 그 개인이 자신이 속한 문화 안에서 지내온 특정한 역사이며, 유전적 배경이나 고정된 행동 패턴(또는 본능)은 여기에 느슨하게만 관련이 있다. 그런데 위와 같은 오해 때문에 윌슨을 비롯해 많은 사회생물학자들은 사람들이 비슷한 자극에 대개 비슷하게 반응할 것이라고 생각한다. 아니면, 적어도 비슷하게 반응해야 마땅하다고 생각한다. 그렇지 않다면 그들이 자연스럽게 반응하지 않은 것이라고, 소위 '보편적 인간'에서 벗어나 있는 것이라고 말이다(Brown 1991 and Gillette 2011 참고). 그런데 이들이 말하는 보편적 인간은 종종 서유럽과 미국의 문화적 가치와 도덕에서 규정된 것이다. 그러니까, 보편적 인간이라는 것은 그것을 규정하는 사람에게 가장 잘 맞는 문화를 지칭하는 것이 된다. 이러한 면에서 본다면, 문화가 생물학을 규정하는 것이지 그 반대가 아니다.

예를 들어, 당신은 많은 사회생물학자와 진화심리학자가 그렇게 생각하듯이 인간이 내재적으로 폭력적이고 남성은 특히 더 그렇다고 생각할지 모른다(Wrangham 1996 참고). 하지만 이러한 관찰은 인간의 본성 및 인간 행동의 다양성에 대해 말해주는 바가 별로 없다. 서로 다른 문화 간에도, 하나의 문화 안에서도, 또 남성들 사이에서나 여성들 사이에서도, 폭력적인 행동이나 평화적인 행동의 표현에는 엄청난 다양성이 존재한다(Fry 2006, 2013; Pim 2010; Sussman and

Marshack 2010; Sussman and Cloninger 2011). 살인 통계는 뉴욕과 런던과 도쿄가 매우 다르며, 이 차이는 그곳에 살고 있는 사람들이 내재적으로 가지고 있는 생물학적·유전적 차이와 관련이 없다. 이 차이를 설명하려면 개인과 가족의 차이뿐 아니라 문화 및 하위문화의 차이를 이해해야 한다. '인간에게는 본능적으로 살인을 하는 속성이 있다'고 말하는 것은 우리에게 아무런 정보도 주지 않는다.

크로버는 바이스만의 라마르크 반박을 뒤집어서 문화 개념을 옹호하는 데 사용했다(Kroeber 1916). 그는 만약 한 세대의 성취가 다음 세대로 유전을 통해 전승될 수 없다면 소위 더 높은 수준의 인종은 자신의 우월성에 대해 생물학적 토대를 주장할 수 없게 된다고 지적했다. 또한 소위 더 낮은 수준의 인종이 스스로를 향상시키려는 노력을 하지 않아 열등함을 자초했다고 비난할 수도 없게 된다. 그보다, 각 '인종'은 저마다 자신의 문화를 창조한다고 보아야 한다. "다른 집단 대비 어느 집단의 성취는 유전의 영향을 거의 혹은 전혀 받지 않는다."(Kroeber 1917, 47) 당대의 우생학자들과 생물학자들은 사회마다 행동에 차이를 보이는 이유를 유전이나 인종이 설명해 줄 수 있다고 보았지만, 크로버는 "역사학자는 그 차이가 확실하게 규정되고 확립되기 전까지는 그러한 차이가 존재하지 않는다고 가정해야 한다"고 주장했다. 그는 역사학자가 "이렇게 가정하지 않은 채 연구를 한다면 그의 연구는 역사와 생물학이 쓸모없이 뒤섞인 무언가가 되고 만다"고 지적했다(Kroeber 1915; Degler 1991, 92 재인용).

보아스가 제시한 문화 개념은 빠르게 다른 사회과학 분야로도 퍼지기 시작했다. 이 새로운 패러다임은 사회과학자들에게 인간의 개인적·사회적 행동에 대한 데이터를 해석하는 데 있어서 완전히 새로운 방법을 제시했다. 문화 개념은 우생학의 주장들을 반박하는 이론으로서 맥이 끊긴 라마르크 이론의 대체재가 되는 것 이상의 기능을 수행했다. 문화 개념은 '퇴락' 개념에도 도전했다. 상이한 인종이나 사회 사이의 차이는 유전에 의해 어느 쪽이 본질적으로 더 좋거나 나쁘다는 것을 의미하지 않았다. 이 차이는 내재적인 것이 아니고 사회적 환경과 역사에 의해 결정된 것이었다. 이에 더해, 이러한 차이에 대한 판단은 [판단하는 사람의] 가치 판단이 아니라 사실관계에 기반한 판단이어야 했다.

1910년대에 많은 사회학자와 심리학자가 보아스의 문화 개념과 인종에 대한 견해에 영향을 받게 되었다. 문화와 성격 연구의 개척자 중 한 명인 시카고대학의 사회학자 윌리엄 I. 토머스는 원래 라마르크주의자로서 19세기의 인종 개념을 가지고 경력을 시작했지만(Stocking 1968), 보아스와 교신을 주고받으면서(Degler 1991) 인종과 문화에 대한 견해가 바뀌었다. 『원시인의 마음』이 출간된 이듬해에 토머스는 "개인 간의 차이가 인종 간의 차이보다 중요"하며, "사회 변화의 주 요인"은 문화적 환경의 산물임을 강조하는 글을 썼다(Thomas 1912, 726-727). 또한 토머스는 "오늘날의 인류학은 어떤 정신 역량도 특정한 인종에게 … 결여되어 있거나 박약하다고 보지 않는다"도 언급했는데 이는 보아스의 사상을 지칭한 것이다. 미주리대학의 사회학자 찰스 W. 엘우드도 토머스와 비슷하게 학문적으로 전환했다. 처음에는 고더드가 칼리칵 가문에 대한 저술에서 제시한 이론을 받아들여서 환경의 영향으로 흑인의 열등함을 개선할 수 없다고 보았지만(Stocking 1968), 나중에는 보아스의 사상을 언급하면서 "점점 더 많은 인류학자와 인종심리학자 들이 인종 간의 정신적·도덕적 차이를 설명하는 데 있어서 내재적인 특질이나 역량상의 차이가 아니라 사회적 장치나 구조상의 차이를 발견하고 있다"고 말했다(Ellwood 1906; Degler 1991, 85 재인용).

전국적으로 저명한 사회학자이던 펜실베이니아대학의 칼 켈시는 라마르크의 이론이 반박된 것에 실망했고, 이제 사회 이론이 어느 방향으로 가게 되려나 우려했다(Degler 1991). 하지만 『원시인의 마음』이 나오자 이에 대한 서평에서 이 책이 진정으로 학문에 기여하고 있다며, 인종적 차이는 대체로 피상적이라는 보아스의 결론이 사회과학자들 사이에서 널리 인정받고 있다고 언급했다(Kelsey 1913). 이러한 전환에 대해 데글러는 "사회적 행동에 대한 설명을 유전에서 문화로, 본성nature에서 양육nurture으로 옮김으로써 켈시는 라마르크주의자이던 시절보다도 더 낙관적이 되었다"고 설명했다(Degler 1991, 86). 1916년에 켈시는 사회학 교재를 펴냈는데 이는 보아스에게 크게 영향을 받은 책이었다. 조지아대학의 사회학자 하워드 오덤도 1911년에 보아스의 주요 저서 두 권을 읽고서 자신의 견해를 매우 빠르게 바꾸었다. 1910년 논문에서는 니그로를 니그로가 아니게 만들기 위해 할 수 있는 일은 거의 없다고 언급했지만, 3년 뒤에는 보아스를 인용하면서 인간 정신의 유연성에 대해 이야기했고 다음과 같이 이전의 주장을 고쳐서 언급했다. "전적으로 상이한 환경의 영향을 아주 많은 세대에 걸쳐 받은 이후에, 니그로 아이가 백인 아이의 정신적 특질을 발현하기는 불가능할 것이다."(Odum 1913, 205).

심리학자들도 보아스의 영향을 받기 시작했다. 컬럼비아대학 심리학자 로버트 우드워스는 신체 측정 기법을 받아들여 1,100명을 대상으로 시각, 청각, 그리고 간단한 수행 과제를 통한 지능 검사를 실시하고서 "감각과 운동 과정, 그리고 기초적인 뇌의 활동 등이 개인 간에는 차이가 있지만 인종 간에는 거의 차이가 없는 것으로 나타났다"고 밝혔다(Woodworth 1910, 178). 한 발 더 나아가 그는 '인종적' 차이에 대해 대안적인 문화적 설명을 제시했다. 이에 대해 스토킹은 우드워스가 "신체 측정법과 통계 방법론을 보아스에게 배웠고 보아스로부터 '심리학 연구에 인류학이 가질 수 있는 가치'를 알게 되었다"고 설명했다(Stocking 1968, 218). 또 다른 저명한 심리학자이자 보아스의 컬럼비아대학 동료인 오토 클라인버그도 보아스에게 크게 영향을 받았다(아래에서 살펴볼 것이다).

그랜트도 이러한 변화를 알고 있었고, 그래서 굉장히 좌절했다. 1912년에 그는 오스본에게 보낸 서신에서 다음과 같이 언급했다. "인류학 연구는 반드시 북유럽 인종인 사람이 이끌게 해야 할 것입니다. 천민이나 잡종에 대해 우호적인 편향이 없는 사람 말입니다."(Spiro 2009, 303 재인용) 크로버가 말했듯이, 두 진영 사이에는 영원한 간극이 있었다(Spiro 2009). 그들은 서로 완전히 다른 방식으로 세상을 보고, 완전히 다른 방식으로 세상과 상호작용하고, 완전히 다른 세상에서 살아가고 있었다. 그들은 정반대의 세계관을 가지고 있었다. 이 두 진영이 본질적으로 상이한 문화에서 작동하고 있었다고 말할 수 있을 것이다.

1910년대부터 1930년대까지 그랜트 쪽 사람들은 주로 그의 학문적 추종자였다. "그들은 그랜트를 개인적으로 존경했고 공개적으로 그에 대한 존경을 표했으며 1930년대가 되어서까지도 그가 이끄는 대로 따르는 데 만족하고 있었다. 또한 그들은 전적으로 와스프였다. 대조적으로, 1910년대에 인류학을 장악하기 시작한 연구자들은 그랜트의 학문적 **반대자**였다. 그들은 그랜트의 이론을 부인했고 그의 방법론을 문제 삼았으며 공개적으로 그의 저서를 비판했다. 또한 그들 중에는 유대인이 압도적으로 많았다."(Spiro 2009, 304) 그리고 이들은 자신의 학문적 입지를 위해서만 싸우는 것이 아니었다. 나중에 우생학이 나치즘으로 방향을 틀면서, 그들은 문자 그대로 전 세계 수많은 사람들의 생존을 위해 싸웠다.

골턴학회: 그랜트의 인류학 장악 시도

보아스주의자들이 AAA와 이곳에서 펴내는 학술지 『미국 인류학자』를 장악하는 것을 보면서, 그랜트는 인류학을 '유대인들'로부터 되찾아 오기 위한 반격을 시도했다. 대븐포트와 오스본의 도움으로 그랜트는 '문화적 지향'을 갖는 AAA에 대적하기 위해 인종주의적 지향을 갖는 골턴학회를 설립했다. 대학에 기반을 둔 AAA와 구별하기 위해 미국자연사박물관을 거점으로 삼았고, 우생학의 창시자 이름을 따서 학회명을 지었다. 9명의 영구 설립 회원이 집행부를 뽑을 수 있었고 16명의(나중에 32명이 된다) 회원을 선택할 수 있었다. 그랜트의 계획에 따르면, 회원은 "미국 토박이이고 인류학적, 사회적, 정치적으로 건전한 사람들"로만 한정될 것이었으며 "볼셰비키들은 [아예 회원이 될 수 없으니] 지원하는 수고를 할 필요가 없을" 것이었다(그랜트가 오스본에게 보낸 편지, 1918; Spiro 2009, 305 재인용). 첫 모임은 1918년 4월에 열렸다. 이렇게 해서 과학적 인종주의와 우생학 분야의 '빅 포'인 그랜트, 대븐포트, 오스본, 로플린은 20세기 초의 미국 인류학을 독점하고자 했다.

설립 회원 중에 인류학자는 아무도 없었다. 대신 생물학자 에드윈 G. 콘클린(프린스턴대학), 고생물학자 윌리엄 K. 그레고리(미국자연사박물관), 해부학자 조지 S. 헌팅턴(의사·외과의협회), 동물학자 H. H. 맥그레거(컬럼비아대학), 고생물학자 존 캠벨 메리엄(캘리포니아대학), 심리학자 에드워드 L. 손다이크(컬럼비아대학), 그리고 찰스 대븐포트, 매디슨 그랜트, 헨리 페어필드 오스본이 모임을 구성했다. 골턴학회의 주요 목적은 우생학과 인종적 인류학을 촉진하는 것이었다(Gregory 1919). 곧 우생학 운동의 주요 인물인 칼 C. 브리검, 해리 H. 로플린, P. 포프노, 로스롭 스토더드, 로버트 M. 여키스 등도 회원이 되었고, 이후에는 레이먼드 펄, E. A. 후턴, M. 스테게르다, T. W. 토드, C. 위슬러 등 인류학자들도 가입했다(Spiro 2009).

골턴학회는 1918년부터 1930년대 중반까지 미국자연사박물관에서 모임을 가졌다. 점심 식사 후에 인종인류학 강의와 토론이 이어졌다. 대개 한 번의 모임에 하나의 강연이 있었고, 무료였다. 이 '신사들'의 모임은 그랜트, 오스본, 그랜트의 지인인 M. T. 파인, 그리고 우생학에 자주 기부하던 메리 W. 해리먼이 주로 돈을 댔다(Engs 2005). 초기의 한 모임에서 그랜트는 "이제부터 진정한 인류학은 인간을 **신체적인** 동물로서 연구하는 것으로만 한정되어야 하며 도자기나 담요를 조사하는 민속지학적 연구와 혼동해서는 안 된다"고 말했다(Spiro 2009, 306 재인용).

스피로에 따르면, 골턴학회의 주 목적은 우생주의자들에게 우호적이고 도전받지 않는 자리에서 견해를 공유하고 그들의 이데올로기를 서로 격려하고 강화할 수 있는 장을 제공하는 것이었다. 또한 골턴학회는 새 프로젝트와 연구 결과를 우호적인 분위기에서 논의하고 피드백을 받기에도 훌륭한 환경이었다. 예를 들어, 여키스와 브리검은 1차 세계대전 시기에 진행한 군 지능 검사 결과와 해석을 여기에서 처음 발표하고 정교화했다. 이것은 『미국의 지능 연구』(Brigham 1923)로 출간되었다. 로플린도 1923-24년에 이주 제한 법안과 관련한 의회 증언을 여기에서 처음 연습했다. 대븐포트와 역시 헌신적인 그랜트 추종자였던 클라크 위슬러도 각각 『자메이카에서의 인종 혼혈』(1929)과 『인간과 문화』(1923) 출간을 준비하면서 이곳 회원들에게 조언을 얻었다. 그레고리가 오스본에게 보낸 서신에서 언급했듯이, 골턴학회는 "이교도 야만인 사이에 복음을 전파하러 세속으로 모험을 떠날 수 있게 신실한 사람들이 연대하고 서로 북돋워 주는" 장이었다(Spiro 2009, 307).

1925년 모임에서 우생주의자이자 하버드대학 심리학자인 윌리엄 맥두걸은 그가 생각하는 골턴학회와 AAA의 차이를 이렇게 요약했다.

> 본성이냐 양육이냐 하는 논쟁의 한 쪽에는 감상적인 사회복지사, 평등주의적인 볼셰비키, 학문적인 유대인이 있는데, 이들은 '인종적 심리학에 맞서는 쪽으로 편향되어' 있고 인도주의적인 감수성에의 호소가 '진리의 자리를 차지하도록' 허용한

다. 다른 한쪽에는 매디슨 그랜트, 로스롭 스토더드 등 인종에 대해 '진지한 학문을 하는' 사람들이 있다. 이들은 불평등의 '현실'을 인지하고 '각 인종을 순수한 형태로 유지하는 것의 중요성'을 주장한다(Spiro 2009, 306 재인용).

20세기 초의 약 30-40년 동안 골턴학회는 주변적인 단체가 아니었다. 이곳 회원 중 3분의 1은 NAS 회원이었고 절반은 미국철학회 회원이었으며 절반 이상이 AAAS 회원이었다. 그리고 골턴학회 회원 중 세 명이 나중에 AAAS 회장을 지낸다. 보아스주의가 점점 더 대학의 인류학계로 들어오면서 그랜트, 대븐포트, 오스본은 골턴학회를 이용해 연방 정부, 정책 결정자, 자금 지원 기관 등에서 영향력을 높이려 했다. 이를 위해 주요 의원 및 정부 고위직 인사들에게 영향을 미치는 데 집중했고 미국국립연구위원회NRC를 장악하고자 했다. 이 부분에서 이들은 매우 성공적이었다. 체이스가 언급했듯이 "골턴학회는 미국에서 현대 인류학의 발달을 몇 년이나 지체시켰다."(Chase 1977, 166) 사실 그것으로만 그치지도 않았다.

NRC와 초기 미국 체질인류학의 역사

NRC는 국가 안보를 위해, 또한 미국이 유럽에서 전쟁에 돌입하게 될 가능성에 대비하기 위해 미국의 과학 자원을 조율할 목적으로 1916년에 설립된 연방 기관이다. 그랜트와 막역했던 천문학자 G. E. 헤일이 회장이었고 카네기 재단, 록펠러 재단 등 우생학에 안정적으로 자금을 지원하던 후원자들이 여기에도 자금을 댔다. 과학의 각 분야별로 나뉜 27개 소위원회 중 우생주의자들은 특히 두 개를 장악하고 싶어 했다. 심리학 소위원회와 인류학 소위원회였다. 그리고 그들은 성공했다. 로버트 여키스가 심리학 소위원회를, AAA의 전 회장이자 스미소니언박물관의 인류학 담당 큐레이터였던 윌리엄 H. 홈스가 인류학 소위원회를 맡게 되었다. 홈스는 청교도 집안의 후손이고 우생주의자에 그랜트의 오랜 지인이었으며, 보아스의 이론에 반대하는 사람이었다(Cole 1999). 보아스와 그의 동료들이 학회 AAA와 저널 『미국 인류학자』의 주류를 이루고 있었지만 NRC에서는 홈스 등 그랜트 지지자들이 영향력을 가지고 있었기 때문에, NRC에 인류학 소위원회가 꾸려지는 데는 몇 달이나 시간이 걸렸다. 그랜트 쪽 사람들은 보아스 쪽 문화인류학자들이 '체질'인류학자와 달리 진정한 과학자가 아니라고 주장했다(Spiro 2009). 그랜트와 동일한 입장에서, 헤일은 NRC 인류학 소위원회를 **체질**인류학자들로만 꾸렸다(당시에 체질인류학자는 다원발생론적 우생학자와 그랜트주의자가 대부분이었다). 따라서 1917년 7월에 소위원회의 구성이 발표되었을 때 우생주의자에 '체질인류학자'인 사람들 일색이었다는 것은 놀랄 일이 아니었다. 홈스가 인류학 소위원회 위원장, 대븐포트가 부위원장이었으며 그랜트, 알레시 흐르들리치카(스미소니언박물관 체질인류학 큐레이터) 등이 위원이었다(Spiro 2009; Barker 2010).

이어서 인류학 소위원회는 전쟁 수행과 관련해 즉각적인 가치가 있고 미국의 미래와 관련해서도 점차 가치가 커지리라고 생각한 세 가지 주요 프로젝트를 추진했다. 첫 번째는 간단한 문제였는데, 키가 작은 사람도 입대할 수 있도록 군의 최저 신장 기준을 완화하는 것이었다. 공식적인 이유는 더 많은 적합한 남성이 군 복무를 할 수 있게 한다는 것이었지만, 실제 동기는 최근의 이민자들(이들은 이전의 이민자인 노르딕 계열 사람들보다 키가 작았다)을 많이 입대시키고 그들을 최전방으로 보냄으로써 그들 중 더 많은 사람이 목숨을 잃게 만들려는 것이었다(Spiro 2009, 310).

두 번째 프로젝트는 그랜트가 추진한 것으로, 입대자들을 대상으로 미국 인구에 대해 종합적인 해부학적 기록을 수집하는 것이었다. 수백만 명이 입대하고 있었으므로, 신체 측정 데이터 및 기타 측정 가능한 특성들에 대해 방대한 데이터를 얻어서 미국적 '유형'의 신체적 측면을 알아낼 수 있으리라 기대했다. 그랜트는 궁극적으로 이 프로젝트를 통해 이민과 혼혈이 노르딕 인종의 퇴락을 야기한다는 점을 입증할 수 있기를 바랐다. 대븐포트가 신체 측정 분과 위원회를 맡았다. 그는 콜드스프링하버에서 비슷한 일을 진행했었고, 이전의 연구에서 해군 장교로서의 역량은 '탈라소필리아thalassophilia'(해양 애호)라는 하나의 유전적 특질로 결정되며 이 특질이 노르딕 인종에게 많다고 주장한 바가 있기도 해서, 이 일에 여러모로 적임자였다. 해군 장교 연구는 전형적인 우생학적 단위 형질론에 입각해 있었다. 즉 복잡성이 높은 어떤 특질에 대해 그것을 결정하는 하나의 유전자가 있다고 본 것이다. 그들이 보기에는, 이러한

'과학적'인 연구 결과가 있는데도 해군은 여전히 다른 기준으로 장교를 뽑고 있었다.

이 프로젝트로 그랜트와 대븐포트는 군인에 대한 우생학적 인종 데이터를 모으기 시작했다. 표면상으로는 군복 제작 등을 위해 필요한 데이터를 모으는 것이라고 했지만 이들이 수집하는 데이터에는 눈동자 색, 어머니의 모국어, 아버지의 종교 등 군모 사이즈나 소매 길이와 상관 없는 정보들도 포함되어 있었다. 이러한 데이터를 수집한 뒤에는 홀러리스 펀치카드 기계로 돌려 인종 별로 분석했다(Davenport and Love 1921).

이러한 취지로 이뤄진 또 다른 주요 프로젝트는 로버트 여키스가 지능 검사의 타당성을 입증하고 역시 미국에서 타 '인종' 대비 노르딕 계열 인구의 우월성을 증명하기 위해 신병을 상대로 진행한 연구였다. 대븐포트와 앨버트 G. 러브의 연구에서 나온 데이터와 그것을 바탕으로 한 1921년 공저서 『군대 인류학』(20여 가지 신체 측정 항목 거의 모두에 대해 히브리 '인종'이 가장 아래이고 노르딕 인종이 가장 위로 나타났다)은 1922년과 1924년에 의회에서 이민 제한 법제를 논의할 때 매우 유리하게 사용된 바 있었다. 여키스의 군 지능 검사와 이를 바탕으로 브리검이 1923년에 펴낸 대중서 『미국의 지능 연구』도 이민 제한 법제 논의에서 중요한 역할을 했다.

NRC 인류학 소위원회에서 추진한 세 번째 프로젝트는 체질인류학 학술지를 창간하는 것이었다(『미국 인류학자』와 경쟁하기 위해서였을 것이다). 이것은 알레시 흐르들리치카와 같은 체질인류학자들의 숙원 사업이었다. 하지만 훗날 이 저널은 우생주의자들이 미국의 인류학 분야에서 장악력을 잃게 만드는 주 요인이 된다(뒤에서 알아볼 것이다).

알레시 흐르들리치카는 현재의 체코공화국에 해당하는 곳에서 태어났으며 열두 살 때 가족이 미국으로 이주했다(Ortner 2010). 의학과 해부학을 전공했고 1896년에 파리인류학회 연구원에서 프랑스 인류학자 L. 마누브리에의 지도로 4개월간 공부했다. 이것은 그가 공식적으로 받은 유일한 인류학 훈련이었지만 그의 경력에 주된 영향을 미치게 된다. 1903년에 흐르들리치카는 (부분적으로는 보아스의 추천으로) 윌리엄 홈스에 의해 스미소니언박물관 체질인류학 큐레이터로 고용되었고 이곳에서 거의 40년간 재직한다. 홈스는 흐르들리치카의 스승이었고 강력한 지지자였다(Brace 2005; Little 2010; Ortner 2010; Sza-thmáry 2010).

흐르들리치카는 당대의 표준적인 우생학에 양가적인 감정을 가지고 있었다. 인종에 대한 그의 일반적인 견해는 당대의 다원발생론적 이데올로기와 부합했다. 가령 그는 흑인이 유럽인보다 열등하다고 보았고 두 인종의 혼합은 퇴락을 가져온다고 생각했다. 하지만 본인이 동유럽 이민자 출신이었으므로 모든 유럽인이 동등하다고 생각했고, 최근에 미국으로 들어온 유럽 이민자와 미국인이 결혼해도 미국의 역량에 문제가 되지 않는다고 보았다(Brace 2005). 따라서 그랜트의 '노르딕주의'나 1920년대의 이민 제한 법제에 동의하지 않았다(Brace 2005; Ortner 2010). 아래에서 살펴보겠지만 그랜트와 흐르들리치카의 관계는 시간이 가면서 달라지며, 이들의 관계는 인류학의 역사에 막대한 영향을 미치게 된다. 흐르들리치카도 이민을 더 선택적으로 받아들이는 것과 이민을 제한하기 위해 지능 검사를 사용하는 것에 동의했다. 하지만 개인을 대상으로 해야지 전체 민족이나 출신 국가별로 제한하는 것에는 반대했다(Degler 1991). 어쨌든 당대의 통념이던 생물학적 결정론에 대한 그의 반대가 강하지는 않았고 그는 "발달하고 있는 우생학의 과학은 본질적으로 응용인류학이 될 것"이라고 생각했다(Hrdlička 1919, 25). 뭐니뭐니해도 흐르들리치카는 의학을 전공한 체질인류학자였다.

NRC 내에서 흐르들리치카는 홈스의 지지를 받았고, 체질인류학 저널 창간에 대해 추가로 지지를 (그리고 자금을) 얻기 위해 그랜트와 유전결정론자들에게 더 가까이 가고자 했다. 그는 AES의 회원이 되었고 그랜트의 이름을 저널의 예상 편집 위원회에 올렸으며, ERA 회원들에게 저널에 실을 글을 부탁했다. 그는 저널 창간 계획서에 "이 나라에서 인간의 신체적인 상태를 지키고 증진시키면서 ... 이민 규제, 우생학적 조치, 그 밖의 여러 노력 등 ... 커다란 중요성을 갖는 국가적 운동들에" 기여할 것이라고 밝혔다(Hrdlička 1918; Spiro 2009, 313 재인용). 1918년에 NRC 인류학 소위원회는 『미국 체질인류학 저널』 창간을 승인했고 흐르들리치카가 편집장이 되었다. 그는 1942년까지 편집장을 맡았다. 이로써 인류학 소위원회의 세 가지 주요 프로젝트가 달성되었다. 하지만 네 번째 프로젝트는 실패했다. 그것은 파리강화회의 미국 대표단에 매디슨 그랜트가 합류해서 유럽의 국경이 다시 획정될 때 윌슨 대통령이 그랜트의 인종주의적인 전문성을 사용하게 한다는 것이었는데, 윌슨 대통령이 거부했다 (Spiro 2009).

흐르들리치카는 이 저널에 온 에너지를 쏟아 붓느라 NRC 인류학 소위원회의 다른 프로젝트들에는 소홀해지기 시작했다. 그런데 그랜트는 저널보다 신체 측정 조사가 더 긴요하며 저널은 언제라도 시작할 수 있다고 생각했다. 흐르들리치카는 신체 측정의 중요성이 너무 강조되면 저널 쪽으로 와야 할 자금이 줄어들지도 모른다고 우려했고, 자신의 평생 숙원이던 일을 그랜트가 방해하려 한다고 생각했다. 두 사람의 관계는 껄끄러워졌고 금세 악화되었다.

스피로는 두 사람의 갈등에 대해, "별 문제가 아닐 수도 있었을 이 일에서 중요한 점은, 두 사람의 갈등이 이데올로기, 원칙, 학문과는 아무 상관이 없었고 개인적인 질시와 야망하고만 크게 상관이 있었다는 점"이라고 언급했다 (Spiro 2009, 314). 그랜트는 흐르들리치카가 "본인이 동유럽 출신의 둥근 머리를 가지고 있기 때문에 무의식적으로 편향되어 있다"고 주장했다(그랜트가 오스본에게 보낸 서신, 1912; Spiro 2009, 314 재인용). 흐르들리치카는 1923년에 그랜트가 류머티즘으로 치료받고 있다는 이야기를 듣고서 존 하비 켈로그에게 보낸 서신에서 "글 쓰는 것과 관련된 그의 모든 신체 기관이 영구적으로 류머티즘에 걸렸으면 좋겠다"며 그랜트가 "'노르딕 인종주의'를 가지고 상당히 잘못된 글을 써왔기 때문"이라고 말했다(Ortner 2010, 97 재인용). 1918년 중반 무렵이면 그랜트와 흐르들리치카는 더 이상 말을 섞지 않고 있었다. 둘의 싸움은 인류학의 역사에 중대한 영향을 남기게 되는데, 흐르들리치카가 그랜트의 숙적인 프란츠 보아스에게로 넘어간 것이다.

1차 세계대전 말에 윌슨 대통령은 NRC를 평화시 상설 기관으로 바꾸고 27개의 위원회를 13개의 '분과'로 줄여 개편했다. 그에 따라 심리학 소위원회와 인류학 소위원회가 통합되었다. 그리고 카네기연구소 소장이던 존 C. 메리엄이 NRC 회장으로 임명되었다. 메리엄은 열정적인 우생주의자였고 골턴학회의 설립 회원이었으며 AES의 자문위원이기도 했다. NRC에 취임하면서 메리엄과 그랜트는 미래의 과학을 위한 노력을 함께 조율해 나가기로 했다. 전에도 그랬듯이 말이다(Spiro 2009).

메리엄의 NRC 회장 임명은 그랜트와 보아스 사이의 싸움에 기름을 부었다. 1918년에 메리엄은 골턴학회 모임에서 미국 인류학자들이 인디언의 문화적 관습을 연구하는 데 시간 낭비를 그만두고 이민자의 인종적 특징과 같은 더 당면한 문제에 시간을 쏟아야 할 것이라고 주장했다(Gregory 1919). 1919년에 인류학 및 심리학 분과 구성을 위한 회의가 열렸을 때 보아스는 초청되지 않았고, 문화인류학 쪽 사람은 아무도 포함되지 못했다. 보아스와 이제 그의 새로운 동지가 된 흐르들리치카는 NRC에 보내는 공개 항의 서한을 작성했다. 『미국 인류학자』 지면을 통해 발표된 이 서한에서 그들은 "인간 유형의 발달은 상당 정도로 문화적 요인에 의해 결정된다"며 이 분과에 문화인류학 사람들도 포함되어야 한다고 주장했다(Boas, Hrdlička and Tozzer 1919). 이에 대해 그랜트 쪽도 서한을 돌려 메리엄이 보아스 및 그의 추종자들을 배제해야 한다고 주장했다.

두 인류학 분과의 간극은 더욱 벌어졌다. 그랜트의 생물학적 결정론파는 보아스의 문화 개념이 진정한 과학이 아니라고 주장했다. 반면 보아스의 제자이자 이민자이며 유대인이었던 로버트 로이는 인류학이 "원칙과 이상 면에서 아주 큰 괴리로 인해 분열되었다"며 "저쪽 사람들과 나를 연결시킬 만한 어떤 학문적 유대도 느끼지 못하겠다"고 말했다. 보아스처럼 로이도 그랜트를 경멸했고, 그랜트를 "작은 체구의 지중해 사람들을 무자비하게 살육할 생각에 들뜬 몸집 큰 금발 군주를 신나게 상상하는" 거만하고 가혹한 프러시아 귀족에 비유했다(Spiro 2009, 316 재인용). 로이는 두 분파의 이데올로기적 차이, 그리고 우생학적 체질인류학의 인종주의를 생각할 때, 인류학자라고 불리는 것이 불명예스러워지기 시작했다고 생각했다.

하지만 인류학의 유일한 공식 학회가 AAA였기 때문에, 이 일이 있고 나서 1년 뒤에 NRC는 인류학 및 심리학 분과에 참여할 사람 중 6명을 AAA가 추천하도록 했다. 이것은 그랜트 쪽의 막대한 패배였다. 인류학을 학문 분야로서 전문화하고자 했던 보아스의 노력이 결실을 맺고 있었다. AAA가 추천한 6명 중 보아스 본인과 크로버를 포함해 5명이 보아스 쪽 사람이라고 말할 수 있었다. 한 명(클라크 위슬러)만 골턴학회 쪽의 미국 상류층이었다(Barkan 1992).

6주 뒤에 보아스는 『네이션』에 세 단락짜리 짧은 서한을 게재했다. 이 일이 인류학계에 미칠 여파는 미처 생각하지 않고 벌인 일이었던 것 같다. 그는 적어도 네 명의 인류학자(이름은 밝히지 않았다)가 전쟁 시기에 연구를 가장해 미국 정부를 위해 스파이로 활동했고, 그럼으로써 과학을 팔아먹었다고 비난했다. 보아스는 자신의 나라를 위해 스파이 활동을 한 인류학자들도 과학 윤리를 저버린 것이며 인류학 연구의 신뢰성에 손상을 입혔다고 생각했다. 보아스는 과학자들이 연구를 정치적 스파이 활동을 위장하기 위해 사용할 때 이는 과학자로서의 자신의 권리를 내버리는 것이나 다름없다고 보았다. 이에 더해 그는 다른 나라들이 외국인 연구자가 연구 목적으로 방문하는 것을 미심쩍게 여겨서 우호적인 국제 협력을 맺는 데 새로운 장벽이 될까 봐 우려했다. 이것은 사소한 우려가 아니었고 인류학자들이 스파이로 활동한다는 의구심은 지금도 이 분야에서 이야기되는 심각한 윤리적 이슈다(Price 2000; Gledhill 2008; Barker 2010).

또한 보아스의 서한은 윌슨 대통령이 거짓말을 했고 위선적이며 미국의 민주주의가 허구라고 암시하는 듯했다. 이 일은 그랜트 쪽 사람들에게 좋은 빌미가 되었고 AAA와 NRC에서 보아스의 영향력이 위태로워졌다. 서한이 게재되고 열흘 뒤에 AAA 연례 회의는 보아스의 위원직을 20 대 10의 투표로 박탈했고, 보아스는 NRC의 인류학 및 심리학 분과에서도 사퇴 압박을 받았다. 로이는 이것이 불명예를 씌워 구경거리로 만드는 것이며 "우리 과학의 발전에서 가장 최전선에 있는 사람"이 "예의상으로만 인류학자라고 불리는 사람들"에게 비난받고 있다고 분개했다(로이가 위슬러에게 보낸 서신, 1920; Spiro 2009, 317 재인용). 몇 주 뒤에 보아스의 강력한 지지자이자 동료인 플리니 고더드도 『미국 인류학자』편집진에서 제외당했다. 인류학의 주요 단체와 저널에서 보아스의 시대는 끝난 것처럼 보였다. 스피로는 이 일련의 사건에 대한 스토킹의 분석(Stocking 1968)을 언급하면서, 보아스의 견책은 "미국 인류학계에 존재했던 수많은 분열의 결과였지만 그 핵심에는 과학적 인종주의의 부상을 꺾고 싶어 하는 유색인종 및 유대인 이민자(주로 문화인류학자)와 이들이 떠오르는 것을 누르려고 혈안이 된 귀족적인 와스프(주로 체질인류학자) 사이의 갈등이 있었다"고 설명했다(Spiro 2009, 217).

로이를 포함해 보아스 쪽의 많은 학자들이 AAA를 떠나 새로운 학회를 만들고 싶어 했지만, 보아스와 크로버는 AAA에 남아서 '안으로부터'의 싸움을 지속해야 한다고 주장했다(아래에서 보겠지만 이 전략이 결과적으로 옳았다). 한편, 우생주의자들은 신이 났다. 1920년에 오스본은 스미소니언박물관의 C. D. 월콧에게 보낸 서신에서 거의 고소해하면서 보아스가 "이제는 비교적 모호하고 영향력 없는 지위를 갖게 되었"고 그들이 보아스로부터 다시는 무슨 얘기든 듣게 될 일은 없을 것이라고 말했다(Spiro 2009, 318 재인용). 그래도 그랜트 쪽 사람들은 여기에 만족하지 않고 보아스를 개인적으로도, 직업적으로도 계속해서 공격했다. 월콧은 보아스를 스미소니언박물관의 미국민속지학사무국 명예 문헌학자 직위에서 해제했고, 나아가 컬럼비아대학이 그를 해고하게 하려고 노력했다. 하지만 보아스는 해고당할 만한 일은 한 적이 없었으므로 대학이 그를 임의로 해고할 수는 없었다. 월콧은 실망했지만 멈추지 않았다. 그는 우드로 윌슨 대통령에게 연락해서 보아스에 대해 무언가 조치를 취해 달라고 촉구했다. 그래서 미 법무부가 조사를 진행했는데, 보아스가 아무런 위법 행위도 하지 않았다는 결론이 나왔고 따라서 컬럼비아대학 교수진에서 그를 쫓아낼 수 없었다([Spiro 2009] 인류학과가 받는 자금 지원이 몇 년 동안 제한되기는 했다).

보아스 쪽이 밀려나면서 그랜트 쪽이 NRC를 장악하게 되었고, 인종주의적인 정책을 방해나 저항 없이 추구할 수 있게 되었다. 이들은 다수의 과학적 인종주의 연구를 시작했다. 자금이 가장 후하게 지원된 프로젝트 중 하나로, 록펠러와 러셀 세이지 재단의 지원으로 세워진 '인간 이주의 과학적 문제 위원회Committee on Scientific Problems of Human Migration'를 들 수 있다. 1922년부터 1928년까지 활동한 이 위원회는 로버트 여키스, 클라크 위슬러, 존 메리엄이 디렉터를 지냈는데, 모두 골턴학회와 AES 회원이었다. 또 그랜트의 『위대한 인종의 소멸』이 그들의 연구 상당 부분에 지침을 주었다. 이 위원회는 16개 연구에 자금을 지원했는데 모두 우생학적 주제를 다루고 있었고 매디슨 그랜트 및 골턴학회와 관련된 사람들이 진행하는 연구였다. 예를 들어, 이곳은 칼 브리검의 군 IQ 검사 결과에 대한 출판 자금을 지원했고, 헨리 페어차일드의 이주 원인에 대한 프로젝트를 후원했으며, 클라크 위슬러의 인종 혼혈에 대한 프로젝트도 지원했다. 모두 과학을 정치적 목적에 복무하게 하기 위해 고안된 프로젝트였는데, 바로 이것이 그랜트가 추구한 바였고 이러한 종류의 접근 방식은 곧 나치가 '과학'을 정책적 목적에 동원하는 데서 정점에 오르게 된다. 스토킹은 이 위원회가 이민 제한 운동 산하의 연구 분과 격이었다고 평가했다(Stocking 1992).

이렇듯 1920년대 초에 우생학 운동, 골턴학회, 그리고 소위 체질인류학자들은 미국 정부의 인류학 분야와 연구 자금 지원 기관들에 막대한 영향력을 행사했다. 프란츠 보아스와 그가 주창한 환경영향론적 인류학은 끝난 것으로 보였다. 당시에 보아스와 그의 제자들이 스스로를 체질인류학자라고 생각하지 않은 것은 당연한 일이었다.

1920년대와 1930년대 초, 그랜트와 우생주의자들이 이민 제한, 단종법, 인종 간 결혼 금지 등의 정책을 만드는 데 집중하고 있었을 때 보아스는 계속해서 박사과정 제자들을 키우고 있었다. 이들 보아스 계열 사람들이 곧 전국의 인류학과에 포진하게 되고 인류학을 전공한 전문 인류학자의 다수를 차지하게 된다. 또한 곧 이들이 AAA에 합류하면서, 보아스의 『네이션』 서한 사건이 있고서 몇 년이 지난 뒤에는 인류학의 유일한 학술 단체인 이곳에서 보아스계가 다시 주류를 이루게 된다. 1924년에 로버트 로이가 『미국 인류학자』의 편집장이 되었고, 1933년에 편집장 자리를 이어 받은 레슬리 스피어도 보아스의 제자였다. 이에 더해, 여전히 『미국 체질인류학 저널』 편집장이던 흐르들리치카가 점점 더 그랜트 및 그의 우생학에 반대하게 되었다. 이렇게 해서, 1920년대 중반에 보아스주의자와 반反우생주의자들은 진정으로 학술적인 유일한 인류학회와 두 개의 인류학 학술 저널을 장악하게 되었다.

하지만 NRC의 인류학 및 심리학 분과가 여전히 인류학 연구 자금을 좌지우지하고 있었다. 이들은 과학적 인종주의 연구만 지원했고 환경영향론이나 문화적 요인에 대한 연구는 퇴짜를 놓았다. 처음에 보아스는 매우 실망했지만 곧 이 시스템을 이용할 계획을 고안했다. 1923년에 NRC는 록펠러 재단으로부터 대학원생 장학금 프로그램을 위한 자금을 지원받았다. 그리고 보아스의 제자들이 '과학적 인종주의' 연구 프로젝트 공모에 옛 유전자 결정론**처럼 보이는** 지원서를 제출하기 시작했다. 게다가 인류학 및 심리학 분과의 구성이 살짝 달라져 있었다. 여키스는 영장류학에 대한 새로운 관심사를 연구하기 위해 이곳을 떠난 상태였고(Sussman 2011) AAA의 장악력을 다시 확보한 크로버와 로이가 NRC의 인류학 및 심리학 분과에 합류해 있었다.

이렇게 해서, 보아스쪽 연구자 세 명이 NRC 장학금을 받았다. 전에는 퇴짜를 맞았던 멜빌 허스코비츠는 1923년에 미국 흑인에 대한 생체 측정 연구에 대해 장학금을 받았다(위슬러와 대븐포트가 지지했다. 이들은 문화인류학자들이 마침내 노선을 바꾸고 있다고 생각했다). 1925년에는 마거릿 미드가 사모아 청소년 연구로 자금을 지원받았다. 이 프로젝트의 제안서는 문화인류학처럼 보이지 않고 정통 생물학처럼 보였다. 같은 해에 보아스의 컬럼비아대학 동료이자 심리학자인 오토 클라인버그가 인종 간의 정신적 차이를 연구하는 데 자금을 지원받았다. 이 프로젝트들은 보아스의 지침하에 수행되었으며, 보아스의 연구 아젠다와 관련이 있었고, 애초에 보아스가 정한 프로젝트들이었다. 보아스의 서신들을 입수해 분석한 스토킹은, "이 모든 연구가 인종 간 차이의 문화적 요인을 연구하기 위한, 잘 짜이고 조율된 기획으로서" 이뤄진 면이 있어 보인다고 결론 내렸다(Stocking 1968, 300).

문화 개념을 강조하지 않는 것처럼 보이게 해서 학계와 정부의 자금 지원 기관에 파고드는 한편으로, 보아스는 매디슨 그랜트와 그의 사도들, 그리고 우생학에 맞서는 '대중 운동'도 시작했다. 스피로는 이렇게 설명했다.

> 1920년대 중반부터 그는 노르딕 우월주의에 반대하는 책이나 기사를 일반 대중을 대상으로 하는 출판사를 통해 매년 적어도 한 편 이상 발표했다. 그의 기본적인 이론은 1910년대에 처음으로 매디슨 그랜트를 비판했을 때와 같았다. 하지만 이번에는 방대한 민속지학적 연구 결과라는 무기가 있었다. 이 결과들은 정신적, 사회적 특질을 결정하는 데 환경 요인이 적어도 유전자 못지 않은 영향을 미친다는 것을 보여주고 있었다. … 보아스는 줄기차게 이민 제한법이 비과학적이라고 비판했고, 군 지능 검사가 문화적으로 편향되어 있다고 공격했으며, 인종 간 혼합이 퇴락으로 이어지지 않는다는 것을 보여주는 생물학적 증거를 제시했고, 문화인류학자들의 연구를 인용하면서 생물학적 요인이 아니라 문화가 인간의 정신적인 속성을 (그리고 신체적인 속성도 꽤 많이) 설명한다고 주장했다(Spiro 2009, 324).

1920년대 말과 1930년대 초가 되자 NRC 자금을 받은 보아스 계열 연구자들의 연구 결과가 나오기 시작했다. 모두 '감사의 글'에서 보아스의 지도에 감사를 표했다. 마거릿 미드의 『사모아의 청소년』(1928)은 생물학적 현상인 사춘기와 2차 성징조차도 문화마다 매우 다르다는 것을 보여주었고 '문화적 영향론'이라는 개념을 미국 대중에게 소개했다. 미드는 학문적으로도 영향력 있고 대중적으로도 인기 있는 수많은 문화인류학 저술을 집필하게 되며, 1979년에 카터 대통령으로부터 대통령 자유 훈장을 사후에 추서받는다. 『사모아의 청소년』이 출간된 것과 같은 해에 멜빌 허스코비츠는 『미국 니그로』(1928)를 출간했다. 이 책에서 그는 "미국 흑인 유형을 고려할 때 생물학적 요인뿐 아니라 **사회적** 요인이 막대한 중요성을 갖는다는 것이 이제 명백해졌다"고 언급했다(66). 경력 내내 그는 인종이 생물학적인 개념이 아니라 사회학적인 개념이라고 주장했고 문화적 상대주의 개념을 더욱 발전시켰다. 나중에는 노스웨스턴대학에 첫 흑인학 프로그램을 개설했다.

오토 클라인버그는 여키스와 브리검이 진행했던 군 IQ 검사의 타당성을 조사했다. 조사 결과는 처음에 학술지 『심리학 아카이브』(1928, 1931)의 논문으로, 이어서 『니그로의 지능과 선택적 이주』(1935a)라는 단행본으로 출간되었고, 『인종의 차이』(1935b)라는 대중서로도 출간되었다. 먼저 클라인버그는 그랜트의 가설과 유럽 출신 중에서도 노르딕인의 혈통이 알프스인이나 지중해인 혈통보다 IQ가 높다는 여키스와 브리검의 검사 결과를 검증했다. 클라인버그는 유럽으로 가서 도시와 농촌 지역 10곳에서 1,000명의 소년을 대상으로 검사를 실시했다. 도시 아이들의 점수가 더 높았는데, 조상이 어느 혈통인가와는 관련이 없었고 소위 '인종'의 영향은 작거나 유의하지 않았다. 클라인버그는 유럽인 사이에 "인종적 위계가 존재한다는 이론은 뒷받침되지 않는다"고 결론 내렸다(Klineberg, 1935b, 194).

이어서 클라인버그는 특정 인종이 열등한 지능을 가지고 있다는 오랜 믿음을 상세히 조사했고, 미국 흑인을 대상으로 이뤄졌던 군 지능 검사 결과도 검증했다. 그의 연구 설계는 보아스의 미국 이민자 연구와 비슷했다. 예전에 북부 백인이 북부 흑인보다, 또 남부 백인이 남부 흑인보다 지능 점수가 높지만, 북부의 흑인이 다수의 남부 백인보다 점수가 높다는 결과가 나온 바 있었다(Boas 1921; Kroeber 1923). 여키스가 전에 제시했던 설명은 '선택적 이주'설이었다(Yerkes 1923). 즉 남부의 흑인 중에서 더 야망 있고 진보적이고 정신적으로 각성되어 있는 사람들이 더 나은 교육과 직업 전망을 찾아 북부로 이주했으리라는 것이었다.

클라인버그는 지금은 북부에 살고 있지만 원래는 테네시, 사우스캐롤라이나, 앨라배마 출신인 학생 500명의 성적을 조사했는데, 평균적으로 이들의 점수는 테네시, 사우스캐롤라이나, 앨라배마에 살고 있는 흑인들과 별로 다르지 않았다. 즉 '선택적 이주'에 대한 근거가 발견되지 않았다. 북부로 이주하기로 한 결정은 아이들이 아니라 부모들이 내렸을 테니 선택적 이주가 부모들에게서 작용하지 않았겠냐는 반론을 예상하고서, 클라인버그는 만약 이들의 부모가 남부에 남아 있는 사람들보다 지적으로 우월하다면 왜 그들의 아이들에게서는 평균적인 수준의 지능만 나타나는지 반문했다. 지능이 유전되는 것이라면 아이들도 북부로 이주한 쪽이 더 높은 지능을 가져야 하지 않는가? 또한 클라인버그는 남부에서 태어난 흑인 중 뉴욕에 거주하는 사람들을 대상으로 IQ를 조사해서 남부를 떠난 지 얼마나 오래되었는지와 상관관계를 살펴보았는데, 뉴욕에 오래 산 사람일수록 IQ 점수가 높았다. 그는 유전 요인이나 선택적이주가 아니라 환경 요인만으로도 이러한 변화를 설명할 수 있다고 결론 내렸다(Klineberg 1928, 1935b). 클라인버그는 동료 심리학자들에게도 문화 개념을 사용하도록 촉구했다(Klineberg 1935b; Degler 1991). 클라인버그는 나중에 여러 심리학 학회의 회장을 지내며, '사회심리학' 분야를 만들고 더 일반적으로도 심리학을 발전시키는 데 기여했다(Hollander 1993). 클라인버그 등이 이 시기에 수집한 데이터를 토대로 보아스를 비롯한 인류학자들은 "이전의 IQ 검사는 문화적으로 편향되었으며, 부정확하고 비과학적인 범주와 가정에 기반하고 있고, 허술한 방법론으로 오염되어 있어서 연구에 어떤 장점도 제공하지 못한다"고 결론내렸다(Cravens 2009, 162).

다른 보아스 계열 연구자들도 계속해서 연구를 진행했고 학술 매체와 대중매체를 통해 연구 결과를 출간했다. 조지 도시의 『인종과 문명』(1928), 보아스의 『인류학과 현대 생활』(1928), 로이의 『우리는 문명화되었는가?』(1929), 베네딕트의 『문화의 패턴』(1934) 등이 그런 사례다. 문화인류학, 문화 개념, 유전보다 환경이 행동과 인종적 차이를 더 잘 설명한다는 개념의 타당성이 점점 더 널리 받아들여졌다. 또한 보아스와 클라인버그는 심리학자들과 여타 사회과학자들에게도 영향을 미쳐서, 문화 패러다임을 강조한 여러 저술이 등장하기 시작했다. 1920년대 말이면 많은 사회과학자들이 인종적 설명에 대해 문화가 대안적인 설명이 된다고 생각했다(Degler 1991). 보아스와 제자들의 저술은 인종을 어떻게 연구하고 이해할 것인가에 막대한 영향을 미쳤으며, 문화적 상대주의는 인류학을 생물학의 족쇄에서 해방시켰다(Barkan 1992). 사회과학에서 문화 개념이 받아들여지면서 우생학, 다원발생설, 유전 결정론 분파들은 빠르게 해체되었다.

행동에 영향을 미치는 환경 요인의 중요성은 인간 사이에서 본능적인 행동이 중요한지, 아니 인간 사이에서 본능적인 행동이라는 것이 존재하기나 하는지에 대한 비판이 제기되면서 더욱 지지를 받게 되었다. 많은 심리학자들이 환경이 행동에 중대한 영향을 미친다고 보기 시작했다(Degler 1991 참고). 미국의 심리학이 행동주의로 전환한 것이 이를 잘 보여준다. 이러한 경향을 가장 극단적으로 보여주는 사례로 존 B. 왓슨의 유명한 저서 『행동주의』(1924)를 들 수 있다. 그는 심지어 이렇게까지 언급했다.

> 건강하고 기형이 아닌 신생아 12명을 내게 주고 내가 설정한 세계에서 그들을 키울 수 있게 해준다면, 무작위로 그들 중 아무나 골라서 그의 타고난 재능, 성향, 적성, 능력, 소명, 조상의 인종 등과 상관없이 내가 정하는 어떤 전문가로도 키울 수 있다. 의사든, 변호사든, 예술가든, 상인이든, 아니면 도둑이나 거지로도 말이다. 물론 이것은 내가 가지고 있는 사실관계 자료들을 넘어서는 주장이다. 하지만 반대로 주장하는 사람들도 마찬가지이며 그들은 수천 년 동안 그래왔다(103-104).

1930년 초 무렵이면 심지어 헨리 고더드나 칼 브리검, 루이스 터먼 같은 우생주의자들도 우생학적 주장에 대해 진지하게 의구심을 갖기 시작했다. 브리검은 군 IQ 검사와 관련해 본인이 내렸던 결론을 철회했다(Brigham 1930, 165). 그는 현재의 실증 근거에 비추어 볼 때 "인종 간 차이에 대해 그 연구가 전제했던 전적으로 가설적인 상부 구조는 완전히 무너졌다"고 언급했다. 그는 "현재의 IQ 검사는 다양한 민족, 국적, 인종 집단을 비교하는 용도로 사용될 수 없을 것"이라며 "IQ 검사로 인종 간 비교 연구가 가능한 양 이야기한 대표적인 책, 그러니까 내가 쓴 그 책은 근거가 없다"고 말했다. 터먼은 1931년에 대븐포트에게 보낸 서신에서 이렇게 언급했다. "아시다시피, 요즘 많은 훌륭한 심리학자와 인류학자, 사회학자 들이 어린 시절과 성인기에 발달되는 지능이 전적으로는 아니라 해도 대체로는 문화적 환경과 교육의 결과라고 보고 있습니다. 이것이 옳다면, 적어도 인간 사이에 발견되는 지능의 차이에 대해서는 우생학이 설 자리가 없습니다."(Degler 1991, 151 재인용)

사회과학 연구에서 나온 데이터 외에도 생물학, 특히 유전학에서 쌓인 자료들이 엄격한 생물학적 결정론과 우생학에 도전을 제기하기 시작했다(Allen 1986, 2011). 이르게는 1913년부터도 피어슨이 이끄는 골턴실험실 Galton Laboratory에서 대븐포트의 ERO에서 수행하는 '정신박약' 유전 연구에 과학적 엄정성이 부족하다는 비판이 나오고 있었다(Heron 1913; Pearson 1925). 초기의 한 비판은 행동적·성격적 표현형을 과도하게 단순화한 것을 지적했고, '정신박약', '범죄 성향', '지능' 같은 용어가 너무 모호하고 무의미할 수 있다는 지적도 나왔다(Kenrick 1914; Morgan 1925, 1932; Allen 2011). 1915년 이후로 T. H. 모건, 허버트 스펜서 제닝스, 레이먼드 펄, H. J. 뮬러, 슈월 라이트 등 다수의 저명한 유전학자가 각각 우생주의자의 주장을 공격하기 시작했다(Allen 1986). 안타깝게도 1925년 이전에는 유전학자와 생물학자 들의 비판이 대체로 학술 저널에만 등장해서, 이러한 내용을 잘 알지 못하는 대부분의 일반 대중은 여전히 우생학이 과학계에서 확고하게 타당성을 인정받은 학문이라고 생각하고 있었다. 뭐니뭐니해도 우생학은 영향력 있는 학자들이 촉진하고 있었고 대중매체를 통해 널리 알려져 있었다(Allen 2011).

그러나 곧 한때 우생주의자였던 생체 측정 연구자이자 유전학자, 체질인류학자인 레이먼드 펄이 우생학을 대중매체에서 비판하기 시작했다. 일례로, 1927년에 잡지 『아메리칸 머큐리』에서 그는 이렇게 언급했다. "우생학 문헌들은 대체로 근거가 희박하고 비판적이지 않은 사회학, 경제학, 인류학, 정치학의 혼합이다. ... 계급과 인종적 편견에 감정적으로 호소하는 내용으로 가득한데도, 스스로가 과학이라고 엄숙하게 자처하고 있고 불행하게도 일반 대중

또한 그렇게 알고 있다."(Ludmerer 1972, 84 재인용) 1924년에 펄의 존스홉킨스대학 동료이자 전국적으로 저명한 생물학자 허버트 S. 제닝스는 유전자 하나와 표현형 하나가 멘델식으로 1 대 1 관계를 갖는다는 가정에 기반한 '단위 형질' 개념이 이미 10-15년 전에 기각되었다고 지적했다(Allen 2013). 그는 환경의 영향을 받지 않고 하나의 유전자에 의해 나타나는 '단위 형질적 특성'이라는 개념이야말로 "조금만 아는 것이 제일 위험하다는 옛말의 뜻을 잘 보여주는 사례"라고 언급했다(Zenderland 1998, 321 재인용). 1932년에 그는 『사회과학 백과사전』의 '우생학' 항목을 다음과 같이 작성했다. "인종적인 거만함과 현 사회체제를 정당화하고자 하는 열망이 우생학 프로파간다에서 딱 알맞은 자리를 찾았다."(Degler 1991, 150 재인용) 유전학자 A. 와인스타인은 '유전' 항목에 이렇게 적었다. "유전적 우월성에 대한 대부분의 주장은 과학적 데이터에 의해 나왔다기보다 몇몇 계급이나 국가, 인종이 그들이 다른 이들을 종속시키는 것을 정당화하고자 하는 열망에서 나온 것이다."([Degler 1991, 205-206 재인용] 이 백과사전에서 '인종' 항목을 보아스가 작성했다는 점은 흥미롭다. '정신 능력 검사' 항목은 클라인버그가, '본능' 항목은 심리학자 L. L. 버나드가 작성했다. 여기에서 버나드는 본능 개념을 기각했다.) 데글러는 다음과 같이 요약했다.

> 인류학자들과 사회학자들에게서 우생학에 반대하는 설득력 있는 논의가 꾸준히 나왔지만 우생학이 결정적으로 종말을 고하게 된 건 그들 때문이 아니었다. 그 과업은 자신의 과학이 우생주의자들에 의해 잘못 이해되고 있고 잘못 사용되고 있다는 것을 알게 된 유전학자들이 수행했다(Degler 1991, 150).

1918년에 그랜트와 흐르들리치카가 갈라서고 나서부터 전문 인류학계(대학에서 훈련을 받은 학자들과 관련 있는 인류학계)는 AAAS의 인류학 분과인 AAA가 대표하고 있었다. 보아스는 1880년대부터도 AAAS에서 활발하게 활동했다(Spencer 1968; Szathmáry 2010). 또한 학술 저널 『미국 인류학자』와 『미국 체질인류학 저널』도 이들이 주로 대표하고 있었다. 1928년에 흐르들리치카는 AAAS 연례 회의에서 미국체질인류학회AAPA를 성공적으로 설립했고 1930년에 AAPA의 첫 컨퍼런스가 열렸다. 이로써 체질인류학이 미국에서 과학의 한 분야로 자리잡게 되었다. 학회장은 흐르들리치카가 맡았다. 주요 목표 중 하나는 대학에서 체질인류학이 자리잡게 하는 것이었다. 그때는 미국에서 대부분의 인류학 박사 학위가 고고학이나 문화인류학에서 나오고 있었다(1900년에서 1925년 사이 인류학 박사 학위 논문의 11퍼센트만 체질인류학이었다). 사실 84명의 AAPA 설립 회원 중에서도 체질인류학으로 박사 학위를 받은 인류학자는 6명 뿐이었고 대부분은 해부학자이거나 의사였다(Szathmáry 2010).

유럽(주로는 영국, 프랑스, 독일)에서 인류학은 기본적으로 체질인류학과 우생학이었지만, 미국에서는 우생학자와 문화인류학자 사이에 늘 분열이 있었다. 그리고 이제는 흐르들리치카가 그랜트에게 맹렬히 맞서면서 체질인류학도 아마추어적인 골턴학회와 우생학 운동으로부터 멀어지고 있었다. 1930년이면 미국에서는 제대로 된 인류학회와 학술지 모두가 보아스 계열 학자들, 아니면 적어도 그랜트에게 반대하는 학자들의 주도하에 있게 되었다. 유럽, 특히 독일에서는 체질인류학에서 우생학이 떠오르고 있었지만, 이 시기에 미국에서는 체질인류학이 급격한 하강을 겪고 있었다. 예를 들어, 독일에서는 1926년에 체질인류학회Gesellschaft für Physische Anthropologie가 설립되었고 나치 지지자이자 우생주의자이며 오랜 세월 그랜트와 대븐포트의 친구이자 신봉자였던 오이겐 피셔가 회장이 되었다. 오트마르 폰 페르슈어, 프리츠 렌츠, 에른스트 뤼딘, 요제프 멩겔레 등 강고한 나치 지지자들 모두가 이곳 회원이었다. 1928년에는 카이저 빌헬름 연구소 계열에 '인류학, 인간유전학, 우생학 연구소'가 추가되었고 피셔가 이곳을 이끌었다(4장 참조). 대조적으로 미국에서는 AAPA를 그랜트의 숙적 흐르들리치카가 이끌고 있었고 보아스, 크로버, 허스코비츠 등 여러 저명한 보아스주의자들이 그 회원이었다(Spiro 2009; Szathmáry 2010).

체질인류학의 주요 학회와 저널이 반우생주의자들에 의해 돌아가고 주요 대학 인류학과에 보아스의 제자들이 포진하면서, 미국에서 체질인류학의 얼굴이 마침내 달라지고 있었다. 이전까지는 19세기 모턴파의 '인류학의 미국 학파'부터 시작해 미국에서 체질인류학이 인종주의, 다원발생설, 우생학에 의해 지배되었고 이 분야의 학위를 받지 않은 '신사 과학자'들이 주도했다. 하지만 1930년에 이르러서는 여전히 정적이고 유형 분류적이고 주로는 묘사적인 해부학적 연구를 하고 있긴 했지만 체질인류학이 우생학에서 멀어지고 있었다(Little and Kennedy 2010; Sussman 2011).

즉 미국에서는 1930년대에 그랜트와 우생주의자들이 이미 쇠락하고 있었다. 하지만 1920년대와 1930년대에 이들의 우생학 운동은 정치와 정책에 초점을 두었고, 체질인류학 학계에서 무슨 일이 일어나고 있는지 알지도 못했고 걱정하지도 않았다. 그들은 단종법, 이민 제한법, 혼혈 금지법 등의 법제화에 성공했다. 하지만 전투에서 이기는 동안에도 전쟁에서는 지고 있었다. 게다가 독일에서 벌어지고 있던 나치의 운동은 이들에게 도움이 되지 않았다. 우생학 운동의 인기와 영향력은 본질적으로 끝났으며 NRC에서 우생학이 가지고 있던 영향력도 끝났다. 1931년에 로버트 로이가 인류학 및 심리학 분과장이 되었고 그해에 보아스가 AAAS의 회장으로 선출되었다. 보아스는 회장 취임 연설에서 특히 인종 간 혼합 문제를 언급하면서, 인종 간 혼합이 퇴락적 효과를 가져온다는 데는 어떤 근거도 없다고 지적했다. 그는 인간의 행동에 환경과 문화가 미치는 영향을 강조했다(Boas 1931; Farber 2011). 1932년에 『뉴욕타임스』는 노르딕 우월주의가 신뢰성을 잃은 가설이라고 언급했고, 1936년에는 프란츠 보아스가 『타임』지 표지에 등장했다. 커버스토리 기사 제목은 '환경영향론'이었다(Spiro 2009). 1938년 무렵에는 AAA, '사회문제에 대한 심리학회Society for the Psychological Study of Social Issues'의 집행 위원회, 그리고 에든버러에서 열린 국제 유전학회의International Congress of Genetics에 참석한 일군의 저명한 유전학자 등이 작성한 반인종주의 선언문이 다수 나왔다. 에든버러에서의 선언문은 '유전학자 선언Geneticist's Manifesto'이라고 불린다(Barkan 1992).

우생주의자들은 반전을 시도했다. 1932년에 미국자연사박물관에서 제3차 국제우생학회의가 ERO, ERA, 골턴학회 주관으로 열렸다. 역시 미국자연사박물관에서 열렸던 2차 회의가 열린 지 11년, 런던에서 1차 회의가 열린 지는 20년 뒤였다. 이번 회의도 1912년의 첫 회의 때처럼 뻔한 옛 우생학자들이 주관했다. 대븐포트가 의장이었고 헨리 페어필드 오스본과 레너드 다윈이 명예 의장이었다. 운영 위원회에는 어빙 피셔, 해리 로플린, 헨리 오스본, 매디슨 그랜트가 포함되어 있었다. 1931년에 『우생학 뉴스』는 이 회의에서 우생학의 진정한 의미와 내용이 발표될 것이라고 자랑스럽게 선언했다. 논문 모음집은 카네기연구소가 제작비를 댔고 해리먼 여사에게 헌정되었다(Engs 2005).

'지난 10년간의 우생학의 발전'이 이 회의의 주제였지만 발표된 논문에는 새로운 내용이 하나도 없었다. 여전히 인종의 생존, 단종법, 대븐포트의 신체 측정, 지능 검사, 이민 제한, 산아 제한, 우생학적 결혼 상담 등이 주제였다. 강제 단종법을 옹호하기 위해 칼리칵 집안 이야기가 또 불려나왔고, '생물학적 부조화'론과 인종 간 차이에 대한 다원발생설적 견해가 인종 간 혼인에 반대하는 논거로 또 제시되었으며, 이민 제한법을 지지하기 위해 군 지능 검사가 또 동원되었다. 브리검마저 이미 1930년에 군 지능 검사가 무가치하다고 인정했는데도 말이다(Spiro 2009). 본질적으로 이 회의는 그랜트의 『위대한 인종의 소멸』, 그리고 그 전에 있었던 모든 다원발생론적 이야기들의 무의미한 재탕이었다.

주최 측은 5,000장이 넘는 초대장을 뿌렸지만 73명만 참석했고, 발표된 논문도 65편에 불과했다. 1921년에 열렸던 2차 회의 때는 참가자가 4배는 되었고 논문도 이보다 2배는 많았다. 게다가 1932년에는 참가자 중 한 명인 허먼 조지프 뮬러(T. H. 모건과 일한 적이 있는 유전학자로, 훗날 노벨상을 받는다)가 "우생학은 비현실적이고 효과가 없으며 시대착오적인 유사 과학"이고 "환경이 IQ에 미치는 명백한 영향을 무시하고 있다"고 비난하면서 "범죄의 요인으로서 유전보다 슬럼이 더 중요하다"고 말하기까지 했다(Spiro 2009, 341). 뮬러는 경제적 불평등이 유전적 차이를 압도하며 사회계층 간, 인종 간의 차이는 잘 알려져 있는 환경적 영향으로 온전히 설명이 가능하다고 주장했다(Muller 1934; Paul 1995).

1930년대에 『우생학 뉴스』가 닿고 싶어 했을 대중에게 메시지는 명백해 보였다. 우생학 주제를 다룬 언론 기사를 보면, 우생주의자들은 대공황을 실업자들의 태만 탓으로 돌리는 듯했고 지난 20년간 인류학·사회학·심리학·유전학에서 벌어진 주된 학문적 발전은 고려하지 않는 듯했다. 스피로는 그 귀결을 이렇게 요약했다. "그랜트주의자들은 과학이 아니라 편견으로 동기부여된 반동적이고 도그마적인 집단으로서의 얼굴을 드러냈다. 『뉴욕타임스』는 제3차 국제우생학회의가 끝날 무렵 '[우생학이] 인종 편견, 조상 숭배, 신분제적인 속물성에 대한 가면이었던 것으로 보인다'고 결론내렸다." 그리고 히틀러가 우생주의자들이 밀었던 바로 그 프로그램을 실행에 옮기기 시작하자 낡은 다원발생설적 이상에 대한 미국 대중의 태도는 점점 더 싸늘해졌다.

제3차 국제우생학회의가 끝나고 하루 뒤 업스테이트 뉴욕의 코넬대학에서 국제유전학회의가 열렸는데, 우생학회의보다 참가자가 8배나 많았고 발표된 논문도 3배가 넘었다. 『뉴욕타임스』는 두 회의의 차이를 이렇게 요약했다.

일주일 사이에 우리는 두 학파의 이론과 방법론을 비교해 볼 수 있는 기회를 가진 셈이 되었다. 한쪽에는 정신박약자의 단종과 바람직하지 않은 사람들의 결혼 제한에 대한 느슨한 논의가 있었고, 다른 쪽에는 [유전의 메커니즘을 다루는] 진지한 실험에 대한 논의가 있었다. … 두 학파 중 무엇을 선택해야 할지 알기는 어렵지 않다 (1932).

제3차 국제우생학회의를 끝으로 국제우생학회의는 더 열리지 않았다. 하지만 매디슨 그랜트는 우생학 운동에 다시 시동을 걸고 다원발생설을 재활성화하기 위해 마지막 시도를 했다. 1933년에 그는 『대륙의 정복, 혹은 아메리카에서의 인종의 확장』을 펴냈다. 카이저 빌헬름 인류학연구소의 오이겐 피셔가 서문을 썼다. 이 책에서 그는 위대한 노르딕 인종이 용감하게 미국과 캐나다를 정복한 뒤에 세 가지 주된 실수를 했다고 주장했다. 게으른 남부 사람들이 흑인 노예를 데려와 자기 대신 일을 시킨 것, 탐욕스러운 북부 사람들이 열등한 지중해 유럽인들로 하여금 낮은 임금으로 일하게 한 것, 잘못된 인도주의적 접근으로 유대인 박해의 피해자들이 미국에서 은신처를 찾을 수 있게 한 것. 그랜트는 흑인, 이탈리아인, 유대인의 인종 간 결혼이, 그리고 이들과 노르딕 인종 사이의 결혼이 문명을 끝장낼지 모른다고 주장했다.

이어서 그랜트는, 하지만 이 상황을 고칠 네 가지의 해법이 있다고 했다. 1) 모든 나라에서 미국으로 들어오는 이주를 막는다. 2) 바람직하지 않은 외국인과 실업자 들을 모두 추방한다. 3) 범죄자와 지적으로 부적합한 사람 모두에게 단종 수술을 한다. 4) 흑인 및 그 밖의 열등한 집단(아마도 그랜트와 그의 추종자들이 보기에 그렇게 분류된 집단)의 산아 제한을 독려한다. 그는 "대담하게 문제를 직시하는 것이 … 모든 미국인의 의무이며, 우생학의 모든 수단을 동원해 ... 부적합자가 대거 증가하는 것을 막아야 한다"고 주장했다(Grant 1933, 349-351).

우생주의자들은 『위대한 인종의 소멸』처럼 『대륙의 정복』이 과학과 대중을 바로잡고 있다고 생각했다. 그랜트와 히틀러의 타당성이 곧 입증될 것이고 독일과 여타 유럽에서처럼 우생학적 요소들이 다시 한번 미국을 장악할 것이라고 말이다. 헨리 페어필드 오스본도 이 책에 서문을 썼는데, 이 책이 "'환경영향주의자들의 거품을 터뜨려서' 그들의 믿음이 '신화에 불과하다는 것', 그리고 '서로 다른 인종 사이에 도덕적, 지적, 영적 특질들이 두상만큼이나 분명하게 구분되는 특질이라는 것'을 입증했다"고 언급했다(Spiro 2009, 344 재인용). [독일의] 우생주의자들은 오스본의 서문이 나치 인간유전학자들의 견해를 확증해 주는 것이라고 여겨 환영했고, 이듬해에 오스본은 프랑크푸르트대학에서 명예 학위를 받았다(Weiss 2010). 1933년에 대븐포트는 그랜트에게 보낸 편지에서 이렇게 언급했다. "당신의 책은 환경영향주의자들의 우상을 파괴하는 데 중요한 역할을 할 것입니다. 나는 이 책이 당신의 전작 『위대한 인종의 소멸』만큼 문명에 큰 영향을 미칠 것이라고 확신합니다."(Spiro 2009, 343 재인용) 이 책을 펴낸 '스크라이브너스 앤 선스' 출판사는 열성적으로 판촉에 나서서 대대적인 우편 광고를 하고, 할인을 해주고, 고등학교와 대학에서 교재로 쓰이도록 교육자들에게 책을 공짜로 배포하고, 교육 저널과 인류학과에도 서평을 부탁하며 책을 돌렸다. 광고 전단에는 히틀러가 독일에서 인종 문제를 풀고 있듯이 그랜트의 책이 미국에서 인종 문제를 풀 해법을 제안하고 있다고 적혀 있었다.

대중은 이 책도, 이러한 메시지도 받아들이지 않았다. 일부 호의적인 서평도 있었으나 대다수의 서평은 지극히 부정적이었다. 그랜트와 그의 추종자들은 이것이 모두 유대인들과 평등주의자들 때문이라고 생각했다. 하지만 1930년대 말에 이 책은 사실상 무시당했고, 그때까지의 판매 부수는 3,000부에 불과했다. 그랜트주의자들은 이 책이 유대인이 벌인 음모에 희생당했다고 생각했다. 하지만 스피로는 "우생학의 복음이 더 이상 대중에게 공명하지 않았고 『대륙의 정복』처럼 온건하게 표현한 책도 우생학 운동이 망각 속으로 가차 없이 추락하는 것을 막지 못했다"고 요약했다(Spiro 2009, 346).

그리고 정말로 우생학 운동은 망각 속으로 추락했다. 골턴학회는 1935년에 조용히 해체되었다(Spiro 2009). 1930년대에는 저명한 과학자들이 ERA를 대거 떠났고 이곳의 연례 컨퍼런스에는 괴짜, 아마추어, 무솔리니와 나치 동조자만 주로 참석했다. ERA의 마지막 회장이었던 찰스 M. 괴테는 끝까지 나치 동조자였다(4장 참조). 부유한 기업인이던 괴테는 자기 돈 수백만 달러를 들여 인종주의적 소책자를 펴내고 배포했으며, 나중에는 리처드 닉슨의 주요 후원자가 되기도 했다. 그가 ERA 회장을 맡고 있던 동안 오이겐 피셔, 에른스트 뤼딘 등 독일의 우생학자 다수와 무솔리니의 과학 자문 코라도 지니 등이 ERA 회원이 되었다. ERA의 마지막 컨퍼런스는 1938년에 열렸다(Spiro 2009).

ERO는 1930년이면 이미 한물간 상태나 다름없었다. 1921년에 ERO와 실험진화연구소는 여전히 카네기연구소의 자금을 받고 있었고 대븐포트가 소장이었지만(Engs 2005) '콜드스프링하버 유전학 부서Department of Genetics at Cold Spring Harbor'로 통합되었다. 1923년에 매우 존경받는 유전학자 T. H. 모건은 ERO가 수행하는 연구의 질에 대해 카네기연구소에 의구심을 표했다(Allen 2004). 1924년 이민 제한법이 통과되고 나서 1925년에 모건은 그가 쓴 교재 『진화와 유전학』에 한 장을 추가해서, 개인 간에 나타나는 정신적 차이의 원인에 대해서는 알려진 바가 없고 인종 간에 나타나는 차이에 대해서는 더욱 그렇다고 언급했다(Allen 1978; Paul 1995). 그는 본성과 양육을 헷갈리는 연구에 개탄했고, 환경이 인간 행동에 미치는 영향이 얼마나 큰지 알게 되기 전까지는 "인간유전학 연구자들이" 우생주의가 말하는 만병통치약을 받아들이기보다 "비행과 일탈에 대한 사회적 원인들에 대해 더 잘 알아보는 것이 좋을 것"이라고 결론 내렸다(Morgan 1925, 201). 10년 전에 덴마크 유전학자 빌헬름 요한센도 비슷한 우려를 표한 적이 있었다. 1909년에 요한센은 **유전자**gene라는 용어를 만들면서 생명체 내의 유전적 특질인 '유전형'과 그것의 외부적인 발현인 '표현형'이라는 개념을 도입했는데, 유전형이 그 자체로 표현형으로 이어지지는 않는다고 주장했다. 유전자가 어떻게 표현되는지는 맥락에 좌우되기 때문이다. 이 맥락에는 유전자와 환경의 상호작용도 포함된다. 그는 실로 시대를 앞서간 사람이었다. 요한센은 동일한 유전형이라도 상이한 환경에서는 매우 다르게 발현될 수 있다고 주장했다(Paul 1995).

모건과 요한센을 비롯해 많은 유전학자들이 우생주의자, 특히 그랜트, 로플린, 기타 콜드스프링하버에서 일하는 사람들이 유전학 분야에서 일어나고 있는 학문의 발전과 완전히 동떨어져 있다고 생각했다(Allen 2004, 2011; Farber 2011). 이러한 비판이 일자 1929년 2월에 카네기연구소의 존 C. 메리엄 소장은 ERO가 진행하고 있는 연구가 유전학의 미래에 유용한지 평가할 위원회를 꾸렸다. 하지만 이 평가 위원회는 주로 로플린, 대븐포트, 브리검 등 우생학의 열렬한 지지자들로 구성되었다. 평가 위원회는 세부적인 문제 몇 가지를 지적하긴 했지만 기본적으로 우생학 의제에 호의적이었다(Allen 1986).

ERO는 이후에도 5년간 기존대로 계속 운영되었다. 로플린, ERO, 『우생학 뉴스』는 나치의 뉘른베르크법을 계속 선전했고, 박해를 피해 탈출한 유대인의 이주를 제한하는 것에 대해 미국 의회에 조언했으며, 나치가 추구하는 목적과 인종 청소 방법을 옹호했고, 히틀러가 독일에서 유대인의 자산과 자유를 빼앗고 유럽의 다른 지역까지 장악하는 것을 지지했다. 대븐포트는 로플린에게 대중에게 내놓는 메시지를 더 신중하게 작성하고 정치적으로 점화성이 큰 사안에 대해서는 관여를 줄이라고 경고했다. 하지만 로플린은 조언을 무시했다. 1934년에 대븐포트가 은퇴하고 '콜드스프링하버 유전학 부서'는 우생주의자인 A. F. 블레이크슬리가 맡게 되었다(Allen 2004). 하지만 오스본과 그랜트의 설득으로 카네기연구소의 메리엄은 로플린이 계속해서 ERO의 운영 책임을 맡게 두었다. 점화성이 높은 주제에 대한 로플린의 과격한 메시지, 대븐포트의 은퇴, ERO을 향한 지속적인 비판의 상황에서, 메리엄은 1935년에 다시 한 번 평가 위원회를 꾸렸다. 이번에는 예전과 구성이 매우 달랐다. 강력한 우생학 지지자는 포함되어 있지 않았고 L. C. 던, A. H. 슐츠, H. 레드필드, E. A. 후턴 같은 과학자들이 참여했다. 이들은 대븐포트와 로플린류의 단순화된 유전적 설명을 받아들이지 않는 사람들이었다(Allen 1986).

1935년 6월 16일과 17일 양일간 콜드스프링하버에서 회의를 하고 나서 평가 위원회는 "ERO가 실질적인 데이터는 아무것도 생산하지 못하는, 머리부터 발끝까지 무가치한 노력"이라며 "우생학 자체가 전혀 과학이 아니고, 유전학과 인간의 유전에 대한 지식에 학문적으로 인지 가능한 가치를 갖지 않는 사회 프로파간다 운동"이라고 결론 내렸다(Black 2003, 390). 평가 위원회는 카네기연구소가 앞으로 콜드스프링하버와 관련되는 모든 일에서 우생학이라는 단어는 사용되지 말아야 하며 대신 유전학이라는 단어가 사용되어야 한다고 조언했다. 또한 연구를 정치 행동 및 프로파간다와 뒤섞는 것의 문제를 지적하면서 평가 위원회는 ERO가 『우생학 뉴스』와 분리되어야 하며 "모든 형태의 프로파간다로부터 관계를 끊고 인종 개선이나 사회 개혁을 위한 프로그램을 촉구하거나 후원하는 것도 모두 중단해야 한다"고 조언했다(Allen 1986, 252 재인용). 몇몇 위원은 콜드스프링하버를 아예 닫아야 한다고 주장했다. 하지만 ERO는 계속 연명했고 로플린은 계속 카네기연구소를 당황하게 만들었다(Allen 1986).

1938년 말에 카네기연구소는 『우생학 뉴스』와 관계를 끊었다. 『우생학 뉴스』는 전적으로 AES 산하에 있게 되었고 로플린은 개편된 편집진에서 빠졌다(아래 내용 참고). 1939년 1월에 메리엄이 은퇴하고 버니바 부시가 카네기연구소 회장이 되었다. 그는 곧바로 1년치 연봉만큼을 주고서 로플린에게 퇴직을 종용했다. 로플린은 1939년 12월 31일에 사임했고 같은 날 ERO는 영구적으로 폐쇄되었다(Allen 1986; Black 2003; Weiss 2010). 로플린은 자신이 태어난 곳인 미주리로 돌아가서 몇 년간 별 다른 활동 없이 살다가 1943년 1월에 63세로 사망했다. 전성기였을 때 ERO는 "우생학 운동 전체의 중추신경이었지만 1939년 12월 31일에 이곳이 문을 닫았을 때는 우생학 운동이 더 이상 존재하지 않는다는 것이 분명했다."(Allen 1986, 226)

유일하게 준학술적인 기관에서 우생학이 영향력을 가지고 있었던 경우라면 미국자연사박물관일 것이다. 적어도 헨리 페어필드 오스본이 관장이던 시절에는 그랬다. 그는 1908년에 관장이 되었다. 하지만 1930년대에 오스본은 진지한 과학자들로부터 존중을 잃고 있었고, 심지어는 자신의 직원들에게서도 학문적 신뢰를 잃어서 자연사박물관은 1933년에 그에게 사임을 요구했다. 이후로 자연사박물관은 우생학의 중심지가 된 적이 없다(Spiro 2009).

AES도 빠르게 사라지고 있었다. 1930년에는 회원이 1,200명이 넘었고 미국 모든 주에 회원이 있었는데 3년 뒤에는 회원이 500명이 채 되지 않았고 6년 뒤에는 282명 밖에 되지 않았다. 저명한 연구자들은 자신의 회원 자격이 소멸되게 두었다. 록펠러, 이스트먼코닥의 조지 이스트먼과 같은 소수의 부유한 후원자 때문에 재정적으로는 탄탄했다. 하지만 록펠러는 경고의 조짐을 감지하고서 1930년에 후원을 중단했다. 이스트먼은 1932년 초에 후원을 자청했지만 그러고서 한 달이 되지 않아 자살했다. AES는 활동을 축소했고 시카고, 앤아버, 뉴욕 사무소를 폐쇄했으며 출판사를 닫고 뉴헤이븐 사무실만 남겨 두었다. 1935년에 뮬러가 대표 집필을 맡은 「유전학자 선언」이 발표되었다. 전반적으로는 우생학의 인종주의를, 구체적으로는 나치의 인종주의 정책을 반박한 선언문으로, 줄리언 헉슬리, 테오도시우스 도브잔스키, J. B. S. 홀데인, 군나르 달베르그, 허먼 뮬러 등 당대의 가장 저명한 개혁적 유전학자 23명이 동참했다(Crew et al. 1939). 『우생학 뉴스』는 (그때는 『우생학』이라고 불렸다) 발간이 중단되었다. AES는 1930년대 말까지 위클리프 P. 드레이퍼의 파이오니어 재단(8장 참고)으로부터 간헐적으로 자금을 받아서 명맥을 이어가긴 했지만, 어느 모로 보나 운영되지 않는다고 보아도 무방했다.

요약: 보아스의 공헌

고전의 반열에 오른 『과학 혁명의 구조』(1962)에서 토머스 쿤은 과학 패러다임이 시간이 가면서 어떻게 달라지는지 설명했다. 그에 따르면, "변화가 일어나는 데는 한 세대가 족히 걸리지만 과학 공동체는 지속적으로 새로운 패러다임으로 전환을 해왔다. … 어떤 과학자들은 … 끝까지 저항할지 모르지만 대부분의 과학자들은 이런저런 방식으로 변화에 도달한다. 전환은 하나씩 둘씩 일어나다가 마지막으로 장악력을 가진 집단이 죽고 나면 전체가 다시 하나의, 그러나 새로운 패러다임하에서 작동하게 된다."(Kuhn 1962, 151) 1930년대 중반이면 옛 우생학자들의 엄격한 생물학적 결정론과 우생학은 죽어가고 있었다. 오스본은 억지로 은퇴를 하고 2년 뒤인 1935년에 사망했다. 그랜트는 실의에 빠졌다. 그는 1895년 이래로 매일 오스본을 찾아오거나 그와 이야기를 나누었고 브롱크스동물원, 뉴욕수족관, 골턴학회, AES 등 여러 단체를 오스본과 함께 설립했다. 오스본이 사망하고 2년 뒤인 1937년에 수년 동안 류머티즘으로 고생하던 그랜트도 72세로 숨졌다. 앞에서 언급했듯이, 말년에 그랜트는 헤르만 괴링이 국제 사냥 엑스포를 조직하는 것을 도왔다. 괴링은 나치 공군

사령관이자 히틀러의 후계자였다. 사냥 엑스포가 열렸을 때 엄선된 소수의 손님이 괴링과 함께 다녔는데, 그랜트도 그 엄선된 사람 중 한 명이었지만 그 해에 사망해서 참석하지는 못했다. 로플린은 1943년에 사망했다(Black 2003). 그는 끝까지 골수 우생주의자였다. 대븐포트는 1934년에 콜드스프링하버에서 은퇴했고 78세이던 1944년에 폐렴으로 사망했다. 그는 마지막까지 우생학의 원로로 활발히 활동했고 미국에서 나치에 대한 반감이 높아지는 것에 맞섰으며, 미국 내외에서 인종주의 정책에 대해 점점 거세지던 반대에 맞섰다. 이들 과학적 인종주의자 '빅 포' 중에 학계에서 제자(학문적 '후손')를 배출한 사람은 아무도 없다. 스피로는 이렇게 요약했다.

> 마침내 인간의 필멸성이라는 단순한 사실이 과학적 인종주의에 불가피한 쇠락을 가져왔다. … 이 운동은, 처음에 조직한 사람들이 30년이 지나서도 계속 영향력을 행사하고 있었다. 나이 들고 반동적이 되고 활동성이 떨어져서도 말이다. 그리고 그들이 사망하기 시작했을 때 그들의 자리를 이어받는 데 관심 있는 사람은 아무도 없었다(Spiro 2009, 339).

요컨대, 15세기부터 2차 세계대전이 발발할 무렵까지 서유럽과 아메리카의 유럽 식민지에서 '타자'는 두 개의 주요 이론에 의해 규정되었고, 내내 이는 크게 달라지지 않았다. 하나는 다원발생설 혹은 선아담 인류설로, 서유럽 사람이 아닌 사람들은 신이 창조하신 것이 아니라 아담 이전에 이미 지구상에 존재했다고 보았으며, 인간의 신체적 특질과 복잡성이 높은 행동 패턴이 인종 집단에 따라 생물학적으로 고정되어 변할 수 없다고 보았다. 여기에서 환경 조건은 그들의 운명을 개선하는 데 아무 역할도 하지 못한다고 여겨졌다. 다른 하나는 일원발생설로, 모든 인간이 신에 의해 창조되기는 했지만 일부가 덜 이상적인 환경 조건(나쁜 기후일 수도 있고 문명화되지 않은 사회적 여건일 수도 있고 둘 다일 수도 있다)에 처해서 태초의 이상적인 상태로부터 퇴락했다고 보았다. 일원발생론자들은 더 가련한 이 집단들도 서유럽의 문명으로 재학습한다면 '구원'이 가능하다고 보았다. 두 가설 모두 서유럽 사람이 여타 인종보다 우월하다고 보았다.

스피로는 이렇게 요약했다. "1924년 이후 10년이 채 지나지 않아서 미국에서 과학적 인종주의는 신뢰를 잃고 그랜트주의자들은 타당성이 없다고 여겨지게 된다. 물론 프란츠 보아스와 문화인류학자들의 막대한 영향이 한 가지 원인이었다."(Spiro 2009, 328-329) 역사학자들도 보아스와 그가 개진한 인류학적 문화 개념이 생물학적 결정론과 인간의 생물학적·행동적 차이에 대한 태도에 미친 중요성을 인정했다. 예를 들면, 역사학자 토머스 F. 고셋은 "인종적 편견과 싸우는 데에서 보아스가 역사상 누구보다도 큰 기여를 했다고 말해도 과언이 아닐 것"이라고 언급했다(Gossett 1965, 418).

역사학자 칼 N. 데글러는 보아스가 그의 "문화 개념을 통해 인간 집단 사이의 차이를 설명할 때 '인종' 설명이 아닌 대안적 설명을 제시한 것은 진정으로 독창적인 기여였다"고 평가했다(Degler 1991, 71, 84). 또 인류학적 유전학자 조너선 마크스는 『인간의 생물학적 다양성』에서 "19세기의 역사 이론들은 인종적 역사를 문화적 역사에서 분리하는 데 실패했고, 프란츠 보아스와 그의 제자들이 개진한 문화 개념에 의해 무너졌다"고 설명했다(Marks 1995, 21, 63).

흥미롭게도 보아스가 인류학, 과학, 그리고 더 폭넓은 사회에 기여한 공헌은 오늘날 인류학에서보다는 역사학자와 과학 분야 학자 들에 의해 더 많이 인정되고 있다. 보아스의 근본적인 중요성은 특히 체질인류학에서 무시되는 경향이 있어왔다(Washburn 1984, Little 2010; 하지만 다음 참고: Little and Kennedy 2010). 보아스와 그의 제자들은 당대에 체질인류학과 묶여서 거론되는 것을 반기지 않았다. 체질인류학은 유형 분류적인, 그리고 그 점에서 인종주의적인 사고를 계속 고수했고 20세기 중반까지는 현대적인 과학이 되지 못하고 있었다(Little and Kennedy 2010; Sussman 2011; Marks 2012). 보아스는 실로 시대를 앞서간 인물이었다.

7장 | 우생학의 몰락

물론 보아스와 인류학적 문화 개념만이 미국(과 서유럽)의 과학, 학계, 대중의 사고에서 통념의 지위에 있던 우생학의 몰락에 기여한 것은 아니다. 여기에는 이데올로기적 변화와 여러 가지 사건 모두가 필요했다. 하지만, 20세기 초입에 일원발생설류의 대안적 설명을 누르고 승리했던 고릿적의 다원발생설적 견해는 만약 대안적 패러다임이 존재하지 않았다면 과학계에서도, 대중 사이에서도 왕좌에서 밀려나지 않았을 것이다. 엄격한 생물학적 결정론과 우생학은 미국과 유럽을 1900년대부터 1930년대까지 지배했고, 1940년대에 나치즘에서 그것의 논리적 정점에 도달했다. 하지만 1930년대 무렵이면, 그리고 1940년대에 들어서는 더더욱, 500년 넘은 일원발생설(퇴락설)과 다원발생설(선아담 인류설), 그리고 그보다 최근의 우생학 이론 모두 더 이상 지탱될 수 없게 되었다. 무엇이 이 이론들의 최종적인 몰락과 완전히 새로운 패러다임으로의 이동을 (적어도 대부분의 과학자와 지적인 대중 사이에서) 이끌었을까?

패러다임 변화

인간의 본성, 행동, 차이에 대한 설명으로서 보아스의 문화 패러다임이 엄격한 생물학적 결정론과 우생학을 밀어내는 일은 꽤 빠르게 전개되었다. 1919년이면 이미 보아스의 제자, 동료, 지지자 들은 AAA의 주류를 차지하고 있었고, 당시 미국에서 수행되던 인류학 연구의 대부분을 보아스의 인류학으로 훈련받은 사람들이 수행하고 있었다. 그리고 1926년에 이르면 보아스의 제자들이 주요 미국 대학의 인류학과에 포진해 있었다. 스토킹은 이렇게 언급했다.

> 실제로 이때 '진정으로 영향력을 발휘하는 원천'은 보아스 외에는 존재하지 않았다. … 전체적으로 인류학은 학문적 지향을 가진 인류학자들로 구성된 하나의 조직에 의해 통합되어 있었다. 대체로 그들은 역사적으로 조건화된 인간 문화가 인간 행동을 결정하는 주요 요인으로서 근본적으로 중요하다는 데 공통의 이해를 가지고 있었다(Stocking 1968, 296).

또한 이르게는 1912년에도 생물학자 앨프리드 러셀 월리스가 제거형 우생학에 반대를 표명한 바 있었다.

> 부적합자를 분리하는 것은 의료적 압제를 세우려는 데 대한 변명일 뿐이다. 우리는 이런 종류의 압제를 이미 충분히 해보았다. … 세계는 우생주의자들이 문제를 고치겠다고 나서는 것을 원하지 않는다. … 우생학은 과학 버전의 거만한 사제 집단이 지나치게 간섭하려 드는 것에 불과하다(Paul 1995, 36 재인용).

1920년대 중반이면 학계에서 인류학자뿐 아니라 사회학자와 심리학자도 단순한 유전적 설명으로 복잡한 행위를 설명하는 것의 타당성에 문제를 제기하거나 생각을 바꾸기 시작했다. 예를 들어, 조지 A. 런드버그, 윌리엄 F. 오그번, 로버트 E. 파크는 인간 사회에서 이뤄지는 본성과 양육의 복잡한 상호작용의 중요성을 강조하면서 생물학적 결정론을 비판했다. 1926년에는 한때 우생학 운동의 열렬한 지지자였던 사회학자 프랭크 핸킨스가 『문명의 인종적 기초: 노르딕 우월성에 대한 비판』에서 매디슨 그랜트 등 여러 우생주의자들을 비판했다. 그는 그랜트의 『위대한 인종의 소멸』이 매우 교조적이고 희망이 없을 정도로 혼란스러우며, 진실 하나에 상상 아홉 개가 있고 과장과 억측의 혼합에 푹 담겨 있다고 비판했다. 또한 그는 이 책이 조악하게 대담하며 위험하다고 지적했다(Spiro 2009).

이 시점이면 "점점 더 많은 사회학자들이 유전결정론을 폐기하고 문화 개념을 받아들였다. ... 사회학자들과 함께, 심리학자들도 1930년대 초에 유전 결정론을 폐기했다."(Spiro 2009, 332-333; Stocking 1968; Degler 1991) 사실 이르게는 1920년대 초에도 크로버가 한때 우생주의자였고 [우생학적인] IQ 검사를 진행한 사람이었던 루이스 터먼과 함께 "문화적으로 편향되지 않은" 지능 검사 개발을 위한 연구를 수행한 바 있었다. 또 이 무렵에 오토 클라인버그는 심리학자들이 문화 패러다임을 받아들이도록 이끌었다. 1920년대에는 윌리엄 배글리, 에드윈 보링, 킴볼 영 같은 심리학자들이 환경적 이유가 인종 집단 간에 정신 역량 및 IQ 점수가 차이 나는 원인일 수 있다고 주장하면서, 인종 간에 내재적인 정신적 차이가 있다는 주장을 반박했다. 1930년에 칼 브리검은 본인이 전에 내렸던 결론의 주된 비판자가 되어 있었다. 그는 자신의 저서 『미국의 지능 연구』에서 제시했던 거의 모든 발견을 반박했고 그 연구 전체가 "근거가 없다"고 단언했다(Brigham 1930). 나중에 그는 지능 검사가 환경과 상관 없는 내재적 지능을 측정한다는 주장은 "과학의 역사상 가장 심각한 오류 중 하나"였다고 언급했다(Brigham 1933; Spiro 2009, 333 재인용). 그러한 지능 검사는 다원발생설적 이론들을 입증하는 결정적인 증거로서 사용된 바 있었고, 그랜트의 『위대한 인종의 소멸』이 대표적으로 그러한 논지를 전개한 책이었다.

1920년대에는 유전학자들이 우생학과 단순화된 생물학적 결정론을 비판하는 사회과학자들의 대열에 동참했다. 1935년에 L. C 던은 우생학과 유전학이 완전히 분리되어야 한다고 주장했고, 이렇게 생각하는 유전학자가 많아지고 있었다(Weiss 2010). 토머스 헌트 모건, 테오도시우스 도브잔스키 같은 유전학자들은 단순화된 인종 개념과 인종 간 혼합에 대한 우생학의 견해에 매우 비판적이었다(Farber 2009, 2011). 사실, 1930년대 말이면 많은 자연과학자들이 진화 이론의 '현대적 종합'이라고 불리는 것을 발달시키고 있었다. 다원주의를 현대의 실험유전학, 군집유전학과 군집생물학, 수학, 고생물학에서 발견된 실증 근거들과 결합한 것으로, 이 이론은 '군집'이 진화의 연구 대상으로서 적합한 단위가 된다고 보았으며 군집의 다양성, 군집의 유전과 진화 과정의 기제, 종의 진화와 생물학적 아종의 형성 등에 대한 이해를 높이는 데 기여했다. 이러한 통합적인 진화 이론을 이끈 학자들로는 유전학자 및 생물학자인 T. 도브잔스키, T. H. 모건, 줄리언 헉슬리(토머스 헉슬리의 손자), R. A. 피셔, S. 라이트,

L. C. 던, E. 메이어, J. B. S. 홀데인, G. L. 스테빈스, 고생물학자인 G. G. 심슨, 인류학자인 A. 몬터규, S. L. 워시번 등이 있다(Milner 2009; Farber 2011). '현대적 종합'은 "진화 과정과 관련해 다윈주의 관점을 재구축했고 군집유전학에 단단한 기초를 놓았다."(Farber 2011, 59) 1950년에 체질인류학자 S. L. 워시번과 유전학자 T. 도브잔스키는 진화생물학자, 유전학자, 인류학자가 모여 이와 같은 새로운 접근법이 인간의 진화를 어떻게 설명할 수 있는지 논의할 심포지엄을 꾸렸다. 아이러니하게도 이 심포지엄은 콜드스프링하버에서 열렸다(Demerec 1951). 1950년대 말이 되면 '현대적 종합'이 생물학과 체질인류학을 지배하게 되며, 지금도 이 패러다임과 보아스의 문화 개념이 생명과학과 사회과학 분야를 여전히 지배하고 있다.

파버는 이렇게 언급했다.

> 보아스와 그의 제자들은 과학적 인종주의에 맞서는 싸움을 이끌었다. … 이보다 덜 알려진 것은 생명과학이 인종 및 인종의 혼합에 대한 새로운 이해에 기여한 바다. … 생명과학의 기여를 간과한다면 이는 이 이야기의 중요한 부분 하나를 빼놓는 것이다. 30년대 말부터 시작해서 진화론과 관련된 **이론적인** 연구들이 생물학을 변모시켰고 그와 함께 인종 개념을 변모시켰다(Farber 2011, 59).

1960년대 무렵에는 이러한 새로운 진화 이론과 문화 개념이 지적인 대중이 현대 생물학, 진화, 인종 개념을 이해하는 데 필요한 지식을 제공하고 있었다. 스토킹은 '현대적 종합'이 과학 연구에 미친 영향을 이렇게 묘사했다.

> 이 기간을 거치면서 심리학자들이 이 문제에 대해 공개적으로 생각을 바꾸기 시작했고, 1930년대 말이면 심리학 전체가 문화적 비판을 받아들이는 쪽으로 명백하게 이동해 있었다. … 다시 이러한 변화들은 사회과학 **밖의** 과학 분야들에서 벌어진 변화의 맥락에서 보아야 한다. … 장기적으로 이 과정은 인류학적 문화 개념이 사회과학 일반에서 일종의 패러다임의 지위가 되게 만들었다(Stocking 1968, 203-303).

흔히 과학 이론은 시간의 흐름에 영향을 받지 않고 편향되지 않으며 자연적이라고 여겨지지만, 과학 철학자들은 시대와 장소에 따라 더 폭넓은 문화의 지배적인 이데올로기가 과학자들이 발달시키는 이론에 영향을 미친다는 점을 보여주었다(Benson 2011 참고). 일원발생설과 다원발생설은 수세기 동안 대중 이데올로기에 의해 영향을 받았다. 물론 거꾸로 과학 이론이 대중의 사고에 영향을 미치기도 한다. 즉 과학과 대중 이데올로기 사이에는 피드백 고리가 있다. 철학자 이언 해킹은 이를 '순환 고리 효과looping effect'라고 불렀다(Hacking 1995). 그는 인류학, 역사학, 사회학 등의 분야에서 사회 이론이 [사람들의 인식에] 미치는 영향이 점점 더 많이 인식되어 왔다고 주장했다.

문화 인류학자 피터 벤슨은 과학이 대중의 사고에 미치는 영향을 이렇게 설명했다.

> 과학에서 사용되는 언어는 현실 세계에 영향을 미치고, 그 사회에서 이뤄지는 미래의 연구 결과에 영향을 미친다. 해킹은 이것이 '어떻게 인과관계에 대한 이해가 특성을 달라지게 할 수 있는지'에 대한 문제라며, 청중은 과학 연구의 결과들이 인간의 본성을 무엇이라고 말하는지에 영향을 받는다고 설명했다. 그렇게 해서 (과학이) '청중이 어떤 종류의 사람인지에 변화를 가져올 수 있다'는 것이다(Benson 2011, 200).

20세기 초에 서유럽과 미국에서 우생학은 방대한 인구에게 이러한 영향을 미쳤다. 그리고 내 생각에, 1930년대에는 이 순환 고리 효과가 인류학적 문화 패러다임과 대중 사이에서 벌어지고 있었던 것 같다. 물론 당대의 사건들과 기본적인 대중의 태도 또한 패러다임 전환에 일조했을 것이다.

1900년대 초에 미국에는 토착주의nativism가 널리 퍼져 있었다. 1890년부터 1920년 사이에 2000만 명의 이민자가 들어왔다. 우생주의자들은 이들 이민자 대부분이 유전적으로 바람직하지 않다고 생각했다(Black 2003). 그들은 초창기의 이민자와 최근에 들어온 이민자 사이의 차이를 강조했고, 대대적인 이민자 유입이 일자리 경쟁을 더 심화시켰다고 주장했다. 이것은 우생학 운동에 '사실 관계'의 근거뿐 아니라 추가적인 무기를 제공했다. 대중이 이를 믿게 만드는 것은 어렵지 않았고, 이는 특정한 부류, 특히 과학적 인종주의, 다원발생설, 우생학을 밀어붙이고자 하는 귀족적 상류층에게 득이 되었다. 하지만 이후 몇 십 년 사이에 사회적, 문화적 맥락에서 여러 가지 중요한 변화가 일어나게 된 다.

사회적, 문화적 맥락의 변화

1920-30년의 미국은 1900년이나 1910년의 미국과 같은 사회가 아니었다(같 은 의미에서, 유럽도 그랬다). 사회 여건과 인구 구성이 그 사이에 급격하게 달 라졌다. 식민지 시기와 건국 초창기에 이주해 온 사람들 대부분과 달리 새로 이 미국에 들어오는 이주민은 주로 동유럽인으로, 일반적으로 가난하고 가톨 릭이거나 유대인이며 영어를 할 줄 몰랐다. 그들은 농촌보다는 대도시 위주에 모여 살았다. 1차 세계대전 이후 처음으로 미국에서 도시 인구가 농촌 인구보 다 많아졌다. 새로 들어온 이민자뿐 아니라 농촌 사람들이 일을 찾으러 도시 로 오는 경우도 많았고, 많은 군인이 전쟁에서 돌아와 도시에 정착했다. 그중 에는 국가를 위해 복무하고 나서 평등한 대우를 원하는 흑인들도 있었다. 동 시에 전쟁 산업 특수가 닫히면서 실업이 늘어나기 시작했다. 이는 1차 세계대 전 이후 경제적·인종적·인구적 격동으로 이어졌으며 1919년의 대대적인 파업 도 이러한 격동의 일부였다.

1920년대에는 미국이 다시 번영기에 접어들고 상황이 안정되기 시작했 다. 이에 더해 새로 제정된 이민법이 동유럽 출신에게 문을 닫았다. 스피로가 지적했듯이 "과학적 인종주의가 쇠퇴한 이유 중 하나는 매디슨 그랜트가 그때 까지 너무나 성공적이었기 때문이다. 이민 관련 정책과 1924년의 이민 제한 법이 알프스인과 지중해인의 유입을 너무나 성공적으로 막아서 대부분의 미 국인은 열등한 혈통 때문에 생긴 위험이 잘 해소되었다고 생각했다."(Spiro 2009, 329) 예를 들어, 1914년에는 120만 명의 유럽 이민자가 미국으로 들어왔는데 유럽에서 전쟁이 벌어지면서 유입 인구가 73퍼센트나 줄어 1915년에는 32만 7,000명이 되었다(Degler 1991). 그리고 1924년 이후로는 기본적으로 동유럽, 남 유럽 이민자가 미국에 들어오지 않게 되었다.

하지만 1920년대 무렵에 유럽계 이민자들은 이미 도시에, 특히 북부 지역 도시에 정착해 있었다. 이에 더해 1차 세계대전 직전 무렵부터 수십만 명의 흑인이 남부 농촌에서 북부 도시로 이주하기 시작했다. 이를 '흑인 대이동 Great Migration'이라고 부른다. 흑인의 이동은 1924년 이민 제한법으로 값싼 이민자 노동력이 크게 부족해지면서 더욱 늘어났다. 데글러는 그 이전의 동유럽, 남유럽 이민자의 파도를 제외하면 "1차 세계대전 시기와 그 직후까지 이어진 흑인 대이동이 미국에서 20세기 전반부에 벌어진 가장 중대한 사회 변화라고 볼 수 있을 것"이라고 말했다(Degler 1991, 197). 처음에는 이러한 변화가 북부에서 인종적 긴장과 인종주의의 발흥을 가져왔지만, 동시에 이는 흑인에 대한 인식을 변화시키는 데도 기여했다.

흑인들은 도시에서 교육과 고용의 기회를 활용했다. 그들은 더 나은 교육, 더 나은 의료, 더 나은 영양 상태를 누릴 수 있었다(그리고 IQ 점수도 전보다 더 높게 나왔다). 많은 흑인들이 학계와 과학계에도 진출해 반인종주의적인 과학과 학문에 기여하기 시작했다. 할렘은 미국 문화에서 흑인이 부각되기 시작한 것을 환호했고 1928년에 시카고는 북부 주 최초로 선거에서 흑인 의원을 배출했다.

스피로는 이렇게 언급했다. "많은 사회학자, 심리학자, 인류학자, 그리고 대중이 흑인의 역량을 과소평가해 왔다는 것을 깨달았다. 이제까지 그들이 본 흑인은 지적으로, 사회적으로 훼손된 소작인뿐이었던 것이다."(Spiro 2009, 330) 흑인 학자의 존재는 흑인의 내재적 역량에 대한 고정관념을 불식시켰다. 이러한 변화는 인간의 역량에 양육과 환경이 영향을 미친다는 주장을 한층 더 뒷받침해 주었다. 북부에서의 흑인의 성공은 남부 흑인들이 대안적 삶을 그려보면서 새로이 자각하는 계기가 되었다. 이는 남부에서 흑인과 백인 학자 모두의 태도를 변화시켰다. 옛 남부의 질서는 전에 직면해 본 적이 없었던 새로운 태도와 주장에 직면해야 했다.

남부 흑인들 사이에서 이러한 새로운 태도는 1920년대 초에 KKK의 부흥을 자극하기도 했다. 한편 그랜트는 "니그로의 북부 침입"(그의 표현이다)을 우려했다. 그는 1930년에 지인에게 보낸 서신에서 "뉴욕에서 니그로 인구가 막대하게 확산되어 상당한 지역에서 부동산 가치를 훼손하고 있다"며 "할렘 거리에서는 흑인 소년과 백인 소년이 함께 놀고 흑인 소녀와 백인 소녀가 함께 걸어가는 모습을 계속해서 볼 수 있다"고 언급했다(Spiro 2009, 330 재인용).

흑인과 더불어 동유럽과 남유럽 이민자 및 그 자녀들도 교육의 기회가 주는 이득을 누렸다. 이들 중 대학과 대학원을 졸업하고 전문직에 진출하는 사람이 점점 늘었다. 저명한 과학자들도 나왔다. 앞에서 보았듯 유대인, 가톨릭, 기타 유럽 이민자 들이 직접적으로 우생학에 반대하는 목소리를 내기 시작했다. 알베르트 아인슈타인 같은 사람들이 과학에서 활발히 업적을 내고 있는 상황에서 유대인과 동유럽인의 낮은 지능을 운운하는 것은 점점 더 어처구니없는 일이 되었다. 하지만 하버드, 예일, 컬럼비아, 프린스턴, 듀크, 코넬, 버지니아 등 유수의 대학들은 유대인 입학에 상한을 두어야 한다고 생각했다. 1919년에 『유전학 저널』에 기고한 글에서 그랜트는, 한때 미국에서 유대인이 정당하게 거부당했던 시기가 있었다며 유대인을 "사회적 명사 집단과 책임 있는 직위에서 배제해야 한다"고 주장했다. 다분히 스페인 종교재판을 연상시키는 글이다. 그리고 1924년에 그는 하버드대학 출신 지인에게 하버드가 유대인을 받지 말았어야 했다며 그렇게 안 하고 진보적인 정책을 받아들이는 바람에 이제 그 대가를 치르고 있다고 주장했다. 이제는 "(유대인에게) 압도당하는 데서 스스로를 구하려면 키콜로지 성품 테스트" 같은 것을 만들 수밖에 없게 되었다는 것이다(Spiro 2009, 331 재인용). 하지만 이 시기에 그랜트와 그랜트주의자들은 은유적으로도, 또 실제로도 죽어가고 있었다.

1925년에 그랜트는 "인종적, 종교적 외래인들이 본토 인구에 동화되지 않았다"며 "여기에 와 있는 외래인이 미국인이 되는 데는 수세기가 걸릴 것"이라고 말했는데(Grant 1925, 350-351), 그의 예측은 상당히 많이 틀렸다. 그리고 아마 이것이 그랜트가 했던 가장 큰 계산 착오일 것이다. 이민자의 아이들은 동화되고 싶어 했고 '미국인'이 되었다. 곧 체코, 이탈리아, 폴란드, 유대인, 그리스인이 더 이상 타 인종으로 보이지 않게 되었고 이들은 '백인'이 되었다. (생물학적) 인종은 (문화적인) 민족이 되었다.

독일에서는 파시스트 정부가 인종적 편견과 우생학을 합법화하고 강화하면서(이 과정에 과학자들과 의사들이 타당성을 부여했다) 시민사회가 붕괴되었다. 하지만 바이스가 언급했듯이 미국에서는 그렇지 않았다. 미국은 "'골턴의 복음'을 국가의 공식 이데올로기로 받아들이지 않았고 독재국가도 아니었다. 미국의 인간유전학이 미국 시민 일부를 위험에 빠뜨렸을 때(가령 의무적 단종법을 밀어붙이는 식으로)도, 또 대공황이라는 힘겨운 시기에도, 건강한 시민사회를 유지할 수 있었다. 이러한 이데올로기적 다양성은 나치 독일에서와 같은 급진적인 국가 정책을 거부하는 장벽 역할을 했다."(Weiss 2010, 307)

1950년과 1952년에는 유네스코가 '인종 문제에 관한 전문가 선언'을 발표했고 『현대 과학에서의 인종 문제』를 펴냈다. 인류학자, 유전학자, 사회학자, 심리학자 등으로 구성된 국제 패널이 과학적 증거들을 종합해 발표한 것으로, 집필은 인류학자 애슐리 몬터규와 유전학자 L. C. 던이 주로 담당했다. 이르게는 1940년에도 몬터규는 '진화 이론의 현대적 종합'이 될 개념들을 통합해서, 다양한 인간 집단들은 진화 과정에서 나오는 산물이며 지속적으로 변화하는 유동적인 실체라고 주장했다. 우리가 '인종'이라고 부르는 것은 단지 일군의 특정한 유전자빈도를 가진 인구 집단일 뿐이며 이주, 자연선택, 사회적 및 성적 선택, 돌연변이, 무작위적인 유전적 부동 등으로 유전자빈도는 계속해서 달라진다(Farber 2011). 몬터규는 1947년에 보아스의 지도하에 논문을 쓰고서 얼마 뒤 진화와 인구 집단에 대해 보아스가 개발한 것과 같은 동태적인 견해를 담은 논문들을 종합하기 시작했고, 그것을 생물학자들과 군집유전학자들이 발달시키던 '진화 이론의 현대적 종합'에 결합했다. 이는 본질적으로 인종이라는 용어의 사용에 대한 그의 비판을 확장해 주었다. 군집유전학과 인류학에서 점점 더 많이 축적되던 연구를 반영해 자신의 주장을 계속 발전시켜 가면서, 이를 『인간의 가장 위험한 신화』라는 대중서에 담았다. 1942년에 출간된 초판은 214쪽 분량이었는데, 1997년에 나온 제6판이자 마지막판은 699쪽으로 늘어났다. 이 책은 현대의 인종 개념에 큰 영향을 미쳤고 현재도 절판되지 않았다(Farber 2011).

유네스코의 선언은 모든 인간이 하나의 종에 속한다고 밝혔다. '인종'은 신화이지 생물학적 실재가 아니며, '종족 집단ethnic group'이라는 말로 바뀌어야 한다. 개인 간, 집단 간에 나타나는 정신적·신체적 차이는 내재적인 정신 역량에 따른 차이가 아니다. 지능 검사 결과는 환경에 크게 영향을 받는다. 혼혈이 퇴락을 가져온다는 증거는 없다. 본질적으로, 유네스코의 선언은 전 세계 과학계에서 합의된 바에 따르면 매디슨 그랜트와 우생주의자들의 인식론이 가지고 있는 모든 측면이 낡아서 타당성을 상실했다는 말이나 다름없었다(Degler 1991; Spiro 2009). 『뉴욕타임스』는 1950년 선언문이 나오자 '인종 편견에는 아무런 과학적 근거가 없다고 세계적인 전문가 패널이 밝히다'라는 제목의 기사를 게재했다(Spiro 2009, 383). 과학사가 로버트 N. 프록터는 유네스코의 선언을 일컬어 "보아스의 인류학이 세계-역사적 스케일에서 거둔 승리"라고 말했다(Proctor 1988, 174). 유네스코 선언은 인구 집단이 진화의 단위이며 고정된 '유형들'은 존재하지 않는다는 진화생물학의 '현대적 종합'을 반영한 것이었다. 유네스코의 전문가 패널이 확인한 실증 근거들은 지금도 과학계에서 타당성을 인정받고 있다(다음 참고: American Association of Physical Anthropologists 1996; Cartmill 1998; Harrison 1998; Templeton 1998, 2007; Edgar and Hunley 2009; Farber 2009; Tattersall and DeSalle 2011; Smedley and Smedley 2012; and Mukhopadhyay, Henze, and Moses 2014).

요컨대, 1920년대 초 무렵이면 적어도 도시화된 미국 북부와 많은 유럽 도시에서는 수많은 인종, 종족 집단 사이에 상호작용이 점점 더 폭넓게 이뤄지고 있었으며 이들은 점점 더 동화되었다. 이러한 경향은 지금까지도 계속되어 왔다. 일례로, 나의 부모님은 두 분 다 유대계 이민자로, 1910년과 1919년에 러시아를 떠나 미국으로 오셨다. 나의 처가 쪽은 1890년대 말과 1900년대 초에 폴란드와 이탈리아에서 미국으로 들어온 이민자 가족이다. (현재까지) 나의 유일한 손자는 바로 위의 두 세대에서만도 러시아 유대인, 이탈리아인, 폴란드인, 아일랜드인, 칠레인, 미국 원주민, 일본인의 피를 물려받았다.

인구 구성상의 급격한 변화에 더해 1920년대 말부터 1940년대 초 사이에 두 개의 사건이 미국에서 문화 패러다임이 받아들여지는 데 큰 영향을 미쳤다. 하나는 1929년에 시작된 대공황이다. 중산층은 물론 상류층조차 하룻밤 사이에 가난해져서, 부가 유전적으로 타고나는 특질의 결과라는 주장이 지탱되기 어려워졌다. 자신의 부가 갑자기 사라졌으니 말이다. 그와 동시에, 환경이 단기간에도 사회, 경제적 처지에 크게 영향을 미친다는 것을 쉽게 관찰할 수 있었다. 역사학자 D. J. 피컨스(1968, 215)는 "골턴의 우생학은 실업 때문에 희생당했다"고 말하기도 했다. 하지만 우생주의자들은 실업자들이 유전적으로 열등한 사람이며, 불황은 그랜트가 『위대한 인종의 소멸』에서 예측한 바가 옳

앴음을 입증하는 것이라고 주장했다. 그들에게 대공황의 해법은 대대적인 단종법 실시와 추방이었다(Spiro 2009).

미국에서 우생학에 타격을 입히고 문화 개념의 승리를 가져오는 데 큰 영향을 미친 두 번째 사건은 물론 독일의 나치즘이다. 다원발생설, 인종주의, 우생학의 정점은 우생학 쇠락의 원인이기도 했다. 대부분의 미국인과 유럽인이 우생학과 과학적 인종주의의 이름으로 시행된 나치 독일의 만행에 경악했다.

> 홀로코스트의 경악스러운 실태가 드러나자, 〔미국에서〕 단종법 같은 우생학적 조치의 시행이 끔찍하게도 미끄러지기 쉬운 비탈길의 꼭대기에 있었다는 것을 모두가 알게 되었다. … 나치가 매디슨 그랜트의 이론을 실천으로 옮김으로써 바로 그 이론의 신뢰성을 영원히 끝장냈다는 것은 아이러니다(Spiro 2009, 339).

스토킹은 이를 다음과 같이 유려하게 요약했다.

> 장기적으로, 미국인에게 인종, 문화, 진화의 모든 문제에 대해 과학의 목소리로 이야기해 줄 수 있었던 쪽은 우생학 운동에 관여하던 인종주의적 저술가보다 보아스주의적인 인류학이었다(Stocking 1968, 307).

아직 끝나지 않았는가?

다원발생설, 우생학, '과학적' 인종주의의 오랜 신화에 맞서 싸우는 데서 우리는 큰 진전을 이뤘다. 하지만 인종주의적 우생학의 개념, 복잡성이 높은 행동적 특질이 생물학적으로 고정되어 있다는 15세기부터의 서유럽과 미국 백인의 견해가 완전히 불식되었는가? 우리는 유네스코가 1950년대에 발표한 선언이 반영하고 있는 과학적 발견들을 받아들였는가? 환경이 미치는 영향의 중요성을 우리는 온전히 이해하고 있는가? 인류학적 문화 개념의 근본적인 중요성이 심지어 인류학에서조차 오해되고 사소하게 치부되어 오지는 않았는가? 다원발생설, 우생학, 반환경영향론은 이런저런 방식으로 오늘날에도 여전히 건재한 듯 보인다. 특히 두 개의 분야에서 그런데, 하나는 새로운 과학적 인종주의이고 다른 하나는 우울증, 조현병, 알코올중독, 동성애, 지능, 호전성 등 복잡한 인지적·행동적 특질이 여전히 단일 유전자들에 의해 발현되는 것이라고 보는 일군의 생물학자와 인류학자의 주장이다(Gillette 2011 참고). 각 유전자는 유전자, 단백질, 호르몬, 음식, 생애사 등이 펼치는 놀랍도록 복잡한 비非상가적nonadditive 상호작용에서 하나의 참여자일 뿐이다. 이러한 상호작용이 다양한 인지적·행동적 기능에 영향을 미친다. 하나의 유전자가 특정한 하나의 인지적·행동적 기능을 발현시킨다는 가정은 우리를 근거 없는 결론들로 오도하며, 유전적 상관관계가 무어라도 발견되면 늘 실제 이상으로 과장된 해석을 하게 만든다(Berkowitz 1999; Allen 2001b).

8장

현대판 과학적 인종주의의 시작

새로운 과학적 인종주의는 1900년대 초의 우생학 운동 및 나치즘과 역사적으로도 또 직접적으로도 관련이 있다. 앞에서 언급했듯이, 미국에서 우생학과 과학적 인종주의는 1920년대 중반에 정점에 올랐다. 1923년에 갑부인 위클리프 프레스턴 드레이퍼는 찰스 대븐포트에게 서신을 보내 '우생학의 발전'을 위해 재정적으로 지원하고 싶다는 뜻을 밝혔다(Tucker 2002, 30 재인용). 이것이 평생에 걸친 관계의 시작이자 1900년대 초의 우생학 운동과 오늘날의 과학적 인종주의 사이를 연결하는 시작이다. 이 이야기는 심리학자 윌리엄 H. 터커의 저서 『과학적 인종주의에 돈을 대기: 위클리프 드레이퍼와 파이오니어 재단』(2002)에 잘 설명되어 있다.

파이오니어 재단의 기원

위클리프 드레이퍼의 외가는 남부 귀족 가문이다(Tucker 2002). 외할아버지는 남북전쟁 때 남부 연맹군으로 싸운 윌리엄 프레스턴 장군이고, 외할머니 마거릿 위클리프는 켄터키에서 노예를 가장 많이 소유했던 부유한 플랜테이션 가문 출신이었다. 이 집안은 우생학 교과서에 실린 '켄터키의 귀족 가문' 목록에 올라 있었다. 위클리프가 추적한 족보에 따르면 친가 쪽은 1648년에 매사추세츠에 정착한 청교도 정착민의 후예다. 증조부는 직조 기계 발명가로, 세계에서 가장 큰 직조 기계 제조업체를 가지고 있었다. 위클리프의 할아버지 조지 드레이퍼는 미국 직조 기계 생산을 사실상 독점했으며, 이 회사는 곧 '조지 드레이퍼 앤 선스'가 된다.

1887년에 조지 드레이퍼가 사망하자 세 아들 중 맏이인 윌리엄 F. 드레이퍼가 이 회사의 회장이 되었고, 구조 개편과 함께 사명을 '드레이퍼컴퍼니'로 바꾸었다. 1800년대 말에 회사 가치는 800만 달러에 달했다(오늘날로 말하면 수억 달러 가치다). 윌리엄은 남북전쟁에 나가서 싸웠고 분대장으로 승진했다. 1892년에는 연방 의원이 되었고 그 다음에는 이탈리아 대사로도 임명되었다. 두 동생은 형이 경영자이면서도 회사에 붙어 있지 않고 돌아다니는 것에 불만을 가졌고 회사에서 그를 몰아냈다. 이렇게 해서 동생 이븐 섬너 드레이퍼가 회사를 경영하게 되었는데, 그도 정계로 옮겨갔다. 매사추세츠 부주지사를 거쳐 주지사를 두 번 지냈고, 삼선에 실패하고서 드레이퍼컴퍼니 경영으로 돌아왔다. 하지만 1914년에 갑자기 사망하면서 셋째 아들이자 위클리프의 아버지인 조지 앨버트 드레이퍼가 회사를 넘겨받게 되었다. 그는 집안의 회사인 이곳에서 재무 관리를 담당하고 있었고 성공적인 기업인으로서의 수완도 가지고 있었다. 이때가 드레이퍼컴퍼니의 전성기였다. 회사 가치는 1000만 달러에 달했고 위클리프가 태어난 지역 부동산의 상당 부분을 소유하고 있었다. 사택 부지만 해도 가치가 2014년 기준으로 3550만 달러어치나 되었다(Tucker 2002).

위클리프는 상류층 환경에서 자랐다. 소수만 엄격하게 선발하는 사립학교를 다녔는데, "성적이 처참했다." 제일 높은 학점이 B였는데 그나마 한 과목뿐이었다(Tucker 2002). 그리고 하버드대학에 진학했다. 하버드는 그의 학점보다는 집안에 더 관심이 있었다. 그는 1913년에 대학을 졸업했다. 하버드에서 그의 주요 관심사는 항공해양학 모임과 사냥 클럽, 요트 클럽 등이었다. 성인 시기에 인종주의와 우생학 외에 그의 주요 관심사는 여행, 사냥, 탐험이었다.

하버드 시절에 두 가지 요인이 그에게 특히 중요한 영향을 미쳤을 것으로 보인다. 3학년이었을 때 세계산업노동자연맹International Workers of the World이 드레이퍼컴퍼니에서 조직화를 시작했다. 4학년 때 이 노조는 거의 이민자로 구성된 노동자들을 이끌고 4개월간 강력한 파업을 전개했다. 파업 참가자와 경찰 사이에 충돌이 벌어지기도 했다. 노동자들은 노동시간 단축과 임금 인상을 요구했지만 이븐 드레이퍼(위클리프의 큰아버지)에 대한 불신임을 내포한 파업이기도 했다. 당시에 이븐 드레이퍼가 회장이었는데, 그는 주지사 시절에 8시간 노동제 등 노동계가 추진한 법안에 거부권을 행사한 바 있었다. 그리고 그는 파업에 나선 노동자들과의 협상을 거부했다.

위클리프에게 크게 영향을 미쳤을 법한 두 번째 요인은 당시에 미국과 하버드가 우생학에 빠져 있었다는 점이다. 하버드는 루이 아가시와 너새니얼 셰일러가 있는 곳이었고, 찰스 대븐포트 같은 우생학의 거두를 배출한 곳이기도 했다. 위클리프가 재학하는 동안 하버드는 우생학의 센터 역할을 하고 있었다 (2장 참고). 위클리프가 하버드에 있던 시절에 우생학 분야에서 일어난 또 다른 일들로는 대븐포트의 우생학 교과서 『우생학과의 관련에서 본 유전』이 1911년에 출간된 것과 1912년 런던에서 제1차 국제우생학회의가 열린 것도 들 수 있는데, 대븐포트와 하버드 총장 찰스 윌리엄 엘리엇이 국제우생학회의의 부의장을 맡았다. 많은 하버드 교수들이 우생학 운동에 매우 활발하게 참여했고, 네 개의 우생학 과목이 개설되어 있기도 했다. 매우 존경받는 미국 심리학자이자 하버드 심리학과장이던 윌리엄 맥두걸은 미군 IQ 검사 연구에서 큰 영향을 받았고(Cravens 2009), 흑인과 비非노르딕 이민자들이 미국 문명에 생물학적인 위협 요인이며 미국 민주주의에 합치되지 않는다고 주장했다. 그는 흑인의 시민권 박탈, 인종 간 결혼 제한, 흑인과 백인의 완전한 분리를 촉구했다 (McDougall 1923, 1925). 맥두걸은 남부에서 어느 정도 희망을 보았다. 그가 보기에 남부에는 "견고하고 진지한 생각을 가진 경건하고 애국적인 미국인들"의 집단이 있어서 흑인의 평등을 추진하려는 정부 정책에 맞서고 있었다([McDougall 1925, 38] 그가 말한 집단은 KKK다). 이러한 태도는 위클리프 드레이퍼가 평생을 바친 노력에서도 핵심이었고, 앞에서 보았듯이 매디슨 그랜트의 1916년 베스트셀러 『위대한 인종의 소멸』로 미국에 널리 확산되었다. 그랜트는 드레이퍼와 개인적으로도 아는 사이였고 많은 면에서 드레이퍼의 롤 모델이었다 (Tucker 2002).

앵글로-색슨 엘리트와 아이비리그 앨리트 외에 미 육군의 고위층 사이에도 1900년대 초에 우생학과 다원발생설 이데올로기가 흠뻑 스며들어 있었다 (Tucker 2002). 1914년, 하버드를 졸업하고 얼마 되지 않아서 드레이퍼는 영국군의 야전포병대에 장교로 임관했다. 1차 세계대전이 일어나고 몇 달 뒤였다.

1917년에 부상을 입어서 미국에 돌아왔고 회복이 되고 나서는 미 육군에서 1년간 훈련 장교로 복무했다. 1919년에 전역을 했지만 여전히 기병대 예비군이었고, 민간인 신분이었지만 승진을 했다. 2차 세계대전 때 다시 장교로 임관해 인도에서 '선임 관측장교'로 복무했다. 위클리프는 '은퇴한 중령'이 본인의 직업이라고 생각했고, 친구들과 지인들 사이에서 '드레이퍼 중령'으로 불리기를 좋아했다.

짧게 짧게 군에서 복무한 것 외에는 딱히 직업이 없었고 직업적 경력을 추구하지도 않았다. 그는 집안의 부로 먹고 살면서 세계 곳곳을 여행했으며 맨해튼의 화려한 3층짜리 아파트에서 살았다. 다른 우생학 운동 인사들처럼 위클리프는 결혼하지 않았고 아이도 없었다. 1938년에 하버드 1913년 졸업생 25주년 회보에서 드레이퍼는 자신의 삶을 다음과 같이 요약했다(Tucker 2002, 22 재인용). "십여 년간 여행을 했다. 마투그로수에서 재규어를 사냥하고 소노라에서 사슴을 사냥하고 우간다에서 코끼리를 사냥하고 알프스와 로키산맥을 올랐다. 인도에서 산돼지를 사냥하고 영국에서 여우를 사냥했다. 프랑스 선교단과 함께 사하라 서부를 탐험했다."

1923년에 위클리프의 아버지 조지 드레이퍼가 숨지면서 그와 그의 누이에게 1000만 달러가 넘는 유산을 남겼고, 1933년에 누이가 아이 없이 숨지자 위클리프가 유산 전체를 갖게 되었다. 상속받은 재산으로 위클리프는 평생의 숙원 사업을 시작했다. 인종주의와 우생학이 계속 살아 있고 번성하게 하는 데 자신의 부를 사용하고자 한 것이다. 아버지가 사망하고 얼마 뒤인 1923년에 젊은 드레이퍼는 찰스 대븐포트에게 연락을 취해 우생학의 발달을 위해 기부하고 싶다는 뜻을 처음 밝혔다. 위클리프 본인이 직접 우생학 연구를 하고 싶었을 수도 있지만 그의 전기 작가 윌리엄 터커는 그가 집중력이 너무 부족하고 학문적 기반도 없었기 때문에 그러지는 못했을 것이라고 추측했다. 그는 글을 잘 쓰지 못했고(몇 줄짜리 편지 이상의 글은 거의 쓰지 않았다) 지독히 수줍음이 많고 내성적인 성격이었다. "드레이퍼는 대개 어떤 외부의 관심도 차단하려 했다. 그는 자신의 아젠다를 관련 연구에 돈을 대는 것으로써 추구했다."(Tucker 2002, 30)

대븐포트가 위클리프의 편지를 받은 다음 날 두 사람은 만났다. 드레이퍼는 ERA에 100만 달러가 넘는 돈을 기부할 뜻을 밝혔다(2014년 기준 1050만 달러 상당이다). 그는 대븐포트에게 이 돈을 어떻게 사용할지에 대한 개요를 요청했고, 대븐포트는 야심 찬 제안서를 보여주었다. 드레이퍼는 인도에 갈 예정인데 이 제안서에 대해 잘 생각해 보겠다고 했다. 2년도 더 지나서, 그리고 아주 많은 시도가 있은 후에, 드레이퍼는 ERA에 겨우 1,000달러를 기부했으며 대븐포트에게 다시 제안서를 요청했다. 대븐포트는 즉시 또 다른 연구 프로그램의 제안서를 보여주었다. 하지만 드레이퍼는 대븐포트의 연구 계획이 자신이 원하는 것과 일치하지 않는다며, 자신은 아이티, 브라질, 미국 등에서 인종 간 결혼의 효과를 알아보는 연구에 자금을 대고 싶다고 말했다. 대븐포트는 몹시 기뻐했고, 이로써 1926년에 대븐포트와 스테게르다의 연구가 자금을 지원받게 되었다. 이 연구는 1929년에 『자메이카에서의 인종 혼혈』로 출간된다(2장 참고). 이 연구를 출판한 ERA와 카네기연구소는 연구 자금을 지원해 준 드레이퍼에게 감사를 표했다(Tucker 2002).

대븐포트는 혼혈 연구에 자금 지원이 지속되기를 원했고, IFEO 인종혼혈 위원회에 드레이퍼를 회원으로 지명하겠다고 제안했다. 드레이퍼는 ERA에 계속 후원하겠다고 동의했지만 자금이 어떻게 집행될지에 대해서는 자신의 지침을 따르라는 조건을 달았다. 그리고 ERA의 주관으로 열릴 공모전 자금을 (익명으로) 후원했다. 그는 『위대한 인종의 소멸』에서 노르딕 인종이 처한 전 지구적인 위협에 대해 그랜트가 개진했던 이론과 관련된 논문 공모전을 두 차례 열 생각이었다. 그랜트는 매우 기뻐했고, 공모전 자금에 자신도 돈을 보태겠다고 했다. 1928년에 먼저 『뉴욕타임스』에, 이어서 우생학 저널들에 공모전 광고가 실렸다. 두 번째 공모전에는 96개의 논문이 제출되었는데 81편이 독일과 오스트리아에서 제출된 것이었고 미국에서 제출된 것은 5편뿐이었다. 1933년에 드레이퍼는 ERA를 통해 또 다른 공모전을 익명으로 후원했는데, 이번에는 가구들 사이의 정신장애 발병에 대한 연구 공모전이었다.

하지만 드레이퍼는 더 뚜렷하게 정치적인 목표가 있었고 우생학이 응용과학으로서 발달하기를 원했다. 우생학의 이상에 기초한 사회정책이 수립되게 하는 것이 그의 목표였고 ERA의 프로젝트들에 대한 그의 자금 지원은 끝나가고 있었다. 그 전에 드레이퍼는 우생학 '정책' 쪽으로 가장 활발하게 활동하던 해리 로플린과 가까워진 바 있었다. 로플린은 드레이퍼가 1935년 베를린에서 열린 '인구 문제에 대한 과학적 연구 조사를 위한 국제 회의International Congress for the Scientific Investigation of Population Problems'에 초청받는 데 크게 기여했다. 드레이퍼는 ERA의 공식 대표 자격으로 참석했고, 로플린은 드레이퍼가 오이겐 피셔에게 가져갈 소개장을 써주었다. 그 소개장에서 로플린은 피셔에게 드레이퍼를 따뜻하게 맞아달라며 "미국에서 우생학 연구와 정책의 가장 강고한 지지자 중 한 명"이라고 소개했다(Lombardo 2002, 207 재인용).

이로써 우생학 정책에 대한 미국의 주요 자금원과 나치의 인종과학자 및 우생학자 들이 한 곳에 모이게 되었다. 드레이퍼는 몹시 들떴고 곧바로 로플린에게 독일 당국자들을 만날 수 있게 다리를 놓아주어서 감사하다고 전했다. 그리고 돌아오면 독일인들에게서 들은 유용한 정보를 로플린과 함께 나누고 싶다고도 덧붙였다(Lombardo 2002; Tucker 2002). 당시 ERA의 회장이자 『우생학 뉴스』 편집진이던 클래런스 캠벨이 드레이퍼와 함께 그 회의에 참석했다. 회의 중 캠벨의 강연에는 다음과 같은 수사가 포함되어 있었다. "독일 국가의 지도자 아돌프 히틀러는 … 독일의 인류학자, 우생학자, 사회철학자 들의 지침을 토대로 인종의 역사에서 새 시대를 열 종합적인 인구 발달 및 향상을 위한 인종 정책을 구성할 수 있었습니다. … 유대인과 아리아인 사이의 차이는 흑인과 백인의 차이만큼이나 극복이 불가능한 것입니다. … 독일은 다른 나라들이 따라야 할 모범을 설정했습니다." 폐회 만찬에서 그는 "위대한 지도자 아돌프 히틀러를 위하여!"라고 건배사를 했다(Tucker 2002, 53-54 재인용). 독일에서 돌아오고 얼마 뒤인 1936년에 드레이퍼는 캠벨에게 로플린, 대븐포트와 함께 세 번째 논문 공모전에 심사위원으로 참여해 달라고 부탁했다(Tucker 2002). 이들 우생주의자들이 나치와 나치 정책을 매우 높이 사고 있었다는 데는 의심의 여지가 없다.

1936년에 매디슨 그랜트는 드레이퍼를 어니스트 서비어 콕스와 W. A. 플레커에게 소개했다. 둘 다 남부 백인 우월주의자에 인종 분리주의자였다. 콕스는 그랜트의 『위대한 인종의 소멸』을 읽고 곧바로 흑인을 아프리카로 내쫓는 일에 평생 헌신하기로 마음먹었다(Jackson and Winston 2009). 그는 특히 그랜트가 7장에서 주장한 바에 큰 인상을 받았다. 인류 내의 서로 다른 두 개의 '종'은 하나가 다른 하나를 몰아내지 않고 공존하는 것이 불가능하며, 공존을 시도한다면 궁극적으로 더 낮은 유형의 '악당 인종'이 압도하게 되리라는 내용이었다. 이것을 읽고 콕스는 고비노와 그랜트류의 주장을 담은 『백인 아메리카』(1923)를 쓰게 되었다. 1924년에 로플린은 『우생학 뉴스』에 『백인 아메리카』에 대해 매우 우호적인 서평을 게재했다. 그 서평에서 로플린은 미국에서 니그로를 제거한다면 콕스가 조지 워싱턴보다 미국을 더 크게 구한 구세주가 되는 것이라고 언급했다(Jackson and Winston 2009). 로플린은 이 책을 이미 드레이퍼에 알려준 상태였다. 콕스가 개진한 이론은 기본적으로 백인종이 모든 문명을 창조했으며 백인종만이 문명을 지속할 수 있어서 다른 인종과 혼합되면 문명이 사라지게 되리라는 익숙한 주장이었다. 따라서 콕스는 흑인을 수용소에 격리하고 궁극적으로는 아프리카로 추방해야만 노르딕 인종의 순수성이 유지될 수 있다고 주장했다.

3장에서 보았듯이 플레커는 백인 우월주의자였고 버지니아 인종순수법(1924)을 추진한 핵심 인사이자 이 법의 초안을 작성한 사람이었다. 그랜트는 콕스와 플레커를 자신의 제자인 로스롭 스토더드와 해리 로플린에게 소개했고 이들 모두 가까운 사이가 되어 버지니아의 단종법과 인종순수법 추진을 위해 함께 일한 바 있었다. 북부의 과학적 인종주의자 그랜트, 로플린, 스토더드가 남부의 인종주의자 콕스와 플레커에게 멘토 역할을 하는 식으로 이들은 앞으로도 한참 동안 함께 활동하게 된다(Jackson and Winston 2009; Spiro 2009). 또한 그랜트는 콕스와 플레커를 드레이퍼에게도 소개했고, 이 세 명도 곧 가까운 사이가 되었다. 드레이퍼는 평생 동안 이들의 프로젝트를 (주로 익명으로) 후원했다. 이것은 드레이퍼가 흑인을 아프리카로 내쫓기 위한 프로젝트에 돈을 댄 긴 역사의 시작이었다. 버지니아의 성공적인 인종주의 정책들을 염두에 두고, 로플린은 드레이퍼에게 버지니아대학 산하에 우생학 연구 기관을 세우고 후원하도록 제안하기도 했다.

하지만 궁극적으로 드레이퍼는 별도의 자금 지원 기관을 직접 세웠다. 이름은 '파이오니어 재단'이었고, 1937년 3월에 공식 설립되었다. 드레이퍼의 친한 지인이던 매디슨 그랜트(당시에 거의 사망을 앞두고 있었다)도 여기에 돈을 보탰다(Allen 1986). 앞으로 보겠지만, 파이오니어 재단은 인종주의 이데올로기를 뒷받침하고 생물학적 결정론과 우생학을 촉진하는 프로젝트에 주요 자금 원이 된다. 설립 당시 파이오니어 재단이 외부에 표방한 목표는 시민으로서 범상치 않은 가치를 가진 부모에게서 태어난 자녀들의 교육을 돕는다는 것이 었다. 즉 최초에 13개 주를 건설한 사람들의 후손인 부모들에게 자녀 교육비 를 지원한다는 것이었다. 주된 이유는 그들이 교육비에 구애받지 않고 더 많 이 아이를 낳게 독려함으로써 궁극적으로 미국의 인구 구성을 개선하려는 것 이었다. 두 번째 목표는 인간 유전 및 인간 우생학과 관련된 문제들에 대한 연 구, 특히 미국에서의 인종 개선을 위한 연구를 수행하며 유전과 우생학 관련 연구 결과들을 일반 대중에게 알리는 것이었다(Kühl 1994; Lombardo 2002; Tucker 2002). 하지만 파이오니어 재단은 기본적으로 15세기식 인종주의를 위한 프로 파간다 조직이었고, 최우선 순위는 고릿적의 비과학적 우생학 개념과 인종에 대한 나치의 견해가 과학적으로 합당하다고 대중을 설득하는 것이었다(Mercer 1994; Brace 2005 참고). 스티븐 J. 로젠탈은 "친나치인 파이오니어 재단은 … 1930 년대 이래로 인종주의, 우생학, 파시즘을 옹호하는 모든 주요 활동에 자금을 댔다"고 설명했다(Rosenthal 1995, 44).

정관에 따르면 파이오니어 재단은 5명으로 구성된 이사회가 운영하며 그 중 3명이 집행 간부를 맡게 되어 있었다. 초대 회장은 해리 로플린이었다. 로 플린은 매우 기뻐하면서 파이오니어 재단이 "가장 훌륭한 인종적 자원을 보 존함으로써", 또한 "저급하고 동화 불가능한 인종의 증가를 막음으로써" 미국 이 "인종적인 이상의 가장 애국적인 발달"을 성취하는 데 도움이 될 것이라고 생각했다(Tucker 2002, 48 재인용). 당시에 로플린은 어니스트 콕스가 미국의 구세 주라고 믿었고 나치 독일이 역할 모델이라고 생각했다. 실로 드레이퍼의 자금 지원 기관을 운영하기에 완벽한 사람이었다. 파이오니어 재단 사무총장은 헨 리 페어필드 오스본의 조카인 프레더릭 헨리 오스본이 맡았다. 당시에 프레더 릭 오스본의 이데올로기는 로플린과 비슷했다. 일례로 그는 '유전적 결함'이라 고 알려진 것의 모든 전달 인자를 격려하거나 단종하는 정책을 지지했다. 그 는 당시에 많게는 미국 인구의 3-4퍼센트인 500만 명이 그러한 인자라고 추 산했다. 하지만 나중에는 우생학에 대한 견해를 상당히 많이 수정하게 된다 (이 장의 뒷부분 참고). 파이오니어 재단 재무 담당은 드레이퍼의 재산 관리인이자 조지 드레이퍼의 유언장을 집행한 변호사 맬컴 도널드였다. 나머지 두 명의 이사는 파이오니어 재단의 법무 담당 변호사 존 마셜 할런(나중에 연방 대법관이 된다)과 위클리프 드레이퍼 본인이었다. 사실 어떤 프로젝트든 오스본과 로플린만 그것이 우생학적 이득이 있는지에 대해 의견을 냈고, 모든 최종 결정은 드레이퍼가 내렸다(Tucker 2002).

미국이 2차 세계대전에 들어가기 전이던 1937년부터 1941년 사이, 파이오니어 재단이 후원한 비중 있는 프로젝트는 두 개뿐이었다. 둘 다 드레이퍼의 아이디어였는데, 나치 독일에 다녀오고서 영감을 얻은 것으로 보인다. 첫 번째는 독일 영화 〈유전적인 결함이 있는 사람들〉을 영어 자막과 함께 널리 전파하는 것이었다. 이것은 나치의 프로파간다 영화로, 정신박약, 정신이상, 범죄, 유전적 질병, 선천성 기형 등의 유전적 결함이 얼마나 많은 비용을 발생시키고 있으며 제거형 응용우생학이 어떻게 그러한 결함을 막기 위한 장기적인 계획에 진전을 가져왔는지를 설파하는 내용이었다. 또한 이 영화에는 반유대주의적인 내용도 상당히 많이 담겨 있었다. 로플린은 『우생학 뉴스』에 찬란한 영화평을 썼다. 원래 계획은 파이오니어 재단이 3,000곳의 고등학교에 이 영화를 광고하고 복제본 1,000개를 전국에 대여한다는 것이었지만, 이 야심 찬 목적은 달성되지 않았다. 28개의 학교와 코네티컷의 일부 복지 담당자들만 이 영화를 봤다.

두 번째 프로젝트, 그리고 파이오니어 재단이 설립시 표방한 첫 번째 목표에 부합하는 유일한 프로젝트는 미 육군 항공부대의 장교 가구 중 이 재단이 설정한 애초의 목적에 부합하는 자격을 갖춘 가구에 현금 소득을 지원하는 것이었다. 즉 이들이 '범상치 않은' 시민이자 원래의 13개 주에 정착했던 백인 혈통일 것이라고 간주되었고, 이들이 아이를 더 갖도록 독려하기 위해 소득 보조를 해준다는 계획이었다. 자격이 되는 가족은 이미 적어도 세 명의 자녀가 있어야 했다. 9개 가구에서 11명의 아이가 각각 3만 3,000달러(2014년 기준)의 지원금을 받았다. 이 프로젝트는 나치 독일에서 당시에 진행되던 여러 '촉진형 우생학' 프로젝트들과 유사했다.

전쟁 중에는 파이오니어 재단이 한 일이 거의 없다. 또한 1943년부터 1947년까지는 이사회가 열리지 않았고 어떤 프로젝트에도 지원금이 지출되지 않았다(Tucker 2002). 하지만 드레이퍼는 계속해서 인종주의적 운동을 지원했다. 1936년에 어니스트 콕스와 만나고 나서 드레이퍼는 미국을 백인만 사는 나라로 만들려는 콕스의 노력에 매우 감명을 받아 콕스가 향후에 하려는 일을 대폭 지원하고 싶다고 생각하게 되었다. 이 만남 이후에 콕스는 갑자기 『백인 아메리카』 주문이 1,000부나 들어와서 깜짝 놀랐다. 책이 거의 팔리지 않았었기 때문에 드레이퍼는 먼저 재쇄를 찍는 비용부터 대야 했다(익명으로 지원했다). 이러한 지원을 한 이유는 콕스가 정치적으로 가장 효과적일 법한 곳에 이 책을 전략적으로 보낼 수 있게 하기 위해서였다. 콕스는 연방 의원과 노스캐롤라이나 및 미시시피의 주 의원들에게 책을 돌렸다.

곧 콕스는 드레이퍼에게 대어를 만났다는 소식을 전했다. 『백인 아메리카』를 읽고서 미시시피 상원의원 시어도어 길모어 빌보가 콕스에게 서신을 보내 "니그로 송환 업무에 집중해서"(Tucker 2002, 35) 콕스의 꿈을 실현시키기 위해 노력하겠다는 뜻을 전해왔다는 것이었다(Jackson and Winston 2009). 빌보는 "역대 상원의원 중 가장 열렬한 인종주의자 중 한 명"으로 흔히 여겨진다(Tucker 2002, 34). 더 생생한 표현으로는 "입이 험하고 인종차별적이며 부패하고 반유대주의적인 딕시 지역의 정치 선동가로, 『위대한 인종의 소멸』을 달달 외고 있었을 정도"였다는 묘사도 있다(Spiro 2009, 264). 빌보는 미시시피 주지사를 두 번 지내면서 엄청난 재정적 구멍을 남겨 놓아서 1923년에 감옥에 가기도 했다. 아무튼 상원의원 빌보가 흑인의 송환을 의회에서 밀어붙이는 데 관심을 보인다는 말을 듣고서 드레이퍼는 1938년에 콕스에게 이러한 서신을 보냈다. "내가 도울 수 있다면 알려주세요."(Tucker 2002, 36 재인용) 1939년에 빌보는 '그레이터 라이베리아 법안Greater Liberia Act'을 발의했다. 통과된다면 한 세대 정도 내에 모든 흑인을 미국에서 의무적으로 없애야 하는 법안이었다.

이때부터 드레이퍼는 재정적, 전략적으로 콕스와 빌보를 도우면서 의회에서 흑인 송환 법안을 밀어붙이기 위해 수십 년간 노력했다. 하지만 민권 운동이 확산되면서 흑인 송환 법안을 입법하려는 시도는 1959년에 최종적으로 종말을 고했다(Tucker 2002; Spiro 2009). 1954년에 대법원의 '브라운 대 교육 위원회' 판결이 나오고 나서 드레이퍼도 콕스의 흑인 송환 법안에 대한 재정 지원을 중단했다(심정적인 지지는 중단하지 않았지만 말이다). 그래도 콕스는 1965년에 사망할 때까지 흑인 송환을 위해 계속 노력했다(Jackson and Winston 2009). '브라운 대 교육 위원회' 판결은 흑인과 백인 학생을 분리해 교육하는 것이 평등한 교육일 수 있다는 견해를 부정함으로써 미국에서 탈분리의 길을 놓았다. 트루먼 대통령이 1949년에 군대에서의 탈분리를 명령하긴 했지만 인종 분리는 아직 미국에서 합법적으로 행해졌고 헌법으로 보장되고 있었다(Human Rights Library 2000, Cravens 2009). 이 시기에 드레이퍼는 전략적으로 파이오니어 재단의 자금 지원을 여타의 더 강력한 인종주의적, 우생학적, 반통합적 프로그램 쪽으로 돌렸다. 어쨌거나, 크레이븐스가 언급했듯이 "미국은 여전히 깊이 분리된 사회였고 끔찍한 인종주의가 미국의 제도와 기관에 말 그대로 뼛속까지 퍼져 있는 사회"였다(Cravens 2009, 171).

콕스가 1966년에 사망했을 때 드레이퍼는 그를 기리고 싶었다. 그는 콕스가 "우리의 인종과 국가를 위한 열정적인 수호자"라고 생각했다(Tucker 2002, 39 재인용). 드레이퍼가 콕스를 기리는 방식은 흑인 송환에 대해 콕스가 썼던 소책자를 재발간하는 것이었다. 이 일은 윌리스 카토가 진행했는데, 그는 미국에서 당대에 가장 적극적이고 영향력 있던 네오 나치 반유대인주의자로 알려져 있다(Jackson and Winston 2009). 카토는 『인종과 인류』에 대한 콕스의 서평과 콕스의 저서 『백인 아메리카』를 읽고서 콕스와 가까워졌고 콕스가 "미국 인종주의자들의 학장님"이라고 생각했다(Jackson and Winston 2009, 75). 1954년과 1955년 사이에 콕스에게 보낸 편지들에서 카토는 흑인의 송환이 '미국의 니그로화'를 막을 수 있는 유일한 방법이며, 유대인의 조직화된 권력에 가장 강한 타격을 줄 수 있는 길이라고 언급했다(Tucker 2002, 40). 콕스는 유대인에 대한 그의 견해를 1947년에 [보아스의 제자] 루스 베네딕트와 진 웨트피시가 쓴 『인류의 인종』에 대한 서평에서 명확히 밝힌 바 있었다. 콕스는 이 책이 유대인의 세계 지배를 위해 "보아스가 꾸미는 음모"의 일환이라고 주장했다(Jackson and Winston 2009). 드레이퍼가 연락을 취해 왔을 때 카토는 『백인 아메리카』 재출간을 준비하고 있었다. 여기에 필요한 자금이, 언제나처럼 익명으로, '버지니아 교육 재단Virginia Education Fund'을 통해 우회적으로 지원되었다(Tucker 2002).

프레더릭 헨리 오스본은 로플린 사망 이후 파이오니어 재단의 회장을 맡았지만, 1954년에는 드레이퍼와 거리를 두기 시작했다. 그 무렵이면 그의 우생학에 대한 견해가 전과 달라져 있었고, 너무 노골적인 인종주의는 지지하지 않고 있었다. 1930년대 말부터도 오스본은 인간 집단 사이에 내재적으로 차이가 있다는 설이 근거가 거의 없다고 생각했으며, 어떤 계급이나 인종도 다른 계급이나 인종에 대해 우월성을 갖는다고 가정해서는 안 된다고 보았다 (Paul 1995). 그는 드레이퍼의 견해에 과학적 근거가 없다고 생각했고 따라서 드레이퍼가 AES에 계속해서 자금을 지원하려는 것을 거절했다(오스본은 AES 회장이기도 했다. [Tucker 2002, 57]). 그리고 1958년에 파이오니어 재단과 관련을 끊었다. 그러자 드레이퍼는 자신의 견해와 성격을 더 잘 반영하도록 파이오니어 재단을 개편했다. 그는 미국에서 인종적 동질성을 달성하기 위한 구체적인 조치들을 취하고 싶어 했다(Tucker 2002, 58).

드레이퍼는 오스본을 대신할 사람으로 해리 프레더릭 웨이어 주니어를 골랐다. 웨이어와 드레이퍼는 영혼의 짝이었고, 곧 웨이어는 드레이퍼의 대의를 자신의 것으로 삼았다. 웨이어는 노스캐롤라이나의 세금 변호사로, 노스캐롤라이나대학과 하버드대학 로스쿨을 나왔다. 웨이어는 골수 인종주의자였고, 백인 분리주의자인 상원의원 제시 헬름스와 친구였으며, 인종적 우월성을 유지하기 위해 싸우는 남부 백인들의 운동에 공감했다. 파이오니어 재단의 재무담당은 '애국적 단체들을 위한 미국 연맹American Coalition of Patriotic Societies'을 이끌던 존 B. 트레버 주니어로 정해졌다.

트레버 주니어의 이력은 아버지와 관련이 크다. 트레버 시니어는 매디슨 그랜트와 친했고, 그랜트처럼 식민지 시기로까지 족보가 거슬러 올라가는 상류층의 일원이었다. 또한 열렬한 반유대주의자에 친나치였으며 그랜트, 로플린과 더불어 1924년 이민 제한법의 주요 설계자이기도 했다(Beirich 2008). 트레버 시니어는 뉴욕에서 유대인 '반란자'들이 대규모 봉기를 일으킬 가능성에 대비해 반란 진압 계획을 세우고, 유대인 거주 지역에 배치할 총 6,000정과 기관총 부대를 모으려 하기도 했다. 또한 그랜트, 로플린, 드레이퍼와 함께 나치의 박해를 피해 미국에 온 소수의 유대인에게 비호를 제공하려던 마지막 시도를 막기 위한 전략을 세우는 데도 관여했다. 1929년에 트레버 시니어는 '애국적 단체들을 위한 미국 연맹'을 세웠는데, 이곳은 여러 극우 정치 조직들의 우산단체가 되며 조금 더 나중에는 나치의 프로파간다를 퍼뜨리는 데서도 활발히 활동하게 된다. 훗날 트레버 시니어는 미 국무부에 의해 친나치 활동 혐의로 기소되었다. 1956년에 아버지가 사망하자 아들 트레버 주니어가 '애국적 단체들을 위한 미국 연맹'의 회장직을 이어받았다.

이 연맹은 적의 명단이 적힌 기다란 목록을 가지고 있었고, 더 많은 '외래인'을 받아들여서 이민법을 '훼손'하려는 모든 시도, 미국의 UN 가입과 UN의 미국 내 활동, 소련과의 외교적 관계 수립, 나토의 정치적·경제적 협력 촉진, 수돗물의 불소 처리, 전국교회협의회National Council of Churches와 세계정신건강연맹World Federation for Mental Health 등에 반대했다. 트레버 주니어에 따르면, 이 모든 것이 미국 정부와 미국적 삶의 방식을 파괴하려는 시도였다. 다른 한편으로 이 연맹은 남아프리카공화국의 아파르트헤이트를 '합당한 근거가 있는' 인종 정책으로서 지지했고, 나치 전범에 대한 사면도 지지했다. 이 연맹의 공식 대변인 중에 공공연히 반유대주의를 설파하던 고위 장성 페드로 델 바예라는 사람이 있었는데 그는 미국 나치당의 '사령관'인 조지 링컨 록웰의 열혈 지지자였다.

1960년 이후에 대법원은 인종 분리를 없애기 위한 법적 절차를 시작했고 1964년에는 의회가 민권법을 통과시켜 고용, 공공시설, 그리고 연방 정부가 자금을 대는 기관에서의 차별을 금지했다. 이때 트레버의 연맹은 대법원을 적 목록에 추가했다. 이 시기에, 그리고 아마 더 앞 시기에도 이 연맹이 한 일의 자금은 위클리프 드레이퍼가 거의, 어쩌면 전부 댔을 것이다(Tucker 2002). 윌리엄 터커는 1960년대 이 단체의 특징을 이렇게 요약했다. "드레이퍼, 웨이어, 트레버 주니어가 이사회로 있었던 파이오니어는 맹렬하고 강고한 민권 반대주의자와 나치 지지자가 움직이고 있었다."(Tucker 2002, 63) 15세기 다원발생설의 신화와 그것의 인종주의적 아젠다가 계속해서 건재하고 융성하는 데 헌신한 이 조직은 여전히 건재했고 융성했고 자금도 넉넉했다.

여생 동안 드레이퍼는 본인의 돈과 파이오니어 재단을 사용해서 (본인의 돈은 주로 익명으로) 크게 두 개의 활동에 자금을 댔다. 하나는 "인간 유전 및 인간 우생학과 관련된 문제에 대한 연구, ... 특히 미국에서의 인종 개선을 위한 연구"(Pioneer Fund Certificate of Incorporation, 1937 [ISAR 1998])였는데, 본질적으로 이것은 '과학적' 인종주의 연구를 지원하는 데 초점을 둔다는 뜻이었다. 두 번째는 "이렇게 진행된 연구, 또 일반적으로 유전 및 우생학에 대한 모든 연구와 관련해 지식을 더 발전시키고 정보를 일반 대중에게 알리는 것"이었다. 기본적으로 이것은 특히 인종 간 차이에 대해 '과학적'인 발견이라고 주장된 것들을 출판하고 프로파간다를 진행해서 정책 결정자와 대중을 재교육한다는 것이었다. 또한 파이오니어 재단은 민권 아젠다를 훼손하거나 뒤엎기 위해 직접적으로 또 은밀하게 시도된 정치적 노력들에도 자금을 지원했다.

드레이퍼는 첫 번째 목적을 위해 인종 순수화의 필요성과 인종 통합이 문명에 제기하는 위험을 믿는 학자들 중에 학위가 있고 연구 이력도 좋은 학문적 권위자들을 합류시키고 싶어 했다. 차차로 이는 파이오니어 재단 이사회 멤버인 웨이어, 트레버와 함께 민권을 반대하는 데 과학을 사용하기 위해 활약하는 일군의 사람들로 구체화된다. 기본적으로, 드레이퍼는 흑인이 (그리고 유대인이) '백인'보다 열등하며 우리가 알고 있는 문명을 위협한다는 그의 믿음에 현대 과학이 부여하는 정당성이 힘을 보태주기를 원했다. 이에 더해 이러한 정보를 정치인, 최고경영자 등의 지도층과 대중에게 알리고 싶어 했다. 드레이퍼는 대중이 모턴파의 인류학과 찰스 대븐포트, 매디슨 그랜트, 오이겐 피셔의 인류학적 우생학을 잊었으므로 이것들을 다시 배워야 한다고 생각했다.

이와 관련해 드레이퍼의 자금을 받은 초창기 수혜자는 노스캐롤라이나 대학의 해부학 교수 웨슬리 크리츠 조지다. 드레이퍼의 지원으로 그는 소책자 두 권(「인종, 유전, 문명」과 「인종 문제: 인종 혼혈의 해악을 우려하는 한 사람의 견해」)을 1960년대 초에 펴냈다. 그는 흑인은 유전적으로 용인될 수 없으며 인종 간 혼합은 '우리' 인종과 문명을 파괴할 것이라고 주장했다. 정확히 드레이퍼와 파이오니어 재단이 원한 것이었다. 즉 인정받는 과학자가 민권 운동에 대해 부정적인 반응을 내놓은 것이다. 여기에 돈을 대고 나서 웨이어는 조지에게 "이 대의에 이와 비슷한 도움을 줄 수 있는 어떤 대학의 어떤 교수라도 알고 있는지" 물었다(Tucker 2002, 69). 이것은 과학자들을 인종주의 우생학의 대의에 합류하도록 초대하고 그 다음에 그의 저술을 본인은 비용을 들일 필요 없이 널리 배포해 주는 방식으로 집필과 출간을 지원하는 패턴의 시작이었다. 이 패턴은 지금도 많이 쓰인다.

두 번째 아젠다를 위해서는, 민권 운동이 일어난 시기부터 평생 동안 웨이어의 도움을 받아 흑인이 동등한 권리를 가지고 있다는 개념에 반대하는 수많은 프로젝트에 자금을 지원했다. 어떤 것은 파이오니어 재단이 자금을 댔고 어떤 것은 드레이퍼 자신이 비밀리에 자금을 댔다. 드레이퍼는 정치적인 아젠다와 공공연히 연결되면, 자신이 순수하게 과학의 진전에 관심이 있는 것이며 파이오니어 재단이 '과학적'이고 학술적인 조직이라는 주장이 신빙성을 잃을지 모른다는 점을 알고 있었다(Tucker 2002).

국제 민속지학 및 우생학 진흥회

드레이퍼와 파이오니어 재단이 자금을 댄 첫 프로젝트는 '국제 민속지학 및 우생학 진흥회IAAEE'의 설립이었다. 이 학회는 인종과 과학에 대한 예전 저술의 재출간본, 단행본, 논문 모음집 등을 펴내고 배포했으며, 저널 『계간 인류』를 발간했다. IAAEE는 1959년에 민권 운동에 반대하는 과학적 주장을 개발하고 나치의 인종위생학 이데올로기를 되살릴 목적으로 세워졌다. 이것은 흑인이 미국 남부, 남아프리카공화국, 짐바브웨(당시에는 로디지아)에서 앞으로도 계속해서 권력을 갖지 못하고 분리된 채 살아가게 하려는 국제 백인 우월주의자 운동의 일부였다. IAAEE 운영 위원회는 이러한 견해와 목적을 받아들인 사람들로 구성되었고, 이들은 앞으로 오랫동안 드레이퍼 및 웨이어와 가까운 사이를 유지한다. 운영 위원회 중 특히 네 명의 영향력이 컸는데, 그들의 면면을 보면 이 학회가 무엇을 위한 곳이었는지 감을 잡을 수 있다.

가장 유명한 사람이자 드레이퍼가 가장 좋아한 사람은 헨리 개릿이었다. 그는 미국심리학회를 포함해 여러 심리학 학회에서 회장을 지냈고 AAAS 회원이기도 했다. 16년 동안 컬럼비아대학의 심리학과장이었고 1956년에 고향으로 돌아와 버지니아대학에서 초빙 교수를 지냈다. 개릿은 당대 과학적 인종분리주의자 중 가장 저명한 사람이라 할 만했다. '브라운 대 교육 위원회' 판결 이후(이 재판에서 그는 분리주의자 쪽 증인으로 나서기도 했다. [Brace 2005]) 그는 자신의 '과학적' 인종주의를 과학 학술지들에 보내기 시작했고 특히 IAAEE의 『계간 인류』에 많이 투고했다. 개릿과 보너가 1961년에 쓴 심리학 교재는 여전히 칼리칵 집안 사례를 들고 있었다(Zenderland 1998). 그는 "미국 백인이 얼마나 … 낮더라도 … 그들의 조상은 유럽에서 문명을 지었으며, 니그로는 아무리 높더라도 … 그들의 조상(및 동류의 사람들)은 아프리카 정글에서 야만적으로 살았다"는 식의 '과학적' 관찰들을 제시했다(Tucker 2002, 154 재인용). 또한 그는 정상적인 흑인이 백인 유럽인과 비슷해지는 유일한 경우는 후자가 전두엽 절제술을 하는 경우라고 주장했다(Tucker 2002). 개릿은 곧 네오 나치 저널들(『서구의 운명』과 『아메리칸 머큐리』)의 편집장이 되며, 인종주의 단체 '보수주의 시민 카운실Council of Conservative Citizens, CofCC'이 발간하는 월간지 『시민』에 자주 기고했다. 1972년에는 파이오니어 재단의 회장이 되었다(Brace 2005).

  IAAEE 운영 위원회에서 영향력이 있었던 두 번째 인물은 로버트 E. 커트너다. 그는 설립 이사이자 회장이었다. 그리고 평생 네오 나치였다. 20대이던 1950년대 중반에 그는 맹렬한 반유대주의 잡지 『진리의 구도자』 부편집장이었고 여기에 글도 많이 게재했다. 커트너는 코네티컷에서 박사 학위를 받은 동물학자였다. 그는 인종 간 혼합이 '자연스럽지' 않으며 인간 종의 상향 진화를 가로막는다고 생각했다. 그리고 이러한 종류의 비정상적 행동은 동물원의 동물에게서만 발견된다고 주장했다. 그는 나치 독일의 극단적인 유대인 처우가 상이한 인종 집단이 상호작용하도록 강요되는 상황에서 나타나게 마련인 본능적인 거리낌의 발현이었다며, 제3제국에서 유대인은 너무 들이밀어서 스스로의 운명을 자초했다고 주장했다. 또한 그는 흑인이 계속해서 평등을 요구한다면 합당하게도 폭력적인 보복을 불러올 것이라고 경고했다(Tucker 2002). 개릿과 커트너 모두 드레이퍼에게서 정기적으로 거액을 지원받았다.

  영향력 있었던 운영위원 세 번째는 A. 제임스 그레거 박사로, 캘리포니아 대학 버클리 캠퍼스와 후버연구소의 저명한 정치학자였다. 그는 나치의 정책이 인종적 '원형'들 간의 차이에 대한 과학적 인식에 토대를 둔 것이었다고 보았다. 그에 따르면 사람들은 자신의 인종에 속한 사람을 다른 사람보다 선호하게 마련이다. 모든 사회적 동물이 자연적으로 자신과 동류인 개체를 선호하며, 신체적으로 상이한 개체를 싫어하고 차별하고자 하는 내재적인 속성을 가지고 있다. 따라서 인종 통합은 해결 불가능한 긴장과 불화를 반드시 가져오게 된다. 그는 인종적 편견은 생물학적인 현상이며 정상적인 사회적 행동이라고 주장했다. 또한 그레거는 인종 분리가 흑인 아동을 백인과 상호작용할 때 발생할 열등감과 심리적 긴장으로부터 보호해 주었다며, 따라서 분리하고 격리해서 흑인을 보호해야 한다고 주장했다.

영향력 있었던 운영위원 네 번째는 재무 담당 도널드 A. 스완이다. 그는 이들 중 가장 활발한 조직 운영가였으며 거의 사무총장 역할을 했다. 그는 컬럼비아대학 경제학과에서 대학원 과정을 시작했지만 책을 훔치다가 쫓겨났다. 스완은 자칭 나치 지지자였다. 19세 때 그는 나치 지지자 친구인 H. 키스 톰슨이 쓴 글('나는 미국의 파시스트다')에 대한 동조의 의미로 『엑스포제』라는 미심쩍은 잡지에 글을 썼는데, 그 글에서 이렇게 주장했다.

> 우리 노르딕 사람들은 상대적으로 수는 적지만 거의 모든 과학, 문학, 예술, 상업, 산업, 군사, 문화적 성취를 일구었다. 다른 인종들은 자신이 기여한 바는 없이 그저 모방만 했을 뿐이다. 오늘 우리가 사는 세상은 노르딕 인종의 발명 능력과 천재성에 의해 만들어진 것이다. … 나도 미국의 파시스트다(Swan 1954, 4).

같은 글에서 스완은 모스크바의 유대인 꼭두각시가 노르딕인이 정당한 열망을 실현하려는 것을 가로막고 있다고 주장했다. 1966년에 스완은 우편 사기와 관련된 12건의 혐의로 기소되어 3년형을 선고받았다. 사기성 있는 사업 거래와 관련된 혐의였다. 그를 체포하러 온 당국은 그의 집에서 무기, 미국 나치당원들과 찍은 사진, 나치 물품 및 장신구, 그리고 수백 편의 반유대인·반흑인·반가톨릭 문서를 발견했다(Tucker 2002). 감옥에 있는 동안 일시적으로 IAAEE 일을 못했지만 풀려난 다음에 드레이프, 웨이어와 가까운 사이를 계속 유지했으며, IAAEE가 발간하는 출판물에 글을 쓰고 파이오니어 재단의 돈을 받았다.

이들 소수의 인물 및 이들과 같은 생각을 가진 신新인종주의자들은 지속적으로 네트워크를 형성했고, 종종 다른 인종 통합 반대주의자들과 연계해 인종 분리 운동을 펼쳤다. 윌리엄 터커는 "하나의 집단으로서 IAAEE의 초창기 이사진은 전후 미국에서, 아니 미국 역사 전체에서 가장 비중 있는 파시스트 지식인 집단이었을 것"이라고 언급했다(Tucker 2002, 88). IAAEE의 주요 전략 중 하나는 백인 우월주의 및 인종 혼합의 위험성에 대한 고릿적의 '과학적' 증거들을 계속해서 이야기하는 것이었는데, 이 전략은 평등권 운동을 패퇴시키려 했던, 그러나 짧았던 조직적 노력보다 훨씬 오래 살아남았다. "[드레이퍼] 중령이 선호하는 무기인 출판을 사용해서, IAAEE는 오랫동안 꾸준히 출판물을 펴냈다. 모두 흑인과 백인이 같은 사회에서 동등한 지위로 함께 존재할 수 없다는 주장을 담고 있었다."(Tucker 2002, 90)

이러한 글들을 내보내는 데 가장 중요한 역할을 한 매체는 『계간 인류』다. 『계간 인류』는 1961년에 소수의 사람들에게 출판 기회를 주기 위해 창간되었다. 그들의 견해가 다른 과학 저널들에서는 받아들여질 수 없었기 때문이다. 『계간 인류』 편집진은 IAAEE 이사들(개릿, 커트너, 그레거, 스완), 2차 세계대전 때 유럽의 유일한 문제는 인종적 동질성의 부족이었다고 본 한스 귄터의 제자 로버트 게이어, 인간은 다섯 가지 종으로 구분된다고 믿은 R. 러글스 게이츠 등 잘 알려진 나치 지지자들이었다. 이들 사이에서 게이츠는 1930년대에 유대인과 독일인 사이에 인종 간 결혼이 일어나면서 생긴 생물학적 문제와 관련해서 권위자로 통했다. 치명적인 생체 실험을 한 나치 의사 오트마르 폰 페르슈어도 1966년부터 1978년까지 『계간 인류』의 명예 자문 위원회에 이름이 올라와 있었다. 1969년에 사망하고도 한참 뒤에까지 말이다(Kühl 1994; Winston 1996). 1979년에 로저 피어슨이 『계간 인류』를 인수하는데, 피어슨은 2차 세계대전 후에 멩겔레의 도피를 도왔다고 자랑한 인물이다(Anderson and Anderson 1986). 게이어처럼 피어슨의 인종주의도 나치 '인류학자' 한스 귄터에게 영향을 받았다.

『계간 인류』의 서평란은 새 우생학 서적의 출간을 알리는 게시판 역할을 했다. 일반적으로 네오 나치, 반유대주의, 반흑인 입장이 강하게 담긴 책을 다룰 때에는 열렬한 호평이 실렸다. IAAEE는 직접 소책자도 펴냈는데 주로는 『계간 인류』에 수록되었던 글들을 재발간한 것이었고, 비전문가 독자를 위한 단행본 시리즈도 하나 있었다. 이곳의 마지막 프로젝트 중 하나는 유네스코가 1950년대에 인종에 대해 발표한 선언문과 여기에 반영된 현대의 과학적 발견을 반박하는 것이었다. 1961년에 유네스코는 과학 연구 내용을 업데이트해서 그 선언을 『현대 과학의 인종 문제: 인종과 과학』이라는 논문·모음집으로 출간했다. 여기에는 매우 존경받는 인류학자, 유전학자, 심리학자, 사회학자 들이 쓴 11편의 논문이 수록되었다. 유네스코는 1964년과 1967년의 선언문에서도 동일한 입장을 선포했다(Farber 2011). 유네스코의 선언문은 최신의 과학적 증거와 입수 가능한 정보들을 토대로 하고 있으며, 과학자들이 모인 국제 패널에서 발견한 결과들을 요약해서 보아스의 제자인 애슐리 몬터규가 대표 집필을 맡았다. 그리고 다시 이 내용이 학문적인 자료가 될 수 있게 전 세계 인류학, 생물학, 유전학, 심리학, 사회학, 경제학 분야의 저명한 학자들에게 배포되었다(Brace 2005). 여기에서 제시된 몇 가지 과학적 내용을 소개하면 다음과 같다.

> 인간 사이의 혼혈이 신체적, 정신적으로 바람직하지 않는 특질을 종종 불러오고 신체적 부조화와 정신적 퇴락을 가져온다는 주장은 사실관계 자료들에 의해 뒷받침되지 않는다. 따라서 상이한 종족 집단 간에 혼인을 금지하는 데는 생물학적 정당성이 없다. … 지능 검사는 무엇이 내재적인 역량이고 무엇이 환경과 교육과 훈련의 영향인지를 신뢰할 만한 정도로 구별할 수 있게 해주지 않는다. … 인류 중 특정 집단이 지능이나 기질과 같은 내재적인 정신적 특성에서 차이를 갖는다는 주장을 입증할 만한 근거는 없다. … 실질적인 모든 면에서, "인종"은 생물학적인 현상이라기보다 사회적인 신화다(Montagu 1951, 1417).

더 이상 대부분의 사회과학자들과 생물학자들이 인간 사이에는 동물학적, 생물학적 의미의 인종이 존재한다고 보지 않으므로, 여기에서 몬터규는 '인종 race' 대신 '종족 집단ethnic group'이라는 표현을 사용했다. 이러한 선언은 이후에도 시간의 검증을 거치고 살아남았고 이후에 나온 과학적인 근거에 의해 더욱 탄탄하게 뒷받침되었다(다음 참고: Templeton 2003, 2013; Brace 2005; Lewontin 2005; Tattersall and DeSalle 2011; Fish 2013; and Mukhopadhyay, Henze, and Moses 2014).

1967년에 IAAEE는 유네스코의 1951년 선언문을 반박하기 위해 커트너 편저의 모음집 『인종과 현대 과학』을 펴냈다. 출간이 1967년까지 미뤄진 이유는, 비용을 직접 댄다고 했는데도 어떤 명망 있는 출판사도 출간에 관심을 보이지 않았기 때문이다. 이 책을 내기 위해 파이오니어 재단과 IAAEE의 지원을 받는 '인간유전학 재단Human Genetics Fund'의 자금으로 '사회과학 출판Social Science Press'이라는 민간 출판사가 세워졌다. 여기에 논문을 게재한 저자 중 13명은 IAAEE의 회원이었고, 추가로 3명은 예전의 나치 과학자였다. 서문에서 커트너는 집단 생존을 위한 격리 메커니즘으로서 인종적 편견이 갖는 진화적 가치를 더 온전히 이해할 수 있게 하는 것이 이 책의 목적이라고 밝혔다. 유네스코의 선언문에 직접적으로 반대하면서, 이 책은 반대편에서 저울의 균형을 맞추고 반평등주의 논리의 주요 원천이자 인종주의를 자연스럽고 불가피하고 생물학적으로 가치 있는 것으로서 옹호하는 논리의 주요 원천이 되고자 했다 (Tucker 2002).

『계간 인류』 발간, 단행본과 논문 모음집 출간, 그리고 이것들의 재출간 등을 통해 IAAEE가 달성하려던 주된 목적은 이러한 출판물들을 전술적으로 활용해서 원래부터도 민권 운동 및 여타 진보적 정책의 진전을 거슬려 했던 보수주의자들을 완전히 편견으로 똘똘 뭉친 사람이 되도록 만들어서, 흑인들이 민권과 평등권을 획득하고자 하는 어떤 시도에도 맹렬히 반대하는 세력이 되게 하는 것이었다. 또한 『계간 인류』는 정치적으로 올바르지 않은 사안들에 대해 자신이 해독제라고 생각했다. 여기에 실린 글들은 공공연하게 인종주의자들을 **위해** 인종주의자들에 **의해** 쓰여졌다. 이들이 줄기차게 되풀이한 주제 하나는 인종에 대한 '진정한 과학'이 정치적 문제 때문에 왜곡되었다는 것이었고 『계간 인류』는 자신이 인종의 진정한 과학을 알리는 매체라고 주장했다.

40년 동안 『계간 인류』는 수세기간 인종주의자들이 사용해 온 것과 동일한 다원발생론적이고 우생학적인 이론을 되풀이했다. 이것은 매우 흥미로우면서도 역설적인 현상인데, 이 현상 자체가 그들의 이론을 과학적으로 깨뜨린 패러다임인 인류학적 문화 개념을 직접적으로 말해주고 있기 때문이다. 특정한 문화권의 사람들(혹은 더 큰 문화권 내에서 하위문화에 속해 있는 사람들)은 그 문화권의 역사와 신화를 통해 세계관을 형성한다. 자신의 이데올로기를 통해 세계를 보는 것이다. 그리고 대안적인 견해나 직접적으로 자신의 세계관에 상반되는 실증 근거가 존재하더라도 아랑곳없이 자신의 세계관을 고수한다. 물론 큰 문화 안에는 서로 다른 하위문화들이 있고 서로 다른 세계관들이 있다. 서유럽 문화권에 사는 사람들은 문화의 많은 측면들을 공유하겠지만 세계관의 몇몇 중요한 부분들에서는 서로 매우 견해가 다를 수 있다. 다원발생설은 인간 사이의 차이를 일원발생설과 다르게 본다. 엄격한 생물학적 결정론은 그것을 환경영향론과 다르게 본다. 때로 문화적으로 정교하게 발달된 세계관은 지극히 보수적이어서, 설령 더 이상 실증 근거로 지탱이 되지 않는다 해도 변화하기가 매우 어렵다. 어떤 문화나 하위문화는 다른 것보다 더 보수적이고 더 불변하며, 어떤 문화나 하위문화는 상대적으로 더 많이 열려 있다.

과학자들도 특정한 패러다임에 지극히 보수적으로 고착되어서 그 패러다임이 더 이상 지탱되지 않는데도 새로운 근거들을 받아들이기 어려워하는 경우가 많다는 데 주목할 필요가 있다(Kuhn 1962). 실증과학의 목적 중 하나는 지속적으로 모든 이론을 검증하고 반박하고자 하는 것이다. 과학적 가설은 '반증 가능하게' 구성되어야 하며 과학자의 목표는 그것을 반박할 수 있는 새로운 방법을 계속해서 찾는 것이다. 단지 특정한 가설에 맞는 증거를 찾는 것이 아니고 말이다. 또한 특정한 가설에 맞지 않는 근거들을 무시하거나 거부해서도 안 된다. 보아스가 강조한 것이 과학과 인류학에 대한 이러한 접근이었다. 생물학적 결정론과 인종주의적 세계관은 지극히 보수적인 세계관인 것 같다. 계속 검증되면서 일관되게 반박되었는데도 지지자들은 500년 동안, 특히 지난 100년 동안 제시된 모든 실증과학의 근거를 거부하고 있다. 그러한 실증과학의 근거들 때문에 현재는, 그리고 사실은 꽤 한참 전부터도, 학계에서 훈련을 받고 인간 사이의 차이와 인간의 유전에 대해 실제로 연구하고 있는 압도적 다수의 과학자들, 특히 이론유전학자, 인간유전학자, 생물학적 인류학자 대부분이 이 세계관을 받아들이지 않는다.

반인종주의자가 되는 것은 단순히 정치적으로 올바른 일이어서가 아니라 과학적으로 입증된 것이어서이기도 하다. 생물학적으로 인종이라는 것이 아예 존재하지 않으므로 인종 사이에 위계가 존재하는 것도 불가능하다. 과학적으로도, 다른 어떤 면으로도, 그러한 위계는 불가능하다! 생물학적 결정론, 환경의 영향을 인정하지 않는 인종주의적 불평등의 세계관을 반박할 수 있었던 것은 문화 개념이었다. 하지만 동시에 문화는 바로 그 인종주의적 견해가 계속해서 살아 있을 수 있게 만드는 요인이기도 하다.

칼턴 퍼트넘과 '전국 퍼트넘 서신 위원회'

칼턴 퍼트넘은 여러 세대 전에 미국으로 넘어온 부유한 뉴잉글랜드 집안 출신이다. 그는 인종 분리 철폐 소송들을 지켜보면서 분개했다. 1958년에 그는 아이젠하워 대통령에게 인종 분리의 합당함을 깨우쳐주기 위해 서신을 보냈다. 그러면 대통령이 다시 이것을 사람들에게 알려 국가를 깨우쳐줄 것이라 기대했다. 퍼트넘은 법학 학위를 받았고 훗날 델타항공이 되는 항공사를 세워 최고경영자를 지냈지만, 1958년에는 은퇴하고서는 아마추어 역사가가 되었다. 아이젠하워 대통령은 그의 서신을 무시했지만, 퍼트넘은 서신의 사본을 버지니아의 한 신문 편집국장인 지인에게 보냈다. 지인은 서신을 그 신문에 게재했고 미국의 다른 신문 편집국장들에게도 보냈다. 남부에서 이 서신은 매우 큰 파장을 일으켰다. 수천 개의 긍정적인 반응이 대중, 학생, 교사, 당국자, 변호사, 판사, 의원 들로부터 쏟아졌다. 하지만 북부에서는 작은 신문사 하나만 서신을 게재했고 그것도 비호의적인 논평과 함께였다. 이것은 몇몇 '저명한 대중적 인사'들이 모여 '전국 퍼트넘 서신 위원회National Putnam Letters Committee'를 결성하는 계기가 되었다. 목적은 북부 신문들에 유료 광고를 게재하는 것이었다.

퍼트넘의 서신과 유료 광고가 전하려 한 주요 메시지는 탈분리 정책이 '백인의 결사의 자유 권리'를 침해한다는 것이었다. 또한 이들은 흑인이 문명의 발달에 필요한 '성품과 지능의 조합'을 결여하고 있다는 것은 누구라도 알 수 있는 사실이라고 주장했다(Tucker 2002, 102 재인용). 나아가 서신에서 퍼트넘은 인류학, 대중, 대법원이 평등주의자들의 '유사 과학적 사기'에 속아 그러한 사회정책을 받아들이고 있다고 주장했다.

터커는 "민권에 대한 지지가 의식적으로 현대 과학의 결론에만 입각해 표방된 것이라는 [민권 운동 측의] 주장이 퍼트넘이 윤리적인 문제에서 실증적인 문제로 담론을 옮기는 계기가 되었다"고 분석했다(Tucker 2002, 103). 실증적인 면으로 접근한다는 개념은 파이오니어 재단과 드레이퍼에게 딱 맞는 일로 들렸다. 곧 퍼트넘은 드레이퍼의 자금을 지원받아 저술 활동을 하게 된다. 퍼트넘은 이 주제와 관련해 수많은 책과 기사를 썼는데, 가장 중요한 것은 1961년의 소책자 「인종과 이성」이다. 원래 제목은 「북부에 경고함: 한 양키의 견해」
였다. 드레이퍼가 이 책의 출판과 배포에 돈을 댔고, 꽤 성공적이어서 첫 6개
월 사이에 6만 권 이상이 팔렸다. 하지만 대부분은 '재정적 후원자'가 무료로
배포하기 위해 구매한 것이었다. 별달리 의구심을 갖고 있지 않은 일반 대중
에게 인종주의적 문헌을 전파하기 위해 메일링 리스트를 마련해 두었다가 문
헌을 대거 무료로 배포하는 것은 파이오니어 재단의 주요 전략이 되었다.

　「인종과 이성」에서 퍼트넘은 보아스와 그의 제자들(모두 인종적 소수자였
다)을 "유사 과학"적이고 전복적인 평등주의적 사고를 이용해 음모를 꾸미는
주범으로 지목했다. 퍼트넘에 따르면, 이들은 수세기 동안 실패한 뒤에 미국
으로 건너와 주로 북부 도시들에서 모든 인종이 평등하다는 주장을 이용해 사
실은 본인들의 가치를 입증하려고 했다. 또한 이들은 의도적으로 백인종 전
체를 약화시킬 이론들을 개발하고 촉진했다. 퍼트넘은 인종 간 혼합의 위험
성도 경고했다. 인종이 섞이면 백인의 야망과 흑인의 무능력이 부조화스럽게
혼합된다는 것이었다. 퍼트넘에 따르면, 흑인의 유전적인 열등함은 인종 통합
뿐 아니라 어떤 사회적, 정치적 평등을 위한 조치도 애초에 성립이 불가능하
게 만드는 요인이었다. 이 책의 서문은 IAAEE의 권위자인 게이츠, 개릿, 게이
어, 조지가 썼는데, 이들은 이 책이 "논리와 상식"을 제공한다고 언급했다. 「인
종과 이성」은 대대적인 판촉과 함께 '전국 퍼트넘 서신 위원회'를 통해 배포되
었다. 서신 위원회는 웨이어, 퍼트넘, 트레버, 개릿, 스완 등으로 구성되었고 뉴
욕으로 옮겨와 활동하고 있었다. 1961년에 『뉴욕타임스』에 이 책의 전면 광고
가 실렸다. 또 과학자들과 교육자들에게 대량 우편이 발송되었고, 1만 부가 의
원, 법조인, 주지사, 성직자에게 발송되었으며, 사회학, 인류학, 심리학, 생물학
학회들을 통해 스완이 확보한 목록에 있는 과학자 1만 4,000명에게도 발송되
었다. 이 모든 일에 파이오니어 재단의 자금이 들어갔다.

　「인종과 이성」은 새로운 인종 과학 운동에서 굉장한 성공이었고, 현대판
다원발생설이 건재하게 하는 데서도 성공적이었다. 특히 남부에서 그랬다.
퍼트넘은 버밍엄과 뉴올리언스에 들어갈 열쇠를 얻었다. 미시시피 주지사는
주 차원에서 「인종과 이성」의 날'을 선포했고 루이지애나는 1만 부를 구매해
서 공직자 교육에, 또 대학과 고등학교에서 학생들을 교육하는 데 사용하기

로 했다. 퍼트넘은 남부의 수많은 청중에게 강연을 했다. 이러한 성공에 이어, IAAEE과 파이오니어 재단은 또 다른 책을 후원했다. 이번에는 W. C. 조지의 책이었고 마찬가지로 넉넉한 후원을 받았다. 이 책은 앨라배마 주지사의 의뢰로 인종주의적 소송을 준비하기 위해 집필되었으며, 제목은 『인종 문제의 생물학』(1962)이었다. 이 책에서 조지는 대학에 퍼져 있는 인종 통합, 평등주의, 기타 "보아스의 음모"에 기초한 "거짓 개념"들을 비판했다. 조지는 많은 대학이 필수 과목들을 개설해 순진한 학생들에게 이러한 개념을 강제로 주입하고 있다고 우려했다. 조지가 재직 중이던 노스캐롤라이나대학에도 인종 통합과 관련된 과목이 1학년 학생이 모두 들어야 하는 필수 과목으로 개설되어 있었고, 오토 클라인버그가 이 과목을 가르쳤다. 조지는 이 과목에는 학문적인 가치가 없으며 단지 순진한 젊은이들에게 그러한 내용을 주입할 목적으로만 개설된 것이라고 주장했다. 이 책이 퍼트넘의 「인종과 이성」만큼 영향력이 있기를 바라면서, IAAEE와 파이오니어 재단은 이 책을 출간하고 또 재출간했으며 서신 위원회를 통해 배포했다. 3만 부가 무료 배포되었다. 어떤 활동을 서신 위원회의 명의로 진행할 것인지는 드레이퍼가 결정했던 것으로 보인다. 서신 위원회는 익명으로도 주요 신문에 유료 광고를 게재했고, 10권 이상의 소책자를 펴냈으며(퍼트넘이 쓴 것이 많았다), 『계간 인류』에 실렸던 글들을 묶어 재출간했다. 1964년에 서신 위원회는 '패트릭 헨리 그룹Patrick Henry Group'이 되었고, 추가로 다섯 권의 인종 통합 반대 소책자가 이곳에서 나왔다. 개릿이 집필하고 드레이퍼 쪽 사람들이 출판과 배포에 돈을 댔다. 이러한 책자는 총 수백만 부가 배포되었으며 주로는 교사들에게 발송되었다. 주요 주장은 인종 혼합이 "니그로 문화"를 확산시켜서 점차적으로 지적·문화적 자산을 줄이게 될 것이기 때문에 교육적으로 재앙을 가져오리라는 것이었다. 또한 인종 간 결혼의 주 목적이 인종 통합이라는 주장도 있었다. 일례로, 개릿은 셰익스피어 및 뉴턴의 후손들과 "움막집 단계를 벗어나지 못한" 인종을 혼합해 "니그로이드"를 만듦으로써 흑인들이 우월한 백인들과 동등한 지위를 획득하게 하는 것이 민권 운동의 주요 전략이라고 주장했다(Tucker 2002, 111 재인용).

인종 통합을 무산시키기 위한 소송 활동

드레이퍼, IAAEE, 파이오니어 재단은 브라운 판결을 뒤집기 위한 시도도 전개했다. 이를 위해 두 개의 소송에 긴밀히 관여했다. 하나는 조지아주 서배너에서, 다른 하나는 미시시피주 잭슨에서였다. 그들은 브라운 판결이 법과 헌법의 원칙에 따라서가 아니라 "사실관계에 오류가 있는 평등주의파 과학자들의 주장"에 따라 내려졌다고 생각했다. 당시에 분리주의자들은 흑인이 유전적으로 열등하다고 생각했으므로 과학적 진술을 하지 않는 전략을 택했다. 핵심 쟁점인 '주의 권리'나 판례를 논하는 데 과학적 내용은 관련성이 없다고 생각했기 때문이다. 이와 달리, 새로운 소송에서 드레이퍼 일당의 분리주의 과학자들은 미국에서 모턴-대븐포트-그랜트로 이어져 온 오랜 과학과 우생학의 전통을 드러낼 수 있다면 '진실'이 승리할 수 있으리라 생각했다.

드레이퍼 일당이 대법원 판결을 시험대에 올리기 위해 사용한 두 사건의 주된 목적은, 그 판결을 분리주의자들이 주장하는 대로의 "과학적 사실에 기반해" 해석하는 데 동조하는 판사를 찾아내는 것이었고, 이는 꽤 성공적이었다. 그들의 전략은 상이한 인종 집단과 강제로 섞여야 할 경우에 백인 아이들이 교육적으로 피해를 본다는 주장을 펴는 것이었다. 이렇게 하면 NAACP가 브라운 판결의 근거가 되었던 '과학적'[이들이 보기에는 유사 과학적인] 근거를 방어해야 하는 처지가 되도록 몰아붙일 수 있을 터였다. 조지아주 사건에서는 웨이어와 드레이퍼의 우생학 과학자들이 서면 준비를 맡았다. 분리주의자들이 법원에 제출한 서면은 사전에 내용을 퍼트넘, 개릿, 조지, 그레거, 커트너 등에게 회람해 의견을 받았고 스완이 대부분을 작성했다. 주로 서배너-채텀의 학교들에서 조지아대학 심리학자 R. 트레비스 오스본이 시행한 적성 검사와 성취도 검사(Osborne 1962)를 토대로 했다. 오스본은 IAAEE 운영 위원회 멤버였고, 그 연구를 진행하는 데 파이오니어 재단의 돈과 드레이퍼가 개인적으로 후원한 돈을 모두 받았다.

소송 비용도 기본적으로 드레이퍼가 댔다. 1963년의 '스텔 대 서배너-채텀 카운티 교육 위원회Stell v. Savannah-Chatham County Board of Education' 사건은 L. 스콧 스텔과 35명의 흑인 학부모가 공립학교에서의 인종 통합을 요구하며 제기한 소송이었다. 피고 측은 일련의 전문가 증인을 내세웠다. 우선 오스본이 서배너의 인종 분리 학교들에서 진행한 검사 결과를 증거로 제시했다. 개릿은 흑인과 백인의 교육 가능성 차이는 내재적이고 너무나 커서 환경의 변화로 이 차이를 바꿀 수 없다고 증언했다. 조지는 이러한 차이가 뇌의 크기, 비중, 구조와 관련 있다며 펜실베이니아대학 인류학자 칼턴 쿤의 연구를 인용했다. 이 연구는 흑인이 여러 인종 중 호모 사피엔스의 기준에 가장 마지막에 도달한 인종이며, 따라서 정신적으로 충분히 발달할 시간을 갖지 못했다고 주장했다(Coon 1962). 신다원발생론자들은 쿤의 이론을 자신의 견해를 뒷받침하는 근거로 열렬히 받아들였지만, 많은 분야의 과학자들에 의해 쿤의 주장이 이론적으로 불가능하며 수많은 실증 근거로 반박된다는 사실이 이미 입증되어 있었다(Shipman [1994] 2002; Brace 2005 참고). 소송에서 제시된 또 다른 근거로는 인종 통합이 내집단과의 동일시에 혼란을 주며, 소수의 뛰어난 흑인 아동들을 병리적으로 교란하고 나머지 흑인 아동에게는 소외감을 강화하기 때문에 모든 학생에게 '집합적 신경증'을 일으킬 것이라는 주장도 있었다. 이들의 견해에 동조하는 한 판사가 인종 통합이 백인과 흑인 아동 모두에게 심각한 해를 끼친다고 인정하며 분리주의자들 쪽 손을 들어주는 판결을 내렸다. 하지만 제5항소법원이 판결을 뒤집었고 대법원은 이 사건의 상고를 받아들이지 않았다(Tucker 2002).

두 번째 소송은 1964년의 미시시피주 잭슨에서 있었던 '에버스 대 잭슨시 분리 학교 위원회Evers v. Jackson Municipal Separate School District' 사건이었다. 스텔 사건과 비슷했고 이들이 제시한 논거도 스텔 사건 때와 비슷했다. 이때도 판사는 분리주의자들이 제시하는 논거에 설득되어서 그들의 손을 들어주고 싶었지만 조지아 사건의 결과를 볼 때 그것이 불가능하다는 것을 알고 있었다.

인종주의적인 미시시피에서 벌어진 마지막 시도

'브라운 대 교육 위원회' 사건의 대법원 판결을 뒤집고자 한 두 번의 시도가 실패하고 1964년에 민권법이 통과되면서, 분리주의자들은 "니그로 혁명 세력의 공립학교 정복이 완수되었다"는 것을 인정할 수밖에 없었다(William J. Simmons;

Tucker 2002, 126 재인용). 그래서 이들은 다른 전략을 택했다. 수세대 동안 가장 극단적으로 인종주의적인 주였던 미시시피가 이들의 초점이었다. 이들이 시도한 한 가지 방법은 백인 전용 사립학교 시스템을 구축해서 '분리된 섬'을 만드는 것이었다[브라운 판결은 공립 학교에만 해당한다]. 이 일은 1964년에 설립된 '카운실 학교 재단Council School Foundation'과 '잭슨 시민 카운실Jackson's Citizens' Council'의 학교 위원회를 통해 추진되었다. 카운실 학교 재단에는 스텔 사건과 에버스 사건에 관여되었던 사람들이 많이 참여하고 있었다. 이곳은 학생들에게 인종 분리가 그리스도교적인 것이고, 신은 인종이 섞이는 것을 원치 않으시며, 백인이 미국을 만들었으므로 규칙을 만드는 사람도 백인이 되어야 한다고 가르치는 내용의 교과 과정을 도입했다. 또한 이 교과 과정에는 저명한 과학자들의 연구도 신의 계획을 뒷받침하고 있으며, 백인은 문명화되었지만 아프리카의 흑인은 여전히 야만 상태에 있기 때문에 인종 통합은 잘못이라는 내용도 포함되었다(Tucker 2002).

이 시스템에서 1964년에 첫 백인 전용 사립학교가 6학년까지의 과정에 총 22명의 학생과 함께 문을 열었다. 이듬해에는 12학년까지의 전 과정에 학생 110명으로 확대되었다. 1969년에는 12학년까지의 과정이 있는 인종 분리 학교 두 곳에 3,000명의 학생이 다니고 있었다. 1972년에는 세 개의 학교가 새로 지어지고 있었고 기존 학교 두 곳은 시설이 방대하게 확충되었다. 이러한 분리주의 학교들은 주 정부, 지방 정부, 민간 후원자의 자금을 받았다. 드레이퍼는 사망하기 전까지, 그리고 사망한 뒤에도 유언을 통해 계속해서 이 학교들의 주요 후원자였다(Tucker 2002).

미시시피는 남북전쟁 전부터 민권법 통과 이후까지 일관되게 흑인에 대한 대우가 나치와 가장 비슷한 주이기도 했다. 인종 통합을 강제하는 법들을 뒤집으려 하거나 무시하려는 면에서도 가장 두드러졌다. 미시시피는 여러 정부 조직과 민간 조직을 통해 주 행정을 경찰국가처럼 운영했다(Silver 1984; Oshinsky 1996; Tucker 2002). 이렇게 상호 연결된 집단 중 민간 조직인 '미시시피 시민 카운실Mississippi Citizens' Council'과 주 의회 내의 조직인 '미시시피주 주권 위원회Mississippi State Sovereignty Commission'가 드레이퍼에게 (익명으로) 막대한 자금을 받았다. 사실 이 자금이 없었더라면 둘 다 존재할 수 없었을 것이다(Tucker 2002). '미시시피주 주권 위원회'는 ERO와 나치가 했던 것과 비슷하게 8만 7,000명의 시민에 대한 일종의 사찰 파일을 가지고 있었다. 이 파일들은 "발언이나 행동이 향후의 인종적 태도와 관련해 의심스럽다고 판단되어 주의를 요하는 사람들"을 추적하는 데 도움이 되었다(Tucker 2002, 120 재인용). 시민 카운실의 주된 임무는 인종 분리의 실행을 강제하는 것이었는데, 여기에 사용된 수단에는 사회경제적 압력 행사, 해고, 기업 폐쇄, 위협과 협박, 부당한 체포, 그리고 아마도 비공식적이긴 했겠지만 살해까지도 포함되었다. 메드가 에버스는 시민 카운실에서 매우 활발하게 활동하던 사람에게 살해당했는데, 이곳의 다른 회원들이 범인의 소송 비용을 충당하기 위한 모금 활동을 벌였다(Tucker 2002). 드레이퍼는 이 두 곳을 가장 많이 지원했고, 이는 그가 사망한 1972년까지 계속되었다.

새터필드 계획

1960년대 중반에 드레이퍼가 자금을 대기로 하고 미시시피에 세 번째 단체의 설립 계획이 세워졌다. 더 폭넓은 범위의 더 상설적인 단체로 기획되었고, 대중에게 "니그로 시민과 백인 시민은 전적으로 다른 본성을 가지고 있음"을 알리고 흑인의 열등함이 환경 요인이나 잘못된 처우, 차별 때문이 아니라 내재적인 생물학적 결함 때문이라는 것을 보임으로써 정책에 영향을 미치고자 했다(Blackman 1999). 이것은 '과학적' 연구를 법적 활동도 포함한 대중 홍보에 결합하는 대규모의 통합적인 계획이 될 것이었다. 인종적 차이를 다룬 과학 문헌들을 알리고, 교육 및 연구 기관과 개별 연구자들에게 연구 자금을 지원하며, 연구 결과는 신문·정기간행물·통신사·라디오·텔레비전 등을 통해 전파할 예정이었다. 또한 이 단체는 직접 정기간행물을 발간하기도 하고 더 섬세한 프로파간다를 내보내기 위해 전위 조직들도 지원할 것이었고, 법무 부서를 두어서 법적 문제들과 입법 로비를 담당할 것이었다.

터커는 미시시피 변호사 존 새터필드의 이름을 따서 이것을 '새터필드 계획'이라고 불렀다(Tucker 2002). 새터필드는 시민 카운실을 위해 법안을 작성했고 '미시시피주 주권 위원회' 법률 자문이기도 했다. 그는 자신의 계획을 미시시피 주지사에게 알렸고, 드레이퍼가 웨어를 통해 새 조직에 자금을 지원하겠다고 약속했으며, '미시시피주 주권 위원회'에 실행에 필요한 자금을 보냈다. 하지만 1964년에 세 명의 민권 운동가가 살해당하는 사건이 있고 나서 주지사는 미시시피가 신정 국가처럼 될 것을 우려해서 웨이어에게 돈을 돌려주었고, 따라서 새터필드 계획은 실행되지 못했다. 드레이퍼 일당은 1954년에 '브라운 대 교육 위원회' 판결을 막지 못했고 1964년 민권법도 막지 못했다. 하지만 "이렇게 탄탄한 자금력을 바탕으로 잘 조직된 반대 운동이 남부에서 사회 정의의 실현을 얼마나 늦추었는지, 또 남부가 얼마나 마지못해 굼뱅이 걸음을 했는지를 잘 보여준다."(Brace 2005, 243)

1972년에 드레이퍼가 사망하고 나서 웨이어는 파이오니어 재단을 새터필드가 제안한 조직과 비슷하게 재구성했다. 그것도 미시시피에서만이 아니라 전국 수준에서 말이다. 파이오니어 재단의 활동 중에는 새터필드 계획에서 제시된 전략을 그대로 따른 듯이 보이는 것들이 많다. 터커는 이렇게 설명했다.

〔파이오니어 재단은〕 인종적 차이에 대한 과학적 근거를 찾는 데 자금을 지원했고, 그것을 퍼뜨릴 여러 전위 조직들을 지원했으며, 다른 조직들이 발간하는 저널들을 지원했고, 그 다른 조직들도 파이오니어 재단이 지원하는 것들이었으며, 인종에 대한 입법 로비와 기획 소송을 하는 단체들을 지원했다. … 드레이퍼 이후에 파이오니어 재단은 '중령〔드레이퍼〕'의 아젠다를 실행하는 도구가 되었다. 그의 군대는 이제까지 모든 전투에서 패했다. 하지만 … 그들은 '전쟁에서 이길 수 있는' 새로운 조직에 기대를 걸고 있었다. 바로 그 조직이 파이오니어 재단이었다(2002, 126, 130).

뒤에서 살펴보겠지만, 이곳은 오늘날에도 새터필드 계획을 계속 실행하고 있다.

| # 파이오니어 재단
: 1970년대-1990년대

　　　　　　　내가 파이오니어 재단이 하는 일을 처음으로 직접 접한 것은 1970년이었다. 박사 학위를 위해 마다가스카르에서 여우원숭이에 대한 현장 연구를 마치고 미국에 막 돌아온 차였다. 그보다 얼마 전에 캘리포니아대학 버클리 캠퍼스의 심리학 교수 아서 젠슨이 『하버드 교육 리뷰』(1969)에 인종에 관한 글을 실은 바 있었다. 이 글에서 젠슨은 다음과 같은 주장을 폈다. "일반 지능은 단순히 유전적인 특질이며, 이것은 'g인자'라고 불리는데 양적인 측정이 전적으로 가능하다. 이 생물학적 수량은 IQ 검사로 측정할 수 있다. g인자는 유전된다. 인종은 생물학적인 실재다. 서로 다른 인종 간에는 유전적인 지능의 차이가 실제로 존재한다. 흑인의 지능은 선천적으로 백인보다 열등하다. 이 모든 이유에서, 선천적으로 열등한 흑인의 지능을 향상시키기 위한 역량 강화나 보상 프로그램은 무용하다."(Jensen 1969)

아서 젠슨, 윌리엄 쇼클리, 그리고 '인간의 이해 재단'

젠슨은 1956년에 컬럼비아교육대학에서 심리학으로 박사 학위를 받았다(Brace 2005). 한때는 지능의 차이를 설명하는 데 유전 요인보다 환경 요인이 더 중요하다고 생각했다. 그런데 1966-67년에 스탠퍼드대학의 '행동과학 고등연구소 Center for Advanced Study in the Behavioral Sciences'에서 1년을 보내면서 노벨상 수상 물리학자인 윌리엄 쇼클리를 만나게 되었다. 두 사람은 매우 친해졌고, 쇼클리는 인종에 대한 젠슨의 견해를 자신의 견해 쪽으로 개종시켰다.

1965년에 쇼클리는 제1차 연례 노벨 컨퍼런스에 연사로 초청받았다. 컨퍼런스 주제는 '유전학과 인간의 미래'였다. 미국에서 열렸지만 노벨 재단이 승인한 공식 행사였다. 여기에서 쇼클리는 인종주의적인 이데올로기를 드러냈다. 그는 현재의 사회정책이 유전적 결함의 확산을 촉진하고 있다고 지적했다. 흄, 칸트, 모턴의 옛 개념과 옛 우생학 이론으로 돌아가서, 쇼클리는 최초의 13개 주에 정착한 유럽계 사람들이 더 경쟁력 있는 사람들이며 흑인은 가장 역량이 떨어지지만 더 많은 자손을 생산하고 있다고 말했다. 나아가 그는 환경적 개입으로 흑인의 삶을 향상시킬 수는 없으며 더 나은 교육이나 의료를 제공하려는 노력은 성공할 가망이 없다고 주장했다. 쇼클리가 보기에, 사회가 향상될 수 있는 방법은 단종법이나 그 밖의 산아제한을 통해 흑인 인구를 체계적으로 줄이는 것뿐이었다. 이렇게 하면 적자생존이 이뤄지게 되는데, 원래의 유럽계 정착민 후손이 가장 '적자'이기 때문이다. 쇼클리는 인종차별은 편견이 아니라 통계가 뒷받침하는 것이라고 주장했다. 그는 이렇게 언급했다. "자연은 인간 집단을 색으로 나누었다. 그래서 누군가가 지적으로 보람 있고 효과적인 삶에 적응할 수 있는 역량을 얼마나 가지고 있는가에 대해 통계적으로 믿을 만한 예측이 어렵지 않게 가능하며, 그 예측을 실용적으로 적용하는 것도 가능하다."(Shockley 1972, 307)

이 강연 전에는 파이오니어 재단이 쇼클리를 몰랐지만, 쇼클리야말로 파이오니어 재단이 찾고 있던 사람이었다. 매우 높이 인정받는 과학자가 골수 인종주의자이기도 하니 말이다. 과학에서 그의 전문 분야는 인간 사이의 차이나 인간의 진화, 인류학 등과 관련이 없었지만, 잘 모르는 대중의 귀에 노벨상 수상 과학자의 말은 내용이 무엇이건 매우 깊이 각인될 것이 틀림없었다. 쇼클리와 파이오니어 재단은 빠르게 연결되었다. 그들은 마치 서로를 위해 이 세상에 나온 존재 같았다(Tucker 2002). 미디어와 대중의 관심을 받는 데서 고전하고 있었던 파이오니어 재단 입장에서 쇼클리는 구세주나 다름없었다. 흑인의 지능이 다시 한번 대중매체에서 1면 기사에 등장했고, 쇼클리는 상이한 인종이 능력 면에서 평등하며 평등하게 취급되어야 한다는 개념에 반대하는 대표적인 권위자가 되었다. 터커는 이렇게 요약했다.

쇼클리가 유전적 차이에 대해서는 아무 연구도 하지 않은 사람이라는 사실은 중요하지 않았다. 그는 노벨상 수상자였고 드레이퍼 일당이 절박하게 듣고 싶어 하고 퍼뜨리고 싶어 하던 이야기를 해주었다. 그들은 재빨리 이 기회를 활용했다. 쇼클리의 권위를 앞세워 대중매체에 대대적으로 홍보 활동을 전개한 것이다. 그리고 여기에서 쇼클리는 열성적인 참가자였을 뿐 아니라 주요 전략가 역할도 했다(Tucker 2002, 143).

파이오니어 재단은 쇼클리에게 상당한 지원금을 제공했다. 또한 쇼클리는 네오 나치인 칼턴 퍼트넘의 동료이자 절친한 지인이 되었다. 퍼트넘은 자신이 받기로 되어 있었던 파이오니어 재단의 지원금 중 일부를 흑인과 유대인 모두와 싸우는 쇼클리의 전쟁을 돕기 위해 그쪽으로 돌려도 좋다고 제안하기까지 했다. 파이오니어 재단의 자금은 쇼클리에게 개인적으로도, 또 그의 연구를 더 진전시킬 수 있도록 스탠퍼드대학을 통해서도 들어갔다. 쇼클리는 이러한 자금을 세탁하기 위해 비영리 홍보 기관인 '우생학 및 열생학 교육연구재단 Foundation for Research and Education on Eugenics and Dysgenics'을 세웠다. 표방된 목적은 "대중의 이해를 높이기 위해서"였다(Tucker 2002, 145). 1968년부터 1976년까지 파이오니어 재단은 140만 달러 상당(2014년 기준)을 쇼클리에게 지원했다(Tucker 2002).

쇼클리는 어떤 연구도 수행하지 않았다. 매우 문제적인 프로젝트들을 제안하기는 했는데, 매번 이전 것보다 더 황당한 제안이었다. 일례로, 그는 IQ가 100 이하인 사람들이 자발적으로 단종 수술을 받으면 IQ 100 아래로 점수 1점당 1,000달러를 주는 '자발적 단종 보너스 플랜'을 제안했다. IQ가 100 이하인 사람이 수술을 받게끔 설득한 사람에게도 보너스를 주자고 했다. 쇼클리는 연구는 하지 않고 우생학 프로파간다를 기획하면서 이것을 "나의 운동"이라고 불렀다. 하지만 한 저널리스트는 이를 "인종주의의 유랑 카니발"이라고 불렀다(King 1973, 36).

쇼클리는 스탠퍼드대학의 자신의 연구소로 들어오는 파이오니어 재단 지원금을 이용해 네오 나치 동료인 로버트 E. 커트너를 고용했고(앞 장 참고), 지난 10년간 네오 나치 매체들에 실렸던 기사들을 전파했다(Tucker 2002). 기본적으로 그는 파이오니어 재단의 돈을 가지고 (파이오니어 재단의 전폭적인 축복과 지지와 함께) 대중의 견해를 뒤흔드는 일을 벌이려 했다. 고전적인 파이오니어 재단의 전술을 써서, 쇼클리는 각각의 인종주의 사안에 대해 메일링 리스트를 만들었고, 그가 생각하기에 적합한 대상자들에게 무료로 문서를 발송했다. 그의 인종주의적 프로파간다가 대통령 후보, 연방 의원, 주 의원, NAS 회원, 뉴스 통신사, 주요 신문, 인종 분리를 지지하는 남부의 소규모 신문, 동조하는 기자, '명사록'에서 고른 기업인, 그 밖의 저명한 인물들에게 자유롭게 발송되었다. 파이오니어 재단의 상당한 돈이 인종주의 신화가 살아 있게 만드는 데 쓰였다.

아마도 쇼클리가 한 일 중 가장 야심 차고 성공적이었던 것은 아서 젠슨의 인종에 대한 견해를 바꾸어서 그가 파이오니어 재단의 품에 들어오게 한 일일 것이다. 그 다음에 쇼클리는 대대적인 우편 캠페인을 통해 젠슨의 연구를 다른 과학자들과 대중에게 널리 알렸다. 곧 이들은 파이오니어 재단 운영 위원회에서 '쇼클리-젠슨 팀'이라고 불리게 된다(Tucker 2002). 젠슨이 1969년에 『하버드 교육 리뷰』에 쓴 글은 역대 이 저널에 게재된 가장 긴 논문이었고, 쇼클리의 운동에서 핵심 문서가 되었다.

그 글에서 젠슨은 소수자 아동의 학업 성취를 향상시키는 것은 열등한 유전자 때문에 불가능하다고 주장했다. 따라서 그러한 노력에 돈을 쓰는 것은 공공 자금의 낭비였다. 또한 그는 소수자 아동들은 높은 야망을 가지지 말고 자신의 열등한 운명에 만족해야 하므로 그들을 향상시키려는 노력이 오히려 그들에게 해롭다고 주장했다. 소수자 아이들(기본적으로 흑인 아이들)은 열등한 지능에 걸맞은 교육을 받아야 했고, 이에 더해 우생학적 조치를 통해 소수자 아이들의 수를 줄여야 했다(Jensen 1969). 쇼클리는 흑인의 결함을 널리 알리기 위해 젠슨의 글을 과학자와 정치인 수백 명에게 보냈다. 쇼클리와 젠슨이 가장 우려한 바는 인종 혼합이 열생학적 동학을 발생시켜 인종의 진화를 역행시킬지 모른다는 것이었다. 그래서 그들은 "니그로라는 국가적 질병"에 대해 연구하고 해법을 찾도록 NAS와 의회에 압력을 넣고자 했다. 이러한 노력의 일환으로, 젠슨은 자신의 논문 1,500부를 복사해 NAS 회원들과 그 밖의 과학자들, 그리고 정치인, 의원, 기자 들에게 배포했고 여기에 들어간 돈은 쇼클리가 드레이퍼의 돈으로 충당했다.

쇼클리의 대대적인 홍보에 힘입어 '젠슨주의Jensenism'(『뉴욕타임스 매거진』의 과학 기자가 쓴 표현이다)가 유명해졌다. 1969년에는 '멍청하게 태어나다'라든가 '니그로가 백인의 방식을 배울 수 있는가?'와 같은 제목의 기사들이 등장했다. 『US 뉴스 앤 월드 리포트』에도 젠슨주의에 대해 매우 호의적인 기사가 실렸다. 이것도 젠슨의 논문을 또 한 차례 대대적으로 메일링 리스트에 뿌리고서 이뤄진 일이었다. 이러한 홍보 캠페인은 성공적이었을까? 1970년에 마다가스카르 현장 연구를 마치고 노스캐롤라이나의 듀크대학에 돌아와서 젠슨의 글에 대해 알게 되었을 때, 나는 듀크대학 학생들 상당수 사이에서 우생학적, 과학적 인종주의가 되살아난 것을 보고 많이 놀랐다. 특히 남부 출신 학생들 사이에서 그랬는데, 이들은 '남부의 자부심'을 다시 얻고 있는 듯 보였다. 과거 남부의 인종주의적 견해, 심지어는 노예제마저도 젠슨과 쇼클리의 주장에서는 타당한 것이 되어 있었다. 커다란 남부 연맹 깃발이 학생들이 사는 아파트에 내걸린 모습을 드물지 않게 볼 수 있었는데, 전에는 본 적이 없는 일이었다. 보아스와 동료들이, 그리고 현대의 유전학자들과 인류학자들이 제기한 타당한 비판은 쉽게 무시되고 있었고 수세기간 지속되어 온 문화적 신화, 다원발생설, 우생학에 의해 밀려나고 있었다. 심지어는 인류학과 학생들 사이에서도 (특히 남부 출신 학생들 사이에서) 그랬다. 당연히 나는 경악했다.

파이오니어 재단은 언론을 타자 크게 고무되었다. 사실 파이오니어 재단이 진짜로 자금을 댄 것은 이러한 홍보 활동이었지 과학 연구가 아니었다. 쇼클리와 젠슨이 '유전학'과 '인류학'에 대해 글을 썼지만 둘 다 유전학자나 인류학자가 아니었고, 이 분야의 제대로 된 연구들에 대해 아는 것이 거의 없었다. 1960년대 말과 1970년대 초에 파이오니어 재단은 쇼클리와 젠슨의 견해를 한층 더 널리 퍼뜨리고자 했다(대체로는 성공하지 못했다). 이 시기 내내 파이오니어 재단은 쇼클리가 프로파간다 캠페인에 쓸 돈이 부족하지 않게 만전을 기했고, 쇼클리도 파이오니어 재단의 돈이 스탠퍼드대학을 통해 공적으로도, 또 세금 우대가 되는 민간 기관 '우생학 및 열생학 교육연구재단'을 통해서도 꾸준히 들어오게 하는 데 만전을 기했다.

파이오니어 재단은 민권법을 뒤집기 위한 시도에 이 두 과학자를 계속 활용하고 싶어 했다. 이것이 그들의 주된 전략이었다. 쇼클리, 젠슨, 그리고 파이오니어 재단 회원들은 탈분리 정책이 두 인종 모두에게 해롭다고 보았다. 흑인 학생들이 정신지체로 간주되어야 마땅할 텐데도 그렇지 않고 평균적인 백인처럼 취급받게 될 것이기 때문이었다. 쇼클리와 젠슨은 파이오니어 재단에 특히나 유용했는데, 이것은 그들이 NAS에서, 또 여타 과학자들에게 진지하게 받아들여지리라는 가정하에서만 통하는 유용성이었다. 그런데 1970년대 중반 무렵에 파이오니어 재단 운영진은 점점 더 쇼클리가 그들에게 해가 되고 있다는 것을 깨달았다. 쇼클리가 극단적인 편집증적 징후를 보이기 시작한 것이다. 쇼클리는 동료 교수들의 진짜 생각을 파악하기 위해 그들에게 거짓말 탐지기를 사용하자고 제안했고, 그의 견해가 편향되었다고 지적하는 사람들을 상대로 고소를 진행했으며, 자신의 전화 통화를 도청했고, 자신의 모든 문서를(심지어 빨랫감 목록까지) 저장했다(Shurkin 2006). 파이오니어 재단은 이곳의 아젠다를 널리 알릴 능력이 있다고 생각해 쇼클리에게 돈을 댔지만 그는 사람들에게 영향을 줄 수 없는 골칫덩이가 되어 있었다. 파이오니어 재단은 이것을 깨닫고 쇼클리에게 자금 지원을 중단했다(Tucker 2002).

한편, 젠슨은 1973년부터 파이오니어 재단의 돈을 받기 시작했고 이는 1999년까지 계속되었다. 이 자금을 가지고 '교육적 차이 연구소Institute for Study for Educational Differences'를 세웠는데, 캘리포니아대학의 감독을 벗어나기 위해서였다. 젠슨이 소장, 그의 아내가 부소장을 맡았으며, 이곳은 2014년 기준으로 200만 달러 이상의 자금을 받았다. 젠슨은 인종주의적 견해를 노골적으로 드러내지는 않았지만 인종주의적 생각을 보여주는 몇 가지 활동을 했다. 예를 들어, 그는 인종위생학을 되살리고 나치 이론가인 한스 귄터의 인종주의 철학을 옹호하기 위해 창간된 『신인류학』이라는 독일 저널에 기고했으며 이 저널의 과학 위원회에서 활동했다. 이 저널은 『계간 인류』의 복제품이나 마찬가지였다. 비슷한 기고자들의 글이 실렸고, 심지어 때로는 동일한 기사가 실렸다. 젠슨은 경력 내내 인종 간의 지능 차이에 집착적으로 관심을 가졌고, 더 최근에는 얼마 전 숨진 파이오니어 재단 회장 J. 필립 러시턴(10장 참고)과 팀을 이뤄 일했다(Jensen 1998, 2006; 다음 참고: Rushton and Jensen 2005, 2006, 2010).

그의 발언과 저술에 실질적인 과학적 타당성은 없었지만, 젠슨은 현대 인종주의자들의 주장에 '과학적' 타당성을 부여했다. 즉 정확히 파이오니어 재단이 원했던 일을 수행했다. 어느 정도 과학적 권위가 있는 사람이 되풀이해서 말하면 별달리 의심하지 않는 대중에게 인종주의 신화를 믿게 만들기가 더 쉬웠다. 젠슨이 설파한 신화('젠슨주의')에 따르면 IQ는 대체로 유전이며, 인종마다 상이하고 우열이 있는 IQ를 지니고 있다. 그는 1920년대와 1930년대에 오토 클라인버그가 IQ 주장을 치명적으로 비판했으며 이후로도 수많은 과학적 근거가 IQ 주장을 반박했다는 것(Fish 2002, 2013; Cravens 2009 참고)을 이해하지 못하고 있었다. 그는 보아스 이래, 또 유네스코의 1950년과 그 이후의 선언 이래 인류학자들과 유전학자들이 내내 제시한 치명적인 비판 역시 이해하지 못하고 있었다. IQ가 단순한 단일 유전 형질이 아니고 인간 종에 생물학적 인종이 존재하지 않는다면, IQ와 인종 사이에 유전적인 관련이 있기란 불가능하다. 하지만 여기에서도 과학이 정말로 말하는 바가 무엇인지는 중요하지 않다. 파이오니어 재단은 과학이야 어떻든지 간에 서유럽의 인종주의 신화를 지속시키는 데만 관심이 있다. 자신의 문화적 신화 속에서, 그들은 성경을 문자 그대로 믿는 그리스도교도들이 지구가 기원전 4004년에 창조되었다고 믿듯이 자신의 견해를 믿는다. 문화에 기반해 행동에 나서는 사람들이 과학을 알지 못한다면, 그리고 과학을 믿고 싶은 의지가 없다면, 과학은 신화나 문화를 이길 수 없다. 물론 이것이 편견의 핵심이다.

대부분의 사람들은 눈으로 보기에는 평평해 보여도 지구가 평평하지 않다는 과학적 증거를 받아들인다. 하지만 IQ가 단순한 유전적 특질이 아니고 측정이 쉽지 않으며 모든 측정은 지능을 어떻게 규정하느냐에 따라 달라지고 여기에는 문화적 편향이 있을 수밖에 없으며 인간 종에는 생물학적 인종이 존재하지 않는다는 과학적 증거가 아주 많은데도, 현대 인종주의자들은 여전히 IQ가 측정 가능하고 유전되는 단일 형질이며 인종이라고 불리는 무언가와 관련 있다고 주장한다. 젠슨조차 '인종'은 사회적인 것이지 생물학적인 것이 아니라고 인정했는데도 말이다(Jensen 1995, 42). 브레이스가 언급했듯이, "신기하게도" 젠슨은 1969년에 『하버드 교육 리뷰』에 잘못된 글을 쓰기 전에 "흑인과 히스패닉의 점수가 낮은 것을 유전적인 열등함의 결과로 해석하면 안 된다"고 언급한 바 있었다. 그때 그는 "그들에게는 사회적 이동성에 장벽이 존재하기 때문에" 그러한 사회, 경제, 문화적 불이익을 고려하면 "그들의 IQ 점수가 낮은 것이 유전 요인이 아니라 환경 요인이라는 가설을 합리적으로 세울 수 있다"고 언급했다(Brace 2005, 245). 적어도 한때는 젠슨이 과학을 이해하고 이 주제에 대한 최신 연구 결과들에 동의하고 있었던 것 같다. 그리고 나중에 그는 자신의 견해가 편견에 기초하고 있었다고 인정했다(Jensen 1998 참고).

쇼클리와 젠슨 다음으로 파이오니어 재단의 자금이 많이 들어간 곳은 인종 분리주의와 인종주의 문헌을 전파하고 출간하던 '인간의 이해 재단'이었다. 이곳은 다른 어느 출판사도 받아주지 않는 원고와 기사를 출판하고 퍼뜨리는 데 75만 달러 이상을 지원받았다. 또한 이곳은 드레이퍼가 자금을 지원한 대븐포트와 스테게르다의 『자메이카의 인종 혼혈』(2장 참고)을 포함해 인종주의 문헌의 보관소 기능도 했다. 또한 젠슨의 『정신 검사에 대한 솔직한 이야기』(1981)를 배포하는 데도 5만 달러가 쓰였다. 이 책은 대학 정책에 영향을 미치고자 대학 총장들과 행정가 들에게 발송되었다.

'인간의 이해 재단' 출판물 중 가장 악명 높은 것은 스탠리 버넘(가명)의 『미국의 이중적 위기: 백인 사회에서의 흑인의 지능』(1985)이다. 흑인이 무능력한 데다 물건을 잘 훔치기 때문에 이들을 고용하면 법적인 비용을 발생시켜 고용주들에게 피해를 끼친다는 주장을 담은, 인종주의적인 비방으로 가득한 책이었다. 또한 버넘은 박사과정을 밟고 있는 흑인 중에 언어 능력이 너무 없어서 훈련받은 편집자가 다시 써줘야 하는 사람들을 많이 보았다며 "그들이 자신의 논문을 직접 연구하기나 했는지 의문"이라고 언급했다. 버넘은 모턴주의로 돌아가서 흑인의 뇌가 유럽인보다 작다고 주장했고, 흑인의 문제는 "아프리카적 마인드의 무지와 무책임"에서 유발되는 것이라고 주장했다. 아프리카 이외 지역에서의 흑인들의 문제는 "고칠 수 없는 유전적인 결함"에서 나온다고도 썼다. 또한 버넘은 지능이 백인과 흑인 사이에 이중적으로 분포되어 있기 때문에 "지능과 학업 성취가 일관되게 기준 이하인 흑인 학생들은 … 농업 노동이나 접시 닦기, 쓰레기 수거와 같이 … 업무에 대한 기준이 덜 까다로운 곳으로 가도록 빠르고 효과적으로 유도해야 한다"고 주장했다(Burnham 1993, 116). 버넘은 자신의 "모노그램"[학술 단행본을 뜻하는 '모노그래프'를 버넘이 잘못 쓴 것]이 "앞으로 한 세기간 널리 읽히고 가치를 인정받을 만큼 중요하다"고 확신했다(Tucker 2002, 158). 파이오니어 재단은 '인간의 이해 재단'을 통해 1985 년부터 1994년까지 이 "모노그램"을 3판까지 출간했다. 1980년대와 1990년대 에도 파이오니어 재단은 '인간의 이해 재단'에 계속해서 자금을 지원했고 몇몇 다른 홍보 기관에도 자금을 지원했다. 그러다가 영국 경제학자 로저 피어슨의 저술 출판에 자금 지원을 집중하는 쪽으로 방침이 이동하게 된다(Tucker 2002).

로저 피어슨

로저 피어슨은 1927년에 영국에서 태어났다. 1958년에 그는 나치의 인종주의 이론을 2차 세계대전 이후에도 이어가고 전 세계의 노르딕인들이 국가 정체성보다 인종 정체성을 더 우선시하도록 독려하기 위해 '북부연맹'을 설립했다(Kühl 1994). 북부연맹은 피어슨의 견해를 반영한 우생학 단체로, 흑인·유대인·이민자에 대한 혐오를 촉진하는 네오 나치 이데올로기를 계속해서 설파했다. 이 연맹은 프란츠 알타임(하인리히 힘러의 전 비서), 빌헬름 케세로 박사(전 친위대 장교) 등 과거 제3제국 일원들을 다수 끌어들였다. KKK의 어니스트 콕스도 이곳의 명예 회원이었다(Tucker 2002; Jackson and Winston 2009; Jonkers 2008). 또 다른 저명한 나치 일원인 '인류학자' 한스 귄터는 이 연맹의 공동 설립자였다. 피어슨은 귄터의 제자이자 가까운 지인이었고, 귄터가 "인종학 분야에서 세계에서 가장 위대한 인물 중 하나"라고 칭송했다(Tucker 2002, 159-169 재인용). 이 연맹이 펴낸 월간지 『노스랜더』는 우생학 프로파간다를 전파하는 주요 매체가 되어서 노르딕 우월성, 문명의 토대로서의 아리아 인종, 혼혈의 위험성 등을 설파했다. 곧 영국의 네오 나치 거의 모두가 이곳의 회원이 되었다. 피어슨은 자신의 다원발생론적 견해를 더욱 퍼뜨리고자 1959년에 미국에 와서 5주간 머물렀다.

1960년대 중반에는 아예 미국으로 이주해서 미국의 유명한 인종주의자들 및 네오 나치들과 함께 일하기 시작했다. 북부연맹의 캘리포니아 지부를 설립한 윌리스 카토(8장 참고)와 함께 피어슨(에드워드 랭포드라는 가명을 사용했다)은 저널 『서구의 운명』 편집진을 맡았다. 『노스랜더』를 이은 저널로, 대놓고 나치를 지지했다. 1966년에 동일한 가명으로 피어슨은 '유대인 문제'에 초점을 맞춘 저널 『새로운 애국자』를 발간했다(Langford 1966; Tucker 2002). 이 저널의 편향된 견해에 따르면, 2차 세계대전 동안 유대인이 독일인을 억압했으며 독일인은 피해자였고 유대인의 목적은 세계를 지배하는 것이었다. 피어슨과 『새로운 애국자』에 따르면 유대인은 계획적인 잡종화를 통해 노르딕 문화를 억압함으로써 세계 지배의 목적을 달성하려 했다(Langford 1966). 피어슨은 자신의 반유대주의적 견해를 뉘른베르크 재판 때 유대인 대량 학살 혐의로 처형된 알프레트 로젠베르크 등 잘 알려진 나치 인사들의 말을 인용해 뒷받침했다(Tucker 2002).

1960년대에 파이오니어 재단은 피어슨이 이끈 국제 학술 조직 IAAEE에 자금을 지원했다. 이곳은 과학적 인종주의가 계속 살아 있을 수 있게 하고 인종 혼혈을 막기 위해 결성되었다. 느슨한 공동체인 IAAEE에는 어니스트 콕스와 윌리스 카토 외에 심리학자 헨리 개릿, 유전학자 R. 러글스 게이츠 같은 '주류' 학자들도 포함되어 있었다(Jackson and Winston 2009).

1967년에 피어슨은 남아프리카공화국, 로디지아, 모잠비크 등을 두루 돌아다녔고, 그의 동지 에드워드 R. 필즈가 펴내던 『선더볼트』에 자신의 저널들을 통합했다. 필즈는 애틀랜타의 변호사 J. B. 스토너와 함께 '크리스찬 반유대주의당Christian AntiJewish Party'을 창당했다. 1968년에 이 당은 '전국 주의 권리당National States' Rights Party'이 되었고 『선더볼트』는 이 당의 공식 기관지가 되었다. 당의 설립 강령은 "유대인 악마는 백인 크리스찬 국가에 설 자리가 없어야 한다"는 선언으로 시작했다. 스토너에게 유대인이라는 것은 그 자체로 사형을 당할 수도 있는 범죄였다. 필즈는 이보다는 약간 관용적이어서, 권력이나 권한을 갖는 자리에서 유대인이 물러나야 한다고 주장했다. 하지만 그렇게 되지 않을 경우에는 '최종 해법'이 고안되어야 한다고 생각했다. 『새로운 애국자』의 반유대주의 기조를 유지하는 한편으로, 『선더볼트』는 미국 쪽 인종주의의 대표 이슈인 익숙한 반흑인 주제와 흑인 추방의 바람직함에 대한 새로운 주제에도 초점을 맞추었다.

피어슨은 런던대학에서 1954년에 경제학 및 사회학 석사 학위를, 1969년에 경제학 박사 학위를 받았다(Pearson 1969). 종종 인류학자로 여겨지기도 하지만 그 대학의 인류학 박사 학위자 명단에는 이름이 없다(Leslie Aiello와의 개인적 교신, 2012). 1968년에 미국에 온 피어슨은 네오 나치로보다는 존경받을 만한 학자로 여겨지고자 했고, 대학에 자리를 알아보기 시작했다. 그는 미시시피주 잭슨의 엘모어 그리브스의 집에 머무는 손님이 되었다. 이곳은 드레이퍼와 파이오니어 재단 사람들이 자주 찾는 곳이었다.

그리브스는 공공연한 인종 분리주의자였고, 전에 드레이퍼로부터 선거 자금을 받아 출마한 적도 있지만 당선에는 실패했다. 그는 피어슨을 서던미시시피대학 총장이던 윌리엄 D. 매케인에게 소개하면서 그의 교수 자리를 알아봐달라고 했다. 역시 유명한 인종 분리주의자였던 매케인은 1968년에 피어슨을 새로 생긴 '인류학 및 비교종교학과' 학과장으로 고용했다. 곧 피어슨은 인종 분리에 반대하는 철학과 학과장을 해고하는 데 수완을 발휘했고, 자신의 과를 '비교종교학, 인류학 및 철학과'로 확대 개편해 학과장이 되었다. 이어서 학문적 자격을 갖춘 비종신 교수들을 몰아내고 도널드 스완이나 로버트 E. 커트너 같은 인종주의자로 교수진을 구성했다. 커트너는 쇼클리의 연구소에서 일을 시작하고 불과 몇 주 후에 교수가 되었다. 둘 다 파이오니어 재단 사람이었고 유명한 네오 나치였다(Tucker 2002; 이 책 8장 참고). 1974년에 피어슨은 몬태나공대의 연구 디렉터 및 학술 담당 총장으로 자리를 옮겼다(Lichtenstein 1977).

1975년에 피어슨은 워싱턴 D. C.로 가서 어엿한 주류 보수주의자로서의 새 이미지를 만들고자 했다. 그곳의 보수적인 기관들과 싱크탱크들이 그를 받아들이기 시작했다. 그는 헤리티지 재단, 외교정책연구소Foreign Policy Research Institute, 미국안보위원회재단American Security Council Foundation 등에서 편집진을 맡았다. 많은 보수 성향 공화당 의원들이 그가 펴내던 『미국 시사 저널』에 기고했다(Tucker 2002; Michael 2008). 또한 그는 미국외교정책연구소American Foreign Policy Institute 이사회에 합류했고 미국시사위원회Council on American Affairs를 설립했으며 사회경제연구위원회Council for Social and Economic Studies의 디렉터를 맡았고 '학문적 질서를 위한 대학 교수들University Professors for Academic Order'이라는 모임의 회장도 지냈다(Kühl 1994; Sautman 1995; Jonkers 2008). 같은 시기에 직접 자신의 연구소인 인류학연구소ISM도 세웠다. 출판사로 분류되었지만, 목적은 "현재 서구 사회의 절박한 문제들이 더 잘 이해될 수 있도록 인간의 본성과 기원을" 연구하는 것이었다(Tucker 2002, 170).

1970년대 중반에 피어슨은 세계반공주의자연맹World Anti Communist League의 미국 지부를 꾸렸고 이를 통해 새로운 국제 나치 단체 결성을 시도했다. 1970년대 말이면 세계반공주의자연맹은 피어슨[1978년에는 이 연맹의 세계 회장이 되어 있었다]의 지도 하에 "전후 유럽에서 가장 큰 파시스트 블록을 형성하고 있었다."(Anderson and Anderson 1986, 100) 또한 피어슨은 프랑스의 네오 나치 저널 『누벨 에콜』의 자문 위원회에서도 활동했다(Jonkers 2008). 결국에는 지나치게 급진적인 이데올로기 때문에 사임 압력을 받아 연맹의 [세계] 회장에서 물러나야 했지만, 그가 손님으로 머물던 미시시피의 집 주인이자 인종 분리주의자 엘모어 그리브스가 연맹의 미국 지부 회장을 맡게 하는 데는 성공했다.

새로운 국제 나치 조직을 만드는 데 실패하고서 피어슨은 자신이 세운 단체인 인류학연구소로 초점을 돌렸다. 그리고 파이오니어 재단에서 넉넉하게 자금 지원을 받았다. 파이오니어 재단은 아마 피어슨이 서던미시시피대학에 자리 잡기 전에도 그에게 후원한 적이 있었을 수 있고, 그가 워싱턴 D. C.로 오기 전부터도 그를 알고 있었던 것은 분명하다. 피어슨은 이르게는 1960년부터 『계간 인류』와 관련이 있었을 가능성이 있고, 그가 출간한 많은 저널에 파이오니어 재단 사람들의 글이 실렸으며, 파이오니어 재단이 출간한 저널에 그의 글도 많이 실렸다(Tucker 2002). 하지만 파이오니어 재단이 피어슨을 공식적으로 지지하기 시작한 것은 1968년에 그가 서던미시시피대학 교수가 되고 나서였다.

이들은 하늘이 낸 연분(혹은 지옥이 낸 연분)이었다. 피어슨은 파이오니어 재단 창립자인 드레이퍼와 생각이 굉장히 비슷했다. 터커는 피어슨이 드레이퍼의 환생이라고까지 생각했다(Tucker 2002). 둘 다 대븐포트, 로플린, 그랜트, 피셔, 귄터 등 이른 시기 미국과 나치 시기 독일 우생학자들의 견해를 공유했다. 둘다 타 인종들(흑인이나 유대인)이 노르딕 국가에서 받아들여져서는 안 된다고 생각했고, 유대인이 사회적 응집에 주된 적이라고 믿었다. 둘 다 제3제국의 과학을 모델로 여겼으며 귄터와 히틀러를 멘토로 삼았다. 드레이퍼와 피어슨 모두 노르딕 인종이 신체적으로도, 그리고 전사로서도 아름답다고 생각했고, 푸른 눈을 한 '노르딕' 파일럿에게 굉장히 매력을 느꼈다.

늘 그렇듯이 파이오니어 재단은 피어슨을 그의 '인류학적' 연구 때문이 아니라(그는 이런 연구를 하지 않았다) 그의 네오 나치, 반유대주의, 반흑인 저술 때문에 후원했다. 파이오니어 재단의 첫 공식 선물은 1973년에 왔는데, 드레이퍼가 제3제국에서 개인적으로 획득해 소장하던 인종위생학 관련 희귀서와 자료들이었다. 이 소장품은 피어슨과 서던미시시피대학의 스완에게 나누어 기부되었는데, 스완도 이러한 자료들로 개인 도서관을 꾸리던 터였다. 1981년에 스완이 사망했을 때 파이오니어 재단은 피어슨에게 5만 달러(2014년 기준)가 넘는 자금을 주어서 소장품 전체를 구매하도록 했고, 추가로 약 20만 달러를 지원해 그것을 보관할 건물을 구입하게 했다. 1973년부터 2000년까지 파이오니어 재단은 피어슨에게 200만 달러에 가까운 자금(2014년 기준)을 지원했고, 대부분 인류학연구소로 집행되었다(Tucker 2002; Jonkers 2008).

이렇게 해서, 피어슨은 파이오니어 재단의 아젠다를 촉진하는 저술 출판에 집중하게 되었다. 1978년에는 파이오니어 재단의 저널 『계간 인류』를 그가 인수했다. 인류학연구소의 초창기 책들은 '클라이브든 출판사'가 출간한 것으로 되어 있는데, 이는 나치를 지지했던 영국 귀족 단체 '클라이브든 셋'과 피어슨의 관련을 시사한다(Tucker 2002). 피어슨이 세운 인류학연구소가 출간한 책과 기사도 나치 시기와 동일한 우생학적, 인종주의적 주제를 담고 있었다. 터커는 이렇게 설명했다.

> 피어슨의 연구소가 펴낸 저널은 … 파이오니어 재단의 자금 지원을 받은 동료들 및 인종에 대해 비슷한 생각을 가지고 있는 저자들에게 유사 학술적인 통로를 제공했다. 이들의 연구는 다른 출판사에서 받아들여질 기회를 거의 가지지 못했을 것이다(Tucker 2002, 176).

이러한 수많은 간행물에서, 가장 왕성한 저자는 피어슨 본인이었다. 그는 본명으로도, 또 여러 필명으로도 글을 썼다. 종종 매우 비슷한 기사를 쓰기도 했고 동일한 기사를 다른 이름으로 쓰거나 하나의 필명으로 쓴 기사를 두고 다른 필명이나 본명으로 엄청난 호평을 남기기도 했다. 저자 개념, 윤리, 진실, 사실 관계 등은 피어슨과 파이오니어 재단에 아무 상관이 없는 듯했다.

이러한 저술들에 담긴 주제는 20세기의 첫 30년 동안 우생주의자들과 나치가 개진했던 주장들을 연상시킨다. 아리아 인종이나 노르딕 인종인 '고귀한' 혈통 사람들이 다른 사람들과 유전적으로 구별된다는 것이다. 이들에 따르면, 노르딕 인종의 사회는 내재적으로 더 큰 가치를 가지며 따라서 열등한 사람들을 지배할 권리가 있었다. 그런데 모든 인간이 신 앞에서 동등하게 창조되었다고 믿는 그리스도교와 모든 인간의 보편성을 믿는 가톨릭으로 인해 노르딕 문명이 위협에 처했다. 또 다른 위협은 노르딕 인종이 전쟁 때 인구 대비 더 많은 수가 사망한 것이다. 열등한 인종은 겁쟁이인데 노르딕 인종은 용맹함과 전사 기질이 내재적으로 더 강하기 때문이었다. 게다가 이들에 따르면, 현대 의학이 열등한 사람들이 더 잘 생존하게 해주는 바람에 이들이 자연선택으로 솎아져야 하는 정도보다 훨씬 많이 살아남고 있어서, 인구 중 노르딕인의 비중이 줄고 있었다. 피어슨은 이렇게 주장했다.

> 만약 더 발달되었고 더 전문화되었고 그 밖의 방식으로 더 우월한 유전자군을 가진 국가가 열등한 종족을 절멸시키지 않고 열등한 종족과 혼합된다면, 이것은 인종적 자살이나 마찬가지이며 수천 년에 걸쳐 생물학적 고립과 자연선택이 해낸 작업을 파괴하는 것이다(Pearson 1966, 26).

피어슨과 파이오니어 재단 관련자들, 그리고 그들의 네오 나치 및 인종주의자 동지들이 보기에 이러한 위협에 맞서는 지적이고 과학적인 해법은 20세기 초의 30년간 있었던 우생학과 나치 운동이었다. 대븐포트, 그랜트, 로플린, 맥두걸, 귄터, 히틀러, 콕스는 그들의 영웅이었다. 현대판 인종주의자들은 20세기의 더 이른 시기가 더 행복하고 낙관적이었다고 생각했다. 백인이 세계를 지배할 가능성이 아직 남아 있었고, 많은 국가들이 단종과 인종 간 혼인 금지 등을 법제화하고 있었기 때문이다. 더 중요하게, 그때는 파시스트 독재자가 가장 극단적인 우생학 정책을 자유롭게 실시할 수 있었다. 피어슨과 동지들은 나치와 나치의 정책이 모든 서구 사회의 모델이라고 생각했다.

무엇이 잘못되어서 노르딕 '인종'의 궁극적인 지배를 가로막고 있는 것일까? 피어슨에 따르면, "음모를 짜는 평등주의적 과학자 도당" 때문인데, 이들은 "거의 모두 유대인이고 보아스의 사도"다. 그리고 "보아스는 인종 평등을 주장함으로써 '민족 국가 단위의 응집성과 통일성을 파괴하려는' 자신의 열망에 우생학 프로그램이 상충된다고 보는" 사람이었다(Tucker 2002, 174; Kühl 1994). 피어슨의 반유대주의는 세계 권력을 장악해 정상 이하이고 인간 이하인 무리를 지배하려는 유대인 보아스주의자들의 전략(이라고 그가 생각한 것)에 대한 반대에서 나온 것으로 보인다(Pearson 1995, 1996). 즉 신인종주의자들과 현대판 우생주의자들은 그들이 다원발생론적 인종주의를 촉진하는 데 실패한 이유, 그리고 우생학이 오늘날 널리 받아들여지고 있지 않은 이유로 여전히 보아스를 들고 있다. 그들이 보아스와 그의 제자들이 발달시킨 문화 개념을 이해하고 있거나 적어도 두려워는 하고 있는 것으로 보인다.

피어슨과 그의 추종자들이 보기에, 그리스도교의 보편주의자들과 생물학적 평등주의자들이 재앙적인 결과를 초래하고 있었다. 부자연스러운 이타주의적 조치로 열등한 인종을 대하고 있어서(그들은 자신의 '이기적인' 유전자의 지침을 따르지 않는다) 백인 노르딕의 우월한 유전자를 영속시키려는 사회생물학적 목적에 배치되기 때문이다. 피어슨 등에게 인종적 편견은 진화적으로 꼭 필요한 것이었다. 인종적 편견은 인간의 자연스러운 성향이자 유전자 풀의 순수성을 유지해 주는 기제였다. 이들은 동물원에서 상이한 하위 종(아마도 상이한 종?)들을 교배시키는 것이 자연스럽지 않고 자연적 본성을 뒤트는 것이라고 보았다. 요컨대, 오랫동안 인류학연구소의 출판물들 및 파이오니어 재단 저널인 『계간 인류』의 주된 목적은 인종 갈등을 부추기는 것이었다(종종 피어슨이 더 먼저 만든 나치 단체 '북부연맹'의 소책자 내용이 그대로 다시 게재되었다). 파이오니어 재단은 기본적으로 동일한 비과학적 프로파간다를 50년 동안 출판하고 퍼뜨려왔으며, 지금도 계속 그렇게 하고 있다. 터커는 이렇게 언급했다. "파이오니어 재단이 인류학자 피어슨이 아니라 운동가 피어슨에게 거의 200만 달러를 투자해서 얻은 것은 뉘른베르크법을 본따 미국에서 비백인의 시민권을 부정하는 법을 만들려는 운동이었다."(Tucker 2002, 179) 피어슨은 15세기의 다원발생설과 이후의 우생학을 다시 불러왔고, 약간 완화된 어조로 나치 프로파간다를 개진했다.

1980년대 초에 피어슨은 상원의원 제시 헬름스의 자문을 지냈고, 1982년에는 로널드 레이건 대통령으로부터 "우리가 국내외에서 가치 있다고 여기는 이상과 원칙 들을 유지하고 강화한 공로"를 치하하는 서신을 받았다(Kühl 1994, 4). 피어슨은 미국 정보기구의 전직 고위 인사들 및 미국 안보위원회 위원들과도 긴밀한 관계였던 것으로 드러났다(Covert Action 1986). 피어슨은 1979년부터 1996년까지 『계간 인류』의 편집장을 지냈고(Winston 2013) 현재는 사회경제연구위원회Council for Social and Economic Studies의 디렉터다. 그의 최근 저술들은 대부분 이곳이 소유한 '스콧 타운센드' 출판사에서 나왔다. 그는 『계간 인류』, 『사회 정치 경제 연구 저널』, 『인도-유럽 연구 저널』 등 워싱턴 D. C.에 있는 저널들에 계속해서 글을 게재하고 있으며, 미국외교정책연구소 이사회 직함도 여전히 유지하고 있다. 보스턴 인근의 싱크탱크인 정치연구소Political Research Associates의 시니어 분석가 치프 벌렛은 피어슨을 일컬어 "오늘날 활동하고 있는 가장 해로운 인종 과학자 중 한 명"이라고 언급했다(2003).

10장 | 파이오니어 재단
: 21세기

      피어슨에게 자금을 지원하는 것 외에 파이오니어 재단은 지난 30년간 쌍둥이 연구 한 건, '새로운 과학적 인종주의자' 일곱 명, 그리고 미국으로의 이주 반대 운동 등을 금전적으로 후원했다(Tucker 2002). 2000년까지 파이오니어 재단이 이러한 일에 지출한 돈은 1000만 달러 이상(2014년 기준)이었다. 이 장에서는 앞의 두 가지를 살펴보고, 다음 장에서는 현대판 반이민 운동을 살펴보기로 하자.

미네소타 쌍둥이 가족 연구

제3제국의 수많은 끔찍한 이야기 중 하나는 폰 페르슈어와 멩겔레가 아우슈비츠 등 수용소에서 쌍둥이 수감자들에게 고문에 가까운 생체 실험을 한 것이다. 이는 인간의 생리학, 건강, 행동, 지능, '인종'의 유전적 기초를 알아내려던 나치의 시도 중 일부였다(Black 2003). 골턴 시대 이래로 우생학자들은 쌍둥이 연구에 관심이 많았고(Galton 1875), 찰스 대븐포트도 쌍둥이 연구에 대한 관심을 이어갔으며(Davenport 1911, 1920; Davenport and Steggerda 1929), 미국과 독일의 우생학자들도 쌍둥이 연구를 진행했다(Black 2003). 또 1940년대부터 1960년대까지는 시릴 버트 경이 일란성 쌍둥이와 IQ에 대한 연구로 과학계에 계속 물의를 일으켰다.

    버트는 '원시 인종'은 문명을 이룰 수 없으며 슬럼 거주자와 아일랜드인이 내재적으로 열등하다고 본 칸트주의자였다. 그는 '떨어져 자란 일란성 쌍둥이'

와 '같이 자란 일란성 쌍둥이'의 IQ 점수로 상관관계를 조사했는데, 훗날 이 연구가 완전히 날조였음이 밝혀졌다(Kamin 1974; Brace 2005). 일란성 쌍둥이가 태어나자마자 바로 떨어져서 자라는 경우는 드물다. 버트 이전에 이러한 경우를 다룬 논문은 세 편밖에 나와 있지 않았다. 그런데도 버트는 1943년에 15쌍의 쌍둥이로 연구를 시작해서 20년 동안 표본을 계속 늘려갔고, 1966년에는 그의 연구가 53쌍의 쌍둥이를 포함하고 있었다. 또한 그가 얻은 데이터에 따르면 IQ의 유전 가능성이 무려 80퍼센트나 되는 것으로 나왔다. 게다가 그는 데이터의 상관계수를 소수점 세 자리까지 기록했는데, 오랜 세월 동안 표본 크기가 계속 커졌는데도 상관계수가 소수점 셋째 자리까지 계속 동일했다. 이는 통계적으로 불가능한 일이다(Kamin 1974). 그 밖에도 그의 데이터에는 수많은 불일치와 모호한 점이 있었고, 결국 그는 연구 부정으로 고발당했다. 버트의 친구이자 공식 전기 작가인 레슬리 헌쇼는 버트를 비난하는 주장을 반박하기 위해 그의 전기를 쓰기 시작했는데, 결국에는 그의 부정 혐의가 옳다는 것을 인정할 수밖에 없었다(Hearnshaw 1979). 훗날 터커는 1922년부터 1990년까지 수행된 모든 쌍둥이 연구를 조사해 보았는데(Tucker 1997), 버트가 설정했던 조건을 만족시키는 쌍둥이를 53쌍이나 확보한 경우는 없었다(Plucker 2012). 연구를 할 만큼 쌍둥이가 충분하지 않았던 것이다.

파이오니어 재단은 토머스 부샤르의 미네소타 쌍둥이 가족 연구에 자금을 지원해 쌍둥이 연구의 전통을 이어가고자 했다. 부샤르의 연구는 1979년부터 시작된 장기 추적 조사였다. 아서 젠슨이 부샤르를 파이오니어 재단에 소개했다(Sedgwick 1995). 파이오니어 재단은 1979년부터 1999년까지 260만 달러(2014년 기준) 상당을 지원했고, 이 쌍둥이 연구는 이 시기 파이오니어 재단의 가장 많은 자금을 받은 프로젝트였다(Tucker 2002). 미네소타 쌍둥이 가족 연구는 2000년에 종료되었다.

부샤르의 '미네소타 쌍둥이 및 가족 연구 센터Minnesota Center for Twin and Family Research'는 쌍둥이의 행동이 얼마나 많이 유전으로 결정되는지 알아보고자 '떨어져서 자란' 쌍둥이 연구를 진행했다. 파이오니어 재단의 정신에 부합하게, 부샤르와 동료 연구자들은 이 연구 데이터를 가지고 인간의 행동에 영향을 미치는 주 요인으로서 유전이 환경을 압도한다고 주장했다. 이 연구가 딱히 인종에 초점을 둔 것은 아니었지만, 현대의 과학적 인종주의가 인간 사이에 나타나는 심리, 행동, 지능의 차이 대부분이 생물학적인 것이고 환경에 의해 결정되거나 환경에 중대한 방식으로 영향을 받지 않는다는 주장에 기초하고 있다는 것을 기억해야 한다.

전에 우생주의자들은 이 전투에서 이미 이겼다고 생각했지만, 보아스의 문화 개념, 그리고 유전에 대한 더 정교한 이론이 발달하면서 환경 요인이 다시 한번 신新우생주의자들과 현대판 인종 과학자들에게 커다란 문제를 제기했다. 따라서 종교 성향, 급진적인 정치 성향, 성소수자에 대한 관용, 특정한 직업에 대한 선호와 적성, 지능, 학습 역량 등이 주로 유전으로 결정된다는 부샤르의 결론은 "유전이 인간의 행동에 잠재적인 한계를 설정한다는 것을 보여주는 중요한 증거로 여겨졌다. 여기에서는 환경적 상황의 영향도 유전에 의해 결정된다고 상정되었다."(Kühl 1994, 9)

부샤르의 연구를 촉발한 계기는, 널리 보도되어 센세이션을 일으킨 한 일란성 쌍둥이의 이야기였다(Joseph 2001). 짐 루이스와 짐 스프링거('짐 쌍둥이Jim Twins'라고 불린다)는 태어나자마자 헤어졌다가 39세 때 오하이오에서 다시 만났다. 보도에 따르면, 이들은 특이한 유사점이 많았다. 아내와 아이들의 이름, 선택한 직업, 선호하는 맥주나 담배 브랜드 등이 모두 비슷했다. 이들은 부샤르가 진행한 '떨어져서 자란 쌍둥이 연구'에 포함된 첫 쌍둥이였고, 여러 가지 성격 검사와 지능 검사, 관심사와 가치관 조사, 대뇌 정신 활동 검사, 정보 처리 능력 측정, 그리고 생애사를 알기 위한 면접 조사 등이 진행되었다(Bouchard 1984). 부샤르의 연구에 포함된 또 다른 사례인 일란성 쌍둥이 오스카와 잭도 매운 음식과 단 술을 좋아하는 것, 멍하니 있곤 하는 것, TV 앞에서 잠드는 것, 사람들 앞에서 재채기하는 것이 웃기다고 생각하는 것, 사용하기 전에 화장실 물을 내리는 것, 고무밴드를 손목에 걸고 있는 것 등 여러 독특한 점들이 서로 비슷했다(Holden 1980, 1324). 연구에 참여하기 위해 둘이 만났을 때, 둘 다 테가 있는 안경을 쓰고 수염을 길게 길렀으며 주머니 두 개와 견장이 달린 셔츠를 입고 있었다. 하지만 언급되지 않은 내용들이 있었는데, 이들은 전에도 서로 만난 적이 있었고 25년 이상 연락을 주고 받았으며 이 사례가 언론에 알려지고 나서 그들의 인생 이야기를 로스앤젤레스의 영화 제작자에게 판매하기도 했다(Horgan 1993).

부샤르는 그의 연구 데이터를 토대로 "생물학적 친인척 사이에서 발견된 유사점은 거의 전적으로 유전적 기원에서 기인한다"고 주장했다(Bouchard 1994, 1701). 하지만 파버(1981)와 조지프(2001)는 부샤르의 연구를 포함해 '떨어져서 자란' 일란성 쌍둥이 연구 결과 대부분에 여러 가지 문제가 있다고 지적했다. 어떤 사례에서는 쌍둥이가 여러 해 동안 함께 살고 나서 헤어졌다. 어떤 사례에서는 떨어져 살긴 했지만 같은 가족 내의 다른 구성원이 각각을 키웠다. 어떤 사례에서는 비슷한 사회경제적 배경을 가진 가정에서 자랐다. 어떤 경우에는 쌍둥이가 서로의 존재를 알고 있었고 자주 연락을 주고받았다. 어떤 사례는 애초부터 그들이 비슷해서, 혹은 그들이 서로를 알고 있어서 연구자가 관심을 갖게 된 경우였다. 어떤 사례에서는 유사성을 평가하는 데 사용된 데이터가 〔두 쌍둥이 모두에 대해〕 동일한 연구자에 의해 수집되었거나 블라인드 평가자가 유사성을 검증하지 않았다. 이에 더해, 모든 쌍둥이는 출산 이전에 태내에서의 환경을 공유한다. 사실, 같은 성별이고 같은 날 태어났고 같은 문화에서 자랐으면 어느 두 사람이더라도 완전히 무작위로 고른 두 사람에 비해 비슷한 점이 많을 수밖에 없다. 따라서, 일반적으로 환경영향론적 관점에서 볼 때 일란성 쌍둥이는 인구 중 무작위로 고른 두 사람에 비해 훨씬 더 서로 비슷해야 한다.

'떨어져서 자란 쌍둥이 연구'의 경우, 그들에게서 나타나는 특질의 유사성이 그들이 자란 환경의 유사성과 상관관계가 없다는 것이 반드시 입증되어야 한다. 단순히 따로 자랐다는 것만으로는 이 조건이 만족된다고 가정할 수 없다. 또한 부샤르의 연구는 그가 사례 이력이나 연구 데이터를 공개하지 않았다는 점에서도 문제가 있다. 독립적인 연구자가 그 데이터를 분석해서 대안적인 해석을 내놓는 것이 극도로 어려워지기 때문이다(Joseph 2001). 심리학자 제이 조지프는 부샤르팀의 연구 결과를 이렇게 요약했다.

MISTRA[미네소타 쌍둥이 연구]의 연구자들은 [그들이 연구한] MZA[떨어져서 자란 일란성 쌍둥이]가 상관관계가 없는 환경에서 자랐다는 점을 입증하지 못했다. … 양육 환경에서의 유사성을 확인하는 더 좋은 방법은 연구의 모든 대상자가 제공한 인터뷰 내용과 생애사 정보 중 공개적으로 출판되지 않은 것들을 연구팀이 아닌 사람이 독립적으로 블라인드 평가를 하는 것이다. ⋯ 미네소타의 '떨어져서 자란 쌍둥이 연구'는 그 이전에 있었던 유사한 연구들과 마찬가지로 상당히 오류가 있어서, 그것으로부터는 인간의 행동적·성격적 차이에 유전이 미치는 역할에 대해 어떤 결론도 도출할 수 없다(Joseph 2001, 25-26).

작가 세지윅은 부샤르가 파이오니어 재단을 위해 진행한 쌍둥이 연구의 의미를 다음과 같이 요약했다.

부샤르의 연구는 가령 알코올중독 유전자, 동성애 유전자, 조현병 유전자 같은 것들이 '발견'되었다는 뉴스를 대중이 받아들이게 하는 데 길을 닦았을 것이다. 이러한 발견이 나중에 철회되거나 연구의 질에 문제가 있다고 판명되었는데도 말이다. ⋯ [그의 연구는] 오늘날 인간 게놈 프로젝트에 대해 지지를 모으는 데도 기여했다(Sedgwick 1995, 147).

이러한 쌍둥이 연구들은 많은 생물학자, 사회과학자, 그리고 대중이 유전자와 유전에 대해 20세기 초입의 우생주의자와 인종주의자처럼 단순하고 부정확한 방식으로 생각하게 만드는 데 큰 영향을 미친 것으로 보인다. 이러한 연구들은 새로운, 그러나 부실한 과학을 사용해 인간 다양성의 모든 면에서 환경보다 유전이 중요하다는 것을 '입증'했다. 어쨌거나 부샤르의 연구는 저명한 과학 저널 『사이언스』에 게재된 논문이었지 않은가.

더 정교하게 설계된 최근의 연구들에서는 일란성 쌍둥이들이 드러내는 유사성이 그리 놀라운 것이 아님이 밝혀졌다. 위에서 언급했듯이, 그러한 유사성에는 많은 이유가 있을 수 있다(Sternberg 2007; Joseph 2004, 2010; Richardson and Joseph 2011; Miller 2012). 떨어져서 자란 쌍둥이는 드물다. 그리고 대개는 불완전하게 '떨어져서' 자랐다(태어나고 나서 한참 뒤부터 떨어져서 지내기 시작하는 경우가 많고, 떨어져 살더라도 친인척 관계인 가정에서 자라는 경우도 많다). 서로 연락을 하며 지내온 경우도 많다. 또한 태어나기 전 모체 내에서의 환경이 같으며, 유사성이 유전자의 효과가 아니라 '코호트 효과cohort effect'로 설명되는 경우도 많다. 같은 시대에 자랐으므로 비슷한 문화적 분위기의 영향을 받았을 것이기 때문이다. 이 경우라면, 파버가 설명했듯이, 떨어져서 자란 일란성 쌍둥이가 "그들 둘이 비슷하다기보다 그들과 같은 시대의 사람들, 그리고 그들과 비슷한 사회경제적 조건의 사람들 전체와 비슷한 것이라고 보아야 한다."(Farber 1981, 77) 떨어져서 자란 일란성 쌍둥이가 보이는 유사성의 '유전적' 기원을 정말로 확인하려면, 이들과 같은 연령대의 낯선 사람들 사이에서 나타나는 유사성을 통제해야 한다(Rose 1982). 리처드슨과 조지프는 이렇게 설명했다. "쌍둥이 연구자들이 말하는 것과 달리, 대부분의 경우 떨어져서 자란 일란성 쌍둥이는 서로 다른 환경을 경험한 것이 아니라 적어도 일곱 가지의 문화적 영향을 동일하게 받았다. 국적, 지역, 인종, 종교, 경제적 계층, 출생 코호트, 젠더 코호트."(Richardson and Joseph 2011)

또한 이제는 후성유전epigenetic의 영향이 지극히 중요하다는 점도 알려져 있다(Meaney 2010; Miller 2012). 쌍둥이가 동일한 DNA를 가지고 태어났어도 행동, 건강, 심지어 외양에서도 상당한 차이를 보일 수 있다. 후성유전학 연구들은 동일한 유전자라도 상이한 내외부적 환경하에서 상이한 방식으로 반응할 수 있음을 보여주었다. 밀러는 놀라운 비유로 이를 설명했다.

> 일란성 쌍둥이는 동일한 DNA를 가지고 태어나지만 나이가 들면서 놀라울 정도로 서로 달라진다. 후성유전학이라는 떠오르는 분야는 스트레스, 영양 등의 요인이 어떻게 유전자의 행동에 변화를 일으켜 이러한 차이를 발생시키는지를 드러냈다. ⋯ DNA가 거대한 피아노 키보드이고 음을, 혹은 특질을 나타내는 각각의 건반이 우리의 유전자라고 생각해 보자. 모든 건반이 결합해 우리를 형성한다. 여기에서 후성유전적인 과정은, 연주될 때 각각의 건반이 언제, 어떻게 두드려서 어떻게 다른 음색을 내는지를 결정한다(Miller 2012, 58, 64).

각각의 피아노는 상당히 동일하게 구성되어 있지만 무한히 다양한 음색을 생성할 수 있다. 환경은 개체의 이력에만 영향을 미치는 것이 아니라 유전자 수준에서 유전자가 어떻게 작동하는지에도 직접적으로 영향을 미친다(Cloud 2010). 리처드슨과 조지프는 이렇게 설명했다.

특정한 형질에 대해 상가적이고 독립적으로 그것을 결정하는 유전자가 있어서 유전형-표현형의 1 대 1 관계가 존재한다는 쌍둥이 연구의 주장은 분자 수준에서 그러한 유전자들을 찾으려는 전장유전체연관분석genomewide association, GWA 연구들을 촉발했다. 하지만 수십 년간의 연구에서도 그러한 것은 발견되지 않았다. … 이 역시 쌍둥이 연구에 대한 표준적인 해석이 부정확함을 말해준다. … 그러한 단순한 유전자는 존재하지 않으며 개인 간의 차이에 비유전적인, '시스템적' 요인들이 수행하는 역할을 고려해야 한다(Richardson and Joseph 2011).

새로운 편견의 군단

쌍둥이 연구 외에도 1980년대와 1990년대에 파이오니어 재단은 500만 달러 이상(2014년 기준)을 일곱 명의 과학자에게 지원해 프로파간다에 활용했다. 인류학자 로링 브레이스는 20세기 초입의 우생주의자들을 '편견의 군단'이라고 표현한 바 있는데(Brace 2005), 파이오니어 재단의 지원을 받은 20세기 후반의 과학자들도 '새로운 편견의 군단'이라고 부를 만하다. 이 군단은 기본적인 다원발생설 이데올로기를 이용해 파이오니어 재단이 밀고자 하는 인종 구분과 백인 우월주의를 촉진하려는 인종주의자들로 구성되어 있다.

영국의 심리학자 한스 J. 아이젠크는 킹스칼리지런던 정신의학연구소 출신이며 시릴 버트의 제자이고, 『계간 인류』의 명예 자문이었다. 아이젠크는 순도 100퍼센트 생물학적 결정론자였다. 예를 들어 그는 개인 간, 인종 간에 발견되는 차이는 오로지 유전자가 갖는 가치에 따른 결과이며, 흑인 아이에게 그것을 보완하기 위한 교육을 하거나 그 밖의 교육적 향상을 위한 해법을 시도하는 것은 무용하다고 주장했다. 또한 아이젠크는 흡연자에게 발생하는 질병이 사실은 주로 담배 때문이 아니라 유전자 때문이라는 것을 입증하고 싶어 했던 R. J. 레이놀즈와 토바코연구위원회로부터도 자금 지원을 받았다(Brace 2005). 그리고 몽골인, 북유럽인, 남유럽 코카서스인, 인도인, 말레이인, 니그로인의 순서로 IQ 점수가 차이를 보인다고 주장했다(Eysenck 1971, 1985). 스승 시릴

버트처럼 아이젠크도 아일랜드 사람의 IQ가 낮다고 보았다(Eysenck 1971; Benson 1995). 아서 젠슨과 J. 필립 러시턴이 그의 제자이며(Sautman 1995; 이 장의 뒷부분 참고), 그는 IQ가 인종적 혈통을 포함해 유전 요인으로 설명 가능하다고 보는 젠슨주의의 강한 지지자였다.

사회학자 로버트 A. 고든은 1963년부터 2005년까지 존스홉킨스대학에 재직하다 은퇴했다. 전 부인인 린다 S. 갓프레드슨은 한동안 파이오니어 재단의 자금을 받는 유일한 여성이었다. 갓프레드슨은 델라웨어대학의 교육심리학자로, 고든과 함께 '델라웨어–존스홉킨스 지능과 사회 연구 프로젝트Delaware-Johns Hopkins Project for the Study of Intelligence and Society'의 공동 디렉터였다. 고든은 인종, IQ, 빈곤, 청소년 비행, 범죄 성향, 심지어는 음모론에 빠져 드는 정도와 같은 특징이 직접적인 상관관계가 있으며 모두 유전적인 특징이라고 보았다(Miller 1995; Tucker 2002). 그가 개진한 주요 주장은, 흑인과 백인의 범죄율 차이는 소득, 교육, 직업보다 유전으로 결정되는 IQ 차이로 더 정확하게 설명된다는 것이었다. 1999년에 한 기자가 그에게 예전에 쇼클리가 제안한 것처럼 IQ가 낮은 사람의 단종 수술을 유도하기 위해 금전적 인센티브를 주어야 한다고 생각하냐고 물었더니, 고든은 다음과 같이 경박하게 대답했다. "그것은 좀 충격적인 제안 같습니다. 나는 사람들에게 돈을 주지 않는 쪽을 선호합니다. 흑인에 대해서라면 … 그들에게 적절한 정보를 주어서 그들이 그렇게 하도록 해야 한다고 생각합니다."(Papavasiliou 1999 재인용) 그는 파이오니어 재단이 "학계에서 금기처럼 되어버린 이러한 개념에 용감하게 자금을 지원하는 민간의 마지막 원천"이라고 말했다(Kühl 1994, 192 재인용).

고든과 그의 동료들은 비판자에게 되레 칼날을 돌려서 신인종주의, 파이오니어 재단과 나치의 연결, 파이오니어 재단의 과거 및 현재 아젠다를 비판하는 사람들이야말로 파시스트의 전술을 펴고 있다고 비난했다(Kühl 1994, 8). 이것은 예를 들어 극우 라디오 토크쇼 진행자 러시 림보 등 보수주의자들이 종종 사용하는 전술이다. 그들은 자신의 파시스트적이고 인종주의적이고 나치 동조적인 태도에서 사람들의 관심을 돌리기 위해 자신을 비판하는 진보주의자들을 나치라고 부르며 비난한다. 그러면서 인종주의 이데올로기와 정책을 옹호하는데, 이러한 정책들은 인종주의를 지속하고 심화시키며 미국 등 산업화된 국가들에서 부자와 빈자 사이에 막대한 간극을 일으킨다.

갓프레드슨은 주로 IQ 점수(생물학적으로 실재하는 일반 지능을 측정하는 것이라고 생각했고, IQ 점수가 환경에 의해서는 영향을 받지 않거나 받더라도 미미하게만 받는다고 보았다), 인종(생물학적 실재라고 보았다), 직업적 숙련 역량(흑인 등일부 인종은 고숙련 직업을 갖기에 역량이 부족하다고 보았다) 사이의 상관관계를보고자 했다. 갓프레드슨이 편 전형적인 주장은 다음과 같다.

> 많은 사회정책이, 정신 역량에 결정적이거나 견고한 차이가 존재하지 않는다는 잘
> 못된 가정에 기반해 마련되고 있다. … 교육자들은 늘상 과도한 약속을 하고, 따라
> 서 학교들은 늘상 실망스러운 결과를 내게 된다. 복지 개혁가들은 오늘날의 노동시
> 장이 IQ가 낮은 사람들 모두를 활용할 수는 없거나 활용하려 하지 않을지 모른다
> 는 가능성을 진지하게 고려하지 않는다. 그들이 얼마나 일을 하고자 동기 부여가
> 되어 있든지 간에 말이다. 민권 옹호자들은 가난한 흑인 젊은이의 비중이 경악스러
> 울 정도로 높은 것에 대해 그들이 차별에 의해서라기보다 낮은 IQ에 의해서 불이
> 익에 처하고 있는 것일 수 있으며 따라서 차별 철폐 조치를 얼마나 더 적극적으로
> 실행하든 간에 (역량이 더 뛰어난 사람들과 달리) 그들은 그로부터 이득을 거의 얻지
> 못할 수 있다는 가능성을 고집스럽게 무시한다(Gottfredson 1997, 124-125).

갓프레드슨은 인종 간의 사회, 경제적 불평등이 흑인의 지능이 낮다는 사실로부터 예측 가능한 결과라고 보았고, 현재의 진보적인 사회정책이 흑인의지적 열등성을 인정하지 않는 과학자들의 거짓 주장에 기초하고 있다고 보았다(Tucker 2002, 180). 위에 인용한 글은 20세기 초가 아니라 20세기 말인 1990년에 쓰여진 글이다. 안타깝게도, 그의 많은 동료들처럼 갓프레드슨도 '단일 형질로서의 지능'이라는 것을 측정할 방법은 없으며, 지능 점수가 교육과 문화에 의해 크게 영향을 받고, 뛰어난 생물학자, 인류학자, 유전학자 거의 모두가생물학적 인종이란 존재하지 않는다고 결론 내렸다는 점을 이해하지 못하고있다.

갓프레드슨은 헌스타인과 머리의 책 『벨 커브』를 옹호하기 위한 글을 대표 집필했고 여기에 52명의 과학자가 연명을 했는데, 이 글은 새로운 과학적

인종주의의 화법을 잘 보여준다. 이 글은 『벨 커브』가 다수의 훌륭한 과학자들에게 비판을 받자(예를 들어, Jacoby and Glauberman 1995 참고) 재반박하기 위해 쓰인 것이며 『월 스트리트 저널』에 실렸다. 여기에서 '새로운 편견의 군단' 일원들은 과학자들이 52명이나 여기에 서명했으니 『벨 커브』의 내용과 이 글의 내용이 사실임에 틀림없다고 주장했다. 물론 반대의 주장, 즉 다수의 인류학자 및 그 밖의 사회과학자와 유전학자가 『벨 커브』의 주장에 동의하지 않으니 그 책의 내용은 사실이 아님에 틀림없다는 주장도 타당한 주장이 아니다. 하지만 보아스 이래로 지금까지 『벨 커브』와 갓프레드슨 등의 주장이 어느 수준에서도 방어되지 않는다는 것을 보여준 것은 이러한 논리가 아니라 **과학**적 증거였다.

갓프레드슨은 파이오니어 재단의 강고한 옹호자이기도 하다. 갓프레드슨은 파이오니어 재단이 과거에 나치와 관련된 적이 없으며 오늘날 노골적인 인종주의를 지지하지도 않는다고 주장했다. 그런데 이 주장은 명백히 사실이 아니다.

플로리다주립대학의 유전학자 글라이드 휘트니도 파이오니어 재단의 수혜자다. 그는 주로 쥐의 미각을 연구하는 유전학자였지만, 파이오니어 재단이 그에게 관심을 갖게 된 것은 그의 노골적인 인종주의 때문이었다. 본질적으로 휘트니는 매디슨 그랜트의 견해를 되풀이했다. 그는 "코커스패니얼이 키운 핏불테리어는 자라서 핏불테리어가 된다"며 마찬가지로 "흑인도 계속 흑인일 것"이라고 말했다. 환경이 어떻게 바뀌어도 흑인은 늘 "부적응자의 특징"을 보이게 되리라는 것이었다. 그가 보기에, 흑인에게서 인지 역량이나 도덕성을 높이려는 시도는 성공할 수 없었다. 환경이나 문화 요인에 대해서는 전적으로 무지하고 순진하게도, 휘트니는 다음과 같은 단순한 발언을 했다. "우리는 단지 인종 구성만 고려해서도 살인율을 잘 예측할 수 있다. … 살인율과 그 사회의 흑인 인구 비중 사이에는 단순한 상관관계가 존재하며 r값은 0.77이다."(Whitney 1995) 그리고 휘트니 등 '새로운 편견의 군단' 사람들에게 상관관계는 곧 인과관계다.

1995년에 휘트니는 행동유전학회Behavior Genetics Association 회장(1994-1995년에 회장을 지냈다)으로서 한 연설에서 흑인이 유전적으로 범죄에 더 잘 끌린다는 것을 보여준다는 '데이터'를 제시하면서 행동유전학회가 흑인의 열등함(이라고 그가 생각한 것)의 유전적 '뿌리'를 규명하는 데 초점을 두어야 한다고 주장했다. 많은 학회원이 그 자리를 떠났고, 휘트니를 학회에서 축출해야 한다는 요구가 나왔다. 하지만 결국 축출은 학문의 자유 원칙을 침해하는 것이라는 결론이 내려졌다. 그렇지만 후임 학회장 내정자를 포함해 다수의 학회원이 항의의 표시로 학회를 떠났다(Panofsky 2005). 휘트니는 '평등주의자 사제들'이 정보 왜곡 캠페인을 벌여서 사람들이 인종에 대해 계속해서 잘못된 지식을 갖고 있게 만들고 인종 간의 관용을 설파하는 잘못을 저지르고 있다고 생각했다. 19세기와 20세기 초의 도그마를 되풀이하면서, 휘트니는 흑인과 백인의 혼혈은 불일치와 부조화를 불러오고 여러 가지 건강 문제를 일으킨다고 주장했다. 또한 그는 케냐의 칼렌진족 사람들에게는 소를 잘 훔치는 성향이 있는데, 이 때문에 잘 달리는 능력이 자연선택되어서 그들 중 장거리 선수가 많은 것이라고 설명했다. 일부다처제인 칼렌진족 사회에서 가장 뛰어난 소도둑은 더 많은 아내를 살 수 있고 "꼬마 달리기 선수들"도 더 많이 가질 수 있다는 것이다(Tucker 2002, 181-182).

휘트니는 유대인에 대한 파이오니어 재단의 견해를 상징적으로 보여주었다. 그는 인종들이 평등하다는 이론이 유대인이 만든 음모라고 믿었다. 그에 따르면, 인종 평등 이론은 유대인이 날조한 홀로코스트만큼이나 가짜였다(그는 홀로코스트가 날조라고 생각했다). 휘트니는 홀로코스트 부인론자 단체인 역사리뷰연구소Institute for Historical Review의 회원이었고, 그러한 주장에 다음과 같은 논거를 제시했다(Whitney 2002). 휘트니에 따르면, 유대인들은 "흑인과 백인을 동등하게 만듦으로써" 자신의 지위를 올릴 수 있으리라고 믿었다. "백인이 흑인을 동등한 존재로 받아들이면 누구라도 동등한 존재로 받아들일 것이기 때문"이었다(Whitney 1998). 이 내용은 KKK를 이끌었던 데이비드 듀크의 자서전(1998) 중 휘트니가 쓴 서문에 담겨 있다. KKK 일원들과 네오 나치 활동가들을 영예화한 이 책의 서문에서 휘트니는 이 책이 "면밀한 자료 조사와 학문적으로 훌륭한 연구를 토대로 쓰여진 사회생물학적-정치적 역사서"라고 평했다. 마지막으로, 정말로 15세기의 다원발생설처럼, 휘트니는 서로 다른 인종은 동일한 종에 속하지 않는다고 주장했다(Whitney 1998).

'새로운 편견의 군단' 중 다섯 번째 인물 마이클 레빈은 뉴욕시립대학의 철학과 교수다. 내게는 그저 흑인을 무서워하는, 시대에 뒤떨어지고 고립되고 편견에 꽁꽁 싸인 사람으로 보인다. 그가 불관용적이고 협소한 세계관을 갖게 된 데는 개인적인 경험이 영향을 미쳤다. 1994년에 『롤링 스톤』과의 인터뷰에서 자신이 "강도를 아주 많이 당했다"고 말했다(늘 '흑인'에게 당한 것인지는 말하지 않았다). "흑인은 절제력이 부족합니다. 그리고 분노와 충동을 더 잘 표출하는 성향이 있습니다. ... 그들은 왜 그러는 것일까요? 대안적인 방식, 즉 일을 하고 저축을 하는 방식이 그들에게는 정신심리적으로 가능한 범위 안에 있지 않기 때문입니다."(Miller 1995, 166 재인용)

　그는 "흑인성은 위험의 징후"라고 믿었고 흑인의 범죄율을 볼 때 백인은 흑인을 두려워해야 하고 피해야 한다고 생각했다(Miller 1995, 162). 파이오니어 재단의 동료들처럼 레빈은 지능이 단일 형질로 유전되는 것이라고 생각했고, 흑인이 백인보다 지능이 떨어진다고 믿었으며, 이것이 차별 철폐 조치, 학교 인종 분리, 주거 정책, 복지 정책, 범죄에 대한 형사 정책 등을 논의할 때 반영되어야 한다고 주장했다. 또한 그는 가게 주인들은 흑인의 출입을 막아야 하고, 때로는 경찰이 백인이라면 허용되지 않을 상황에서도 흑인은 수색해야 하며, 흑인 미성년자의 범죄는 성인의 범죄와 마찬가지로 처벌해야 하고, 흑인은 별도의 지하철 객차를 이용해야 하며 그 흑인 칸은 경찰이 순찰해야 한다고 주장했다. 또한 그는 열등한 흑인 학생들 때문에 대학의 수준이 낮아졌다고 보았다. 하지만 뭐니 뭐니 해도 레빈의 주된 초점은 흑인의 범죄 성향이었다. 그는 흑인의 범죄 성향이 그들에게 유전적으로 백인의 규범을 따르지 못하는 특성이 있기 때문이라고 보았고, '자유 의지'도 인종적인 특질이라고 주장했다. 정직, 절제, 협업과 같은 특질이 "아프리카에서는 유라시아에서만큼 진화적 가치를 갖지 못했기 때문"이라는 것이었다(Tucker 2002, 187 재인용). 한마디로 그는 흑인이 백인만큼 도덕적이지 않으며 이것은 유전이라고 주장했다. 레빈에 따르면 흑인은 두 개의 바뀔 수 없는 속성을 가지고 있는데, 하나는 덜 똑똑하다는 것이고 다른 하나는 더 폭력적이라는 것이다(Miller 1995). 따라서 그는 주거, 고용, 학교에서 인종 분리가 이뤄져야 하고, 궁극적으로 차별 철폐 조치, 복지 정책, 민권법을 철폐해야 한다고 주장했다.

레빈은 이러한 분야를 연구해 본 적이 없다. 파이오니어 재단에서 그를 지지한 사람들도 그랬듯이 말이다. 그의 견해는 과학적 사실이 아니라 전적으로 그가 받아들인 버전의 '진리'와 순전한 편견에 기반해 있다. 고든이나 레빈 같은 사람이 편견과 불관용과 혐오에 그토록 가득 차 있을 수 있다는 사실이 내게는 너무나 놀랍다. 그들은 둘 다 유대인 후손이다. 레빈의 조부모는 차르의 유대인 박해를 피해 러시아에서 도망쳤다. 레빈의 친지 중 몇 명은 홀로코스트 때 살해당했다. 고든과 레빈은 다원발생설, 우생학, 나치즘, 과학적 인종주의, 그리고 파이오니어 재단의 역사에 유대인이 어떠한 방식으로 관련되어 있는지를 몰랐던 모양이다. 그리고 만약 그들의 새 친구들이 정권을 잡으면 그들을 어떻게 취급할 것인지에 대해서도 말이다. 러시아계 유대인인 나로서는 조상이 그렇게 끔찍한 편견의 공포 정치에 희생된 사람이 어떻게 그런 무지와 혐오의 불관용에 빠져들 수 있는지 이해가 되지 않는다. 나는 이 두 명의 파이오니어 재단 수혜자인 신우생주의자가 불관용적이고 혐오에 빠진, 그리고 현대 과학의 발전 궤적을 놓친 사람들이라고 생각한다.

나머지 두 명의 파이오니어 재단 수혜자는 J. 필립 러시턴과 리처드 린이다. 이들은 '새로운 편견의 군단' 팀의 올스타라고 말할 수 있다. 러시턴은 웨스턴온타리오대학 심리학 교수였고 오랫동안 파이오니어 재단의 자금을 받았다. 젠슨처럼 그도 1989년에 직접 '찰스 다윈 리서치 연구소Charles Darwin Research Institute'라는 비영리 기구를 세워서 파이오니어 재단의 자금을 지원받았다. 2002년에 해리 웨이어가 사망하고서 러시턴은 파이오니어 재단 회장이 되었고 2012년 10월에 사망할 때까지 회장직을 유지했다.

러시턴은 그의 모든 인종주의 이데올로기를 세 개의 주요 전제에 기반해 전개했다. 1) 유전적으로 결정되는 단일 형질로서의 IQ가 실재한다. 2) 인간 안에 생물학적인 토대를 갖는 인종들이 존재한다(그는 생물학적으로 세 개의 인종이 존재한다고 보았다). 3) 어떤 인종은 다른 인종보다 IQ가 높다. 하지만 러시톤은 유전학자가 아니다. 세계적인 유전학자 데이비드 스즈키(1995, 281)는 이렇게 지적했다.

유전학자들에게 피부색을 기반으로 한 분류법은 생물학적으로 의미 있는 범주를 산출하지 않는다. 그뿐 아니라 사회가 피부색에 따라 완전히 상이한 사회적 조건과 압력을 부과하는 한, 흑인과 백인의 IQ 점수 차이를 가져오는 원인은 결코 과학의 영역에서 설명될 수 없다.

러시턴이 세 개의 생물학적 인종이 존재한다는 주장에 대해 제시한 과학적 근거는 무엇인가? 그가 든 근거는, 만약 "외계의 과학자들"이 지구에 와서 인간 집단을 관찰한다면 즉각적으로 피부색에 따라 [셋으로] 분류하리라는 가설적 상황이었다(Rushton 1995). 그의 인종 분류에 대한 또 다른 정당화 논리는 이 분류가 "일반적으로 사용된다"는 것이었다(Rushton 1988, 1009). 하지만 이제 우리는 유전적인 편차가 인종 간에서보다 인종 내에서 더 크다는 것을 알고 있다. 예를 들어, 피그미족과 에티오피아인 사이의 유전적 거리는 에티오피아인과 남유럽인 사이의 유전적 거리보다 멀다. 오늘날 유전학자, 생물학자, 인류학자 들은 생물학적 인종이 존재하지 않는다는 데 동의하고 있다(UNESCO 1950; Montagu 1951, 1964, 1997; Livingstone 1962; Molnar 2010; Littlefield, Lieberman, and Reynolds 1982; Brace 1995, 2005; Jacoby and Glauberman 1995; American Association of Physical Anthropologists 1996; Harrison 1998; Templeton 1998, 2002, 2003, 2013; Graves 2001, 2002a, 2002b; Fish 2002, 2013; Marks 2002; Jablonski 2006; Edgar and Hunley 2009; Harrison 2010; Fuentes 2012; Tattersall and DeSalle 2011; Mukhopadhyay, Henze, and Moses 2014). 유전학자 그레이브스는 이렇게 지적했다. "[러시턴은] 유사 과학의 거미줄을 짜는 거미처럼 부정확하게 기술된 가설들을 의심스러운 증거들로 뒷받침한다. 그의 개념은 20세기 초입의 인류학자들이 설파하던 개념에 여전히 머물러 있다."(Graves 2002a, 132)

IQ에 대한 러시턴의 견해도 인종에 대한 견해만큼이나 낡은 견해다. 대부분의 현대 과학자들은 IQ에 대해 오토 클라인버그가 도달한 결론과 비슷한 견해를 가지고 있다. 1920년대 말에 클라인버그는 유전 요인이나 '선택적 이주' 가설이 아니라 환경 요인만으로도 [인종 간] IQ의 차이를 대부분 설명할 수 있다고 결론 내렸다(Klineberg 1928, 1935a). 또한 클라인버그는 동료 심리학자들에게 문화 개념을 사용할 것을 촉구했다(Klineberg 1935b; Degler 1991). 1944년에 클라인버그는 본인의 논문도 포함해서 흑인의 지적 역량에 대한 논문들을 담은 편저를 펴냈는데, 여기에서 그는 정신적 특성에 따라 인종 사이에 순위를 매긴다는 개념에는 어떠한 과학적 근거도 없으며 이 분야의 뛰어난 연구자들은 이 결론에 일반적으로 동의하고 있다고 밝혔다(Klineberg 1944; Farber 2011). 더 최근에 심리학자 제퍼슨 피시도 도발적인 논문 「왜 심리학자들은 인류학을 좀 배울 필요가 있는가」에서 동료 심리학자들에게 비슷한 메시지를 전했다(Fish 1999). 또한 1960년대와 1970년대의 젠슨주의에 대한 대응으로 브레이스, 갬블, 본드는 이렇게 언급했다.

> 기본적인 이슈들이 한 세대도 더 전에 해결되었으므로 이제 인류학이 어느 정도 낮잠에 빠져 있다고 생각할 수도 있을 것이다. 타일러와 보아스가 19세기 말부터 제시한 통찰과 그 통찰을 적용해 이민제한연맹의 인종주의, 우생학 운동, 그리고 히틀러의 '아리아 인종'론의 끔찍한 부상에 맞서서 벌인 싸움은 이제 먼 과거 속으로 들어가서 현재는 사실상 죽은 이슈가 되었다. [인류학의 문화 개념은] … 인류학자들에게는 너무나 명백하고 자명해서 이제 지적인 청중 앞에서 그것의 중요성을 다시 말해야 하는 상황에 있는 것 자체가 다소 멍청하게 느껴지기까지 한다(Brace, Gamble and Bond 1971, 2).

또한 1974년에 심리학자 레온 카민은 IQ 점수에 대한 실증 근거들을 상세히 조사하고서 이렇게 결론 내렸다. "사려 깊은 사람이 IQ 점수가 어느 정도라도 유전이라고 생각하게 만들 만한 데이터는 존재하지 않는다."(Kamin 1974, 1) 더 최근에 인종과 지능에 대한 최신 연구들을 담은 한 논문 모음집의 서문에서, 피시는 저자들의 결론을 이렇게 요약했다.

> 학교에의 접근성, 학교의 질, 교육의 방식, 공교육에 대한 태도, 교육의 가치 등은 문화마다 차이가 매우 크다. 생물학적인 것처럼 들리는 개념, 특히 유전 가능성과 같은 개념은 IQ 점수의 집단 간 차이에 유전적인 토대가 있다고 암시하기 위해 오용되어 왔다. … 방대한 데이터가 … 암시하는 바는, 집단 간 IQ 점수의 차이는 사회적인 것에서 기인하며 사회적 환경이나 사회적 개입이 달라지면 바뀔 수 있다는 것이다(Fish 2002, xii).

하지만 러시턴은 이러한 과학적 증거들을 무시하고, 잘못된 생물학적 인종 개념과 생물학적으로 결정된다는 IQ 개념에 기반한 상상 속의 이론을 계속 설파했다. 그가 개진한 이론 중 하나는 동물 종들 사이에 발견되는 극히 상이한 생애 주기 전략과 재생산 전략을 설명하기 위해 개발되었던 옛 생물학 모델을 활용하고 있는데, 왜곡해서 [인간에게] 적용하고 있을 뿐 아니라 그 모델 자체를 잘못 이해하고 있다. 그 생물학 모델은 r/K 선택 모델인데, 러시턴은 이 모델을 다음과 같은 방식으로 설명했다. "1년에 5억 개 이상의 알을 낳는 굴은 r-전략을 대표적으로 보여준다. 반면 새끼를 5년에 한 마리씩만 낳는 유인원은 K-전략을 대표적으로 보여준다."(Rushton 1985, 441)

1950년에 유전학자 T. 도브잔스키가 서식지, 생활양식, 생애사 전략의 몇몇 측면이 상호 관련되어 있을지 모르며 이것이 해당 종의 진화적 역사와 관련 있을 수 있다는 가설을 제시했다(Dobzhansky 1950). 이어서 생물학자 로버트 맥아더와 E. O. 윌슨이 이 이론을 더 발전시켰다(MacArthur and Wilson 1967). 그들은 r-선택을 하는 종들은 불안정한 환경하에서 진화를 해서 방대한 수의 자손을 생산하고 양육은 거의 하지 않는 전략을 통해 재생산을 극대화할 것이라고 예측했다. 이 전략은 환경에 압도적으로 많은 자손을 내어놓고서 그중 일부라도 생존하기를 '바라는' 것이다. 반면 K-선택을 하는 종들은 안정적인 환경하에서 진화를 해서 더 적은 수의 자손을 생산하고 대신 양육에 많은 에너지를 쏟아서 태어난 자손의 생존 가능성을 높이는 전략을 취하리라고 예측했다. 생물학자 E. R. 피안카는 r-선택과 K-선택 스펙트럼의 양쪽 극단과 각각 관련 있을 법한 몇몇 특질들의 목록을 제시했다(Pianka 1970).

하지만 더 많은 연구와 조사 결과 이러한 예측은 뒷받침되지 않았다. 1970년대에 생애사 이론을 연구한 생물학자들은 r/K 선택 이론에 오류가 있다는 것을 발견했고, 많은 생물학자들이 이 이론의 전제가 유지될 수 없음을 밝혀서, 이제는 심지어 막대하게 차이가 있는 종들을 연구하는 데서도 이 일반 이론은 거의 쓸모가 없다고 여겨진다(Stearns 1976, 1977, 1983; Begon and Mortimer 1981; Boyce 1984; Weizmann et al. [1990] 1999). 사실, r/K 선택설이 암시하는 특질들의 관계에 대해 '종들 사이'의 차이를 테스트해 본 결과, 분석에 충분한 데이터가 존재하는 경우의 50퍼센트에서 검증에 실패했다. 하물며 이 이론을 [인종 간 차이 같은〕 '종 내'의 차이를 분석하는 데 적용하는 것은 전혀 타당성이 없다(Stearns 1977, 1992, 206; Templeton 1983; Graves 2002a).

바로 그 전혀 타당성이 없는 주장을 러시턴이 개진했다. 그는 낡은 인종주의적 고정관념을 가져와서 생애사 전략이 인간 종 **안에서도** 스펙트럼을 가진다고 주장했다. 그에 따르면, 그 스펙트럼에서 '흑인'은 r-선택을 하고 오리엔탈인은 대부분 K-선택을 하며 '백인'은 그 중간이다. 또한 그에 따르면, r-선택을 하는 사람들(흑인과 빈민)은 백인에 비해 성적 충동이 강하고, 성적으로 더 활발하고, 성적 절제력이 약하고, 결혼의 안정성이 낮고, 출산을 더 많이 하고, 영아 사망률이 더 높고, 성관계 파트너가 더 많고, 따라서 에이즈 발병 위험도 더 높고, 더 많은 아이를 낳지만 잘 돌보지 않고, 노동 윤리가 더 약하고, 미래 지향적인 계획을 덜 세우고, 절제를 하지 못하고, 젊었을 때 성적으로 성숙한 행동을 하지 못하고, 수명이 더 짧고, 뇌가 더 작고, 지능이 더 낮고, 법을 잘 준수하지 않고, 더 공격적이고, 환경에 대해 다른 태도를 보이고, 덜 이타적이고, 사회 조직화 정도가 낮고, 경제 활동과 비즈니스를 하는 방식이 다르고, 가정의 응집이 약하고, 문화적 성취가 더 적다. 그는 성향을 규정하는 이러한 질서가 〔인종에서뿐 아니라〕 사회경제적 계층에서도 드러난다고 주장했다. 낮은 계층 사람은 흑인과 행동이 더 비슷하고 높은 계층 사람은 백인이나 오리엔탈인과 행동이 더 비슷하다는 것이다(Rushton and Bogaert 1988; Rushton 1999; 하지만 다음 참고: Weizmann et al. [1990] 1999).

러시턴은 r-선택 유형이 보이는 특질은 열대지방의 더 살기 쉬운 생활 환경과 관련이 있고 K-선택은 더 살기 어려운 기후대인 북쪽 지역에서 발달했다고 주장했다. 완전히 우스꽝스러운 주장이며, 진화 과정에 대해 전혀 알지 못하고 고생물학 문헌을 전혀 보지 않았음을 드러내는 주장이다([Dobzhansky 1950; Pianka 1970; Stearns 1976, 1977, 1992; MacArthur and Wilson 1967; Weizmann et al. [1990] 1999; Graves 2002a, 2002b; Brace 2005 참고] 러시턴의 이론이 원래 맥아더와 윌슨이 제시했던 서식지와 생애사 전략과의 관계[여기에서는 더 불안정적인 환경에서 r-선택이 발달했다]를 거꾸로 뒤집고 있다는 점도 흥미롭다. "니그로이드"가 r-선택을 한다는 러시턴의 믿음은 아프리카에서는 부모들이 "아이의 주 양육자가 되려는 생각을 하지 않는다"는 주장으로 이어졌다(Rushton 1995). 또한 그는 아프리카 사람들이 식민지 이전에는 안정적인 정치 시스템을 갖지 못했다고 주장했다. 이는 인류학·민속지학 분야의 방대한 연구를 무시하고서야 할 수 있는 주장이며, "인종주의가 일으킨 자인종 중심주의적 무지의 전형적인 사례"다(Brace 2005, 259). 그의 주장은 1700년대 중반에 데이비드 흄이 제시한 '귀납적' 자연주의 철학의 결론에서 달라지지 않았다. 하지만 흄의 시대에는 100년간 축적된 민속지학과 인류학의 연구 결과가 없었고, 따라서 흄은 그러한 결과들을 무시하지도 않았다.

이러한 특질들이 상호 연관되어 있고 r-선택과 K-선택에 기초한 낡은 생애사 모델에 토대를 두고 있다고 믿는 것은 불합리하다. 러시턴이 제시한 상관관계는 과학적 근거가 없으며 그 이후로도 타당성이 입증되지 않았다. 심리학 교수 와이스먼 등은 이렇게 정리했다.

> 결국 … 이타심, 범죄 성향 등의 특질이 r-선택 유형이냐 K-선택 유형이냐와 관련 있다는 러시턴의 주장은 생물학의 실증 근거로도, 이론적인 면으로도 뒷받침되지 않는다. 러시턴이 한 일은 r-선택이니 K-선택이니 하는 말을 가져다가 자신의 고정관념에 기반한 여러 가지 믿음을 정당화한 것이다. 이 모델의 한계뿐 아니라 그 모델 자체도 종종 무시하면서 말이다(Weizmann et al. [1990] 1999, 206).

브레이스는 러시턴이 주장한 r-선택, K-선택 관련 특질들에 대해 다음과 같이 요약했다.

> 많은 경우에 그가 제시하고 있는 것은 데이터로 뒷받침되지 않는 강변일 뿐이다. 그의 '사실'은 광범위하고 분절적인 원천에서 임의로 끌어온 것이며 그것들의 원천을 제대로 밝히고 설명하는 데는 관심을 거의 갖지 않았다. 이러한 출처 중 많은 것이 노골적으로 인종주의적이고 신뢰성이 없다. 어떤 경우에는 자신이 인용하는 원저자가 개진했던 원래 주장을 왜곡하거나 선택적으로 인용하면서, 해당 원저자가 러시턴의 주장과 정확히 반대되는 의미에서 그 데이터를 언급했다는 사실을 독자들에게 알리지 않는다. 여러 상이한 노력들에서 나온 결과들이 통계적으로 방어 불가능하고 집단 내 차이를 가리는 방식으로 '종합'되어 있다(Brace 2005, 257-258).

생애사 이론을 방대하게 연구한 유전학자 조지프 그레이브스 주니어는 러시턴이 r/K 선택 이론을 잘못 이해하고 있는 부분들을 조목조목 짚어냈다. 나아가 그는 합당한 생물학 저널에서는 r/K 선택 이론을 근거로 들어 무언가를 이야기하는 것이 꽤 오래전에 사라진 일이라고 지적했다(Graves 2002a, 2002b). BIOSIS 논문 검색 서비스를 이용해 조사한 결과, 1977년에서 1982년 사이에는 r/K 선택설을 언급한 논문이 1년에 평균 42건이었는데, 1984년에서 1989년 사이에는 16건으로 줄어들었고(Stearns 1992), 2001년에는 이 이론을 인용한 경우가 한 건밖에 없었다(Graves 2002a). 1992년에 이 이론을 비판한 저술이 스턴스(Stearns 1992)와 로프(Roff 1992)에 의해 각각 출간되었는데, 두 권 모두 r/K 선택 이론이 더 이상 생애사 이론에서 유용성이 없다고 밝혔다.

1997년에 그레이브스는 r/K 선택 이론에 대한 반박들을 러시턴에게 개인적으로 제시했다. 하지만 러시턴은 1999년에 『인종, 진화, 행동』의 축약본을 내면서 생물학자들이 이 이론을 기각했다는 사실을 언급하지 않았고, 생애사 이론을 연구하는 생물학자들(물론 러시턴은 이러한 생물학자가 아니다)이 제기한 비판 중 어느 것도 언급하지 않았다. 그는 자신이 r/K 선택 이론을 사용하는 것에 대해 아무런 정당성을 밝히지 않았고, 구체적으로 제기된 비판들에 대해서 반박이나 재비판도 하지 않았다. 그레이브스는 "반응이 없는 것을 보고서, 나는 러시턴이 생애사 이론을 알지 못하고 있으리라는 확신이 더욱 강해졌다"며 "러시턴은 그 이론을 부정확하게 사용했고, 이러한 오류를 통해 그의 주장은 인종주의의 이데올로기적인 아젠다에 복무하고 있다"고 언급했다(Graves 2002a, 139).

나도 그렇게 생각한다. 그런데 한 가지 덧붙이자면, 이것이야말로 러시턴과 파이오니어 재단이 하고자 한 일이었다. 인종 개념 및 인종주의에 대해 과학적 사실과는 전혀 상관없이 순전한 프로파간다를 펼치는 것 말이다. 그들은 제대로 된 과학 저술을 읽거나 이해하지 못한 사람들, 그러면서도 자신의 인종주의적 편견을 정당화하고 싶어 하는 사람들에게 과학의 외피를 둘러주었다. 그레이브스는 이렇게 지적했다. "인간의 진화에 대한 J. P. 러시턴의 견해는 생애사의 진화에 대한 낡고 단순화된 이론을 사용했고 그에 따라 많은 문제를 갖게 되었다. 그뿐 아니라 그의 데이터 분석 방법, 데이터 원천, 분석 결과 모두 그의 연구가 합당한지에 의문을 제기한다."(Graves 2002a, 147) 그의 새로운 동료들처럼 러시턴은 골턴, 고비노, 체임벌린, 셰일러, 대븐포트, 로플린, 피셔, 귄터, 그랜트 등 과거의 인종주의적 우생학자들을 직접적으로 계승하고 있다. 과연, 역사는 반복된다.

러시턴이 개진한 또 다른 황당한 이론으로는 인종, 뇌 크기, 성기 크기 사이에 상관관계가 있다는 개념이 있다. 러시턴은 한 인터뷰에서 이렇게 말했다. "상충 관계가 있습니다. 뇌가 더 크거나 성기가 더 크거나이지, 둘 다 가질 수는 없습니다."(Miller 1995, 170 재인용) 지능과 뇌의 크기, 두개골 크기, 성기 크기, 유전자, 그리고 여러 성적·인지적 행동 사이에 상관관계가 있다고 주장하는 이론은 순전히 착각이고 환상이다.

성기에 대해 러시턴이 사용한 자료(길이와 굵기, 발기 시 각도, 단단함의 정도 등)는 '자코부스 X 박사'라는 필명을 사용한 프랑스의 한 '외과의사'가 쓴 논문을 토대로 한 것이었다(A French Army Surgeon 1896). 닥터 X는 그 논문에서 데이터를 어떻게 얻었는지 밝히지 않았고, 그 논문 자체도 상충하는 내용과 오류가 가득했다(Weizmann et al. [1990] 1999 참고). 학술 저널에 실린 논문도 아니었으며 '민속포르노기술지ethnopornography'라고 부를 만한 글이었다(Weizmann et al. [1990] 1999). 그러나 러시턴은 이 논문을 민속기술지라고 표현했고, 자신의 저술에서 성기의 크기와 모양을 비교할 때 주된 데이터로 삼았다(1988). 와이스먼 등에 따르면, 익명의 저자 닥터 X는 인간의 생리학적 특질들과 함께 다양한 성도착 행위를 묘사했다. 또한 그는 "질의 다양한 크기, 모양, 질감, 색상과 '준문명화된' 사람들 사이에서 발견되는 특이한 성적 관습"을 설명했다(Weizmann et al. [1990] 1999, 209). 가지와 매운 고추가 성기를 키우는 데 도움이 된다고 제안하기도 했다.

러시턴이 사용한 '과학적' 문헌이 무엇인지를 보여주는 좋은 사례다. 성기 크기와 성욕의 상관관계에 대한 러시턴의 주장은 실제의 과학적 데이터로 뒷받침되지 않는다(Masters and Johnson 1966; Weizmann et al. [1990] 1999). 또한 러시턴은 백인 여성이 흑인 여성보다 산도가 넓어서 더 큰 뇌를 가진 아기가 태어날 수 있다고 했는데, 이 역시 과학적 근거가 없다. 인간 집단에서 건강한 개인들의 머리 크기, 뇌 크기, 두개골 용량과 지능 사이에는 상관관계가 없다(Herskovits

1930; Tobias 1970; Brace 1999, 2005; Beals, Smith, and Dodd 1984; Zuckerman and Brody 1988; Cain and Vanderwolf 1989; Gould 1996; Graves 2002a, 2002b; Weizmann et al. [1990] 1999).

러시턴의 인종주의적 개념 중 일부는 인종주의가 생물학적인 토대를 갖는다는 믿음과 관련이 있었다(피어슨도 그렇게 생각했다). 러시턴은 "타 민족 혐오는 ... 인간의 내재적인 특질"이며 그것이 "유전자 풀의 '순수성'을 보존하게" 해주는 역할을 한다고 주장했다(Tucker 2002, 179 재인용). 또한 그는 인종적 차이가 우리로 하여금 자연스럽게 "친구와 적을 구분"할 수 있게 해준다고 주장했다(Miller 1995, 171). 이를테면, 러시턴은 다음과 같은 류의 이야기를 했다. "2차 세계대전 때 나치 군이 전투에서 더 효과적으로 움직일 수 있었던 이유는 인종적으로 동질적이었기 때문이며, 반면 베트남전 때 미군은 인종적으로 혼합되어 있었기 때문에 전투에서 효과적이지 못했다."(Sautman 1995)

그의 입장을 이해해 보자면, 러시턴은 "내가 자란 환경이 유전적으로 정해지는 계급적, 인종적, 민족적 차이가 실재한다는 믿음으로 나를 이끌지 않았나 싶다"고 말한 적이 있다(Miller 1995, 170). 그리고 이것이 그가 문화적 요인, 학습된 세계관, 환경적 요인이 미치는 영향의 힘을 알지 못하게 된 것과 직접적으로 관련이 있을 것이다. 러시턴은 4학년 때까지 아파르트헤이트 체제하의 남아프리카공화국에서 자랐다. 브레이스는 "러시턴의 직업 경력 전체가 어린 시절에 뿌리 깊게 박힌 편견에 증거를 부여하는 데 바쳐졌다"고 지적했다(Brace 2005, 256).

1999년에 러시턴은 그가 세운 '찰스 다윈 리서치 연구소'로 들어온 파이오니어 재단의 자금을 사용해 '대중용' 소책자를 펴내고 배포했다(Tucker 2002, 210). 러시턴은 1995년에 출간되었던 자신의 책 『인종, 진화, 행동』의 축약본 수만 부를 사회과학자들에게 보냈다. 물론 책을 받은 사람 대부분은 이러한 인종주의적 비방에 동참할 마음이 전혀 없었다. 러시턴이 학회들의 회원록을 구매해 사용하고 있었기 때문에 많은 학자들이 이 책을 한 권 이상 받았다. 나도 적어도 세 부는 받았을 것이다. 서문에 실린 몇몇 사악한 문장들은 다음과 같은 견해를 전하고 있었다. 8세기부터 유럽의 식민주의 시기까지, 그리고 그 이후로도, 아프리카를 방문해 본 사람들은 흑인이 "야생동물"처럼 벌거벗고 더럽고 가난하다고 묘사했다. 아이들은 대개 아버지가 누구인지 몰랐다. 리듬

감이 자연적으로 뛰어나고, 성기가 굉장히 크긴 했다. 아프리카에 사는 흑인의 IQ는 기록된 것 중 가장 낮다. 아프리카에는 부패와 태만이 만연해 있다. 기타 등등. 15-16세기의 인종주의적 식민주의자나 조시아 노트, 루이 아가시 같은 19세기의 노골적인 노예제 지지자가 한 말이라고 해도 믿을 정도다.

러시턴은 저명한 인류학 저널인 『진화인류학』 뒷면에 『인종, 진화, 행동』 축약본에 대한 전면 광고를 냈다. 편집장의 허가 없이 출판사인 '존 와일리 앤 선스'의 부회장과 직접 이야기해서 진행한 일이었다. 부회장도 처음에는 광고 게재를 거부했지만, 러시턴의 책에 나오는 "인종적 포르노그래피"(이 소책자를 받은 한 학자의 표현이다)도 존중받는 과학 저널에서 홍보될 가치가 있다는 러시턴과 어빙 호로비츠(트랜잭션 출판사의 소유자)의 설득을 수긍했다(Horowitz 1995). 호로비츠는 러시턴의 책에 나온 내용 대부분에 동의하지 않았지만, 모든 이의 출판의 자유를 보장하려면 그러한 내용이라도 과학 저널에 광고를 낼 수 있어야 한다고 생각했다(Horowitz 1995, 197).

나는 '존 와일리 앤 선스'와 호로비츠에게 동의하지 않는다. 존중받는 과학 저널이 네오 나치 이념이나 백인 우월주의를 선동하는 광고나 지구가 평평하다고 말하는 광고를 실어주어야 하는가? 러시턴의 책은 과학이 아니며 존중받는 출판사에 의해 과학으로 취급되지 않아야 한다. 다른 많은 학자들도 러시턴의 글이 과학이 아니라는 데 동의하고 있다. 스티븐 그린 변호사는 이렇게 언급했다. "이 책보다 더 진실과 거리가 먼 것도 없을 것이다. ... 그의 논쟁적인 주장들은 대개 과학계 동료들이 진행하는 표준적인 평가와 비판 절차를 지키지 않는 매체에서 출판되었다."(Greene 1994, 75) 인류학자 C. 로링 브레이스도 이렇게 말했다. "『인종, 진화, 행동』은 나쁜 생물학과 용서가 불가능한 인류학의 혼합이다. 이것은 과학이 아니라 선동이고, '인종주의'를 촉진하는 선동이다. ... 꽤 명백하게 이것은 편견의 노골적인 표현이다."(Brace 1996, 176-177) 생물학자 데이비드 바라시는 이렇게 언급했다. "나쁜 과학과 유독한 인종주의적 편견이 경멸받아 마땅한 이 책의 거의 모든 페이지에 고름처럼 퍼져 있다."(Barash 1995, 113) 심리학과 교수 리처드 M. 러너는 이렇게 평가했다. "러시턴의 사고는 나치 시대의 정치와 과학 선동을 너무나 많이 연상시키며 ... 유전자결정론이 과학의 옷을 입고 촉진된 가장 최근 사례에 불과하다. ... 이것은 부실한 과학이며 사회정책적 처방을 내리는 데 치명적으로 오류가 있는 토대를 사용하고 있다."(Lerner 1992, 238)

이것은 노예제를 촉진한 사고이자 20세기 초 미국의 우생학과 이민 제한법을 촉진한 사고이며 제3제국의 치명적인 의료 정책 및 그 밖의 끔찍한 정책들을 촉진한 사고이고 현재도 지속적으로 인종적 편견과 혐오를 촉진하고 있는 사고다. 내게는 이것이 인종주의와 인종적 혐오에 대한 프로파간다일 뿐 과학적 정당성이, 아니 아무런 가치가 없어 보인다. 이것은 낡은 세계관이다. 러시턴은 미국의 극우 진영과 거리를 두지 않았다. 그는 '아메리칸 르네상스'(11장 참고)의 뉴스레터에 자주 기고했고 격년으로 열리는 그곳의 컨퍼런스에서 강연도 많이 했다.

러시턴의 소책자가 출간되어 널리 뿌려졌을 때 나는 AAA의 대표적인 저널인 『미국 인류학자』의 편집을 맡고 있었다. 나는 러시턴이 우리 저널에도 『진화인류학』에서와 같은 전략으로 접근해 올지 모른다고 생각했다. 즉 그가 편집진이나 그 밖의 인류학 전문가들을 통하지 않고 행정 쪽에 직접 접근해 광고를 게재하려 할지도 모른다고 말이다. 실제로 러시턴은 그렇게 하려고 시도했다. 나와 인류학회 회장이던 고고학자 제인 힐은 내막을 잘 모르는 사무총장(그는 인류학자가 아니었다)에게 광고를 철회하지 않으면 사직하겠다고까지 말해야 했고 결국 광고는 철회되었다. 러시턴은 우리가 그의 표현의 자유를 침해하고 있다고 주장했고, 이에 대해 나는 AAA의 「인류학 뉴스레터」에서 이렇게 견해를 밝혔다.

이것은 러시턴의 인종주의 프로파간다를 합당한 것으로 만들려는 은밀한 시도이다. 이것은 백인 우월주의와 네오 나치 정당의 광고를 게재하는 것과 다를 바가 없다. 러시턴의 쓰레기 '과학'이 정말로 정당성이 없는지 궁금하시다면 그가 쓴 글 하나만 읽어보아도, 그리고 수치심을 느낀 과학자들이 제시한 수많은 반박 중 하나만 읽어보아도 충분할 것이다(Sussman 1998).

러시턴의 프로파간다 소책자 역시 파이오니어 재단이 자신의 세계관을 퍼뜨리기 위해 사용하는 전략의 한 사례다. 여기에 과학은 없다. 파이오니어 재단 관계자들에게 지구는 여전히 평평하며, 그들은 모든 사람이 이 '사실'을 알기를 원한다. 파이오니어 재단이 몇몇 안 좋은 과학을 지원하기는 했지만, 위클리프 드레이퍼가 이곳을 설립한 이래로 언제나 목적은 [과학이 아니라] 우생학, 나치즘, 인종주의 이데올로기를 위해 로비를 전개하는 것이었다. 터커는 "공식적, 비공식적 활동 모두에서 파이오니어 재단은 과학자들을 지원하는 펀딩 기관이었다기보다 선동 기관이었다"고 지적했다(Tucker 2002, 201). 파이오니어 재단은 인간의 다양성과 다문화주의에 대한 단순하고 뿌리깊은 고릿적의 공포와 혐오에 의해 움직이고 있으며, 지금도 그렇다. 이곳은 소수이지만 위험하고 무지하며 대체로 백인인 사람들을 자극하고 또한 그들에게 영합한다. 파이오니어 재단 및 이곳과 관련된 편견의 무리가 대중매체에서 '인종' 문제를 계속 퍼뜨리는 한, 그리고 대중매체가 이것이 진짜 이슈라고 생각하는 한, 파이오니어 재단은 목적 달성에 성공하고 있는 것이다. 호로비츠는 이렇게 언급했다. "데이터가 미디어를 추동하는 만큼이나 미디어도 데이터를 추동한다. … 이러한 재단들은 과학적인 결과가 아니라 미디어에 얼마나 많이 노출되었느냐로 성공을 측정한다."(Horowitz 1995, 180-181) 미디어가 이러한 개념을 계속 살아 있게 하고 인종 과학이 마치 진짜 과학인 듯 말하는 한, '새로운 편견의 군단'은 계속해서 매우 위험한 존재일 것이다. 리드는 이렇게 언급했다. "이러한 국제적인 독사들의 은신처가 매우 위험한 이유는 이곳의 많은 일원들이 학문적인 존중의 가능성을 유지하고 있다는 점이다."([Reed 1995, 268] 나는 '존중의 가능성'에 따옴표를 치고 싶다.)

리처드 린은 아일랜드 얼스터대학 심리학과 명예교수인데, 파이오니어 재단의 이사를 맡았고 피어슨이 인수하기 전부터 『계간 인류』의 편집 이사로 활동했다. 2012년에 러시턴이 사망하고서 린은 파이오니어 재단의 공동 디렉터가 되었다(다른 공동 디렉터는 40년간[1958-2002] 파이오니어 재단 회장을 지낸 고(故) H. F. 웨이어 주니어의 아내 미셸 웨이어였다). 린은 옛 방식의 우생주의자이고 아서 젠슨과 J. 필립 러시턴의 과학적 멘토다(Sautman 1995).

헌스타인과 머리는 인종과 IQ에 대한 책 『벨 커브』에서 자신들의 주장에 대한 과학적 근거로 린의 연구를 인용했다. 그들은 린을 "인종적, 민족적 차이에 대한 지도자이자 학자"라고 묘사했다(Herrnstein and Murray 1994, xxv). 헌스타인과 머리는 첫째, 일반적인 정신 능력을 측정할 수 있는 하나의 지표가 존재하고 둘째, IQ 검사를 통해 그것을 측정할 수 있다는 옛 우생학의 가정이 문화적으로 편향되어 있지 않다고 보았다. 그리고 IQ와 인종 및 계급을 관련지었고 (젠더랜드의 표현을 빌리자면) "IQ 점수를 바탕으로 계급과 인종의 의미에 대해 대대적인 정치적 결론"에 도달했다(Zenderland 1998, 350). 하지만 그들은 자신의 주장을 뒷받침하는 과학은 언급하지 않았다(Jacoby and Glauberman 1995; Gould 1995; Kamin 1995). 또한 그들은 계속해서 인과관계와 상관관계를 헷갈리게 묘사했다. 예를 들어, 그들은 근로 빈민층working poor의 아이들이 부모와 마찬가지로 빈곤 유전자를 가지고 태어났다고 주장했고, 대부분의 흑인이 부모가 가난하며 그들도 빈곤 유전자를 가지고 있다고 주장했으며, 빈곤과 IQ 사이에 상관관계가 있고 이것이 빈곤 유전자와 관련 있다고 주장했다. 하지만 다른 설명도 얼마든지 가능하다. 가령 근로 빈민층과 가난한 흑인은 대부분 IQ 점수를 잘 받는 데 필요한 역량을 발달시키기 좋은 환경에 있을 기회가 너무 적었을 것이고, 경제적으로 성공할 기회는 더 적었을 것이다. 헌스타인과 머리는 우생학과 생물학적 결정론의 편견 때문에, 그리고 문화가 삶에 미치는 영향에 대한 이해가 없어서, 이 가능성을 고려하지 않는다(Kamin 1995).

린은 이 책에 스물네 번이나 인용되었다. 헌스타인과 머리가 많이 의존한 또 다른 자료는 파이오니어 재단의 『계간 인류』다(Lane 1995; Linklater 1995). 미국 심리학자 레온 카민(시릴 버트의 쌍둥이 연구에 방법론상의 오류가 많음을 지적한 바 있다)은 『벨 커브』가 "수치스러운 책"이라고 언급했다(Kamin 1995). 린이 사용한 방법론을 상세히 살펴본 뒤 카민은 린이 "데이터를 잘못 해석하고 왜곡해서 진정으로 유독한 인종주의를 산출했고 과학적 객관성을 놀라울 정도로 무시했다"며 "하기사, 린의 연구와 배경에 익숙한 사람에게는 놀라운 일이 아닐 것"이라고 덧붙였다(Kamin 1995, 86).

린의 나쁜 과학에 대한 카민의 분석을 여기에서 길게 다루지는 않을 것이다. 린의 연구가 가지고 있는 질적인 문제에 관심이 있다면 카린의 논문을 읽어보시길 권한다(다음도 참고: Lane 1995; Benson 1995). 『벨 커브』에 인용된 저자들 상당수가 파이오니어 재단의 수혜자였다(Lane 1995). 카민 등 몇몇 과학자들은 『벨 커브』를 상세히 점검하고 그 내용을 『벨 커브 논쟁: 역사, 기록, 견해』로 펴냈다(Jacoby and Glauberman 1995; Gould 1994 참고). '새로운 편견의 군단'의 과학적 타당성에 대해 더 알고 싶은 독자는 이 책을 읽으시기를 권한다. 린의 연구는 시릴 버트, 한스 K. 아이젠크, 레이 커텔의 영향을 많이 받았는데, 이것은 과학이 말하는 진리에 대해 린이 어떻게 생각하고 있었을지를 단적으로 보여준다. 레이 커텔은 고더드 및 여키스가 했던 것과 비슷하게 IQ 검사를 수행했으며 "지능 검사들의 결과가 인종 간에 상당한 차이가 있음을 시사한다"고 보았고, 흑인종은 "(리듬감을 제외하면) 사회 진보와 문화에 실질적으로 기여한 것이 없다"고 여겼다(Kamin 1995, 99, 104 재인용). 젠슨의 『하버드 교육 리뷰』 글과 『벨 커브』를 언급하면서 젠더랜드는 이렇게 지적했다. "오늘날 검토를 해보면 누구라도 20세기 후반에 유전주의적 이론가들이 개진한 정치적 주장과 20세기 초입에 사용되었던 주장 사이에 강한 유사성이 있다는 사실을 놓치기는 어려울 것이다."(Zenderland 1998, 350)

린은 19세기와 20세기 초의 우생학과 나치 이데올로기를 가지고 와서 노르딕 '인종'이 여타 코카서스 인종보다 지적으로 우월하며, 알프스 국가나 지중해 국가보다 입헌 정부에 내재적으로 더 잘 맞는다고 주장했다(아일랜드는 예외였는데, 린은 아일랜드 사람들의 IQ가 낮다고 보았다. [Lynn 1978]). 더 범위를 넓혀서 보면, 몽골인의 IQ가 코카서스인보다 약간 높으며 둘 다 니그로보다는 훨씬 우월하다고 주장했다. 여전히 단순하고 낡은 인종 범주, 그리고 IQ가 측정 가능하며 유전되는 단일 형질이라는 마찬가지로 단순한 개념을 사용하고 있다. 린은 "코카서스인과 몽골인이 가장 지적인 인종이며 이들만이 문명의 발달에 유의미한 공헌을 해왔다"고 보았다(Lynn 1991a, 117). 인종별로 지능이 차이 나는 이유에 대해서는 열대지방이 더 살기 쉬운 환경이어서 진화의 과정에서 더 추운 기후인 북부 지역 사람들보다 지능이 낮아졌다고 설명했다("북부에서는 몽골인과 코카서스인이 니그로보다 지능이 높아지고 더 큰 머리를 가지게 되었다." [Lynn 1987]). 사실 그는 몽골인이 그의 동료들이 사랑하는 노르딕인보다 똑똑하다고 주장해서 동료들(가령 피어슨 같은 사람들)과 문제를 빚기도 했다. 물론 동료들처럼 린도 지능이 환경의 영향을 받지 않는다고 보았고, 흑인과 백인 사이의 차이는 전적으로 유전이라고 보았다(Lynn 1994a). 그는 인종 간 혼합이 이루어져 왔기 때문에 IQ가 '백인성'의 정도와 직접적으로 상관관계를 갖는다고 보았다. 또한 유대인의 지능은 다윈식 진화 과정의 운 좋은 부산물이라고 보았다. "때때로 처했던 박해" 때문에 "똑똑한 사람들이 이를 더 잘 내다보고 몸을 피할 수 있었"으리라는 것이다(Lynn 1991b, 123). 또한 머리 크기가 IQ와 관련 있다고 보았으므로 그는 남성이 여성보다 지적이라고 생각했다.

또 하나의 오래된 우생학 주제로 돌아가서, 린은 지능이 계급 간의 차이와도 관련 있다고 주장했다(Lynn and Vanhanen 2002). 그에 따르면, 국가 간 그리고 국가 내에서의 부의 차이와 IQ 사이에 관련이 있고 이는 다시 인종과 관련이 있었다. 그는 국가 간의 IQ의 차이가 경제적 부 및 성장의 차이와 직접적으로 관련 있으며 국가의 '백인성whiteness'의 정도나 '갈색인성brownness'의 정도와도 관련 있다고 보았다. 『벨 커브』도 그랬듯이, 린이 이러한 경제적 주장의 기초로 삼은 '과학'은 전적으로 거짓이었다(린과 반하넨의 인종주의적 저술에 대한 뛰어난 반박은 다음 참고: Brace 2005, 264-267). 브레이스가 지적했듯이, 린의 접근은 "과학이나 학자의 접근이 아니라 선동의 접근"이었다(Brace 2005, 263).

린은 의료 기술과 빈민을 돕는 자선적인 보조 정책의 결과로 서구 문명이 쇠락하리라고 본 20세기 초 우생학자들의 예측이 정확했다고 생각했다(Lynn 2011). 그러한 요인 때문에 유전적으로 지능과 도덕성이 떨어지는 최하위 계층 사람들이 계속해서 생존할 수 있게 되었다는 것이다. 린은 이렇게 결론 내렸다.

> 여기에서 요구되는 것은 인종 학살이 아니다. 즉 경쟁력 없는 문화권의 인구 집단을 일소하는 것이 아니다. 하지만 그들이 '점차로 사라지게' 만드는 것에 대해서는 우리가 현실적으로 생각해 볼 필요가 있다. … 진화 과정은 경쟁력이 낮은 개체의 소멸을 의미한다. 그렇지 않다고 생각하는 것은 감상주의일 뿐이다(Lynn 1972).

그는 이러한 이야기를 매우 여러 차례 했다(Lynn 2011). 예를 들어, 린은 2004년에 이렇게 언급했다. "적자생존과 부적합자의 소멸, 이것이 더 나은 세계로 가는 길이다."

린은 영국이 외부로부터의 이주를 완전히 막아야 하지만 영국이 민주주의 국가인 한 그것은 불가능할 것이라고 보았다. 따라서 그는 민주주의가 좋은 아이디어가 아니라고 생각했다(Lynn 2001). 그는 "개인의 권리와 정치적 자유라는 개념이 '열생학적' 특성을 갖는다"고 보았다(Brace 2005, 253). 최근의 한 온라인 인터뷰에서 린이 한 말을 보면, 그의 인종주의적 세계관과 이민이 제기하는 '위험'에 대한 견해가 수십 년이나 전 사람인 매디슨 그랜트의 생각과 비슷하며 비슷한 사회경제적 상황에 의해 촉발되었다는 것을 알 수 있다. 20세기 초에 그랜트가 맨해튼에 이민자가 밀려들어 오면서 발생하던 변화에 충격을 받았듯이, 린에게는 어린 시절이던 1940년대에 영국에서 보았던 사회 변화가 그러한 역할을 했다(Kurtagic 2011).

> 1950년에 영국은 법을 매우 잘 준수하는 나라였다. 범죄율이 오늘날의 10퍼센트 정도에 불과했다. … 그리고 1950년 정도까지 영국은 백인만 있는 사회이기도 했다. 나는 그전까지 유럽인이 아닌 사람을 본 적이 없다. 그런데 두 가지 변화로 이것이 달라지기 시작했다. 1948년 영국 국적법으로 대영제국에 속했던 모든 사람이 영국 시민권을 얻고 영국에 정착할 수 있는 길이 열렸다. … 유럽인이 아닌 수많은 사람(약 8억 명가량)이 영국에서 살고 일할 권리를 가지게 되었다는 의미다. … 두 번째 변화는 영국이 1951년에 난민 지위에 관한 제네바협약을 체결하면서 다인종 사회가 된 것이다. 이 협약은 다수의 비호 추구자들이 들어올 수 있는 길을 열었다. 이 두 가지 변화의 결과, 1951년 인구 조사에 따르면 비유럽인(모든 인종 포함)이 13만 8,000명이 되었다. 그리고 이 숫자가 1971년에는 75만 1,000명, 2001년에는 345만 명으로 늘었다. 이들 비유럽계 이주자들은 거의 전적으로 도시에 살며 오늘날 인구의 절반에 육박한다. … 나는 유럽인의 미래에 대해 매우 비관적이다. 금세기에 제3세계 국가에서 대규모로 이주민이 들어와 미국과 서유럽에서 이들이 다수가 될 것이기 때문이다. 나는 이것이 이들 나라에서 유럽 문명의 파괴를 가져올 것이라고 생각한다.

그랜트 등 초기 우생학자들이 그랬듯이 린은 타 민족 혐오적이었고 인간의 다양성, 변화, 다문화주의를 두려워했다. 이러한 문화적 유산은 지난 40년간 그의 세계관에 영향을 미쳤다. 린은 파이오니어 재단의 완벽한 수혜자이자 지도자였다. 그는 과학을 거의 공부하지 않았고 그가 그나마 공부한 '과학'

은 매우 부실했다. 하지만 매우 활발하게 저술 활동을 했고 이를 통해 인종주의적 주제를 가짜 과학의 명성으로 뒷받침해 널리 퍼뜨릴 수 있었다. 그를 존경하던 인터뷰 진행자가 2011년에 언급했듯이, 지난 15년 동안 린은 방대한 연구 논문을 썼고 적어도 7권의 '과학 책'을 집필했다. 그와 동시에 TV와 언론 매체에서 인터뷰를 하고 해외 컨퍼런스에 가서 강연을 할 시간까지 낼 수 있었다(Kurtagic 2011). 린의 최근 강연들을 유튜브에서 볼 수 있다(NBC Nightly News 2011). 불행히도, 그리고 두렵게도, 그에게는 불관용적이고 혐오로 가득한 인종주의적인 청중이 있다. 린의 프로파간다는 파이오니어 재단의 자금을 받아서 현대의 백인 우월주의자들과 네오 나치가 지난 500년간 이어져온 인종적 혐오와 불관용을 계속해서 유지할 수 있게 한다. 브레이스가 지적했듯이, "백인 우월주의가 건재하다는 것은 분명하며 21세기로까지 사악한 영향을 확장하고 싶어 한다는 것 또한 명백하다."(Brace 2005, 267)

11장 │ 오늘날의 인종주의와 반反이민 정책

앞의 두 장에서 나는 파이오니어 재단이 1960년 대에 미시시피에서 고안되었다가 성사되지 못했던 '새터필드 계획'과 거울처럼 닮은 전략을 실행하고 있다고 강조했다. 파이오니어 재단은 미국 전역에서 (그리고 서구의 다른 국가들에서도) 정책에 영향을 미치고자 엄청난 노력을 기울인다. 주요 목표 중 하나는 사람들이 흑인(요즘에는 더 모호한 '갈색 인종'이라는 표현이 쓰이기도 한다)의 본성이 백인과 상이하며 그들이 열등한 것은 유전 때문이지 환경 때문이 아니라고 믿게 만드는 것이다.

반이민 단체에 대한 자금 지원과 극우 정치

1970년대부터 파이오니어 재단은 '과학' 연구를 홍보와 결합해 프로파간다를 띄우고 그것을 바탕으로 입법화를 추진함으로써 자신의 아젠다를 밀어붙이는 데서 꽤 성공적이었다. 이 계획의 핵심 목적은 1) 인종 간 차이에 대한 '과학적' 문헌을 제공하고 연구 기관과 학자 들이 이 목적에 부합하는 연구 프로젝트를 하도록 자금을 지원하는 것, 2) 그 결과를 언론에 널리 알리는 것, 3) 더 복잡하고 정교한 종류의 프로파간다를 널리 전파하기 위해 직접 간행물을 발간하거나 여러 전위 조직들을 세우고 지원하는 것, 4) 인종주의적 아젠다와 관련해 입법 및 사법 운동을 벌이는 것이었다. 1960년대에 민권법을 뒤엎으려던 시도는 실패했지만 파이오니어 재단은 법적, 정책적 영향을 미치려는 시도를 계속했다. 그리고 1920년대의 우생학 운동처럼, 파이오니어 재단도 이민 제한 정책의 법제화에 상당한 화력을 집중했다.

1980년대와 1990년대에 파이오니어 재단은 인종주의적 프로파간다를 지속해 나가는 데 도움이 될 만한 단체들을 지원하기 시작했다. '새로운 세기 재단New Century Foundation'(주로 이 재단의 핵심 프로젝트인 '아메리칸 르네상스'에 자금이 지원되었다), 미국이민개혁연맹FAIR, 미국이민통제재단AICF 등이 대표적이다. 이러한 단체들은 미국, 캐나다, 서유럽 국가들이 과거의 인종주의적 정책으로 돌아가게 만들기 위해 부지런히 일하고 있다. 이를테면, 특정한 개인과 집단에게 시민권을 제한하고, 인종 분리 정책과 우생학 정책을 되살리고, 서유럽 이외의 지역에서 들어오는 이민자를 제한하는 법을 만들고자 시도해 왔다. 이들은 이미 미국에서 꽤 비중 있는 로비 집단이고 공화당의 우파 쪽에 상당히 침투해 있는 것으로 보인다. 파이오니어 재단은 연방 상원의원 시어도어 빌보와 제시 헬름스 등 인종주의자로 알려진 몇몇 정치인과 긴밀한 관계를 맺어왔다.

일례로, 1980년대에 파이오니어 재단은 톰 엘리스, 해리 웨이어, 매리언 패럿, 카터 렌, 제시 헬름스 등이 구축해 온 '수백만 달러 규모의 정치 제국'의 작은 일부였다. 이 제국은 수많은 '기업, 재단, 정치활동위원회PAC, 각종 임시 모임' 등을 아우르고 있었고(Edsall and Vise 1985, 1), 여기에서 파이오니어 재단은 제시 헬름스의 정치 머신과 연결된, 서로서로 인적으로 얽힌 네트워크의 일부였다. 예를 들면 톰 엘리스는 전국의회클럽National Congressional Club과 '자유를 위한 연맹Coalition for Freedom' 회장, '언론 공정성Fairness in Media' 공동 설립자, 교육지원재단Educational Support Foundation 이사회 이사, 파이오니어 재단의 디렉터를 동시에 지냈다. 이렇게 인적으로 상호 연결된 단체들의 네트워크가 오늘날에도 건재하며 정치 영역에서 상당한 영향력을 행사하고 있음을 뒤에서 살펴보게 될 것이다.

아메리칸 르네상스

'새로운 세기 재단'은 극우 보수 단체로, 아메리칸 르네상스 컨퍼런스를 진행하고 월간지 『아메리칸 르네상스』를 펴낸다. 첫 호는 1990년 11월에 나왔다(American Renaissance 2014b). '새로운 세기 재단'은 재러드 테일러가 설립했으며,

그는 이 재단의 회장과 『아메리칸 르네상스』의 편집장을 함께 맡고 있다. 테일러는 국내외의 다양한 인종주의자들 및 극단주의자들과 연결되어 있다. 이를테면, 그는 '보수주의 시민 카운실'이 펴내던 『시민의 정보제공자』의 편집 자문이었는데, 이곳은 지독한 인종주의 단체이며 이 단체 웹사이트는 흑인을 "인류의 퇴행종"이라고 표현한 바 있다(Southern Poverty Law Center 2012a). 그는 인종주의 저널 『계간 옥시덴탈』에도 기고하고 있고 인종주의적 싱크탱크를 자처하는 전국정책연구소National Policy Institute 이사회 멤버이며 이곳에서 자금도 지원받았다(Anti-Defamation League 2012).

테일러는 여러 네오 나치 단체 일원들, 그리고 '보수주의 시민 카운실'의 사무총장 고든 바움과 긴밀한 관계다. 그는 스톰프론트Stormfront 운영자 돈 블랙의 라디오 프로그램에도 자주 등장한다. 스톰프론트는 백인 우월주의 웹사이트로, '아메리칸 르네상스 컨퍼런스' 행사 광고도 여기에 실린다. 테일러는 역사리뷰연구소를 이끄는 마크 웨버와도 가깝다. 그뿐 아니라 영국국민당(영국의 극우 인종주의 정당)과 프랑스 국민전선(프랑스의 극우 인종주의 정당) 당원들도 포함해서 유럽의 인종주의자들과도 연결되어 있다. 영국국민당 당수 닉 그리핀은 아메리칸 르네상스 컨퍼런스에 두 차례 연사로 참여했고, 국민전선 당원인 프레데리크 르그랑은 『아메리칸 르네상스』의 단골 기고자다(Anti-Defamation League 2012).

재러드 테일러는 인종주의적 주제를 담은 여러 권의 저서와 모음집을 펴냈다(Taylor 1983, 1992a, 1998, 2011). 『아메리칸 르네상스』와 테일러가 즐겨 인용한 글 중 하나는 『계간 인류』 초기 호에 실린 동물학자 레이먼드 홀의 글인데, 15세기의 다원발생설을 연상시키면서 다음과 같이 언급했다. "하나의 종에 속하는 두 개의 아종은 동일한 지리적 영역에서 발생하지 않는다."(Hall 1960, 118) 테일러는 노예제가 나쁜 제도였을지는 몰라도 그렇게라도 하지 않았으면 "니그로 대혼란"이 초래되었을 것이라고 주장했고, 인종 차별을 금지하는 민권법이 "상식"이었던 무언가를 "범죄"로 만들어버렸다고 비판했다(Tucker 2002, 184-185 참고). 2005년에 『아메리칸 르네상스』에 게재한 글에서 그는 이렇게 주장했다. "흑인들이 전적으로 제멋대로 굴게 둘 경우 서구 문명은 사라지게 된다. 아니, 어느 문명이라도 사라지게 된다."(Southern Poverty Law Center 2012a 재인용) 그는 인종적 다양성이 사회에 부정적인 영향을 미치며 인종 통합은 실패했다고 주장했다. 테일러는 파이오니어 재단이 설파하는 주요 주제들, 즉 인종 간의 지능 차이는 유전이고, 인종적 동질성이 사회에 득이 되며, 흑인은 백인보다 범죄율이 높고, (그들이 보기에) 멕시코 사람들에게 재정복당하고 있는 미국 남서부의 상황을 반전시켜야 한다는 류의 이야기를 적극적으로 퍼뜨렸다(Anti-Defamation League 2012).

'새로운 세기 재단'과 여기서 펴내는 매체들 모두 미국이 '백인 유럽 계열 국가'라는 이상을 따르고 있다(Tucker 2002). 이곳의 간행물과 격년으로 열리는 컨퍼런스에서는 백인종의 우월성(이라고 그들이 주장하는 것)을 입증하고 비백인 소수자들이 미국 사회에 대해 제기하는 위협을 널리 알린다는 목적이 공공연히 선포된다. 이를테면, "처음부터도 이 저널의 목적은 '인종, 이주, 그리고 문화의 쇠락에 대해 학술적이고 속임수에 넘어가지 않은 저널이 되는 것'이라고 표방되었으며, 이들은 '국가가 단지 군중이 아니라 [진정으로] 국가가 되려면 동일한 문화, 언어, 역사, 열망을 가진 사람들로 구성되어야 한다'고 주장했다."(Anti-Defamation League 2011) 즉 이들에게는 시민권 자체가 인종에 의해 규정되어야 하는 것이었다. 그들은 "흑인과 제3세계 이민자는 진정으로 미국에 속한다고 말할 수 없으며 명백히 '진짜 미국인'이 될 수는 없다"고 보았다(Taylor 1992a; Tucker 2002, 182 재인용).

『아메리칸 르네상스』 구독자를 통해서도 이곳의 역사적 기반과 견해를 엿볼 수 있다. [구독자들의 설문조사에서] '백인의 이해관계를 증진시킨 미국인' 목록에는 재러드 테일러, 데이비드 듀크, 로버트 E. 리, 아서 젠슨, 윌리엄 쇼클리, 윌멋 로버트슨(히틀러를 백인종의 수호자라고 여겼다), 레빌로 P. 올리버(히틀러가 '준성인의 반열'로 인정되어야 한다고 주장했다), 윌리엄 피어스(나치 단체인 전국연맹National Alliance을 만들었다), 조지 월리스(앨라배마의 전 주지사), 매디슨 그랜트, 시어도어 빌보가 올라와 있다. 구독자 대상의 설문조사에서 아돌프 히틀러는 '백인의 이해관계를 증진시킨 외국인'에서 압도적 1위였다. 히틀러는 '백인의 이해관계를 훼손한 외국인'에서도 1위에 올랐는데, 아마도 그의 [극단적인] 정책이 인종주의와 반유대주의의 '대중 홍보' 면에서는 재앙이었기 때문일 것이다(Tucker 2002). '백인의 이해관계를 훼손한 미국인'에는 제럴드 포드와 로널드레이건을 제외하고 1932년 이후의 모든 미국 대통령이 포함되었고, 이 목록의 첫 네 명은 린든 존슨, 프랭클린 루즈벨트, 윌리엄 클린턴, 에이브러햄 링컨이었다(이 설문 조사는 오바마 당선 전에 진행되었다).

『아메리칸 르네상스』 지면에서 많이 논의된 논쟁 중 하나는 "갈색" 인종이 제기하는 위협에 맞서 백인이 "인종적 생존"을 보존하기 위해 두 가지 전략 중 무엇을 취할 것인가에 대한 논쟁이었다(Tucker 2002). 하나는, 먼저 인종 분리와 이민 제한을 추진하고 나서 효과가 없을 시 흑인 및 히스패닉 민족주의자들과의 협상을 통해 미국 안에 인종 국가들을 세우는 것이었고(McCulloch 1995; Schiller 1995; Taylor 1998), 다른 하나는 백인 남성의 "본능적인 ... 확장과 정복 성향"을 활용해 "미국의 재정복"을 달성하는 것이었다. 두 번째 전략을 주장한 새뮤얼 프랜시스는 이를 위해 비백인의 "가짜" 권리를 철폐해야 한다고 믿었다. 그는 비백인에게서 투표권, 공무담임권, 백인과 함께 학교에 다닐 권리, 배심원으로 활동할 권리, 타 인종과 결혼할 권리, 군대에 갈 권리, 백인이 사는 곳의 인근 주택을 구매할 권리, 그리고 "우월한" 백인과 공동의 장소에서 함께 식사를 하거나 버스를 타거나 일을 하거나 심지어는 백인과 함께 어울릴 권리까지 박탈해야 한다고 보았다. 나아가 그는 국경을 엄격하게 봉쇄하고 비백인의 출산을 통제해야 한다고 주장했다. 그는 첫 번째 전략을 비판했는데, 미국 내에서 비백인을 범주별로 분리하려면 동유럽과 남유럽인, 유대인, 심지어는 아일랜드인 등을 어떻게 정의내릴 것이냐와 관련해 문제가 생긴다고 지적했다(Francis 1995, 1999; Taylor 1999 참고).

프랜시스가 보기에 "모든 인간은 동등하게 태어났다"는 미국 독립선언문의 언명은 "이제까지 쓰인 것 중 가장 위험한 문장이라 해도 과언이 아니며 미국 역사에서 가장 큰 실수 중 하나"였다(Tucker 2002, 184 재인용). 요컨대, 『아메리칸 르네상스』의 지면에서 우리는 스페인 종교재판부터 시작해 식민지 시대, 노예제 시기, 우생학 운동, 나치즘, 그리고 민권 운동에 맞서는 싸움으로까지 이어지면서 끈질기게 살아남은 다원발생설과 인종주의적 사고를 만나게 된다.

1994년에 시작된 '아메리칸 르네상스 컨퍼런스'(American Renaissance 2014a)는 백인 우월주의자, 백인 민족주의자, 백인 분리주의자, 네오 나치, KKK 일원,

홀로코스트 부인론자, 우생주의자에게 '만남의 장소'가 되었다(Roddy 2005). 파이오니어 재단 사람들에게도 이 컨퍼런스는 그들의 유독한 인종적 혐오를 가장 우호적인 청중에게 말할 수 있는 장이었다. 일반 대중에게도 공개되었으며 대개 200-300명이 참석했다. 리처드 린, J. 필립 러시턴, 재러드 테일러, 그리고 파이오니어 재단의 수혜자들이 강연자로 자주 참여했다. 이러한 놀랍도록 인종차별적인 강연들 상당수를 유튜브에서 볼 수 있다.

『아메리칸 르네상스』의 많은 기고자와 아메리칸 르네상스 컨퍼런스에서 강연한 많은 연사가 내내 그 나물에 그 밥인 파이오니어 재단 사람들이다. 터커가 지적한 바를 빌려(Tucker 2002) 일부만 예를 들어보면, 아서 젠슨은 『아메리칸 르네상스』의 '대화' 란에 쓴 글에서 미국이 다인종 국가를 건설하려 하는 시도는 "실패할 운명"이라고 말했다. 또한 그는 흑인 중 적어도 4분의 1이 "정신 지체 상태"이며 "진정으로 교육이 가능하지는 않다"고 주장했다(Taylor 1992b). 『아메리칸 르네상스』의 책임 편집자 글라이드 휘트니는 정규 칼럼에서 서로 다른 인종이 동일한 종에 속하지 않는다고 주장했다. 또한 린은 『아메리칸 르네상스』에 쓴 글에서 환경은 IQ 점수에 영향을 주지 못하며 흑인과 백인의 IQ 차이는 전적으로 유전이라고 주장했다(Lynn 1994c). 러시턴은 아메리칸 르네상스의 한 컨퍼런스에서 인종 간 차이는 사람들이 친구와 적을 구분할 수 있도록 자연이 부여해 준 속성이라고 주장했다(Tucker 2002, 186). 마이클 레빈은 한 컨퍼런스에서 사회에서 성취를 평가하는 모든 중요한 기준으로 볼 때 백인이 압도적이라고 말했고, 『아메리칸 르네상스』에 쓴 글에서도 평균적인 흑인은 "평균적인 백인만큼 뛰어나지 못하다"고 언급했다(Levin 1995). 또한 레빈은 곧 백인이 이것을 깨닫고 다시 한번 주거, 고용, 학교에서 흑인을 차별적으로 대우하게 될 날이 오리라고 믿었다. 테일러는 레빈의 이 같은 예상에 동의하면서, 레빈의 비전이 "민권법 도입 전에 미국 남부에 있었던 것과 매우 비슷한 정책들"로 우리를 이끌게 될 것이라고 언급했다(Taylor 1997, 6). 2000년에 열린 컨퍼런스에서 테일러는 지난 세기에 유대인 때문에 백인이 너무나 많은 토대를 잃은 것 같다고 말해서 큰 박수를 받았다(Tucker 2002, 187).

2010년에도 아메리칸 르네상스 컨퍼런스가 언제나처럼 워싱턴 D. C.에서 열릴 예정이었다. 하지만 인종주의적 주장에 반대하는 수많은 단체의 시위 때문에 행사가 취소되었다. 2010년 10월 말에 아메리칸 르네상스는 이듬해 2월에 노스캐롤라이나 샬롯의 모처에서 컨퍼런스를 열기로 결정했다. 10년이 넘는 동안 아메리칸 르네상스 컨퍼런스가 워싱턴 D. C. 지역이 아닌 곳에서 열리는 것도, 격년으로 열리는 행사가 예정된 해를 넘겨 다음 해로 미뤄지는 것도 처음이었다(American Renaissance 2014a). 컨퍼런스 장소가 에어포트 셰라톤 호텔이라는 것과 컨퍼런스의 주제가 알려지자 호텔은 이들의 예약을 취소했다. 근처의 다른 호텔도 예약을 받아주지 않아서 결국 테일러는 행사를 취소해야 했다. 그 대신, 강연하기로 예정되어 있었던 연사들을 다른 호텔에 모이게 해서 강연을 영상으로 녹화했다(Morrill 2011).

테일러는 호텔의 행사 취소가 표현의 자유 권리를 침해한 것이라고 주장했다. 하지만 누구도 혐오 선동 집단이 모여서 인종적·계급적 증오를 선동하도록 허용해 주어야 할 의무는 없다. 잘 알려진 테러리스트 집단이 공개적인 장소에 모여 우리의 정부와 우리의 법을 뒤엎자고 선동하려는 것을 허용하지 않는 게 잘못인가? 공공시설인 호텔은 다양한 인종의 사람들이 사용하는 곳이며 '비백인' 노동자들도 일하는 곳이다. 호텔 측은 이들을 가혹하게 대해야 한다고 공공연히 주장하는 사람들의 모욕과 폭력으로부터 자신의 직원들을 보호할 권리가 있다. 나는 대부분의 공공장소와 시설 들이 나치의 집회를 허용하지 않기를 바란다. 그리고 파이오니어 재단과 아메리칸 르네상스의 역사는 이들의 이상과 목적이 수세기 동안 비참함을 야기했던 인종주의적 증오 선동 집단들과 별로 다르지 않다는 것을 보여준다. 이제는 현대 과학이 그들의 기본적인 전제를 모두 깨뜨렸고 우리는 그들의 혐오스럽고 위험하며 한물간 주장을 참아주어야 할 이유가 전혀 없다. 그리고 가장 극단적이고 비이성적인 종류의 인종주의자가 이러한 컨퍼런스에서 자극받고 고무되는 것을 방지해서 증오 범죄를 한 건이라도 막을 수 있다면, 우리는 더더욱 그렇게 해야 한다.

2011년 1월에 애리조나에서 열린 정치 집회에 참여했다가 개브리엘 기퍼즈 연방 의원이 총상을 입었다. 또한 6명이 사망하고 13명이 부상을 입었다. 기퍼즈는 온건 성향의 민주당 의원으로, 한두 달 전에 티파티[미국의 강경 보수주의 정치 운동]가 밀던 우파 후보를 아슬아슬하게 누르고 재선에 성공한 터였다. 기퍼즈는 유대인 여성 중 애리조나에서 그렇게 높은 자리에 올라간 최초의 인물이기도 했다. 이때 살해당한 사람 중 한 명인 존 롤 판사는 불법 이주민 사안과 관련해 기퍼즈의 동지였는데, 불법 이주민 사안은 애리조나에서 아주 뜨거운 이슈였다. 이 사건의 범인은 재러드 리 로프너라는 이름의 22세 투손[애리조나주의 도시] 토박이 청년이었고 [히틀러의] 『나의 투쟁』이 그가 가장 좋아하는 책이었다. 국토안보부의 기록에 따르면, 로프너가 아메리칸 르네상스와 "연결고리가 있을 가능성"이 있다. 로프너가 인터넷에 올린 글에서 아메리칸 르네상스를 몇 차례 언급한 것으로 보이고 자신의 블로그와 그 밖의 몇몇 사이트에 아메리칸 르네상스의 홈페이지 링크를 걸었다는 것이다. 연방 수사 당국은 로프너의 마이스페이스 페이지와 총격 몇 주 전에 유튜브에 그에게 연결된 계정으로 올라온 한 동영상 등을 조사한 것으로 보인다. 하지만 그의 마이스페이스 페이지는 범인이 특정되고 나서 몇 분 뒤에 당국에 의해 삭제되었다(NCISAAC 2011; Jonsson 2011).

재러드 테일러는 로프너와 아메리칸 르네상스 사이에 어떠한 관련성도 부인했고, 어떠한 관련성도 입증되지는 않았다. 하지만 어떤 단체가 저널을 발간하고 컨퍼런스를 열어서 네오 나치주의와 반유대주의와 타 인종 혐오를 설파하고 히틀러, 제시 헬름스, 데이비드 듀크 같은 증오 선동가들을 영예화했다면, 이러한 선동에 쉽게 넘어가는 (그리고 너그러운 총기 소유법을 좋아하는) 사람들 중에 그러한 인종 혐오를 행동으로 옮기는 사람이 생기리라는 것은 어렵지 않게 예상할 수 있다. 역사에서 숱하게 볼 수 있었듯이, 그것을 합리화하고 면죄부를 주고 독려하기까지 하는 상황에서는 인종 혐오, 인종차별, 그리고 이로 인해 동기부여된 테러리즘이 늘 나타난다.

2012년 2월에 스톰프론트 웹사이트에 아메리칸 르네상스의 다음 컨퍼런스 일정이 올라왔다(고故 데이비드 듀크의 동영상에 대한 광고와 함께). 스톰프론트는 최초의 비중 있는 혐오 선동 웹사이트로 알려져 있다. 컨퍼런스는 '서구를 방어하라'라는 주제로 2012년 3월에 테네시주 내슈빌 인근의 모처에서 열린다고 되어 있었다. 정확한 일시와 장소는 3월 16-18일, 주립공원 내에 있는 주 정부 소유의 '몽고메리 벨 파크 인'이었는데, 항의 시위를 피하기 위해 비밀리에 부쳐졌다. 아마도 행사는 잘 진행된 것으로 보인다. 아메리칸 르네상스 웹사이트는 컨퍼런스가 "주 당국의 완전한 협조하에 이뤄졌으며 시위자는 한 명도 보이지 않았다"고 언급했다(Wolff 2014). 하지만 컨퍼런스 참가자들에게 보이지 않았을 뿐, 공원 입구에서 시위가 있었다.

환영 연설은 언제나처럼 재러드 테일러가 했고, 리처드 린과 J. 필립 러시턴 등이 강연자로 예정되어 있었다. 하지만 러시턴은 참석하지 못했을 것으로 보인다(러시톤은 2012년 10월 초에 암으로 사망한다. [Terry 2012]). 150명 정도의 청중이 모인 가운데 첫 연사로 나선 사람은 일리노이대학 어바나샴페인 캠퍼스의 명예교수 로버트 와이스버그였다. 그는 "인종적 민족주의는 우리의 유전자에 새겨져 있는 직관적인 것"이라며 "어린아이라도 인종을 인식한다"고 말했다(Wolff 2014 재인용). 아메리칸 르네상스 회원인 헨리 울프는 그의 발표를 이렇게 요약했다.

> [와이스버그 교수는] '백인 민족주의에 대해 정치적으로 가능성 있는 대안'이라는 제목으로 발표했다. [비백인의 완전한 제거를 주장하는 대신] … 그는 '제1세계'의 탁월함과 근면성을 노동 기준으로 설정하면 백인을 끌어들이고 백인에게 보상할 수 있게 되므로 '80퍼센트짜리 해법'은 되리라고 말했다. 그는 미국에 백인성을 유지하고 있는 '백인 유토피아'가 여전히 많이 존재한다며, 대형 주택을 짓도록 요구하는 토지 용도 구획법과 문화적 분위기나 고전 음악, 세련된 태도 등으로 '바람직하지 않은 사람들'이 멀어지게 해 이곳들의 백인적 속성을 유지할 방법이 많이 존재한다고 설명했다. 백인성을 유지하기 위해 이러한 접근 방식을 취할 경우 백인들이 백인의 은신처에서 백인적 생활양식에 맞게 살아갈 수 있다는 장점이 있다. … 그의 '은신처' 해법이 그곳에 살 만한 돈이 없는 가난한 백인에게도 적절하냐는 질문에 대해 와이스버그 교수는 재정적으로 덜 성공적인 백인들도 자신의 노력과 자신이 가진 전사로서의 유전자를 끌어내 자신의 은신처를 보호할 수 있으리라는 기대를 이야기했다(Wolff 2014).

또 다른 연사인 도널드 템플러는 알리언트국제대학 심리학과의 은퇴 교수로, '지능의 지리적 분포'에 대해 강의했다. 그의 강의는 나치의 선동과 매우 비슷하게 들리는 오랜 우생학적 주장을 담고 있었다. 헨리 울프는 그의 발표를 이렇게 요약했다.

템플러 교수는 사회 정책이 미치는 열생학적 효과를 상세하게 이야기했다. 그는 미국에서 백인복지 수급자 여성 중 70퍼센트는 IQ가 90이 되지 않고 IQ가 110이 넘는 사람은 5퍼센트에 불과하다고 지적했다. 복지 수급자들이 보조금을 받아 자발적으로 단종을 할 수 있게 된다면 비용을 절감할 수 있고 사회에 부담을 크게 줄여줄 수 있을 것이다.

또한 템플러 교수는 수감자들이 평균 이하의 지능을 가지고 있으며, 부부 관계를 위해 수감자의 면회를 허용하는 것이 그들의 재생산을 가능하게 하므로 열생학적 효과를 낳고 … 그 결과 유전적으로 불리한 아이들을 사회가 지원해야 하게 된다고 지적했다.

[템플턴 교수는] 아랍 국가들은 평균 IQ가 84이며, 따라서 이 국가들이 민주 정권을 수립할 수 있으리라 기대하는 것은 어리석은 일이라고 언급했다. … 또한 그는 고대 중동의 화려한 문화가 오늘날의 아랍 사회보다 더 높은 평균 지능을 요구했을 수 있다며, 아프리카 노예와의 인종 혼합이 이들의 쇠락을 발생시켰을 것이고 이슬람권이 단순 암기를 강조해 창조적 사고를 하는 사람보다 단순 암기를 잘 하는 사람이 유리해지게 된 것도 영향을 미쳤을 것이라고 설명했다. 템플러 교수는 오늘날 횡행하는 평등주의 판타지의 물신화에 빠지지 말고 현실을 제대로 인식해야 한다고 촉구했다(Wolff 2014).

또한 아메리칸 르네상스 홈페이지는 린의 발표도 찬란하게 묘사하고 있는데, 린이 골턴, 고비노, 매디슨 그랜트의 이데올로기를 강하게 고수하고 있음을 보여준다.

리처드 린은 우생학, 열생학, 인종 간 지능 차이 등에 대해 이제는 표준이 된 많은 저술의 저자다. 그는 전 지구적으로 지능이 쇠락하고 있는 문제에 대해 강의했다. 그는 1883년에 프랜시스 골턴이 '우생학'이라는 용어를 만든 이후로 우생학 분야가 거쳐온 역사를 일별하면서, 이제까지 서구가 열생학적 출산을 여섯 세대 동안 거쳐왔으며 한 세대가 지날 때마다 일반적으로 유전적인 IQ가 1점씩 하락했다고 지적했다. … 린 교수는 사하라 이남 아프리카에서는 6-8명의 아이를 낳는 반면

IQ가 높은 유럽인과 동아시아인의 출산율은 인구 대체 가능 출산율을 밑돌기 때문에 전 지구적 차원에서도 열생학적 효과가 발생하고 있다고 경고했다. … 명백한 해법은 우생학이다. … 린 교수는 "서구의 우리들이 너무 '사람 좋은' 태도를 보여왔다"고 지적했다. 그는 서구에 열생학적 재생산이나 열생학적 이민을 멈추려는 의지가 없어서 "문명의 횃불이 유럽인에게서 중국인에게로 넘어갈 것"이라고 예측했다.

아메리칸 르네상스 홈페이지는 계속해서 이날의 행사를 다음과 같이 전하고 있다.

아메리칸 르네상스 컨퍼런스가 처음 열린 1994년 이래 늘 그랬듯이 샘 G. 딕슨 변호사가 마무리를 장식했다. 그는 '벌거벗은 임금님' 이야기를 다시금 새롭게 상기시키면서, 어린아이라도 다문화주의와 인종 간 혼합을 강제하는 조치의 어리석음을 볼 수 있을 것이라고 말했다. … 딕슨 씨는 인구로서도 또 문화로서도 우리의 생존을 보장해 줄 유일한 것이 무엇인지에 대한 설명으로 강의를 마쳤다. 그것은 바로 단일민족국가ethnostate다. … 그는 여기에서는 "국민의 건강이 가장 상위 법이 될 것"이라며, 오늘날 백인이 문제라면 우리의 나라에서는 백인이 해법이 될 것이라고 말했다. 진정한 관용은 단일민족국가에서만 존재할 수 있다. 사람들이 서로 동류일 때만 자연스러운 다양성이 위협을 제기하지 않고 진정으로 찬양받을 수 있기 때문이다.

컨퍼런스를 묘사한 홈페이지 글은 다음과 같이 끝맺고 있다. "이렇게 기운을 북돋워주는 축복의 기조에서 격려와 용기를 받아서, 그리고 계속해서 싸울 준비가 되어서, 우리는 자리를 떴다."

15세기 다원발생설은 과학에 아무런 도움이 되지 않으면서 계속해서 살아 있다. 인종적 편견, 혐오, 불관용은 건재하다. 아메리칸 르네상스 웹사이트에 자랑스럽게 묘사된 컨퍼런스 발표 내용들을 읽다 보면 19세기의 노예제 옹호자, 20세기 초의 우생주의자와 나치 동조자의 말과 너무나 비슷해서 섬뜩해진다. 놀라운 타임 워프다. 합리적인 사고를 하는 사람들 대부분에게 이 내용은 믿기 어렵고 충격적일 것이다. 컨퍼런스 묘사를 읽다 보면 농담이나 풍자겠거니 싶을 것이다. 하지만 이것은 농담이 아니라 진짜다. 이것은 웃기기는 하지만 전혀 재미있지 않다.

미국이민통제재단과 미국이민개혁연맹

앞에서 살펴보았듯이, 1912년의 제1차 국제우생학회의에서 파생되어 나온 우생학 운동의 주요 목적 중 하나는 다른 인종과 민족의 이주를 제한하는 것이었다. 1922년에 매디슨 그랜트, 찰스 대븐포트, 헨리 페어필드 오스본은 "무차별적인 이민, 범죄적인 퇴락, … 인종적 자살에서" 미국을 보호하기 위한 자문위원회를 꾸렸다(Spiro 2009, 181). 매디슨 그랜트는 20세기 초입에 뉴욕에 이민자가 증가하는 것을 보면서 두려움을 느꼈고, 이 두려움과 혐오가 1916년에 『위대한 인종의 소멸』을 쓰게 만든 주요 촉매였다.

나중에 매디슨 그랜트는 이민제한연맹의 부회장이 되었다. 역시 미국 우생학의 '빅 포' 중 한 명인 해리 로플린은 이민 제한 법안의 주요 작성자였고 이 법안을 우생학적 용어로 작성했다. 대븐포트는 〔입법화 운동에 활용할 수 있도록〕 이민에 대한 우생학자들의 연구를 그랜트에게 계속 보내주었다. 미국에서 우생학 운동은 1924년 이민 제한법의 통과에 결정적인 영향을 미쳤다. 이민 제한법을 밀어붙인 다원발생론적 우생학자들은 당대의 경제적·사회적 상황에 자극을 받았고, 인종적인 두려움과 증오, 편견에 기초해 움직였다. 또한 궁극적으로 그들은 20세기 초에 유럽에서 벌어진 수백만 명의 죽음에 직접적으로 영향을 미쳤다.

파이오니어 재단과 우생학적 사고로 뭉친 새로운 편견의 군단은 다시 한번 이민법 개혁에 나섰다. 지난 30년간 미국이민통제재단AICF과 미국이민개혁연맹FAIR이 파이오니어 재단의 지원을 두드러지게 많이 받았다. AICF에 지원된 금액이 FAIR에 지원된 금액보다 적었지만, 파이오니어 재단 지원금은 FAIR보다 AICF에 더 중요했다. FAIR는 수백만장자인 코델리아 스카이프 메이에게서도 자금을 받고 있었기 때문이다. 메이는 우익이 미는 목표들에 굵직한 후원자였고 FAIR의 설립자 존 탠턴과 친한 사이였다(Tucker 2002). FAIR가장막 뒤에서 AICF를 지원하기도 했다(Crawford 1993).

2000년에 메일링 리스트로 발송된 글에서 AICF는 높은 세금, 낭비되는 복지 자금, 사라진 일자리, 높은 교육비, 증가하는 범죄 등의 원인으로 이민자를 꼽았다. 나아가 이민자들이 무료로 의료 혜택을 받음으로써 의료비를 높이고 미국에 질병을 불러오고 있다고 주장했다(Brugge 2010). 이러한 반이민 캠페인이 성공한 데는 경제, 환경, 문화의 어떤 문제에 대해서도 분노를 이민자에게 효과적으로 돌릴 수 있었던 것이 주효했다. 또한 새로운 우생주의자들은 이렇게 대중적으로 파급력 있는 이슈를 가지고 우파 정치인들을 끌어들일 수 있다. 이러한 매체들은 미국이 인종/민족에 기반해 시민권을 부여해야 한다고 주장했고, 자민족 중심주의와 타 민족 혐오는 자연선택을 통해 형성된 인간의 본성이라고 주장했다. 이들에 따르면, 비백인(그들은 종종 '갈색 인종'이라고 뭉뚱그려 표현했다)은 자연적으로 인종 갈등을 일으키며 혼합적인 인구 구성이야말로 미국의 쇠락을 가져온 주 원인이었다(Elmer and Elmer 1988).

AICF가 출판한 한 단행본에서 AICF 회장이자 이곳이 발간하는 저널 『이민자 감시』의 편집장인 존 빈슨은 인종 분리가 신의 계획의 일부이며, 다문화주의는 성경의 원칙을 위배하는 것이라고 강변했다(Vinson 1997). 빈슨은 미국이 도덕적, 영적, 경제적 위험에 처했으며, 이는 특정한 이민자 집단의 후손과 특정한 인종 집단이 엔터테인먼트, 미디어, 교육, 비즈니스, 정치 영역에서 영향력 있는 위치를 차지했기 때문이라고 주장했다. AICF는 자신의 견해가 우생학적 개념에 기반한 것임을 숨기지 않았다(Tucker 2002). 지난 몇 년 간 AICF는 이민자들이 범죄, 질병, 복지 부담 증가, 경쟁 심화 등의 원인이라고 주장하는 여러 책과 소책자를 출간했다.

하지만 오늘날 반이민 단체들의 편견과 증오가 주로 향하는 대상은 히스패닉과 아시아인이다. 1900년에는 미국으로 들어오는 이민자의 85퍼센트가 유럽인이었고, 라틴아메리카와 아시아 출신은 합해서 2.5퍼센트밖에 되지 않았다. 하지만 1990년에는 이민자의 3분의 2가 라티노와 아시아인이었다(Lapham, Montgomery, and Niner 1993; Brugge 2010). 이들은 주로 3-5개 주에 정착했고, 그에 따라 유색인종이 인구 중 다수를 차지하는 곳들이 생기면서 인종 갈등이 심화되었다. 21세기 중반이면 미국에서 히스패닉 인구가 9600만 명에 달할 것으로 예상되며, 미국 인구국은 2050년까지 유색인종이 미국 인구의 절반이 될 것으로 내다본다(Population Projection Program 2000). 인종주의자들과 우익 정치인들에게 이것은 물론 매우 두려운 전망이며, 이것이 공화당에서 우파 쪽 정치인들이 몇몇 지극히 억압적인 정책을 밀어붙이게 된 주 요인일 것이다. 현 FAIR 회장 댄 스타인은 1996년에 FAIR가 제작한 TV 프로그램에 나와서 "인구의 50퍼센트가 라틴아메리카인이면 우리가 어떻게 미국을 지킬 수 있겠는가"라고 물었다. FAIR는 2007년에 '남부 빈곤법 센터Southern Poverty Law Center'가 지목한 미국의 증오 선동 집단 목록에 포함되었다.

미국에서 부의 대부분은 매우 소수의 개인이 소유하고 있다. 2010년에 상위 1퍼센트 가구가 전체 부의 35.4퍼센트를, 그 다음 19퍼센트 가구가 53.5퍼센트를 소유하고 있었다. 상위 20퍼센트 가구가 부의 89퍼센트를 소유하고 있고 나머지 80퍼센트가 소유한 부는 11퍼센트에 불과한 것이다. 이 80퍼센트가 일반적으로 노동을 하고 임금을 받는 사람들이다. 금융자산(총 순자산에서 주택 가치를 뺀 것)은 상위 1퍼센트 가구의 비중이 심지어 더 커서 42.1퍼센트나 된다(Wolff 2010, 2012; Domhoff 2013). 21세기의 첫 10년 사이 주택 버블이 터지면서 부의 분배가 한층 더 치우치게 되었지만, 그전인 1999년에도 상위 1퍼센트의 가구가 소유한 부의 총합이 하위 95퍼센트가 소유한 부의 총합보다 많았다(Collins, LeondarWright, and Sklar 1999). 그리고 이 격차는 계속 벌어지고 있다. 1990년과 2005년 사이에 CEO의 임금은 300퍼센트가 올랐지만 생산직 노동자의 임금은 4.3퍼센트만 올랐다(인플레이션을 반영해 조정한 수치다). 여기에 문제를 한층 더 복잡하게 만드는 요소가 있는데, 2010년에 평균적인 백인 가구가 소유한 총자산은 평균적인 흑인 가구보다 20배 많았고, 평균적인 라티노 가구보다는 70배나 많았다. 게다가 흑인과 히스패닉의 부는 거의 100퍼센트가 그들이 살고 있는 주거지의 형태로 소유한 자산이었다(Domhoff 2013).

공중보건학자 더그 브루게는 이렇게 강조했다.

밀려난 노동자들, 그 밖에 생계를 걱정해야 하는 사람들은 반이민 정서를 뿌리기에 매우 좋은 토양이다. 분노와 좌절은 자신이 겪고 있는 문제에 대해 탓을 돌릴 대상을 찾게 만들기 때문이다. 우파는 이러한 분노를 동원하고 조직해서, 비판의 타깃을 기업으로부터 정부로 돌렸다. 높은 세금, 그리고 사회적 퇴락, 노숙, 범죄, 폭력 같은 문제를 해결하지 못하고 있는 국가를 맹렬히 비난하면서 말이다. 또한 "실패한 진보 정책"에 대한 공격과 함께, 이민자가 편리하고 가시적인 타깃이 되었다. 종종 그러한 메시지는 인종적 편견의 암호화된 표현이나 마찬가지다. … 우익 포퓰리스트들이 들고 나오는 이슈는 특히 체제에 환멸을 느끼고 있는 노동 대중을 끌어들이는 데 매우 효과적이었다(Brugge 2010).

1990년대 중반에 '이민 반대'는 공화당의 주된 의제가 되었다. 이민자, 특히 멕시코계 이민자들은 공화당의 선거 전략에서 적으로 설정되었다(Brugge 2010). 캘리포니아의 주민발의 187호는 1994년의 주지사 선거와 밀접하게 관련이 있었다. 주민발의 187호는 주 차원의 시민권[체류 자격] 확인 시스템을 만들어서 불법적으로 체류하는 외국인이 의료 서비스, 공립학교, 그 밖의 사회적 서비스에 접근하지 못하게 하자는 내용을 담고 있었다. 주민 투표에서 187호는 상당한 표차로 통과되었다. 이 발의안에 따르면, 이주민이 미국에서 공교육이나 의료 서비스 등 공적으로 자금이 들어가는 기관의 서비스를 받으려 할 경우 교사, 의사, 사회복지사, 경찰이 의무적으로 체류 자격을 확인해야 하고, 미등록 상태인 것으로 판명되면 서비스 제공을 거부해야 한다. 다행히도 이 법의 많은 조항이 이후에 여러 소송으로 도전을 받아서 법원의 판결에 의해 없어졌고(Southern Poverty Law Center 2012b) 최종적으로 캘리포니아 소재 연방 법원에 의해 위헌 판정을 받았다(McDonnell 1997).

FAIR는 주민발의 187호를 지지했고, 이 발의안을 작성한 앨런 넬슨과도 관련이 있었다. 넬슨은 레이건 시절 미국 이민귀화국Immigration and Naturalization Service에서 일했고, 주민발의 187호를 작성하기 전에 FAIR를 위해 캘리포니아의 반이민 법안 초안을 작성한 바 있었다. 사실 주민발의 187호를 위한 추동력은 그보다 앞서 주민발의 63호를 밀어붙이기 위한 활동을 통해 이미 형성되어 있었다. 주민발의 63호는 캘리포니아에서 영어를 공용어로 지정하자는 내용을 담고 있었고, 이 발의안을 통과시키기 위해 FAIR가 이끄는 단체인 'U.S.영어U.S. English'가 막대한 자금을 들여 운동에 나섰다. 주민발의 187호가 주민 투표를 통과하고 나서 캘리포니아에서는 히스패닉에 대한 차별이 한층 더 거리낌없이 횡행하게 되었다.

전국적으로는, 1996년 선거 이후 공화당이 장악한 의회가 경제 불황과 반이민자 감수성이 높아지는 것을 포착해 정치 의제화에 나섰다. 뉴트 깅그리치가 주도한 '미국과의 계약Contract with America' 운동(보수 의원들이 정부의 크기를 줄이고, 세금을 낮추고, 기업 활동을 촉진하고, 불법 행위 관련법과 복지 관련법을 고치는 등 보수 의제들을 입법화하겠다고 맹세했다. 나는 '미국인들에 대한 살인 청부 contract on Americans'가 더 적절한 명칭이 아닌가 싶다)의 기치하에, 의회는 이민자 이슈를 가지고 와서 이민자의 권리를 심각하게 제약하는 법을 다섯 달 사이에 세 건이나 통과시켰다(Brugge 2010). 첫째로 1996년 4월에 통과된 '반테러리즘 및 효과적인 사형법Anti-Terrorism and Effective Death Penalty Act'은 특정 국가 출신의 추방 예정자가 무기한 구금되고, 일부 비호 추구자가 장기간 구금되고, 합법적인 이주자가 비폭력적인 위반 행위(때로는 수년 전에 저지른 일에 대해서도)를 이유로 추방되고, 이민자 수감 사례가 급격하게 증가하는 결과를 가져왔다. 둘째로 1996년 8월의 '복지 개혁법Welfare Reform Act'은 여러 연방 복지 프로그램 수급자의 자격 조건에 시민권자 여부를 포함시켰고, 주 정부가 시민권자가 아닌 이주자에게는 일시부양가족지원Temporary Assistance to Needy Families과 메디케이드Medicaid〔미국의 저소득층 대상 의료 보장 프로그램〕를 차별적으로 적용할 수 있게 했으며, 생활보조금과 푸드스탬프 수급 자격 조건을 크게 축소했다. 세 번째로 1996년 9월의 '불법 이민 개혁 및 이민 책임성 강화법Illegal Immigration Reform and Immigrant Responsibility Act'은 '불법' 이민을 줄인다는 취지로 도입되었는데, 국경 순찰을 강화하고, 이민자가 저지른 범죄에 대해 처벌 수준을 높였으며, 합법적으로 들어오는 이민자에 대해서는 신원 보증인의 소득 기준을 높이고 신원 보증인이 법적으로 구속력 있는 진술서를 쓰도록 했다. 2012년 대선의 공화당 경선에서도 이민은 핵심 이슈였다. 과거에 스페인어가 게토의 언어라고 비하한 적이 있는 깅그리치는 2014년 1월 1일까지 국경을 통제하겠다는 공약을 내걸었다. 그나마 이민에 대한 그의 입장은 경선에 승리해 공화당 대통령 후보가 되는 미트 롬니보다는 진보적인 편이었다(CNN 2012).

2001년 9월 11일에 펜타곤과 세계무역센터가 테러 공격을 당하고 나서 통과된 '미국 애국법USA PATRIOT Act'은 법무장관이 비非시민에 대해 사법적 심사를 거의 받지 않고서도 구금 및 추방할 수 있는 권한을 갖게 했다. 조지 W. 부시 대통령은 미국 거주 자격이 있는 사람도 포함해서 비시민을 비공개 군사 법정이 재판할 수 있게 하는 대통령령에 서명했다. 이것은 헌법에 위배되는 것이지만, 2001년 12월에 상원 사법위원회에서 법무장관 애슈크로프트는 그가 보기에 이러한 조치를 비판하는 사람은 테러리스트를 돕는 것이며 미국의 적에게 무기를 쥐어주는 것이나 마찬가지라고 말했다.

극단적으로 억압적인 이민법과는 약간 거리를 두면서, 2007년에 부시 대통령은 이민 개혁에 관한 초당적 법안인 '종합 이민 개혁법Comprehensive Immigration Reform Act'을 지지했다. 여기에는 미등록 이주자들이 사면을 받을 수 있는 절차도 규정되어 있었다. 하지만 AICF와 FAIR를 포함해 지난 20년간 기반을 다져온 반이민 단체들은 의회에 이메일, 전화, 팩스를 퍼부어 가며 이 법안에 반대했다. 이 운동이 오죽 맹렬했던지, 의회 전화가 먹통이 되기까지 했다. 결국 의회는 이 법안을 투표에 부치지 못했다. 이러한 활동을 벌인 단체 중 많은 곳이 미시건의 은퇴한 안과의사 존 탠턴이 세웠거나 자금을 지원한 곳이었다.

존 탠턴, FAIR 설립자

지난 30년 동안 FAIR의 창립자 존 탠턴은 현대 토착주의 운동의 주된 설계자였다(Beirich 2008). 그는 백인 민족주의 운동의 핵심 인물이다[저자가 책을 집필할 당시에는 탠턴이 생존해 있었지만 현재는 사망했다]. 1979년에 설립된 FAIR는 오늘날 가장 비중 있는 반이민주의 운동 조직이며, 전적으로는 아니지만 주로 히스패닉과 가톨릭 이주민에 반대한다. FAIR는 편견, 인종주의, 우생학적 태도로 잘 알려져 있다. 이곳에서 일하는 많은 사람들이 백인 우월주의자 집단의 회원이고, 이곳은 파이오니어 재단으로부터 도합 100만 달러 이상을 지원받았다. 이렇게 인종주의적 배경이 널리 알려져 있는데도, FAIR는 별다른 제약 없이 대중매체에서 멀쩡히 프로파간다를 퍼뜨리고 있으며 의회에도 비교적 자주 출석해 목소리를 낸다. 2008년에는 주류 언론에 거의 500번이나 언급되었고 수차례나 CNN 등 뉴스 프로그램에 이곳 사람들이 나왔다. FAIR의 웹사이트에 따르면 이들은 의회에서 이민자 관련 법안에 대해 "미국의 어느 단체보다 많이" 증언에 나섰다(Southern Poverty Law Center 2009a). 2000년 이래 FAIR 는 십수 번이나 의회에서 증언했고, 현재 이곳 웹사이트에 올라온 지지 의원 목록에는 여러 공화당 의원들의 이름이 올라와 있다.

미국진보센터Center for American Progress의 이민자 이슈 관련 선임 연구원 헨리 페르난데스는 이렇게 언급했다. "슬픈 사실은, 우리의 이민 시스템을 개혁하려는 시도가 증오로 동기부여된 단체들에 의해 방해받고 있다는 것이다. 반이민 운동을 이끄는 많은 이들이 주류 논쟁의 장에 들어올 자격조차 없다고 여겨져야 마땅할 배경을 가지고 있다. 하지만 미국의 언론은 그들의 말을 인용하면서 그들이 얼마나 심각하고 이상한 인종주의적 믿음을 가지고 있는지에 대해서는 언급하지 않는다."(Southern Poverty Law Center 2009a 재인용) 탠턴은 자신이 인종주의자가 아니라고 주장했지만, 미시건대학 벤틀리역사도서관에 소장된 탠턴의 논문과 서신만 봐도 알 수 있듯이 그가 인종주의자임을 암시하는 자료는 수없이 많다(Beirich 2008).

탠턴은 FAIR를 포함해 수십 년간 여러 반反라티노 단체와 백인 우월주의 단체를 움직여 온 핵심 인물이었다. 이러한 곳으로는 U.S.주식회사U.S. Inc., '사회적 계약 출판사', FAIR의 '연구 및 출판 위원회Research and Publications Committee' 등이 있다. FAIR의 2004년 연차보고서는 탠턴에 대해 "특유의 이상주의가 조금도 수그러들지 않았다"고 언급하고 있다(Southern Poverty Law Center 2012b). 탠턴의 이상과 비전은 정확히 무엇이었을까?

1986년의 한 내부 문건에서 탠턴은 다가오는 "라틴의 공격"에 주의해야 한다고 촉구했다. 그들의 높은 출산율을 볼 때 히스패닉들이 "단순히 출산을 더 많이 함으로써" 정치 권력을 장악하게 될지 모른다는 것이었다. 또한 그는 히스패닉의 도덕성과 교육 가능성에 대해 의문을 제기했다. 1988년에 그 메모가 유출되기 전까지는 탠턴이 자신의 인종주의를 잘 감추고 있었다. 메모 유출 이후 아널드 슈워제네거와 월터 크론카이트가 탠턴이 이끌던 단체 U.S.영어에서 사임했는데, 그전까지는 탠턴이 인종주의자인지 몰랐던 것으로 보인다. U.S.영어 소장이던 린다 차베즈(전에 레이건 행정부의 관료였고 골수 보수주의자이며 차별 철폐 조치의 강력한 반대자였다)도 그곳을 사임하면서, 탠턴의 발언이 "혐오스럽고 용서할 수 없으며 반가톨릭적이고 반히스패닉적"이라고 비판했다(Southern Poverty Law Center 2012b).

1995년에 탠턴의 '사회적 계약 출판사'는 프랑스의 장 라스페이유가 쓴 지극히 인종주의적인 디스토피아 소설 『성인의 캠프』[원서 출간은 1973년]를 재출간했고 AICF가 이것을 배포했다. 라스페이유는 인도의 낡은 배들에서 도착한 "거무스름한 무리들이" 프랑스를 장악한 상황을 묘사했는데, 윌리엄 H. 터커는 다음과 같이 표현했다.

> 마치 저자[라스페이유]가 사전을 샅샅이 조사해서 "역겨운"이라는 단어의 유의어를 모조리 찾아내기라도 한 듯, 거의 모든 페이지에 이러한 배들이 싣고 온 사람들이 얼마나 해로운지를 부각시키는 표현이 빠지지 않고 들어가 있었다. "똥을 먹는 사람"들에게 이끌려 온 이들은 "해괴하게 잘못 형성된 신체"와 "진저리나도록 휘어진 팔다리"를 가지고 있는 "해충"이고 "어떤 괴저에 걸린 듯 썩은 것들"에 오염이 되었고 "고름, 딱지, 궤양"이 가득한 존재였다. 그들은 "무지한 갠지스의 괴물, 비참함의 현신, 절대적으로 무가치한 자들"의 무리이며, "땀을 뻘뻘 흘리고 굶주렸으며 오줌과 유독가스에 절어서" "똥과 쓰레기 더미에서 잠을 자며" 대양을 "고름을 일으키는 거대한 염증"으로 바꾸어놓고, "끔찍한 악취"를 일으키는 사람들이었다. … [새로 도착한 이 사람들을 먼저 온 같은 인종 사람들이 기다리고 있었는데] 이들은 "희한한 머리와 거무스름한 피부를 하고, 오래도록 경멸을 받아온 유령들이다. 이들은 백인의 안락함을 위해 바글바글 일하는 개미들이고 구정물과 쓰레기를 치우는 사람들이고 움집 같은 곳에 살면서 냄새나고 천한 일을 하는 사람들이고 엉덩이를 씰룩대고 걷는 비천한 사람들이다. … 폐에서 끓는 가래를 내뱉고, 수는 무수히 많으나 이름 없고 고통받는, 그러나 없어서는 안될 이 사람들이" … 서구인이 직접 하기에는 너무 불쾌한 일들을 하고 있었다."(Tucker 2002, 191-192)

하지만 라스페이유의 책에서 진짜 악당은 새로 도착한 이민자도, 먼저 와 있던 그들과 같은 인종 사람들도 아니었다. 진짜 악당은 백인 진보주의자들이었다. "우애니 박애니 하는 개념에 흠뻑 빠져서" "모두가 섞여야 한다"고 설파하면서 "우리에게서 병원의 침상을 모조리 없앴고, 우리 백인의 깨끗한 거리를 콜레라와 나병 환자들이 장악하게 만들었으며, … 우리의 가장 밝고 활기찬 어린이집들에 괴물 같은 아이들이 가득하게 만들었다"는 것이다.

탠턴은 이 소설을 다시 출간하게 되어서 "영광"이라며 책에 담긴 선견지 명에 찬사를 보냈다. 그는 "우리가 인간의 조건에 대한 장 라스페이유의 통찰에 크게 빚졌으며 그는 시대를 20년이나 앞서갔다"고 언급했다. 또한 탠턴은 "역사는 그를 그의 동시대인보다 우호적으로 평가할 것"이라고 말했다(Southern Poverty Law Center 2009a 재인용). 하지만 린다 차베즈는 이 책이 "의심의 여지 없이 내가 본 중 가장 맹렬하게 인종주의적인 책"이라고 평가했다(Tucker 2002, 193 재인용). 재출간본의 저자 후기에서 라스페이유는 "타 인종이 번성해 우리 인종, 나의 인종을 멸종으로 몰아가는 것에 대해 두려움을 느꼈다"고 언급했다 (American Renaissance 1995 재인용). 라스페이유의 두려움에 동조하면서 탠턴은 백인이 인종적 의식을 가지게 되면 "만인의 만인에 대한 투쟁"이 생기될 것이라고 언급했다(Southern Poverty Law Center 2009a 재인용).

벤틀리역사도서관에 소장된 서신들은 탠턴이 1924년 이민 제한법의 주요 설계자이자 친나치 프로파간다 설파자였던 존 B. 트레버 시니어를 우상처럼 숭배했음을 보여준다. 트레버 시니어는 "미국을 장악하고 있는 악마적인 유대인들"을 소리 높여 비난한 바 있었다(Beirich 2008; 8장 참고). 이민 제한법을 지지한 탠턴은 트레버 시니어와 아들 트레버 주니어를 위해 벤틀리역사도서관이 그들의 논문을 소장하도록 주선했다. 트레버 주니어는 오랫동안 파이오니어 재단 이사회에 있었고 2006년에 사망할 때까지 탠턴과 가까운 사이였다. 2001년에 도널드 콜린스(아래 내용 참고)에게 보낸 편지에서 탠턴은 트레버의 저술이 FAIR에 도움이 될 것이고 "우리가 다시 한번 해내야 할 일에 이정표가될 것"이라고 말했다(Southern Policy Law Center 2012b 재인용). FAIR가 추구한 주요 목표 중 하나는 존슨 대통령이 1965년에 서명한 이민 귀화법을 뒤집는 것이었던 듯하다. 그 법으로 1924년부터 존재했던 인종주의적인 국가별 쿼터제가 폐지된 바 있었다(1924년의 쿼터제는 사실상 북부 유럽인들만으로 이민을 제한했다). FAIR 회장 댄 스타인은 여타의 백인 민족주의자들과 마찬가지로 1965년의 법이 서구 문명과 앵글로-색슨이 갖는 지배력에 재앙이 되었으며 "국가 정책의 핵심적인 실수"였다고 주장했다(Southern Poverty Law Center 2012b 재인용).

탠턴의 서신을 통해 우생학에 대한 그의 관심도 읽을 수 있다. 예를 들어,

1969년에 그는 강제 단종을 허용하는 법이 아직 미시건에 있는지 질문했다. 30년 뒤에는 "덜 지적인" 사람들이 아이를 낳게 허용되는 상황에 우려를 표하면서, 현대 의학과 사회 프로그램들이 인간 유전자 풀을 없애고 있다고 경고했다(Beirich 2008 재인용). 1993년에는 우생주의자이던 개릿 하딘에게 보낸 서신에서 "유럽-아메리카 사회가 유지되려면 유럽-아메리카인이 다수가 되어야 하고, 그것도 두드러진 다수가 되어야 한다고 생각하게 되었다"고 언급했다 (Beirich 2008). 1996년에 반이민자 단체인 넘버USA의 회장 로이 벡에게 쓴 서신에서는 현재 저학년 학생의 85퍼센트를 차지하고 있는 소수자들이 선진국의 발달된 사회를 이끌 수 있을지 의문을 표했다.

탠턴의 서신을 보면 그가 재러드 테일러와 막역한 사이였음도 알 수 있다. 테일러가 『아메리칸 르네상스』 발간을 시작하고 얼마 뒤에 탠턴은 테일러가 『좋은 의도였지만: 인종과 관련한 현대 미국의 실패』(1992a)라는 저서에서 차별 철폐 조치에 반대한 것을 긍정적으로 언급했다. 1993년에 탠턴은 테일러와 『아메리칸 르네상스』의 동료 세 명(웨인 러턴[아래 내용 참고]과 새뮤얼 프랜시스도 포함해서)에게 보낸 편지에서 스탠리 피시를 작심하고 비판해야 한다고 제안했다. 피시는 잘 알려진 문학 비평가이자 학자로, 얼마 전에 『애틀랜틱』에 기고한 글(Fish 1993)에서 차별 철폐 조치를 지지한 바 있었다. 탠턴은 오랫동안 테일러와 『아메리칸 르네상스』를 지원했다. 1991년에는 파이오니어 재단 회장 해리 웨이어에게 『아메리칸 르네상스』의 노력을 칭송하는 서신을 보냈다. 1998년에는 FAIR 직원들에게 『아메리칸 르네상스』를 구독해서 "**우리와 같은 편** 사람들"의 저술을 계속 따라갈 수 있게 하라고 독려했다(강조 표시는 탠턴이 한 것이다). 탠턴은 새뮤얼 프랜시스와도 그가 2005년에 사망할 때까지 오랫동안 서신을 주고받았고, KKK를 대리하는 조지아의 변호사 새뮤얼 딕슨의 집에 묵었던 손님이었으며 딕슨과도 오래 서신을 교환했다. 딕슨은 홀로코스트 부인론자 단체들이 펴내는 매체들에서 기고자로 또 편집 이사로도 활동했다. 이 장의 앞부분에서 언급했듯이, 딕슨은 (2012년 컨퍼런스도 포함해) 1994년 이래로 아메리칸 르네상스 컨퍼런스의 폐회사를 맡아왔다. 탠턴의 서신에서는 그의 반유대주의와 루터파 등 일부 개신교와 가톨릭에 대한 불편한 감정도 읽을 수 있다. 이들 종교가 국경을 초월하는 보편주의를 내세우고 있기 때문이다(Beirich 2008).

탠턴과 함께 일한 직원들과 동료들도 비슷하게 인종주의적인 견해를 가진 사람들이었다. 웨인 러턴은 미시건 페토스키에 있는 탠턴의 사무실에서, 그리고 탠턴의 출판사가 펴내던 저널 『사회적 계약』에서 탠턴의 부하직원으로 오랫동안 함께 일했다. 백인 우월주의자인 러턴은 여러 백인 민족주의자 집단에서 비중 있는 직책을 가지고 있었고 『아메리칸 르네상스』도 포함해 그러한 단체들의 출판 분야에 깊이 관여했다. 러턴이 편집장이었을 때 『사회적 계약』은 많은 백인 우월주의자의 글을 게재했다. '유로포비아Europhobia'를 다룬 한 특별 호의 권두 기사는 AICF의 회장 존 빈슨이 썼는데, 빈슨은 다문화주의가 "유로-아메리카 문화"를 "역기능적인 제3세계 문화들"로 대체하고 있다고 주장했다(Southern Poverty Law Center 2009b 재인용). 역시 이 특별 호에 실린 글에서 탠턴은 백인들이 가지고 있는 근거 없는 증오와 두려움에 대해 다문화주의자와 이민자를 탓했다(Southern Poverty Law Center 2009a). FAIR는 지금도 이 저널을 자신의 웹사이트에서 광고하고 있으며 탠턴이 이 저널의 편집 위원회에 참여하고 있다.

1994년경까지 FAIR는 파이오니어 재단으로부터 총 120만 달러 정도를 받았다. 하지만 1994년에 부정적인 언론 보도들이 나오고 나서 FAIR는 파이오니어 재단에 공개적으로 후원을 요청하지 않았다. 하지만 이러한 거리두기가 오래가지는 않았다. 1997년에 탠턴은 웨이어와 FAIR의 여러 이사진과 함께 FAIR의 재정에 대해 논의했고, 1998년에 그가 파이오니어 재단의 존 트레버 주니어에게 보낸 서신에는 FAIR에 보내준 넉넉한 후원에 대한 감사 인사가 나온다. 2001년에 탠턴은 "파이오니어 재단의 다른 수혜자들과 관계를 이어가는 것에 아무 문제도 없다고 생각한다"고 밝혔다(Southern Poverty Law Center 2009a 재인용). FAIR는 더 이상 파이오니어 재단 돈을 받는 것을 조심스러워하지 않으며 웹사이트에서 그것의 떳떳함을 이야기하고 있다(Southern Poverty Law Center 2011).

탠턴과 FAIR의 추가 인맥

고故 개릿 하딘은 탠턴의 영웅 중 한 명이었다. 하딘도 파이오니어 재단의 수혜자였고, 교배의 자유가 모두를 파멸로 이끌 것이라고 주장했다. 그는 세계가 다음 세대를 재생산하는 교배자들로 가득 차 있다며 이들을 멈춰야 한다고 주장했고, 굶주리는 흑인을 보조하는 프로그램은 인구 증가를 부추길 뿐이라고 보았다(Spencer 1992). 그보다 앞서, 콜로라도 주지사를 세 번 지낸 리처드 램도 이와 비슷한 우려를 밝혔는데, 그는 현재 FAIR의 자문 위원이다. 많은 이의 생명을 위험에 빠뜨린 제3제국 의사들을 연상시키면서, 램은 "가망 없이 아픈 환자들은 죽어서 길을 비켜주어야 할 의무가 있다"고 말했다(Beirich 2007 재인용). 또한 램은 1985년 소설 『메가 트라우마: 2000년의 미국』에서 인종 간 전쟁에 대한 우려를 드러냈다. 탠턴도 우생학을 옹호하는 견해를 여러 차례 드러냈는데, 예를 들어 1996년에 한 서신에서 그는 인간에게도 우생학이 적용될 수 있으리라는 생각을 많은 사람들이 갖도록 토대를 닦기 위해 FAIR의 새 웹사이트가 식물과 하등동물의 육종에 우생학이 어떻게 활용되어 왔는지를 잘 강조하고 있다며 이렇게 언급했다. "우리는 [우생학이] 현재 하고 있는 여러 가지 일에 대해 [홈페이지에서] 이야기하고 있습니다. 하지만 우생학의 용어로보다는 유전학의 용어로 이야기하고 있습니다."(Southern Poverty Law Center 2009b 재인용)

FAIR와 인종주의자 단체 사이에는 또 다른 연결고리도 있다. FAIR의 직원들, 가령 동부 지역 조직책인 짐 스타덴라우스는 아메리칸 르네상스 설립자 재러드 테일러와 함께 반이민 컨퍼런스들에 많이 참석했다. FAIR가 만든 TV 프로그램들에는 인종주의적 증오 선동 집단인 '보수주의 시민 카운슬' 회원이 자주 등장하며, 이곳 회원 중에 FAIR에서 봉급을 받는 직원도 있었다. '보수주의 시민 카운슬'은 인종 분리주의를 주장하던 '미시시피 시민 카운슬'의 직접적인 후손이며, 흑인을 "인류의 퇴행종"이라고 묘사한 바 있다(Southern Poverty Law Center 2014 재인용). FAIR의 TV 프로그램 〈보더라인〉에는 아메리칸 르네상스의 재러드 테일러와 새뮤얼 프랜시스의 인터뷰가 나온다. 『아메리칸 르네상스』에 자주 기고한 것 외에 프랜시스는 2005년에 사망할 때까지 '보수주의 시민 카운슬'의 뉴스레터 편집장으로도 일했다. FAIR 이사회의 또 다른 멤버인 도널드 콜린스는 맹렬한 백인 우월주의적, 반유대주의적 내용이 주로 실리는 웹사이트 'VDARE.com'과 로저 피어슨의 『사회, 정치, 경제 연구 저널』에 자주 기고한다. 콜린스는 가톨릭 교회가 이민에 찬성한다고 맹비난했다. 역시 FAIR 이사회 멤버인 조 구자르디는 VDARE의 전직 에디터로, 라티노 이민자가 미국을 "재정복"하려는 의도를 가지고 있으며 이것이 그들이 이민을 오는 주 목적이라고 주장하는 글을 이 웹사이트에 자주 실었다. 많은 증오 선동 단체들이 이러한 음모론을 주장한다(부록 참고).

최근에 FAIR는 주 단위와 지방 단위에서 반이민법이나 반이민 조례를 제정하기 위한 활동을 매우 적극적으로 전개해 왔다. 2010년 4월 23일에 애리조나 주지사 잰 브루어는 '우리의 법 집행을 지원하고 안전한 이웃을 만드는 법 Support Our Law Enforcement and Safe Neighborhoods Act'에 서명했다. 이것은 애리조나에서 가장 최근의, 그리고 가장 논쟁을 일으킨 이민법이다. 현재 캔자스 정무장관인 공화당원 크리스 코백이 법안 작성을 도왔는데, 코백은 FAIR의 법률 단체 '이민 개혁법 연구소Immigration Reform Law Institute'에서 활동하고 있다. 이 법은 경찰이 불법 이민으로 의심되는 사람을 의무적으로 구금하도록 했으며, 시민권이 없는 이주자가 체류 서류를 지니고 다니지 않으면 경범죄로 처벌하도록 했다. 또한 법 집행 당국이 인종 프로파일링을 하도록 **의무화**했다. 미 법무부, 미국시민자유연합American Civil Liberties Union, 그리고 몇몇 개인과 애리조나의 몇몇 시정부로부터 이 법의 정당성에 대해 여러 소송이 제기되었고, 2012년 6월에 미국 대법원은 법 집행 당국이 이민자의 체류 자격을 확인하도록 요구한 조항은 유지했지만 나머지 세 개 조항은 미국 헌법의 '최고법 규정Supremacy Clause'에 위배된다고 판결했다(Barnes 2012). 더 최근에는 미국 연방1심법원과 애리조나 법원이 보안관 조 아르파이오가 이끄는 마리코파 카운티 보안관실이 위헌적으로 인종 프로파일링을 했다고 판결함으로써 이 법의 적용을 제약했다(Southern Poverty Law Center 2012b). 그에 앞서 코백은 텍사스 파머스브랜치, 펜실베이니아 헤이즐턴 등 몇몇 도시에서 반이민 조례의 통과에 일조했다. 이들 조례에 따르면 '불법 이민자'를 돕거나 방조하는 것도 처벌할 수 있게 되어 있었다. 이러한 조례는 해당 지방 정부에 막대한 재정적 부담을 안기며 많은 경우에 인종 갈등과 경제적 혼란을 촉발하는 것으로 나타났다(Southern Poverty Law Center 2012b).

2011년 6월에 앨라배마가 '비슨-해먼 앨라배마 납세자와 시민 보호법Beason-Hammon Alabama Taxpayer and Citizen Protection Act'이라는 명칭의 반이민법을 통과시켰는데, 이것은 애리조나의 법보다도 가혹했다. 공동 발의자 중 한 명인 주 의원 미키 해먼은 이 법이 "불법 이민자의 삶의 모든 면을 공격한다"고 자랑했다. 앨라배마에 사는 것을 지극히 어렵게 만들어서 알아서 떠나도록 하는, 즉 '자진 추방'을 유도하려는 것이었다(『The Economist』 2012 재인용). 불법 이민자가 일하는 것을 막는 조항, 시민권자가 불법 이주 노동자의 이동과 거주를 돕거나 숨겨주지 못하게 하는 조항, 불법 이민자의 채용이나 고용 유지를 불법화하는 조항, 학교가 학생의 체류 자격을 확인하도록 하는 지침, 불법 이민자가 신분증을 가지고 있지 않은 것을 범죄로 규정하는 조항, 불법 이민자가 주 내에서 사업하는 것을 금지하는 조항 등 이 법의 많은 조항이 나중에 철폐되었다. 하지만 이 법의 작성자 및 앨라배마주 의원들이 의도한 대로 '자진 추방'이 실제로 벌어졌다. 이 법은 앨라배마에서 2차 세계대전 당시 6만 명의 유대인이 독일을 떠나기로 했을 때 느꼈을 법한 것과 비슷한 분위기를 만들었으며, 보도에 따르면 수천 명의 합법, 불법 히스패닉 사람들이 앨라배마를 떠난 것으로 추산된다(Weiss 2010). 이 법이 통과되고서 앨라배마의 농민들은 농장 노동자가 부족해 수확을 하지 못해서 작물이 썩고 있다고 토로했고, 건설 회사들은 저임금 노동자 구하기가 너무 어려워져서 비용이 오르고 있다고 토로했다. 앨라배마대학의 경제학자 새뮤얼 애디는 생산성 감소, 법 집행 비용 증가, 종합적인 소비자 지출과 조세 수입 등을 고려했을 때 이 법이 앨라배마주에 유발하는 비용이 수십억 달러에 달한다고 추산했다. 그리고 이것은 이 법의 위헌성에 대해 제기된 소송에 대응하는 법적 비용은 감안하지 않은 것이다(Addy 2011). 이 법은 코백이 쓴 모델 법안을 기초로 작성되었다. 애리조나 법에서 문제되었던 부분 몇 가지를 수정한 것이었다. 코백은 앨라배마가 미국에서 가장 강한 이민법을 통해 "미국에 위대하게 복무했다"고 말했다(Talbot 2011). 2012년 8월 20일에 연방 제11항소법원은 비슨-해먼 법이 부분적으로 타당성이 없다고 판결했다.

2011년 9월이면 인디애나, 조지아, 사우스캐롤라이나가 정도의 차이는 있지만 유사한 조치를 통과시켰고 이에 대해 소송이 제기되어 있었다. 어쨌든 그 무렵이면 애리조나에서와 같은 법안은 적어도 6개 주에서 패했거나 진전되지 못했고 추동력이 떨어지는 듯했다. 기업계의 반대, 소송 비용에 대한 의원들의 우려, 부정적인 언론 보도 등이 반이민 운동의 추세를 늦춘 것으로 보였다. 애리조나에서도 불법 이민자에 대해 추가적인 강력한 조치는 주 상원 통과에 어려움을 겪었다(Riccardi 2011).

코백은 사냥 여행 중에 칠면조 사냥용 가림막에 앉아서 노트북으로 앨라배마 법안을 작성했다고 떠벌렸다. 그날 칠면조가 별로 없어서 법안 쓸 시간이 있었다며 "칠면조 사냥에서는 안 좋은 날이었는데 헌법과 관련해서는 좋은 날이었다"고 말했다(Talbot 2011 재인용). 나는 칠면조에게 좋은 날이었고 헌법과 관련해서 나쁜 날이었다고 생각한다. 코백은 그의 이민법에 맞서 제기된 소송에 대응해 법을 다시 작성하는 것을 마치 취미 활동처럼 여기고 있으며, 조지아, 인디애나, 캔자스, 미주리, 펜실베이니아, 사우스캐롤라이나, 텍사스를 위해 그런 식으로 법안을 "개선"해 왔다. 그는 "어떤 정치인들은 여가 시간을 골프에 쓰는데 나는 미국의 주권을 지키는 데 쓴다"고 말했다(Holman 2011 재인용).

1990년에 코백은 남아프리카공화국의 아파르트헤이트 철폐 노력에 반대하는 책을 썼고(Kobach 1990) FAIR에 합류하기 전에 미 법무장관 존 애슈크로프트의 이민 관련 최고 자문을 지냈다. 캔자스의 정무장관이 되기 전에는 캔자스 공화당 의장이었다. 9.11 이후에는 법무부가 추진한 국경 통제 강화 조치를 이끌었다. 아랍 출신 남성과 무슬림 남성을 모니터링하는 프로그램도 개발했는데, 인종 프로파일링과 차별에 해당한다는 문제가 제기되어 이 프로그램은 나중에 폐지되었다.

그는 로스쿨 학생 시절에 캘리포니아의 주민발의 187호에 대한 글을 읽고 이민 문제에 처음 관심을 갖게 되었다. 코백은 '남부 빈곤법 센터'가 작성한 요주의 인물 명단인 '21명의 토착주의자 프로필'에 이름이 올라 있다. 그가 FAIR를 위해 수행한 법률적인 일들 때문이다(Southern Poverty Law Center 2008). 코백이 작성한 애리조나 법의 주요 지지자 중에 한 명이 애리조나주 상원의원 러셀 피어스였다. 2006년에 피어스는 네오 나치 조직인 '전국연맹'이 발송한 '누가 미국을 지배하는가'라는 글을 자신의 지지자들에게 이메일로 전달했다. 다문화주의와 인종 평등을 촉진하고 홀로코스트를 사실인 것처럼 보도한다며 언론을 비난하는 글이었다. 최근에 피어스는 네오 나치 조직 '국가사회주의 운동National Socialist Movement'의 애리조나 회원인 J. T. 레디와 포옹하는 사진이 찍히기도 했다(Beirich 2010). 코백은 자신이 쓴 법안이 인종주의에 기반한 것이 아니며 인종주의적 함의를 담고 있지 않다고 주장했는데(Terbush 2012), 내가 보기에는 다음 중 한 가지, 혹은 몇 가지의 조합일 것 같다. 첫째, 자신이 교류하고 있는 사람들의 이데올로기와 배경을 모르고 있거나 신경쓰지 않고 있거나. 둘째, 지극히 순진해서 자신이 작성한 법의 역사와 함의를 모르고 있거나. 셋째, 순전히 정치적인 동기에서 움직이고 있거나. 넷째, 거짓말을 하고 있거나. 미국이민위원회의 벤저민 존슨은 코백에 대해 이렇게 말했다. "나는 그가 자신이 하는 말을 믿고 있다고 생각한다. 하지만 나는 그가 이것을 전국적으로 이름을 알릴 기회로 여기고 있으리라고도 생각한다. … 내가 그의 마음을 판단할 수는 없지만, 그의 생각이 옳다고는 생각하지 않는다. 나는 그가 무책임하다고 생각하며 그 자신이 그것을 알 만큼 충분히 똑똑하다고 생각한다."(Talbot 2011 재인용)

많은 이들이 애리조나와 앨라배마의 반이민법이 제3제국에서 유대인이 신분증을 들고 다니도록 강제한 나치의 법과 비슷하다고 지적했다. 미국에서 가장 큰 가톨릭 교구인 로스앤젤레스의 로저 마호니 추기경은 애리조나의 법에 대해 이렇게 말했다.

애리조나의 입법가들은 방금 미국에서 가장 퇴행적이고 비열한 정신이 담긴, 그리고 소용없는 반이민법을 통과시켰다. … 미국인들은 공정한 마음을 가지고 있고 존경받을 만한 사람들이다. 나는 애리조나 사람들이 독일의 나치나 러시아의 공산주의자처럼 되어서 그들이 썼던 것과 비슷한 기법, 즉 사람들이 신분증이 의심스러우면 누구든 당국에 신고하게 만드는 기법을 사용하는 것을 상상할 수 없다. 부모 중 한 명이 서류가 미비하다고 자녀가 당국에 신고해야 하는가? 이제 이웃이나 친지가 서로를 스파이처럼 감시해서 공동체에 완전한 불신이 생기게 하고 외양상 조금이라도 의심스러우면 신고하게 되어야 하는가?(Watanabe 2010 재인용)

공화당 의원 코니 맥은 이 법안에 대해 이렇게 말했다.

이 '서부 개척 시대식 정의' 법은 법 집행을 담당하는 관리가 이 나라에 불법적으로 머물고 있다는 '합리적 의심'이 드는 사람이면 누구든 불러 세워서 확인할 수 있게 하고 있는데, 2차 세계대전 때 독일에서 게슈타포가 정당한 이유 없이 사람들을 길에서 세워 신분증을 보자고 한 것을 연상시킨다. … 이것은 내가 자란 미국, 내가 믿는 미국, 내 아이들이 자라게 하고 싶은 미국이 아니다(The Hill 2010).

앨라배마 법에 대해 우려하면서 기자 진 다뮤는 이렇게 언급했다.

뉘른베르크법은 … 일상에서의 경제적, 사회적 관계를 규율했다. 예를 들면, 유대인과 계약을 하는 것은 불법이었고 유대인에게 사회 서비스를 제공하는 것도 불법이었다. 유대인은 유대인 학교를 다녀야 했다. … 이 모든 것의 의도는 유대인들이 자연스럽게 독일에서 떠나게 만들려는 것이었다. … 우리는 2012년에 미국의 어딘가에서 통과될 수 있을 만한 어느 법과 비교해 보더라도 뉘른베르크법이 말도 안 되게 지나치고 훨씬 더 침투적이며 훨씬 더 인종주의적이라고 생각하고 싶을 것이다. 하지만 매우 불편하게도 이 법[앨라배마 법]의 핵심 조항은 뉘른베르크법과 상당히 유사한 면이 있다. 그리고 법의 의도는 둘이 동일하다. 독일에서는 유대인들이, 여기에서는 미등록 이주자들이 "자진 추방"을 하게 만들려는 의도 말이다 (Damu 2012).

이어서 다뮤는 앨라배마 법 조항 중 뉘른베르크법과 유사한 부분들을 상세히 설명했다.

FAIR가 열심히 추진한 또 하나의 목표는, 수정헌법 14조에 의거해 미국에서 태어나면 자동으로 시민권을 부여하는 현행 제도를 없애는 것이다. 이것은 FAIR의 오랜 숙원 사업이었다. 이들은 2011년 1월에 FAIR의 법률 조직인 '이민 개혁법 연구소'가 '합법적 이주를 위한 주 입법가 모임State Legislators for Legal Immigration'과 연대해 추진했다. 후자에는 38개 주 70명의 입법가가 참여하고 있으며 이민자들이 미국에 '불법적으로 침입'하는 것을 막고 이민자들에게 '경제적인 매력'이 될 만한 것들을 제거하고자 한다. 1868년에 수정헌법 14조가 비준되었을 때 이 조항의 의도는 노예의 자녀가 시민권을 부정당하지 않게 하려는 것이었고, 이제는 미국에서 태어난 거의 모든 아동에게 자동으로 시민권을 부여받을 수 있게 하고 있다(Southern Poverty Law Center 2012b). 코백은 이 의원들의 뒤에서 움직이는 주요 법률 브레인 중 한 명이다. 이 의원 모임은 종종 'FAIR의 의회 내 조직'이라고 불리며 이곳의 웹사이트는 FAIR와 '효과적인 파트너십'을 유지하고 있다고 밝히고 있다. 이 모임은 FAIR가 미는 많은 의제를 추진하는 데 주된 역할을 해왔으며, 많은 주가 애리조나의 법을 모델로 삼아 비슷한 법들을 통과시키게 하려는 노력도 그 일환이다(Southern Poverty Law Center 2012b). '합법적 이주를 위한 주 입법가 모임'은 모델 법안을 작성하는 일과 반이민자 단체들이 주 차원의 법안을 개발하고 이민 제한 조치 실행을 지원하는 풀뿌리 운동을 일구는 데 사용할 수 있도록 '온라인 모델 법안 정보 교환소'를 만드는 등의 일을 해왔다(Southern Poverty Law Center 2011).

2012년 1월 공화당 대선 경선 후보로 나선 미트 롬니(공화당 후보가 된다)는 크리스 코백에게 지지 선언을 받았다고 발표했다. 코백은 폭스뉴스 기자 닐 커부토에게 이렇게 말했다. "미트 롬니는 다른 사람들과 다르다. 그는 이민 사안에 대해 국경 통제 강화를 지지하는 유일한 사람이다."(Beadle 2012 재인용) 보도자료에서도 코백은 이렇게 언급했다. "우리는 수세대 동안 우리 나라를 괴롭혀 온 문제를 마침내 끝내줄 대통령을 원한다. … 미트 롬니가 바로 국경을 안전하게 하고 미국이 이민자를 자석처럼 끌어들이는 것을 끝내줄 … 불법 이민자들이 우리 나라에 머물도록 촉진하는 것을 끝내줄 대통령이다."(American Presidency Project n.d. 재인용) 롬니도 이렇게 화답했다. "나는 크리스의 지지가 매우 자랑스럽다. 크리스는 우리의 국경을 보호하고 불법 이민자가 우리 나라로 들어오는 것을 막는 일에서 진정한 지도자다." 그리고 이렇게 덧붙였다. "우리는 크리스 같은 보수적인 지도자가 더 필요하다. … 크리스가 우리 팀에 있으니, 그와 함께 불법 이민을 막고 이 문제를 다루는 데 앞서 나가고 있는 사우스캐롤라이나와 애리조나 같은 주를 지원할 수 있으리라 기대한다."(American Presidency Project n.d. 재인용) 롬니의 정치 자문이던 에릭 페른스트롬도 이민자들의 삶을 견디기 어렵도록 만들어서 그들이 미국을 떠나게 하는 것이 후보의 생각이라고 말했다(Beadle et al. 2012 재인용). 히스패닉을 강하게 억압하는 정책을 통해 그들이 일상에서 시민의 권리를 위협받을 수 있다는 두려움에 늘상 처하게 함으로써 미국을 떠나게 만드는 인종주의적 정책을 그들은 '자진 추방'이라고 부른다. 롬니의 대선 운동에서 '자진 추방'은 후렴구나 다름 없었다. '오바마가 세금을 올린다'는 주장과 '오바마케어' 같은 표현처럼 말이다. 2013년 4월까지도 크리스 코백은 이민 법안을 논의하는 의회 사법 위원회 청문회에서 '자진 추방'을 이야기했다(Gordon 2013).

FAIR는 인종주의적 입장을 취하지 않는 후보에 맞서서 우파 후보들의 정치 광고도 많이 내보냈다. 또한 우파의 의제에 대한 정치 광고도 많이 내보냈는데, 이민 정책과 관련된 것이 많았다. 2010년에 법인격 해석에 대한 대법원의 판결로 법인이 공개하지 않고 선거운동에 기부하는 것이 허용됨으로써 파이오니어 재단, FAIR, 기타 인종주의, 네오 나치, 백인 우월주의 단체 들의 후원 내역을 알기가 어려워졌다. 인종주의는 미국에서 사라지지 않았고 흑인 대통령이 두 번째 임기에 있는 상황에서 노골적인 인종주의가 다시 한번 미국의 삶의 많은 면에서 두드러지게 되었다. 브루게는 이렇게 언급했다(2010).

> 두려움과 경쟁의 분위기, 그리고 자원이 점점 희소해지고 있다는 인식의 결합은 반이민주의를 위한 비옥한 토양을 만든다. 밀려들어 오고 있는 사람들이 당신의 집, 일자리, 문화를 지배할 것이고 가장 안 좋게는 당신이 안전하다는 느낌을 가질 수 없게 만들 것이라고 말하기가 쉬워지는 것이다. … 평균적인 미국인의 경제적 하락과 폭력의 위험은 두려움의 촉진제이며 이는 이해할 만한 일이기도 하다. 하지만 이 문제의 원인으로 이민자를 비난하는 것은 손쉬운 상대를 골라 희생양으로 만드는 것이고, 정작 책임이 있는 악당에게서 초점을 옮기는 것이다.

불행하게도, 1800년대 말과 1900년대 초에 그랬듯이 '이민자가 문제다'라는 메시지는 너무나 성공적이었다. 그리고 다시 한번 이 메시지는 고릿적의 다원발생설 비슷한 이데올로기에 기반한 인종주의적 우생학에 의해 확산되고 있다. 파이오니어 재단은 드레이퍼가 개발한 전략과 1960년대에 만들어진 새터필드 계획의 전략을 지금도 계속 추구한다(8장 참고). 파이오니어 재단은, 갈색 인종은 본성상 서유럽 계열의 백인종과 차이가 있고 더 열등하며 이것은 환경 요인이나 차별 때문이 아니라 생물학적이고 내재적인 결함 때문이라고 대중이 믿게 해서 정책에 영향을 미치고자 한다. 파이오니어 재단은 인종 간 차이에 관한 유사 과학 문헌들을 제공하고, 그러한 유사 과학에 부합하는 '연구 프로젝트'를 수행할 연구 교육기관과 개별 연구자 들에게 돈을 댄다. 하지만 대부분의 목적은 신문이나 정기간행물, 뉴스 통신사, 라디오와 텔레비전 방송국에 증오 선동 메시지를 전파하는 것이다. 파이오니어 재단은 자체 정기 간행물도 펴내며 AICF, FAIR 등 여론과 정책에 영향을 미치기 위해 우생주의적이고 인종주의적인 프로파간다를 퍼뜨리는 수많은 전위 조직에 자금을 댄다. 대법원이 법인의 정치 자금 지출을 제약하지 않을 수 있다는 쪽으로 판결했으므로, 이러한 단체들은 지역, 주, 연방 선거에서 후보와 선거 본부에 얼마든지 큰 돈을 지출할 수 있을 것이고 이러한 인종주의적 증오 집단이 미국의 미래에 큰 영향을 미치게 되리라는 점은 말할 필요가 없을 것이다.

대선이 있기 전이던 2012년 2월 10일에 상원 다수당 원내대표 미치 매코널을 비롯한 의원들, 대선 후보인 미트 롬니, 릭 샌토럼, 뉴트 깅그리치, 그리고 롬니의 러닝메이트로 유력하게 거론되던 마르코 루비오 등이 보수주의 운동가와 정치인의 연례 컨퍼런스인 '보수주의 정치 행동 컨퍼런스cpac'에서 연설을 했다. 이 컨퍼런스의 일정표에는 다음과 같은 순서가 포함되어 있었다.

9:50 이민 - 높은 울타리, 넓은 문: 주 대 연방, 법치와 미국의 정체성 - 매리엇 대회의장

알렉스 노레스테, 정책 분석가, 경쟁기업연구소

데이비드 리베라 의원(공화당, 플로리다) - 연방 하원

마리오 디아즈-발라트(공화당, 플로리다) - 연방 하원

크리스 코백 캔자스주 정무장관

로버트 밴더부어트, 프로잉글리시 사무총장

좌장: 나이저 이니스, 인종평등회의 전국 대변인

여기에서 볼 수 있듯이 크리스 코백, 공화당 의원들, 나이저 이니스(공화당 경선 후보 허먼 케인의 정치 자문이었던 극보수주의자. 케인은 공화당 후보가 되는 데 실패했다)가 같은 무대에 있었다. 또 프로잉글리시의 당시 사무총장 로버트 밴더부어트의 이름도 보이는데, 그는 일리노이 출신의 백인 민족주의자로, '아메리칸 르네상스의 시카고랜드 친구들'이라는 토착주의 단체를 이끌고 있었다. 재러드 테일러의 인종주의 단체 아메리칸 르네상스에 속한 곳으로, 종종 백인 민족주의자들을 초청해 행사를 연다. 밴더부어트 역시 일리노이 밖에서 열린 백인 우월주의자 행사에도 자주 얼굴을 비쳤다. 코백과 밴더부어트 모두 FAIR의 존 탠턴이 세운 조직에서 일한 적이 있다. 앞에서 보았듯이, 코백은 이민 개혁법 연구소에서 활동했고 밴더부어트가 최근에 사무총장이 된 프로잉글리시는 영어만 사용하도록 하는 프로젝트를 추진하기 위해 탠턴이 세운 단체로, 역시 탠턴이 세운 U.S.주식회사에 속해 있다.

밴더부어트는 '보수주의 정치 행동 컨퍼런스'에서 이민 세션 외에 또 다른 세션의 패널 토론에도 참여했다. 제목은 '다문화주의의 실패: 다양성의 추구는 미국의 정체성을 어떻게 약화시켰는가'였다. 백인 민족주의자 웹사이트 VDARE의 설립자 피터 브림로가 이 패널에 참여했다. 브림로는 "오바마의 인종적 사회주의 쿠데타" 이후 미국이 "소수자가 정부를 장악한" 국가가 될 위험에 처했다는 두려움을 갖게 되었다고 말했다. 그는 "소수 인종의 로비", 차별 철폐 조치, 이중언어 교육, "납세자의 돈으로 불법 체류자를 지원하는 것" 등을 공격함으로써 공화당이 백인 유권자의 정당이 되어야 한다고 촉구했다. 그 세션의 앞 부분에서 밴더부어트는 그날 참석하지 못한 보수주의적 논평가 세르주 트리프코비치의 맹렬한 발표문을 대독했다. 트리프코비치의 발표문은 "비백인, 비남성, 비이성애자가 희생자연 하는 컬트"와 "다문화주의를 주입하려는 시도가 서구를 망치고 있다"며 "서구의 토착 다수 인종이 녹아 없어질 지경"이라고 개탄하고서 이렇게 결론 내렸다. "유럽인들과 그들의 대서양 건너 사촌인 우리들은 말 그대로 멸종 위기에 있다. 우리가 생존하려면 우리의 파괴를 촉진하는 사람들을 무력화해야 한다." 이어 로잘리 포터(프로잉글리시 현 사무총장)는 민권법과 투표권법이 소수자에게 너무 많은 정치적 영향력을 주었다고 비판했다(American Renaissance website 2012).

브림로는 본인의 연설에서 다문화주의와 이중언어주의가 미국 사회를 망칠 수도 있는 "질병"이라고 주장했다. 소수자의 권한을 강화하고 전통적인 미국 집단(즉 백인 집단)을 억압하기 때문이라는 것이다. 그는 다문화주의와 이중언어주의를 "노동자 계급에 대한 맹렬한 공격"이라고 불렀다. 패널 토론에서 브림로는 민주당이 "백인 노동자계급"을 저버리고 있으며, 이민을 사용해 인종적 소수자의 숫자를 늘림으로써 "새로운 정치체를 선출하고" 있다고 비난했다. 패널 참가자 중에는 맹렬한 반이민주의자 의원인 스티브 킹(공화당, 아이오와)도 있었는데, 영어를 미국의 공용어로 만들기 위해 그가 준비한 법안에 대해 이야기했고 패널 토론에서는 브림로의 글들에 동의를 표했다. 이들이 드러내는 견해와 이들이 목표로 하는 바에 대해 공화당 내에서 전혀 문제 제기가 이뤄지지 않고 있음을 보여준다(Sanchez 2012).

공화당의 우파 정치인, 파이오니어 재단, 이곳의 자금을 받은 사람, 기타 이들의 지지자들의 지원을 받으면서, 백인 우월주의자, 네오 나치, 현대판 우생주의자 들이 다시금 미국 사회에 인종주의, 우생주의, 반이민주의의 정치를 가지고 대대적으로 침투할지 모른다. 옛 방식의 인종주의와 문화적 다양성에 대한 공격에 초점을 두는 보수주의 운동이 대중의 지지를 받으면서 정치적으로 활발히 활동하게 하려는 그들의 꿈이 다시 한번 결실을 맺고 있는 듯 보인다(Burghart 2012).

그들의 입장이 수많은 단체들을 통해 퍼지고 있긴 하지만, 파이오니어 재단이야말로 우생학 운동이 살아 있게 하려는 꿈을 지속시키는 데 초점을 두는 사악한 인종주의적 계획을 지탱하는 핵심 촉진제다. 1960년대에 만들어진 새터필드 계획은 지난 몇 년간 꽤 성공적이었던 것으로 보인다. 위클리프 드레이퍼가 1972년에 숨진 이래로 지금까지 해리 웨이어는 파이오니어 재단을 사용해 새터필드 계획의 전략을 상당히 충실하게 따르면서 인종주의적 목적들을 수행했다. '연구'를 지원해서 인종 간 차이에 대한 그들의 주장에 근거를 제공했고, 이러한 '과학적' 결과들을 퍼뜨리기 위해 여러 전위 조직을 지원했다. 또한 입법화와 법정 소송을 위해 여러 인종주의적 사안, 특히 반이민 운동 사안과 관련한 조직들을 지원했다. 파이오니어 재단, 새로운 세기 재단, FAIR 같은 조직들은 오랜 인종주의 이론을 성공적으로 대중의 눈과 마음에 밀어 넣었고, 20세기 초의 우생학 운동이 추구했던 목적을 지금도 추구하고 있다. 드레이퍼 중령은 새로운 편견의 세대에 유산을 남겼다. 이들은 미국을 완전히 뒤집어서 인종주의적인 사회로 만들려는 시도에서는 실패했지만, 500년간 이어진 혐오와 불관용의 전쟁에서 이기려는 노력을 계속하고 있다.

결론

이 책에서 살펴보았듯이, 유럽인들과 아메리카에 도착한 유럽 식민지 정착민들은 이후에도 거의 달라지지 않은 두 개의 패러다임으로 '타자'를 규정했다. 하나는 다원발생설이고 다른 하나는 일원발생설이다. 다원발생설(선아담 인류설)은 서유럽인이 아닌 사람들은 신이 창조하신 것이 아니라 아담 이전에 지상에 이미 존재했으며, 신체적 특징이나 복잡한 행동의 패턴이 생물학적으로 고정되어 불변한다고 믿었다. 이에 따르면, 환경적 조건화로 그들이 처한 운명을 바꿀 수는 없다. 이와 달리 일원발생설은 모든 인간이 신에 의해 창조되긴 했는데, 안 좋은 기후나 비문명적인 사회 조건 등의 이상적이지 못한 환경 조건하에서 살아가게 된 일부 사람들이 태초의 이상적인 상태에서 퇴락했다고 보았다. 이들은 보잘것없는 '타자'들도 서유럽의 문명을 접하면 '구원'받을 수 있다고 여겼다. 두 설명 모두, 서유럽인이 가장 우월하다고 본 것은 같다.

다윈 이전에 다원발생론자들은 흄과 칸트식의 자인종중심적 귀납 철학을 통해 자신의 가설을 '과학적으로' 뒷받침했다. 그들은 서유럽의 문명이 가장 우월하며 이 문명은 서유럽인만 창조할 수 있다고 보았다. 또한 그들은 특정한 신체적, 행동적 특질(가령 두개골 크기나 모양, 정신적 역량 등) 면에서 서유럽인이 더 우월하고, 이것은 신에 의해 그렇게 만들어진 것이며 따라서 생물학적으로 고정되어 있고 변형되지 않는다고 믿었다. 한편 일원발생설에 대한 '과학적' 뒷받침은 19세기 초 라마르크의 획득 형질 유전 이론이 제공했다. 달라진 환경 조건하에서 획득된 새로운 신체적, 행동적 특질이 다음 세대에 전승될 수 있다고 본 것이다.

하지만 20세기 초입에 라마르크의 이론은 신뢰를 잃었고 멘델의 유전학이 재발견되었다(Moore 2001). 아우구스트 바이스만의 실험 연구 등으로 라마르크의 이론이 신뢰를 상실하면서 일원발생설은 아무런 과학적 뒷받침을 가지지 못하게 되었고, 환경으로 유전을 극복하는 것은 불가능하다고 여겨졌다.

생물학적 결정론과 다원발생론적 인종주의가 인간 집단 사이의 차이, '부적합' 자와 우월한 사람들 사이의 차이에 대해 '과학적으로' 타당한 유일한 설명으로 등극했다. 우생학이 탄생했고 우생학은 서유럽과 미국에서 지배적인 패러다임이 되었다. 1900년대 초에 우생학은 학계와 일반 대중 모두가 일반적으로 받아들이는 통념의 자리에 올랐다. 다원발생론자들은 일원발생설이 죽었다고 생각했다. 인간의 차이에 대해 환경 요인으로는 합당한 설명이 불가능한 것으로 보였다. 이들에게 어떤 개인과 어떤 집단은 그저 생물학적으로 서유럽 인종(그리고 그 안에서도 특정한 인종)보다 열등했으며, 열등한 유전적 특질을 전승하고 전파할 수 있었다.

미국에서는 우생학과 과학적 인종주의가 1920년대 중반에 정점에 올랐다. 1924년에 연방 의회는 이민 제한법을 통과시켰고 버지니아는 단종법과 인종 간 혼인 금지법을 통과시켰다. 같은 해에 매디슨 그랜트의 『위대한 인종의 소멸』의 후속 연구격인 우생학 서적들이 쏟아져 나왔다. 헨리 프렛 페어차일드, 엘즈워스 헌팅턴, 버논 켈로그, 에드워드 로스, 로스롭 스토더드 등이 그러한 서적들의 저자다. 미국의 고등학교와 대학에 우생학 과목이 개설되었고, 미국 가정들은 '적합 가족' 대회에 참가했으며, 사람들은 저명한 우생학자들의 대중 강연을 들으러 갔다. 우생주의자들은 1920년대에 학계, 기업계, 정치계의 높은 자리에 앉아 있었다. 미국자연사박물관은 오스본과 그랜트의 우생학적 인종관을 대중에게 교육하기 위해 디오라마 전시회를 기획했다. 우생학 단체들(골턴학회, ERO, ERA, AES 등)이 활황을 구가했고 이들은 학회, 민간 및 정부의 자금 지원 기관, 연구 교육 기관, 정계 사이에 밀접한 네트워크를 구성했다. 우생학자들은 NRC를 장악했고 과학적 인종주의가 미국 사회에 널리 퍼졌다(Black 2003; Brace 2005; Spiro 2009). 그리고 유럽에서 나치즘이 부상했다.

하지만 우생학과 과학적 인종주의를 파괴할 씨앗은 이미 뿌려져 있었다. 프란츠 보아스의 『이민자 후손의 신체 형태의 변화』와 『원시인의 마음』이 1911년에 출간되면서 우생학의 '과학'을 뒤흔들었다. 보아스는 두개골 모양 같은 신체적 특질도 환경의 영향으로 불과 한 세대 만에 달라질 수 있음을 보여주었다. 또한 인구 집단 사이의 사회적, 행동적 차이에 대해 〔생물학적 결정론보다〕 더 가능성 있어 보이는 설명을 제시했다. 과학적이고 인류학적인 '문화' 개념을 발달시킨 것이다. 그의 문화 이론에 따르면 인구 집단 간의 차이는 그들의 사회가 지나온 역사의 산물이고, 그들의 사회가 환경과 수세대에 걸쳐 상호작용을 하는 과정에서 구성된 것이다. 역사상 처음으로, 인간 사이의 차이에 대해 한 집단이 다른 집단보다 우월하다는 가정에 기초하지 않은, 일관되고 설명력 있는 이론이 제시되었다. 나아가 이 이론은 인간 종 안에 인종[하위 종]이 과연 생물학적으로 존재하는지에 대해서까지 의문을 제기했다. 보아스가 문화적 설명을 개진하면서 수집하고 제시한 과학적 증거들은 이전 5세기 동안 전승되어 온 신화보다 훨씬 설득력이 있었다. 새로운 과학 패러다임이 500년간의 관습적인 지혜를 밀어내기 시작했다.

우리는 수세기간 이어져 온 인종주의 이데올로기의 직접적인 계보를 확인할 수 있었고, 인종적 편견과 증오의 유서 깊은 패턴을 볼 수 있었다. 이러한 편견은, 인간 사이의 차이를 인종 같은 간단한 범주로 쉽게 구분할 수 있고 이러한 범주가 내재적으로 구별되며 범주들 사이에 위계가 있어서 어떤 '인종'은 다른 인종보다 우월하다는 동일한 가정을 깔고 있다. 또한 중요한 인간 특질 중 많은 것(지능, 범죄 성향, 공격성, 심지어는 항해 능력까지도)이 생물학적으로 결정되고 인종에 따라 다르며, 환경 요인에는 영향을 받을 수 없거나 피상적으로만 영향받을 뿐이라는 가정에 기반하고 있다. 이러한 고릿적의 이데올로기는 스페인 종교재판 시기와 15세기 선아담 인류설을 통한 과학적 정당화로까지 거슬러 올라간다. 여기에서부터 유럽의 초기 식민주의 시기를 거쳐 18세기와 19세기의 노예제 시기로, 그리고 19세기와 20세기 초 나치즘과 우생학 운동으로 이어졌다.

이 동일한 이데올로기가 21세기인 오늘날의 새로운 과학적 인종주의에서도 발견된다. 2차 세계대전이 끝나면서 과학적 인종주의도 나치즘의 극단주의와 함께 끝났으리라고 생각했을지 모르지만, 그렇지 않았다. 선아담 인류설과 유사한 생물학적 결정론은 지금도 존재한다. 인간의 존엄, 자유, 정의를 믿는 모든 사람은 인종적 편견과 인간 사이의 차이에 기반해 혐오를 퍼뜨리려는 사람들에게 맞서 계속해서 싸워야 한다. 우리는 아이들에게 인간 다양성의 경이로움을 알려주어야 하고, 세계에 존재하는 놀라운 인종적 다양성을 누리도록 가르쳐야 한다. 편견과 혐오가 아니라 관용과 사랑을 가르쳐야 한다. '새로운 편견의 군단'이 인종과 인종주의에 대한 낡아빠진 신화를 퍼뜨리는 것에 맞서야 한다.

과학은 지능이 단일하고 간단하게 측정 가능한 유전적 실체가 아니라는 것을 입증했다. IQ 점수와 지능(그게 무엇이건 간에)은 환경과 문화의 영향을 받는다. 그리고 생물학적 인종은 존재하지 않고 존재한 적도 없다. 단일한 생물학적 실체인 '지능'(오류가 있는 개념이다)과 생물학적인 인종(이것도 오류가 있는 개념이다)의 상관관계를 찾기는 어렵다. 두 현상 모두 존재하지 않기 때문이다. 편견에 가득한 나쁜 과학자들이 문화적으로 형성된 고릿적의 혐오의 이데올로기를 아직까지 얼마나 단단하게 부여잡고 있든지 간에 말이다. 단일하고 순수하게 유전에 토대를 둔 지능이라는 개념과 생물학적인 인종 개념 모두 지구가 평평하다는 개념이나 지구가 기원전 4004년에 창조되었다는 개념만큼이나 시대에 뒤떨어진 것이다.

인종은 생물학적 실재가 아니다. 인간 종 안에는 생물학적으로 구별되는 하위 범주가 존재하지 않는다. 인종이라고 불리는 것은 사람들 사이에 실제로는 존재하지 않는 차이에 기반해 이름을 붙인 것에 불과하다. 전체적으로, 서로 다른 범주의 사람들은 인종주의자들이 고안한 어떤 분류법이 말하는 것보다도 사실 생물학적으로나 유전적으로나 훨씬 더 서로 비슷하다. 인종주의의 역사를 이해하고 나면, 우리가 그런데도 왜 인종이 실재라고 믿게 되었는지도 더 잘 이해할 수 있다. 인종 개념은 우리의 문화가 지나온 역사의 일부이고, 우리가 살아가는 일상적인 현실의 일부다. 우리는 생물학적 인종이 실재한다고 믿게끔 자랐다. 이 책에서 나는 서유럽과 미국에서 인종주의적 사고가 갖는 긴 역사를 드러내려 했다. 500년에 걸친 이 역사는 문헌과 철학에서 쉽게 추적할 수 있다. 인종주의와 인종 개념에 대한 역사를 바로 알면, 오늘날 우리가 어디에 있는지, 미래에 어디로 가야할지도 더 잘 알게 될 것이다. 인간 사이에는 물론 차이가 있다. 하지만 이것은 인종의 역사와 관련된 내재적인 유전적 특성 때문이 아니라, 우리의 개인적인 역사, 우리의 개인적인 유전 요인, 그리고 우리의 문화 때문이다. 우리 중 많은 사람들이 인종주의와 인종주의자들의 정당성 없는 목적에 끌리곤 한다. 인종주의의 역사는 우리의 배경과 문화의 일부다. 하지만 인종이 생물학적 실재라는 개념은 오래고 복잡한 역사를 가진 오류다. 이것은 우리가 앞으로 전개해 나갈 정치, 경제, 문화적 상호작용 속에서 반드시 알아야 하는 역사다. 생물학적으로 입증되는 인종 구분은 존재하지 않지만 문화적 인종주의는 존재한다. 우리는 이러한 문화적 실재가 우리의 상호작용에 어떻게 영향을 미치는지 알아야 한다. 우리는 과학적인 지식과 인종주의의 역사에 대한 평가를 무기로 인종 개념 및 인종주의와 계속해서 싸워야 한다.

버락 오바마의 재선과 그의 '마틴 루터 킹 데이' 연설은 최근 미국에서 많은 것이 달라졌음을 보여주었다. 불과 50년 전만 해도 흑인에게도 민권을 부여한다는 개념은 막대한 저항을 불러왔고 메드가 에버스는 '미시시피 시민 카운실'의 백인 인종주의자에 의해 살해당했다. 나는 시간이 더 흘러 지금으로부터 20년쯤 전에도 흑인 대통령이 당선되지 못했을 것이라고 생각한다. 그때는 2008년과 2012년에 흑인 대통령이 나오는 게 가능하리라고 생각하지도 못했을 것이다. 그러나 인종주의는 여전히 존재한다. 이 책의 서문에서 보았듯이 2010년에 저널리스트 가이 해리슨은 생물학적 인종 개념이 이미 60년 전에 학계에서 거부되었다는 사실을 대학에 가서야 처음 접하고 놀랐던 이야기를 소개했다. 생물학적 인종주의를 반박하는 과학적 증거가 이렇게 많은 오늘날에 어떻게 이런 일이 있을 수 있는가?

최근에 17세의 흑인 청소년 트레이본 마틴을 살해한 사람이 유죄가 아니라는 배심원단의 평결이 있은 뒤(플로리다의 정당방위법에 의해 살인이 아니라고 평결되었다) 버락 오바마는 "트레이본 마틴은 35년 전의 나일 수도 있었다"고 말했다. 그는 "흑인 공동체는 이 문제를 자신이 직접 겪은 경험들과 사라지지 않는 역사를 통해서 바라본다"고 덧붙였다.

거리를 걷다가 안에서 자동차 문을 잠그는 딸깍 소리를 듣는 경험을 해보지 않은 흑인 남성은 거의 없을 것입니다. … 여성과 같은 엘리베이터에 탔을 때 그 여성이 지갑을 꽉 움켜쥐고 숨을 멈춘 채 초조하게 기다리다가 엘리베이터 문이 열리자마자 서둘러 나가는 것을 경험하지 않은 흑인 남성은 거의 없을 것입니다. … 흑인 공동체는 형사 사법이 적용되는 데 인종적인 격차가 있다는 것을 잘 알고 있습니다. … 흑인 공동체들에서 볼 수 있는 빈곤과 역기능은 매우 힘겨운 역사로 거슬러 올라갈 수 있습니다. …

그리고 이 모든 것이, 백인 10대가 동일한 시나리오에 있었다면, 꼭대기부터 바닥까지, 발생할 결과부터 그 이후의 여파까지, 매우 달랐으리라는 생각을 하게 만듭니다. …

우리의 상황이 나아지고 있는 것에 눈감지는 않았으면 합니다. 각 세대는 인종에 대한 태도를 바꾸는 데서 자기 몫의 진보를 이뤄왔습니다. 이것은 우리가 인종주의를 넘어선 사회에 살고 있다는 이야기가 아닙니다. 이것은 인종주의가 사라졌다는 이야기가 아닙니다. …

하지만 우리는 오늘날의 아이들이 과거 우리보다 더 많은 지각과 감수성을 가지고 있고 분명히 우리의 부모나 조부모보다는 더욱 그렇다는 점을 신뢰해야 합니다. 이 길고 어려운 여정을 통해 우리는 더 완벽한 연합이 되어왔습니다. 아직 완벽한 연합이 되지는 않았지만 [전보다] 더 완벽한 연합이 되어왔습니다(Obama 2013).

나 역시 우리가 나아지고 있다고 믿는다. 우리는 많은 것을 배워왔고 우리의 아이들에게 배운 것을 알려주어야 한다. 역사적으로 서구에서 인종과 인종 개념은 지식인, 정치인, 자금원 들의 상호 강화적인 비공식 네트워크에 의해 추동되어 왔다. 현재 그러한 사악한 네트워크가 새로이 생겨나서, 인종주의적 '지식인', 정치인, 후원자 들의 레토릭 뒤에서 영리하게 위장한 채 활동하고 있다. 미국과 서구에 인종주의는 여전히 건재하다. 인간 사이의 차이의 진정한 속성과 인종주의의 역사에 대해 교육을 하는 것만이 우리가 무지, 증오, 두려움의 지속적인 악순환에서 벗어나는 길이다. 우리는 인종주의 지식인, 정치인, 기업인 들의 새로운 연대가 밀어붙이려 하는 의제들을 면밀히 주시해야 한다. 인종에 대한 편견은 이러한 새로운 아젠다에 의해 창출된다. 우리는 인종이 생물학적 실재는 아니지만 문화적 실재임에는 명확하다는 사실을 기억해야 한다. 사람들은 서로 다르지만, 주된 차이는 그들이 자라온 환경과 문화 때문이지 불변한다고 하는 모호한 생물학적, 유전적 차이 때문이 아니다. **생물학적으로 말해서** 호모 사피엔스는 **하나의 종**이다. 이 사실을 이해하고 역사를 알아야만 언젠가 모든 사람이 인종과 문화에 관계 없이 존엄, 평등, 친절을 누리는 존재로서 대우받는 사회를 일굴 수 있을 것이다.

부록

우생학 운동 연표: 1890년대-1940년대 · 364

파이오니어 재단 연표 · 365

참고문헌 · 367

감사의 글 · 400

인명 색인 · 401

사항 색인 · 411

우생학 운동 연표: 1890년대-1940년대

1891년	너새니얼 사우스게이트 셰일러, 『아메리카의 자연과 인간』 집필.
1903년	찰스 대븐포트, 실험진화연구소 설립.
1907년	인디애나주 단종법 통과.
1910년	찰스 대븐포트, 우생학기록사무소 설립. 해리 H. 로플린을 운영 책임자로 지명.
1911년	찰스 대븐포트, 『우생학과의 관련에서 본 유전』 집필.
1912년	제1차 국제우생학회의. 해리 H. 고더드, 『칼리칵 가문』 집필.
1913년	대븐포트와 로플린, 미국우생학연구협회 공동 설립.
1914-1919년	1차 세계대전.
1916년	매디슨 그랜트, 『위대한 인종의 소멸』 집필.
1917년	로버트 여키스, 헨리 고더드, 루이스 터먼, 칼 브리검, 미군 지능 검사 실시.
1918년	매디슨 그랜트, 찰스 대븐포트, 헨리 페어필드 오스본, 골턴학회 공동 설립.
1922년	매디슨 그랜트 등, 미국우생학위원회 공동 설립.
1923년	칼 브리검, 『미국 지능에 대한 연구』 집필. 제2차 국제우생학회의.
1924년	버지니아주 인종순수법 통과. 연방 이민 제한법 통과.
1927년	연방 대법원, '벅 대 벨' 사건에서 "부적합자"에게 강제 단종을 실시하는 것이 합법이라 판결.
1932년	제3차 국제우생학회의.
1933년	아돌프 히틀러, 독일 수상이 됨.
1939-1945년	2차 세계대전.

파이오니어 재단 연표

1937년	다섯 명의 이사회 멤버 지명: 위클리프 드레이퍼(창립자), 해리 로플린 (회장), 프레더릭 헨리 오스본, 맬컴 도널드, 존 마셜 할런.
1937-1941년	영어 자막과 함께 독일 선동 영화 〈유전적인 결함이 있는 사람들〉 배포. 미 육군 항공병 장교 가족에 대한 소득 지원 프로그램 실행.
1939-1966년	어니스트 서비어 콕스와 미시시피 상원의원 시어도어 길모어 빌보가 연방 의회에서 흑인 아프리카 송환 법안 통과를 추진하는 데 재정적, 전략적 도움 제공.
1958년	드레이퍼, 프레더릭 오스본의 후임으로 해리 프레더릭 웨이어 주니어를 회장으로, 존 B. 트레버 주니어를 재무 담당으로 임명.
1959-1979년	'국제 민속지학 및 우생학 진흥회'에 자금 지원.
1959년-현재	『계간 인류』에 자금 지원. 초대 운영 위원회에는 심리학자 헨리 개럿, 동물학자 로버트 E. 커트너, 정치학자 A. 제임스 그레거, 도널드 A. 스완 등이 참여함.
1959-1963년	칼턴 퍼트넘, '전국 퍼트넘 서신 위원회' 설립.
1961년	칼턴 퍼트넘의 『인종과 이성』 출간 및 배포에 자금 지원.
1963-1964년	파이오니어 재단의 자금 지원을 받은 R. 트레비스 오스본과 파이오니어 재단 회장 헨리 개럿이 조지아주 서배너의 '스텔 대 서배너-채텀 카운티 교육 위원회' 사건과 미시시피주 잭슨의 '에버스 대 잭슨시 분리 학교 위원회' 사건에서 증언함. 하급 법원들이 '브라운 대 교육 위원회'의 대법원 판결을 훼손하는 판결을 하게끔 영향을 미치려는 시도였음.
1964년	'주의 권리 위원회'와 '미시시피 시민 카운실', '미시시피 카운실 학교 재단'과 함께 백인 학생 전용 사립학교 시스템을 위한 운동 전개.
1964년	미시시피주에서 인종주의적 아젠다를 추진하기 위한 새터필드 계획

에 자금 지원. 하지만 세 명의 민권 운동가가 살해되는 사건 이후 미시시피 주지사가 해리 웨이어 주니어에게 돈을 돌려줌.

1968-1976년 윌리엄 쇼클리와 '우생학 및 열생학 교육연구재단'에 자금 지원.

1969-1978년 아서 젠슨이 『하버드 교육 리뷰』에 인종에 대한 글을 쓴 뒤 쇼클리-젠슨 팀에 자금 지원.

1973-1999년 아서 젠슨과 그가 캘리포니아대학 버클리캠퍼스에 세운 '교육적 차이 연구소'에 자금 지원.

1973-1996년 로저 피어슨과 그가 세운 인류학연구소에 자금 지원.

1978년 로저 피어슨, 『계간 인류』를 인수하고 편집장이 됨.

1979-2000년 토머스 부샤르의 미네소타 쌍둥이 가족 연구에 자금 지원.

1980년대 젠슨의 『정신 검사에 대한 솔직한 이야기』(1981) 출간을 돕기 위해 '인간의 이해 재단'에 자금 지원. 스탠리 버넘의 『미국의 이중적 위기 백인 사회에서의 흑인의 지능』(1985) 출간에 자금 지원.

1981년 피어슨에게 도널드 A. 스완의 도서 소장품을 구비할 건물 구매 자금 지원.

1980년대-현재 '새로운 편견의 군단' 일원들에게 자금 지원. 다음과 같은 사람들이 포함됨. 심리학자 한스 J. 아이젠크, 사회학자 로버트. A 고든, 교육심리학자 린다 S. 갓프레드슨, 유전학자 글라이드 휘트니, 철학 교수 마이클 레빈, 심리학 교수 J. 필립 러시턴(2002-2012년 파이오니어 재단 회장), 심리학 명예 교수 리처드 린(파이오니어 재단 공동 회장).

1983년-현재 미국이민통제재단에 자금 지원.

1984년-현재 존 탠턴의 미국이민개혁연맹에 자금 지원.

1991년 재러드 테일러, 아메리칸 르네상스 재단 설립 및 『아메리칸 르네상스』 창간. 파이오니어 재단과 밀접함.

1994년 리처드 헌스타인과 찰스 머리, 『벨 커브』 출간. 파이오니어 재단 일원인 리처드 린의 유사 과학을 근거로 제시함.

2010-2011년 애리조나주와 앨라배마주, 크리스 코백(미국이민개혁연맹에서 활동하는 변호사)이 초안을 잡은 반이민법 통과.

참고문헌

- Addy, S. 2011. *The New Alabama Immigration Law: A Preliminary Macroeconomic Assessment.* Tuscaloosa, AL: Center for Business and Economic Research, University of Alabama.
- Agassiz, L. 1850a. The Geographic Distribution of Animals. *Christian Examiner and Religious Miscellany* 48:181-204.
- _____. 1850b. The Diversity of Origins of the Human Races. *Christian Examiner and Religious Miscellany* 49:110-145.
- _____. 1854. Sketch of the Natural Provinces of the Animal World and Their Relation to Types of Man. 다음에 수록됨. G. R. Nott and J. C. Gliddon, eds., *Types of Mankind*, lviiilxxvi. Philadelphia: Lippincott, Grambo & Co.
- Aichel, O., and O. von Vorwort Verschuer. 1934. Vorwort. *Zeitschrift für Morphologie und Anthropologie* 34: vvi.
- Allen, G. E. 1978. *Thomas Hunt Morgan: The Man and His Science.* Princeton, NJ: Princeton University Press.
- _____. 1986. The Eugenics Record Office at Cold Spring Harbor, 19101940. Osiris 2:225-264.
- _____. 2001a. The Biological Basis of Crime: An Historical and Methodological Study. *History and Sociology of the Physical and Biological Sciences* 31:183-222.
- _____. 2001b. Is a New Eugenics Afoot? *Science.* 294:59-71.
- _____. 2004. Heredity, Development, and Evolution at the Carnegie Institution of Washington. In J. Maienschein, N. Glitz, and G. E. Allen, eds., *Centennial History of the Carnegie Institution of Washington.* Cambridge: Press Syndicate of the University of Cambridge.
- _____. 2011. Eugenics and Modern Biology: Critiques of Eugenics, 1910-1945. *Annals of Human Genetics* 75:314-325.
- _____. 2013. "Culling the Herd": Eugenics and the Conservation Movement in the United States, 19001940. *Journal of the History of Biology* 46:31-72.
- Amato G., and J. Gatesy. 1994. PCR Assays of Variable Nucleotide Sites for Identification of Conservation Units. 다음에 수록됨. B. Schierwater, B. Streit, G. P. Wagner, and R. DeSalle, eds., *Molecular Ecology and Evolution: Approaches and Applications*, 215-226. Basel: Birkhäser Verlag.
- American Association of Physical Anthropologists. 1996. AAPA Statement on Biological Aspects of Race. *American Journal of Physical Anthropology* 101:569-570.
- American Presidency Project. n.d. Press Release: Mitt Romney Announces Support of

Kansas Secretary of State Kris Kobach. January 11, 2012. 다음에서 가져옴. http://www.presidency.ucsb.edu/ws/?pid99028.

· American Renaissance. 2014a. 컨퍼런스. 아메리칸 르네상스 웹사이트. 다음에서 가져옴. http://www.amren.com/archives/conferences/.

· _____. 2014b. 프린트백 이슈. 아메리칸 르네상스 웹사이트. 다음에서 가져옴.

· _____. 2014. The Morality of Survival, Part I. 다음에서 가져옴. http://www.amren.com/archives/back-issues/july-1995/.

· Anderson, S., and J. L. Anderson. 1986. *Inside the League: The Shocking Exposé of How Terrorists, Nazis, and Latin American Death Squads Have Influenced the World Anticommunist League.* New York: Dodd, Mead.

· AntiDefamation League. 2011. Jared Taylor/American Renaissance. 다음에서 가져옴. http://www.adl.org/main_Extremism/jared_taylor_eia_entry.htm?Multi_page_sectionssHeading_7.

· _____. 2012. Jared Taylor/American Renaissance: Recent Activity. 다음에서 가져옴. http://www.adl.org/Learn/Ext_US/jared_taylor/activity.asp?LEARN_CatExtremism&LEARN_SubCat Extremism_in_America&xpicked2&itemtaylor.

· Baehre, R. 2008. Early Anthropological Discourse on the Inuit and the Influence of Virchow on Boas. *Études/Inuit/Studies* 32:13-34.

· Bahar, A., and W. Kugel. 2001. *Der Reichtagsbrand: Wie Geschichte gemacht wird.* Berlin: Edition Q.

· Barash, D. P. 1995. 서평. Race, Evolution, and Behavior. *Animal Behaviour* 49:1131-1133.

· Barbujani, G., A. Magagni, E. Minch, and L. L. CavalliSforza. 1997. An Apportionment of Human DNA Diversity. *Proceedings of the National Academy of Sciences* 94:4516-4519.

· Barkan, E. 1992. *The Retreat of Scientific Racism.* Cambridge: Cambridge University Press.

· Barker, M. 2010. Foundations and Anthropology in the United States. Dissident Voice, September 15. 다음에서 가져옴. http://dissidentvoice.org/2010/09/foundations-and-anthropology-in-the-united-state.

· Barnes, R. 2012. Supreme Court Rejects Much of Arizona Immigration Law. *Washington Post*, June 25.

· Baur, E. 1911. *Einführung in die experimentelle Vererbungslehre.* Berlin: Verlag von Gebrüder Borntraeger.

· _____. 1924. Berlin: From Our Regular Correspondent. *Journal of the American Medical Association* 21:1709-7110.

· Baur, E., E. Fischer, and F. Lenz. (1921) 1931. *Menschliche Erblichkeitslehre und Rassen hygiene.* Munich: J. F. Lehmann.

· Beadle, A. P. 2012. On MLK Day, Romney Campaigning with AntiImmigrant Official Tied to Hate Groups. Thinkprogress Justice, January 16. 다음에서 가져옴. http://thinkprogress.org/justice/2012/01/16/404357/romney-campaigning-with-anti-immigrant-official-with-ties-to-hat e-groups-on-martin-luther-king-day/.

· Beadle, A. P., M. Diamond, and I. Millhiser. 2012. Kris Kobach, Author of AntiImmigrant State Laws, Backs Mitt Romney in GOP Race. Thinkprogress Justice, January 11. 다음에서 가져옴. http://thinkprogress.org/justice/2012/01/11/402550/kris-kobach-author-of-anti-immigrant-state-laws-backs-mitt-romney-in-gop-race/.

· Beals, K. L., C. L. Smith, and S. M. Dodd. 1984. Brain Size, Cranial Morphology, Climate, and Time Machines. *Current Anthropology* 25:301-330.

· Beebee, H. 2011. David Hume. 다음에 수록됨. D. Pritchard and S. Bernecker, eds., The Routledge *Companion to Epistemology*, 730-740. New York: Routledge.

· Begon, M., and M. Mortimer. 1981. *Population Ecology: A Unified Study of Animals and Plants.* New York: Sunderland Sinauer Associated.

· Beirich, H. 2007. Federation for American Immigration Reform's Hate Filled Track Record. *Intelligence Report* 128 (Winter). 다음에서 가져옴. http://www.splcenter.org/get-informed/intelligence-report/browse-all-issues/2007/winter/the-teflon-nativists.

· _____. 2008. The Tanton Files: FAIR Founder's Racism Revealed. Hatewatch, September 19. 다음에서 가져옴. http://www.splcenter.org/blog/2008/09/19/tanton-fair-founder-racism/.

· _____. 2010. Hate Group Lawyer Drafted Arizona's AntiImmigration Law. Hatewatch, April 28. 다음에서 가져옴. http://www.splcenter.org/blog/2010/04/28/hate-group-lawyer-drafted-arizona-anti-immigrant-law/.

· Benedict, R. 1934. *Patterns of Culture*. Boston: Houghton Mifflin.

· Benedict, R., and G. Wetfish. 1946. *The Races of Mankind*. Public Affairs Pamphlet no. 85. New York: Public Affairs Committee, Inc.

· Benson, C. 1995. Ireland's "Low" IQ: A Critique. 다음에 수록됨. R. Jacoby and N. Glauberman, eds., *The Bell Curve Debate: History, Documents, Opinions*, 222-233. New York: Times Books.

· Benson, P. 2011. Altruism and Cooperation among Humans: The Ethnographic Evidence: Introduction Part III. 다음에 수록됨. R. W. Sussman and C. R. Cloninger, eds., Origins of Altruism and Cooperation, 195-202. New York: Springer.

· Berkowitz, A. 1999. Our Genes, Ourselves? 다음에 수록됨. R. W. Sussman, ed., *The Biological Basis of Human Behavior*, 360-370. Upper Saddle River, NJ: Prentice Hall.

· Berlet, C. 2003. Into the Mainstream. Intelligence Report 10 (Summer). 다음에서 가져옴. http://www.splcenter.org/get-informed/intelligence-report/browse-all-issues/2003/summer/into-the-mainstream?page0,1.

· Biddiss, M. D. 1970. *Father of Racist Ideology: The Social and Political Thought of Count Gobineau*. London: Weidenfeld and Nicolson.

· Billig, M. 1979. *Psychology, Racism, and Fascism*. Birmingham: A. F. and R. Publications.

· Binet, A., and T. Simon. 1905. Méthodes nouvelles pour le diagnostic du niveau intellectuel des anormaux. *L'Année psychologique* 11:191-244.

- _____. 1908. Le development de l'intelligence chez les enfants. *L'Année psychologique* 14:1-94.
- Black, E. 2001. *IBM and the Holocaust: The Strategic Alliance between Nazi Germany and America's Most Powerful Corporation*. New York: Crown Publishers.
- _____. 2003. *War against the Weak: Eugenics and America's Campaign to Create a Master Race*. New York: Four Walls Eight Windows.
- _____. 2009. American Corporate Complicity Created Undeniable Nazi Nexus. The Cutting Edge, March 9. 다음에서 가져옴. http://www.thecuttingedgenews.com/index.php?article11168.
- Blackman, D. A. 1999. Silent Partner: How the South's Fight to Uphold Segregation Was Funded Up North. Slavery by Another Name, June 11. http://www.slaverybyanothername.com/other-writings/silent-partner-how-the-souths-fight-to-uphold-segregation-was-funded-up-north/.
- Blumenbach, J. F. 1795. *On the Natural Variety of Mankind*. 번역 및 편집: Thomas Bendyshe. 다음에 수록됨. *The Anthropological Treatises of Johann Friedrich Blumenbach. London*: Longman, Green, Longman, Roberts, & Green.
- Boas, F. 1887a. Anthropology in the American and British Associations for the Advancement of Science. Science 10 (JulyDecember):231-232.
- _____. 1887b. Letter. Science 9 (June 17):587-589.
- _____. (1889) 1940. *Die Ziele der Ethnologie (The Aims of Ethnology)*. 다음에 재수록됨. F. Boas, Race, Language, and Culture, 626-638. Toronto: CollierMacmillan Canada.
- _____. (1894a) 1940. The HalfBlood Indian: An Anthropometric Study. Popular Science Monthly 45:761770. 다음에 재수록됨. F. Boas, *Race, Language, and Culture*, 138-148. Toronto: Collier-Macmillan Canada.
- _____. (1894b) 1974. Human Facility as Determined by Race. *Proceedings of the American Association for the Advancement of Science* 43:301-327. 다음에 재수록됨. G. W. Stocking Jr., *The Shaping of American Anthropology, 1883-1811: A Franz Boas Reader*, 221-242. New York: Basic Books.
- _____. (1896) 1940. The Limitations of the Comparative Method in Anthropology. Science 4:901908. 다음에 재수록됨. F. Boas, *Race, Language, and Culture*, 270-280. Toronto: Collier-Macmillan Canada.
- _____. 1904a. Some Traits of Primitive Culture. *Journal of American Folklore* 17:243-254.
- _____. 1904b. The History of Anthropology. Science n.s. 20 (October 21):513-524.
- _____. 1911a. *Changes in Bodily Form of Descendants of Immigrants*. Reports of the Immigration Commission, vol. 38. Washington, DC: Government Printing Office.
- _____. 1911b. *The Mind of Primitive Man*. New York: Macmillan.
- _____. 1916. Eugenics. *Scientific Monthly* 3:471-478.

- _____. 1917. Inventing a Great Race: Review of *Passing of the Great Race* by Madison Grant. New Republic 9:305-307.
- _____. 1919. Scientists as Spies. *Nation* 109:797.
- _____. 1921. The Problem with the American Negro. *Yale Review* 10:384-395.
- _____. 1928. *Anthropology and Modern Life*. New York: Dover Publications.
- _____. 1931. Race and Progress. *Science* 74:1-8.
- _____. (1932) 1940. The Aims of Anthropological Research. Science 76:605-613. 다음에 재수록됨. F. Boas, *Race, Language, and Culture*, 243-259. Toronto: Collier-Macmillan Canada.
- _____. (1936) 1940. History and Science in Anthropology: A Reply. American Anthropologist 38:137141. 다음에 재수록됨. F. *Boas, Race, Language, and Culture*, 305-311. Toronto: Collier-Macmillan Canada.
- _____. (1938) 1974. The Background of My Earlier Thinking. 다음에 수록됨. G. W. Stocking Jr., ed., *The Shaping of American Anthropology*, 1883-1911: A Franz Boas Reader, 41-42. New York: Basic Books.
- _____. 1940. *Race, Language, and Culture*. Toronto: CollierMacmillan Canada.
- _____. 1945. *Race and Democratic Society*, New York, J. J. Augustin.
- Boas, F., A. Hrdlička, and A. M. Tozzer. 1919. *My Dear Professor Hale*: At the Meeting of the American Anthropological Association. *American Anthropologist* 21:216-218.
- Bok, Hilary. 2010. Baron de Montesquieu, Charles-Louis de Secondat. 다음에 수록됨. *Stanford Encyclopedia of Philosophy*. 다음에서 가져옴. http://plato.stanford.edu/entries/montesquieu.
- Bouchard, T. J. Jr. 1984. Twins Reared Together and Apart: What They Tell Us about Human Diversity. 다음에 수록됨. S. Fox, ed., *Individuality and Determinism: Chemical and Biological Bases*, 147-184. New York: Plenum.
- _____. 1994. Genes, Environment, and Personality. *Science* 264:1700-1701.
- Boyce, M. S. 1984 Restitution of r- and KSelection as a Model of DensityDependent Natural Selection. *Annual Review of Ecology and Systematics* 15:427-447.
- Brace, C. L. 1995. *The Stages of Human Evolution*. 5th ed. Englewood Cliffs, NJ: Prentice Hall.
- _____. 1996. Racialism and Racist Agendas: Review of Race, *Evolution, and Behavior: A Life History Perspective*, by Philippe Rushton. American Anthropologist 98:176-177.
- _____. 1999. An Anthropological Perspective on "Race" and Intelligence: The Non-Clinal Nature of Human Cognitive Capabilities. *Journal of Anthropological Research* 55:245-264.
- _____. 2005. *"Race" Is a FourLetter Word: The Genesis of the Concept*. New York: Oxford University Press.
- Brace, C. L., G. R. Gamble, and J. T. Bond. 1971. Introduction to Jensenism. 다음에 수록됨. C. L. Brace, G. R. Gamble, and J. T. Bond, eds., *Race and Intelligence*. Anthropological Studies no. 8. Washington, DC: American Anthropological Association.

- Brigham, C. C. 1923. *A Study of American Intelligence*. Princeton, NJ: Princeton University Press.

- _____. 1930. Intelligence Tests of Immigrant Groups. Psychological Review 37:158-165.

- British Medical Journal. 1912. First International Eugenics Conference. *British Medical Journal* 2 (2692): 253-255.

- Brown, D. E. 1991. *Human Universals*. Philadelphia: Temple University Press.

- Brugge, D. 2010. Pulling up the Ladder: The AntiImmigration Backlash. Political Research Associates. 다음에서 가져옴. http://www.publiceye.org/magazine/v09n2/immigran.html.

- Bruinius, H. 2006. *Better for All the World: The Secret History of Forced Sterilization and America's Quest for Racial Purity*. New York: Alfred A. Knopf.

- Buffon, comte de. 1785. *Histoire naturelle, générale and particuliere. Histoire naturelle*, tome V. Paris: Chez Sanson & Compagnie.

- Bulmer, M. 2003. *Francis Galton: Pioneer of Heredity and Biometry*. Baltimore, MD: Johns Hopkins University Press.

- Burghart, D. 2012. Kansas Secretary of State to Share Stage with White Nationalist at CPAC. Institute for Research and Education on Human Rights, February 9. 다음에서 가져옴. http://www.irehr.org/issue-areas/race-racism-and-white-nationalism/item/396-kansas-secretary-of-state-to-share-stage-with-white-nationalist-at-cpac.

- Burnham, S. 1985. *America's Bimodal Crisis: Black Intelligence in White Society*. Athens, GA: Social Sciences Press.

- _____. 1993. *America's Bimodal Crisis: Black Intelligence in White Society*. 2nd ed. Athens, GA: Foundation for Human Understanding.

- Cain, O. P., and C. H. Vanderwolf. 1989. A Critique of Rushton on Race, BrainSize Intelligence. *Personality and Individual Differences* 11:777-784.

- Cartmill, M. 1998. The Status of the Race Concept in Physical Anthropology. *American Anthropologist* 100:651-660.

- Cernovsky, Z. Z. 1993. Race and Brain Weight: A Note on J. P. Rushton's Conclusions. *Psychological Reports* 66:337-338.

- Chamberlain, H. S. (1899) 1910. Foundations of the Nineteenth Century. 2 vols. 번역: J. Lees. London: John Lane, Broadly Head.

- _____. (1905) 1914. *Immanuel Kant. Die Persönlichkeit als Einführung in das Werk*. Munich: F. Bruckmann. 다음의 영어본으로 출간됨. *Immanuel Kant: A Study and Comparison with Goethe, Leonardo da Vinci, Bruno, Plato and Descartes*. 번역: Baron A. B. F.M. Redesdale. London: John Lane.

- Charney, E. 2013. Still Chasing Ghosts: A New Genetic Methodology Will Not Find the "Missing Heritability." Independent Scientific News, Sept. 19. 다음에서 가져옴. http://www.independentsciencenews.org/health/still-chasing-ghosts-a-new-genetic-methodology-willnot-find-the-missing-heritability/.

· Chase, A. 1977. *The Legacy of Malthus: The Social Costs of the New Scientific Racism*. New York: Alfred A. Knopf.

· Clifford, D. 2004. Lamarck (17441829). The Victorian Web: History, Literature, and Culture in the Age of Victoria. 다음에서 가져옴. http://www.victorianweb.org/science/lamarck1.html.

· Cloud, J. 2010. Why DNA Isn't Your Destiny. Time Magazine, January 6. 다음에서 가져옴. http://www.time.com/time/magazine/article/0,9171,1952313,00.html.

· CNN. 2012. Florida Debate January 26, 2012. YouTube video. 다음에서 가져옴. http://www.youtube.com/watch?vdj10nUvBQWk.

· Cohen, J. 2007: *Christ Killers: The Jews and the Passion from the Bible to the Big Screen*. New York: Oxford University Press.

· Cole, D. 1999. *Franz Boas: The Early Years, 1858-1906*. Vancouver: Douglas & McIntyre.

· Collins, C., B. LeondarWright, and H. Sklar. 1999. *Shifting Fortunes: The Perils of the Growing American Wealth Gap*. Boston: United for a Fair Economy.

· Coon, C. S. 1962. *The Origin of Races*. New York: A. A. Knopf.

· Cornwell, J. 2003. *Hitler's Scientists: Science, War and the Devil's Pact*. New York: Penguin.

· Count, E. W. 1950. *This Is Race: An Anthology Selected from the International Literature on the Races of Man*. New York: Henry Schuman.

· Covert Action. 1986. The Checkered Careers of James Angleton and Roger Pearson. Covert *Action* 25 (Winter):2738.

· Cox, E. S. 1923. *White America*. Charlottesville, VA: University of Virginia Press.

· _____. 1951. Teutonic Unity. Richmond, VA: 저자가 출간.

· Craig, E. 1987. *The Mind of God and the Works of Man*. Oxford: Clarendon Press.

· Cravens, H. 1978. *The Triumph of Evolution: American Scientists and the Heredity-Environment Controversy*, 19001944. Philadelphia: University of Pennsylvania Press.

· _____. 2009. Race, IQ, and Politics in TwentiethCentury America. 다음에 수록됨. P. Farber and H. Cravens, ed., *Race and Science: Scientific Challenges to Racism in Modern America*, 152-184. Corvallis, OR: Oregon State University Press.

· Crawford, J. 1993. *Hold Your Tongue: Bilingualism and the Politics of English Only*. Boston: Addison-Wesley.

· Crew, F. A. E., C. D. Darlington, J. B. S. Haldane, C. Harland, L. T. Hogben, J. S. Huxley, H. J. Muller, J. Needham, G. P. Child, P. C. Koller, P. R. David, W. Landauer, G. Dahlberg, H. H. Plough, T. Dobzhansky, B. Price, R. A. Emerson, J. Schultz, C. Gordon, A. G. Steinberg, J. Hammond, C. H. Waddington, and C. L. Huskins. 1939. Social Biology and Population Improvement. Nature 144:521-522.

· Damu, J. 2012. ArizonaAlabama Immigration Laws Recall 1935 Germany. People's World,

January 26. 다음에서 가져옴. http://www.peoplesworld.org/alabama-arizona-immigration-laws-recall-1935-germany/.

· Darnell, R. 1971. The Professionalization of American Anthropology: A Case Study in the Sociology of Knowledge. Social Science Information 10:83-103.

· Darwin, C. (1859) 1860. *The Origin of Species by Means of Natural Selection*. 6th ed. London: A. L. Burt.

· _____. (1871) 1874. *The Descent of Man and Selection in Relation to Sex*. 2nd ed. Chicago: The Henneberry Company.

· Davenport, C. B. 1910. *Eugenics: The Science of Human Improvement by Better Breeding*. New York: Henry Holt & Company.

· _____. 1911. *Heredity in Relation to Eugenics*. New York: Henry Holt & Company.

· _____. 1912. The Inheritance of Physical and Mental Traits of Man and Their Application to Eugenics. 다음에 수록됨. W. E. Castle, J. M. Coulter, C. B. Davenport, E. M. East, and W. L. Tower, eds., *Heredity and Eugenics*, 269-288. Chicago: University of Chicago Press.

· _____. 1913. *State Laws Limiting Marriage Selection Examined in the Light of Eugenics*. Eugenics Record Office Bulletin no. 9. Cold Spring Harbor, NY: Eugenics Record Office.

· _____. 1920. Twins in the Census. *Eugenical News* 4:16.

· _____. 1928. Race Crossing in Jamaica. *Scientific Monthly* 27 (September):225-228.

· Davenport, C. B., and A. G. Love. 1921. *The Medical Department of the United States Army in the World War*. Vol. 15, *Statistics*. Part I. Washington, DC: Government Printing Office.

· Davenport, C. B., and H. Laughlin. 1915. *How to Make a Eugenical Family Study*. Eugenics Record Office Bulletin no. 13. Cold Spring Harbor, NY: Eugenics Record Office.

· _____. 1917. The Great Nordic Race. *Eugenical News* 2 (2):10-11.

· Davenport, C. B., and M. Steggerda. 1929. *Race Crossing in Jamaica*. Publication 395. Washington, DC: Carnegie Institution of America.

· Dawkins, R. 1976. *The Selfish Gene*. New York: Oxford University Press.

· Degler, C. N. 1991. *In Search of Human Nature: The Decline and Revival of Darwinism in American Social Thought*. New York: Oxford University Press.

· Demerec, M., ed. 1951. *Origin and Evolution of Man*. Cold Spring Harbor Symposia on Quantitative Biology, vol. 15. Cold Spring Harbor, NY: Biology Laboratory.

· Dobzhansky, T. 1950. Evolution in the Tropics. *American Scientist* 38:209-221.

· Domhoff, G. W. 2013. Wealth, Income, and Power. Who Rules America? 다음에서 가져옴. http://whorulesamerica.net/power/wealth.html.

· Dorsey, G. A. 1928. *Race and Civilization*. New York: Longmans, Green & Company.

· Dugdale, R. L. (1877) 1891. *The Jukes: A Study of Crime, Pauperism, Disease, and Heredity*. 5th ed. New York: G.P. Putnam's Sons.

- Duke, D. 1998. *My Awakening: A Path to Racial Understanding*. Mandeville, LA: Free Speech Press.
- East, E. M., and D. F. Donald. 1919. *Inbreeding and Outbreeding: Their Genetic and Sociological Significance*. Philadelphia: Lippincott.
- The Economist. 2012. Caught in the Net: Alabama's Immigration Law Is Proving Too Strict and Too Costly. The Economist, January 12. 다음에서 가져옴. http://www.economist.com/node/21543541.
- Edgar, H. J. H., and K. L. Hunley, eds. 2009. Race Reconciled? How Biological Anthropologists View Race. Special issue, *American Journal of Physical Anthropology* 139:1-107.
- Edsall, T. B., and D. A. Vise. 1985. CBS Fight a Litmus Test for Conservatives: Helms Group Faces Legal Hurdles in Ideological Takeover Bid. Washington Post, March 31. 다음에서 가져옴. http://www.ferris.edu/isar/Institut/pioneer/helms.htm.
- Ehrenreich, E. 2007. Otmar von Verschuer and the "Scientific" Legitimization of Nazi AntiJewish Policy. *Holocaust and Genocide Studies* 21:55-72.
- Eisenberg, L. 1995. The Social Construction of the Human Brain. *American Journal of Psychiatry* 152:1563-1575.
- Elden, S. 2011. *Reintroducing Kant's Geography*. Albany: State University of New York Press.
- Ellwood, C. A. 1906. The Color Line. *American Journal of Sociology* 11:572.
- Elmer, G. A., and E. E. Elmer. 1988. *Ethnic Conflict Abroad: Clues to America's Future*. Monterey, VA: American Immigration Control Foundation.
- Engs, R. C. 2005. *The Eugenics Movement: An Encyclopedia*. Westport, CT: Greenwood Press.
- Epstein, E. J. 1983. Ruling the World of Money. *Harper's Magazine* (November):25-32.
- Erickson, P. A. 1986. The Anthropology of Josiah Clark Nott. *Kroeber Anthropological Society Papers* 6566:103-120.
- Estabrook, A. H. 1916. *The Jukes* in 1915. Washington, DC: Carnegie Institution of Washington.
- Eysenck, H. J. 1971. *The IQ Argument: Race, Intelligence, and Education*. New York: Library Press.
- _____. 1985. *Decline and Fall of the Freudian Empire*. Washington, D.C.: ScottTownsend Publishers.
- Eze, E. C. 1995. The Color of Reason: The Idea of "Race" in Kant's Anthropology. 다음에 수록됨. K. M. Faull, ed., *Anthropology and the German Enlightenment: Perspectives on Humanity*, 200241. Lewisburg, PA: Bucknell University Press.
- Farber, S. L. 1981. *Identical Twins Reared Apart: A Reanalysis*. New York: Basic Books.
- Farber, P. L. 2009. Changes in Scientific Opinion on Race Mixing: The Impact of the Modern Synthesis. 다음에 수록됨. P. Farber and H. Cravens, ed., *Race and Science: Scientific Challenges to Racism in Modern America*, 130-151. Corvallis: Oregon State University Press.
- _____. 2011. *Mixing Races: From Scientific Racism to Modern Evolutionary Ideas*. Baltimore,

MD: Johns Hopkins University Press.

· Fischer, E. 1913. *Die Rehobother Bastards und das Bastardierungsproblem beim Menschen: Anthropologische und Ethnographiesche Studien am Rehobother Bastardvolk in Deutsch-Südwest-Afrika.* Jena: G. Fischer.

· _____. 1914. Racial Hybridization. *Journal of Heredity* 10:465-467.

· _____. 1937. Vorwort. 다음에 수록됨. M. Grant, *Die Eroberung eines Kontinents oder die Verbreitung der Rassen in Amerika.* 번역: C. C. Bryant. Berlin: Alfred Metzner

· _____. 1959. *Begegnungen mit Toten: Aus den Erinnerungen eines Anatomen.* Freiburg: H. F. Schulz.

· Fish, J. M. 1999. Why Psychologists Should Learn Some Anthropology. 다음에 수록됨. R. W. Sussman, ed., *The Biological Basis of Human Behavior*, 197-198. Upper Saddle River, NJ: Prentice Hall.

· _____. 2002. *Race and Intelligence: Separating Science from Myth.* Mahwah, NJ: Lawrence Erlbaum Associates.

· _____. 2013. *The Myth of Race.* Lexington, KY: Argo Navis.

· Fish, S. 1993. Reverse Racism, or How the Pot Got to Call the Kettle Black. The Atlantic, November 1. 다음에서 가져옴. http://www.theatlantic.com/magazine/archive/1993/11/reverse-racism-or-how-the-pot-got-to-call-the-kettle-black/304638/.

· Fitzgerald, F. S. 1925. *The Great Gatsby.* New York: Charles Scribner's Sons.

· Fletcher, R. 1891. The New School of Criminal Anthropology. *American Anthropologist* 4:201-236.

· Francis, S. 1995. Prospects for Racial and Cultural Survival. *American Renaissance* 6:16.

· _____. 1998, December. Race and American Identity (Part I): To Claim That We Are a "Universal Nation" Is to Deny the Past. American Renaissance 9 (2):14. 다음에서 가져옴. http://www.unz.org/Pub/AmRenaissance-1998dec-00001.

· _____. 1999, January. Race and American Identity (Part II): Americans Have Long Taken Racial Nationalism for Granted. American Renaissance 10 (1):5. 다음에서 가져옴. http://www.unz.org/Pub/AmRenaissance-1999jan-00005.

· Frick W. 1934. German Population and Race Politics. Eugenical News 19 (2):33-38.

· Fry, D. P. 2006. *The Human Potential for Peace: An Anthropological Challenge to Assumptions about War and Violence.* New York: Oxford University Press.

· _____. 2013. *War, Peace, and Human Nature: The Convergence of Evolutionary and Cultural Views.* Oxford: Oxford University Press.

· Fuentes, A. 2012. *Race, Monogamy, and Other Lies They Told You: Busting Myths about Human Nature.* Berkeley, CA: University of California Press.

· Galton, F. 1865. Hereditary Talent and Character. *Macmillan's Magazine* 12:157-166, 318-227.

· _____. 1869. *Hereditary Genius: An Inquiry into Its Laws and Consequences.* London:

Macmillan.

- _____. 1875. The History of Twins, as a Criterion of the Relative Powers of Nature and Nurture. *Fraser's Magazine* 12:566-576.
- _____. 1883. Inquiries into Human Faculty and Its Development. London: Macmillan.
- Garis, R. L. 1927. *Immigration Restriction: A Study of the Opposition to and Regulation of Immigration into the United States*. New York: Macmillan.
- Garrett, H. E., and H. Bonner. 1961. *General Psychology*. 2nd rev. ed. New York: American Book Company.
- Geertz, C. 1973. *The Interpretation of Cultures: Selected Essays by Clifford Geertz*. New York: Basic Books.
- George, W. C. 1962. *The Biology of the Race Problem*. New York: Putnam National Letters Committee.
- Gillette, A. 2011. *Eugenics and the NatureNurture Debate in the Twentieth Century*. New York, Palgrave Macmillan.
- Gilman, J. 1924. Statistics and the Immigration Problem. *American Journal of Sociology* 30:29-48.
- Gledhill, J. 2008. Anthropology and Espionage (2). Media/Anthropology, November 29. 다음에서 가져옴. http://johnpostill.com/2008/11/29/anthropology-and-espionage-2/.
- Gobineau, J.A. Comte de 18531855. *Essai sur l'inégalité des races humaines*. 4 vols. Paris: Didot Frères.
- _____. 1856. *The Moral and Intellectual Diversity of Races*. Philadelphia: Lippincott, Grambo & Co.
- Goddard, H. H. 1912. *The Kallikak Family: A Study in the Heredity of Feeblemindedness*. New York, Macmillan.
- _____. 1913. The Binet Tests in Relation to Immigration. *Journal of Psycho-Asthenics* 18:105-107.
- _____. (1914) 1973. *Mental Illness and Social Policy*. New York: Arno Press Inc.
- _____. 1919. *Psychology of the Normal and Subnormal*. New York: Dodd, Mead & Co.
- _____. 1920. *Human Efficiency and Levels of Intelligence*. Princeton, NJ: Princeton University Press.
- _____. 1927. Who Is a Moron? *Scientific Monthly* 24:4146.
- Gordon, I. 2013. Big Surprise: Kris Kobach Still Believes in SelfDeportation. Mother Jones, April 22. 다음에서 가져옴. http://www.motherjones.com/kris-kobach-self-deportation-senate-immigration-bill.
- Gossett, T. F. 1965. *Race: The History of an Idea in America*. New York: Schocken Books.
- Gottfredson, L. J. 1997. Why g Matters: The Complexity of Everyday Life. *Intelligence* 24:79-132.
- Gould, S. J. 1977a. *Ever since Darwin*. New York: W. W. Norton.

- _____. 1978. Ethnic and Racial Differences in Intelligence, International Comparisons. 다음에 수록됨. R. T. Osborne, C. E. Noble, and N. Weyl, eds., *Human Variation: The Biopsychology of Age, Race, and Sex*, 261286. New York: Academic Press.
- _____. 1987. The Intelligence of the Mongoloids: A Psychometric, Evolutionary and Neurological Theory. *Personality and Individual Differences* 8:813-844.
- _____. 1991a. The Evolution of Racial Differences in Intelligence. *Mankind Quarterly* 32:99-121.
- _____. 1991b. Civilization and the Quality of Population. *Journal of Social, Political and Economic Studies* 1:121-123.
- _____. 1994a. Some Reinterpretations of the Minnesota Transracial Adoption Study. *Intelligence* 19:21-27.
- _____. 1994c. Research That Was to Prove Jensen Wrong Proves Him Right. *American Renaissance* 5 (March):4.
- _____. 2001. *Eugenics: A Reassessment*. Westport, CT: Greenwood.
- _____. 2004. A Review of "A New Morality from Science: Beyondism." *Irish Journal of Psychology* 2.
- _____. 2011. *Dysgenics: Genetic Deterioration in Modern Populations*. 2nd rev. ed. Ulster: Ulster Institute for Social Research.
- Lynn, R., and T. Vanhanen. 2002. *IQ and the Wealth of Nations*. Westport, CT: Praeger/Greenwood.
- MacArthur, R., and E. O. Wilson. 1967. *The Theory of Island Biogeography*. Princeton, NJ: Princeton University Press.
- Mack, M. 2003. *German Idealism and the Jew: The Inner Anti-Semitism of Philosophy and German Jewish Responses*. Chicago: University of Chicago Press.
- MacKenzie, D. A. 1981. *Statistics in Britain, 18651930: The Social Construction of Scientific Knowledge*. Edinburgh: Edinburgh University Press.
- Malthus T. R. (1798) 2008. *An Essay on the Principle of Population*. Oxford: Oxford World's Classics.
- Marks, J. 1995. *Human Biodiversity: Genes, Race, and History*. New York: Aldine du Gruyter.
- _____. 2002. Folk Heredity. 다음에 수록됨. J. M. Fish, *Race and Intelligence: Separating Science from Myth*, 95112. Mahwah, NJ: Lawrence Erlbaum Associates.
- _____. 2010a. Why Were the First Anthropologists Creationists? *Evolutionary Anthropology* 19:222-226.
- _____. 2010b. The Two 20th Century Crises of Racial Anthropology. 다음에 수록됨. M. A. Little and K. A. R. Kennedy, eds., *Histories of American Physical Anthropology in the Twentieth Century*, 187206. Lanham, MD: Lexington Books.

- _____. 1977b. *Ontogeny and Phylogeny.* Cambridge, MA: Belknap Press.
- _____. 1994. The Curveball. *New Yorker*, November 28, 139-149.
- _____. 1995. Mismeasure by Any Measure. 다음에 수록됨. R. Jacoby, and N. Glauberman, eds., *The Bell Curve Debate: History, Documents, Opinions*, 313. New York: Times Books.
- _____. 1996. *The Mismeasure of Man.* Rev. and exp. ed. New York: W. W. Norton.
- Grant, M. 1916. *Passing of the Great Race.* New York: Charles Scribner's Sons.
- _____. 1918. *Passing of the Great Race: Or the Racial Basis of European History.* Rev. ed. New York: Charles Scribner's Sons.
- _____. 1919. Discussion of Article on Democracy and Heredity. *Journal of Heredity* 10:165.
- _____. 1925. America for the Americans. *Forum* 74:346-355.
- _____. 1928. Further Notes on the Racial Elements of European History. *Eugenical News* 13:120.
- _____. 1933. *The Conquest of a Continent, or the Expansion of Races in America.* New York: C. Scribner's Sons.
- Graves, J. L. Jr. 2001. *The Emperor's New Clothes: Biological Theories of Race at the Millennium.* New Brunswick, NJ: Rutgers University Press.
- _____. 2002a. What a Tangled Web He Weaves. *Anthropological Theory* 2:131-154.
- _____. 2002b. The Misuse of Life History Theory: J. P. Rushton and the Pseudoscience of Racial Hierarchy. 다음에 수록됨. J. M. Fish, ed., *Race and Intelligence: Separating Science from Myth*, 5794. Mahwah, NJ: Lawrence Erlbaum Associates.
- Gravlee, C. C., R. H. Bernard, and W. R. Leonard. 2003a. Heredity, Environment, and Cranial Form: A Reanalysis of Boas's Immigration Data. *American Anthropologist* 105:125-138.
- _____. 2003b. Boas's Changes in Bodily Form: The Immigrant Study, Cranial Plasticity, and Boas's Physical Anthropology. *American Anthropologist* 105:326-332.
- Greene, S. 1994. Letter to the Editor. *New York Times Book Review*, November 13, 75.
- Gregory, W. K. 1919. The Galton Society for the Study of the Origin and Evolution of Man. *Science* 49:267-268.
- Grimm, J. 1848. *Geschichte der deutschen Sprache.* Leipzig: Weidmannsche buchhandlung.
- Groves, C. 2008. *Extended Family: Long Lost Cousins. A Personal Look at the History of Primatology.* Arlington, VA: Conservation International.
- Guisepi, R. A. 2007. Asian Americans. International World History Project. 다음에서 가져옴. http://history-world-org/asian_americans.htm.
- Günther, H. F. K. (1922) 1930. *Rassenkunde des deutschen Volkes.* 15th ed. München: J. F. Lehmann.
- _____. 1927. *The Racial Elements of European History.* 번역: G. C. Wheeler. London: Methuen & Co.

- Guyer, P. (1998) 2004. Kant, Immanuel. In E. Craig, ed., *Routledge Encyclopedia of Philosophy*. London: Routledge. 다음에서 가져옴. http://www.rep.routledge.com/article/DB047.

- Hachee, M. R. 2011. Kant, Race, and Reason. 다음에서 가져옴. http://www.msu.edu/~hacheema/kant2/htm?iframetrue, August 3. 2013.

- Hacking, I. 1995. The Looping Effect of Human Kinds. 다음에 수록됨. D. Sperber, ed., *Causal Cognition: An Interdisciplinary Approach*, 351-383. Oxford: Oxford University Press.

- Haeckel, E. 1874. *Anthropologenie: Keimes- und Stammes-Geschichte des Manschen*. Leipzig: Engelmann.

- _____. 1892. *The History of Creation*. 번역: E. R. Lankester. London: Kegan Paul, Trench, Trubner & Co.

- _____. (1899) 1900. *The Riddle of the Universe: At the Close of the Nineteenth Century*. 번역: J. McCabe. New York: Harper & Brothers.

- Hall, E. R. 1960. Zoological Subspecies of Man. Mankind Quarterly 1:118. 다음에서 가져옴. http://www.amfiristbooks.com/IntroPages/ToolBarTopics/Articles.Other_Topics/Environ_vs_Genetic/ZoologicalSubspeciesOfMan.html.

- Hammond, J. H. 1981. Josiah C. Nott. 다음에 수록됨. D. G. Faust, ed., *The Ideology of Slavery: Proslavery Thought in the Antebellum South*, 206238. Baton Rouge: Louisiana State University Press.

- Hanke, L. 1949. *The Spanish Struggle for Justice in the Conquest of America*. Philadelphia: University of Pennsylvania Press.

- Hankins, F. H. 1926. *The Racial Basis of Civilization: A Critique of the Nordic Doctrine*. New York: Knopf.

- Hardwick, S. W. 2002. *Mythic Galveston: Reinventing America's Third Coast*. Baltimore, MD: Johns Hopkins University Press.

- Harrison, F. V., ed. 1998. Contemporary Issues Forum: Race and Racism. American *Anthropologist* 100:601-864.

- Harrison, G. P. 2010. *Race and Reality: What Everyone Should Know about Our Biological Diversity*. Amherst, NY: Prometheus Books.

- Hays, H. R. 1964. *From Ape to Angel: An Informal History of Social Anthropology*. New York: Capricorn Books Edition.

- Hearnshaw, L. 1979. *Cyril Burt: Psychologist*. Ithaca, NY: Cornell University Press.

- Helman, C. G. 1994. *Culture, Health and Illness*. Oxford: ButterworthHeinemann.

- Heron, D. 1913. *Mendelism and the Problem of Mental Defect I. A Criticism of Recent American Work*. Questions of the Day and the Fray no. 7. London: Dulau.

- Herrnstein, R. J., and C. Murray. 1994. *The Bell Curve: Intelligence and Class Structure in American Life*. New York: Free Press.

- Herskovits, M. J. 1928. *The American Negro: A Study in Racial Crossing*. New York: Alfred A. Knopf.
- _____. 1930. *The Anthropometry of the American Negro*. New York: Columbia University Press.
- Higham, C. 1983. *Trading with the Enemy: The NaziAmerican Money Plot 19331949*. New York: Barnes & Noble Books.
- The Hill. 2010. Mack (R) Compares Ariz. Law to Nazi Germany. Briefing Room; The Hill's Political Blog, April 29. 다음에서 가져옴. http://thehill.com/blogs/blog-briefing-room/news/95 123-mack-r-compares-ariz-law-to-nazi-germany.
- Hirobe, I. 2001. *Japanese Pride, American Prejudice: Modifying the Exclusion Clause of the 1924 Immigration Act*. Palo Alto, CA: Stanford University Press.
- Hitler, A. (1925) 1939. *Mein Kampf*. 번역: James Murphy. London: Hurst and Blackett.
- Holden, C. 1980. Identical Twins Reared Apart. *Science* 207:1323-1328.
- Hollander, E. P. 1993. Obituary: Otto Klineberg (18991992). *American Psychologist* 48:909910.
- Holman, R. 2011. Kobach Wrote Alabama Law in a Turkey Blind. *Wichita Eagle*, June 20. 다음에서 가져옴. http://blogs.kansas.com/weblog/category/immigrration/page/3/.
- Horgan, J. 1993. Eugenics Revisited. *Scientific American* 268:122-131.
- Horowitz, I. L. 1995. The Rushton File. 다음에 수록됨. R. Jacoby and N. Glauberman, eds., *The Bell Curve Debate: History, Documents, Opinions*, 179200. New York: Times Books.
- Horsman, R. 1987. *Josiah Nott of Mobile: Southerner, Physician, and Racial Theorist*. Baton Rouge: Louisiana State University Press.
- Hrdlička, A. 1919. *Physical Anthropology: Its Scope and Its Aims; Its History and Present Status in the United States*. Philadelphia: Wistar Institution of Anatomy and Biology.
- Human Rights Library. 2000. *United States, Initial Report to the Committee on the Elimination of Racial Discrimination* (September 2000). University of Minnesota. 다음에서 가져옴. http://www1/ums/edu/humanrts/usdocs/cerdinitial.html.
- Hume, D. (1739-1740) 1978. *A Treatise of Human Nature*. 2nd ed., revised and edited by P. H. Nidditch. Oxford: Clarendon Press.
- ISAR. 1998. Pioneer Fund, Certificate of Incorporation (1937). 다음에서 가져옴. http://www.ferris.edu/isar/Institut/pioneer/pfund.htm.
- Jablonski, N. G. 2006. *Skin: A Natural History*. Berkeley: University of California Press.
- _____. 2012. *Living Color: The Biological and Social Meaning of Skin Color*. Berkeley: University of California Press..
- Jackson, J. P. Jr., and A. S. Winston. 2009. The Last Repatriationist: The Career of Ernest Sevier Cox. 다음에 수록됨. P. Farber and H. Cravens, eds., *Race and Science: Scientific Challenges to Racism in Modern America*, 58–80. Corvallis: Oregon State University Press.
- Jacoby, R., and N. Glauberman, eds. 1995. *The Bell Curve Debate: History, Documents, Opinions*.

New York: Times Books.

- James, W. 1881. *The Principles of Psychology*. 2 vols. Cambridge, MA: Harvard University Press.

- _____. 1904. Herbert Spencer. *Atlantic Monthly* 94 (1):98-108.

- Jennings, H. 1932. Eugenics. 다음에 수록됨. E. Seligman and A. Johnson, eds., *Encyclopedia of the Social Sciences*. New York: Macmillan.

- Jensen, A. R. 1967. The Culturally Disadvantaged: Psychological and Educational Aspects. *Educational Research* 10:420.

- _____. 1969. How Much Can We Boost IQ and Scholastic Achievement? *Harvard Educational Review* 38:1123.

- _____. 1981. Straight Talk about Mental Tests. New York: Free Press.

- _____. 1995. Psychological Research on Race Differences. *American Psychologist* 50:41-42.

- _____. 1998. *The g Factor: The Science of Mental Ability*. Westport, CT: Praeger.

- _____. 2006. *Clocking the Mind: Mental Chronometry and Individual Differences*. Oxford: Elsevier.

- Jewish Virtual Library. 2013. Nuremberg Trial Defendants: Wilhelm Frick: 1877-1946. The AmericanIsraeli Cooperative Enterprise. 다음에서 가져옴. http://www.jewishvirtuallibrary.org/jsource/Holocaust/Frick.html.

- Jonkers, P. A. E. 2008, September 2. Roger Pearson. 다음에서 가져옴. http://moversandshakersofthesmom.blogspot.com/2008/9/roger-pearon.html.

- Jonsson, P. 2011. American Renaissance: Was Jared Lee Loughner Tied to Anti-Immigrant Group? Christian Science Monitor, January 9. 다음에서 가져옴. http://www.csmonitor.com/layout/set/print/content/view/print/355125.

- Joseph, J. 2001. Separated Twins and the Genetics of Personality Differences: A Critique. *American Journal of Psychology* 114 (1): 1-30.

- _____. 2004. *The Gene Illusion: Genetic Research in Psychiatry and Psychology under the Microscope*. New York: Algora.

- _____. 2010. Genetic Research in Psychology and Psychiatry: A Critical Overview. 다음에 수록됨. K. E. Hood, C. T. Halpern, G. Greenberg, and R. M. Lerner, eds., *Handbook of Developmental Science, Behavior and Genetics*, 557-625. New York: WileyBlackwell.

- Jurmain, R., L. Kilgore, W. Trevathan, and R. L. Ciochon. 2014. *Introduction to Physical Anthropology*. Belmont, CA: Wadsworth, Cengage Learning.

- Kamen, H. 1998. *The Spanish Inquisition: A Historical Revision*. New Haven, CT: Yale University Press.

- Kamin, L. J. 1974. *The Science and Politics of IQ*. Potomac, NJ: Lawrence Erlbaum Associates.

- _____. 1995. Lies, Damned Lies, and Statistics. 다음에 수록됨. R. Jacoby and N. Glauberman, eds., *The Bell Curve Debate: History, Documents, Opinions*, 179200. New York:

Times Books.

· Kant, I. (1764) 1965. *Observations on the Feeling of the Beauty and the Sublime*. 번역 J. R. Goldthwait. Berkeley: University of California Press.

· _____. (1775) 1950. On the Different Races of Man. 다음에 수록됨. E. W. Count, *This Is Race*, 16-24. New York: Shuman.

· _____. (1798) 1974. *Anthropology from a Pragmatic Point of View*. 번역: Mary J. Gregor. The Hague: Martinus Nijhoff.

· _____. 1802. *Physische Geographie*. Königsberg: Bey Göbbels und Unzer.

· Kellogg, V. 1922. *Human Life as the Biologist Sees It*. New York: H. Holt and Company.

· Kelsey, C. 1913. Review of Boas's *The Mind of Primitive Man*. *Annals of the American Academy of Political and Social Sciences* 46:203-204.

· _____. 1916. *The Physical Basis of Society*. New York: Appleton.

· Kenrick, K. L. 1914. The Case against Eugenics. *British Review* 64-81.

· King, L. L. 1973. *The Traveling Carnival of Racism*. New Times, December 28, 36.

· Klineberg, O. 1928. An Experimental Study of Speed and Other Factors in "Racial" Differences. *Archives of Psychology* 15:1-111.

· _____. 1931. A Study of Psychological Differences between "Racial" and National Groups in Europe. *Archives of Psychology* 132:1-58.

· _____. 1935a. *Negro Intelligence and Selective Migration*. New York: Columbia University Press.

· _____. 1935b. *Race Differences*. New York: Harper-Collins.

· _____. ed. 1944. *Characteristics of the American Negro*. New York: Harper and Brothers.

· Kobach, K. W. 1990. *Political Capital: The Motives, Tactics, and Goals of Politicized Businesses in South Africa*. Ann Arbor, MI: University of Michigan Press.

· Köpping, K.P. 2005. *Adolf Bastian and the Psychic Unity of Mankind: The Foundations of Anthropology in NineteenthCentury Germany*. Münster: Lit Verlag.

· Kroeber, A. L. 1915. Eighteen Professions. *American Anthropologist* 17:283-288.

· _____. 1916. Inheritance by Magic. *American Anthropologist* 18:26-27.

· _____. 1917. The Superorganic. *American Anthropologist* 19:163-213.

· _____. 1923. *Anthropology*. New York: Harcourt, Brace & Co.

· Kühl, S. 1994. *The Nazi Connection: Eugenics, American Racism, and German National Socialism*. New York: Oxford University Press.

· Kuhn, T. 1962. *The Structure of Scientific Revolutions*. Chicago: University of Chicago Press.

· Kurtagic, A. 2011. 다음과의 인터뷰. Richard Lynn. Mermod and Mermod Publishing Group, September 18. 다음에서 가져옴. http://www.wermodandwermod.com/newsitems/ news160920111400.html.

- Kuttner, R. E., ed. 1967. *Race and Modern Science*. New York: Social Science Press.
- La Peyrère, I. 1656. *A Theological Systeme upon That Presupposition That Men Were Before Adam*. London.
- Lagnado, L. M., and S. C. Dekel. 1991. *Children of the Flames: Dr. Josef Mengele and the Untold Story of the Twins of Auschwitz*. New York: William Morrow and Company.
- Lamarck, J.-B. 1778. *Flore françoise*. Paris: l'Imprimerie Royale.
- _____. 1809. *Philosophie zoologique*. Paris: Librairie F. Savy.
- Lamm, R. 1985. *Megatraumas: America at the Year 2000*. Boston: Houghton Mifflin.
- Lane, C. 1995. Tainted Sources. 다음에 수록됨. R. Jacoby and N. Glauberman, eds., *The Bell Curve Debate: History, Documents, Opinions*, 125139. New York: Times Books.
- Langford, E. [R. Pearson]. 1966. Editorial. *New Patriot* 8 (June).
- Lapham, S. J., P. Montgomery, and D. Niner. 1993. *We the American . . . Foreign Born*. Washington, DC: U.S. Department of Commerce, Economics and Statistics Administration, Bureau of the Census.
- Larson, E. J. 1995. *Sex, Race, and Science: Eugenics in the Deep South*. Baltimore, MD: Johns Hopkins University Press.
- Laughlin, H. H. 1914a. *Report of the Committee to Study and to Report on the Best Practical Means of Cutting off the Defective GermPlasm in the American Population. II. The Legal, Legislative, and Administrative Aspects of Sterilization*. Eugenics Record Office Bulletin no. 10a. Cold Spring Harbor, NY: Eugenics Record Office.
- _____. 1914b. *Report of the Committee to Study and to Report on the Best Practical Means of Cutting off the Defective Germ-Plasm in the American Population. I. Scope of the Committee's Work*. Eugenics Record Office, Bulletin no. 10b. Cold Spring Harbor, NY: Eugenics Record Office.
- _____. 1922. *Eugenical Sterilization in the United States*. Chicago: Psychopathic Laboratory of the Municipal Court of Chicago.
- _____. 1924. *Europe as an Emigrant-Exporting Continent and the United States as an Immigrant-Receiving Nation. Hearings before the Committee on Immigration and Naturalization, House of Representatives, Sixty-Eighth Congress, First Session, March 8, 1924*. Washington, DC: Government Printing Office.
- _____. 1928. Walter A. Plecker to Harry H. Laughlin, November 22. Harry H. Laughlin Papers, Pickler Memorial Library, Truman State University, Kirksville, MO.
- _____. 1939. *Immigration and Conquest: A Report of the Special Committee on Immigration and Naturalization of the Chamber of Commerce of the State of New York*. New York: Chamber of Commerce of the State of New York.
- Lerner, R. M. 1992. *Final Solutions: Biology, Prejudice, and Genocide*. University Park: Pennsylvania

State University Press.

· Levin, M. 1995. The Evolution of Racial Differences in Morality. *American Renaissance* 6 (April):3, 5.

· Lewontin, R. C. 2005. Confusions about Human Races. Is Race "Real"? 다음에서 가져옴. http://raceandgenomics.ssrc.org/Lewontin/.

· Lichtenstein, G. 1977. Fund Backs Controversial Study of "Racial Betterment." *New York Times*, December 11.

· Lieberman, L. 2001. How "Caucasoids" Got Such Big Brains and How They Shrunk: From Morton to Rushton. *Current Anthropology* 42:69-95.

· Lifton, R. J. 1986. *The Nazi Doctors: Medical Killing and the Psychology of Genocide*. New York: Basic Books.

· Linklater, M. 1995. The Curious Laird of Nigg. 다음에 수록됨. R. Jacoby and N. Glauberman, eds., *The Bell Curve Debate: History, Documents, Opinions*, 140143. New York: Times Books.

· Linnaeus, C. 1758. *Systema naturæ per regna tria naturæ, secundum classes, ordines, genera, species, cum characteribus, differentiis, synonymis*. Tomus I. Editio decimal. Stokholm: Holmiæ (Salvius).

· Little, M. A. 2010. Franz Boas's Place in American Physical Anthropology and Its Institutions. 다음에 수록됨. M. A. Little and K. A. R. Kennedy, eds., *Histories of American Physical Anthropology in the Twentieth Century*, 5585. Lanham, MD: Lexington Books.

· Little, M. A., and K. A. R. Kennedy, eds. 2010. *Histories of American Physical Anthropology in the Twentieth Century*. Lanham, MD: Lexington Books.

· Littlefield, A., L. Lieberman, and L. T. Reynolds. 1982. Redefining Race: The Potential Demise of a Concept in Physical Anthropology. *Current Anthropology* 23:641-654.

· Livingstone, D. N. 1987. *Nathaniel Southgate Shaler and the Culture of American Science*. Tuscaloosa: University of Alabama Press.

· Livingstone, F. B. 1962. On the Nonexistence of Human Races. *Current Anthropology* 3:279.

· Locke, John. (1690) 1980. *Second Treatise of Government*. 다음에 재수록됨. *John Locke Second Treatise of Government*. C. B. McPherson, ed., Indianapolis: Hackett Publishing Co.

· Lombardo, P. A. 2002. "The American Breed": Nazi Eugenics and the Origins of the Pioneer Fund. *Albany Law Review* 65:743-830.

· _____. 2008. *Three Generations, No Imbeciles: Eugenics, the Supreme Court*, and Buck V. Bell. Baltimore, MD: Johns Hopkins University Press.

· Longhurst, J. E. 1964. *The Age of Torquemada*. Sandoval, NM: Coronado Press.

· Lowie, R. H. 1929. *Are We Civilized? Human Culture in Perspective*. New York: Harcourt, Brace and Company.

· Ludmerer, K. 1972. *Genetics and American Society*. Baltimore, MD: Johns Hopkins University Press.

· Lynn, R. 1972. *Personality and National Character*. Oxford: Pergamon.

- _____. 2012. Why Be against Darwin? Creationism, Racism, and the Roots of Anthropology. *Yearbook of Physical Anthropology* 55:95-104.
- Martin, J. S. 1950. *All Honorable Men.* Boston: Little, Brown.
- Masters, W. H., and V. E. Johnson. 1966. *Human Sexual Response.* Toronto: Bantam Books.
- May, J. A. 1970. *Kant's Concept of Geography and Its Relation to Recent Geographical Thought.* Toronto: University of Toronto Press.
- McCulloch, R. 1995. The Preservation Imperative: Why Separation Is Necessary for Survival. *American Renaissance* 6:56. 다음에서 가져옴. http://www.amren.com/archives/back-isseus/august-1995.
- McDonnell, P. J. 1997. Prop. 187 Found Unconstitutional by Federal Judge. *Los Angeles Times,* November 15.
- McDougall, W. 1909. *An Introduction to Social Psychology.* London: Methuen & Co.
- _____. 1923. *Is America Safe for Democracy?* New York: Charles Scribner's Sons.
- _____. 1925. *Ethics and Some Modern World Problems.* London: Methuen.
- Mead, M. 1928. *Coming of Age in Samoa.* New York: Morrow.
- Meaney, M. J. 2010. Epigenetics and the Biological Definition of Gene × Environment Interactions. *Child Development* 81:41-79.
- Medawar, P. B. 1975. Review of *Francis Galton: The Life of and Work of a Victorian Genius.* By D. W. Forrest. Times Literary Supplement, January 24, 83.
- Mercer, J. 1994. A Fascination with Genes: Pioneer Fund Is at Center of Debate over Research on Race and Intelligence. *Journal of Higher Education* 28 (December 7):28.
- Michael, G. 2008. *Willis Carto and the American Far Right.* Gainesville: University Press of Florida.
- Miller, A. 1995. Professors of Hate. 다음에 수록됨. R. Jacoby and N. Glauberman, eds., *The Bell Curve Debate: History, Documents, Opinions,* 162-178. New York: Times Books.
- Miller, P. 2012. A Thing or Two about Twins. *National Geographic* 221:38-65.
- Miller, S., and S. A. Ogilvie. 2006. *Refuge Denied: The St. Louis Passengers and the Holocaust.* Madison: University of Wisconsin Press.
- Mills, C. W. 1997. *The Racial Contract.* Ithaca, NY: Cornell University Press.
- Milner, R. 2009. *Darwin's Universe: Evolution from A to Z.* Berkeley: University of California Press.
- Molnar, S. 2006. *Human Variation: Races, Types, and Ethnic Groups.* 6th ed. Englewood Cliffs, NJ: Prentice Hall.
- _____. 2010. *Human Variation: Races, Types, and Ethnic Groups.* 8th ed. Englewood Cliffs, NJ: Prentice Hall.
- Montagu, A. 1942. *Man's Most Dangerous Myth: The Fallacy of Race.* New York: Columbia University Press.

- _____. 1964. The Concept of Race. London: Collier-Macmillan.

- _____. 1997. *Man's Most Dangerous Myth: The Fallacy of Race*. 6th ed. Walnut Creek, CA: AltaMira Press.

- Montesquieu, C. L. de Secondat. 1748. *De l'Esprit des Loix, ou du rapport que les lois doivent avoir avec la constitution de chaque gouvernement, mœurs, climat, religion, commerce, etc. (sic); à quoi l'auteur a ajouté des recherches sur les lois romaines touchant les successions, sur les lois françaises et sur les lois féodales, s.d.* Genève: Barrillot & Fils.

- Moore, R. 2001. The "Rediscovery" of Mendel's work. Bioscene 27:13-24.

- Morgan, T. H. 1925. *Evolution and Genetics*. 2nd ed. Princeton, NJ: Princeton University Press.

- _____. 1932. *Scientific Basis of Evolution*. New York: W. W. Norton.

- Morrill, J. 2011. White Nationalist Group to Hold Annual Conference in Charlotte. *Charlotte Observer*, January 20. 다음에서 가져옴. http://www.mcclatchydc.com/2010/01/20/107141/white-nationalist-group-to-hold.html#storylikncpy.

- Morton, S. G. 1839. *Crania Americana: Or, a Comparative View of Various Aboriginal Nations of North and South America; to Which Is Prefixed an Essay on the Varieties of the Human Species*. Philadelphia: J. Dodson.

- _____. 1844. *Crania Aegyptiaca: Or, Observations on Egyptian Ethnography Derived from Anatomy*. Philadelphia: John Pennington.

- Mukhopadhyay, C., R. Henze, and Y. Moses. 2014. *How Real Is Race? A Sourcebook on Biology, Culture, and Race*. Lanham, MD: AltaMira Press.

- Muller, H. J. 1934. Dominance of Economics over Eugenics. 다음에 수록됨. H. F. Perkins and H. H. Laughlin, eds., *A Decade of Progress in Eugenics*, 138144. Baltimore, MD: Williams & Wilkins.

- MüllerHill, B. 1998. *Murderous Science: Elimination by Scientific Selection of Jews, Gypsies, and Others in Germany, 1933-1945*. 번역: G. R. Fraser. Plainview, NY: Cold Spring Harbor Press.

- Murphy, C. 2012. *God's Jury: The Inquisition and the Making of the Modern World*. New York: Houghton Mifflin Harcourt.

- Nash, G. 1999. *Forbidden Love: The Secret History of MixedRace America*. New York: Henry Holt and Company.

- Nature. 1912. The First International Eugenics Congress. *Nature* 89 (August 1): 558-561.

- NBC Nightly News. 2011. Transhumanism: The Obvious Offspring of Eugenics and Genocide. Info Wars, NBC Nightly News. 유튜브 동영상. 12월 20일 업로드. 다음에서 가져옴. http://www.youtube.com/watch?vAApMqG7ADsg.

- NCISAAC (North Carolina's Information Sharing and Analysis Center). 2011, January 18. New Century Foundation, American Renaissance, and Jared Lee Loughner. Special Information Bulletin 29. 다음에서 가져옴. http://info.publicintelligence.net/NC-ISAAC-Loughner.pdf.

- Nei, M., and A. K. Roychoudhury. 1974. Evolutionary Relationships of Human Populations on a

Global Scale. *Molecular Biology and Evolution* 10:927-943.

- Neugebauer, C. M. 1990. The Racism of Hegel and Kant. 다음에 수록됨. H. Odera Oruka, ed., *Sage Philosophy: Indigenous Thinkers and Modern Debate on African Philosophy*, 259-272. Leiden: E. J. Brill.

- New York Times. 1912. First Eugenics Congress. *New York Times*, July 25.

- _____. 1932. The Week in Science: Eugenists and Geneticists at Odds. *New York Times*, August 28.

- Nordenskiöld, E. 1928. *The History of Biology: A Survey*. New York: Alfred A. Knopf.

- Nott, J. C. 1844. *Two Lectures, on the Natural History of the Caucasian and Negro Races*. Mobile, AL: Dade and Thompson.

- _____. 1856. 다음의 부록. Comte de Gobineau, *The Moral and Intellectual Diversity of Races*. Philadelphia: Lippincott, Grambo & Co.

- Nott, J. C., and G. R. Gliddon. 1854. *Types of Mankind*. Philadelphia: Lippincott, Grambo & Co.

- Oakesmith, J. 1919. Race and Nationality. London: Heinemann.

- Obama, B. 2013. Full Text: President Obama's Remarks on Trayvon Martin. National Journal, July 19. 다음에서 가져옴. http://www.nationaljournal.com/whitehouse/full-text-president-obama-s-remarks-on-trayvon-martin-20130719.

- Odum, H. W. 1910. *Social and Mental Traits of the Negro. Research into the Conditions of the Negro Race in Southern Towns. A Study of Race Traits, Tendencies, and Prospects*. New York: Columbia University Press.

- _____. 1913. Negro Children in the Public Schools of Philadelphia. *Annals of the American Academy of Political and Social Sciences* 49:186-208.

- Okuefuna, D. 2007. *Racism: A History*. BBC 3부작 다큐멘터리, 3월 22일, 3월 28일, 4월 4일 방영.

- Orsucci, A. 1998. Ariani, indogermani, stirpi mediterranee: aspetti del dibattito sulle razze europee (1870–1914). Cromohs 3:19. 다음에서 가져옴. http://www.cromohs.unifi.it/3_98/orsucci.html.

- Ortner, D. J. 2010. Aleš Hrdlička and the Founding of the *American Journal of Physical Anthropology*. 1918. 다음에 수록됨. M. A. Little and K. A. R. Kennedy, eds., *Histories of American Physical Anthropology in the Twentieth Century*, 87-104. Lanham, MD: Lexington Books.

- Osborn, H. F. 1918. 다음의 서문. M. Grant, *Passing of the Great Race: Or the Racial Basis of European History*, xixiii. Rev. ed. New York: Charles Scribner's Sons.

- _____. 1926. The Evolution of Human Races. *Natural History* 26:3-13.

- Osborne, R. T. 1962. School Achievement of White and Negro Children of the Same Mental and Chronological Ages. *Mankind Quarterly* 2:26-29.

- Oshinsky, D. 1996. *"Worse Than Slavery": Parchman Farm and the Ordeal of Jim Crow Justice*.

New York: Free Press.

· Panofsky, A. L. 2005. The Gene for Trouble? The Social Roots for Controversy in Behavior Genetics. 다음에서 가져옴. https://files.nyu.edu/alp219/public/Panofsky%20Gene%20for%20Trouble%20Writing%20sample.pdf.

· Papavasiliou, C. 1999. 다음과의 인터뷰. Dr. Robert Gordon. Creative Consciousness Evolution. 다음에서 가져옴. http://www.euvolution.com/euvolution/interview05.html.

· Patterson, Q. 2001. The Root of Conflict in Jamaica. *New York Times*, July 23, A17.

· Paul, D. B. 1995. *Controlling Human Heredity: 1865 to the Present*. Atlantic Highlands, NJ: Humanities Press.

· Pauwels, J. R. 2003. Profits über Alles! American Corporations and Hitler. *Labour/Le Travail* 51 (Spring):223249. 다음에서 가져옴. http://www.intelltheory.com/burt.shtml.

· Pearl, R. 1927. The Biology of Superiority. *American Mercury*, November, 257-266.

· Pearson, K. 1925. Foreword. *Ann Eugen* 1:1-4.

· Pearson, R. 1966. *Eugenics and Race*. Colchester, UK: Clair Publications.

· _____. 1969. The IndoEuropean Trustee Family System: A Comparative Study in Basic Social Organization. 박사 학위 논문. University College London.

· _____. 1995. The Concept of Heredity in Western Thought: Part IIThe Myth of Biological Egalitarianism. *Mankind Quarterly* 35:346.

· _____. 1996. *Heredity and Humanity: Race, Eugenics and Modern Science*. Washington, DC: ScottTownsend.

· Pendergrast, M. 1993. *For God, Country, and CocaCola: The Unauthorized History of the Great American Soft Drink and the Company That Makes It*. New York: Charles Scribner's Sons.

· Pianka, E. R. 1970. On r- and K-Selection. American Naturalist 104:592597.

· Pickens, D. K. 1968. *Eugenics and the Progressives*. Nashville, TN: Vanderbilt University Press.

· Pim, J. E. 2010. *Nonkilling Societies*. Honolulu: Center for Global Nonkilling.

· Ploetz, A. 1895. *Grunlinien einer Rassenhygiene*. Berlin: S. Fischer.

· Plucker, J. 2012. The Cyril Burt Affair. Human Intelligence. 다음에서 가져옴. http://www.indiana.edu/~intell/burtaffair.shtml.

· Poliakov, L. 1971. *The Aryan Myth: A History of Racist and Nationalist Ideas in Europe*. London: Sussex University Press.

· Pool, J., and S. Pool. 1979. *Who Financed Hitler: The Secret Funding of Hitler's Rise to Power*, 1919-1933. New York: Dial Press.

· Popkin, R. H. 1973. The Marrano Theology of Isaac Peyrère. *Studi Internazionali Di Filosofia* 5:97-126.

· _____. (1974) 1983. The Philosophical Basis of Modern Racism. 다음에 수록됨. C. Walton and J. P. Anton, eds., *Philosophy and the Civilizing Arts: Essays Presented to Herbert W. Schneider on His*

80th Birthday, 126-165. Athens: Ohio University Press. Reprinted in R. H. Popkin, *The High Road to Pyrrhonism*, 79-102. Indianapolis: Hackett Publishing Company.

- _____. 1976. The PreAdamite Theory in the Renaissance. 다음에 수록됨. E. P. Mahoney, ed., *Philosophy and Humanism: Renaissance Essays in Honor of Paul Oskar Kristelle*, 50-69. Leiden: E. J. Brill.

- Population Projection Program. 2000. *Projections of the Resident Population by Age, Sex, Race and Hispanic Origin: 1999 to 2100*. Washington, DC: Population Division, U.S. Census Bureau.

- Porter, D. 1999. Eugenics and the Sterilization Debate in Sweden and Britain before World War. *Scandinavian Journal of History* 24:145-162.

- Price, A. 2001. *The Last Year of the Luftwaffe: May 1944May 1945*. London: Greenhill.

- Price, D. 2000. Anthropologists as Spies. Nature, November 2. 다음에서 가져옴. http://www.thenation.com/article/anthropologists-spies#.

- Proctor, R. N. 1988. *Racial Hygiene: Medicine under the Nazis*. Cambridge: Harvard University Press.

- Punnett, R. C. 1909. *Mendelism*. New York: Wilshire.

- Putnam, C. 1961. *Race and Reason: A Yankee View*. Cookeville, TN: New Century Books.

- Raspail, J. (1975) 1995. *The Camp of the Saints*. 번역: Norman Shapiro. Petoskey, MI: The Social Contract Press.

- Read, D. W. 2012. *How Culture Makes Us Human*. Walnut Creek, CA: Left Coast Press.

- Rectenwald, M. 2008. *Darwin's Ancestors: The Evolution of Evolution*. The Victorian Web: History, Literature, and Culture in the Age of Victoria. 다음에서 가져옴. http://www.civtorianweb.org/science/darwin/rectenwald.html.

- Reed, A. Jr. 1995. Intellectual Brown Shirts. 다음에 수록됨. R. Jacoby and N. Glauberman, eds., *The Bell Curve Debate: History, Documents, Opinions*, 263-268. New York: Times Books.

- Relethford, J. H. 2004. Boas and Beyond: Migration and Craniometric Variation. *American Journal of Human Biology* 16:79-386.

- _____. 2013. *The Human Species: An Introduction to Biological Anthropology*. New York: McGrawHill.

- Riccardi, N. 2011. On Immigration, Momentum Shifts away from Arizona. *Los Angeles Times*, March 6.

- Richardson, K., and J. Joseph. 2011. Misleading Treatments: Attempts to Validate the EEA in Twin Research. 다음에 대한 논평. "Twin Research: Misperceptions." *Psychology Today*, August 29. 다음에서 가져옴. http://www.psychologytoday.com/blog/twofold/201108/twin-research-misperceptions/comments.

- Richmond TimesDispatch. 1924. Racial Integrity. *Richmond Times Dispatch*, February 18.

- Riddle, O. 1947. Biographical Memoir of Charles Benedict Davenport 18661944. *National*

Academy of Sciences Biographical Memoirs 25: 73-110.

· Ripley, W. Z. 1899. *The Races of Europe: A Sociological Study*. New York: D. Appleton & Company.

· Roddy, Dennis. 2005, January 23. Jared Taylor, a Racist in the Guise of "Expert." *Pittsburgh Post-Gazette*, January 23. 다음에서 가져옴. http://www.post-gazette.com/pg/05023/446341.stm.

· Roff, D. 1992. *The Evolution of Life Histories: Theory and Analysis*. London: Routledge, Chapman and Hall.

· Roosevelt, T. 1913. T. Roosevelt to C. Davenport, January 3. 다음에 재수록됨. DNA Learning Center. 다음에서 가져옴. http://www.dnalc.org/view/11219-T-Roosevelt-letter-to-C-Davenport-about-degenerates-reproducing-.html.

· Rose, R. J. 1982. "Separated Twins: Data and Their Limits." *Science* 215: 959-960.

· Rosenberg, J. 2013. Voyage of the *St. Louis*. About.com 20th Century History. 다음에서 가져옴. http://history1900s.about.com/od/holocaust/a/stlouis.htm.

· Rosenthal, S. J. 1995. The Pioneer Fund Financier of Fascist Research. *American Behavioral Scientist* 39:44-61.

· Rüdin, E. 1930. Hereditary Transmission of Mental Diseases. *Eugenical News* 15: 171-174.

· _____. 1933. Eugenic Sterilization: An Urgent Need. *Birth Control Review* 27 (4):102-104.

· _____. 1938. Honor of Prof. Dr. Alfred Ploetz. *ARGB* 32:473-474.

· Rushton, J. P. 1985. Differential K Theory: The Sociobiology of Individual and Group Differences. *Personality and Individual Differences* 6:441-452.

· _____. 1988. Race Differences in Behaviour: A Review and Evolutionary Analysis. *Personality and Individual Differences* 9:1009-1024.

· _____. 1995. *Race, Evolution, and Behavior: A Life History Perspective*. New Brunswick, NJ: Transaction Publishers.

· _____. 1999. *Race, Evolution, and Behavior: A Life History Perspective*. Special abridged ed. New Brunswick, NJ: Transaction Publishers.

· _____. 2011, March 9. Race and IQDr. John Philippe Rushton. Disclose TV, March 9. 다음에서 가져옴. http://www.disclose.tv/action/viewvideo/68820/Race_and_IQ___Dr_John_Philippe_Rushton/.

· Rushton, J. P., and A. F. Bogaert. 1988. Race versus Social Class Differences in Sexual Behavior: A Follow-Up Test of the r/K Dimension. *Journal of Research in Personality* 22:259-272.

· Rushton, J. P., and A. R. Jensen. 2005. Thirty Years of Research on Group Differences in Cognitive Ability. *Psychology, Public Policy, and the Law* 11:235-294.

· _____. 2006. The Totality of Available Evidence Shows RaceIQ Gap Still Remains. *Psychological Science* 17:921-922.

· _____. 2010. The Rise and Fall of the Flynn Effect as a Reason to Expect a Narrowing of the

BlackWhite IQ Gap. *Intelligence* 38:213-219.

· Samelson, F. 1979. Putting Psychology on the Map: Ideology and Intelligence Testing. 다음에 수록됨. A. R. Buss, ed., *Psychology in Social Context*, 103-168. New York: Irvington Publishers.

· Sanchez, M. 2012. Commentary: Why Didn't GOP Question CPAC Panelist's Alleged White Supremacist Ties? *Kansas City Star*, February 13. 다음에서 가져옴. http://www.mcclatchydc.com/2012/02/13/138717/commentary-why-didnt-gop-question.html#storylinkcpy.

· Sautman, B. 1995. Theories of East Asian Superiority. 다음에서 가져옴. R. Jacoby and N. Glauberman, eds., *The Bell Curve Debate: History, Documents, Opinions*, 201-221. New York: Times Books.

· Schiller, M. 1995. Separation: Is There an Alternative? American Renaissance 6:1, 3-6. 다음에서 가져옴. http://www.scribd.com/doc/45644375/199502-American-Renaissance.

· Science Encyclopedia. 2013. Eugenics—Criticisms of Eugenics. 다음에서 가져옴. http://science.jrank.org/pages/9250/Eugenics-Criticisms-Eugenics.html.

· Sedgewick, J. 1995. Inside the Pioneer Fund. 다음에 수록됨. R. Jacoby and N. Glauberman, eds., *The Bell Curve Debate: History, Documents, Opinions*, 144-161. New York: Times Books.

· Selden, S. 1999. *Inheriting Shame: The Story of Eugenics in America*. New York: Teachers College Press.

· Shaler, N. S. 1884. The Negro Problem. *Atlantic Monthly*, November, 697-698.

· _____. 1891. *Nature and Man in America*. New York: C. Scribner's Sons.

· Shipman, P. (1994) 2002. *The Evolution of Racism: Human Differences and the Use and Abuse of Science*. Cambridge: Harvard University Press.

· Shockley, W. 1972. Dysgenics, Geneticity, Raceology: A Challenge to the Intellectual Responsibility of Educators. *Phi Delta Kappan* 53:297-307.

· Shurkin, J. 2006. *Broken Genius: The Rise and Fall of William Shockley, Creator of the Electronic Age*. London: Macmillan.

· Silver, J. W. 1984. *Running Scared: Silver in Mississippi*. Jackson: University of Mississippi Press.

· Slotkin, J. S. 1965. *Readings in Early Anthropology*. Chicago: Methuen.

· Smedley, A. 1999. *Race in North America: Origin and Evolution of a Worldview*. 2nd ed. Boulder, CO: Westview.

· Smedley, A., and B. D. Smedley. 2012. *Race in North America: Origin and Evolution of a Worldview*. 4th ed. Boulder, CO: Westview.

· Smith, H. M., D. Chiszar, and R. R. Montanucci. 1997. Subspecies and Classification. *Herpetological Review* 28:13-16.

· Southern Poverty Law Center. 2008. Profiles of 21 Nativist Leaders. *Intelligence Report* 129 (Spring). 다음에서 가져옴. http://www.splcenter.org/get-informed/intelligence-report/browse-all-issues/2008/spring/the-nativists.

- _____. 2009a. FAIR: The Action Arm. Southern Poverty Law Center. 다음에서 가져옴. http://www.splcenter.org/publications/the-nativist-lobby-three-faces-of-intolerance/fair-the-action-arm.
- _____. 2009b. John Tanton and the Nativist Movement. Southern Poverty Law Center. 다음에서 가져옴. http:ww.splcenter.org/publications/the-nativist-lobby-three-faces-of-intolerance/john-tanton-and-the-nativist-movement.
- _____. 2011. The Partner: Behind the Legislators. Southern Poverty Law Center. 다음에서 가져옴. http://www.splcenter.org/get-informed/publications/attacking-the-constitution-slli-and-the-anti-immigrant-movement/the-partner.
- _____. 2012a. Jared Taylor. Southern Poverty Law Center. 다음에서 가져옴. http://www.splcenter.org/get-informed/intelligence-files/profiles/jared-taylor.
- _____. 2012b. Federation for American Immigration Reform. Southern Poverty Law Center. 다음에서 가져옴. http://www.splcenter.org/get-informed/intelligence-files/groups/federation-for-american-immigration-reform-fair.
- _____. 2014. Council of Conservative Citizens. 다음에서 가져옴. http://www.splcenter.org/get-informed/intelligence-files/groups/council-of-conservative-citizens.
- Sparks, C. S., and R. L. Jantz. 2002. A Reassessment of Human Cranial Plasticity: Boas Revisited. _Proceedings of the National Academy of Sciences_ 99:14636-14639.
- Spencer, C. 1992. 다음과의 인터뷰. Garrett Hardin. _Omni_ 14:55-63.
- Spencer, F. 1968. Hrdlička, Aleš. 다음에 수록됨. D. L. Sills, ed., _International Encyclopedia of the Social Sciences_, 273-308. New York: Macmillan.
- Spencer, H. 1864. _Principles of Biology._ 2 vols. London: Williams and Norgate.
- Spier, L. 1959. Some Central Elements in the Legacy. 다음에 수록됨. W. R. Goldschmidt, ed., _The Anthropology of Franz Boas_, 41-51. New York: American Anthropological Association.
- Spiro, J. P. 2009. _Defending the Master Race: Conservation, Eugenics, and the Legacy of Madison Grant._ Burlington: University of Vermont Press.
- Stamm, J. 2009. Hitler, Socialism, and the Racial Agenda. Part II, Sir Francis Galton and Eugenics. _The Epoch Times_, March 6. 다음에서 가져옴. http://www.theepochtimes.com/n2/opinion/hitler-socialism-racial-agenda-part-ii-13209.html.
- Stansfield, W. D. 2005. The Bell Family Legacies. _The Journal of Heredity_ 96:1-3.
- Stearns, S. C. 1976. LifeHistory Tactics: A Review of the Ideas. _Quarterly Review of Biology_ 51:3-47.
- _____. 1977. Evolution of LifeHistory TraitsCritique of Theory and a Review of Data. _Annual Review of Ecology and Systematics_ 8:145-171.
- _____. 1983. The Influence of Size and Phylogeny on Patterns of Covariation in the Life-History Traits of Mammals. _Oikos_ 41:173-187.

- _____. 1992. *The Evolution of Life Histories*. Oxford: Oxford University Press.
- Stein, L. 1950. *The Racial Thinking of Richard Wagner*. New York: Philosophical Library.
- Sternberg, R. J. 2007. Critical Thinking in Psychology Is Really Critical. 다음에 수록됨. R. Sternberg, H. Roediger III, and D. Halpern, eds., *Critical Thinking in Psychology*, 289-296. New York: Cambridge University Press.
- Stocking, G. W. Jr. 1968. *Race, Culture, and Evolution: Essays in the History of Anthropology*. New York: The Free Press.
- _____. 1992. *The Ethnographer's Magic and Other Essays in the History of Anthropology*. Madison: University of Wisconsin Press.
- _____. ed. 1974. *The Shaping of American Anthropology*, 1883-1911: A Franz Boas Reader. New York: Basic Books.
- Stoddard, L. 1920. *The Rising Tide of Color: Against White World-Supremacy*. New York: Charles Scribner's Sons.
- _____. 1923. *The Revolt against Civilization: The Menace of the Under Man*. New York: Charles Scribner's Sons.
- _____. 1940. Into the Darkness: Nazi Germany Today. New York: Duell, Sloan & Pierce.
- Stokes, W. E. D. 1917. *The Right to Be Well Born: or, Horse Breeding in Its Relation to Eugenics*. New York: C. J. O'Brien.
- Stoskepf, A. 1999. The Forgotten History of Eugenics. *Rethinking Schools* 13 (3). 다음에서 가져옴. http://www.rethinkingschools.org/archive/13_03/eugenic.shtml.
- Sussman, R. W. 1998. *No Forum for Racist Propaganda*. Anthropology Newsletter 39:2.
- _____. 1999. The Nature of Human Universals. 다음에 수록됨. R. W. Sussman, ed., *The Biological Basis of Human Behavior: A Critical Review*, 2nd ed., 246-252. Upper Saddle River, NJ: Prentice Hall.
- _____. 2010. Human Nature and Human Culture. *American Anthropologist* 112:514-515.
- _____. 2011. A Brief History of Primate Field Studies: Revised. 다음에 수록됨. C. J. Campbell, A. Fuentes, K. C. Mackinnon, S. K. Bearder, and R. S. M. Stumpf, eds., *Primates in Perspective*, 2nd ed., 611. New York: Oxford University Press.
- Sussman, R. W., and C. R. Cloninger, eds. 2011. *Origins of Altruism and Cooperation*. New York: Springer.
- Sussman, R. W., and J. Marshack. 2010. Are Humans Inherently Killers? Global Nonkilling Working Papers #1 2010:728. Honolulu: Center for Global Nonkilling.
- Sutton, A. 1976. *Wall Street and the Rise of Hitler*. Seal Beach, CA: '76 Press.
- Suzuki, D. 1995. Correlation as Causation. 다음에 수록됨. R. Jacoby and N. Glauberman, eds., *The Bell Curve Debate: History, Documents, Opinions*, 280-282. New York: Times Books.
- Swan, D. A. 1954. Likes Facism. *Exposé* 34:4.

- Szathmáry, E. J. E. 2010. Founding of the American Association of Physical Anthropologists: 1930. 다음에 수록됨. M. A. Little and K. A. R. Kennedy, eds., *Histories of American Physical Anthropology in the Twentieth Century*, 127-139. Lanham, MD: Lexington Books.
- Talbot, G. 2011. Kris Kobach: The Kansas Lawyer behind Alabama's Immigration Law. AL.com, October 16. 다음에서 가져옴. http://blog.al.com/ive/2011/10/kris_kobach_the-Kansas_lawyer_1.html.
- Tattersall, I., and R. DeSalle. 2011. *Race? Debunking a Scientific Myth*. College Station: Texas A&M University Press.
- Taylor, H. F. 1980. *The IQ Game: A Methodological Inquiry into the HeredityEnvironment Controversy*. New Brunswick, NJ: Rutgers University Press.
- Taylor, J. 1983. *Shadows of the Rising Sun: A Critical View of the "Japanese Miracle."* New York: Morrow.
- _____. 1992a. *Paved with Good Intentions: The Failure of Race Relations in Contemporary America*. New York: Carroll & Graf.
- _____. 1992b. A Conversation with Arthur Jensen. American Renaissance, August and September. 다음에서 가져옴. http://www.amren.com/news/2011/12/a_conversation/.
- _____. 1997. Why Race Matters. *American Renaissance* 10 (October):6.
- _____. 1998. *The Real American Dilemma: Race, Immigration, and the Future of America*. Oakton, VA: New Century Foundation.
- _____. 1999. The Racial Revolution. *American Renaissance* 10 (March):1-6.
- _____. 2011. *White Identity: Racial Consciousness in the 21st Century*. Oakton, VA: New Century Foundation.
- Templeton. A. R. 1983. The Evolution of Life Histories under Pleiotropic Constraints and Kselection. 다음에 수록됨. H. I. Freedman and C. Strobeck, eds., *Population Biology*, 64-71. Berlin: SpringerVerlag.
- _____. 1998. Human Races: A Genetic and Evolutionary Perspective. *American Anthropologist* 100:632650.
- _____. 2002. The Genetic and Evolutionary Significance of Human Races. 다음에 수록됨. J. M. Fish, *Race and Intelligence: Separating Science from Myth*, 31-56. Mahwah, NJ: Lawrence Erlbaum Associates.
- _____. 2003. Human Races in the Context of Recent Human Evolution: A Molecular Genetic Perspective. 다음에 수록됨. A. H. Goodman, D. Heath, and M. S. Lindee, eds., *Genetic Nature/Culture: Anthropology and Science beyond the TwoCulture Divide*, 234-257. Berkeley: University of California Press.
- _____. 2007. Genetics and Recent Human Evolution. Evolution 61:1507-1519.
- _____. 2013. Biological Races in Humans. *Studies in History and Philosophy of Science Part C:*

Studies in History and Philosophy of Biological and Biomedical Sciences 44:262-271.

- Terbush, J. 2012. Chris Hays to A-Z Immigration architect: convince me this isn't about racism. July 1, 2012. 다음에서 가져옴. http://www.rawstory.com/rs/2012/07/01/chris-hayes-to-az-immigration-law-architect-convince-me-this-isnt-about-racism/?utm_sourcefeedburner&utm_mediumfeed&utm_campaignFeed%3ATheRawStory%28TheRaw.

- Terman, L. M. 1916. *The Measurement of Intelligence: An Explanation of and a Complete Guide for the Use of the Stanford Revision and Extension of the Binet-Simon Intelligence Scale.* Boston: Houghton Mifflin.

- _____. 1922. Were We Born That Way? *World's Work* 44:655-660.

- Terry, D. 2012. Leading Race "Scientist" Dies in Canada. Southern Poverty Law Center. 다음에 재수록됨. Salon.com, October 6. 다음에서 가져옴. http://www.salon.com/2012/10/06/leading_race_scientist_dies_in_canada/singleton/.

- Thomas, W. I. 1912. Race Psychology: Standpoint and Questionnaire, with Particular Reference to the Immigrant and the Negro. *American Journal of Sociology* 17:725-775.

- Tobias, P. V. 1970. BrainSize, Grey Matter and Race—Fact or Fiction? *American Journal of Physical Anthropology* 32:3-25.

- Tucker, W. H. 1997. ReReconsidering Burt: Beyond a Reasonable Doubt. *Journal of the History of the Behavioral Sciences* 33:145-162.

- _____. 2002. *The Funding of Scientific Racism: Wickliffe Draper and the Pioneer Fund.* Champaign: University of Illinois Press.

- UNESCO. 1950. Statement by Experts on Race Problems. Man 50:138-139.

- _____. 1952. *The Race Question in Modern Science. The Concept of Race: Results of an Enquiry.* Paris: UNESCO.

- _____. 1961. *The Race Question in Modern Science: Race and Science.* New York: Columbia University Press.

- United Jewish Appeal of Toronto. 2003. "Enlightened" Immanuel Kant Racist. 다음에 재수록됨. *National Post.* 다음에서 가져옴. http://www.jewishtoronto.com/page.aspx?id466007&print1.

- United States Holocaust Memorial Museum. 2012. The Voyage of the St. Louis. Holocaust Encyclopedia. 다음에서 가져옴. http://www.ushmm.org/wlc/en/article.php?ModuleId10005267.

- Urbani, B., and A. Viloria. 2008. Ameranthropoides loysi *Montandon 1929: The History of a Primatological Fraud.* Buenos Aires: LibrosEnRed.

- Van de Pitte, F. P. 1971. *Kant as Philosophical Anthropologist.* The Hague: Martinus Nijhoff.

- Van Wagenen, B. 1912. Preliminary Report of the Committee of the Eugenic Section of the American Breeders' Association to Study and to Report on the Best Practical Means for Cutting off the Defective GermPlasm in the Human Population. 다음에 수록됨. *Problems in Eugenics:*

Papers Communicated to the First Eugenics Conference, 460-479. Adelphi, London: Eugenics Education Society. 다음에서 가져옴. https://archive.org/details/problemsineugeni00inte.

· Vinson, J. C. 1997. *Immigration and Nation: A Biblical View.* Monterey, VA: American Immigration Control Foundation.

· Virchow, R. 1880. Ausserordentliche Zusammenkunft im Zoologischen Garten am 7 November 1880. Eskimos von Labrador. *Zeitschrift für Ethnologie* 12: 253-274.

· von Verschuer, O. 1934. 다음의 서문. E. Fischer, O. Aichel, and O. vonVerschuer, eds., *Festband, Eugen Fischer zum 60. Geburtstage: Zeitschrift für Morphologie und Anthropologie,* Bd 34. Stuttgart: Schweizerbart.

· _____. 1938. *The Racial Biology of the Jews.* Forschungen zur Judenfrage (Studies on the Jewish Problem), Volume III. Hamburg: Hanseatische Verlagsanstalt. 번역: Charles Weber. 다음에서 가져옴. http://www.stormfront.org/forum/t43804./

· _____. 1941. *Leitfaden der Rassenhygiene.* Stuttgart: Georg Thieme.

· Washburn, S. L. 1984. Review of *A History of Physical Anthropology: 1930-1980.* Human Biology 56:393-410.

· Watanabe, T. 2010. Cardinal Mahony Criticizes Arizona Immigration Bill. *Los Angeles Times,* April 20. 다음에서 가져옴. http://articles.latimes.com/2010/apr/20/local/la-me-0420-manohy-immigration-20100420.

· Watson, J. B. 1924. *Behaviorism.* New York: W. W. Norton.

· Weindling, P. 1988. From Philanthropy to International Science Policy: Rockefeller Funding of Biomedical Sciences in Germany, 1920-1940. 다음에 수록됨. N. A. Rupke, ed., *Science, Policy and the Public Good: Essays in Honor of Margaret Gowing,* 119-140. New York: Macmillan Press.

· _____. 1989. *Health, Race, and German Politics between National Unification and Nazism, 1870-1945.* Cambridge: Cambridge University Press.

· Weiner, M. 1995. *The Global Migration Crisis: Challenges to States and Human Rights.* New York: Harper Collins.

· Weinstein, A. 1932. Heredity. 다음에 수록됨. E. Seligman and A. Johnson, eds., *Encyclopedia of the Social Sciences.* New York: Macmillan.

· Weinstein, D. 2012. Herbert Spencer. 다음에 수록됨. Edward N. Zalta, ed., The Stanford Encyclopedia of Philosophy, Fall 2012 edition. 다음에서 가져옴. http://plato.standford-edu/archives/fall2012/entrise/spencer/.

· Weiss, K. M. and A. V. Buchanan. 2009. *The Mermaid's Tale: Four Billion Years of Cooperation in the Making of Living Things.* Cambridge: Harvard University Press.

· Weiss, S. F. 1990. The Race Hygiene Movement in Germany, 19041945. 다음에 수록됨. M. B. Adams, ed., *The Wellborn Science: Eugenics in Germany, France, Brazil, and Russia,* 868. Oxford:

Oxford University Press.

- _____. 2010. *The Nazi Symbiosis: Human Genetics and Politics in the Third Reich*. Chicago: University of Chicago Press.

- Weizmann, F. 2001. *Review of Race, Evolution, and Behavior: A Life History Perspective. Canadian Psychology* 42:339-441.

- Weizmann, F., N. I. Weiner, D. L. Wiesenthal, and M. Ziegler. (1990) 1999. Differential K Theory and Racial Hierarchies. *Canadian Psychology* 31:1-13. 다음에 재수록됨. R. W. Sussman, ed., *The Biological Basis of Human Behavior: A Critical Review*, 204-214. Upper Saddle River, NJ: Prentice Hall.

- Weizmann, F., N. I. Weiner, D. L. Wiesenthal, and M. Ziegler. 1991. Discussion: Eggs, Eggplants, and Eggheads: A Rejoinder to Rushton. *Canadian Psychology* 32:43-50.

- White, Charles. 1799. *An Account of the Regular Gradation in Man, and in Different Animals and Vegetables*. London: C. Dilly.

- Whitney, G. 1995. Ideology and Censorship in Behavior Genetics. *Mankind Quarterly* 35:327. 다음에 재수록됨. Prometheism: The 21st Century Cult of Prometheus. 다음에서 가져옴. http://www.prometheism.net/ideology/

- _____. 1998. 다음의 서문. D. Duke, *My Awakening: A Path to Racial Understanding*. Covington, LA: Free Speech Press.

- _____. 2002. Subversion of Science: How Psychology Lost Darwin. *Journal of Historical Review* 21:20-30.

- Williams, B. J. 1973. *Evolution and Human Origins: An Introduction to Physical Anthropology*. New York: Harper & Row.

- Wilson, E. O. 1975. Sociobiology: *The New Synthesis*. Cambridge: Harvard University Press.

- _____. 1998. *Concilience: The Unity of Knowledge*. New York: Random House.

- Winston, A. S. 1996. The Context of Correctness: A Comment on Rushton. *Journal on Social Stress and the Homeless* 5:231-250.

- _____. 2013. Shared Eugenic Visions: Raymond B. Cattell and Roger Pearson. Biographies: Institute for the Study of Academic Racism. 다음에서 가져옴. www.ferris.edu/isar/bios/cattell/HPPB/visions.htm.

- Wissler, C. 1923. *Man and Culture*. New York: Thomas Y. Crowell.

- Wistrich, R. (1982) 1984. *Who's Who in Nazi Germany*. New York: Bonanza Books.

- Wolff, E. N. 2010. *Recent Trends in Household Wealth in the United States: Rising Debt and the MiddleClass Squeeze—An Update to 2007*. Working Paper no. 589. Annandaleon-Hudson, NY: The Levy Economics Institute of Bard College.

- _____. 2012. *The Asset Price Meltdown and the Wealth of the Middle Class*. New York: New York University Press.

- Wolff, H. 2014. AmRen Conference Held in Tennessee. American Renaissance. http://www.amren.com/features/2012/03/amren-conference-held-in-tennessee/.
- Woodworth, R. W. 1910. Racial Differences in Mental Traits. *Science* 31:178-181.
- _____. 1939. *Selected Papers of R. W. Woodworth*. New York: Henry Holt.
- Wrangham, R. W. 1996. *Demonic Males: Apes and the Origins of Human Violence*. Boston: Houghton Mifflin.
- X, Jacobus. 1896. *Untrodden Fields of Anthropology: Observations on the Esoteric Manners and Customs of Semi-Civilized Peoples; Being a Record of Thirty Years' Experience in Asia, Africa and America*. Paris: Libraire de Bibliophiles.
- Yates, F. 1992. *The Art of Memory*. London: Pimlico.
- Yerkes, R. M. 1923. Testing of the Human Mind. *Atlantic Monthly* 131:358-370.
- _____. 1941. Manpower and Military Effectiveness: The Case for Military Engineering. *Journal of Consulting Psychology* 5:205-209.
- _____. ed. 1921. *Psychological Examining in the United States Army*. Washington, DC: Government Printing Office.
- Zenderland, L. 1998. *Measuring Minds: Henry Herbert Goddard and the Origins of American Intelligence Testing*. Cambridge: Cambridge University Press.
- Zuckerman, M., and N. Brody. 1988. Oysters, Rabbits and People: A Critique of "Race Differences in Behavior" by J. P. Rushton. *Personality and Individual Differences* 9:1025-1033.

감사의 글

여러 경로로 이 책에 대해 귀한 의견을 내어주신 분들께 이 자리를 빌려 감사드린다. 줄리아 카트리스Julia Katris, 크리스토퍼 섀퍼Christopher Shaffer, 그리고 갈랜드 앨런Garland Allen, 이언 태터솔Ian Tattersall을 포함해 수많은 동료들에게 큰 도움을 받았다. 아내 린다, 누이 실비아, 딸 다이애나 등 학문적으로 많은 성취를 이룬 가족의 의견과 지지가 큰 도움이 되었다. 앨런 템플턴Alan Templeton은 일부 장의 내용에 중요한 기여를 했다. 또한 익명의 검토자 세 명에게 귀한 의견을 받았다. 워싱턴대학 도서관의 제니퍼 무어Jennifer Moore와 미카 젤러Micha Zeller에게 자료를 찾는 것과 관련해 큰 도움을 얻었다. 하버드대학 출판부의 담당 편집자 마이클 G. 피셔Michael G. Fisher와 로렌 K. 에스다일Lauren K. Esdaile에게도 감사를 전한다. 케이트 배빗Kate Babbit은 교정 교열을 훌륭히 담당해 주었고 웨스트체스터 출판 서비스Westchester Publishing Services의 에드워드 웨이드Edward Wade는 프로덕션 편집자로서 뛰어난 능력을 발휘해 주었다. 또한 제럴드 얼리Gerald Early와 워싱턴대학 인문학센터 방문 연구원의 자금 지원 덕분에 2010년에 이 프로젝트를 시작할 수 있었다. 끝으로 이 주제에 대해 여러 발표 자리에서 의견과 비판을 내어준 모든 분들께도 감사드린다.

인명 색인

ㄱ

갓프레드슨, 린다 Linda Gottfredson (1947-)
301-303, 365

개릿, 헨리 Henry Garrett 263-264, 266, 271-
274, 287, 343, 345, 364

갬블, C. J. C. J. Gamble (1894-1966) 77

게이어, 로버트 Robert Gayre (1907-1996)
266, 271

게이츠, R. 러글스 R. Ruggles Gates (1882-1962)
266, 287

고더드, 플리니 Pliny Goddard (1869-1928)
203, 217

고든, 로버트 A. Robert A. Gordon (1932-) 301

고비노, 조제프 아르튀르 콩 드 Joseph-Arthur
comte de Gobineau (1816-1882) 49-56, 59-
61, 76, 79, 101-102, 104, 106, 108-111,
113, 121, 130-131, 146, 150-151, 156, 197,
255, 313, 332

고셋, 토머스 F. Thomas F. Gossett (1916-2005)
236

괴링, 헤르만 Hermann Goering (1893-1946)
163, 234

괴테, 찰스 M. Charles M. Geothe (1875-1966)
157, 162, 231

교황 바오로 3세 Paul III (1468-1549) 22

굴드, 찰스 W. Charles W. Gould (1849-1931)
121

귄터, 한스 프리드리히 칼 Hans Friedrich Karl
Günther (1891-1968) 136, 149-152, 164,
266, 283, 286, 289, 291, 313

그랜트, 드 포레스트 De Forest Grant 163

그랜트, 매디슨 Madison Grant (1865-1937)
15, 52, 56, 61, 81, 85-86, 90, 92, 101-102,
106-115, 118, 120-121, 124-127, 129-133,
140, 144, 148-151, 157, 160, 163-164, 197-
203, 208-221, 225-232, 234-235, 238-239,
242-244, 246-247, 251, 253-255, 260, 262,
273, 289, 291, 303, 313, 321, 326, 332,
334, 358, 363

그레거, 제임스 A. James A. Gregor (1929-2019)
209, 264-266, 273, 364

그레고리, W. K. W. K. Gregory (1876-1970)
209-210

그레이브스, 조지프 L. 주니어 Joseph L. Jr
Graves (1955-) 307, 312

그리브스, 엘모어 Elmore Greaves 288-289

그린, 스티븐 Steven Greene 315

그림, 야코프 Jacob Grimm (1785-1863) 51

글리돈, 조지 R. George R. Gliddon (1809-1857)
43, 47-49, 54, 59, 79

기어츠, 클리퍼드 Clifford Geertz (1926-2006)
193-194

기퍼즈, 개브리엘 Gabrielle Giffords (1970-)
329-330

깅그리치, 뉴트 Newt Gingrich (1943-) 338,
353

ㄴ

넬슨, 앨런 Alan Nelson 337

노트, 조시아 Josiah Nott (1804-1873) 43-49,
54, 59-61, 79, 85, 101, 111, 315, 348

녹스, P. C. P. C. Knox (1853-1921) 77

니체, 프리드리히 Friedrich Nietzsche (1812-
1883) 52

닉슨, 리처드 Richard Nixon (1913-1994) 231

ㄷ

다뮤, 진 Jean Damu 350

다윈, 레너드 Leonard Darwin (1850-1943) 76,

227

다윈, 이래즈머스 Erasmus Darwin (1731-1802)
64

다윈, 찰스 Charles Darwin (1809-1882) 16,
22, 26, 34-36, 44-47, 49, 52-55, 57, 59, 62-
65, 67, 76, 78, 87, 100, 111-113, 130, 133,
135, 141, 170, 178, 181, 197, 227, 239-
240, 306, 314, 320, 357

달베르그, 군나르 Gunnar Dahlberg (1893-1956)
234

대븐포트, 찰스 B. Charles B. Davenport (1866-
1944) 61-62, 69-74, 76, 79, 81-85, 87-90,
101, 104-105, 108-110, 113, 115, 123-126,
130-131, 136-140, 143-145, 147, 151, 156-
161, 164-169, 176, 201, 203, 209-213, 220,
224-228, 230-232, 235, 249-254, 262, 273,
285, 289, 291, 294, 313, 334, 363

댄포스, C. H. C. H. Danforth 156-157

더글러스, 토미 Tommy Douglas (1904-1986)
76

덕데일, 리처드 루이스 Richard Louis Dugdale
(1841-1883) 35, 54, 82, 85

던, L. C. L. C. Dunn (1893-1974) 232, 239,
245

데글러, C. N. C. N. Degler (1921-2014) 57-
58, 124, 192, 196, 207, 225, 236, 243

도널드, 맬컴 Malcolm Donald 257, 364

도드, 윌리엄 E. William E. Dodd (1869-1940)
173

도방통, 루이-장-마리 Louis-Jean-Marie
Daubenton (1716-1800) 26

도브잔스키, 테오도시우스 Theodosius
Dobzhansky (1900-1975) 234, 239-240,
309

도시, 조지 George Dorsey 222

돕스, 앨리스 Alice Dobbs 98

돕스, 존 John Dobbs 98-99

듀보이스, W. E. B. W. E. B. Du Bois (1868-1963)
185

듀크, 데이비드 David Duke (1950-) 304, 326,

330

드레이퍼, 위클리프 P. Wickliffe P. Draper
(1891-1972) 168, 234, 249-264, 266, 270-
273, 275-277, 280, 282, 285, 288-290, 317,
353, 355-356, 364

드레이퍼, 이븐 섬너 Eben Sumner Draper
(1858-1914) 250

드레이퍼, 조지 앨버트 George Alvert Draper
(1855-1923) 250

드레이퍼, 조지 George Draper 249-250, 252,
257

드자네트, 조지프 Joseph DeJarnette (1866-1957)
132

딕슨, 새뮤얼 G. Samuel G. Dickson 333, 343

ㄹ

라딘, 폴 Paul Radin (1883-1959) 202

라마르크, 장-바티스트 Jean-Baptiste Lamarck
(1744-1829) 32-36, 54-55, 57-59, 63, 82,
85, 135, 195, 198, 206-207, 357

라세페드, 베르나르 제르맹 드 Bernard Germain
de Lacépède (1756-1825) 26

라스페이유, 장 Jean Raspail (1925-2020) 341-
342

라이엘, 찰스 Charles Lyell (1797-1875) 34

라이트, 슈월 Sewell Wright (1889-1988) 224

라첼, 프리드리히 Friedrich Ratzel (1844-1904)
60

라 페레르, 이삭 Isaac La Peyrère (1596-1676)
36-37, 43, 54

라푸주, 조르주 바셰르 Georges Vacher Lapouge
(1854-1936) 148, 151

램, 리처드 (가망 없이 아픈 환자에 대한 언급)
Richard Lamm, statement regarding terminally
ill 345

랭포드, 에드워드 Edward Langford → '피어슨,
로저' 항목 참고 286

러너, 리처드 M. Richard M. Lerner (1946-)
315

러브, 앨버트 G. Albert G. Love 213

러시턴, J. 필립 J. Philippe Rushton (1943-2012)
283, 301, 306-307, 309-317, 328, 331, 365

러턴, 웨인 Wayne Lutton 343-344

런드버그, 조지 A. George A. Lundberg (1895-
1966) 238

레드필드, H. H. Redfield (1815-1895) 232

레디, J. T. J. T. Ready (1973-2012) 349

레만, 율리우스 Julius Lehmann (1864-1935)
140, 150

레빈, 마이클 Michael Levin (1969-) 305-306,
328, 365

레이건, 로널드 Ronald Reagan (1911-2004)
293, 327, 337, 340

레이놀즈, R. J. R. J. Reynolds (1850-1918)
300

렌츠, 프리츠 Fritz Lenz (1887-1976) 131,
135-136, 140, 145-147, 149-150, 152, 164,
226

렌, 카터 Carter Wrenn 324

로버트슨, 윌멋 Wilmot Robertson 326

로스, 에드워드 Edward Ross (1866-1951) 358

로이, 로버트 Robert Harry Lowie (1883-1957)
222

로젠베르크, 알프레트 Alfred Rosenberg (1893-
1946) 287

로지, 헨리 캐벗 Henry Cabot Lodge (1850-1924)
61

로크, 존 John Locke (1632-1704) 23, 54

로프너, 재러드 리 Jared Lee Loughner (1988-)
330

로플린, 해리 H. Harry H. Laughlin (1880-1943)
71, 73-74, 79, 82, 84, 88-89, 91-93, 95-97,
99-101, 121, 124-127, 130-132, 137-139,
144, 147-149, 156-157, 160-164, 176, 201,
203, 209-210, 227, 231-233, 235, 254-257,
260, 289, 291, 313, 334, 363-364

록웰, 조지 링컨 George Lincoln Rockwell (1918-
1967) 261

록펠러, 존 D. 시니어 John D., Sr. Rockefeller
(1839-1937) 74, 77, 86

록펠러, 존 D. 주니어 John D., Jr. Rockefeller
(1874-1960) 86

롤, 존 John Roll (1947-2011) 330

롬니, 미트 Mitt Romney (1947-) 338, 351-353

롬브로소, 체사레 Cesare Lombroso (1835-1909)
68

루비오, 마르코 Marco Rubio (1971-) 353

루소, 장-자크 Jean-Jacques Rousseau (1712-
1778) 33, 117

루아, 프랑수아 드 François de Loys (1892-1935)
198

루이 16세 Louis XVI (1754-1793) 26, 33

루이스, 짐 Jim Lewis 296

뤼딘, 에른스트 Ernst Rüdin (1874-1952) 66,
135-139, 142, 148-149, 153, 167, 226, 231

르그랑, 프레데리크 Frédéric Legrand 325

르클레르 콩 드 뷔퐁, 조르주-루이 George
Louis LeClerc comte de Buffon (1707-1788)
26-29, 32-34, 54

리, 로버트 E. Robert E. Lee (1807-1870) 326

리처드슨, K. K. Richardson 299

리플리, 윌리엄 Z. William Z. Ripley (1867-1941)
52, 56, 59-61, 101, 107-110, 118, 121, 130

린네, 칼 Carl Linnaeus (1707-1778) 24-30, 32,
38, 54

린, 리처드 Richard Lynn (1930-) 306, 317,
328, 331-332, 365

림보, 러시 Rush Limbaugh (1951-2021) 301

링컨, 에이브러햄 Abraham Lincoln (1809-1865)
327

◨

마누브리에, L. L. Manouvrier (1850-1927) 213

마크스, 조너선 Jonathan Marks (1955-) 28, 51,
178, 236

마틴, 트레이본 Trayvon Martin (1995-2012)
361

매케인, 윌리엄 D. William D. McCain (1907-
1993) 288

매코널, 미치 Mitch McConnell (1942-) 353

매키트릭, T. H. T. H. McKittrick 171

맥그레거, H. H. H. H. McGregor 209

맥두걸, 윌리엄 William McDougall (1871-1938) 67, 210, 251, 291

맥아더, 로버트 Robert MacArthur (1930-1972) 309-310

맥, 코니 Connie Mack (1940-) 350

맬러리, 윌리 Willie Mallory 96

맬러리, 제시 Jessie Mallory 96

맬서스, 토머스 Thomas Malthus (1766-1834) 63, 100

머리, C. C. Murray 302, 317-318

머피, 컬런 Cullen Murphy (1952-) 20

메리엄, 존 C. John C. Merriam (1869-1945) 209, 215-216, 218, 232-233

메이어, E. E. Mayr (1904-2005) 78, 240

메이, 코넬리아 스카이프 Cordelia Scaife May (1928-2005) 334

멩겔레, 요제프 Josef Mengele (1911-1979) 139, 147, 154-155, 158, 226, 266, 294

모건, J. P. J. P. Morgan (1837-1913) 171

몬터규, 애슐리 Ashley Montagu (1905-1999) 10, 202, 240, 245, 267

몽탕동, 조르주 George Montandon (1879-1944) 198

몽테스키외 Montesquieu (1689-1755) 23, 26

무니, 제임스 D. James D. Mooney (1884-1957) 166

무솔리니, 베니토 Benito Mussolini (1883-1945) 146, 166, 170, 171, 230, 231

뮬러, H. J. H. J. Muller (1890-1967) 224, 228, 234

미드, 마거릿 Margaret Mead (1901-1978) 202-203, 220-221

밀러, P. Miller, P. 299

밀스, 찰스 W. Charles W. Mills (1951-2021) 42

ㅂ

바그너, 리하르트 Richard Wagner (1813-1883) 41, 52-54

바라시, 데이비드 David Barash (1946-) 315

바스티안, 아돌프 Adolf Bastian (1826-1905) 177-180, 185

바예, 페드로 델 Pedro del Valle (1893-1978) 261

바우어, 에르빈 Erwin Baur (1875-1933) 140, 145

바움, 고든 Gordon Baum 325

바이스만, 아우구스트 August Weismann (1834-1914) 36, 54, 57-58, 87, 135, 140, 146, 206, 357

바이스, S. F. S. F. Weiss 144, 155

바이엘 Bayer 171

바커, 로웰리스 F. Lewellys F. Barker (1867-1943) 82

바커, 마이클 Michael Barker 71

발로, 토머스 Thomas Barlow (1845-1945) 76

발작 Epileptics 74

배글리, 윌리엄 William Bagley 239

배벗, 프랭크 L. Frank L. Babott 82

밴더부어트, 로버트 Robert Vandervoort 353-354

밴 와그넨, 블리커 Bleecker Van Wagenen 76

밸푸어, 아서 Arthur Balfour (1848-1930) 66, 76, 78

버넘, 스탠리 Stanley Burnham 285, 365

버트, 시릴 Cyril Burt (1883-1971) 294, 300, 318-319

벅, 비비안 Vivian Buck 99

벅, 엠마 Emma Buck 98

벅, 캐리 Carrie Buck (1906-1983) 98-100, 121, 132

벌렛, 치프 Chip Berlet (1949-) 293

베네딕트, 루스 Ruth Benedict (1887-1948) 202-203, 222, 259

베라 크루스, 알론소 델 라 Alonso de la Vera Cruz (1507-1584) 22

베버리지, 윌리엄 William Beveridge (1879-1963) 66

베버, 막스 Max Weber (1864-1920) 194

벡, 로이 Roy Beck (1948-) 343

벤슨, P. P. Benson 241

벨, 알렉산더 그레이엄 Alexander Graham Bell (1847-1922) 74, 76, 91

벨, 존 John Bell 100

보링, 에드윈 Edwin Boring (1886-1968) 239

보아스, 프란츠 Franz Boas (1858-1942) 5, 10, 56, 175, 204-227, 234-240, 245-247, 259, 267-272, 282, 284, 292, 296, 303, 308, 358-359

부샤르, 토머스 Thomas Bouchard (1937-) 295-298, 365

부시, 버니바 Vannevar Bush (1890-1974) 233

부시, 조지 W. George W. Bush (1946-2001) 163, 339

부시, 프레스콧 Prescott Bush (1895-1972) 163, 171

불랭빌리에, 앙리 드 Henri de Boulainvilliers (1658-1722) 50

뷔퐁, 조르주-루이 르클레르 콩 드 Georges Louis Leclerc comte de Buffon (1707-1788) 26-29, 32-34, 54

브라운 형제 Brown Brothers 171

브레이스, 찰스 로링 Charles Loring Brace (1930-2019) 24, 68, 300, 315

브로카, 폴 Paul Broca (1824-1880) 34

브루게, 더그 Doug Brugge 336, 352

브루노, 조르다노 Giordano Bruno (1548-1600) 36

브루어, 잰 Jan Brewer (1944-) 346

브리검, 칼 Carl Brigham (1890-1943) 101, 115, 118, 120-122, 124-125, 127, 209-210, 213, 218, 221, 223, 228, 232, 239, 363

브림로, 피터 Peter Brimelow (1947-) 354-355

블랙, 에드윈 Edwin Black (1950-) 75, 101

블레이크슬리, A. F. A. F. Blakeslee 232

블루멘바흐, 요한 프리드리히 Johann Friedrich Blumenbach (1752-1840) 28-32, 54

비네, 알프레드 Alfred Binet (1857-1911) 68-69, 103-105, 114, 116, 121

빈슨, 존 John Vinson 335, 344

빈터, 루트비히(가명) Ludwig Winter (pseud.) → 귄터, 한스 프리드리히 칼 항목 참고 152

빌보, 시어도어 길모어 Theodore Gilmore Bilbo (1877-1947) 258, 324, 326, 364

ㅅ

사피어, 에드워드 Edward Sapir (1884-1939) 202

새터필드, 존 John Satterfield 276

샌토럼, 릭 Rick Santorum (1958-) 353

생어, 마거릿 Margaret Sanger (1879-1966) 113

생틸레르, 에티엔 조프루아 Étienne Geoffroy Saint-Hilaire (1772-1844) 26, 34

세지윅, 존 John Sedgwick 298

세풀베다, 후안 지네스 데 Juan Ginés de Sepúlveda (1490-1573) 21

셰일러, 너새니얼 사우스게이트 Nathaniel Southgate Shaler (1841-1906) 59-61, 101, 110-111, 130, 251, 313, 363

셰클포드, C. D. C. D. Shackleford 98

셸턴, 로버트 Robert Shelton (1929-2003) 99

손다이크, E. L. E. L. Thorndike (1874-1949) 88, 209

쇼, 조지 버나드 George Bernard Shaw (1856-1950) 66, 76

쇼클리, 윌리엄 William Shockley (1910-1989) 278-283, 285, 288, 301, 326, 365

슈워제네거, 아널드 Arnold Schwarzenegger (1947-) 340

슐레겔, 프리드리히 Friedrich Schlegel (1772-1829) 51

슐츠, A. H. A. H. Schultz 232

스메들리, 오드리 Audrey Smedley (1930-2020) 48, 50

스완, 도널드 A. Donald A. Swan (1935-1981) 265-266, 271, 273, 288, 290, 364-365

스즈키, 데이비드 David Suzuki (1936-) 306

스타덴라우스, 짐 Jim Stadenraus 345

스타인, 댄 Dan Stein (1955-) 336, 342

스탠퍼드, 릴런드 Leland Stanford (1824-1893) 74

스테게르다, M. M. Steggerda (1900-1950) 61, 210, 253, 285

스테빈스, G. L. G. L. Stebbins (1906-2000) 240

스텔, L. 스콧 L. Scott Stell 273

스토너, J. B. J. B. Stoner 287

스토킹, 조지 W. George W. Stocking (1928-2013) 49, 62, 108, 111, 194-195, 208, 217, 219-220, 238, 240, 247

스트로드, 오드리 Audrey Strode 97-99

스프링거, 짐 Jim Springer 296

스피로 J. P. J. P. Spiro 86, 107, 112-113, 126, 199, 202, 210, 215, 217, 220, 228, 230, 235, 242-243

스피어, 레슬리 Leslie Spier (1893-1961) 202, 219

시몽, 테오도르 Theodore Simon (1873-1961) 68, 103

심슨, G. G. G. G. Simpson (1902-1984) 240

ㅇ

아가시, 루이 Louis Agassiz (1807-1873) 43, 45-49, 59-61, 251, 315

아르파이오, 조 Joe Arpaio (1932-) 346

아이젠크, 한스 J. Hans J. Eysenck (1916-1997) 300-301, 319, 365

아이젠하워, 드와이트 D. Dwight D. Eisenhower (1890-1969) 270

아인슈타인, 알베르트 Albert Einstein (1879-1955) 244

아커만, 하인리히(필명) Heinrich Ackerman (pseud.) → 귄터, 한스 프리드리히 칼 151

앙투아네트, 마리 Marie Antoinette (1755-1793) 33

애디, 새뮤얼 Samuel Addy 347

애슈크로프트, 존 John Ashcroft (1942-) 339, 348

앨버스톤 경 Lord Alverstone (1842-1915) 76

에버스, 메드가 Medgar Evers (1925-1963) 276, 361

에스타브룩, 아서 Arthur Estabrook (1885-1973) 82, 85

에제, E. C. E. C. Eze (1963-2007) 40

엘리스, 톰 Tom Ellis 324

엘리엇, 찰스 윌리엄 Charles William Eliot (1834-1926) 76, 251

엘우드, 찰스 W. Charles W. Ellwood 207

여키스, 로버트 M. Robert M. Yerkes (1876-1956) 82, 88, 114-119, 121, 124, 132, 210-211, 213, 218-219, 221, 319, 363

영, 킴볼 Kimball Young (1893-1972) 239

오그번, 윌리엄 F. William F. Ogburn (1886-1959) 238

오덤, 하워드 Howard Odum (1924-2002) 207

오바마, 버락 Barack Obama (1961-) 327, 352, 354, 361

오스본, 프레더릭 헨리 Frederick Henry Osborn (1889-1981) 132, 163, 256, 364

오스본, R. 트레비스 R. Travis Osborn (1913-2013) 273, 364

올리버, 레빌로 P. Revilo P. Oliver (1908-1994) 326

와이스먼, F. N. F. N. Weizmann 311, 313

와이스버그, 로버트 Robert Weissberg (1941-) 331

와인들링, 폴 Paul Weindling (1953-) 66, 131, 134

와인스타인, A A. Weinstein 225

와츠, 메리 T. Mary T. Watts 89

왓슨, 존 B. John B. Watson (1878-1958) 223

왓슨, 토머스 J. Thomas J. Watson (1874-1956) 166, 170

요한센, 빌헬름 Wilhelm Johannsen (1857-1927) 231

우드워스, 로버트 Robert Woodworth (1869-1962) 208

울프, 헨리 Henry Wolff 331

워드, 레스터 프랭크 Lester Frank Ward (1841-1913) 58

워드, 로버트 드커시 Robert DeCourcy Ward (1867-1931) 123

워런, C. C. Warren 61

워시번, S. L. S. L. Washburn (1911-2000) 240

워싱턴, 조지 George Washington (1732-1799) 255

월리스, 앨프리드 러셀 Alfred Russel Wallace (1823-1913) 238

월콧, C. D. C. D. Walcott (1850-1927) 218

웨이어, 미셸 Michelle Weher 317

웨이어, 해리 프레더릭 주니어 Harry Frederick, Jr. Weyher 260, 317, 364-365

웨트피시, 진 Gene Wetfish 259

웰스, H. G. H. G. Wells (1866-1946) 66, 76

웰치, 윌리엄 H. Welch, William H. 82

웹, 시드니 Sidney Webb (1859-1947) 66, 76

위버, 워런 Warren Weaver (1894-1978) 167

위슬러, 클라크 Clark Wissler (1870-1947) 210, 216, 218

위클리프, 마거릿 Margaret Wickliffe 249

윌슨, 우드로 Woodrow Wilson (1856-1924) 70, 76, 94, 218

윌슨, E. O. E. O. Wilson (1929-2021) 204, 309

이니스, 나이저 Niger Innis (1968-) 354

이스트먼, 조지 George Eastman (1854-1932) 86, 233

이스트, 에드워드 M. Edward M. East (1879-1938) 91

ㅈ

자블론스키, 니나 Nina Jablonski (1953-) 41

자코부스 X (가명) Jacobus X (pseud.) 313

제닝스, 허버트 스펜서 Herbert Spencer Jennings (1868-1947) 224

제임스, 윌리엄 William James (1842-1910) 67, 114

젠더랜드, 레일라 Leila Zenderland (1951-) 83,
104, 318-319

젠슨, 아서 Arthur Jensen (1923-2012) 278, 281-285, 295, 301, 306, 308, 317, 319, 326, 328, 365

조던, 데이비드 스타 David Starr Jordan (1851-1931) 74, 76

조지, 웨슬리 크리츠 Wesley Critz George (1888-1982) 262

존스, 도널드 F. Donald F. Jones (1890-1963) 91

존스턴, 에드워드 랜섬 Edward Ransom Johnstone (1870-1946) 69, 105

존슨, 린든 Lyndon Johnson (1908-1973) 327

존슨, 벤저민 Benjamin Johnson 349

존슨, 앨버트 Albert Johnson (1869-1957) 124

졸라, 에밀 Émile Zola (1840-1902) 76

지니, 코라도 Corrado Gini (1884-1965) 231

ㅊ

차베즈, 린다 Linda Chavez (1947-) 340, 342

처칠, 윈스턴 Winston Churchill (1874-1965) 66, 76

체임벌린, 휴스턴 스튜어트 Houston Stewart Chamberlain (1855-1927) 52-56, 59, 101, 108, 110, 121, 130-131, 150-151, 313

ㅋ

카네기, 앤드루 Andrew Carnegie (1835-1919) 71, 77

카민, 레온 Leon Kamin (1927-2017) 308, 318

카사스, 바르톨로메 데 라스 Bartholomé de Las Casas (1484-1566) 21

카토, 윌리스 Willis Carto (1926-2015) 259, 286-287

칸트, 이마누엘 Immanuel Kant (1724-1804) 30, 38-42, 47, 52-54, 60, 91, 102, 130, 279, 294, 357

칼리칵, 마틴 주니어 Martin Jr. Kallikak 69, 83-84

캠벨, 클래런스 Clarence Campbell 144, 149,

162, 254

커부토, 닐 Neil Cavuto (1958-) 351

커텔, 레이 Ray Cattel (1905-1998) 319

커트너, 로버트 E. Robert E. Kuttner (1927-1987)
264, 266-268, 273, 280, 288, 364

케세로, 빌헬름 Wilhelm Kesserow 286

케인즈, 존 메이나드 John Maynard Keynes
(1883-1946) 76

케인, 허먼 Herman Cain (1945-2020) 354

켈로그, 버논 Vernon Kellogg (1867-1937) 70,
358

켈로그, 윌리엄 키스 William Keith Kellogg
(1860-1951) 76

켈로그, J. H. J. H. Kellogg (1867-1937) 77

켈시, 칼 Carl Kelsey (1870-1953) 207

코백, 크리스 Kris Kobach (1966-) 95, 346-
349, 351-354, 365

코프, 마리 Marie Kopp 162

코프, 에드워드 드링커 Edwad Drinker Cope
(1840-1897) 35

콕스, 어니스트 서비어 Earnest Sevier Cox
(1880-1966) 151, 254-256, 258-259, 286-
287, 291, 364

콘클린, E. G. E. G. Conklin (1863-1952) 209

콜, 더글러스 Douglas Cole (1938-1997) 183

콜린스, 도널드 Donald Collins 342, 346

쿠르텐, 하인츠 Heinz Kürten (1891-1966) 133

쿤, 칼턴 Carlton Coon (1904-1981) 274

쿤, 토머스 Thomas Kuhn (1922-1996) 234

쿨리지, 캘빈 Calvin Coolidge (1872-1933)
125, 127

퀴비에, 조르주 Georges Cuvier (1769-1832)
26, 29, 32, 34, 45, 49

크레이븐스, H. H. Cravens 106, 259

크로버, A. L. A. L. Kroeber (1876-1960) 202-
204, 206, 208, 216-217, 219, 226, 239

크론카이트, 월터 Walter Cronkite (1916-2009)
340

클라인버그, 오토 Otto Klineberg (1899-1992)
202, 208, 220-222, 225, 239, 272, 284, 307

클린턴, 윌리엄 William Clinton (1946-) 327

킬러, 클라이드 Clyde Keeler (1900-1994) 157

킹, 스티브 Steve King (1949-) 355

ㅌ

태프트, 윌리엄 하워드 William Howard Taft
(1857-1930) 76, 200

탠턴, 존 John Tanton (1934-2019) 334, 339-
345, 354, 365

터먼, 루이스 Lewis Terman (1877-1956) 114-
115, 122, 124, 223-224, 239, 363

터커, 윌리엄 H. William H. Tucker (1940-)
249, 252, 261, 265, 270, 276-279, 289-292,
295, 317, 328, 341

테일러, 재러드 Jared Taylor (1951-) 324-326,
328-331, 343, 345, 354, 365

템플러, 도널드 Donald Templer (1938-) 331-
332

토드, T. W. T. W. Todd (1885-1938) 210

토머스, 윌리엄 I. William I. Thomas (1863-1947)
207

톰슨, H. 키스 H. Keith Thompson (1922-2002)
265

트레버, 존 B. 시니어 John B., Sr. Trevor (1878-
1956) 260-261, 342

트레버, 존 B. 주니어 John B., Jr. Trevor (1909-
2006) 260-261, 342, 344, 364

트루먼, 해리 Harry Truman (1884-1972) 259

트리프코비치, 세르주 Serge Trifkovic (1954-)
354

트링클, E. 리 E. Lee Trinkle (1876-1939) 97

티센, 프리츠 Fritz Thyssen (1873-1951) 171

ㅍ

파라켈수스 Paracelsus (1493-1541) 36

파버, P. P. Farber 240, 297, 299

파우웰스, J. R. J. R. Pauwels 174

파인, M. T. M. T. Pyne 210

파크, 로버트 E. Robert E. Park (1864-1944)
238

패럿, 매리언 Marion Parrott 324

퍼닛, R. C. R. C. Punnett (1875-1967) 69

퍼트넘, 프레더릭 워드 Frederic Ward Putnam (1839-1915) 184

펄, 레이먼드 Raymond Pearl (1879-1940) 144, 162, 210, 224

페르난데스, 헨리 Henry Fernandez 340

페르슈어, 오트마르 폰 Otmar von Verschuer (1896-1969) 142-143, 149, 152-159, 226, 266, 294

페른스트롬, 에릭 Eric Fehrnstrom (1961-) 352

페어차일드, 헨리 프랫 Henry Pratt Fairchild (1880-1956) 218, 358

포드, 제럴드 Gerald Ford (1913-2006) 326

포드, 헨리 Ford, Henry (1863-1947) 77, 165, 171

포터, 로잘리 Rosalie Porter 354

포프노, 폴 Paul Popenoe (1888-1979) 136, 147, 156, 209

포프킨, 리처드 Richard Popkin (1923-2005) 16-17, 21, 37, 43

폴리아코프, 레온 Léon Poliakov (1910-1997) 51, 53, 134

프랜시스, 새뮤얼 Samuel Fraicis (1947-2005) 327, 343, 345

프리디, 앨버트 Albert Priddy 96-100

프리크, 빌헬름 Wilhelm Frick (1877-1946) 136, 138, 147-150, 164

플레처, 로버트 Robert Fletcher 68

플레커, 월터 A. Walter A. Plecker (1861-1947) 91-93, 163, 254-255

플뢰츠, 알프레트 Alfred Ploetz (1860-1940) 66, 76, 131, 135-140, 145-146, 149-150, 152, 156

피르호, 루돌프 Rudolf Virchow (1821-1902) 54, 150, 177-180, 185, 197, 203

피셔, 어빙 Irving Fisher (1867-1947) 82, 227

피셔, R. A. R. A. Fisher 239

피시버그, 모리스 Maurice Fishberg (1872-1934) 189

피시, 스탠리 Stanley Fish (1938-) 343

피시, 제퍼슨 Jefferson Fish 308

피안카, E. R. E. R. Pianka (1939-2022) 309

피어스, 윌리엄 William Pierce (1933-2002) 326

피어슨, 로저 Roger Pearson (1927-) 152, 266, 286, 346, 365

피어슨, 칼 Karl Pearson (1857-1936) 65, 67, 70, 76

피컨스, D. J. D. J. Pickens 246

핀초, 기포드 Gifford Pinchot (1865-1946) 76

필즈, 에드워드 R. Edward R. Fields (1932-) 287

ㅎ

하딘, 개릿 Garett Hardin (1915-2003) 343, 345

하이딩거, 빌리 Willi Heidinger 169

하치, 매슈 Matthew Hachee 42

할런, 존 마셜 John Marshall Harlan (1833-1911) 257, 364

해리먼, E. H. E. H. Harriman (1848-1909) 71, 74, 227

해리슨, 가이 Guy Harrison (1963-) 7, 361

해먼, 미키 Mickey Hammon 347

해킹, I I. Hacking 241

핸킨스, 프랭크 Frank Hankins (1877-1970) 238

허스코비츠, 멜빌 Melville Herskovits (1895-1963) 202, 220-221, 226

헉슬리, 토머스 Thomas Huxley (1825-1895) 239

헌쇼, 레슬리 Leslie Hearnshaw (1907-1991) 295

헌스타인, R. J. R. J. Herrnstein (1930-1994) 302, 317-318, 365

헌팅턴, 엘즈워스 Ellsworth Huntington (1876-1947) 358

헌팅턴, G. S. G. S. Huntington (1861-1927) 209

헤겔, G. W. F. G. W. F. Hegel (1770-1831)
41

헤일, G. E. G. E. Hale (1868-1938) 211-212

헤켈, 에른스트 Ernst Haekel (1834-1919) 34,
52, 55, 130, 135, 178, 186, 197-198, 203

헬름스, 제시 Jesse Helms (1921-2008) 260,
292, 324, 330

호로비츠, 어빙 Irving Horowitz (1929-2012)
315, 317

홀데인, J. B. S. J. B. S. Haldane (1892-1964)
234, 240

홀, 레이먼드 Raymond Hall 325

홀, G. 스탠리 G. Stanley Hall (1844-1924)
114

홀, P. F. P. F. Hall 61

홈스, 올리버 웬들 Oliver Wendell Holmes
(1841-1935) 100

홈스, 윌리엄 H. William. H. Holmes (1846-1933)
211

화이트, 찰스 Charles White (1728-1813) 42

화이트헤드, 어빙 Irving Whitehead 97-100

후턴, E. A. E. A. Hooton (1887-1954) 210,
232

휘트니, 글라이드 Glayde Whitney (1939-2002)
303, 328, 365

흄, 데이비드 David Hume (1711-1776) 30,
37-38, 40, 47, 54, 60, 91, 102, 109, 130,
184, 279, 311, 357

흐르들리치카, 알레시 Aleš Hrdlička (1869-
1943) 202, 212-216, 219, 225-226

히검, 찰스 Charles Higham (1931-2012) 170-
171, 174

히틀러, 아돌프 Adolf Hitler (1889-1945) 41,
49, 52, 56, 62, 101, 109, 111, 113, 128-
133, 136-150, 152-154, 158-166, 169-174,
228, 230, 232, 234, 254, 289, 291, 308,
326, 330, 363

힐, 제인 Jane Hill 316

힘러, 하인리히 Heinrich Himmler (1900-1945)
146, 148, 286

사항 색인

단체, 문헌, 사건, 이론, 지역, 법령, 현상 등

ㄱ

가계 혈통 데이터 수집 프로젝트 Family lineages
data collection project 89, 91, 137, 276
가톨릭 교회 Catholic Church 19, 22-23, 346
가톨릭 이주민 Catholic immigrants 339
『계간 옥시덴탈The Occidental Quarterly』 325
『계간 인류Mankind Quarterly』
　회원 152, 159
　홀의 인용
　IAAEE와의 관련 262
　목적 266-268, 292
　지도부 266, 290, 293, 300, 317
　출판물 268
　'신인류학'에 미친 영향 283
　기고자 290
　파이오니어 재단과의 관련 290
　헌스타인과 머리의 연구 318
결혼 제한법 Miscegenation laws 87, 89, 163,
358
결혼법 Marriage laws 87-92, 100
격변설 Catastrophism 32
계급 이론 Class theory 50
고비노학회 Gobineau Society 52, 55
골턴실험실 Galton Laboratory 224
골턴연구소 Galton Institute 67
골턴학회 Galton Society for the Study of Origin
and Evolution of Man
　설립 108, 203, 209
　회원 144, 209, 215, 218
　개괄 209
　종말 226-227, 230
　제3회 국제우생학회의 227
　1920년대의 성공 358
공중보건서비스(미국) Public Health Service,
United States 105

공화당 Republican Party 288, 324, 336-338,
340, 346, 348, 350-351, 353-355
과학적 인종주의 Scientific racism
　용어 사용 16
　선아담 인류설/다원발생설 37, 43-44
　과학적 인종주의의 아버지 38
　노예제 정당화 48
　시작 112
　역사적 기초 20
　연구 자금 218
　우생학 운동과의 연결 249
　종말 234-235, 242, 358-359
　생명과학 240-241
　현재 248
『과학적 인종주의에 돈을 대기: 위클리프
드레이퍼와 파이오니어 재단The Funding of
Scientific Racism: Wickliffe Draper and the Pioneer
Fund』(윌리엄 H. 터커) 249
『과학 혁명의 구조The Structure of Scientific
Revolutions』(T. 쿤) 234
교육가능성에 대한 가정 Educatability, supposed
　아메리카 원주민 39
　흑인 47, 278, 281-282, 303-304, 328
교육 개혁 Education reform 80
교육적 차이 연구소 Institute for Study for
Educational Differences 283, 365
교육지원재단 Educational Support Foundation
324
교육 Education
　유색인종 48
　이민자 아동 244
　자금 지원 256
　학교 탈분리 259, 261, 264-265, 270-276
　교육에 대한 위협 요인으로 인식된 인종 혼합
273
　정신박약자 69

학교에서의 우생학 교육 358

국가사회주의 운동 National Socialist Movement 349

국민당 (영국) National Party (Britain) 325

국민전선 National Front 325

국제 민속지학 및 우생학 진흥회 International Association for Advancement of Ethnology and Eugenics (IAAEE)

기고자 265

『계간 인류』와의 관련 263

유네스코 인종 선언에 대한 반응 268

지도부 263

『인종과 현대 과학』출간 267

현대 과학적 인종주의의 시작 263

국제상설우생학위원회 Permanent International Eugenics Committee 81, 136

국제우생학위원회 International Eugenics Commission 145

국제우생학회의(제1회) International Eugenics Congress (First)

개요 75

언급 94, 105, 176

목적 334

인종주의에 미친 영향 108

지도부 136, 138, 251

참가자 136

국제우생학회의(제2회) International Eugenics Congress (Second) 81, 109, 125, 363

국제우생학회의(제3회) International Eugenics Congress (Third) 227-229, 363

국제위생전시회 International Hygiene Exhibition 135

국제유전학회의 International Congress of Genetics 143, 145, 167, 227, 229

국제인구과학회의 International Congress for Population Science 144

국제인종위생학회 International Society for Racial Hygiene 135

'국제적인 유대인: 세계의 가장 큰 문제』International Jew: The World's Foremost Problem' (H. 포드) 165-166

국제전화전신 International Telephone & Telegraph (ITT) 172

『군대 인류학Army Anthropology』(C. 대븐포트; 앨버트 G. 러브) 213

굿리치 Goodrich 172

귀화법 Naturalization Act 127, 342

그레이터 라이베리아 법 Greater Liberia Act 258

기후 이론 Climate theory 23-24, 26-27, 32, 38-39, 60, 126, 235, 310, 319, 357

ㄴ

'나는 미국의 파시스트다' I Am an American Fascist (H. 키스 톰슨) 265

『나의 투쟁Mein Kampf』(A. 히틀러) 130, 140, 164, 166, 330

나치 단종법 Nazi Sterilization Law 137

나치당 Nazi Party → '국가사회주의 독일노동자당' 항목 참고 131, 139, 141, 153, 169-170, 261, 265

나치 독일 Nazi Germany

뉘른베르크법 137, 142, 146, 148, 154, 161, 232, 292, 350

나치 독일로부터의 이주 134-135, 260, 350

미국 기관과 기업들의 나치 독일 지원 165

의사당 방화 사건 131

나치 우생학 Nazis, eugenics and the

단종법 102, 137, 139, 141-142, 146, 148, 153, 161

단종법 관련 통계 101

유전 법정 153

절멸 정책 관련 통계 102

정당화 244

인종 철학 55-56, 178

의료 프로그램 137, 153-158

안락사 프로젝트 137, 146-148

자금 지원 137, 139, 153, 162, 168-174

쌍둥이 연구 139, 155, 294

최종 해법 142, 154

데이터 수집 142, 276

지적 기반 141

선택적 육종 257

미국 언론의 지지 89, 136-137, 146-147, 155-160
인종 정책 131-136, 142
미국 우생주의자들의 지지 132-133, 136, 138-139, 144, 156-158, 160-165, 227-228, 253-254
아리아 인종 순수성 프로그램 134-138, 140-141, 144-145, 150, 157, 159
부적합자로 분류된 집단 137, 142-143, 148
나치의 다원발생론적 이론 Nazi polygenic theory 198
나토 NATO 261
난민의 지위에 관한 제네바협약 Geneva Convention Relating to the Status of Refugees 321
남아프리카공화국 South Africa 261, 263, 287, 314, 348
『남편의 선택Husband's Choice』(H. 귄터) 152
넘버USA NumbersUSA 343
네오 나치 Neo Nazism 147, 152, 259, 264, 266, 280, 286, 288, 290, 304, 315-316, 322, 325, 327, 330, 349, 352, 355
『네이션The Nation』 216, 219
『네이처Nature』 78
넷실릭 에스키모 Netsilik Eskimo 179
노르만 인종의 우월성 Nordic superiority
신화 50-51, 61, 110-111
이민 제한 61
지능에 기반한 주장 120, 122, 125, 141, 319
확산 150
부당성 178, 227
입증 시도 212
스완의 견해 265
노벨 컨퍼런스(유전학과 인간의 미래) Nobel Foundation Conference on Genetics and the Future of Man 279
『노스랜더Northlander』 286
노예제 Slavery 9, 30, 42-43, 48, 59-60, 87, 111, 130, 282, 315-316, 325, 327, 333, 359
뇌 크기와 인종 Brain size, race linked to 313
『누벨 에콜Nouvelle École』 289

뉘른베르크법 Nuremberg Laws 137, 142, 146, 148, 154, 161, 232, 292, 350
『뉴 리퍼블릭New Republic』 201
『뉴욕타임스 매거진New York Times Magazine』 282
『니그로의 지능과 선택적 이주Negro Intelligence and Selective Migration』(O. 클라인버그) 221

ㄷ

다문화주의 Multiculturalism 204, 317, 321, 333, 335, 344, 349, 354-355
다우케미칼 Dow Chemical 171
다윈주의 Darwinism 34, 45-46, 52-53, 55, 57, 59, 62-64, 67, 78, 87, 100, 112-113, 133, 135, 170, 178, 181, 197, 239-240
다원발생설 Polygenism
용어 사용 16
확산 22
수용 48
다원발생설에서의 환경 요인 설명 38, 49, 190, 235
조시아 노트 44-45, 60-61
루이 아가시 46-47
지배적 담론이 됨 49
체질인류학 49
다윈 이후 49, 62
일원발생설 대 다원발생설(1600-1900) 54
바이스만 이후 58
우생학 60, 130, 164, 214
현재의 다원발생설 62, 248, 334
매디슨 그랜트 108-112, 201, 227, 239
이데올로기 175, 235, 241
나치의 이론 198
과학적 타당성 198, 239-240, 246, 357-358
다원발생설에 반대한 보아스의 싸움 202, 282
쇠락 222-223, 228, 238
인종 혼합/혼혈 228
군대 251
언론 268, 325, 328
반박 269
퍼트넘 271
이민 제한 조치에 미친 영향 334, 352-353

단일 형질로서의 지능 Unitary character of intelligence 109, 114, 284, 302, 305-306, 319

단종 Sterilization
　부적합자 70, 80, 94-95, 256
　우생학 운동 80
　캘리포니아의 단종 프로그램 96, 156, 162
　인종 간 결혼에 대한 해법 229
　자발적 단종에 대한 인센티브 280
　IQ가 낮은 사람의 단종에 대한 정당화 280, 301
　빈민 332

단종법위원회(ABA 산하) American Committee on Sterilization, ABA 76

단종법 Sterilization laws
　각 주의 입법화 70, 94-95
　로플린의 모델 법안 74
　합헌성 여부 75
　나치 독일 101, 137, 139, 142-143, 145, 148, 153, 160
　버지니아 85, 96-100, 121

"단 한 방울도" 법 One drop laws 92-93, 100

달렘연구소 Dahlem Institute 141, 144, 153

대공황 Great Depression 131, 173, 228, 245-247

『대륙의 정복, 혹은 아메리카에서의 인종의 확장The Conquest of a Continent, or the Expansion of Races in America』 (M. 그랜트) 144, 229, 230

데이비스오일 Davis Oil Company 172

델라웨어-존스홉킨스 지능과 사회 연구 프로젝트 Delaware-Johns Hopkins Project for the Study of Intelligence and Society 301

도덕성 (인식된 도덕성) Moral character, perceived
　노예 30
　유대인 55
　유색인종 40
　흑인 305

독일 Germany
　제거형 우생학 75
　2차 세계대전 이후의 정치 133
　경제(1870년대-1930년대) 131

『독일어의 역사Geschichte der deutschen Sprache』 (J. 그림) 51

독일인류학회 German Anthropological Association 145, 159

『독일인의 인종 과학Rassenkunde des deutschen Volkes』 (H. 귄터) 150

독일인종위생학회 German Society for Racial Hygiene 76, 135

독일정신의학연구소 German Psychiatric Research Institute 137

독일체질인류학회 Gesellschaft für Physische Anthropologie 226

동물 분류 시스템 Zoological classification system 24

『동물 철학Philosophie zoologique』 (J. 라마르크) 33, 54

듀폰 DuPont 78, 171-172

ㄹ

라마르크 이론의 몰락 Lamarckian theory, discrediting 135, 206, 357

러빙 대 버지니아 사건 Loving v. Virginia 93

러셀 세이지 재단 Russell Sage Foundation 218

런던우생학회 Eugenics Society of London 66, 76

『런던타임스London Times』 79

『레호보트 혼혈족과 인종 간 결혼에 대한 문제Die Rehobother Bastards und das Bastardierungsproblem beim Menschen』 (E. 피셔) 140

록펠러 가문 Rockefeller family 82, 168

록펠러 재단 Rockefeller Foundation 137, 143, 166-167, 169, 211, 219

ㅁ

막스플랑크 연구소 Max Planck Institute 139

맬러리 대 프리디 사건 Mallory v. Priddy 97

『메가 트라우마Megatraumas』 (램) 345

멘델 유전학 Mendelian genetics 36, 59, 67, 69, 113

『멘델주의Mendelism』 (R. C. 퍼닛) 69

모턴파 43, 45, 47, 49, 53-54, 110, 121, 130,
226, 262

『문명에 대한 반란The Revolt against Civilization』
(L. 스토더드) 120, 151

문명에 대한 위협으로 인식 Civilization,
perceived threats to
인종 혼합 48, 51-52, 111, 140, 229, 262
이주 109
흑인 262, 325
통합 262
유색인종 325-326

『문명의 인종적 기초The Racial Basis of
Civilization』 (F. 핸킨스) 238

문화 Culture
정의 192
인간의 보편 속성 205

문화영향론 Cultural determinism 202

『문화의 패턴Patterns of Culture』 (R. 베네딕트)
222

문화인류학 Cultural anthropology
프란츠 보아스 187, 191-195, 201-203, 216,
237-238
개념 도입 359
과학 211
기여 236
박사학위자 비중 225
패러다임 위상 269

문화적 동화 Enculturation 193-194

문화적 분류 시스템 Cultural classification system
191-194

문화적 요인 Cultural factors
행동 193-195, 204-206
지능 360

문화 패러다임 Cultural paradigms
생물학적 결정론을 밀어냄 195, 203-205,
216, 220-223, 236, 237-238
퇴락설을 밀어냄 206
수용 237-240

미국 United States
이민 정책 52, 122-129, 212, 219, 260
우생학 운동 67-75, 81-82, 91, 130

남북전쟁 이후의 변화 122
1차 세계대전 이후의 변화 123
인구 구성(1920년대-1940년대) 242
UN 회원 가입 261

『미국 공중보건학 저널American Journal of Public
Health』 93, 161

미국과학진흥협회American Association for the
Advancement of Science (AAAS)
연례 회의에서의 발표 45
지도부 46, 218, 226
전문 학문 분야로서의 인류학과 AAAS 225
회원 211
AAPA 설립 225
ERA와의 관계 84

『미국 산부인과학 저널American Journal of
Obstetrics and Gynecology』 156

미국시사위원회 Council on American Affairs
288

『미국 시사 저널Journal of American Affairs』 288

미국심리학회 American Psychological Association
114-115, 263

미국 애국법 USA PATRIOT Act 338

미국외교정책연구소 American Foreign Policy
Institute 288, 293

미국우생학회 American Eugenics Society (AES)
시작 82, 86
선택적 육종 지지 89
선택적 이민 위원회 121
회원 159, 214, 218
『우생학 뉴스』 발간 164, 232
지도부 215, 260
자금 조달 233-234
인기 358
홍보 위원회 89

미국육종학회 American Breeders Association (ABA)
6, 73-76, 94-95, 102

『미국의 우생학적 단종법Eugenical Sterilization in
the United States』 (H. 로플린) 96-97

『미국의 이중적 위기America's Bimodal Crisis』 (S.
버넘) 285, 365

『미국의학회지Journal of the American Medical
Association』 (JAMA) 6, 78, 139, 145, 156,

160-162

미국이민위원회 American Immigration Council
189-190, 349

미국이민통제재단 American Immigration Control
Foundation (AICF) 6, 324, 334, 365

『미국 인류학자American Anthropologist』 (AA)
미국인류학회의 학회지 203-204
기고자 204
편집 이사회 211, 217
전문 학문 분야로서의 인류학과 『AA』 225
『미국 인류학자』에 광고를 게재하려던 러시턴의
시도 316
『미국 인류학자』에 대항하는 조직으로서의
골턴학회 209
NRC에게 보내는 보아스의 공개 서한 개제
216

미국인류학회 American Anthropological
Association (AAA)
반인종주의 선언 7, 227
학회지 『미국 인류학자』 204
문화 개념 지향 204
지도부 204, 209, 211, 216-217, 219
보아스의 견책(『네이처』 공개 서한 사건 이후)
217
인류학 및 심리학 분과 216-217, 219, 227
회원 217-219, 237
전문 학문 분야로서의 인류학과 AAA 225
AAA에 대항하는 조직으로서의 골턴학회 209

미국—일본 관계 United StatesJapan relations 127

미국자연사박물관 American Museum of Natural
History
제2회 국제우생학회의 81, 109
ECUSA 설립 85
지도부 106, 233
보아스와의 관련 180, 199
그랜트와의 관련 199
골턴학회 모임 209
우생학 교육 358
제3회 국제우생학회의 227

미국 정신박약 연구학회 American Association
for the Study of FeebleMinded 69

『미국 지능에 대한 연구A Study of American

Intelligence』 (C. 브리검) 118, 124-125, 363

미국진보센터 Center for American Progress 340

미국철학회 American Philosophical Society 77,
211

『미국 체질인류학 저널American Journal of
Physical Anthropology』 214, 219, 225

미국체질인류학회 American Association of
Physical Anthropologists (AAPA) 6-7, 144, 225

미국 출생아에게 자동적으로 시민권 부여
Birthright citizenship provisions 350-351

미군 Military, U.S.
지능 검사 116-120, 124-125, 141, 212, 221
신장 기준 212
신체 측정 프로젝트 212
육군 항공부대 장교 가구 소득지원 257
탈분리 259

미네소타 쌍둥이 가족 연구 Minnesota Twin
Family Study (MTFS) 6, 294-295, 297, 365

미래의 파이어사이드를 위한 적합 가족 대회
Fitter Families for Future Firesides Competition
89

미시시피 시민 카운슬 Mississippi Citizens'
Councils 275, 345, 361, 364

미시시피주 교육 Mississippi, education in 275

미시시피주 주권 위원회 Mississippi State
Sovereignty Commission 275, 364

민권 Civil rights 93, 97, 122-123, 137, 139,
156, 159, 251, 258, 261-263, 268, 270,
272-275, 277, 282, 292, 302, 305, 321-328,
335-338, 346-347, 350-351, 355, 361, 365

민권법 Civil Rights Act 261, 274-275, 277,
282, 305, 323, 325, 328, 355

민권 운동 Civil rights movement 93, 122, 262,
277, 327, 365

민속지학 연구 Ethnographic research 179-185,
191-192

『민속지학 저널Zeitschrift für Ethnologie』 177

민주당 Democratic Party 141, 329, 355

ㅂ

바이엘 Bayer 171

『박물지*Histoire Naurelle*』(르클레르) 26, 54

반유대주의 Anti-Semitism
   현대 반유대주의의 토대 40-41, 52, 55
   기업가 계층과 반유대주의 171
   애국적 단체들을 위한 미국 연맹의 반유대주의
      정책 260
   피어슨의 네오 나치주의 286-287, 292
   홀로코스트 부인론자 304, 328, 343
   기퍼즈 살해 329
   웹사이트 346

반이민 단체 Antiimmigration organizations 323,
   335, 339

반테러리즘 및 효과적인 사형법 Anti-Terrorism
   and Effective Death Penalty Act 338

발달유전학 Developmental genetics (Phänogenetik)
   142

발작 Epileptics 74

배핀섬에서의 보아스의 연구 Baffin Island,
   Boas's study on 177, 179

백인 민족주의자 White nationalists 327, 342,
   344, 354

백인 분리주의자 White separatists 260, 327

『백인 아메리카*White America*』(E. 콕스) 255,
   258-259

백인 우월주의자 White supremacists 92, 152,
   254-255, 263, 322, 327, 339, 344, 354-355

버지니아주 Virginia
   단종법 85, 96-100, 121-122, 358
   버지니아주 통계국 92
   인종순수법 92
   혼인법 358

버지니아 교육 펀드 Virginia Education Fund
   259

벅 대 벨 Buck v. Bell 85, 100, 121-122, 363

범독일연맹 PanGerman League 55

범죄 성향 Criminality
   유전가능성 이론 68-69, 205, 228, 301, 304-
      305
   환경 요인 88
   용어 사용 224
   이민 제한 334

   통제 94
   흑인과 고정관념 303

범죄인류학 Criminal anthropology 68

범죄자 Criminals
   시설 수용 96
   신체적 특징이라고 여겨진 것 68
   제거를 위해 제안된 방법 88
   단종 96, 100, 112, 229

『법의 정신*De l'Esprit des Loix*』(몽테스키외) 24

베를린 인류학, 민속지학, 선사시대 연구학회
   Berlin Society for Anthropology, Ethnology, and
   Prehistory 177

『벨 커브 논쟁*Bell Curve Debate*』(L. 카민; R.
   자코비; N. 글라우버만 등) 319

〈보더라인*Borderline*〉 345

보수주의 시민 카운슬 Council of Conservative
   citizen 264, 325, 345-346

보수주의 정치 행동 컨퍼런스 Conservative
   Political Action Conference (CPAC) 353-354

보편적 인간 Human universals 205

복지 개혁법 Welfare Reform Act 338

본능 이론 Instinct theory 68, 223

부의 격차 Wealth gap 336

부적합자 unfit
   제거 66, 88, 101, 131, 134, 137, 142, 147,
      164, 256
   결혼법 87, 89
   제거형 우생학 66
   단종 70, 94-101, 229, 256
   추방 229

북부연맹 Northern League 152, 286, 292

분류 시스템 Classification systems
   인종 기반 24-25, 27-31
   동물학적 24-25
   환경 30, 57, 181, 189-190, 195, 201, 221-
      223, 228, 285
   지리 30, 181
   지능 120, 125, 222, 285
   거부 179, 181, 187
   역사 181-187, 191-192
   상충 188
   두개골 모양과 크기 189

문화 191-194, 221, 223

타당성 223-233

생물학 306-307, 319

언어 51

정신심리적 특성 308

피부색 기반 38

K-선택 모델 309

요약 357

불법 이민 개혁 및 이민 책임성 강화법
Illegal Immigration Reform and Immigrant
Responsibility Act 338

브라운 대 교육 위원회 Brown v. Board of
Education 258, 263, 274, 277, 364

브루클린 과학예술연구소 생물학 실험실
Biological Laboratory of the Brooklyn Institute
of Arts and Sciences 70

비네-시몽 지능 검사 BinetSimon intelligence
tests 69, 114, 121

비슨-해먼 앨라배마 납세자와 시민 보호법
BeasonHammon Alabama Taxpayer and Citizen
Protection Act 347

ㅅ

『사모아의 청소년Coming of Age in Samoa』 (M.
미드) 221

『사이언티픽 먼슬리Scientific Monthly』 201

사회경제연구위원회 Council for Social and
Economic Studies 288, 293

『사회과학 백과사전The Encyclopedia of Social
Sciences』 225

사회과학 출판 Social Science Press (IAAEE) 268

사회문제에 대한 심리학회 Society for the
Psychological Study of Social Issues 227

『사회심리학 기초Introduction to Social Psychology』
(W. 맥두걸) 67

사회적 계약 출판사 Social Contract Press 340-
341

사회적 다윈주의 Social Darwinism 59, 62-63,
64, 67, 78, 100, 133, 197

사회적 행동의 요인 Social behavior, factors of
35, 207, 358

『사회, 정치, 경제 연구 저널Journal of Social,
Political, and Economic Studies』 346

『사회 정치 경제 연구 저널The Journal of Social,
Political and Economic Studies』 293

산아제한 Birth control 94, 111, 113, 139, 161,
279

『산아제한 리뷰Birth Control Review』 113, 139,
161

『상이한 인종에 관하여On Different Races of
Man』 (칸트) 54

새로운 세기 재단 New Century Foundation
324, 326, 356

『새로운 애국자New Patriot』 287

새터필드 계획 Satterfield Plan 276-277, 323,
353, 355, 364

생물 분류 시스템 Biological classification system
306-307, 319

『생물학 원론Principles of Biology』 (H. 스펜서) 54

생물학적 결정론 Biological determinism

나치즘 62

바이스만 이후의 생물학적 결정론 58

생물학적 결정론의 수용 53

과학적 타당성의 결여 58, 195, 224, 358

선아담 인류설 36

우생학 운동 67

반증 190-191, 195, 236

종말 189, 234, 238-242

문화 패러다임에 밀려남 195, 203-204, 216,
221-223, 236-238

반박 238-239, 269, 359

연구 자금 256, 300

지지자 60

생식질 Germ plasm 58, 74, 85-86, 88, 102,
199

생체 측정 연구 Anthropometric research 220

『서구의 운명Western Destiny』 264, 286

서던미시시피대학 University of Southern
Mississippi (USM) 6, 288-290

『선더볼트Thunderbolt』 287

『선아담 인류Prae-Adamitae』 (I. 라 페레르) 37,
54

선아담 인류설 Pre-Adamite theory
  용어 사용 16
  아메리카 원주민 20-21, 36
  라 페레르 36-37, 43
  두개골 크기 43, 49
  루이 아가시 45-47
  생물학적 결정론 49-54
  이데올로기 235, 357
  과학적 형태 43
  모턴 43
  피부색 분류 38
  확산 37
  환경 요인 38
선택적 육종 Selective breeding 80, 87
선택적 이민 위원회(AES 산하) Committee on Selective Immigration 121, 126
성격적 특질 Personality traits 201
『성인의 캠프The Camp of the Saints』 (J. 라스페이유) 341
세계반공주의자연맹 World AntiCommunist League 289
세계산업노동자연맹 International Workers of the World 250
세계인구회의 World Population Congress 149, 162
세계정신건강연맹 World Federation for Mental health 261
세인트루이스호 MS St. Louis 74, 128, 129
소련 USSR 261
수정헌법 14조 Fourteenth Amendment 350-351
순환 고리 효과 Looping effect 241
스콧 타운센드 출판사 Scott-Townsend Publishers 293
스탠더드오일(뉴저지) Standard Oil of New Jersey 168, 171-172
스탠퍼드-비네 지능 검사 StanfordBinet intelligence test 114
스텔 대 서배너-채텀 카운티 교육 위원회 사건 Stell v. Savannah-Chatham County Board of Education 273, 364
스톰프론트 Stormfront 325, 330

스페인 종교재판 Spanish Inquisition 9, 16, 19-20, 88, 101, 112, 142, 244, 327, 359
『시민Citizen』 264
시민권 Citizenship
  부인 326, 335, 351
  시민권 자격에 따른 급부 338
『시민의 정보제공자Citizen's Informer』 325
『시온 장로 의정서Protocols of the Meetings of the Learned Elders of Zion』 165
시카고랜드 친구들 Chicagoland Friends 354
신다원발생설 Neopolygenism 108, 274
신라마르크주의 NeoLamarckism 57
신인류학 Neue Anthropologie 147, 283
실험 진화 연구소 (콜드스프링하버) Station for Experimental Evolution at Cold Spring Harbor
  카네기연구소 6, 70-73, 75, 77, 85, 140, 149, 163-164, 167-168, 215, 227, 231-233, 253
  ERP 여름학교 70, 73, 82
  언급 75, 94, 212, 231
  가계 혈통 데이터 수집 137
  유전학 연구 145, 231-232
  유전학 부서 231
  찬사 145
『심리학 아카이브Archives of Psychology』 221
『심리학 원론Principles of Psychology』 (W. 제임스) 67
쌍둥이 연구 Twins, research on 6, 139, 152-153, 155, 294-300, 318, 365

ㅇ

『아담 이전에 인간이 있었다는 전제에 대한 신학적 설명 체계A Theological Systeme upon That Presupposition That Men Were Before Adam』 (I. 라 페레르) 37
아동 Children
  교육 68-69, 244, 256-257
  지능 검사 69, 114-115
  이민자 244
  인종과 계급에 기초한 아동의 지능 가정 318
  미국 출생아에 대한 자동 시민권 부여 350

아리아 Aryan (용어 조어) 51

아메르안트로포이드 루아시 Ameranthropoides loysi 198

『아메리카 두개골Crania Americana』 (S. 모턴) 43, 54

아메리카 원주민 Native Americans

교육 가능성 39

분류 30-31

분리 111

원주민에 대한 가혹한 대우를 정당화하는 인종 이론 20

타 인종과의 혼인 금지 87

퇴락설 21

원주민의 인간성에 대한 견해 21-22, 39-40

『아메리카의 자연과 인간Nature and Man in America』 (N. 셰일러) 60-61, 363

아메리칸 르네상스 재단 American Renaissance Foundation 365

『아메리칸 머큐리American Mercury』 224, 264

아시아 이민자 Asian immigrants 122-123, 127, 335

아시아인에 대한 칸트의 견해 Asians, Kant on 39

아종 (정의) Subspecies 12

아프리카인 Africans 20, 31, 39, 47, 103

안락사 Euthanasia 66, 88, 100-101, 104, 131, 137, 146-148

알코아 Alcoa 171

알프스인 Alpines 109-110, 114, 221, 242

애국적 단체들을 위한 미국 연맹 American Coalition of Patriotic Societies 260-261

앵글로-색슨 클럽 Anglo-Saxon Club 92

『어둠 속으로Into the Darkness』 (L. 스토더드) 164

언론 공정성 Fairness in Media 324

언어 분류 시스템 Language classification system 51

에르빈 바우어 연구소 Erwin Baur Institute 145

에버스 대 잭슨 Evers v. Jackson 274, 364

에티오피아인 Ethiopians 29, 36, 44, 46, 307

『엑스포제Exposé』 265

역사리뷰연구소 Institute for Historical Review 304, 325

역사적 분류 시스템 Historical classification system 181-187, 191-192

연속 변이 Cline 10

영국 국적법 British Nationality Act 321

영국 이민제한 England, immigration restrictions 321

영국의 우생학 운동 United Kingdom, eugenics movement 66, 77-79, 85

『영국의학회지British Medical Journal』 78

영어 공용화 English language, official status 337, 340, 355

영장류학 Primatology, founding of 115, 132, 140, 219

『오늘날 미국의 인종 용광로에 대한 분석Analysis of America's Modern Melting Pot』 (H. 로플린) 125

오리엔탈 인종 Oriental race 31, 310

「왜 심리학자들은 인류학을 좀 배울 필요가 있는가Why Psychologists Should Learn Some Anthropology」 (J. 피시) 308

외교정책연구소 Foreign Policy Research Institute 288, 293

우량아 대회 Better babies contests 89

『우리는 문명화되었는가?Are We Civilized?』 (R. 로이) 222

우리의 법 집행을 지원하고 안전한 이웃을 만드는 법 Support Our Law Enforcement and Safe Neighborhoods Act 346

우생학 Eugenics

탄생 57

다원발생설 58

신체 측정 접근 65

확산 85

문화 패러다임에 밀려남 204

문화 패러다임에 의한 반박 269

촉진형 대 제거형 65-66, 87

우생학에 맞선 보아스의 싸움 220

이데올로기 176

우생학에 맞서는 싸움 176, 200-204

학교에서의 우생학 교육 358
여론 74-75, 224, 228, 240-241
몰락 237-247, 358-359
현대의 믿음 248
『우생학과의 관련에서 본 유전*Heredity in Relation to Eugenics*』(C. 대븐포트) 74, 79, 109, 145, 176, 251, 363
우생학교육학회 Eugenics Education Society 66, 75-77
우생학기록사무소 Eugenics Record Office (ERO)
　시작 71
　자금 71, 82
　지도부 73, 91, 176
　종말 74, 163
　언급 75
　성공 78-79, 358
　단종법 기획 95
　비판 232
　신체 측정 데이터 수집 88
　가계 혈통 데이터 수집 89, 91, 276
　독일 우생학 136, 147-149, 163, 167
　우생학 운동의 목적 81
　인구국 91
　인종 간 혼인 금지법 기획 92
　제3회 국제우생학회의 후원 227
　EN과의 관련 233
　ERA와의 관계 84
『우생학 뉴스*Eugenical News*』(EN)
　지도부 82, 139, 158, 254
　독일 우생학과의 관련 89, 137-138, 148-149, 155-159, 232
　명칭 변경 160, 234
　카네기연구소 163-164
　'각 주에서 백인과의 결혼을 통해 유입되는 것이 허용된 니그로 피의 양' 93
　『위대한 인종의 소멸』(M. 그랜트)에 대한 서평 201
　『백인 아메리카』(E. 콕스)에 대한 서평 155
　〈유전적인 결함이 있는 사람들〉 영화평 257
　로플린의 찬가 73, 163-164
　제3회 국제우생학회의 후원 227
　AES와의 관련 164
　ERO와의 관계 233

우생학 및 열생학 교육연구재단 Foundation for Research and Education on Eugenics and Dysgenics 280, 282, 365
우생학연구협회 Eugenics Research Association (ERA)
　지도부 84-85, 149, 157, 162, 254
　목적 85
　독일 우생학 135, 163
　회원 139, 231
　목적 85
　설립 84
　성공 358
　우생학 운동의 목적 82
　인구국 91
　자금 253
　제3회 국제우생학회의 후원 227
　종말 231
　ERA가 추구한 NRC 저널 논문 214
우생학 운동 Eugenics movement
　과학적 인종주의 249
　나치의 인종주의 철학 62
　미국 81-86
　사회적 다윈주의 64
　시작 57
　우생학 운동에 대해 제기된 위협 197
　유럽의 부상 226
　이데올로기 (1918-1924) 131
　제1회 국제우생학회의 목적 80
　하버드 251
　학계 80
　핵심 멤버 52
　정계와 산업계의 후원자 70-71, 76-79, 113
　확산 74, 358
　자금 86, 88-89, 165, 211, 252-254
　부적합자 88-90
　우생학 운동의 지배력 130, 175, 195, 213
　종말 176, 189, 192-195, 213, 222-224, 227-230, 358-359
『우주의 수수께끼*The Riddle of the Universe*』(E. 헤켈) 55
워싱턴 D. C.의 인류학회 Anthropological Society of Washington, D.C. 68
『원시인의 마음*The Mind of Primitive Man*』(F.

보아스) 176, 188, 191, 192, 200, 207, 358
『월 스트리트 저널Wall Street Journal』 303
웨스팅하우스 Westinghouse 172
위계적인 분류 시스템 Hierarchical classification
   system 24-25, 27-28
『위대한 개츠비The Great Gatsby』 (F. 피츠제럴드)
   120
『위대한 인종의 소멸The Passing of the Great Race』
   (M. 그랜트) 102, 106,-109, 113, 115, 118,
   144, 151, 199, 201, 218, 228-230, 238-239,
   247, 251, 253-254, 258, 334, 358, 363
유니언뱅크(뉴욕) Union Bank of New York 171
유니언카바이드 Union Carbide 172
유대인 Jews
   대학 입학 제한 244
   분류 110
   스페인 종교재판 20
   유대인에 대한 인종주의 사고의 기초 23
   유대인 지능에 대한 이론 320
   이민자 통계(2차 세계대전) 128
   자초한 운명에 대한 커트너의 이론 264
   체임벌린의 유대인 도덕성에 대한 견해 54
   칸트의 인종주의 41
   이민 제한 55, 128, 149, 164, 232
   이주 128-129, 134, 350
   뉘른베르크법과 유대인 신분 137, 148, 161,
   137
   최종 해법 142, 154
   열등함 106, 199, 262
   학계 202-203, 208-209
   유대인에 의한 음모에 대한 두려움 230, 259,
   304
「유대인의 인종생물학Racial Biology of the Jews」
   (폰 페르슈어) 159
『유럽사의 인종적 요소Rassenkunde Europas』 (H.
   귄터) 151
『유럽의 인종들The Races of Europe』 (W. 리플리)
   56, 107, 109
유색인종 People of color
   가치 39
   교육 48
   도덕성 39

   열등하다고 인식됨 23, 46, 103, 114, 207
   지능 39-40, 46-48, 192-193
   문명에의 위협 326
   생물학적 능력 48
   생물학적 위협 251
   시민권 부정 292
   인간성 39
   인종주의 사고의 토대 21
   퇴락설 23
   행동적 차이 191
『유색인종의 부상: 백인의 세계적 우월성에
   대한 위협The Rising Tide of Color: Against
   White World-Supremacy』 (L. 스토더드) 120,
   164
유엔, 미국 회원 가입 United Nations, United
   States membership 261
『유전되는 재능Hereditary Genius』 (F. 골턴) 54
유전생물학 및 인종위생학 연구소 Institute for
   Hereditary Biology and Racial Hygiene 153
『유전 의학 및 지리학 저널Acta Geneticae Medicae
   et Gemellologiae』 159
유전 이론 Genetic Theory 53, 58, 357
유전자 (용어의 기원) Gene 231
유전적 다양성 Genetic diversity 13-15
〈유전적 질병The Hereditarily Diseased〉 163
〈유전적인 결함이 있는 사람들Erbkrank〉 257,
   364
유전학 Genetics
   발달유전학 142
   컨퍼런스 142, 145, 167, 227, 279
   정신유전학 138
   흑인과 빈곤 아동 318
유전학자 Geneticists 7, 10, 14-15, 91, 137,
   140, 145-147, 157, 162, 224-225, 227-228,
   230-231, 234, 236, 239-240, 245, 267, 269,
   282, 284, 287, 302-303, 306-307, 309, 312,
   365
유전학자 선언 Geneticist's Manifesto 227, 234
『유전학 저널Journal of Heredity』 143, 147, 156,
   160, 244
유전형 Genotype 89, 231, 300

이누이트족 Inuit　178

이민 개혁 Immigration reform　338-339, 346, 350, 354

「이민과 정복Immigration and Conquest」 (H. 로플린)　164

이민 관련 법제 (캘리포니아) Immigration legislation, California　348

이민 및 국적법 Immigration and Nationality Act　127

이민자 Immigrants
　가톨릭 이주민　339
　군 복무　213
　권리　338
　나치 시기 억압의 피해자　134
　노조 결성　250
　동화　244
　두개골의 모양과 크기의 변화 측정　189
　라스페이유의 이민자 묘사　341
　비시민에 대한 제약　346
　인구 통계　242
　인종 혼합　214
　자진 추방　350
　제거　212
　진화적 위협을 제기하는 존재로 인식됨　107
　이주자의 지능에 대한 견해　105, 114, 120
　이민자가 열등하다는 인식　110, 116, 125
　자진 추방된 독일인　128-129, 133-134, 347
　불법 이주자　338, 346-347

『이민자 감시Immigration Watch』　335

『이민자 후손의 신체 형태 변화Changes in Bodily Form of Descendants of Immigrants』 (F. 보아스)　176, 188-189, 199-200

이민 정책, 미국 Immigration policy, U.S.　52, 122-129, 213, 219, 261

이민 제한 Immigration restrictions
　유대인　55, 128, 149, 164
　우생학 운동의 목적　122-129, 334
　아시아인　122, 127
　지능 검사　124-125, 214, 228
　할당제　124, 127, 242, 342
　이민 제한이 야기한 죽음　128-129, 334
　나치 시기 피해자　128-129, 232, 260

파이오니어 재단　323-324, 334, 355
　이민 제한으로 인종의 생존을 보장　327
　캘리포니아 이민 제한 법제　337, 348
　영국 이민 제한 제안　321
　AICF의 지지　334
　FAIR의 지지　334

이민 제한법 Immigration Restriction Act　151, 220, 227-228, 231, 242-243, 260, 316, 334, 342, 358, 363

이민제한연맹 Immigration Restriction League　61, 124, 308, 334

이민 제한 운동 Immigration restriction movement　219

이스트먼코닥 Eastman Kodak　172, 233

이주/이민 Immigration
　통계　107, 123, 128-129, 242-243
　이주의 신체적 영향에 대한 자료 수집　190-191
　나치 독일 이전의 이민　127
　문명에 대한 위협으로 여겨짐　109
　이주에 대한 우생학적 해법에 대한 대중의 믿음　241

『이집트 두개골Crania Aegyptiaca』 (S. 모턴)　43

『인간과 문화Man and Culture』 (C. 위슬러)　210

인간 다양성의 수량적 측정 Human variation, quantifying　103

『인간 본성론Treatise of Human Nature』 (D. 흄)　37

『인간오성론An Essay Concerning Human Understanding』 (J. 로크)　54

『인간유전학과 인종위생학Grundrisse der menschlichen Erblichkeitslehre und Rassenhygiene』 (E. 바우어; F. 렌츠; E. 피셔)　140

『인간유전학 교육과 인종위생학의 기초Grundriss der menschlichen Erblichkeitslehre und Rassenhygiene』 (E. 바우어; F. 렌츠; E. 피셔)　145-146

인간유전학연구소 Institute of Human Genetics　147, 158

인간유전학 펀드 Human Genetics Fund (IAAEE)　268

『인간의 가장 위험한 신화*Man's Most Dangerous Myth*』(A. 몬터규) 245

『인간의 생물학적 다양성*Human Biodiversity*』(J. 마크스) 236

『인간의 유래*The Descent of Man*』(C. 다윈) 64

인간의 이해 재단 Foundation for Human Understanding 278, 285-286, 365

『인간의 일반적인 단계적 차이에 관한 설명*An Account of the Regular Gradation in Man*』(C. 화이트) 42

인간의 정신 Human mind 181-182, 186, 188, 190, 192, 220

인간 이주의 과학적 문제 위원회 Committee on Scientific Problems of Human Migration 218

인간향상재단 Human Betterment Foundation 156

인구국 Bureau of the Census 336

『인구론*Essay on the Principle of Population*』(T. 맬서스) 63

인구 문제에 대한 과학적 연구 조사를 위한 국제 회의 International Congress for the Scientific Investigation of Population Problems 254

인구 및 인종 정책을 위한 전문가 자문위원회 Expert Advisory Council for Population and Racial Policy 136

인권 Human rights 170

『인도-유럽 연구 저널*The Journal of Indo-European Studies*』 293

인류 (개념) Humanity
유대인 41
유색인종 39
아메리카 원주민 21, 39
흑인 39, 305
진화적 계통 13

『인류의 유형*Types of Mankind*』(G. 글리돈 외) 47-49, 54, 59

『인류의 인종*Races of Mankind*』(R. 베네딕트; G. 웨트피시) 259

『인류의 자연적 다양성에 관하여*De generis humani varietate nativa*』(J. 블루멘바흐) 28, 31, 54

인류의 정신적 단일성 Psychic unity of mankind 177, 186-188, 197

인류학 Anthropology
보아스 대 그랜트 199
심리학과 인류학 208
연구 자금 218
정부에 미친 영향 218
체질인류학의 탄생 225
인종 개념의 거부 7-8
유럽의 인류학 131, 226,
현대 인류학의 발달 180, 185-186
전문 학문 분야화 203, 216, 225
골턴학회와 인류학 209-211
보아스와 인류학 216-217, 220, 238-239

『인류학과 현대 생활*Anthropology and Modern Life*』(F. 보아스) 222

인류학연구소 Institute for the Study of Man (ISM) 6, 141-143, 147, 152-155, 229, 288-290, 292, 365

인류학의 미국 학파 American Anthropological School 43-44, 47, 49, 226

인종 Race
유네스코의 선언 7, 147, 245, 267, 284
개념 307-309, 38-39, 245
보아스의 견해 190
생물학적 정의 12
생물학적 타당성 결여 359
인종의 존재에 대한 믿음 8
인인종주의의 정책 제안 305
문화적 실재 16, 362
인종 신화의 근거 266-269, 307-308
인종주의의 신체 평가 306-307, 313
시민권 제한 326, 335

『인종과 문명*Race and Civilization*』(G. 도시) 222

「인종과 이성*Race and Reason*」(C. 퍼트넘) 271-272

『인종과 인류*Race and Mankind*』(R. 베네딕트; G. 웨트피시) 259

『인종과 현대 과학*Race and Modern Science*』

(IAAEE) 267

「인종 문제: 인종 혼혈의 해악을 우려하는
한 사람의 견해The Race Problem from the
Standpoint of One Who Is Concerned with the
Evils of Miscegenation」 (W. 조지) 262

'인종 문제에 관한 전문가 선언' Statement by
Experts on Race Problems (유네스코) 245

『인종 문제의 생물학The Biology of the Race
Problem』 (W. 조지) 272

인종 민족주의 Racial nationalism 324-334

『인종 및 사회 생물학 아카이브Archiv für Rassen
und GesellschaftsBiologie』 135-136, 146, 147

인종 분리 Segregation
군에서의 탈분리 259
남아프리카공화국의 아파르트헤이트 261,
314, 348
아메리카 원주민 111
유전적 결함이 있는 사람들 256
흑인에 대한 인종 분리의 정당화 265
인종 생존을 위한 수단으로서의 인종 분리
327

『인종 불평등론Essai sur l'Inégalité des Races
Humaines』 (J. 고비노) 49, 51, 54, 102, 130

인종순수법 Racial Integrity Act 92-93, 121,
255, 363

「인종에 의해 결정되는 인간의 기능Human
Faculty as Determined by Race」 (F. 보아스) 184

인종위생학 Racial hygiene 66, 76, 131, 133,
135-136, 138, 140, 142, 145-148, 150, 152-
154, 157, 159-160, 263, 283, 290

『인종위생학 교본Leitfaden der Rassenhygiene』 (O.
페르슈어) 154, 159

인종위생학 연구소 Institute for Racial Hygiene
138

『인종위생학의 기초Grunlinien einer Rassenhygiene』
(A. 플뢰츠) 135, 145-146

인종위생학회 Society for Racial Hygiene 135

「인종, 유전, 문명Race, Heredity, and Civilization」
(W. 조지) 262

「인종의 다양한 기원The Diversity of Origins of the
Human Races」 (L. 아가시) 46

『인종의 이주The Migration of Races』 (W. 리플리)
107

『인종의 차이Race Differences』 (O. 클라인버그)
221

『인종이라는 네 글자Race Is a Four-Letter Word』
(C. 브레이스) 68

인종인류학 Racial anthropology 210

인종적 순수성 Racial purity 19-22, 111, 134,
255, 262, 314

인종주의 Racism
신화 8
현대 인종주의의 기초 16, 359
잘못된 생물학적 기초 313
학문적 49
종말 360

인종주의적 인류학 Racist anthropology 38, 203

『인종, 진화, 행동Race, Evolution, and Behavior』 (J.
러시턴) 312, 314-315

인종 특성의 고정성에 대한 믿음 Racial
characteristics, belief in fixity of 190-192

인종 프로파일링 Racial profiling 346, 348

인종 혼합 Race mixing
데이터 수집 프로젝트 168
반대하는 주장 228
부정적인 영향에 대한 근거 180
칸트의 견해 39
흐르들리치카의 견해 214
IFEO 위원회 143
인종 혼합으로 인한 열등함에 대한 인식 46,
60, 185, 272
문명에 대한 위협으로 인식 48, 51-52, 110,
140, 229, 262
결혼법 87-93, 100, 111, 163
연구 자금 지원 167, 253, 264, 285
위험 199, 271, 287

인종 혼합 연구 Miscegenation research 266,
272, 281, 332

인종 혼합/혼혈 Miscegenation
아메리카 원주민 결혼 제한 87
나치 독일 148, 151

인종혼혈위원회(IFEO 산하) Committee on Race

Crossing 143, 168, 253

인터넷 증오 선동 사이트 Internet hate sites 330

일본인 이민자 Japanese immigrants → '아시아 이민자' 참고 122

일원발생설 Monogenism
용어 사용 16
환경 요인 24-27, 33, 58
노예제 30
다원발생설 대 일원발생설(1600-1900) 54
바이스만 이후의 존속 58
과학적 타당성 58, 357-358
현재 62
이데올로기 235, 241, 357
대중의 수용 241

ㅈ

『자메이카에서의 인종 혼혈Race Crossing in Jamaica』(C. 대븐포트; M. 스테게르다) 61, 210, 253

자발적 단종 보너스 플랜 Voluntary Sterilization Bonus Plan 280

자연선택 Natural selection 36, 59, 63, 178, 245, 291, 304, 335

『자연의 체계Systema Naturae』(C. 린네) 24-25, 54

자유를 위한 연맹 Coalition for Freedom 324

자유의지 Free will 39-40

잡종화 Mongrelism 93, 287

잭슨 시민 카운실 Jackson's Citizens' Council 275

저능아 Morons 70, 98, 105, 114, 116

『적과의 거래Trading with the Enemy』(C. 히검) 170

적자생존 Survival of the fittest 63, 74, 279, 320

전국교회협의회 National Council of Churches 261

전국연맹 National Alliance 326, 349

전국의회클럽 National Congressional Club 324

전국정책연구소 National Policy Institute 325

전국 주의 권리당 National States' Rights party 287

전국 퍼트넘 서신 위원회 National Putnam Letters Committee 270-271, 364

전범 War criminals 139, 144, 149, 158, 261

정당방위법 Stand your ground laws 361

『정신 검사에 대한 솔직한 이야기Straight Talk about Mental Tests』(A. 젠슨) 285, 365

정신박약 Feeble-minded
교육 68
우생학 운동의 타깃 88-89
단종 96
정신박약으로 간주된 집단 105
정신박약자의 위험 70, 105

정신박약 남녀 아동을 위한 학교 Training School for Feeble-Minded Girls and Boy 69

정신유전학 Psychiatric genetics 140

정신적 결함 Mental deficiency 69, 80, 83, 98, 100, 104, 138

제거형 우생학 Negative eugenics 65-67, 75, 87, 151, 159, 238, 257

제국은행 Reichsbank 171

제너럴모터스 General Motors 166

존슨-리드 법 Johnson-Reed Act 127

존 와일리 앤 선스 John Wiley & Sons, Inc. 315

존재의 거대한 사슬 Scala Naturae 24

『종의 기원On the Origin of Species』(C. 다윈) 12, 26, 34, 44, 47, 49, 54, 62-64, 67, 130

종합 이민 개혁법 Comprehensive Immigration Reform Act 339

『좋은 의도였지만Paved with Good Intentions』(J. 테일러) 343

『주크가 이야기: 범죄, 빈곤, 질병, 유전에 대한 연구The Jukes: A Study in Crime, Pauperism, Disease, and Heredity』(R. 덕데일) 35, 54, 82

중국인 배제법 Chinese Exclusion Act 122

중국인 이민자 Chinese immigrants 122

증오 선동 집단 Hate groups 329, 336, 345

지능 검사 Intelligence testing
문화적 편향이 없는 지능 검사 239

우생학 운동의 목적 106, 113-122
이민 제한 108-109, 123-124
스탠포드-비네 검사 114, 121-122
비네-시몽 검사 69
군인 116-118, 124, 141, 212, 221, 251
타당성 121, 221-222, 228, 239, 284
시작 103
이민자 105
프랑스 68
확산 120
지능의 사회경제적 요인 Socioeconomics of
intelligence 114-115, 302, 320, 331-332
『지능의 측정The Measurement of Intelligence』 (L.
터먼) 114
『지능의 측정: 비네-시몽 지능 스케일을 확장,
수정한 스탠퍼드 기법의 사용을 위한 종합
가이드 및 설명The Measurement of Intelligence:
An Explanation of and a Complete Guide for the
Use of the Stanford Revision and Extension of the
Binet-Simon Intelligence Scale』 (L. 터먼) 114
지능지수 Intelligence quotient (IQ)
계급 차이 320
인종적 기반 221-222, 284, 300, 306-307,
315, 320
환경 요인 228, 285, 307-308, 318, 328
유전 가능성 284, 294-295, 300-301, 308-
309, 328
사회 정책 301-302
등급 114
머리 크기 320
위계적 모델 300
일란성 쌍둥이 294
전 지구적인 지능 감소 332
IQ가 낮은 사람들의 자발적 단종 280
지능, 측정 및 의견 Intelligence, measurements
and opinions concerning
계급 기반 318
머리 크기 320
문화적 요인 360
사회적 요인 310
인종 혼합 47
정책 제안 305

지리적 분포 331
유색인종 39-40, 46-47, 191
흑인 40, 65, 117, 120, 145, 221-222, 243,
285, 302, 315, 319, 328
유전 가능성 69-70, 83-84, 104, 114, 200,
295-296, 300-301, 305, 308-309, 319,
328, 359-360
단일 형질 69, 104, 113-114, 224-225, 301,
305, 319, 360
이민자 105, 114, 120
유대인 105, 319
이민 제한 108, 124-125
환경 요인 115, 200, 208, 237, 307-308,
319, 328, 360
사회, 경제적 요인 114-115, 302, 318, 331
노르딕 우월성 주장의 토대 120, 122, 125,
141, 319
분류 시스템 120, 125, 221, 285
인종 기반 221-222, 284, 300, 307-309,
317-318
지리적 분류 시스템 Geographic classification
system 30, 181
『지배 인종에 대한 옹호Defending the Master
Race』 (J. 스피로) 199
『진리의 구도자Truth Seeker』 264
『진화와 유전학Evolution and Genetics』 (T. 모건)
231
『진화인류학Evolutionary Anthropology』 315-316
질레트 Gillette 172
짐 쌍둥이 Jim Twins 296
집시 Gypsies 20, 134, 138, 142, 155

ㅊ

찰스 다윈 리서치 연구소 Charles Darwin
Research Institute 306, 314
『찰스턴 의학 저널Charleston Medical Journal』 43
체이스내셔널뱅크 Chase National Bank 171-
172
촉진형 우생학 Positive eugenics 65-66, 75-76,
87, 89, 131, 257
최고법 규정(헌법) Supremacy Clause, U.S.
Constitution 346

ㅋ

카네기연구소 Carnegie Institution of Washington, D.C.
　회원 140, 167
　지도부 215, 231
　로플린의 이민 제한에 대한 보고서 149
　실험진화연구소와의 관련 70-71, 231, 363
　우생학 프로그램 지지 77
　자메이카 인종 교차 연구 프로젝트 168
　제3회 국제우생학회의 227
　EN과의 관련 163
카네기 재단 Carnegie Corporation 71, 211
카운실 학교 재단 Council School Foundation 275, 364
카이저 빌헬름 연구소 Kaiser Wilhelm Institutes
　게슈타포의 통제 141
　식물 육종 연구소 145
　자금 167
　정신의학 137, 167
　인류학, 인간 유전학, 우생학 140, 143, 147, 153-155, 166-167, 226
　뇌연구소 166-167
캘리포니아 California
　북부연맹 지부 152, 286, 292
　외국인 토지법 122
　혼혈 금지법 91, 93, 176, 227
　단종 프로그램 96, 156, 162
　아시아 이민자 반대 122-123
　반이민법 입법화 337, 348
코카서스인 Caucasians, Caucasoids 29-32, 72, 109, 300, 319
「코카서스 인종과 니그로 인종의 자연사에 관한 두 개의 강연Two Lectures on the Natural History of the Caucasian and Negro Races」 (J. 노트) 44
코카콜라 Coca Cola 172-173
콜드스프링하버 유전학 연구 Genetics research, Cold Spring Harbor 145, 231-232
크라이슬러 Chrysler 172
크리스찬 반유대주의당 Anti-Jewish Party 287

ㅌ

타 민족 혐오 (인간의 본성으로 보는 이론)
　Xenophobia, as human nature 335
탈라소필리아 Thalassophilia 212
탈분리 Desegregation 259, 270, 283
텍사코 Texaco 172
토바코연구위원회 Tobacco Research Council 300
토착주의 Nativism 241, 339, 348, 354
통합 Integration
　군대에서의 인종 통합 257
　학교에서의 인종 통합 259, 261, 265, 270-271
　문명에 대한 위협으로 여겨짐 262
　반대 273-277
퇴락설 Degeneration theory
　기후 이론 26-31, 33
　문화 패러다임에 밀려남 206
　변화 개념 31
　수용 37
　아메리카 원주민과 퇴락설 20
　용어 사용 16
　유색인종과 퇴락설 22
　진화 이론 33
　퇴락한 인종의 갱생 30
　현대 인종주의와 퇴락설 16
　환경 요인 32
투표권법 Voting Rights Act 355
튜턴 인종 Teutonic race 54, 56, 61
특질(생물학적/유전적) Traits, biological/genetic 10
티파티 Tea Party 329

ㅍ

파시즘, 미국 Fascism, U.S. 265
파이오니어 재단 Pioneer Fund
　기원 249
　독일의 우생학 132
　새터필드 계획 276-277, 323, 353, 355, 364
　퍼트넘 서신 위원회 270-271, 364
　네오 나치 288-293
　지도부 306, 317

목적 317

파이오니어 재단 관련 단체 Pioneer Fund
affiliations

  아메리칸 르네상스 6, 316, 324-333, 343-
345, 354, 365, 367

  인류연구소 (ISM) 288-289

파이오니어 재단의 재정 지원 Pioneer Fund
financial support, provided for

  갓프레드슨, 린다 S 301-303, 365

  고든, 로버트 A 301

  러시톤, J. 필립스 283, 301, 306-307, 309-
317, 328, 331, 365

  레빈, 마이클 305-306, 328, 365

  린, 리처드 306, 317, 328, 331-332, 365

  미네소타 쌍둥이 가족 연구 6, 294-295, 297,
365

  사회과학 출판 268

  아이젠크, 한스 J. 300-301, 319, 365

  육군 항공부대 장교 가구 소득지원 257

  인간의 이해 재단 278, 285-286, 365

  인종주의 프로파간다 140, 316

  피어슨, 로저 152, 266, 286, 346, 365

  휘트니, 글라이드 303, 328, 365

  과학적 인종주의 252-263, 287

  인종 분리 270-276, 285-286, 323-324

  우익 정치 323-324, 352-353

  이민 제한 323-339, 355-356

패트릭 헨리 그룹 Patrick Henry Group 272

퍼스트내셔널뱅크 First National Bank 171

퍼트넘 서신 위원회 Putnam Letters Committee
270-271, 364

평등 Equality

  흑인 251, 263, 268, 270-272

  교육 259, 265, 270-277

  유대인에 의해 촉진되었다는 믿음 304

평등권 운동 Equal rights initiatives 266

포드-베르케 Ford-Werke 172

포드자동차 Ford Motor Company 165, 172

표현형 Phenotype concept 62, 89, 224-225,
231, 300

프라이부르크학회 Freiberg Society 140

프랑스 France 22-23, 26-27, 32-33, 36, 45,
49-50, 57, 68, 76, 103, 106, 129-130, 138,
148, 168, 198, 213, 226, 252, 289, 313,
325, 341

프러터니티 Fraternity 171-174

피부색 기반 분류 시스템 Colorbased classification
system 39

ㅎ

하버드 고생물학박물관 Harvard Museum of
Paleontology 59

『하버드 교육 리뷰*Harvard Educational Review*』
278, 281, 284, 319, 365

하버드대학 Harvard Univesity 67, 70, 114, 163,
171, 210, 244, 250, 260, 399

하이델베르크대학 550주년 기념식 162

하프 문 클럽 Half-Moon Club 107

학문적 인종주의 Academic racism 49

학문적 질서를 위한 대학 교수들 University
Professors for Academic Order 288

합법적 이주를 위한 주 입법가 모임 State
Legislators for Legal Immigration 350-351

행동 Behavior

  전승 가능성 192-193, 195

  환경 요인 35, 57-58, 146, 195, 223-224,
358

  다양성 205

  문화 요인 193

  본능 이론 67

  역사적 요인 191

행동유전학회 Behavior Genetics Association 303-
304

『행동주의*Behaviorism*』 (J. 왓슨) 223

헤리티지 재단 Heritage Foundation 288

『현대 과학의 인종 문제*The Race Question in
Modern Science*』 (유네스코) 267

현대의 과학적 인종주의 Scientific racism,
modern

  새터필드 계획 276-277, 323, 353, 355, 364

  칼턴 퍼트넘과 퍼트넘 서신 위원회 270-271,
364

  자금 지원 252-263, 270-272, 275-277, 280-

286

IAAEE 263-268

인종 통합 철폐 노력 273-277

『형태학 및 인류학 저널Zeitschrift für Morphologie und Anthropologie』 143

홀로코스트 Holocaust 128-129, 152, 169, 247, 304, 306, 328, 343, 349

홀로코스트 부인론자 Holocaust deniers 304, 328, 343

환경영향론 Environmental determinism 219, 227, 248, 269, 297

환경 요인 Environmental factors

바이스만 이후의 믿음 58

옹호자 201

퇴락설 32

현대의 믿음 248

r-선택과 K-선택 모델 309

행동 35, 57, 146, 195, 201, 223, 357-358

다원발생설 38, 49, 191, 235

지능 68, 114, 200, 208, 228, 238, 285, 307, 317, 328, 360

전승 가능한 특질 184-185, 189-190, 197

신체적 특질 200, 358

사회경제학 246

환경적 분류 시스템 Environmental classification system 32, 57, 181, 189, 195, 201, 221, 228, 285

획득형질론 Acquired characteristics theory 35-36, 57-58

후성유전학 Epigenetics 299

흑인 African Americans

백인 아동에 대한 위협 요인으로 인식됨 265

생물학적 위협 요인으로 인식됨 251

오늘날의 흑인의 경험 362

흑인 대이동 243

보아스의 견해 208

신체 측정 연구 220

칸트의 견해 40

IQ 검사의 불합리성에 대한 사례 222

흑인에 대한 흄의 견해 37, 91

노예제에 대한 인종주의적 정당화 47

아프리카 송환 72, 255, 258

군 지능 검사 116-117, 120

고정관념 118, 285, 305, 310, 314-315

1차 세계대전 시기 흑인에 대한 변화 123, 242

문명에 대한 위협 요인으로 인식됨 262, 325

흑인의 열등함을 입증하려던 새터필드 계획 276-277

흑인의 지적 열등성에 대한 믿음 278, 281, 301, 303, 328

흑인 인구 감소를 위해 제안된 방법 279, 281

r-선택과 K-선택 모델 310-312

현대의 인종주의 315, 319, 328

흑인 대이동 Great Migration 243

히스패닉 이민자 Hispanic immigrants 335-337, 346, 352

히틀러주의 Hitlerism 113

『19세기의 토대들Die Grundlagen des neunzehnten Jahrhunderts』 (H. 체임벌린) 53-54

IBM 142, 166, 168-170, 369

IG파르벤 IG Farben 170-171

r-선택, K-선택 이론 r/K selection theory 309-312

『US 뉴스 앤 월드 리포트U.S. News & World Report』 282

U.S.영어 U.S. English 337, 340

U.S.주식회사 U.S. Inc. 340, 354

VDARE.com 346